FRECUENCIAS

Español comunicativo para el siglo XXI

Guía didáctica

Equipo **Frecuencias**

Nivel

B1

Edinumen

ISBN - Guía didáctica: 978-84-91794-13-4
Depósito legal: M-9553-2021

Impreso en España
Printed in Spain
0722

Coordinación pedagógica:
M.ª José Gelabert

Coordinación editorial:
Amelia Guerrero

Diseño y maquetación:
Juanjo López y Sara Serrano

Impresión:
Gráficas Muriel

Editorial Edinumen
José Celestino Mutis, 4. 28028 Madrid. España
Teléfono: (34) 91 308 51 42
Correo electrónico: edinumen@edinumen.es
www.edinumen.es

Índice

Introducción

La *Guía didáctica* de **Frecuencias** se propone obtener el mayor rendimiento posible de las actividades y contenidos del *Libro del estudiante.*

Usted puede consultar en esta guía las sugerencias de explotación de las actividades de cada apartado, las claves de los ejercicios y las transcripciones.

Además, encontrará información adicional útil sobre contenidos culturales, gramaticales y léxicos con los que podrá resolver con más facilidad las dudas o preguntas que les puedan surgir a usted o a sus estudiantes.

Junto con esta información extra, aparecen actividades adicionales u opcionales con alternativas que amplían el material y que le permitirán presentar los contenidos de una manera sencilla y motivadora.

Dentro de la secuencia didáctica se presenta el material proyectable con el que usted podrá ampliar, reforzar o facilitar el trabajo de los estudiantes.

Justificación metodológica

Frecuencias sigue las recomendaciones del *Marco común europeo de referencia para las lenguas (MCER)* y su sílabo se ha elaborado a partir del *Plan curricular del Instituto Cervantes*.

La metodología de **Frecuencias** busca planteamientos derivados de la dimensión comunicativa de la lengua. Concibe la enseñanza y el aprendizaje como un proceso dinámico que se desarrolla sobre la base del diálogo y del intercambio de experiencias y conocimientos, coherente con el análisis de las necesidades comunicativas de los estudiantes. La enseñanza se centra en el estudiante, pues se lo valora como individuo que debe ser capaz de desarrollar su particular autonomía lingüística en un contexto sociocultural apropiado.

Frecuencias ofrece un programa curricular que trabaja las destrezas y los contenidos de manera específica y, a la vez, en conjunto. Combina la distribución ordenada de los contenidos léxicos, gramaticales y funcionales con la resolución, en una fase posterior, de tareas en las que el estudiante tiene que poner en funcionamiento los conocimientos adquiridos previamente. Esta combinación facilita el aprendizaje, ya que los contenidos se van presentando de manera progresiva a lo largo de los apartados, de modo que el estudiante, al enfrentarse a las tareas propuestas, ha adquirido ya todas las herramientas que necesita para resolverlas con éxito.

En la elaboración de **Frecuencias** se ha tenido en cuenta el conocimiento del mundo que tienen los estudiantes, así como las sinergias que se producen entre el grupo de clase y el docente. De este modo, las actividades que introducen los nuevos contenidos que se presentan en cada unidad han sido diseñadas considerando lo que sabe el estudiante por su experiencia y el intercambio de conocimientos que se produce en clase.

El objetivo de **Frecuencias** es ofrecer al estudiante el material necesario para desarrollar tanto competencias generales como comunicativas, promover su autonomía lingüística y proporcionarle los conocimientos necesarios de modo que pueda desenvolverse con facilidad en el universo sociocultural hispánico.

Al final de **Frecuencias** nivel B1, el estudiante podrá:

- Comprender las ideas principales de un discurso cuando se tratan asuntos cotidianos que tienen lugar en el trabajo, en la escuela, durante el tiempo de ocio, etc.
- Comprender la idea principal de programas o entrevistas de radio o televisión que tratan temas actuales o asuntos de interés personal o profesional, cuando la articulación es relativamente lenta y clara.
- Comprender textos informativos, instructivos, narrativos o descriptivos en los que aparecen distintos tiempos y modos verbales redactados en una lengua de uso habitual y cotidiano relacionada con el trabajo, los estudios o el ámbito personal.
- Comprender la descripción de acontecimientos, sentimientos y deseos en cartas personales, chats o correos.
- Participar espontáneamente en una conversación sobre temas cotidianos de interés personal o pertinentes para la vida diaria (familia, aficiones, estudios, trabajo, acontecimientos o temas actuales), así como desenvolverse con facilidad cuando viaja a países de habla hispana.
- Enlazar frases con el fin de describir experiencias, hechos, recuerdos, sueños y esperanzas, sentimientos y emociones. Explicar y justificar sus opiniones así como expresar acuerdo o desacuerdo. Narrar una historia o relato, la trama de un libro o película, y describir sus reacciones.
- Escribir textos bien enlazados sobre temas que le son conocidos o de interés personal.
- Escribir cartas o correos personales que describen experiencias e impresiones, recetas, noticias o entradas de blog.

Guía visual

La *Guía didáctica* de **Frecuencias** reproduce a doble página el *Libro del estudiante* de modo que usted encuentre en un solo volumen los contenidos de ambos libros, facilitándole su consulta y manejo.

Libro del estudiante.

Sugerencias de explotación y alternativas a las actividades propuestas.

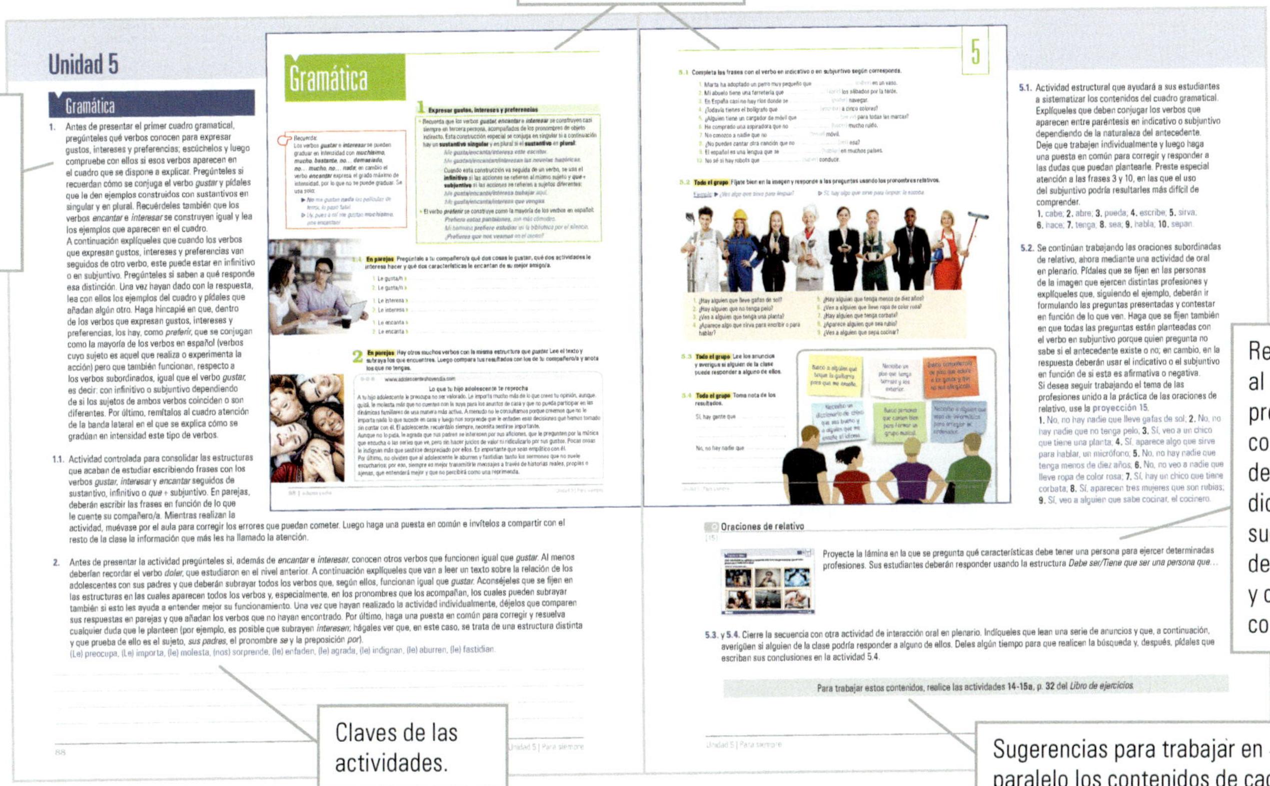

Referencia al material proyectable con indicación de su objetivo didáctico, sugerencias de explotación y claves correspondientes.

Claves de las actividades.

Sugerencias para trabajar en paralelo los contenidos de cada apartado en el *Libro de ejercicios*.

Cuadros con información extra de carácter cultural o léxico.

Actividades extras para los contenidos culturales.

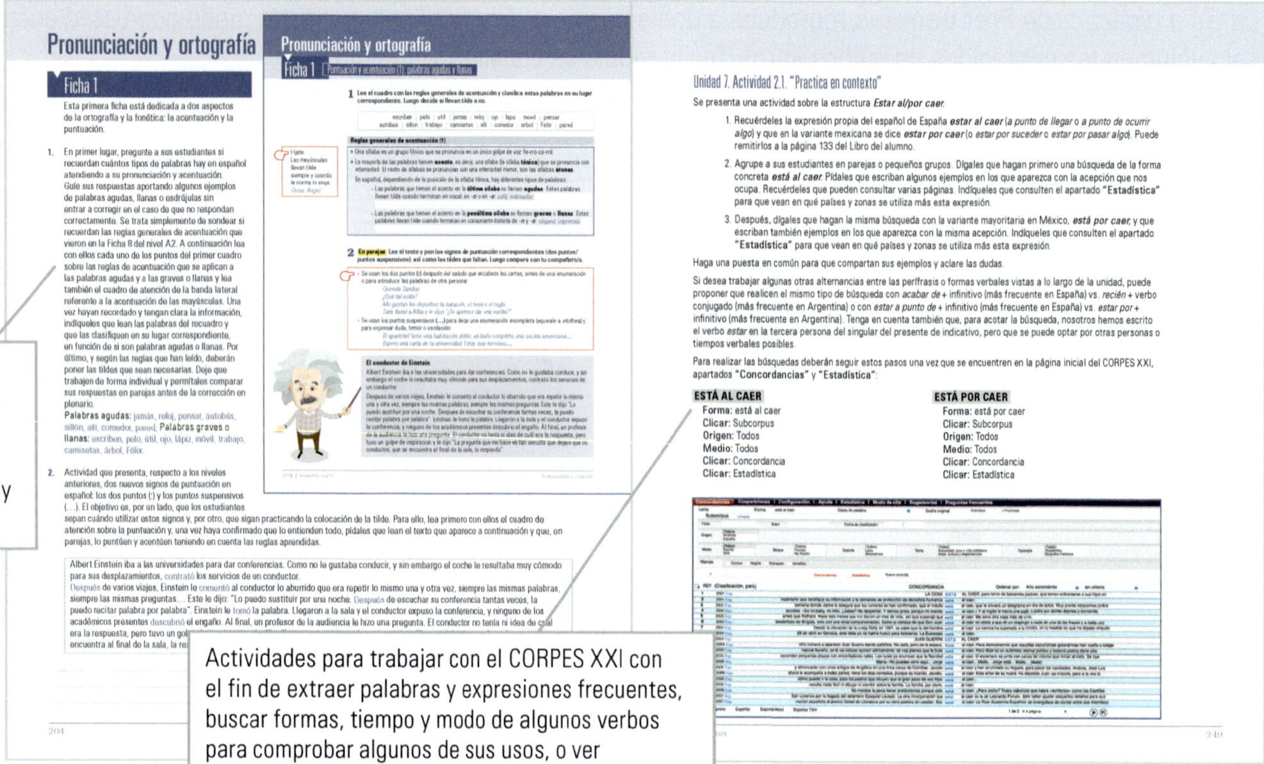

Sugerencias de explotación y claves de las fichas de Pronunciación y ortografía.

Actividades para trabajar con el CORPES XXI con el fin de extraer palabras y expresiones frecuentes, buscar formas, tiempo y modo de algunos verbos para comprobar algunos de sus usos, o ver asociaciones de palabras frecuentes y rentables.

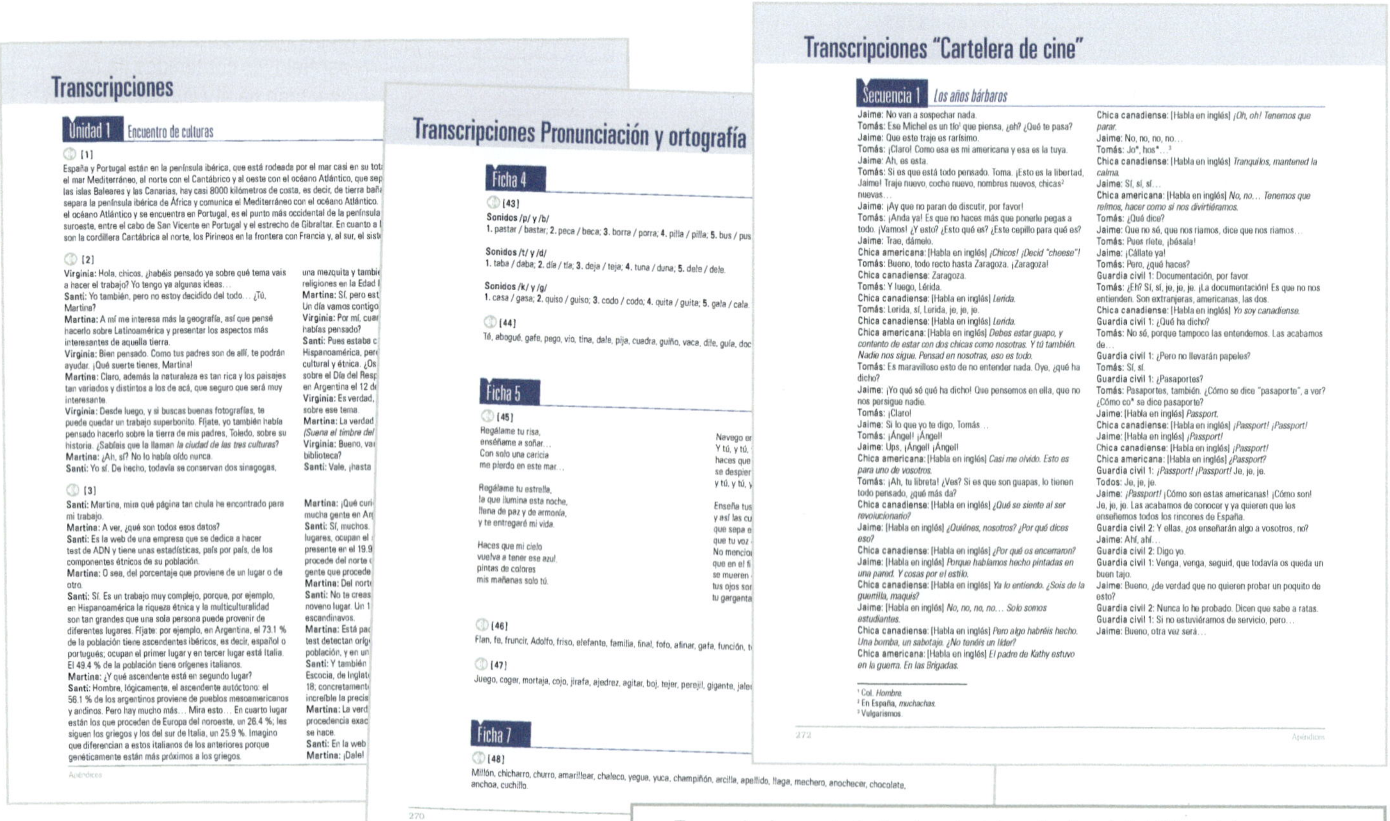

Transcripciones de todo el material audiovisual del *Libro del estudiante*.

La ELEteca (Extensión digital)

La **ELEteca** es una completa **plataforma *e-learning*** que ofrece funcionalidades y contenidos digitales que facilitan la enseñanza/aprendizaje de la lengua.

La ELEteca de la *Guía didáctica* de **Frecuencias** ofrece todo el **material audiovisual** del curso, las **proyecciones**, las **actividades interactivas** del estudiante, **material fotocopiable** en PDF y una gran variedad de recursos con el objetivo de facilitarle la labor dentro y fuera del aula.

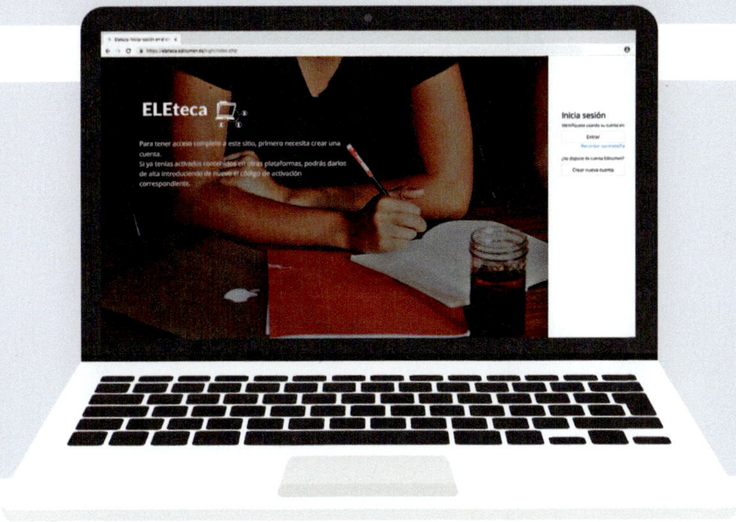

Índice de proyecciones

Hugo Roberto Wingeyer, doctor en Lingüística Aplicada, es vicedecano de la Facultad de Humanidades de la Universidad del Nordeste (Chaco, Argentina).
La profesora y escritora Eloísa Covarrubias imparte talleres de narrativa y poesía en el Instituto Sonorense de Cultura (Hermosillo, México).

ISBN - Libro del estudiante: 978-84-91794-05-9
Depósito legal: M-242-2021

Impreso en España
Printed in Spain
0622

Coordinación pedagógica:
M.ª José Gelabert

Coordinación editorial:
Amelia Guerrero y Mar Menéndez

Maquetación:
Carlos Casado, Juanjo López y Sara Serrano

Diseño de portada y maqueta:
Juanjo López

Estudio de grabación:
Producciones Activawords

Impresión:
Gráficas Glodami

Créditos fotográficos en pág. 238

Editorial Edinumen
José Celestino Mutis, 4. 28028 Madrid. España
Teléfono: (34) 91 308 51 42
Correo electrónico: edinumen@edinumen.es
www.edinumen.es

¡En Edinumen nos apasiona el español!

Desde nuestros inicios hace ya más de 30 años, nuestro objetivo ha sido siempre mejorar la experiencia del aprendizaje de español en todo el mundo. Nos enorgullece decir que el cien por cien de nuestros recursos están dedicados exclusivamente a la enseñanza y aprendizaje de español como lengua extranjera y segunda lengua.

Durante todos estos años, hemos tenido el enorme privilegio de trabajar al lado de entusiastas profesionales del español que viven y desarrollan su labor en multitud de países y, por lo tanto, representan realidades diferentes. Así, hemos constatado los cambios que se han ido produciendo y hemos afrontado juntos nuevos retos para lograr el objetivo que compartimos: que los estudiantes que deciden aprender español sean capaces de disfrutar también de un apasionante universo sociocultural y lingüístico tan completo como enriquecedor.

Este reto es hoy especialmente emocionante. Gracias al desarrollo de las nuevas tecnologías, la interacción entre culturas y personas interconectadas desde todos los lugares del mundo es permanente y se produce a un ritmo inimaginable hasta ahora. Los hablantes de español del siglo XXI son interlocutores en un universo compuesto por realidades lingüísticas y culturales muy diversas que se nutren entre sí.

En los últimos años ha habido un intento justificado de integrar en los materiales didácticos muestras de lengua que se asemejen lo más posible a los modelos reales. En este sentido, **Frecuencias** incorpora, por primera vez en un manual de ELE, una extensa muestra de ejemplos extraídos de las bases de datos o corpus* que, siempre al hilo de los contenidos tratados, ilustran variantes de carácter léxico, gramatical o comunicativo con el fin de acercar al estudiante a las diferentes realidades sociolingüísticas hispánicas.

Además, **Frecuencias** se ha desarrollado metodológicamente en dos ejes: el aprendizaje por contenidos y la resolución de tareas que permiten al estudiante poner en práctica los conocimientos adquiridos anteriormente, lo que favorece un aprendizaje activo y eficaz.

Por último, queremos destacar la colaboración entre **Edinumen**, especialistas en ELE, y la **Real Academia Española (RAE)** en la génesis del proyecto, así como el asesoramiento de la RAE en el uso de los corpus y su revisión final del presente trabajo. Sin su ayuda y apoyo este manual no podría haber visto la luz.

Estamos muy ilusionados de presentar este nuevo manual de ELE, que da respuesta a las necesidades de estudiantes y docentes para un aprendizaje real en el siglo XXI.

* Colección de textos de todos los países hispanohablantes en formato electrónico, con varios millones de palabras, que la Real Academia Española (RAE) ha codificado y clasificado y que permiten la búsqueda a través de formas, lemas, categorías gramaticales, zonas geográficas, etc.

Edinumen

Especialistas en ELE

Introducción INT3

FRECUENCIAS

Frecuencias es el nuevo curso de español que da respuesta a las necesidades de estudiantes y docentes para un aprendizaje real en el siglo XXI.

Frecuencias sigue las recomendaciones del *Marco común europeo de referencia para las lenguas (MCER)* y su sílabo se ha elaborado a partir del *Plan curricular del Instituto Cervantes*.

El curso favorece un aprendizaje **activo**, de manera que el conocimiento de la lengua es **real**, **significativo y adaptado** a las **necesidades** del estudiante.

Una propuesta metodológica eficaz

Frecuencias combina el **aprendizaje por contenidos** con la **resolución**, en una fase posterior, de **tareas** en las que el estudiante tiene que poner en funcionamiento los conocimientos adquiridos previamente. Esta combinación facilita el aprendizaje, ya que los contenidos se van presentando **de manera progresiva** a lo largo de los apartados, de modo que el estudiante, al enfrentarse a las tareas, ha adquirido ya todas las herramientas que necesita para resolverlas con éxito.

Las actividades que se presentan son **significativas social y emocionalmente**, conectan con el estudiante y lo involucran en su aprendizaje. Estas actividades aumentan la **motivación** y favorecen la asimilación de lo aprendido.

La incorporación de los corpus de la RAE: CORPES XXI y CREA

Frecuencias incluye una extensa muestra de **ejemplos reales** extraídos de los corpus de la RAE para mostrar usos auténticos de lengua, con **variantes** que ejemplifican la riqueza lingüística del mundo hispánico, algunas **frecuencias** de uso y **combinatoria** de palabras, así como fenómenos de carácter **gramatical o comunicativo**.

Las muestras se destacan claramente en el manual a través de cuadros estratégicamente colocados junto a los contenidos a los que hacen referencia.

> RAE — GRAMÁTICA
>
> En las zonas voseantes de América, el imperativo tiene una forma propia para la persona vos *(hablá, bebé, abrí, empezá, volvé, elegí, tené, hacé, poné, vení, salí, decí...)*: *Empezá vos, por favor./Comé, comé, está muy bueno.*

Una visión global del mundo hispánico

La presencia de aspectos **culturales e interculturales** a lo largo de las actividades, así como en el apartado "Cultura", y la integración destacada de las **variantes hispánicas** facilitan la creación de una conciencia global del mundo hispánico y la adquisición de habilidades de comunicación por parte del estudiante. Todo esto le permite desenvolverse con éxito en una realidad lingüística y cultural tan compleja como la de la comunidad hispanohablante.

Un atractivo y motivador material audiovisual

Frecuencias presenta ***Cartelera de cine***, 10 secuencias de películas producidas en países hispanos cuyo fin es la práctica del componente sociocultural.

Un diseño a doble página que facilita el aprendizaje

Frecuencias aporta un **atractivo y moderno diseño a doble página** que permite presentar los contenidos de manera **motivadora**, **clara y ordenada**, lo que facilita el aprendizaje.

En colaboración con la Real Academia Española (RAE)

La **Real Academia Española (RAE)** es miembro de la Asociación de Academias de la Lengua Española (ASALE), que se formó en México en 1951 y que está integrada actualmente por las veintitrés academias de la lengua española existentes en el mundo (veinte en América, además de España, Filipinas y Guinea Ecuatorial).
Su objetivo es llevar a cabo una política lingüística panhispánica trabajando unidas para conseguir la integridad y el crecimiento de la lengua española.

Entre sus logros cabe destacar la publicación, en coautoría, del *Diccionario de la lengua española* a partir de su XXII edición, la *Ortografía* en sus ediciones de 1999 y 2010, y el *Diccionario panhispánico de dudas* (2005), así como la elaboración de distintas bases de datos o corpus.

Frecuencias es un proyecto desarrollado por **Edinumen** con la colaboración de la **Real Academia Española**. Esta colaboración se ha centrado en dos aspectos:

- por un lado, Edinumen ha tomado en consideración los corpus lingüísticos y bases de datos que la RAE ofrece, así como su conocimiento del uso del español, para el desarrollo del curso;
- por otro lado, el manual ha sido revisado por la Real Academia Española como lingüística, léxica y gramaticalmente correcto.

Los corpus: CORPES XXI y CREA

El **Corpus del Español del Siglo XXI (CORPES XXI)** es un proyecto impulsado por la Asociación de Academias de la Lengua Española (ASALE). Está formado por diferentes tipos de textos de todos los países del mundo hispánico. Reúne un conjunto de 400 millones de formas y palabras, con una distribución de un 70 % de América y un 30 % de España, que aparecen en textos producidos a partir de 2001.

El **Corpus de Referencia del Español Actual (CREA)** está diseñado para proporcionar información exhaustiva acerca de la lengua en un momento determinado de su historia y es lo suficientemente extenso para representar todas sus variedades relevantes. Se compone de una amplia variedad de textos escritos y orales, producidos en todos los países de habla hispana entre 1975 y 2004 y en los que es posible la búsqueda por formas, lemas y categorías gramaticales.

Frecuencias, curso de español revisado por la RAE y que incluye muestras auténticas de los corpus lingüísticos.

Introducción INT5

Estructura del libro

Cada nivel de **Frecuencias** está compuesto por **diez unidades didácticas** estructuradas en ocho apartados con unos objetivos específicos:

- **presentación** de los contenidos de la unidad;
- activación de los **conocimientos previos** de los estudiantes sobre el tema;
- presentación y actividades para la adquisición de **vocabulario**;
- presentación y práctica de los **contenidos gramaticales**;
- **secuencia comunicativa** para poner en práctica los conocimientos adquiridos, a través de tareas significativas y el **desarrollo de las cuatro destrezas**;
- presentación de **contenidos culturales** relacionados con el universo hispánico;
- actividades de carácter **audiovisual** con las que trabajar el **componente sociocultural** a partir de secuencias de películas de producción española e hispanoamericana;
- **evaluación** de lo aprendido y reflexión sobre el aprendizaje.

Los diferentes apartados han sido pensados para que se realicen en **una o dos sesiones** de clase cada uno de ellos, dependiendo de las necesidades y la progresión específica de cada grupo de estudiantes.

Las tareas están diseñadas para trabajar en **diferentes dinámicas: de modo individual**, **en parejas**, **en grupos pequeños y todo el grupo**, fomentando de esta manera el trabajo colaborativo y el intercambio de conocimientos entre los diferentes miembros de la clase. Estas dinámicas aparecen indicadas con las siguientes etiquetas:

En parejas **En grupos pequeños** **Todo el grupo**

Cada nivel de **Frecuencias** viene acompañado de un apéndice de **Pronunciación y ortografía** con diez fichas prácticas que trabajan el componente fonético y ortográfico y que pueden presentarse en clase según las necesidades específicas de cada grupo.

La ELEteca (extensión digital)

La **ELEteca** es una completa **plataforma *e-learning*** con funcionalidades y contenidos digitales que facilitan la enseñanza/aprendizaje de la lengua.

La ELEteca de **Frecuencias** ofrece **actividades interactivas** para la práctica en línea de los principales contenidos de cada apartado de las unidades, todo el **material audiovisual** del curso y una gran variedad de recursos tanto para el estudiante como para el docente.

Para entrar en la ELEteca, regístrate con el código que aparece en el interior de la cubierta en:

https://eleteca.edinumen.es/

INT6 Introducción

Cartelera DE CINE

Frecuencias presenta ***Cartelera de cine***, 10 secuencias de películas producidas en países hispánicos cuyo fin es la práctica del componente sociocultural.

La elección de una secuencia clave o significativa de cada película, junto a la presentación previa de su sinopsis y las actividades de explotación de la secuencia, permiten al estudiante acceder y profundizar en el elemento sociocultural que vertebra cada una de estas obras referentes del cine hispánico.

Las actividades diseñadas para cada una de las secuencias son facilitadoras y permiten un acercamiento significativo y sugerente a la cultura hispana.

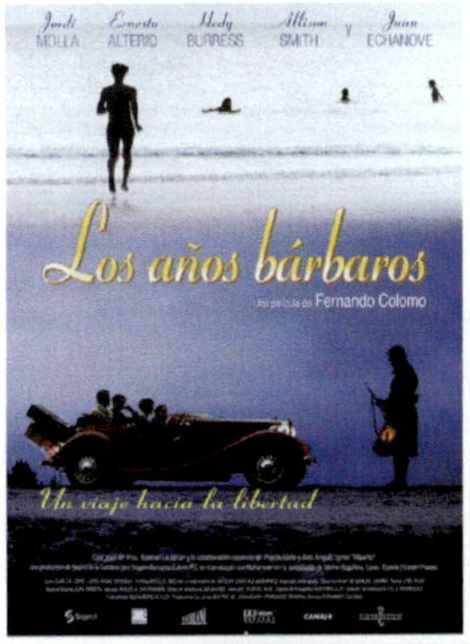

Cartelera de cine, un acercamiento lúdico a la cultura hispánica a través del séptimo arte.

Introducción INT7

Estructura de las unidades y elementos gráficos | guía visual

Portada. En ella se encuentran resumidos los objetivos principales de cada unidad, así como imágenes y preguntas que introducen el tema y activan la motivación.

Preguntas de motivación.

Objetivos de aprendizaje.

Dinámica recomendada para las diferentes actividades.

¿Qué sabes? Apartado con actividades para sondear los conocimientos previos de los estudiantes sobre el tema a tratar, a la vez que se anticipa el vocabulario, algunas estructuras gramaticales y elementos culturales de los apartados sucesivos.

Uso de elementos visuales para la realización de muchas de las actividades.

INT8 Introducción

Palabras. Secuencia de actividades de léxico que facilitan el aprendizaje del vocabulario contextualizado según el tema de la unidad. Las actividades están destinadas a que los estudiantes descubran palabras o expresiones y aprendan a combinarlas y a usarlas en contexto. Este aprendizaje se lleva a cabo a través de textos orales o escritos, imágenes, definiciones, cuadros semánticos... que permiten deducir e interpretar su significado.

En este apartado, los cuadros de la RAE constatan diferencias léxicas entre el español de España y el de América con textos y ejemplos extraídos de los corpus.

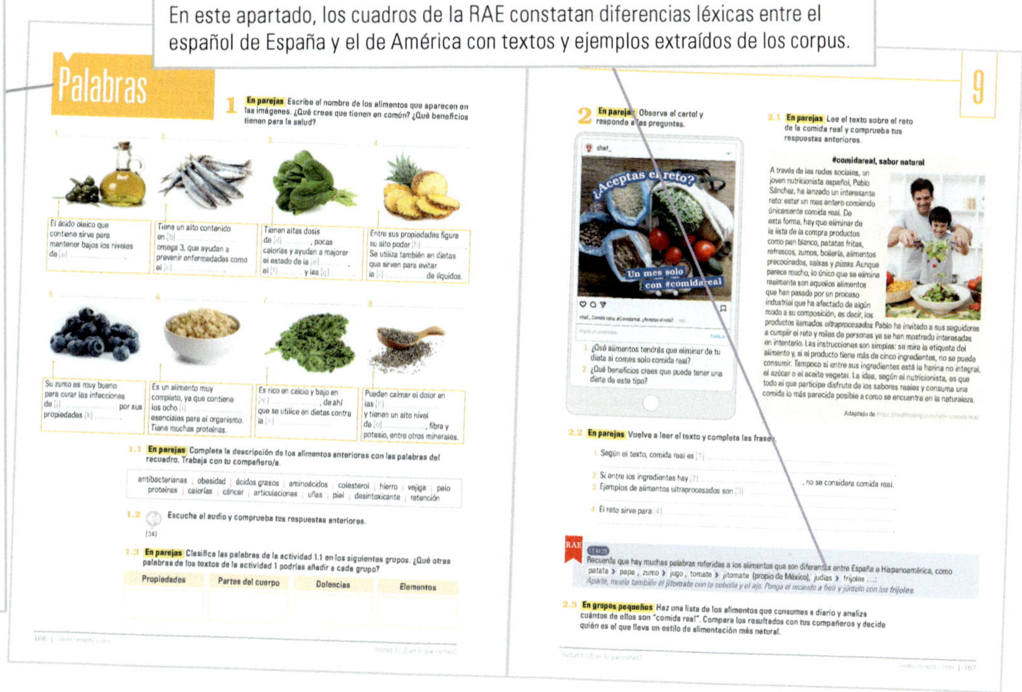

Gramática. La gramática se presenta sistematizada a través de cuadros diseñados para facilitar su aprendizaje y de actividades de reconocimiento y práctica guiada de los contenidos tratados.

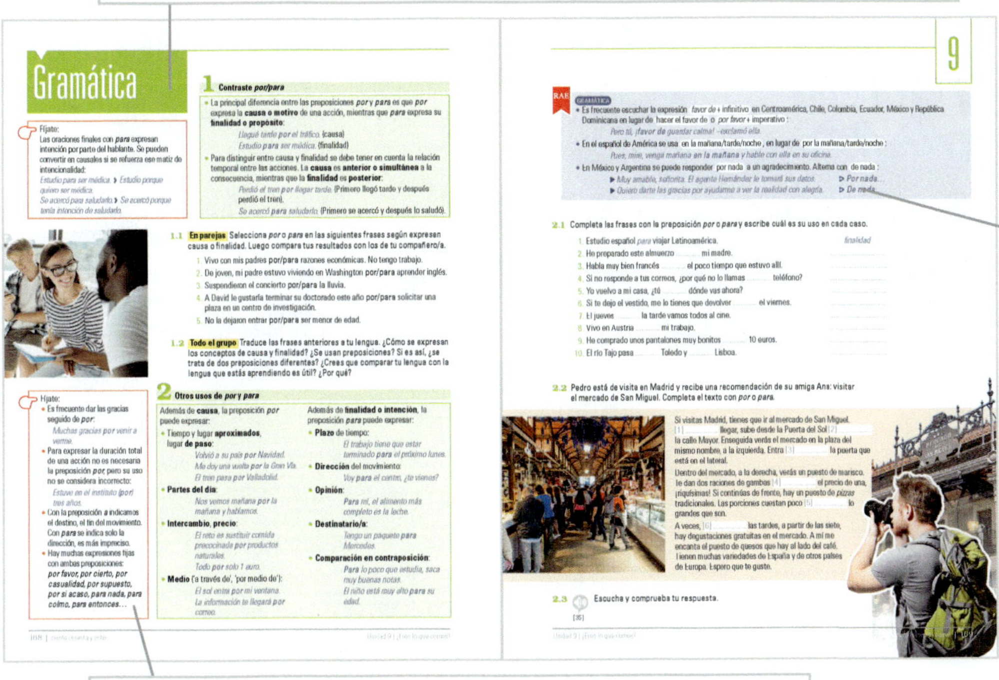

En este apartado, los cuadros de la RAE presentan información referida a cuestiones gramaticales (contraste entre el español de España y el de América, frecuencias de uso, regímenes verbales, etc.) con ejemplos extraídos de los corpus.

Cuadro de atención que sirve para resaltar o recordar los contenidos importantes.

Introducción INT9

Practica en contexto. El estudiante aprende a interactuar a través de las diferentes tareas presentadas en una secuencia didáctica coherente y significativa. Mediante estas tareas el estudiante pone en práctica los conocimientos adquiridos hasta el momento con actividades de comprensión y producción orales y escritas, interactuando según las diferentes dinámicas propuestas.

Los cuadros funcionales se presentan en el momento adecuado de la secuencia como una herramienta que el estudiante utiliza para resolver con éxito la tarea propuesta.

Cultura. Los contenidos culturales se presentan en una secuencia muy visual y dinámica en la que se tratan temas socioculturales de España e Hispanoamérica.

En este apartado cobran especial importancia la imagen, el diseño y los distintos formatos de texto: gráficos, diagramas, mapas, folletos turísticos...

INT10 Introducción

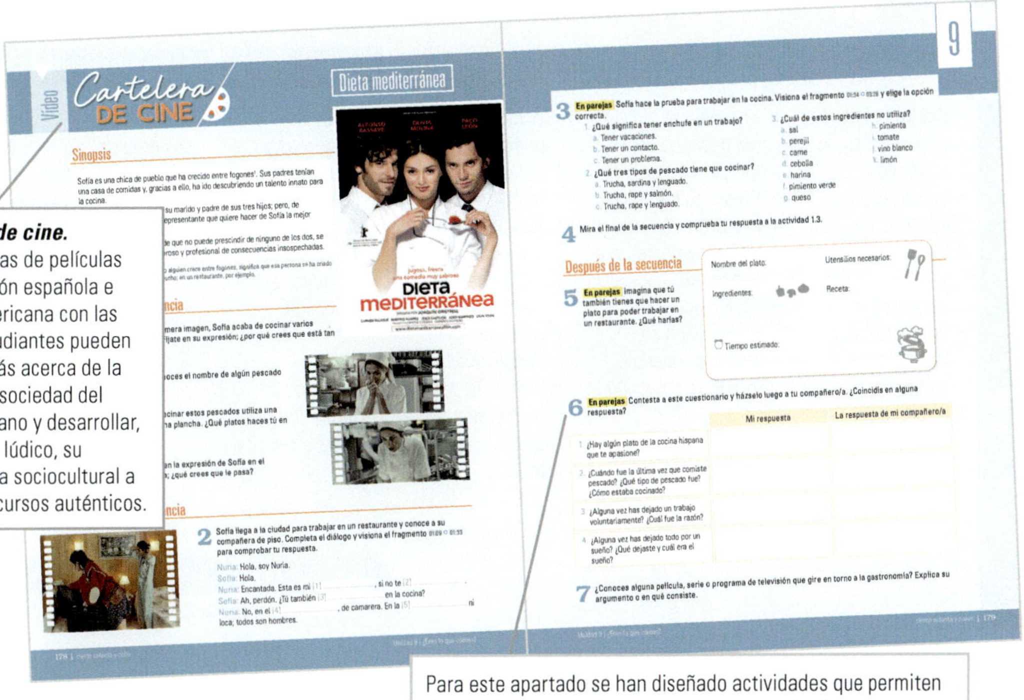

Cartelera de cine. 10 secuencias de películas de producción española e hispanoamericana con las que los estudiantes pueden aprender más acerca de la cultura y la sociedad del mundo hispano y desarrollar, de un modo lúdico, su competencia sociocultural a partir de recursos auténticos.

Para este apartado se han diseñado actividades que permiten al estudiante predecir, comprender y comentar la secuencia y el contexto sociocultural en el que esta se desarrolla.

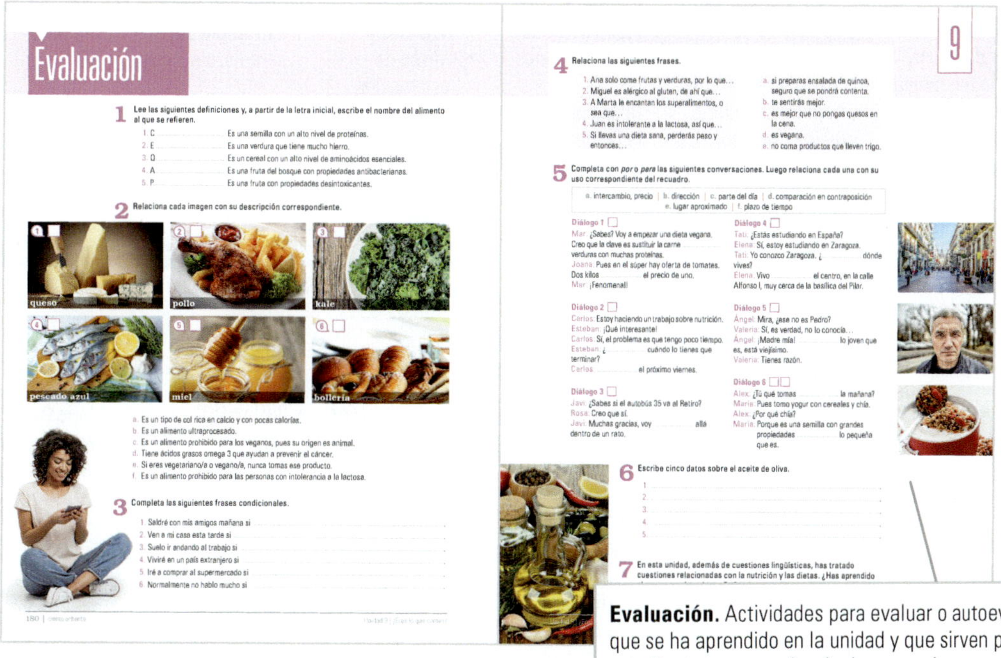

Evaluación. Actividades para evaluar o autoevaluar lo que se ha aprendido en la unidad y que sirven para que el estudiante tome conciencia de su propio aprendizaje. Con ellas, este puede reflexionar acerca de los errores cometidos e identificar aquellos contenidos que necesite repasar.

Introducción INT11

Índice

INT12 Introducción

	Comunicación	Gramática	Léxico	Tipos de texto	Técnicas y estrategias	Cultura
4 ¡Súmate! pág. 62	• Introducir una opinión y valorar • Expresar certeza • Aprobar y desaprobar • Expresar acuerdo o desacuerdo con una opinión • Expresar acuerdo parcial	• Verbos de pensamiento + indicativo/subjuntivo • Construcciones para expresar juicios de valor • Expresar certeza	• Medioambiente y cambio climático • Sostenibilidad • Expresiones que indican acuerdo o desacuerdo • Adjetivos y sustantivos valorativos	• Fragmento del ensayo *Vida. La naturaleza en peligro*, de Miguel Delibes de Castro • Encuesta y chat sobre medioambiente • Artículo: *De Londres a Glòries, vía Ibiza* • Blog: *Tenemos demasiada ropa*	• Aprender a debatir • Reflexionar sobre lo estudiado y valorar el propio aprendizaje	• La hectárea global • *Paraísos en peligro*
				Cartelera de cine • Secuencia 4: *Las 13 rosas*		
5 Para siempre pág. 82	• Descripción de personas: carácter y personalidad • Expresar gustos, intereses y preferencias • Expresar sentimientos, emociones y estados de ánimo • Mostrar empatía • Destacar un elemento del discurso	• Verbos para expresar gustos, intereses y preferencias • Locuciones con *dar* y *poner* para expresar sentimientos y emociones • Otros verbos que expresan sentimientos, emociones y estados de ánimo • Oraciones de relativo con antecedente conocido y desconocido	• Adjetivos para describir el carácter y la personalidad • Formación de antónimos • Estados de ánimo y emociones • Expresiones para reaccionar con ¡*qué* + sustantivo!	• Artículo: *Lo que tu cara dice de ti* • Perfiles en redes sociales • Blog de consejos para compartir piso	• Transferencia e interferencia entre lenguas	• Uso de la @ para evitar el sexismo en el lenguaje • *Lugares con magia*: el modernismo arquitectónico catalán
				Cartelera de cine • Secuencia 5: *Los amantes del círculo polar*		
6 Esta es mi generación pág. 102	• Establecer distintas relaciones temporales entre las acciones • Evocar recuerdos • Expresar igualdad o equivalencia • Destacar un elemento dentro de un conjunto • Acotar cantidades • Hablar de capacidades y habilidades • Dar consejos y hacer sugerencias	• Nexos temporales • Oraciones temporales con indicativo/infinitivo/subjuntivo • Futuro simple (repaso) • Condicional simple regular e irregular • Usos del condicional simple • Comparaciones con *igual de… que* • Superlativo relativo • *(No) más/menos de* + cantidad	• Etapas de la vida • Generaciones • Formación y empleo: profesiones • Carreras universitarias	• Blog de consejos para estudiar en Francia • Gráfico sobre los estudios y el paro • Infografía sobre la generación alfa • Titulares de periódico	• Reflexionar sobre la habilidad para recordar lo aprendido	• Características de las diferentes generaciones: desde los *baby boomers* hasta la generación alfa • *La generación del 27*
				Cartelera de cine • Secuencia 6: *Sus ojos se cerraron y el mundo sigue andando*		

Introducción INT13

	Comunicación	Gramática	Léxico	Tipos de texto	Técnicas y estrategias	Cultura
7 **Todo es noticia** pág. 122	• Expresar diferentes valores aspectuales y temporales de una acción • Expresar causa • Escribir una noticia • Rectificar o matizar una afirmación o suposición previa • Presentar un obstáculo que no impide la realización de una acción	• Perífrasis verbales de infinitivo y de gerundio • Oraciones causales: – *Porque, como, ya que, puesto que, por* + infinitivo… – *No porque/No es que* + subjuntivo, *sino porque/es que* + indicativo • Oraciones concesivas con *aunque* (indicativo/subjuntivo)	• Medios de comunicación • Prensa escrita • Expresiones idiomáticas con *estar*	• Trivial sobre los medios de comunicación • Titulares de noticias • Artículo: *La nueva era de la televisión*	• Reconocer las palabras claves de un texto escrito u oral • Recursos para desarrollar la expresión escrita • Pautas para escribir una noticia • Analizar el proceso de aprendizaje	• Personajes hispánicos famosos: María Celeste Arrarás, Rosalía, Gustavo Dudamel, J. Balvin, Sonia Sotomayor y Rafael Nadal • *La palabra del año* • La Fundación del Español Urgente (FundéuRAE)
				Cartelera de cine • Secuencia 7: *AzulOscuroCasiNegro*		
8 **¿Qué habrá pasado?** pág. 142	• Hacer predicciones • Expresar probabilidad • Hacer hipótesis sobre el presente y el pasado • Describir la función y el material de un objeto • Expresar la finalidad de una acción • Preguntar o introducir una información y responder • Expresar sorpresa o extrañeza	• Futuro compuesto: forma y usos • Contraste futuro simple/futuro compuesto para hacer predicciones • Marcadores de probabilidad con indicativo y subjuntivo • Contraste futuro simple/futuro compuesto/condicional para expresar hipótesis • Pretérito perfecto de subjuntivo • Oraciones finales • *Para* y otros conectores finales	• Formas y figuras • Materiales • Objetos de uso cotidiano y su función • Elementos que componen un objeto: *mango, boca, tapa, punta…*	• Artículo: *Cómo imaginaban el siglo XXI en los años 30* • Testimonios sobre la reutilización creativa de los objetos	• Estrategias para la organización de los contenidos estudiados: resúmenes, subrayados, esquemas, mapas conceptuales, etc.	• Sostenibilidad: la reutilización creativa de los objetos • Curiosidades de algunos objetos de uso cotidiano • *Madrid, una capital curiosa*
				Cartelera de cine • Secuencia 8: *Sobreviviré*		
9 **¿Eres lo que comes?** pág. 162	• Expresar causa y finalidad • Expresar condición • Expresar consecuencia • Llegar a un acuerdo • Escribir una receta de cocina	• Usos de las preposiciones *por* y *para* y su contraste • Oraciones consecutivas con indicativo/imperativo/subjuntivo • Nexos consecutivos: *entonces, o sea que, así (es) que, de ahí que, de manera que, por tanto* • Oraciones condicionales reales (primera condicional) con presente/imperativo/futuro	• Alimentos y sus propiedades • Sabores básicos • Nutrición y dietas • Recetas de cocina • Partes del cuerpo • Dolencias	• Recetas de cocina • Etiqueta: *#comidareal, sabor natural* • Artículo: ventajas e inconvenientes de los huertos urbanos	• Cooperar para llegar a un acuerdo • Tomar decisiones en equipo • Reflexionar sobre el aprendizaje transversal	• Recetas típicas de la cocina española: croquetas de pollo, salmorejo y migas de pastor • El mercado de San Miguel en Madrid • Platos tradicionales españoles • *El oro del Mediterráneo*
				Cartelera de cine • Secuencia 9: *Dieta mediterránea*		

INT14 Introducción

Repaso de los principales contenidos del nivel

	Comunicación	Gramática	Léxico	Tipos de texto	Técnicas y estrategias	Cultura
10 Línea de meta pág. 182	• Expresar deseos • Expresar sentimientos • Describir objetos y explicar para qué sirven • Explicar la causa y matizarla o desmentirla • Introducir una opinión y reaccionar • Evocar recuerdos • Pedir, dar y agradecer un consejo	• Contraste de pasados • Presente de subjuntivo: – Deseos y preferencias – Peticiones – Consejos, recomendaciones, órdenes, permiso y prohibición – Sentimientos y estados de ánimo – Opinión, valoración y certeza – Oraciones de relativo con antecedente desconocido – Hipótesis y probabilidad – Oraciones finales	• Profesiones • Adjetivos de carácter y personalidad • Internet y las nuevas tecnologías • Palabras que designan fracciones de tiempo • Forma, material y función de los objetos • Expresiones para manifestar deseos: *que* + presente de subjuntivo • Adjetivos y sustantivos valorativos	• Fragmentos de la novela *La silueta del olvido*, de Joaquín Camps • Definición del internet de las cosas • Artículo: *Ventajas y desventajas del IoT*	• Deducir el contenido de un texto a partir de cierta información • Autoevaluarse a partir de los descriptores del nivel B1 del *Marco de referencia*	• El internet de las cosas • El *Marco común europeo de referencia para las lenguas* • *El comercio justo*
				Cartelera de cine • Secuencia 10: *Extraños*		

Introducción INT15

España datos de interés

Número de habitantes

47 millones de habitantes

España es el tercer país más visitado del mundo, superado únicamente por Francia y Estados Unidos.

La mayor reserva ecológica de Europa está en España: el parque nacional de Doñana.

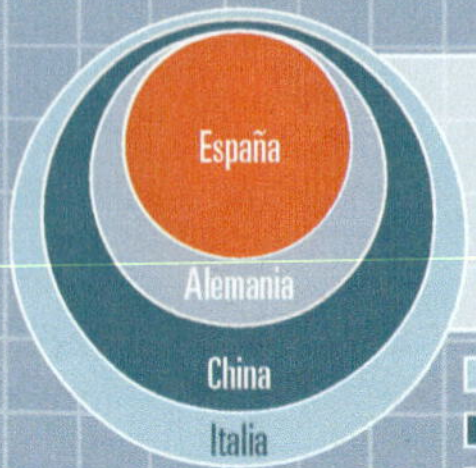

Es el cuarto país con más sitios Patrimonio de la Humanidad, por detrás de Italia, China y Alemania.

- Italia (58)
- China (56)
- Alemania (51)
- España (49)

Monumentos más visitados en España:

- La Alhambra (Granada)
- La Sagrada Familia (Barcelona)
- La Mezquita (Córdoba)
- La Catedral de Santiago de Compostela (La Coruña)
- La Catedral de Burgos (Castilla y León)

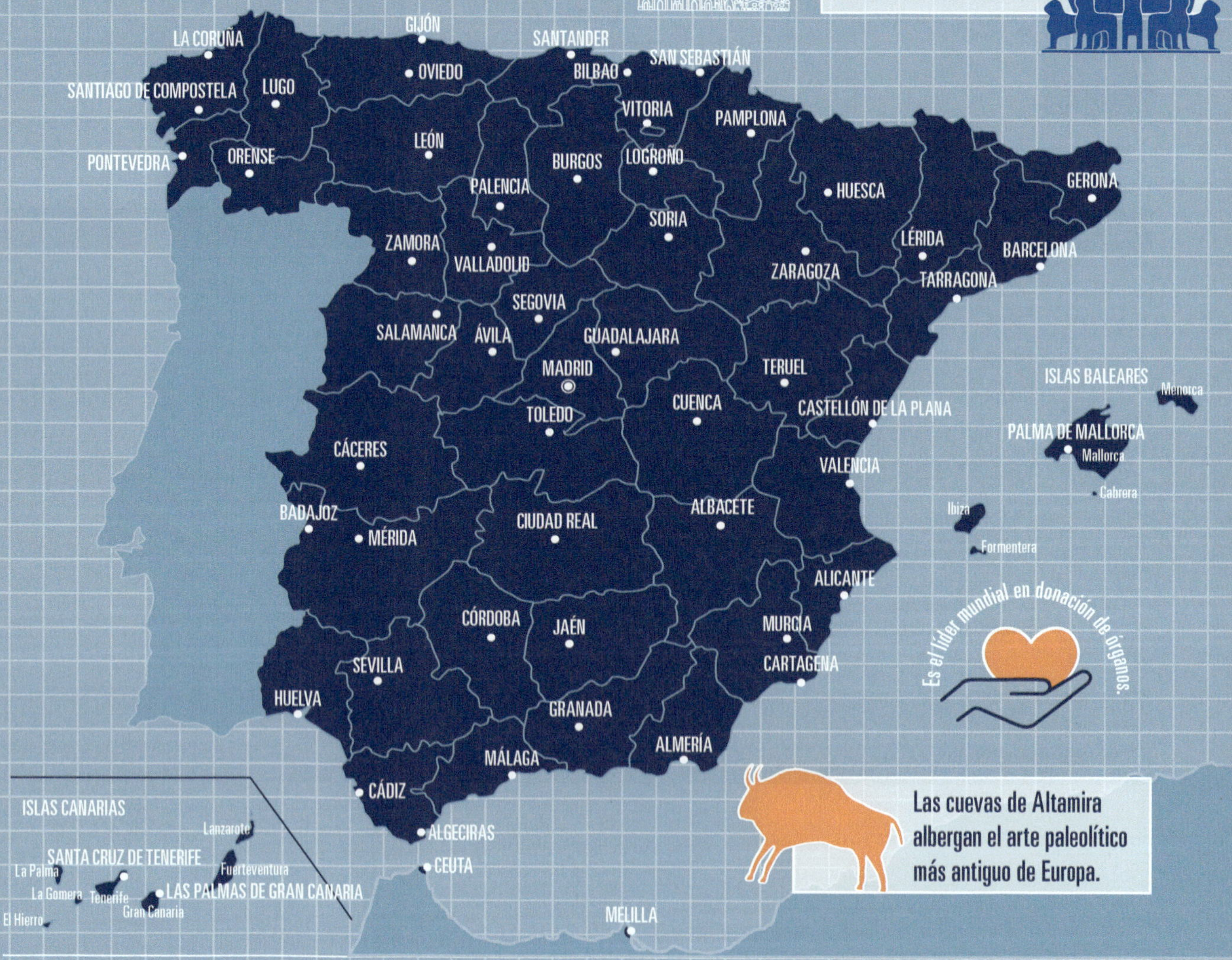

Es el líder mundial en donación de órganos.

Las cuevas de Altamira albergan el arte paleolítico más antiguo de Europa.

INT16 Introducción

Hispanoamérica datos de interés

Según *National Geographic*, el glaciar Perito Moreno, dentro del parque natural Los Glaciares en Argentina, es el cuarto paraje natural más bello del mundo, y el parque nacional Canaima, en Venezuela, ocupa el lugar número 15.

¡Hola!

La mayoría de los hablantes de español se encuentran en Hispanoamérica:

404 millones de hablantes nativos

Países más visitados de Hispanoamérica

- **México** ≃ 40 000 000
- **Argentina** ≃ 7 000 000
- **Chile** ≃ 6 500 000
- **República Dominicana** ≃ 6 000 000

Principales culturas precolombinas

- **Azteca** (Sur de México, siglos XIV-XVI)
- **Maya** (México y Guatemala, siglos I-XVII)
- **Inca** (Ecuador, Perú, Bolivia, norte de Argentina y Chile, siglos XV-XVI)

Introducción INT17

¿Por qué estudio español?

Más de 591 millones de personas hablan español en el mundo. De ellos, 493 millones son nativos.

El español es la **segunda lengua materna del mundo** por número de hablantes, después del chino mandarín.

Es la cuarta lengua más estudiada del mundo después del inglés, el francés y el chino mandarín: actualmente hay 24 millones de estudiantes de español en el mundo.

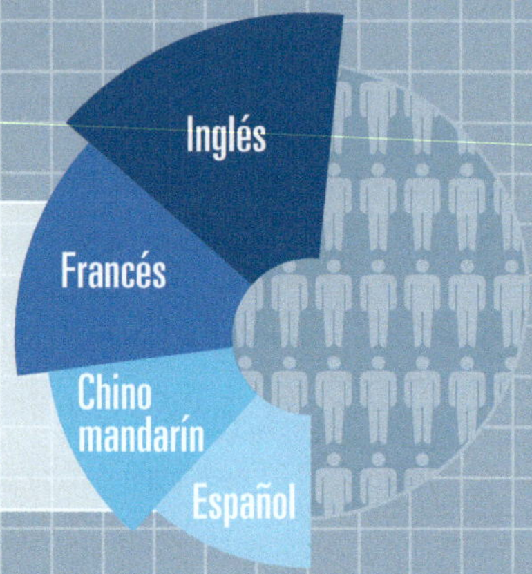

La contribución del conjunto de los países hispanohablantes al PIB mundial es del 6.9 %.

6.9 %

- El español es la tercera lengua más utilizada en la red.
- El 7.9 % de los usuarios de internet se comunica en español.
- El español es la segunda lengua más utilizada en Wikipedia, en Facebook, en LinkedIn y en Twitter.

El español es la cuarta lengua más poderosa del mundo.

El español ocupa la cuarta posición en el ámbito institucional de la Unión Europea.

Es la tercera lengua en el sistema de trabajo de la ONU: es una de sus seis lenguas oficiales.

España es el tercer país exportador de libros del mundo.

España, Argentina y México se encuentran entre los quince principales países productores de películas del mundo.

Datos extraídos del informe *El español: una lengua viva*, elaborado y redactado por David Fernández Vítores, y dirigido y coordinado por la Dirección Académica del Instituto Cervantes (2021).

Libro del estudiante

Nivel

B1

Unidad 1

Unidad

1

Encuentro de culturas

Pida a sus estudiantes que se fijen en la imagen principal y pregúnteles qué representa según su opinión. Si lo considera necesario, para estimular el intercambio de ideas, puede añadir otras preguntas: *¿de dónde crees que son estas personas?, ¿qué crees que representa cada una de ellas?* Anote en la pizarra las ideas que sugieran y subraye todas aquellas palabras que puedan surgir relativas a la diversidad cultural y al respeto y la tolerancia hacia esta. A continuación lea el título de la unidad y pídales que lo relacionen con las ideas que propusieron.
Una vez que haya quedado claro el tema que vertebra buena parte de la unidad, puede proponer la segunda pregunta: *¿Crees que perteneces a una sola cultura o a más de una?* Quizá sería importante que, antes, sus estudiantes explicaran qué entienden por cultura, para asegurarse así de que, condicionados por la imagen, no se refieran únicamente a razas o nacionalidades. Puede también preguntar si, en un mundo tan globalizado como el actual, en el que todos consumimos las mismas cosas y, en gran medida, compartimos la misma información, creen que es posible pertenecer a una sola cultura.

Encuentro de culturas

En esta unidad vas a. . .

- Narrar y describir en pasado
- Hablar de acciones anteriores a otras pasadas
- Referir lo que dijo otra persona
- Descubrir qué pueblos contribuyeron a formar la cultura española

Pídales que observen ahora las dos imágenes superiores que aparecen en esta página y pregúnteles qué hizo la chica ayer. Añada otras preguntas: *¿cuánta gente había en el cine?, ¿cómo estaba sentada?, ¿qué hacía mientras veía la película?, ¿corría sola o con alguien?, ¿qué llevaba puesto?, ¿qué tiempo hacía?* Anote en la pizarra los verbos empleados en sus respuestas y pregúnteles en qué tiempos están conjugados y por qué (en pretérito indefinido estarán los verbos con los que se narran los hechos: *fue al cine, vio una película, salió a correr;* mientras que en pretérito imperfecto, aquellos con los que describimos y los que presentan las circunstancias que rodean los hechos: *estaba sola en el cine, tomaba un refresco, llevaba una sudadera rosa y un pantalón negro, estaba lloviendo.* Pregúnteles también por qué creen que, en sus respuestas, no han empleado el pretérito perfecto (la acción se plantea en un tiempo terminado: *ayer*; para poder usar el perfecto, el marco temporal debería ser de presente: *hoy, esta tarde*. . .).
A continuación pídales que se fijen en la imagen inferior y pregúnteles con qué cultura relacionan el monumento. Cuando obtenga la respuesta correcta (cultura islámica), puede preguntarles dónde creen que se encuentra y si piensan que existe algún vínculo entre la cultura islámica y España. Para terminar, pregúnteles qué contenidos creen que se trabajarán en esta unidad en función de lo que han visto en la portada y presente los que aparecen en el recuadro.

Unidad 1

¿Qué sabes?

1. El objetivo de esta primera actividad es anticipar uno de los contenidos léxicos que se desarrollarán en el apartado "Palabras" de la unidad. Agrupe a sus estudiantes en parejas y pídales que lean las palabras del recuadro para, a continuación, localizar en el mapa algún ejemplo de cada una e indicar, también, dónde se encuentra España. Una vez que hayan realizado la actividad, haga una puesta en común para comparar los resultados y comprobar las distintas opciones de respuesta.

Posible respuesta:

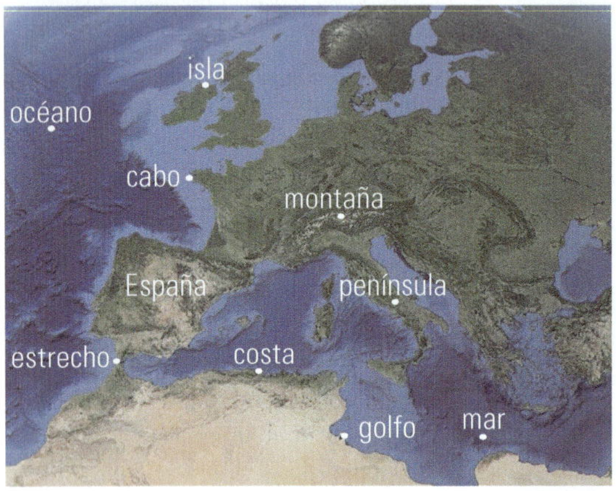

¿Qué sabes?

1 **En parejas** Fíjate en esta vista que ofrece Google Earth. Con tu compañero/a, busca ejemplos de los accidentes geográficos del recuadro. Luego señala en el mapa dónde está España.

península | costa | isla
estrecho | mar | océano
montaña | golfo | cabo

1.1 **En parejas** Lee las siguientes definiciones; ¿sabes cómo se llaman en español los accidentes geográficos que describen? Compara tus resultados con los de tu compañero/a.

1. Espacio llano entre montes o montañas. › ....
2. Gran masa de agua, generalmente dulce, separada del mar. › ....
3. Tipo de bosque en zonas del ecuador y tropicales. › ....
4. Abertura en una montaña por la que puede salir humo, llamas, piedras… › ....
5. Llanura extensa a cierta altitud sobre el nivel del mar. › ....
6. Terreno de arena o piedras donde casi no hay vegetación. › ....

1.2 **Todo el grupo** Vuelve a mirar el mapa y relaciona la posición geográfica de España con el título de la unidad: *Encuentro de culturas.*

2 **En grupos pequeños** Observa los templos que aparecen en las imágenes; ¿sabes cuáles de las principales religiones del mundo se practican en ellos? Habla con tus compañeros y, entre todos, completad la tabla.

Religión	Persona que la practica	Templo donde se practica
1. *catolicismo*	*católico/a*	*iglesia, catedral*
2.		
3.		
4.		

4 | cuatro

Unidad 1 | Encuentro de culturas

1.1. Mantenga la disposición en parejas para seguir trabajando el vocabulario relativo a los accidentes geográficos introducido en la actividad anterior. Explíqueles que deberán leer una serie definiciones y escribir la palabra a la que se refiere cada una de ellas. Si lo considera necesario, puede dejarles usar el diccionario.

1. valle; **2.** lago; **3.** selva; **4.** volcán; **5.** meseta; **6.** desierto.

1.2. En plenario, pídales que se fijen de nuevo en el mapa de la actividad 1 y en la posición geográfica que ocupa España y que relacionen esta última con el título de la unidad: *Encuentro de culturas*. Haga notar, si es necesario, que España está separada de África por el estrecho de Gibraltar, que tiene 14.4 km en su distancia mínima, y que se encuentra entre el mar Mediterráneo y el océano Atlántico. Se trata de que, teniendo en cuenta la posición geográfica de España, piensen en qué culturas han podido pasar por ella. Tome nota de lo que respondan para retomarlo más tarde, cuando se trabaje este tema en los apartados "Practica en contexto" y "Cultura".

2. Organice la clase en grupos pequeños para realizar esta actividad que tiene por objetivo introducir otro de los campos léxicos que se trabajarán en la unidad, el de la religión como aspecto determinante para muchas culturas. Pídales primero que se fijen en las imágenes y que las relacionen con religiones; ínstelos a que digan sus nombres en español y que los anoten en la tabla que acompaña a la actividad. En dicha tabla, además, tendrán que escribir el nombre de los practicantes de cada una de las religiones y de los templos donde tiene lugar su culto. Una vez completada la tabla, remítalos de nuevo a las imágenes para que escriban el nombre del templo que representa cada una.

Religión	Persona que la practica	Templo donde se practica
1. catolicismo	católico/a	iglesia, catedral
2. budismo	budista	templo budista
3. islam/islamismo	musulmán/musulmana	mezquita
4. judaísmo	judío/a	sinagoga

3 **En parejas** Completa la tabla con el nombre del tiempo y las formas verbales que faltan en primera persona del singular.

	....	....	....
decir			*decía*
ir			
hacer			
poder	*he podido*		
querer			
saber		*supe*	

4 **En parejas** Lee el texto y subraya los verbos que están en pasado, en rojo si se usan para narrar y en azul si se usan para describir.

RAE

Caminé velozmente por calles que no reconocía, hasta llegar a un barrio de construcción reciente, limítrofe, en el que me perdí. Quise regresar, encontrar al menos alguna señal conocida. Decidí buscar un taxi, pero ni siquiera a lo lejos se percibía el sonido de un motor. **Todo el tráfico había desaparecido.** Seguí caminando con la intención de preguntar a alguien, en un bar tal vez. Pero todas las puertas estaban cerradas. Nada que tuviera movimiento existía aquella noche. Ya amanecía cuando al fin salí a una calle que me resultaba familiar.

Extraído de *La lógica del vampiro*, Adelaida García Morales, editorial Anagrama, 1990. Incluido en CREA (Corpus de Referencia del Español Actual)

4.1 **En grupos pequeños** Fíjate en la frase destacada del texto anterior; ¿sabes en qué tiempo está conjugado el verbo *desaparecer* y qué indica desde el punto de vista temporal?

5 **En parejas** Elige un papel, lee las citas de dos personalidades del mundo hispánico y cuéntaselas a tu compañero/a diciendo: *¿Sabías que X afirmó/dijo/pensaba/escribió que...?* Luego decidid cuál de ellas os parece más interesante y por qué.

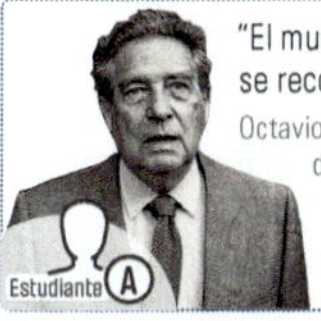

"El mundo cambia si dos se miran y se reconocen".

Octavio Paz, poeta, ensayista, dramaturgo y diplomático mexicano. Es uno de los grandes poetas hispanos de todos los tiempos.

"Yo creo firmemente que el respeto a la diversidad es un pilar fundamental en la erradicación del racismo, la xenofobia y la intolerancia".

Rigoberta Menchú, activista guatemalteca cuya lucha por los derechos de los indígenas fue reconocida con el Premio Nobel de la Paz (1992).

Estudiante A

"El seguro de vida de cualquier especie es la diversidad. La diversidad garantiza la sobrevivencia".

Isabel Allende, escritora chilena (aunque nacida en Perú) y autora, entre otras muchas novelas, de *La casa de los espíritus*, traducida a más de 40 idiomas.

"Lo mejor que el mundo tiene está en los muchos mundos que el mundo contiene; las distintas músicas de la vida, sus dolores y colores: las mil y una maneras de vivir y decir, creer y crear".

Eduardo Galeano, escritor y periodista uruguayo. Su libro *Las venas abiertas de América Latina*, traducido a 20 idiomas, fue censurado por las dictaduras militares de Uruguay, Chile y Argentina.

Estudiante B

5.1 **Todo el grupo** Busca en internet una cita de un personaje al que admires, escríbela y léesela a tus compañeros. ¿Cuál os parece más interesante? ¿Por qué?

3. Aproximación al contraste de los pretéritos perfecto, indefinido e imperfecto. Pídales que, en parejas, completen la tabla con el nombre de los tres tiempos y los verbos en las formas correspondientes a la primera persona del singular *(yo)*. Corrija en plenario y pregúnteles, después, qué formas son regulares y cuáles irregulares.
1.ª columna: Pretérito perfecto, he dicho, he ido, he hecho, he podido, he querido, he sabido; **2.ª columna:** Pretérito indefinido, dije, fui, hice, pude, quise, supe; **3.ª columna:** Pretérito imperfecto, decía, iba, hacía, podía, quería, sabía.

4. Actividad para ver en contexto los tiempos presentados de manera que se determine un uso fundamental de cada uno: la narración, para el indefinido, y la descripción, para el imperfecto. Pídales que, en parejas, lean el texto del cuadro de la RAE e indíqueles que subrayen todos los verbos que estén en pasado: en rojo los que se usan para narrar y en azul los usados para describir. Anticipe que la frase destacada en negrita la verán en la siguiente actividad. Corrija en plenario y pregúnteles cuál de las dos funciones, narrar o describir, creen que correspondería al pretérito perfecto (narrar).
Narración: Caminé, me perdí, Quise, Decidí, Seguí, salí; **Descripción:** reconocía, se percibía, estaban, existía, amanecía, resultaba.

4.1. Forme pequeños grupos y escriba en la pizarra la frase destacada en el texto anterior. Pregúnteles si saben el nombre del tiempo en el que está conjugado el verbo *desaparecer*, cuál creen que es su valor temporal y qué relación temporal creen que existe entre este verbo y los demás. Escuche sus respuestas pero no se detenga en dar más explicaciones, pues retomarán este contenido en el apartado "Gramática".
El verbo *desaparecer* está conjugado en pretérito pluscuamperfecto de indicativo. Este tiempo indica que una acción está terminada con anterioridad a otra también terminada.

5. Se anticipa ahora de un modo funcional el estilo indirecto. Pregúnteles primero si conocen a las personalidades del mundo hispánico de las imágenes y anímelos a compartir la información que puedan tener. A continuación pídales que, en parejas, elija cada uno/a un papel (A o B) y lea las dos citas de sus personajes. Luego tendrán que referir a su compañero/a lo que dicen sus citas usando algún verbo introductor de los que propone el enunciado. Haga hincapié en que las citas deben ser referidas en pasado. Después de la actividad, pídales que expliquen qué cita les ha parecido más interesante y por qué. No corrija la actividad, pues lo harán en el apartado"Gramática".
Posible respuesta:
Estudiante A: Octavio Paz **dijo que** el mundo **cambiaba** si dos **se miraban** y **se reconocían**; Rigoberta Menchú **afirmaba que creía** firmemente que el respeto a la diversidad **era** un pilar fundamental en la erradicación del racismo, la xenofobia y la intolerancia. **Estudiante B:** Isabel Allende **pensaba que** el seguro de vida de cualquier especie **era** la diversidad, **que** la diversidad **garantizaba** la sobrevivencia; Eduardo Galeano **escribió que** lo mejor que el mundo **tenía estaba** en los muchos mundos que el mundo **contenía**, las distintas músicas de la vida, sus dolores y colores: las mil y una maneras de vivir y decir, creer y crear.

5.1. Para completar la actividad anterior, pídales que busquen en internet una cita de algún personaje que les interese y que la anoten para luego referírsela a sus compañeros. Fomente el debate animándolos a discutir el contenido de las citas y cuáles les parecen más interesantes.

Unidad 1

Palabras

1. En el presente apartado se trabaja un léxico que permite hablar de geografía e historia, así como verbos de lengua que usamos para introducir el estilo indirecto. En esta primera actividad pídales que, en parejas, se fijen en las seis imágenes y explíqueles que dos de las palabras que aparecen junto a ellas están intercambiadas y que deben indicar cuáles son. A continuación pregúnteles, ya en plenario, qué otras palabras referentes a accidentes geográficos conocen o recuerdan del apartado "¿Qué sabes?" *(península, isla, mar, océano, valle, lago, selva, volcán...)*.
1. costa; **4.** estrecho.

1.1. [1] En esta actividad los estudiantes, por medio de una comprensión auditiva y con el vocabulario visto en la actividad anterior, conocerán algunos de los aspectos más relevantes de la geografía española. Mantenga la disposición en parejas y pídales que, en primer lugar, lean las definiciones que se ofrecen e indiquen si les parecen correctas o incorrectas. Muévase por la clase para asegurarse de que entienden las frases y resuelva las posibles dudas de vocabulario. Si lo considera oportuno, puede preenseñar el significado de las palabras *extensión*, *porción* e *internar*, facilitando que sean ellos mismos, y no usted, quienes lo expliquen. A continuación ponga el audio para que comprueben sus respuestas.
1. I; **2.** C; **3.** I; **4.** C; **5.** C; **6.** I; **7.** I; **8.** I.

1.2. [1] Actividad continuación de la anterior en la que los estudiantes, dispuestos ahora en pequeños grupos, tendrán que buscar en un mapa físico de España los nombres que se mencionan en el audio a medida que escuchan. Como ampliación de esta actividad, puede también proponer que busquen un mapa de la región o del país del que proceden y que expliquen al resto de la clase las características más destacables de su geografía tomando como modelo el texto que han escuchado.

Palabras

1 **En parejas** En estas imágenes hay dos nombres intercambiados; localízalos. ¿Qué otros accidentes geográficos conoces en español? Repasa el apartado "¿Qué sabes?".

1.1 [1] **En parejas** Lee las definiciones y marca si te parecen correctas o incorrectas. Luego escucha y comprueba tus respuestas.

1. Una península es un territorio rodeado completamente por el mar. C I
2. Un océano es un mar de gran extensión que separa continentes. C I
3. Una isla es una porción de tierra rodeada de agua por todas sus partes menos por una. C I
4. La costa es el límite entre el mar y la tierra. C I
5. Un estrecho es un paso que comunica dos mares. C I
6. Un cabo es un sistema de montañas. C I
7. Un golfo es una extensión de tierra que entra en el mar. C I
8. Una cordillera es la parte del mar que se interna en la tierra. C I

1.2 [1] **En grupos pequeños** Busca en internet un mapa físico de la península ibérica. Escucha de nuevo y localiza en el mapa los nombres que se mencionan.

2 **En parejas** Lee el texto y encuentra las cinco palabras relacionadas con el tiempo que se definen debajo. Compara el resultado con tu compañero/a.

Las primeras décadas del siglo VIII marcaron el principio de uno de los periodos más interesantes de la historia de España: la Reconquista. En una época de relativa tolerancia religiosa, judíos y cristianos convivían en paz en la península ibérica. Pero en el año 711 se produjo una invasión musulmana que en poco tiempo fue ganando terreno y que provocó la reacción de los cristianos, que comenzaron a luchar para recuperar los territorios perdidos; este periodo histórico pasó por diferentes etapas y duró casi 800 años. En 1492 los Reyes Católicos conquistaron Granada, el último reino musulmán que quedaba en la península.

1. .... Cien años.
2. .... Fase en el desarrollo de algo.
3. .... Tiempo caracterizado por determinados hechos históricos y modos de vida.
4. .... Diez años.
5. .... Ciclo de tiempo.

Castillo medieval de Loarre, Aragón

6 | seis — Unidad 1 | Encuentro de culturas

2. Explíqueles que en esta actividad, además de aprender un vocabulario fundamental para hablar de historia, leerán un texto sobre un interesante periodo de la historia de España. Escriba en la pizarra la palabra *Reconquista* y pregúnteles por su significado ('conquistar algo que se había perdido') y si alguien sabe a qué periodo de la historia de España se refiere este término. Recabe la información que puedan aportar para contrastarla después de realizar la actividad.
A continuación pídales que, en parejas, lean el texto y busquen en este cinco palabras relacionadas con el tiempo. Muévase por la clase para supervisar su trabajo y resolver posibles dudas.
1. siglo; **2.** etapa; **3.** época; **4.** década; **5.** periodo.

Para trabajar estos contenidos, realice las actividades **1** y **1a**, p. **4** del *Libro de ejercicios*.

3 **Lee el texto y complétalo con las palabras del recuadro.**

religiones | mezquitas | iglesias | musulmanes | templos | judíos | ateos | creyentes

Así son las minorías religiosas que viven en España

Aunque según datos del CIS (Centro de Investigaciones Sociológicas) el 61.6 % de los españoles se consideran católicos, el 35.5 % son [1] ...., no creyentes o agnósticos y solo el 1.6 % practica otras religiones, lo cierto es que esas cifras solo toman en cuenta a la población con nacionalidad española y no a los extranjeros que viven en España.

Evangélicos, musulmanes, testigos de Jehová, judíos, budistas..., la variedad de [2] .... que conviven en España ha crecido en los últimos años debido, principalmente, a la llegada de inmigrantes desde distintas partes del mundo. En España existen más de 7000 [3] .... de diferentes confesiones religiosas minoritarias, lo que representa alrededor del 21 % del total. El resto son templos católicos, es decir, [4] ....

El islamismo es la segunda religión en España, después del catolicismo. Hay casi 1.9 millones de [5] ...., lo que equivale casi a un 4 % de la población, y cerca de 1400 [6] .... Esta posición se debe a la inmigración procedente, en su mayor parte, de Marruecos.

El número de [7] .... cristianos evangélicos es ya de un millón y medio y provienen principalmente de América Latina. Sus iglesias suman el 57 % de los lugares de culto correspondientes a las religiones minoritarias en España.

Además, se calcula que en España hay 110 000 testigos de Jehová, unos 45 000 [8] .... y 40 000 budistas, y diferentes cantidades, ya menores, de fieles de otras religiones.

Adaptado de https://www.europapress.es/sociedad/noticia-asi-son-minorias-religiosas-viven-espana-20160601172504.html

Recuerda:
Los porcentajes, en español, se pueden escribir con punto o con coma. Se leen así:
32.7 % › *treinta y dos* ***punto*** *siete por ciento*
32,7 % › *treinta y dos* ***coma*** *siete por ciento*

Mezquita-Catedral de Córdoba

RAE LÉXICO
En el español de México, Puerto Rico y Cuba se usa la palabra porciento en lugar de porcentaje:
Un gran ***porciento*** *de las máquinas herramienta de nuestro país es de fabricación antigua.*

3.1 **Escribe en letras los porcentajes que aparecen en el texto.**

4 **En parejas** **Relaciona cada verbo con su significado. ¿Qué tienen todos en común? Trabaja con tu compañero/a.**

1. advertir
2. repetir
3. afirmar
4. asegurar
5. reconocer
6. añadir

a. Decir algo otra vez.
b. Admitir, aceptar algo como cierto.
c. Llamar la atención sobre algo, prevenir.
d. Decir algo con certeza, sin duda.
e. Decir algo más, ampliar la información.
f. Dar por cierto algo, responder afirmativamente.

4.1 **En parejas** **Escribe en tu cuaderno estas frases sustituyendo el verbo *decir* por alguno de los verbos de la actividad anterior. Puede haber más de una solución posible. Luego compara con tu compañero/a.**

1. Marta dijo también que no volvería nunca más a su casa.
2. Nos ha dicho que está lloviendo, que cojamos el paraguas.
3. El ministro dijo que ya hay fecha para las nuevas elecciones.
4. Juan dijo que Marta tenía razón, que él se había equivocado.
5. No digas algo de lo que no estás seguro, infórmate bien antes.
6. Díselo otra vez, creo que no te ha oído.

3. Antes de realizar esta actividad y con el libro cerrado, pregunte a sus estudiantes si recuerdan el vocabulario que vieron en "¿Qué sabes?" referente a las religiones y escriba en la pizarra las palabras que le digan. Luego pídales que abran el libro y compruebe con ellos cuáles de ellas se encuentran en el recuadro que presenta la actividad. A continuación explíqueles que, de manera individual, deberán leer el texto y completarlo con las palabras propuestas. Como ampliación de esta actividad, puede preguntarles si conocen cuál es la diversidad religiosa que existe en su país o región y que la comparen con la española. Deles un tiempo, si es necesario, para que busquen información en internet y la ordenen antes de presentársela al resto de los compañeros. Es importante recordar que, cuando se trata de temas sensibles como es la religión, conviene siempre tratarlos desde un punto de vista objetivo (sociológico o antropológico), sin dejar que entren en valoraciones personales.
1. ateos; **2.** religiones; **3.** templos; **4.** iglesias; **5.** musulmanes; **6.** mezquitas; **7.** creyentes; **8.** judíos.

3.1. En primer lugar, presente los dos cuadros que acompañan al texto de la actividad anterior; en el de atención se explica cómo se escriben y se leen los porcentajes en español y en el de la RAE, la variante de la palabra *porcentaje* en el español de México, Puerto Rico y Cuba. Luego pídales que escriban en letras los porcentajes que aparecen en dicho texto.
61.6 %: sesenta y uno punto seis por ciento; **35.5 %:** treinta y cinco punto cinco por ciento; **1.6 %:** uno punto seis por ciento; **21 %:** veintiuno por ciento; **4 %:** cuatro por ciento; **57 %:** cincuenta y siete por ciento.

Para trabajar estos contenidos, realice las actividades **2-3a**, pp. **4-5** del *Libro de ejercicios*.

4. En esta actividad se pasa a trabajar con verbos cuya función es introducir las palabras de otras personas o las que dijimos nosotros mismos en otro momento, es decir, se va a trabajar con verbos de lengua. Antes de empezar, pídales que se fijen en los verbos que aparecen en la columna izquierda y pregúnteles si saben qué tiene en común. Una vez que hayan determinado que se trata de verbos de lengua, pídales que, en parejas, los relacionen con las definiciones de la derecha. Completada la actividad, pregúnteles, ya en plenario, qué otros verbos de esa naturaleza conocen y vaya escribiéndolos en la pizarra; anímelos también a definirlos para que quede claro su significado.
1. c; **2.** a; **3.** f; **4.** d; **5.** b; **6.** e.

4.1. Explíqueles que ahora van a poner los verbos de la actividad anterior en contexto. Para ello, mantenga las mismas parejas y pídales que lean las frases y que, a continuación, sustituyan el verbo *decir* por alguno de los verbos vistos en la actividad anterior. Insista en que puede haber más de una solución. Corrija en plenario, de modo que puedan comparar los resultados y comprobar las diferentes opciones correctas.
1. afirmó/aseguró/añadió; **2.** ha advertido; **3.** afirmó/aseguró/añadió; **4.** reconoció; **5.** afirmes/asegures; **6.** Repíteselo.

Para trabajar estos contenidos, realice la actividad **4**, p. **5** del *Libro de ejercicios*.

Unidad 1

Gramática

1. En este primer punto del apartado se revisan contenidos que sus estudiantes ya trabajaron en el nivel anterior, por lo que, si lo considera oportuno, puede optar por que sean ellos mismos quienes elaboren el cuadro gramatical en el que se presentan los usos fundamentales de los pretéritos perfecto, indefinido e imperfecto. En este caso, pídales que cierren el libro y pregúnteles qué tiempos verbales del pasado conocen. Cuando hayan respondido, divida la pizarra en tres partes y titule cada una con el nombre de un tiempo. Pregúnteles primero para qué se usa el pretérito perfecto. Dirija las preguntas, si es preciso, atendiendo a dos aspectos: el perfectivo (si la acción está terminada) y el temporal (si el tiempo está terminado). Pídales también que añadan ejemplos para cada uso que vayan sugiriendo. A continuación haga lo mismo con el pretérito indefinido y con el imperfecto. Por último, pídales que abran el libro y lea con ellos el cuadro de gramática comparando la información que hay en él con la que ellos habían aportado.
   Comente después el cuadro de atención en el que se explica el uso del presente histórico y presénteles el cuadro de la RAE explicando sus diferentes puntos. El primero habla del uso de *ustedes* en lugar de *vosotros/as* en Hispanoamérica y en algunas zonas de España. Los otros tres, en cambio, giran en torno al diferente uso de los pasados en las distintas zonas hispanohablantes. Para asegurarse de que han entendido bien la información, puede pedirles que cambien los ejemplos del cuadro gramatical de acuerdo con las variantes empleadas en las diferentes regiones.
   Si quiere trabajar el presente histórico, puede utilizar la proyección 1.

Gramática

1 Pretérito perfecto, indefinido e imperfecto (repaso)

- Usamos el **pretérito perfecto** para hablar de acciones **terminadas** en un **tiempo aún no terminado** o que percibimos como presente. También se usa para hablar de **experiencias** en general, sin una idea específica de tiempo:
  *¿**Has visto** a Raquel **esta semana**? Yo me la **he encontrado esta tarde**.*
  *No **he viajado nunca** en barco, ¿y tú?*
- Usamos el **pretérito indefinido** para hablar de acciones **terminadas** en un **tiempo** también **terminado**. Sirve para contar anécdotas, hechos históricos o acontecimientos:
  ***Hace un mes vino** Juan y **estuvo** por aquí un par de días.*
  *Cristóbal Colón **llegó** a América **en 1492**.*

  Como puedes ver, ambos pretéritos expresan **acciones terminadas**. El perfecto lo hace en relación con el presente, y el indefinido, con el pasado. Usamos estos tiempos para la **narración** de hechos pasados:
  ***Esta tarde he hablado** con Luis./**Ayer por la tarde hablé** con Luis.*
- El **pretérito imperfecto** presenta la acción en un tiempo pasado, pero no especifica el comienzo o el final de la misma, solo indica su **desarrollo**. Por eso el imperfecto es el tiempo que usamos para **describir** en el pasado, para hablar de las **circunstancias** que rodean los hechos:
  *Aquella noche **había** poca gente en la calle porque **hacía** frío y **llovía**.*
  ***Era** un hombre alto y moreno, **llevaba** gafas y **tenía** unos 40 años.*
  ***Estaba haciendo** la comida cuando llegaron los niños.*
  *Han llamado a la puerta mientras **hablaba** por teléfono y no he podido abrir.*

Fíjate:
Cuando se quiere dar mayor viveza a una narración, se puede usar el presente histórico:
*Colón **llega** a América en 1492.*

RAE

GRAMÁTICA

- La oposición pretérito perfecto/indefinido tal y como la has estudiado aquí se da en la mayor parte de España, noroeste de Argentina, costa peruana, Bolivia y parte de Colombia.
- En México, Centroamérica y la zona caribeña se usa el pretérito perfecto, pero con un valor diferente, pues se utiliza solo si **las acciones no están terminadas** en presente (es decir, se tiene en cuenta el aspecto del verbo –si se trata de una acción acabada o no–, no solo el tiempo en que sucede):
  *Los años pasaron y la edición se agotó, pero el interés por el tema no **se ha terminado**.*
  En el resto de los casos, se usa el pretérito indefinido para indicar que la acción está **terminada** independientemente del tiempo en el que sucede: ***Hoy vino** tarde, **trajo** un libro y **habló** de la muerte.*
- En Chile, la mayor parte de Argentina, el noroeste de España y las islas Canarias se prefiere el pretérito indefinido independientemente de su valor aspectual o temporal: *Mañana vuelvo, y me voy a olvidar de que **hoy estuve** acá [...].*

Distribución Zona

Zona	Freq	Fnorm.[1]
España	368	3,56
México y Centroamérica	57	0,99
Caribe continental	38	1,03
Andina	32	1,37
Antillas	20	0,94
Chilena	16	0,90
Río de la Plata	14	0,33
Guinea Ecuatorial	2	2,22
Estados Unidos	1	0,27
1 - 9 de 9		página: 1

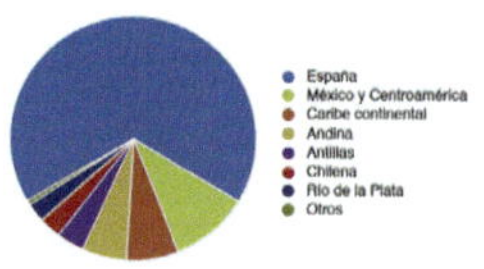

[1] Freq: frecuencia conjunta (número total de ocurrencias obtenidas para la consulta realizada).

Fnorm.: frecuencia normalizada (número de ocurrencias de la consulta por cada millón de palabras de la categoría que le corresponde en la distribución).

Muestra de la frecuencia de uso del pretérito perfecto en España e Hispanoamérica (CORPES XXI)

El presente histórico

[1]

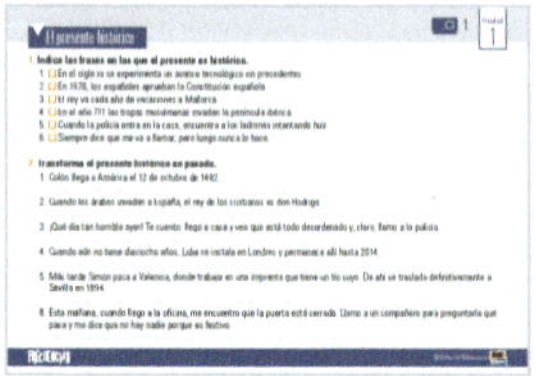

Proyecte la primera actividad de la lámina, deje que la realicen en parejas y corrija en plenario resolviendo posibles dudas. A continuación proceda del mismo modo con la actividad 2.

1. 1, 2, 4, 5.

2. **1.** llegó; **2.** invadieron, era; **3.** llegué, vi, estaba, llamé; **4.** tenía, se instaló, permaneció; **5.** pasó, trabajó, tenía, se trasladó; **6.** he llegado, me he encontrado, estaba, He llamado, pasaba, ha dicho, había, era.

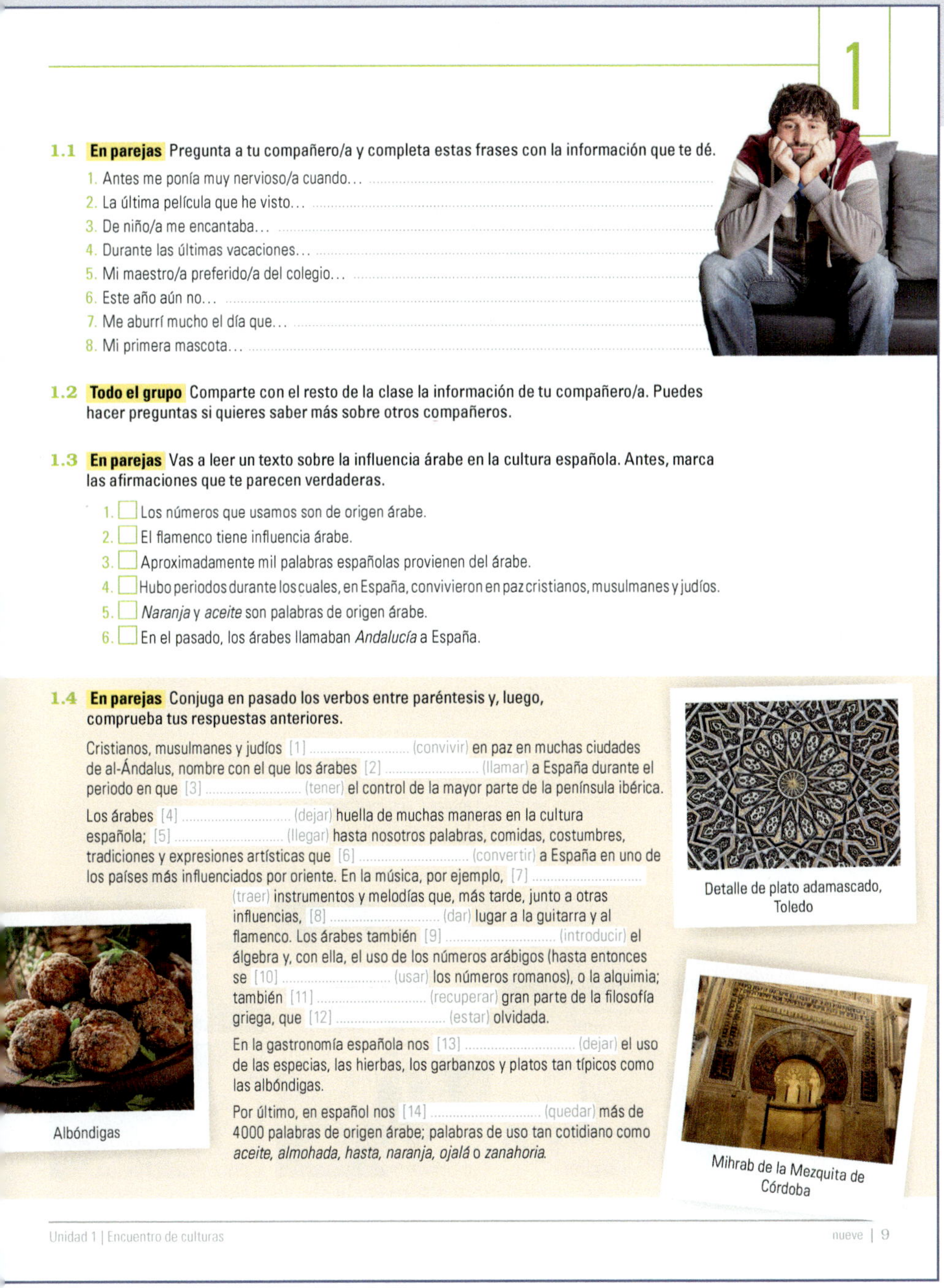

1

1.1 **En parejas** Pregunta a tu compañero/a y completa estas frases con la información que te dé.

1. Antes me ponía muy nervioso/a cuando...
2. La última película que he visto...
3. De niño/a me encantaba...
4. Durante las últimas vacaciones...
5. Mi maestro/a preferido/a del colegio...
6. Este año aún no...
7. Me aburrí mucho el día que...
8. Mi primera mascota...

1.2 **Todo el grupo** Comparte con el resto de la clase la información de tu compañero/a. Puedes hacer preguntas si quieres saber más sobre otros compañeros.

1.3 **En parejas** Vas a leer un texto sobre la influencia árabe en la cultura española. Antes, marca las afirmaciones que te parecen verdaderas.

1. ☐ Los números que usamos son de origen árabe.
2. ☐ El flamenco tiene influencia árabe.
3. ☐ Aproximadamente mil palabras españolas provienen del árabe.
4. ☐ Hubo periodos durante los cuales, en España, convivieron en paz cristianos, musulmanes y judíos.
5. ☐ *Naranja* y *aceite* son palabras de origen árabe.
6. ☐ En el pasado, los árabes llamaban *Andalucía* a España.

1.4 **En parejas** Conjuga en pasado los verbos entre paréntesis y, luego, comprueba tus respuestas anteriores.

Cristianos, musulmanes y judíos [1] .... (convivir) en paz en muchas ciudades de al-Ándalus, nombre con el que los árabes [2] .... (llamar) a España durante el periodo en que [3] .... (tener) el control de la mayor parte de la península ibérica.

Los árabes [4] .... (dejar) huella de muchas maneras en la cultura española; [5] .... (llegar) hasta nosotros palabras, comidas, costumbres, tradiciones y expresiones artísticas que [6] .... (convertir) a España en uno de los países más influenciados por oriente. En la música, por ejemplo, [7] .... (traer) instrumentos y melodías que, más tarde, junto a otras influencias, [8] .... (dar) lugar a la guitarra y al flamenco. Los árabes también [9] .... (introducir) el álgebra y, con ella, el uso de los números arábigos (hasta entonces se [10] .... (usar) los números romanos), o la alquimia; también [11] .... (recuperar) gran parte de la filosofía griega, que [12] .... (estar) olvidada.

En la gastronomía española nos [13] .... (dejar) el uso de las especias, las hierbas, los garbanzos y platos tan típicos como las albóndigas.

Por último, en español nos [14] .... (quedar) más de 4000 palabras de origen árabe; palabras de uso tan cotidiano como *aceite, almohada, hasta, naranja, ojalá* o *zanahoria*.

Detalle de plato adamascado, Toledo

Albóndigas

Mihrab de la Mezquita de Córdoba

Unidad 1 | Encuentro de culturas — nueve | 9

1.1. Comienza ahora una secuencia de actividades destinadas a la práctica del contraste de los pretéritos perfecto, indefinido e imperfecto. Disponga a sus estudiantes en parejas y pídales que cada uno/a pregunte a su compañero/a la información necesaria para completar las frases propuestas. Indíqueles que, antes de responder, pongan atención en los marcadores de tiempo y en los verbos que ya aparecen conjugados, pues eso les guiará para seleccionar el tiempo verbal en el que deben dar la respuesta.

1.2. Como continuación a la actividad anterior, proponga que cada estudiante comparta con el resto de la clase la información de su compañero/a. Anímelos a hacer preguntas para ampliar esa información; si es necesario, facilite usted esas preguntas sin llegar a formularlas, induciendo a que las hagan ellos: *¿por qué te ponías nervioso?, ¿te gustó la película?, ¿qué otras cosas te gustaban cuando eras niño/a?, ¿lo pasaste bien en las vacaciones?, ¿con quién fuiste?, ¿qué asignatura daba ese/a maestro/a?, ¿qué otras cosas no has hecho este año?, ¿por qué te aburriste?, ¿cómo era tu mascota?*

1.3. El propósito de esta actividad es preparar la comprensión lectora de la siguiente, de manera que se cree una expectativa y, con ella, un estímulo para enfrentarse al texto con mayor interés. Organice la clase en parejas y explíqueles que van a leer un texto sobre la influencia árabe en la cultura española, pero que antes deberán leer las afirmaciones propuestas e indicar cuáles de ellas les parecen verdaderas. Para contextualizar mejor la lectura, antes de comenzar la actividad, recuerde con ellos lo que aprendieron en la actividad 2 de "Palabras" acerca de la presencia árabe en España y del periodo de la Reconquista.
1, 2, 4, 5.

1.4. Con esta actividad los estudiantes por una parte comprobarán los resultados de la anterior y, por otra, realizarán un ejercicio estructural en el que deberán conjugar los verbos en el tiempo adecuado del pasado.Mantenga la disposición en parejas y pídales que lean detenidamente el texto fijándose tanto en los aspectos verbales como en los temporales para decidir qué tiempo necesitan emplear en cada caso. Mientras trabajan, muévase por el aula para resolver posibles dudas. Corrija mediante una puesta en común para que consoliden lo estudiado. Finalmente, si lo considera oportuno, puede ahondar en los aspectos culturales del texto. Propóngales que busquen en internet otras palabras españolas de origen árabe (*alcohol, alfombra, algebra, almohada, alquiler, azúcar, barrio, guitarra, olé*, etc.). Hágales notar que muchas de estas palabras comienzan en español con *al-* porque ese era el artículo árabe que los castellanos no diferenciaban del nombre que lo seguía.
1. convivieron; **2.** llamaban; **3.** tuvieron; **4.** dejaron; **5.** han llegado; **6.** convirtieron/han convertido; **7.** trajeron; **8.** dieron; **9.** introdujeron; **10.** usaban; **11.** recuperaron; **12.** estaba; **13.** dejaron; **14.** han quedado.

Unidad 1

1.5 **En parejas** Relaciona la información del recuadro con una de las dos situaciones. Luego ordena las frases lógicamente, conjuga los verbos en pasado y escribe en tu cuaderno ambos relatos. Por último, compara el resultado con tu compañero/a y rectifica si lo crees necesario.

a. Ir a Cancún. | b. Ser mi cumpleaños. | c. Ser verano. | d. Hacer una fiesta sorpresa. | e. Alojarse en un hotel. | f. Estar con mis amigos. | g. El hotel estar en el centro. | h. Hacer muchas excursiones. | i. Regalarme un montón de cosas. | j. Haber mucha comida. | k. Poner música. | l. Traerse muchos recuerdos. | m. Todos parecer contentos. | n. Estar dos semanas. | ñ. Ir a la playa cada día. | o. Recibir muchas felicitaciones. | p. Practicar mucho español. | q. Hacer surf. | r. Después ir a bailar.

1. Este fin de semana: ....
2. La primera vez que salí de mi país: ....

2 Pretérito pluscuamperfecto de indicativo

- El **pretérito pluscuamperfecto** de indicativo es un tiempo del **pasado** que se forma con el **pretérito imperfecto** del verbo *haber* y el **participio** del verbo principal:

yo	**había**	
tú	**habías**	
él, ella, usted	**había**	habl**ado**
nosotros/as	**habíamos**	com**ido**
vosotros/as	**habíais**	viv**ido**
ellos, ellas, ustedes	**habían**	

- El pretérito pluscuamperfecto se usa para hablar de una acción terminada que precede a otra acción también terminada; es decir, es un **pasado anterior a otro pasado**:
  El autobús se retrasó mucho y, cuando llegué, mis amigos ya ***se habían ido***.
  (La acción de irse es anterior a la de llegar).
  No tomé nada en el bar; no tenía hambre porque ya ***había cenado***.
  (La acción de cenar es anterior a la de tomar).
- También sirve para hablar de una **experiencia** que se tiene **por primera vez**:
  Nunca *antes* ***había hecho*** *un viaje tan interesante.*
- Por último, se usa para expresar la **inmediatez** de dos acciones en el pasado:
  Le pedí dinero y a los cinco minutos ***ya me lo había dado***.

Recuerda:
- Hay algunos participios irregulares: *visto, hecho, escrito, puesto*...
- El participio de los tiempos compuestos es invariable en género y número: *él había* ***visto****, ellos habían* ***visto****, ella había* ***visto***...
- Con los verbos reflexivos, el pronombre se coloca delante del verbo: ***me*** *había duchado,* ***te*** *habías acostado,* ***nos*** *habíamos vestido*...

2.1 Fíjate en las imágenes y escribe frases usando el pretérito pluscuamperfecto.

1.5. Cierre la secuencia sobre el contraste de pasados con esta actividad, en la que tendrán que relacionar una serie de acciones con dos situaciones, es decir, deberán atender primero a la semántica y al contexto para, a continuación, ordenar esas acciones siguiendo un orden lógico que les permita, finalmente, construir un relato con los verbos conjugados en el tiempo adecuado del pasado (perfecto, indefinido o imperfecto).
Indíqueles que relacionen las acciones con la situación correspondiente y corrija esta parte antes de que comiencen a escribir los relatos. Durante la redacción, paséese por la clase para supervisar el trabajo; si detecta algún error, no lo corrija directamente, intente que se corrijan ellos mismos haciéndoles preguntas que los dirijan hacia la respuesta correcta. Haga hincapié en la importancia de usar conectores discursivos y marcadores temporales para estructurar el relato y, también, en la necesidad de diferenciar con claridad la función narrativa o descriptiva de los verbos. Cuando cada pareja haya contrastado sus respectivos relatos, haga una puesta en común para corregir posibles errores y propiciar una última reflexión sobre el contraste de pasado.
1. Este fin de semana: b, d, f, i, j, k, m, o, r; **2.** La primera vez que salí de mi país: a, c, e, g, h, l, n, ñ, p, q.

Para trabajar estos contenidos, realice las actividades **5-6a**, pp. **6-7** del *Libro de ejercicios*.

2. En este segundo cuadro gramatical se presenta un nuevo tiempo verbal que completa el grupo de pasados de indicativo. Pídales que vuelvan a las actividades 4 y 4.1 de "¿Qué sabes?" y que recuperen lo que entonces dijeron sobre la frase resaltada en negrita en el texto. Es el momento de responder a las dudas que entonces pudieron surgir.
Dígales, en primer lugar, que el tiempo en cuestión se llama *pretérito pluscuamperfecto* y presente su morfología explicando que se trata de un tiempo compuesto que se forma con el imperfecto del verbo auxiliar *haber* y el participio del verbo. A continuación presente los tres puntos en los que se explican los usos fundamentales de este tiempo. Finalmente, remítalos al cuadro de atención sobre el participio o bien, al tratarse de información que ya han estudiado, hágales primero estas preguntas: *¿existen participios irregulares?, ¿cuáles?, ¿el participio cambia cuando el sujeto es femenino o plural?, ¿dónde se coloca el pronombre con un verbo reflexivo?*

2.1. Para que practiquen el pretérito pluscuamperfecto, pídales que se fijen bien en las imágenes y que, a partir de las situaciones que muestran, escriban individualmente frases usando este tiempo.
Posible respuesta:
1. Cuando Carmen llegó al aeropuerto, el vuelo ya había salido/el avión ya había despegado; **2.** Cuando llegué al banco, ya lo habían cerrado; **3.** Cuando abrí el horno, la comida se había quemado; **4.** Cuando estaba en el restaurante, vi que Marta me había escrito para decirme que no iba a venir; **5.** Cuando Javier llegó a la oficina, la reunión ya había empezado; **6.** Cuando fui al cuarto de mi hija, vi que ya se había dormido.

1

2.2 **En parejas** Escribe tres cosas que ya habías hecho cuando tenías 12 años y tres que aún no habías hecho. Cuéntaselo a tu compañero/a.

Ya...	Todavía no...
....	....
....	....
....	....

3 Estilo indirecto

- Cuando contamos lo que ha dicho otra persona podemos repetir literalmente esas palabras *(María dijo: "Tengo hambre")*, aunque lo normal es usar el **estilo indirecto**, que nos permite matizar, resumir o dar una interpretación subjetiva a ese mensaje.
- En el estilo indirecto se producen **cambios gramaticales** que afectan a los pronombres, a los demostrativos, a los tiempos verbales... Fíjate en estos ejemplos:
  "Esta es mi casa". › Dijo/Exclamó que esa/aquella era su casa.
  "Me voy de aquí". › Se enfadó y dijo que se iba de allí.
- En cuanto a los cambios en los tiempos verbales, estos se producen cuando el verbo principal *(decir, preguntar, exclamar, afirmar, asegurar...)* está en pasado, es decir, cuando cambia el marco temporal. Estos son los cambios principales:
  - presente › pretérito imperfecto: *"**Estoy** bien". › Dijo que **estaba** bien.*
  - pretérito perfecto › pretérito perfecto/pluscuamperfecto:
    *"¿Ya **se ha ido** tu madre?". › Me ha preguntado si ya **se ha ido/había ido** mi madre.*
  - pretérito indefinido › pretérito pluscuamperfecto:
    *"**Fuimos** solas". › Aseguraron que **habían ido** solas.*

Fíjate:
Cuando el verbo principal está en pretérito perfecto, este se refiere al presente o al pasado:
"Me voy, tengo mucha prisa".
***Ha dicho** que **se va** porque **tiene** mucha prisa.*
***Ha dicho** que **se iba** porque **tenía** mucha prisa.*

3.1 Vuelve a leer las citas de la actividad 5 del apartado "¿Qué sabes?" y transfórmalas al estilo indirecto.

1. Octavio Paz afirmó que ....
2. Rigoberta Menchú dijo que ....
3. Isabel Allende declaró que ....
4. Eduardo Galeano explicó que ....

3.2 **Todo el grupo** Tomando como modelo el ejemplo, responde a estas preguntas.

Ejemplo: *Hace poco mi profesor me dijo que era una persona muy empática, que me ponía siempre en el lugar del otro. Me gustó mucho... La empatía facilita la convivencia y evita muchos malentendidos y problemas.*

Algo bonito que te han dicho alguna vez.

Lo primero que has pensado esta mañana.

Lo más divertido que te han contado.

La pregunta más difícil que te han hecho.

La cosa más rara que te han contado.

Lo que pensaste de tus compañeros el primer día de clase.

La mayor mentira que has dicho en tu vida.

Lo más triste que te han contado.

Unidad 1 | Encuentro de culturas — once | 11

2.2. Actividad de consolidación del pretérito pluscuamperfecto. Se trata de una práctica más abierta en la que se lleva el nuevo contenido aprendido al ámbito personal del estudiante, de modo que pueda interiorizarlo con más facilidad. Indíqueles que escriban sus frases individualmente y que, después, las compartan con un/a compañero/a. Anímelos a que interactúen haciendo nuevas preguntas sobre la información dada.

Para trabajar estos contenidos, realice las actividades **7-8**, p. **7** del *Libro de ejercicios*.

3. Presente el cuadro gramatical en el que se explica qué es el *estilo indirecto* y, también, algunos de los cambios gramaticales y verbales que conlleva el paso del estilo directo al indirecto. Puede también introducir estos contenidos de forma inductiva de manera que, con la aportación de todos, se pueda elaborar el cuadro en la pizarra. En ese caso, pídales que cierren los libros y pregúnteles, para empezar, si saben qué es el *estilo indirecto*. Si no saben responder, escriba en la pizarra: *Estoy cansado > Juan dice que está cansado*, y pregúnteles entonces qué ha sucedido entre una frase y la otra. Cuando hayan comprendido que el estilo indirecto se usa para referir las palabras que han dicho otras personas o conversaciones nuestras que hemos tenido en otro momento, escriba en la pizarra las frases: *Esta es mi casa* y *Me voy de aquí*; y al lado de ambas: *Dijo que...* y pídales que completen las frases en estilo indirecto. Después dígales que abran el libro y que comparen lo que ellos han escrito con lo que aparece en el cuadro. Explíqueles los cambios que se producen cuando el verbo principal está en pasado y que el verbo de lengua que se elija puede matizar en gran medida la información, tal y como vieron en la actividad 4 de "Palabras". Para terminar, remítalos al cuadro de atención, que explica que cuando el verbo principal está en pretérito perfecto, puede referirse tanto al presente como el pasado.

3.1. Explíqueles que, ahora que conocen los cambios que se producen en el estilo indirecto, van a retomar las citas que leyeron en la actividad 5 de "¿Qué sabes? "y a transformarlas al estilo indirecto. Deben realizar la actividad individualmente, corríjala después mediante una puesta en común y haciendo que cada cambio se compruebe consultando el cuadro gramatical que acaban de ver.
1. Octavio Paz afirmó que el mundo cambiaba si dos se miraban y se reconocían; **2.** Rigoberta Menchú dijo que creía firmemente que el respeto a la diversidad era un pilar fundamental en la erradicación del racismo, la xenofobia y la intolerancia; **3.** Isabel Allende declaró que el seguro de vida de cualquier especie era la diversidad, que la diversidad garantizaba la sobrevivencia; **4.** Eduardo Galeano explicó que lo mejor que el mundo tenía estaba en los muchos mundos que el mundo contenía, las distintas músicas de la vida, sus dolores y colores: las mil y una maneras de vivir y decir, creer y crear.

3.2. Actividad comunicativa para consolidar, mediante la práctica, lo que han estudiado del estilo indirecto. En plenario, dirija a sus estudiantes cada una de las preguntas propuestas, anímelos a preguntarse unos a otros, a que interactúen. No los interrumpa para corregir y tome nota de los posibles errores para presentarlos y que se corrijan ellos mismos después de finalizar la conversación.

Para trabajar estos contenidos, realice las actividades **9-11**, p. **8** del *Libro de ejercicios*.

Practica en contexto

1. El propósito de esta actividad es, por un lado, presentar a los personajes y los temas en torno a los cuales se vertebra todo el apartado y, también, que trabajen en contexto, mediante una comprensión auditiva, parte del léxico y de los contenidos gramaticales vistos.
[2]
Explíqueles que van a escuchar una conversación en la que tres estudiantes (Virginia, Santi y Martina) hablan acerca del trabajo que les ha mandado hacer su profesora de Geografía e Historia. Pídales que, antes de escuchar, lean detenidamente las afirmaciones que se presentan porque luego tendrán que relacionarlas con el/la estudiante correspondiente. A continuación ponga el audio. Si lo considera oportuno, puede realizar una segunda escucha para que puedan plantearle dudas de vocabulario y para asegurarse de que han entendido todo correctamente.
1. S; **2.** M; **3.** M; **4.** V; **5.** M; **6.** S; **7.** S; **8.** M; **9.** S; **10.** S.

2. Esta actividad de comprensión lectora tiene como objetivo la contextualización, en el marco de textos descriptivos, del léxico sobre geografía y accidentes geográficos visto en "Palabras". Organice la clase en parejas e indíqueles que deben relacionar los cinco puntos geográficos que aparecen en el recuadro con los textos breves que los describen. Mientras leen, muévase por la clase para resolver posibles dudas de vocabulario o, si lo prefiere, antes de empezar la actividad puede preguntar en plenario si conocen el significado de las palabras *cadena*, *pico*, *seco*, *registrado*, *altiplano*, *altitud* y *navegable*, de modo que entre ellos interactúen para explicarlo. Realizada la actividad, use la proyección 2 para que identifiquen visualmente los lugares descritos.
1. c; **2.** d; **3.** a; **4.** b; **5.** e.

Practica en contexto

1 [2] **Tres compañeros de clase hablan sobre el trabajo que les ha pedido la profesora de Geografía e Historia. Escúchalos y relaciona las siguientes afirmaciones con quien corresponda: Virginia (V), Santi (S) o Martina (M).**

1. ☐ Dice que no ha decidido aún sobre qué hará el trabajo.
2. ☐ Afirma que lo va a hacer sobre aspectos geográficos de la tierra de sus padres.
3. ☐ Piensa que la naturaleza y los paisajes de Hispanoamérica son muy distintos a los de España.
4. ☐ Explica que, quizá, va a hacer el trabajo sobre aspectos históricos de la tierra de sus padres.
5. ☐ Reconoce que no sabía que a Toledo la llaman *la ciudad de las tres culturas*.
6. ☐ Sabía que a Toledo la llaman *la ciudad de las tres culturas*.
7. ☐ Asegura que en Toledo hay templos musulmanes, judíos y cristianos de época medieval.
8. ☐ Dice que solo estuvo en Toledo una vez, de niña.
9. ☐ Quiere hacer el trabajo sobre la riqueza cultural y étnica de Hispanoamérica.
10. ☐ Explica que el 12 de octubre se celebra en Argentina el Día del Respeto a la Diversidad Cultural.

2 **En parejas** **A continuación tienes algunos lugares que ha elegido Martina para su trabajo y las primeras notas que ha tomado. Relaciona cada lugar con su nota correspondiente.**

1. ☐ desierto de Atacama | 2. ☐ canal de Panamá | 3. ☐ cordillera de los Andes
4. ☐ selva amazónica | 5. ☐ mesetas de Perú

Localizar y describir un lugar

- Recuerda que para **localizar y describir un lugar** se usan principalmente los verbos *ser*, *estar* y *tener*. Además, si quieres usar un lenguaje más formal o académico, puedes utilizar las siguientes expresiones:
  - **Se halla/Se encuentra/Se sitúa/Está situado(a)/Discurre** (referido a un río)
  - **Va desde... hasta...**
  - **Tiene una altitud de X metros** (m)/ **una longitud de X kilómetros** (km)/**una extensión de X kilómetros cuadrados** (km^2)
- Además, en este tipo de descripciones es muy frecuente el uso del **superlativo**:
  *Es el río **más largo del** mundo.*
  *Es la provincia **más grande de** la comunidad autónoma.*
  *El canal de Panamá está considerado una de las obras de ingeniería **más importantes** de la historia.*

a. Es la cadena montañosa más larga del mundo. Va desde Venezuela hasta Chile pasando por otros cinco países más. Su pico más alto es el Aconcagua, de 6962 m, uno de los más altos del mundo.

b. Es la mayor del mundo. Su extensión es de 7 000 000 km^2 repartidos entre nueve países y está atravesada por el río Amazonas, que es el más largo del planeta con casi 7000 km de longitud.

c. Se encuentra en el norte de Chile, entre la cordillera de los Andes y el océano Pacífico. Está considerado como el lugar más seco del mundo. Según los datos registrados, en el año 1971 cayó la primera lluvia después de cuatro siglos.

d. No es un estrecho porque fue construido por los hombres. Comunica el océano Atlántico con el Pacífico en el punto más estrecho de Centroamérica, de 82 km.

e. Las principales, que forman el altiplano andino, son las de Collao, Bombón y Galeras. En la de Collao, a una altitud de 3600 m, se encuentra el lago Titicaca, que es el lago navegable más alto del mundo y que forma una frontera natural entre Perú y Bolivia.

2.1 **Busca información en internet y toma notas sobre la geografía de tu país o región: cordilleras, picos más altos, mares, lagos, islas, cabos, golfos, ríos, desiertos, selvas...**

12 | doce — Unidad 1 | Encuentro de culturas

Accidentes geográficos de Hispanoamérica
[2]

Proyecte las imágenes y, según lo que han leído, pídales que identifiquen qué accidente geográfico muestra cada imagen.
1. canal de Panamá; **2.** desierto de Atacama; **3.** mesetas de Perú; **4.** cordillera de los Andes; **5.** selva amazónica.

2.1. Explíqueles que ahora deberán buscar información en internet sobre la geografía de su región o país. Antes de que comiencen la búsqueda, dirija su atención hacia el cuadro funcional que aparece junto a la actividad y presente los recursos para localizar y describir un lugar, haciéndoles notar que, para una tarea como la que van a realizar, es conveniente el uso de un vocabulario más formal y académico, como el que ofrece el cuadro. Deles tiempo suficiente para que recaben y organicen la información necesaria y anímelos a buscar también mapas e imágenes que puedan ilustrar los distintos aspectos geográficos que vayan a presentar. Mientras trabajan, muévase por la clase para asegurarse de que tienen en cuenta todos los temas que se piden en la actividad.

1

2.2 **Todo el grupo** Con la ayuda de un mapa, presenta tu trabajo al resto de la clase. Comenta el de tus compañeros y pregunta todo lo que quieras saber.

3 **Todo el grupo** El trabajo de Santi trata sobre el Día del Respeto a la Diversidad Cultural. ¿Qué crees que se celebra ese día y por qué es el 12 de octubre?

3.1 Ordena estas notas de Santi y comprueba tu respuesta anterior.

- ☐ El 12 de octubre se conmemora el momento histórico en el que habitantes de Europa llegaron por primera vez al continente americano.
- ☐ y valoraba, en cambio, la inmensa variedad de culturas que los pueblos indígenas y afrodescendientes habían aportado y aportaban a la identidad del continente.
- ☐ Se estableció, así, el 12 de octubre como un día de reflexión histórica y diálogo intercultural que dejaba atrás la conmemoración de "la conquista" de América
- ☐ por Día del Respeto a la Diversidad Cultural. Se argumentó que la clasificación de la humanidad en razas carecía de validez y tenía un significado negativo.
- ☐ En Argentina se recordaba esta fecha como el Día de la Raza. En 2007, se presentó un proyecto en el que se proponía cambiar la denominación de esa fecha

Presentar un trabajo ante una audiencia

- Para **destacar un elemento del discurso**, puedes usar:
  - sobre todo/en concreto/en particular/especialmente/concretamente
    *Es una región muy montañosa, **especialmente** al norte.*
  - *Es importante* + infinitivo
    ***Es importante** tener en cuenta que mi ciudad está en una isla.*
- Para **introducir un nuevo tema**:
  - en cuanto a/respecto a/por otra parte/a continuación
    ***Respecto al** mar, mi país tiene mil kilómetros de costa.*
- Para **interrumpir**, hacer una pregunta o pedir una aclaración:
  - Un momento, ¿puedo decir una cosa?
  - (Solo) una cosa…
  - Perdona/Lo siento, pero ¿puedo hacer una pregunta/decir algo?
- Si no se desea **ser interrumpido**:
  - Por favor, déjame terminar.
  - Solo un minuto (por favor).

4 **En parejas** Santi comienza su trabajo con un texto sobre los pueblos precolombinos, pero lo ha copiado de internet y tiene errores en el uso de los pasados; corrígelos. Ten en cuenta que puede haber más de una opción.

Reyes mayas, bajorrelieve, Palenque, Chiapas, México

Los pueblos precolombinos eran los que han vivido en América antes de la llegada de Colón en la última década del siglo XV. La mayoría solo eran pequeñas tribus, pero algunos, como los incas, los aztecas y los mayas, habían sido grandes imperios.

Los incas vivían en el territorio actual de Perú, Ecuador y parte de Bolivia; los aztecas han poblado el valle de México y el Imperio maya ocupaba el sur del actual México, Guatemala y Honduras.

Los incas surgían en la actual ciudad de Cusco (Perú) a finales del siglo XII y, gracias a su gran organización militar, en menos de cincuenta años convertían a esta cultura en la más extensa de América.

Los aztecas vivían en tribus. Recibieron la influencia cultural de otros pueblos, en especial de toltecas y mayas. Fueron grandes arquitectos, han construido grandes pirámides escalonadas y también destacaron como escultores y pintores.

La cultura maya es la cultura precolombina más antigua. Se habían organizado en ciudades independientes. Los mayas eran expertos matemáticos y tuvieron amplios conocimientos de astronomía y ciencia.

Máscara funeraria inca, Museo Oro del Perú, Lima, Perú

Pirámide del Sol, Teotihuacán, México

Unidad 1 | Encuentro de culturas trece | 13

2.2. A continuación deberán presentar al resto de la clase el trabajo realizado en la actividad anterior. Antes de que comiencen, dirija su atención hacia el cuadro lateral, ya en él se ofrecen recursos lingüísticos utilizados a la hora de presentar un trabajo ante una audiencia. Pídales que tengan en cuenta las expresiones que aparecen, pues les ayudarán a dar a su presentación un carácter más formal.
Intente que este tipo de actividades, basadas en una presentación, se conviertan en ejercicios comunicativos en los que prime la interacción; para ello, anímelos a preguntar cuanto deseen y a comentar cualquier aspecto cuando lo consideren oportuno. Usted limítese a moderar el diálogo y a anotar los errores que pudieran cometerse para, al final, corregirlos.

3. Con esta actividad empieza una secuencia, más extensa, que gira en torno a los temas que tratará Santi en su trabajo. Antes de leer el enunciado de la actividad y con el libro aún cerrado, pregúnteles si alguien recuerda sobre qué tema pensaba hacer su trabajo este personaje. Cuando consiga la respuesta correcta: el *Día del Respeto a la Diversidad Cultural*, pregúnteles si recuerdan en qué día se celebra; esta información la vieron ya en el audio de la actividad 1. Una vez que obtenga la respuesta, el 12 de octubre, pregúnteles qué piensan que se celebra ese día y por qué creen que se hace concretamente en esa fecha. Tome nota en la pizarra de sus respuestas.

3.1. Mantenga la disposición en plenario para realizar esta actividad de comprensión lectora que les dará las respuestas a las preguntas formuladas en la actividad anterior. Explíqueles que deben leer las notas de Santi y ordenarlas para reconstruir el texto. Pídales que, durante la lectura, planteen al resto de los compañeros todas las dudas de vocabulario que surjan y que sean ellos los que intenten resolverlas, usted solo matice o dé la aclaración final. Haga una puesta en común para corregir la actividad y, a continuación, fomente el debate preguntándoles si en su país o región existe alguna celebración de este tipo, qué es lo que se celebra exactamente y en qué fecha se hace.
1, 5, 4, 3, 2.

4. Actividad en la que deberán corregir los usos de los pasados incorrectos que aparecen en un texto. Se trata de una nueva comprensión lectora enfocada, esta vez, a la reflexión gramatical. Explíqueles que el texto habla sobre los principales pueblos precolombinos y pregúnteles si conocen alguno; es de esperar que tengan más o menos información acerca de los que se tratan en el texto: incas, aztecas y mayas. Recabe todos los datos que le ofrezcan y sírvase también de un mapa para que sitúen en él a estos tres grandes pueblos, de modo que luego puedan comprobar si la información previa de que disponen es correcta. A continuación pídales que, en parejas, lean el texto y anímelos a que resuelvan entre ellos posibles dudas de vocabulario.
~~han vivido~~ › vivían; ~~habían sido~~ › eran; ~~han poblado~~ › poblaban/poblaron; ~~surgían~~ › surgieron; ~~convertían~~ › convirtieron; ~~han construido~~ › construyeron; ~~Se habían organizado~~ › Se organizaban/Se organizaron; ~~tuvieron~~ › tenían.

4.1. Actividad que amplía la anterior y que les permitirá ahondar en el contenido cultural introducido, además de practicar los tiempos verbales del pasado. Indíqueles que, de manera individual, elijan uno de los tres pueblos precolombinos del texto anterior y busquen en internet las respuestas a las cuatro preguntas planteadas. Asegúrese de que entre todos los estudiantes quedan elegidos los tres pueblos. Deles un tiempo para que busquen la información y luego pídales que, en plenario, la compartan y contrasten con el resto de la clase.
Finalmente, a modo de cierre y para que sus estudiantes verifiquen aquellos datos que pudieran resultar contradictorios o ambiguos, puede valerse de la proyección 3.

Incas, aztecas y mayas
[3]

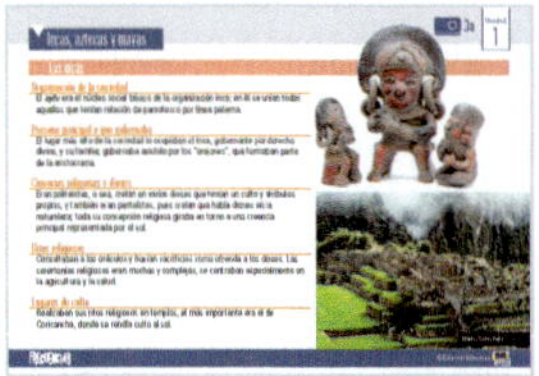

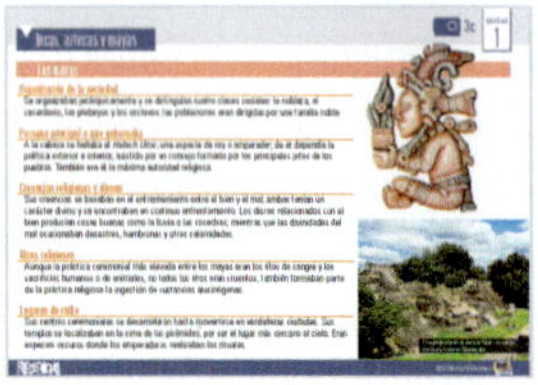

Los números ordinales a partir del 10.º

- 11.º undécimo/a
- 12.º duodécimo/a
- 13.º decimotercero/a
- 14.º decimocuarto/a
- 15.º decimoquinto/a
- 16.º decimosexto/a
- 17.º decimoséptimo/a
- 18.º decimoctavo/a
- 19.º decimonoveno/a
- 20.º vigésimo/a

*El atleta colombiano quedó en **duodécima** posición, y el español, en **decimoquinta**.*

Coloquialmente solo se usan los ordinales del 1.º al 10.º. Para el resto de los números ordinales se usan los correspondientes números cardinales:

Vivo en un piso 14, ¡cuando se estropea el ascensor, es terrible!
*Tiene el apartamento en el **cuarto** piso y el despacho en el número **catorce**.*

4.1 **Todo el grupo** Elige uno de los pueblos precolombinos del texto anterior y busca en internet las respuestas a estas preguntas. Luego comparte la información con el resto de la clase.

- ¿Cómo estaban organizados socialmente?
- ¿Tenían reyes o era otra la figura principal? ¿Quién gobernaba?
- ¿Qué creencias religiosas tenían? ¿Creían en un solo dios o en más de uno?
- ¿Qué ritos religiosos practicaban?
- ¿Tenían lugares para celebrar el culto? ¿Se reunían en algún tipo de templo?

5 [3] Santi está buscando información sobre la diversidad cultural de Argentina en la web de una empresa especializada en test de ADN. Escucha su conversación con Martina y completa la tabla con la información que falta.

Orígenes de la población en Argentina			
ibérico		asiático occidental	11.7 %
mesoamericano y andino	56.1 %	de Oriente Medio	
italiano		sardo	11.1 %
europeo del noroeste	26.4 %	europeo oriental	
griego y del sur de Italia	25.9 %	irlandés, escocés, galés	7.2 %
judío (askenazí y sefardí)		inglés	6.2 %
norteafricano	19.7 %	báltico	3.3 %
balcánico	16 %	finlandés	2.5 %
escandinavo		nigeriano	

Adaptado de https://www.myheritage.es/ethnicities/argentina-country-ethnicity-distribution

ARGENTINA

5.1 **En parejas** Santi investiga sobre los test de ADN y escribe un artículo para su trabajo. Léelo e inserta cada fragmento en su lugar correspondiente para completar el texto de la página siguiente. Trabaja con tu compañero/a.

a. decidí hacerme un test de ADN y recibí una sorpresa tremenda porque yo creía que todos mis ancestros eran de España, pero resulta que una parte importante de ellos procedía
b. ya ha podido pasearse por España con unos familiares residentes en Estados Unidos que descendían de cubanos que, a su vez, tenían ascendentes que venían
c. hace un año solicitó el test a unos laboratorios internacionales de los que le habían hablado
d. también tuve un tatarabuelo rubio con ojos azules
e. hace 52 años que vivo en Suecia. Aquí empecé a entusiasmarme sobre mis orígenes, tanto en Cataluña como en Murcia, y di algunos pasos

14 | catorce — Unidad 1 | Encuentro de culturas

Una vez que sus estudiantes hayan compartido y contrastado la información recabada sobre los diferentes pueblos precolombinos, proyecte la lámina para que verifiquen que los datos coinciden. Resuelva y comente con ellos posibles dudas de vocabulario.

5. [3] Explíqueles ahora que van a escuchar una conversación en la que Santi y Martina hablan sobre los orígenes de la población en Argentina. Pídales que lean primero la información de la tabla y asegúrese de que lo entienden todo. A continuación dígales que deberán completar los datos que faltan mediante la escucha. Si lo considera necesario, ponga el audio dos veces.
Una vez corregida la actividad, dirija su atención al cuadro de la banda lateral y lea con ellos la información referente a los ordinales a partir del 10.º. Hágales reparar en que, en la conversación que han escuchado, se usan los ordinales hasta el noveno, pero no sucede lo mismo a partir del décimo (se usa *puesto diecinueve* en lugar de *decimonoveno*) al tratarse de un contexto coloquial, tal y como explica el cuadro.
Puede ampliar esta actividad pidiéndoles que busquen información acerca de los orígenes de la población de su país o región a fin de que puedan elaborar una tabla, como la que han visto en la actividad, que recoja los datos de toda la clase.
Ibérico: 73.1 %; **italiano:** 49.4 %; **judío (askenazí y sefardí):** 19.9 %; **escandinavo:** 14.2 %; **de Oriente Medio:** 11.1 %; **europeo oriental:** 8.7 %; **nigeriano:** 1.8 %.

5.1. Para realizar esta actividad de comprensión lectora, organice la clase en parejas. Explíqueles que van a leer un texto que ha escrito Santi sobre las empresas que se dedican a realizar test de ADN y que deberán completarlo insertando en su lugar correspondiente cinco fragmentos que están descolocados.
1. e; **2.** a; **3.** d; **4.** c; **5.** b.

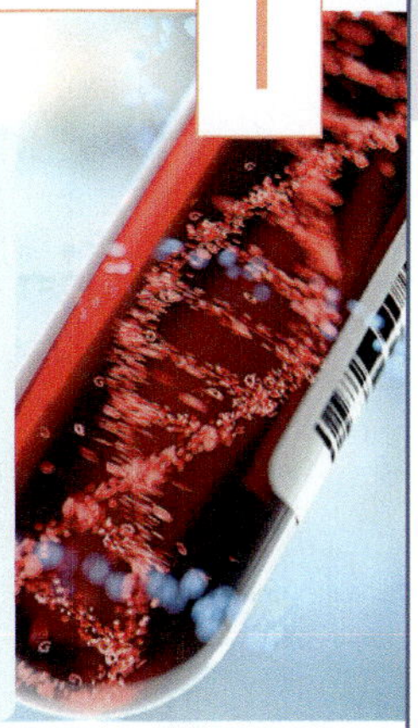

La fiebre del ADN llega a España

El caso de Joseph, de madre catalana y padre murciano, es un buen ejemplo. "Acabo de cumplir 60 años y [1] ☐ en varias direcciones", cuenta. "Sin embargo, los archivos existentes me permitían llegar solo hasta el siglo XVII. Entonces [2] ☐ del sur de Suecia. Mi mujer y yo tenemos aspecto mediterráneo, somos morenos y tenemos los ojos oscuros, pero mi hija mayor y mis nietas son altas y rubias, y al parecer es que [3] ☐", añade.

Cristina, de padre riojano y madre canaria, aficionada a rastrear en su historia familiar, [4] ☐ muy bien y que cuentan con unas enormes bases de datos que ofrecen una gran precisión en la búsqueda de parientes. Gracias a los resultados, Cristina [5] ☐ de Canarias. Otra vez se cierra el círculo. "Somos una mezcla inesperada", afirma Cristina.

Entre curiosos, aficionados y expertos, también hay quien acude a la genealogía genética por necesidad, como es el caso de muchas personas adoptadas. Lo que está claro es que el *boom* de la genealogía solo acaba de empezar.

Adaptado de https://www.elconfidencial.com/tecnologia/ciencia/2017-03-19/genealogia-adn-genetica-suecia-murcia-ancestros-vikingos_1350698/

5.2 **Todo el grupo** Pregunta a tu compañero/a qué sabe de sus antepasados: quiénes eran, de dónde procedían, si alguno era de otra nacionalidad, por qué emigraron… Luego cuenta al resto de la clase lo que te ha dicho tu compañero/a, siguiendo el ejemplo.

Ejemplo: *David **me ha dicho que** sus abuelos eran de Alemania y que habían llegado a su país para…*

5.3 **Todo el grupo** ¿Qué te parece la idea de hacerte una prueba de ADN para conocer tus orígenes? ¿Crees que puede ser útil? ¿Por qué?

6 [4] Virginia está seleccionando fotos para su trabajo sobre Toledo. Escucha su conversación con Santi y marca el orden en que se menciona cada imagen.

6.1 [4] Vuelve a escuchar y toma notas. Imagina que eres Virginia o Santi y que escribes un correo electrónico a Martina para contarle la conversación. Escribe el correo en tu cuaderno.

7 **En grupos pequeños** Piensa en una ciudad donde en la actualidad convivan diferentes culturas. Busca información e imágenes y luego compártelo con tus compañeros.

7.1 **Todo el grupo** ¿Qué ventajas piensas que puede tener vivir en un lugar en el que conviven diferentes culturas? Argumenta tu respuesta.

5.2. Actividad comunicativa para practicar el estilo indirecto. Pídales que, en parejas, se pregunten mutuamente qué saben de sus antepasados, de dónde procedían, si alguno era de otro país, por qué emigraron y cuándo. Cada uno/a deberá tomar nota de lo que les cuente su compañero/a porque, a continuación, tendrán que explicárselo al resto de la clase. Haga hincapié en que estarán refiriendo las palabras de otra persona, por lo que tendrán que usar el estilo indirecto.
Es importante que, antes de que comiencen la actividad, remita a sus estudiantes a la tabla de la actividad 5 para que tengan presente el léxico relativo a los pueblos que allí aparece; puede ampliarlo, además, preguntándoles qué otras poblaciones del mundo conocen.

5.3. Cierre la secuencia con esta actividad comunicativa en la que, ahora en plenario, podrán usar buena parte de la información vista en el apartado, así como contenidos léxicos y gramaticales trabajados en apartados anteriores. Pregúnteles si antes de leer el texto de la actividad 5.1 sabían de la existencia de este tipo de empresas y si conocen a alguien que se haya hecho el test de ADN para conocer sus orígenes. Interésese también por saber qué les parece la idea de hacerse una prueba de ADN, si creen que puede ser útil, por qué y en qué casos, y si estarían dispuestos a hacérsela.

6. [4] Esta última secuencia, la relacionada con el trabajo de Virginia, se inicia con una comprensión auditiva en la que se trabaja, por un lado, el contraste de pasados y, por otro, parte de léxico aprendido referente a la historia. Explíqueles que van a escuchar una conversación entre Virginia y Santi sobre Toledo y su historia y que, antes de escuchar, se fijen bien en las imágenes, pues deberán indicar el orden en que se mencionan en la conversación.
Puede ampliar la actividad preguntándoles si alguno de ellos ha visitado Toledo; en caso afirmativo, pídale que cuente a los demás qué le pareció la ciudad, si vio los monumentos mencionados en el diálogo, qué otros lugares visitó y qué cosas hizo allí.
1. C; **2.** E; **3.** B; **4.** D; **5.** A.

6.1. [4] Actividad en la que se integran las destrezas de compresión auditiva y expresión escrita, ya que los estudiantes tendrán que escribir un correo electrónico a partir de una nueva escucha de la conversación anterior. Explíqueles que ahora tendrán que elegir el rol de Virginia o el de Santi y que escribirán un correo a Martina en el que le contarán, desde el punto de vista del personaje elegido, la conversación mantenida; es importante señalar que esta tuvo lugar el día anterior, por lo que deberá trasmitirse de forma indirecta. Recuérdeles que tengan en cuenta los verbos de lengua que vieron en "Palabras" para que la redacción no resulte repetitiva y sea más expresiva.

7. Se concluye este apartado con un par de actividades comunicativas en las que se aborda el tema del mestizaje cultural articulado en la unidad. Forme pequeños grupos y pídales que piensen en una ciudad donde en la actualidad convivan diferentes culturas. Explíqueles que deben buscar en internet información e imágenes de dicha ciudad para, luego, compartirla con el resto de la clase.

7.1. Para concluir, pregúnteles en plenario qué ventajas creen que puede tener vivir en un lugar donde conviven diferentes culturas. Evite que el debate pueda derivar hacia aspectos negativos o desventajas.

Unidad 1

Cultura

1. Antes de realizar la actividad y con el libro aún cerrado, escriba en la pizarra el título del apartado y pregúnteles qué les sugiere y si conocen algún otro nombre para designar España. Tome note de sus respuestas y, a continuación, pídales que abran el libro y dirija su atención hacia las cuatro fotografías que ilustran la doble página del apartado, exhortándoles a no leer los rótulos que las acompañan. Pregúnteles con qué cultura o pueblos relacionan cada imagen y si saben qué muestran. Cuando hayan mencionado *griegos*, *romanos*, *judíos* y *árabes*, es decir, los elementos de la primera columna en la actividad, déjeles que lean ya los pies de foto y que comprueben si habían acertado en sus hipótesis. Puede también preguntarles si han visitado alguno de esos monumentos y, en caso afirmativo, pedirles que cuenten su experiencia al resto de la clase. Después remítalos a las palabras de la columnas central e izquierda de la actividad e indíqueles que relacionen los pueblos anteriores con el nombre que cada uno le dio a la península ibérica y con su escritura original, escrita con su propio alfabeto.
   Amplíe la actividad preguntando si esas cuatro palabras: *Sefarad*, *Iberia*, *al-Ándalus* e *Hispania* les evocan otras que conozcan relacionadas con España y tome nota de lo que le digan. Fácilmente relacionarán Iberia con la península ibérica, que se ha nombrado repetidamente en la unidad, y también es muy probable que vinculen el nombre de *al-Ándalus* con Andalucía y el de *Hispania* con el nombre actual del país.
   1. b, A; **2.** d, D; **3.** a, C; **4.** c, B.

La palabra ***Sefarad*** procede el gentilicio *sefardí*, que aún hoy se utiliza en todo el mundo para designar a aquellos judíos que provienen de España. Si bien ***al-Ándalus*** designaba originalmente a todos los territorios de la Península bajo dominio árabe, finalmente solo dio nombre a la última región que fue reconquistada y que, por lo tanto, estuvo más tiempo gobernada por los árabes.

Todos los nombres de España

Ιβερια

Hispania

ספרד

الأندلس

1 **En parejas** La península ibérica, a lo largo de su historia, ha tenido diferentes nombres. Relaciona cada pueblo con el nombre que le dio a este territorio y con su escritura original.

1. griegos	a. Sefarad	A. Ιβερια
2. romanos	b. Iberia	B. الأندلس
3. judíos	c. Al-Ándalus	C. ספרד
4. árabes	d. Hispania	D. Hispania

Palacio árabe de la Alhambra, Granada

Estatua de Asclepio en las ruinas griegas de Ampurias, Gerona

16 | dieciséis — Unidad 1 | Encuentro de culturas

A lo largo de la unidad, se ha hablado de los distintos pueblos que en un momento u otro han pasado por España o se asentaron en ella, y se han visto ejemplos de su influencia y del legado que dejaron. Explique a sus estudiantes que, sin duda, uno de los legados más importantes porque permanece hasta hoy es el lingüístico. El español proviene de la lengua que trajeron los romanos, el latín, pero, como han visto anteriormente, hay muchas palabras en él que provienen de otras lenguas; sin embargo, a menudo nos olvidamos de la influencia que ha tenido en el español la única lengua prerromana que sobrevivió a la instauración del latín en la Península: el vasco o euskera. Para que sus estudiantes conozcan algo sobre esta lengua, utilice la proyección 4.

1

Teatro romano de Mérida, Badajoz

2 Lee el siguiente texto sobre el origen de la palabra *España* y haz una lista de todos los pueblos que pasaron por este territorio.

El nombre *España* proviene de *Hispania*, que es el nombre que usaban los romanos para denominar a la península ibérica. Los historiadores y escritores latinos desconocían su origen etimológico y pensaban que esta palabra significaba 'tierra de conejos' porque, al parecer, estos animales poblaban el territorio en aquella época. De hecho, en algunas representaciones y monedas hechas en Hispania suele aparecer una mujer con un conejo a sus pies.

Sin embargo, según la teoría más reciente, esta palabra procede de la fenicia *I-span-ya*. Los fenicios habitaron muchas de las colonias mediterráneas griegas; entre ellas, la península ibérica. La teoría más aceptada en la actualidad sugiere que *I-span-ya* significa 'tierra donde se trabajan los metales', ya que *spy* en fenicio significa 'golpear metales' y debería su origen a la fama que por entonces tenían las minas de oro de la península ibérica.

También existió la teoría, ya desechada, que defendía la creencia de que *Hispania* era una variación de *Hispalis*, palabra de origen íbero que tal vez significaba 'ciudad de occidente'. Los íberos fueron uno de los primeros pueblos que se asentaron al este y al sur de la península. Según esta teoría, Hispalis, la actual Sevilla, era la ciudad principal en aquella época y quizá por eso los fenicios, y posteriormente los romanos, dieron su nombre a todo el territorio peninsular.

Inicialmente, los griegos llamaron a las actuales tierras de España y Portugal *península ophioússa*, que significa 'tierra de serpientes'. Sin embargo, con los años, los griegos la terminaron llamando *Iberia*, pues *iber* era una palabra que oían constantemente entre los habitantes de la península.

Adaptado de http://www.abc.es/espana/20140829/abci-donde-procede-palabra-espana-201408281811.html

Imagen icónica de la península ibérica con su nombre escrito en hebreo

2.1 Todo el grupo Busca el origen del nombre de tu país y cuéntaselo a tus compañeros.

2.2 Todo el grupo ¿Sabías que en España habían habitado tantos pueblos diferentes? ¿En qué aspectos crees que es enriquecedor? ¿Crees que esto puede provocar algún tipo de conflicto? ¿Por qué?

Unidad 1 | Encuentro de culturas — diecisiete | 17

2. Explíqueles que van a leer un texto sobre el origen de la palabra *España* y que deberán confeccionar una lista de los pueblos que pasaron por territorio español que se mencionan en este. Puede indicarles, también, que vayan anotando en la misma lista las palabras relacionadas con esos pueblos en las que se cree o se ha creído en algún momento que tenía su origen la palabra *España*. Pregúnteles para terminar cuál de las teorías expuestas en el texto les parece más razonable o más interesante y anímelos a argumentar sus respuestas.
Romanos, fenicios, íberos, griegos.

2.1. Se amplía el tema de la actividad anterior con esta otra de tipo intercultural en la que los estudiantes deberán buscar el origen del nombre de su país y contárselo a sus compañeros. Deles un tiempo suficiente para realizar la búsqueda y tomar nota de las posibles teorías que existan. Puede, al final, invitarlos a votar cuál de las historias sobre el origen de los nombres de los países es la más atractiva, divertida, extraña u original.
Como ampliación, y enlazando también con la actividad 1, puede preguntarles si, además, su país, región o ciudad tuvo también otros nombres distintos y si alguno de ellos perdura de algún modo en la actualidad.

2.2. Concluya el apartado con otra actividad comunicativa en relación con la multiculturalidad. Pídales que contesten a las preguntas en plenario y fomente el debate añadiendo otras preguntas y pidiendo que argumenten debidamente sus respuestas.

Para trabajar estos contenidos, realice las actividades **12-14**, p. **9** del *Libro de ejercicios*.

Lenguas prerromanas

[4]

Proyecte la imagen del mapa de las lenguas prerromanas y, después de comentarlas todas, señale la zona en la que aparece el vasco y pregúnteles si podrían decir a qué territorio actual corresponde; es de esperar que alguno de sus estudiantes mencione el País Vasco. Se trata de que hacerles ver que esta lengua se continúa hablando en los mismos territorios en los que se hablaba entonces. A continuación proceda a presentar algunos rasgos del español que se cree que tienen su origen en el vasco, si bien deberá aclarar que, dada la complejidad del tema, a menudo los lingüistas tienen que trabajar solo con hipótesis:

- En la fonética y fonología: el sistema de cinco vocales puras (salvo en el caso de algunas variedades), la ausencia del sonido /v/ (*b* y *v* se pronuncian igual) o la aspiración de la *f* al inicio de palabra para posteriormente desaparecer *(hijo, hoja, hondo...)*.
- En el léxico: palabras como *izquierda, mochila, pizarra, boina, bacalao, bahía, cachorro, chabola, zurdo...*

Unidad 1

Cartelera de cine

Escriba en la pizarra el título de la película y pregunte a sus estudiantes si saben qué significa el adjetivo *bárbaro*; si no la saben, haga que un/a voluntario/a la busque en el diccionario y luego se la explique en español a los demás. Seguidamente pregúnteles qué les sugiere el título y a qué género cinematográfico creen que puede pertenecer la película. A continuación pídales que observen la cartelera y que describan todo lo que ven en ella. Con la información que tienen, a partir del título y de la cartelera, hágales las siguientes preguntas: *¿en qué época creéis que transcurre la película?, ¿de qué creéis que trata?, ¿por qué pensáis que hay un coche en la imagen de la cartelera?, ¿quiénes imagináis que son las personas que hay en el coche?, ¿qué os sugiere la imagen superior?* Mientras los escucha, tome nota de sus respuestas.

1. Pídales ahora que lean la sinopsis de la película y compruebe con ellos si han acertado en algunas de sus hipótesis anteriores. Probablemente necesite aclarar parte de la información que se menciona en el texto, en especial la concerniente al contexto histórico: *posguerra española, campos de trabajo, Valle de los Caídos.* Pregúnteles qué saben de ese periodo histórico y responda a todas las preguntas que le hagan. Si lo considera oportuno, para que puedan tener una idea más completa de la época, pídales que busquen información en internet y que la compartan luego con el resto de la clase.
A continuación, en plenario, pídales que relacionen las imágenes con las descripciones que aparecen bajo estas. Una vez hecho esto, anímelos a leer las cuatro descripciones siguiendo el orden cronológico: 2, 4, 3, 1; ahí tienen el motivo por el que los protagonistas de la película fueron condenados.
1. D; **2.** A; **3.** C; **4.** B.

Vídeo

Cartelera DE CINE

Los años bárbaros

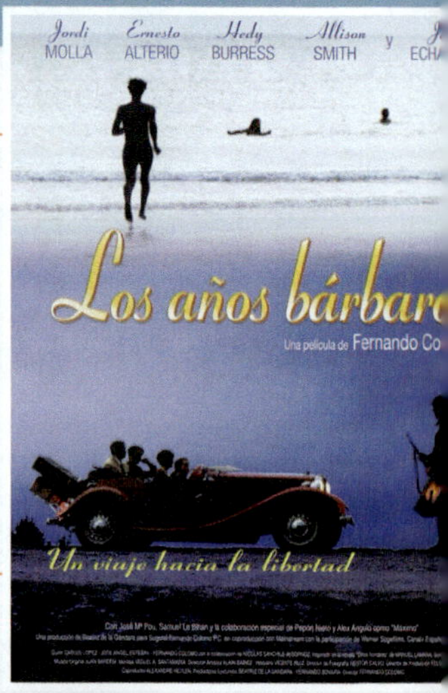

Sinopsis

Durante la posguerra española, en el año 1947, dos jóvenes universitarios miembros de asociaciones de estudiantes contrarias al régimen son condenados a ocho años de cárcel y enviados al campo de trabajo del Valle de los Caídos. Una vez allí, consiguen escaparse gracias a la ayuda de un francés especialista en fugas, a través de un plan organizado. Empiezan entonces un viaje por España acompañados de unas supuestas viajeras norteamericanas que conocen durante su fuga y que simpatizan con sus ideas democráticas de libertad.

Antes de la secuencia

1 **Todo el grupo** Lee la sinopsis de la película y relaciona estas imágenes con sus descripciones.

A

B

C

D

1. Tomás y Jaime fueron trasladados al Valle de los Caídos, un campo de trabajo en la sierra de Madrid donde los presos políticos del franquismo cumplían sus condenas con trabajos forzosos.
2. Una noche, Tomás, Jaime y otros universitarios contrarios al régimen quedaron para hacer pintadas de protesta en los muros de la universidad.
3. Los dos estudiantes fueron arrestados y encarcelados antes de su juicio. Posteriormente, los condenaron a ocho años de prisión y a trabajos forzosos en el Valle de los Caídos.
4. Esa misma noche, mientras regresaban de hacer las pintadas junto al resto de sus compañeros, Tomás y Jaime fueron sorprendidos y detenidos casi en el acto.

1

Durante la secuencia

2 Visiona la secuencia y elige la opción correcta.

1. **Los guardias civiles...**
   a. sospechan de las parejas.
   b. hacen un control rutinario de carretera.
   c. paran el vehículo por exceso de velocidad.
2. **Los guardias civiles no entienden la nacionalidad de la joven porque ella lo dice...**
   a. en español con acento extranjero.
   b. mal a propósito.
   c. en su lengua y los guardias no entienden inglés.
3. **Los guardias civiles se relajan y olvidan su obligación...**
   a. porque aceptan el regalo de una de las jóvenes: *whisky* escocés de importación.
   b. porque les parece muy divertido el juego de palabras entre la marca de la bebida y la documentación exigida.
   c. porque una de las jóvenes sí encuentra su pasaporte.

2.1 **En parejas** **Vuelve a ver la secuencia y escribe las anécdotas lingüísticas o culturales que detectas. Luego compara con tu compañero/a. ¿Lo habéis interpretado de la misma manera?**

Después de la secuencia

3 **En grupos pequeños** **Responde a estas preguntas sobre aspectos históricos mencionados en la película. Puedes consultar internet.**

1. ¿Sabes a qué se refiere la joven que conduce cuando menciona a los maquis?
2. El padre de Kate fue un brigadista internacional. ¿Sabes qué eran las Brigadas Internacionales?
3. ¿Sabes dónde está y para qué fue finalmente destinado el Valle de los Caídos, el campo de trabajo de los personajes?
4. Explica qué elementos del argumento hacen que la historia sea anecdótica, insólita y dramática.

Unidad 1 | Encuentro de culturas diecinueve | 19

2. Una actividad previa que puede ser interesante para que sus estudiantes se vean obligados a fijarse en todos los detalles (aspecto y actitud de los personajes, lenguaje gestual, objetos que manejan, espacios donde tiene lugar la secuencia, etc.), es la de que vean la secuencia primero sin sonido, de manera que tengan que imaginar qué creen que sucede en esta. Distribuya la clase en parejas o en grupos pequeños y dígales que se fijen bien en todo lo que vean. Después de este primer visionado, pregúnteles: *¿quiénes son los chicos que aparecen en el primer plano?, ¿por qué se están cambiando de ropa y tiran parte de ella?, ¿quiénes son las chicas que les esperan en el coche?, ¿qué relación tienen con ellos?, ¿por qué aparecen subtítulos en parte del diálogo?, ¿dónde van?, ¿por qué, de repente, se ponen serios?, ¿quiénes son las personas que detienen el coche?, ¿qué hablan con ellos?, ¿por qué la chica le da una botella a uno de los dos hombres?, ¿por qué les dejan continuar el viaje?* Pídales, en todo momento, que argumenten sus respuestas y usted tome nota de las distintas conjeturas que hagan.
A continuación pídales que lean las preguntas y las opciones de respuesta para cada una y vuelva a poner la secuencia, esta vez con sonido, para que contesten. Después de corregir la actividad, compruebe con ellos si han acertado en sus hipótesis y qué han sabido intuir por la información que tenían previamente, por el contexto y por los demás detalles visuales.
1. b; **2.** c; **3.** b.

2.1. Organice la clase en parejas y explíqueles que van a ver de nuevo la secuencia y que, ahora que ya saben que se trata de dos chicas anglófonas con dos chicos españoles a los que paran dos guardias también españoles, se fijen en cualquier anécdota de carácter cultural o lingüístico que se produzca y que luego la escriban.
Posible respuesta:
La anécdota se produce al final de la secuencia, cuando uno de los guardias les pide los pasaportes y una de las chicas, al oír que dicen *passport*, saca de su bolso una botella de *whisky* escocés de la marca Passport.

3. Disponga ahora la clase en pequeños grupos y pídales que respondan a las preguntas. Explíqueles que pueden buscar la información que no conozcan en internet; deles un tiempo para ello y, a continuación, haga una puesta común para que se comparta toda la información y puedan ampliar la propia con la recabada por sus compañeros.
Posible respuesta:
1. Los *maquis* eran una guerrilla antifascista que surgió durante la Guerra Civil y que, una vez terminada esta en 1939, todavía combatió durante los primeros años de la posguerra, hasta 1947 aproximadamente; **2.** Las Brigadas Internacionales fueron unidades militares formadas por voluntarios extranjeros de más de cincuenta países que lucharon, en la Guerra Civil, junto al ejército republicano contra el ejército sublevado; **3.** El Valle de los Caídos se encuentra en la sierra de Madrid, en el término de San Lorenzo de El Escorial. Se trata de una basílica que se convirtió en sepultura para miles de caídos en la Guerra Civil y también, hasta el año 2019, para el dictador Francisco Franco; **4.** La historia tiene un valor anecdótico por la manera en que se resuelven algunas situaciones, como la que vemos en la secuencia: cuando la chica le da la botella de *whisky* al guardia y con ello se logra una distensión que soluciona la situación. La historia puede resultar insólita por la propia trama: dos fugados de un campo de trabajo que atraviesan media España con dos jóvenes extranjeras que los ayudan en su huida; y dramática en cuanto que se trata de huidos de un campo de trabajo que están arriesgando su vida por haber escapado.

Unidad 1

Evaluación

1. **1.** f; **2.** c; **3.** b; **4.** e; **5.** d; **6.** a.

2. **1.** península; **2.** costa; **3.** océano; **4.** mar; **5.** meseta; **6.** cordillera.

3. **1.** volcán; **2.** isla; **3.** lago; **4.** selva; **5.** desierto; **6.** valle.

4. Respuesta abierta. **Acción terminada anterior a otra acción también terminada:** 1, 2, 3, 4, 6, 7, 8, 10; **Experiencia que se tiene por primera vez:** 5; **Inmediatez de dos acciones en el pasado:** 9.

Evaluación

1 **Relaciona cada palabra con su significado.**

1. meseta
2. mar
3. península
4. costa
5. océano
6. cordillera

a. Sistema de montañas.
b. Territorio rodeado de agua por todas partes menos por una.
c. Masa de agua que cubre gran parte de la Tierra.
d. Mar de gran extensión que separa continentes.
e. Orilla del mar y tierra que está cerca de ella.
f. Llanura extensa a cierta altitud sobre el nivel del mar.

2 **Completa el texto con las palabras de la actividad anterior.**

La [1] .... ibérica tiene aproximadamente 7771 kilómetros de [2] ...., con el mar Mediterráneo al este y el [3] .... Atlántico al oeste. Al norte, el océano recibe el nombre de [4] .... Cantábrico. Una gran parte del interior de la península está ocupada por la [5] .... central, dividida por la [6] .... del sistema Central.

3 **Escribe cada palabra del recuadro debajo de la imagen correspondiente.**

lago | desierto | valle | isla | volcán | selva

1. ....

2. ....

3. ....

4. ....

5. ....

6. ....

4 **Completa libremente las siguientes frases utilizando el pretérito pluscuamperfecto. ¿Qué valor tiene el pluscuamperfecto en cada una de ellas?**

1. Cuando llegamos, las tiendas ....
2. Esta mañana, a las diez, todavía no ....
3. Me dijo que Javi, el día antes, ...
4. Ya sabíamos que vosotras ....
5. Antes de anoche, nunca ....
6. Cuando empezaron a discutir, Juan ya ....

20 | veinte   Unidad 1 | Encuentro de culturas

1

7. Me lo habían dicho muchas veces, pero ....
8. Ya había nacido mi hermano cuando ....
9. Le pedí ayuda y al minuto ....
10. Sí, antes ya ....

5 **Conjuga los verbos entre paréntesis en la forma adecuada del pasado.**

[1] .... (Llegar, yo) a Granada el lunes. Ya [2] .... (estar) aquí antes, pero una vez más la ciudad [3] .... (volver) a sorprenderme. Lo primero que [4] .... (hacer) mi amigo y yo [5] .... (ser) ir al mirador de San Nicolás para ver la Alhambra. Luego [6] .... (dar) un paseo por la calle de las teterías.
Mi amigo nunca [7] .... (estar) y le [8] .... (encantar); [9] .... (él, decir) que le [10] .... (recordar) a Marrakech. El viernes, él [11] .... (irse) y [12] .... (yo, alquilar) un coche para ir a Sierra Nevada a esquiar. Nunca [13] .... (estar) allí. Me [14] .... (gustar) mucho. [15] .... (Hacer) un día maravilloso y no [16] .... (haber) demasiada gente, así que me [17] .... (pasar) todo el día esquiando.
Pero las vacaciones ya [18] .... (terminarse). Esta mañana [19] .... (empezar) las clases y ya no soy un turista, sino un estudiante en Granada.

6 **Reescribe en tu cuaderno las siguientes frases con los marcadores temporales que se indican.**

1. Le repito que debe estudiar más. › Ayer...
2. Siempre me preguntas dónde voy. › Antes siempre...
3. Asegura que ya lo ha visto. › El otro día...
4. Les advierto que está lloviendo. › Esta mañana...
5. Dice que no se lo compra porque es caro. › Antes...

7 **Lee el correo electrónico y luego escribe en tu cuaderno el diálogo original al que se refiere.**

De: Patricia Para: Julián Asunto: Me encontré con Pedro

Hola, Julián:
Ayer me encontré con Pedro y le pregunté cómo estaba en la nueva oficina. Me contestó que muy bien, pero que un poco cansado porque había tenido mucho trabajo el día anterior. Le conté que te había visto y que me habías preguntado por él. Se alegró y me dijo que quería llamarte porque tenía que contarte muchas cosas, pero que con el cambio de trabajo había estado muy ocupado y no había podido. Le dije que tú también tenías muchas cosas que contar, que habías conocido a alguien muy interesante. Hablamos poco porque tenía mucha prisa, llegaba tarde al trabajo.

8 **Marca qué haces con más frecuencia cuando repasas un contenido que ya habías estudiado antes.**

	Nunca	A veces	Siempre
1. Te preguntas si necesitas hacer el repaso.	☐	☐	☐
2. Repites los ejercicios que ya habías hecho.	☐	☐	☐
3. Buscas nuevos ejercicios sobre el tema.	☐	☐	☐
4. Buscas más información para ampliar.	☐	☐	☐
5. Revisas tus trabajos anteriores.	☐	☐	☐

5. **1.** Llegué; **2.** había estado; **3.** volvió/ha vuelto; **4.** hicimos; **5.** fue; **6.** dimos; **7.** había estado; **8.** encantó; **9.** dijo; **10.** recordaba; **11.** se fue; **12.** alquilé; **13.** había estado; **14.** gustó; **15.** Hacía/Hizo; **16.** había; **17.** pasé; **18.** se han terminado; **19.** han empezado.

6. **1.** Ayer me repitió que debía estudiar más; **2.** Antes siempre me preguntabas (que) dónde iba; **3.** El otro día aseguró que ya lo había visto; **4.** Esta mañana nos ha advertido que estaba lloviendo; **5.** Antes decía que no se lo compraba porque era caro/Antes ha dicho que no se lo compra porque es caro.

7. **Posible respuesta:**
Patricia: ¿Cómo estás en la nueva oficina?
Pedro: Muy bien, pero estoy un poco cansado, ayer tuve mucho trabajo.
Patricia: He visto/Vi a Julián y me ha preguntado/preguntó por ti.
Pedro: Me alegro. Quiero llamarlo porque tengo que contarle muchas cosas, pero con el cambio de trabajo he estado muy ocupado y no he podido.
Patricia: Julián también tiene muchas cosas que contar, ha conocido a alguien muy interesante.
Pedro: Bueno, hablamos otro día. Tengo mucha prisa, es que llego tarde al trabajo.

8. Respuesta abierta.

Unidad 2

EnREDados

Lea en voz alta el título de la unidad, comente con ellos la tipografía y hágales reparar en el carácter compuesto de la palabra, en la que se destaca con las letras mayúsculas la palabra de origen: *RED*. A continuación pida a sus estudiantes que describan la imagen principal y los iconos que aparecen en el fondo y que intenten relacionarlos con dicha palabra. Pregúnteles también si conocen otros significados de la palabra *red* además del relacionado con internet y qué puede significar la palabra derivada *enredado/a*. Escuche sus hipótesis y, a continuación, hágales buscar este término (o el verbo *enredar*) en el diccionario. Anote las diferentes acepciones que le vayan diciendo y pídales que intenten relacionar alguna de ellas con el tema de la unidad, que, como podrán ver por las imágenes, es internet y las tecnologías. Es posible que sus estudiantes piensen en las acepciones relacionadas con el engaño o la pérdida de tiempo para justificar el título. Si no es así, hágalo usted para introducir la primera de las preguntas que se plantean.

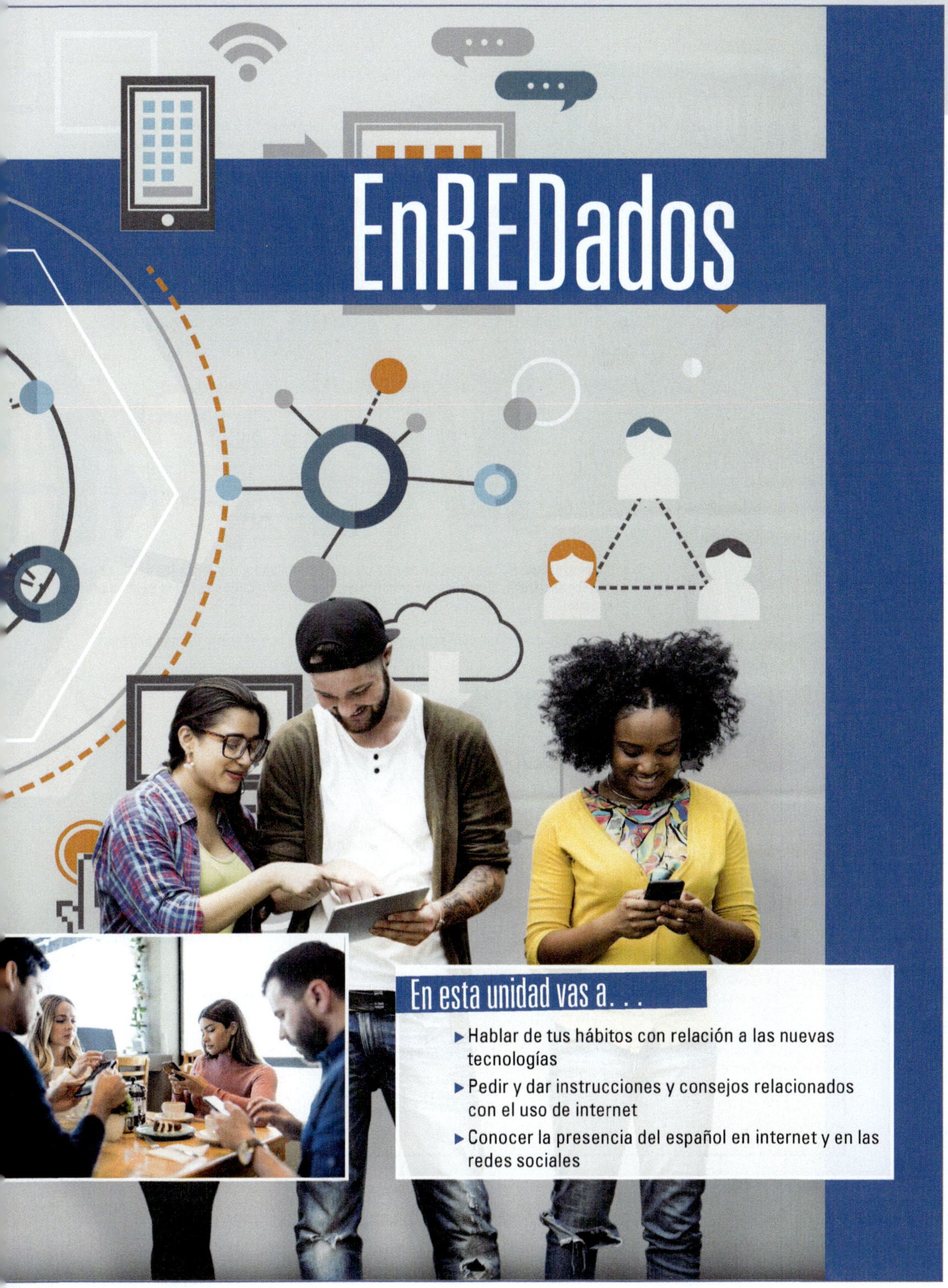

EnREDados

En esta unidad vas a...

- Hablar de tus hábitos con relación a las nuevas tecnologías
- Pedir y dar instrucciones y consejos relacionados con el uso de internet
- Conocer la presencia del español en internet y en las redes sociales

Pídales después que observen y comenten las tres fotografías que aparecen en la parte inferior de la doble página, esto servirá para recuperar y activar el léxico que conozcan relacionado las nuevas tecnologías y que lo lleven a su propia experiencia. Pregúnteles también qué lengua usan cuando se conectan a internet y, por último, comente con ellos los contenidos que se trabajarán en la unidad.

Unidad 2

¿Qué sabes?

1. La actividad con la que se inicia este primer apartado de la unidad tiene como objetivo la activación rápida del vocabulario que sus estudiantes puedan tener sobre el tema central de la unidad, la tecnología, así como detectar posibles carencias en este campo léxico que se irán supliendo en las páginas sucesivas.
Indique a sus estudiantes que, individualmente, observen la imagen que ocupa la parte superior que de las dos páginas enfrentadas y que escriban en español todos los nombres de dispositivos electrónicos o relacionados con internet que reconozcan. Plantee la actividad a modo de competición; para ello, dígales que tienen un minuto para escribir y, que transcurrido ese tiempo, no podrán añadir más vocabulario.
Posible respuesta:
Tableta, móvil/celular, batería (externa), ordenador (de sobremesa), portátil, pantalla, auriculares (inalámbricos), micrófono, cámara web, ratón, pantalla/monitor, pizarra digital, rúter, wifi, reloj inteligente, proyector, lápiz de memoria.

¿Qué sabes?

1 Observa la imagen y escribe en tu cuaderno el nombre de todos los dispositivos electrónicos o relacionados con internet que reconozcas. Tienes un minuto.

1.1 **Todo el grupo** Haz una puesta en común con tus compañeros y anota las palabras que no tengas. ¿Quién ha podido reconocer más elementos? ¿Conocías todos sus nombres en español?

1.2 [5] Escucha estas conversaciones y relaciónalas con el objeto del que hablan.

A B C D

Conversación 1: .... Conversación 2: .... Conversación 3: .... Conversación 4: ....

2 **En parejas** Relaciona las columnas para formar expresiones con sentido. Ten en cuenta que en algunos casos puede haber más de una solución. Luego compara con tu compañero/a.

1. Hacer	a. correos electrónicos.
2. Redactar	b. con la familia/los amigos.
3. Jugar	c. fotos.
4. Hablar	d. programas de televisión.
5. Grabar	e. trabajos o informes.
6. Navegar	f. a videojuegos.
7. Ver	g. por internet.
8. Enviar	h. vídeos.

RAE ORTOGRAFÍA
En el español de España se dice vídeo y se escribe con acento:
*Es una escopeta rarísima, parece más bien un telescopio, o una cámara de **vídeo** muy alargada, un aparato de ciencia ficción.*
En el español de América es más frecuente decir video y se escribe sin acento: *Fue, te digo, ese día cuando grabé en **video** las noticias, el noticiero completo, mejor dicho.*

24 | veinticuatro — Unidad 2 | EnREDados

1.1. A continuación, y para mantener el espíritu de lúdico de la actividad previa, puede hacer que los estudiantes se intercambien sus cuadernos para contar cuántas palabras han anotado. Quien tenga la lista más extensa, será el ganador. Después haga una puesta en común para que compartan las palabras que hayan anotado entre todos, asegurándose de que añaden a su lista las palabras que les falten y de que entienden el significado de todas ellas.

1.2. [5] El objetivo de esta comprensión auditiva es que sus estudiantes sean capaces de reconocer de qué dispositivos se habla en las conversaciones que van a escuchar y cuyo nombre conocen de la actividad anterior. Para ello, deberán prestar atención tanto a las características morfológicas de algunas palabras como al léxico relacionado con la tecnología que sirve de contexto.
Una vez que hayan escuchado y relacionado los dispositivos de las imágenes con las conversaciones correspondientes, pídales que indiquen qué elementos o palabras claves les han ayudado a identificar el dispositivo del que se hablaba. Comparta en la pizarra el léxico que sus estudiantes mencionen como, por ejemplo, *teclado*.
Conversación 1: C; **Conversación 2:** D; **Conversación 3:** A; **Conversación 4:** B.

2. Actividad para que sus estudiantes recuperen las combinaciones más frecuentes del vocabulario básico relacionado con la informática e internet, ampliando el que han activado con las actividades precedentes.
Hágales que trabajen primero de manera individual para formar cuantas combinaciones puedan y, a continuación, forme parejas para que comparen sus respuestas. Una vez corregida la actividad, dirija la atención de sus estudiantes al cuadro de la RAE referente a la ortografía y pronunciación de la palabra *vídeo*. Pregúnteles si conocen otras palabras en español con doble posibilidad de acentuación y si también se trata de diferentes variedades diatópicas de la lengua. Si lo considera conveniente, puede mencionar el caso de la palabra *icono/ícono*, con acentuación llana en España y esdrújula en Hispanoamérica.
Posible respuesta:
1. c, e, h; **2.** a, e; **3.** b, f, g; **4.** b, g; **5.** d, h; **6.** g; **7.** a, c, d, e, h; **8.** a, c, e, h.

2

2.1 **En parejas** ¿Con qué tipo de dispositivos o aplicaciones realizas las acciones anteriores? Fíjate en el ejemplo:

Ejemplo: *Pues yo, para hablar con mi familia, utilizo el móvil. Y si queremos vernos, lo hacemos por Skype, en el móvil o en el ordenador.*

3 **En parejas** Mira a estas personas; ¿qué problema relacionado con el móvil crees que tienen?

3.1 Aquí tienes algunas posibles soluciones para los problemas anteriores. Relaciónalos.

1. ☐ Pedir un cargador.
2. ☐ Cambiar de compañía de teléfono.
3. ☐ Ir a la policía.
4. ☐ Pedir la clave del wifi.

3.2 **En parejas** Ahora imagina que tienes algún problema que afecta a tus dispositivos electrónicos. Pídele ayuda a tu compañero/a y escucha las soluciones que te propone.

2.1. Con esta actividad de interacción oral en parejas sus estudiantes tendrán la ocasión de poner en práctica el vocabulario recientemente activado de una forma libre y en relación a su universo personal. Paséese por la clase para observar su destreza comunicativa y animar la conversación si lo cree necesario.

3. Con esta última secuencia de actividades se pretende que activen su conocimiento previo sobre otros temas de la unidad: los problemas con las tecnologías, la petición de ayuda y el ofrecimiento de la misma.

Forme parejas para llevar a cabo esta primera actividad en la que, mediante el estímulo visual que suponen las imágenes, los estudiantes deberán inferir posibles problemas más o menos habituales que podemos tener con la tecnología. Déjeles unos minutos para que trabajen y haga una puesta en común para que comparen y argumenten sus respuestas y pase a la actividad siguiente antes de corregir.

Posible respuesta:

A. No tiene batería; **B.** No tiene conexión a internet; **C.** El móvil funciona mal/no tiene cobertura; **D.** Le han robado el móvil.

3.1. Para ratificarse en sus respuestas anteriores, pídales que, de manera individual, relacionen ahora esos problemas con alguna de estas soluciones. Corrija la actividad en plenario y pregúnteles si se les ocurren otras soluciones posibles.

1. A; **2.** C; **3.** D; **4.** B.

3.2. Cierre el apartado con un juego de roles con el que podrá ver en qué medida sus estudiantes disponen de los recursos léxicos, funcionales, comunicativos y gramaticales para enfrentarse a uno de los objetivos de la unidad: pedir y ofrecer ayuda. Disponga la clase en parejas y pídales que ambos pasen tanto por la situación de contar un problema como por la de ofrecer ayuda para solucionarlo. Paséese por el aula para detectar sus dificultades así como su destreza en torno a este tema.

Unidad 2

Palabras

1. Disponga a sus estudiantes en parejas para realizar esta actividad de comprensión lectora en la que deberán reconocer el significado de diferentes palabras pertenecientes al campo de las nuevas tecnologías ayudándose del contexto en el que aparecen y de la identificación con sus iconos correspondientes.
Si lo cree conveniente, a fin de comprobar previamente la capacidad léxica de sus estudiantes respecto al tema y de hacerlos conscientes de la necesidad de cubrir las carencias que tengan, puede pedirles que, antes de leer los textos y en plenario, digan lo que significa cada uno de los iconos. De esta manera, la actividad se convertirá en una comprobación de sus hipótesis o en una ampliación del vocabulario del que partían.
1. cuelgo; **2.** descargarme; **3.** reenviando; **4.** usuario; **5.** adjuntar; **6.** contraseña; **7.** comparto; **8.** antivirus; **9.** intercambiamos.

1.1. Mantenga las mismas parejas para realizar esta actividad en la que tendrán la ocasión de poner en práctica de manera comunicativa el vocabulario recién presentado.
Si desea dirigir la conversación y asegurarse de que se ponen en uso todas palabras presentadas en los textos anteriores, puede sugerir a sus estudiantes que añadan otras preguntas respecto a estos temas. Paséese por la clase mientras mantienen las conversaciones, observe el uso del vocabulario presentado y anime su comunicación, si lo cree necesario, con alguna pregunta u observación. Finalmente, pida a las diferentes parejas que comenten con el resto de la clase qué comportamientos comparten y en cuáles difieren.

Palabras

1 **En parejas** Lee los hábitos de estas personas con relación a las nuevas tecnologías y escribe el número de cada icono junto a la palabra que representa.

En mi trabajo estoy todo el día con el ordenador y mandando correos, respondiendo y ☐ **reenviando** mensajes. Lo peor es cuando se me olvida ☐ **adjuntar** algún documento, me siento estúpido.

Yo tengo internet en casa desde hace poco y todavía no lo entiendo muy bien. Me ayuda mi nieta: ella eligió la compañía, me instaló un ☐ **antivirus**, me abrió la cuenta de correo y hasta me eligió el nombre de ☐ **usuario** y la ☐ **contraseña**...

A mí me encantan las redes sociales, tengo perfil en todas: ☐ **cuelgo** fotos, ☐ **comparto** las de mis amigos, nos ☐ **intercambiamos** archivos... También uso internet para estudiar: sin poder ☐ **descargarme** los textos y los artículos que tenemos que leer para la universidad, estaría todo el día en la biblioteca, ¡qué horror!

1.1 **En parejas** Pregunta a tu compañero/a qué navegador tiene, qué buscador usa, si tiene antivirus en su ordenador y cuál es, qué tipo de archivos guarda y en qué redes sociales tiene perfil. ¿Coincidís en algo?

1.2 **En parejas** Escribe las palabras del recuadro junto a los verbos y forma todas las combinaciones posibles. ¿Puedes añadir alguna palabra más?

datos | un navegador | una página | un programa | información | una imagen
un documento | un antivirus | una cuenta | un archivo | un buscador | un perfil

Descargar/Bajarse... ....
Instalar... ....
Colgar/Publicar/Subir... ....
Abrir(se)... ....
Crear(se)... ....
Entrar en/Acceder a... ....

26 | veintiséis — Unidad 2 | EnREDados

1.2. Actividad que tiene por objetivo que los estudiantes conozcan las combinaciones léxicas más frecuentes respecto al uso de la tecnología. Forme nuevas parejas e indíqueles que deben escribir las palabras del recuadro junto a los verbos propuestos para formar todas las combinaciones que crean posibles. Corrija en plenario para asegurarse de que se mencionan todas las posibilidades y, finalmente, anímelos a que piensen o busquen otras palabras para ampliar la lista.
Posible respuesta:
Descargar/Bajarse...: datos, un programa, información, una imagen, un documento, un antivirus, un archivo; **Instalar...:** un programa, un antivirus, un archivo; **Colgar/Publicar/Subir...:** datos, información, una imagen, un documento, un archivo; **Abrir(se)...:** un navegador, una página, un programa, un documento, un antivirus, una cuenta, un archivo, un buscador, un perfil; **Crear(se)...:** un documento, una cuenta, un archivo, un perfil; **Entrar en/Acceder a...:** un navegador, una página, una cuenta, un buscador, un perfil.

Para trabajar estos contenidos, realice las actividades **1-5**, pp. **10-11** del *Libro de ejercicios*.

2

1.3 Escucha la conversación entre Felipe y su nieta Paula y marca si las afirmaciones se relacionan con Felipe (F), con Paula (P) o con ninguno de los dos (N).

[6]

1. Tiene problemas con la conexión a internet. F P N
2. Encuentra la solución al problema. F P N
3. Necesita publicar fotos en una red social. F P N
4. Cree que sus escritos no interesan en las redes sociales. F P N
5. Ya no usa una red social tanto como antes. F P N
6. Necesita ayuda para crear un perfil. F P N
7. Prefiere ayudarle por teléfono. F P N
8. Va a ir a su casa. F P N

2 **En parejas** Haz este test a tu compañero/a para conocer un poco sus hábitos en internet. Puedes añadir notas si es necesario. Luego comparad vuestras respuestas; ¿coincidís?

1. **¿A qué edad empezaste a usar internet?**
   ☐ Antes de los 10 años. ☐ Entre los 10 y los 15 años. ☐ Después de los 15 años.
2. **¿Cuánto tiempo lo usas durante la semana?**
   ☐ Menos de 1 hora. ☐ Entre 1 y 2 horas. ☐ Entre 2 y 4 horas. ☐ Más de 4 horas.
3. **¿Cuánto tiempo lo usas durante los fines de semana?**
   ☐ Menos de 1 hora. ☐ Entre 1 y 2 horas. ☐ Entre 2 y 4 horas. ☐ Más de 4 horas.
4. **¿Alguna vez has estado conectado más tiempo del previsto? ¿Por qué?**
   ☐ Nunca. ☐ Pocas veces. ☐ Algunas veces. ☐ Muchas veces. ☐ Siempre.
5. **Usas internet para... (ordenar según frecuencia):**
   ☐ Participar en redes sociales, chats, foros. ☐ Enviar correos electrónicos. ☐ Ver vídeos.
   ☐ Buscar información. ☐ Jugar.
   ☐ Descargar música, películas, documentos. ☐ Hacer compras. ☐ Trabajar.
6. **¿Dónde te conectas? (ordenar según frecuencia):**
   ☐ En casa. ☐ En la calle (datos). ☐ En el trabajo/la escuela. ☐ Otros: ....
7. **¿Dónde te gusta conectarte? (ordenar según preferencia):**
   ☐ En casa. ☐ En la calle (datos). ☐ En el trabajo/la escuela. ☐ Otros: ....
8. **¿Con qué dispositivo te conectas? (ordenar según frecuencia):**
   ☐ Con el móvil. ☐ Con el ordenador. ☐ Con la tableta. ☐ Otros: ....
9. **¿Recibes quejas de otras personas por tu uso de internet?**
   ☐ Nunca. ☐ Pocas veces. ☐ Algunas veces. ☐ Muchas veces. ☐ Siempre.
10. **¿Has dejado de hacer otras cosas por conectarte a internet?**
    ☐ Nunca. ☐ Pocas veces. ☐ Algunas veces. ☐ Muchas veces. ☐ Siempre.

2.1 **Todo el grupo** Con los resultados de todos, haced una pequeña estadística de la clase sobre este tema. ¿Hay hábitos muy diferentes? ¿Con respecto a qué? ¿Las diferencias tienen que ver con la nacionalidad, la edad, el sexo...? ¿Qué conclusiones podéis sacar?

Unidad 2 | EnREDados veintisiete | 27

1.3. Actividad de comprensión auditiva en la que sus estudiantes, a través de la escucha selectiva, deberán ser capaces de discriminar la información que se refiere a cada uno de los participantes de una conversación, así como la que no se refiere a ninguno. Además, tendrán la oportunidad de reconocer dentro de un contexto las unidades léxicas presentadas anteriormente, ampliar su caudal léxico sobre el tema y entrar en contacto con otro de los contenidos de la unidad: las estructuras para pedir ayuda y dar consejos o instrucciones.

[6]

En primer lugar, permítales leer las afirmaciones y asegúrese de que lo entienden todo. A continuación ponga el audio para que realicen la actividad y déjeles que comparen en parejas y justifiquen sus respuestas. Realice una segunda escucha si lo considera necesario y corrija en plenario.

1. F; **2.** P; **3.** N; **4.** F; **5.** P; **6.** F; **7.** N; **8.** P.

2. El objetivo de esta actividad es que sus estudiantes, mientras contestan a un test, pongan en práctica el léxico presentado en el apartado a la vez que toman consciencia del uso que hacen de las tecnologías. Por otro lado, con este tipo de actividades se fomenta la cohesión de grupo, ya que les permite conocer en mayor profundidad a sus compañeros.
En primer lugar, lea en plenario el cuestionario para asegurarse de que no hay ningún problema de comprensión y que pueden responderlo sin problemas. A continuación agrupe a sus estudiantes en parejas y pídales que adopten primero el papel de entrevistador/a y después el de entrevistado/a. Así mismo, ínstelos a que, si como entrevistadores sienten la necesidad de profundizar en algún detalle, formulen otras preguntas relacionadas que no aparezcan en el test.

2.1. Una vez que todas las parejas hayan terminado de hacerse el cuestionario, es el momento de compartir los resultados con el resto compañeros para comprobar las similitudes y diferencias de la clase y extraer conclusiones. Para llevar a cabo la actividad, puede pedir que un/a voluntario/a vaya anotando en la pizarra el número de estudiantes que ha elegido cada opción para cada una de las preguntas. Una vez recogidos los resultados, pídales que extraigan sus conclusiones al respecto. Para ello, puede fomentar la conversación lanzando hipótesis sobre posibles causas a la hora de elegir diferentes opciones (nacionalidad, edad, sexo, ocupación, cultura...).

Para trabajar estos contenidos, realice las actividades **6-7**, p. **11** del *Libro de ejercicios*.

Unidad 2

Gramática

1. En este primer punto del apartado se revisa la forma de los verbos regulares en presente de subjuntivo que sus estudiantes ya estudiaron en el nivel anterior, por lo que, si lo considera oportuno, puede pedirles que, con el libro cerrado, sean ellos los hagan el ejercicio de intentar recordarlo. Pida a tres voluntarios que salgan a la pizarra y escriban, en consenso con el resto de la clase, el presente de subjuntivo de los tres verbos que aparecen en el libro: *trabajar*, *comer* y *escribir*. Cuando tengan los tres paradigmas, déjeles que abran el libro y que verifiquen si los han escrito correctamente.
A continuación comente el cuadro de atención de la banda lateral sobre la coincidencia en las formas de la segunda y la tercera conjugación en este tiempo verbal y recuérdeles también que las vocales temáticas (*e* para *-ar* y *a* para *-er/-ir*) son opuestas a las del presente de indicativo.
Si aún considera conveniente realizar algún otro ejercicio de asimilación de las formas regulares por parte de sus estudiantes, puede pedirles que conjuguen otros verbos, incluido algún verbo reflexivo.

1.1. Actividad que le servirá, por un lado, para seguir trabajando la forma de los verbos regulares en presente de subjuntivo y, por otro, para introducir algunos de los usos básicos del subjuntivo que también han estudiado.
Agrupe a sus estudiantes en parejas y pídales que completen los enunciados con los verbos entre paréntesis en presente de subjuntivo. Realizada la corrección y para sondear qué recuerdan del año anterior, puede preguntar, en plenario, qué uso de subjuntivo aparece en cada frase.
1. estudiéis, aprendáis, completéis; **2.** ayudes, laves, prepares.

Gramática

Recuerda:
Los verbos en *-er* e *-ir* tienen las mismas terminaciones en presente de subjuntivo.

1 Presente de subjuntivo regular (repaso)

El **presente de subjuntivo regular** tiene las siguientes terminaciones:

	Trabajar	Comer	Escribir
yo	trabaje	coma	escriba
tú	trabajes	comas	escribas
él, ella, usted	trabaje	coma	escriba
nosotros/as	trabajemos	comamos	escribamos
vosotros/as	trabajéis	comáis	escribáis
ellos, ellas, ustedes	trabajen	coman	escriban

1.1 **En parejas** Lee las frases y conjuga los verbos en presente de subjuntivo.

1. Os aconsejo que .... (estudiar) esta parte, que os la .... (aprender) bien y que luego .... (completar) los ejercicios.
2. David, quiero que me .... (ayudar); que primero .... (lavar) la verdura y después [6] .... (preparar) la mesa.

Fíjate:
Las formas irregulares en presente de subjuntivo se construyen a partir de las formas irregulares en presente de indicativo con algunos cambios.

2 Presente de subjuntivo irregular (repaso)

- Verbos con **irregularidad vocálica**:

Pensar	Sentir	Encontrar	Dormir	Pedir	Construir
e › ie	e › ie + e › i	o › ue	o › ue + o › u	e › i	i › y
piense	sienta	encuentre	duerma	pida	construya
pienses	sientas	encuentres	duermas	pidas	construyas
piense	sienta	encuentre	duerma	pida	construya
pensemos	sintamos	encontremos	durmamos	pidamos	construyamos
penséis	sintáis	encontréis	durmáis	pidáis	construyáis
piensen	sientan	encuentren	duerman	pidan	construyan

  - Los verbos que cambian e › ie y que terminan en *-ir* cambian también e › i en *nosotros/as* y *vosotros/as*: *sintamos, sintáis*.
  - Los verbos *dormir* y *morir*, además del cambio o › ue, cambian o › u en *nosotros/as* y *vosotros/as*: *durmamos, durmáis, muramos, muráis*.
  - Los verbos que cambian e › i e i › y son irregulares en todas las personas.
- Los verbos que tienen irregular la **persona *yo*** del presente de indicativo también son irregulares en presente de subjuntivo, pero en todas las personas:
  - hacer › **hago** › **haga, hagas, haga, hagamos, hagáis, hagan**.
  - Otros verbos: oír › **oiga**; poner › **ponga**; caer › **caiga**; conducir › **conduzca**...
- Algunos verbos tienen una **irregularidad propia** en este tiempo:
  - estar › **esté, estés, esté, estemos, estéis, estén**
  - haber › **haya, hayas, haya, hayamos, hayáis, hayan**
  - saber › **sepa, sepas, sepa, sepamos, sepáis, sepan**
  - ser › **sea, seas, sea, seamos, seáis, sean**
  - ir › **vaya, vayas, vaya, vayamos, vayáis, vayan**
  - ver › **vea, veas, vea, veamos, veáis, vean**

Fíjate:
Hay formas verbales, tanto regulares como irregulares, que sufren cambios ortográficos para conservar el sonido del verbo en infinitivo:
seguir › siga; cocer › cueza; recoger › recoja; buscar › busque...

28 | veintiocho — Unidad 2 | EnREDados

Para trabajar estos contenidos, realice la actividad **8**, p. **12** del *Libro de ejercicios*.

2. En este segundo cuadro gramatical se presentan las formas irregulares del presente de subjuntivo. Se trata, de nuevo, de un repaso de contenidos vistos en el anterior nivel, por lo que es de esperar que no revista demasiada dificultad para sus estudiantes.
Lea con ellos los sucesivos puntos que tratan las diferentes irregularidades de este tiempo y vaya resolviendo las dudas que puedan surgir. Si lo cree adecuado, puede pedirles que recuerden previamente en voz alta la primera persona del presente de indicativo de los verbos propuestos para evidenciar la relación que hay entre las formas de ambos modos. Así mismo, también puede pedirles que digan otros verbos que conozcan con las mismas irregularidades; de esta manera se asegurará de que comprenden toda la información.
Una vez compruebe que sus estudiantes han sistematizado la relación entre las formas irregulares del presente de indicativo y de subjuntivo, haga hincapié en el siguiente punto: la necesidad de memorizar algunos verbos en los que esa citada relación no existe. Por último, lea en plenario el cuadro de atención que advierte de los cambios ortográficos que pueden encontrar en algunas formas de este tiempo para conservar el sonido original del infinitivo y los cuales no llegan a considerarse irregularidades.

2.1 Completa la tabla con las formas del presente de subjuntivo que faltan.

	Entender	Volver	Vestir	Oír	Traer	Huir	Reír
yo							
nosotros/as							

2.2 Señala la persona y el infinitivo de los siguientes verbos conjugados.

Verbo conjugado	Persona	Infinitivo	Verbo conjugado	Persona	Infinitivo
1. empecéis	*vosotros/as*	*empezar*	7. apliques		
2. lleguen			8. aterricemos		
3. busque			9. cojas		
4. corrijamos			10. almorcéis		
5. realices			11. convenza		
6. paguéis			12. escojas		

2.3 **En parejas** Transforma estas frases usando el presente de subjuntivo.

1. Podéis volver hoy más tarde. › Os dejamos que ...
2. Piénsalo bien, con calma. › Te aconsejamos que ...
3. Construirán un hospital cerca. › Quiero que ...
4. No puedes traer el coche. › Te prohíbo que ...
5. Medid bien el mueble. › Os recomiendo que ...
6. Dormid bien. › Espero que ...
7. ¿Puedo irme ya? › ¿Me permite usted que ...?
8. Dime qué hago. › ¿Qué me sugieres que ...?
9. Hablen más bajo, por favor, estoy trabajando. › Les ruego que ...

2.4 [7] Escucha y comprueba tu respuesta anterior. Luego clasifica las frases en la tabla según su significado.

Consejo o recomendación	Permiso/Prohibición	Deseo o petición

2.5 **Todo el grupo** Da consejos a Marta usando la estructura *te aconsejo/recomiendo que* + subjuntivo.

Quiero comprarme un móvil nuevo, pero no tengo bastante dinero.

Necesito hacer deporte, pero no sé bien cuál practicar.

Un chico que me gusta me ha mandado un mensaje y no sé qué hacer.

Me apetece ir al cine, pero no sé qué ponen.

Un amigo de Facebook quiere quedar para conocerme en persona.

2.1. Secuencia destinada a la práctica del presente de subjuntivo y a la reflexión de su forma y usos. Pídales que, individualmente, completen la tabla con las formas correspondientes a *yo* y *nosotros/as* de los verbos propuestos. Aunque no lo dice el enunciado, son todos verbos irregulares de diferente tipología. Repáselas con ellos durante la corrección de la actividad.
Entender: entienda, entendamos; **Volver:** vuelva, volvamos; **Vestir:** vista, vistamos; **Oír:** oiga, oigamos; **Traer:** traiga, traigamos; **Huir:** huya, huyamos; **Reír:** ría, riamos.

2.2. Actividad en la que deberán reconocer la persona verbal en la que aparecen algunos verbos que sufren cambios ortográficos y escribir su infinitivo correspondiente. Se trata de nuevo de que establezcan la comparativa entre ambas formas: la que presenta cambios (forma dada) y la que no (infinitivo). Si lo considera oportuno, tras la corrección, puede recordar el diferente comportamiento de ciertas consonantes en combinación con las vocales *a, o, u* frente a *e, i*.
1. vosotros/as, empezar; **2.** ellos/ellas/ustedes, llegar; **3.** yo/él/ella/usted, buscar; **4.** nosotros/as, corregir; **5.** tú, realizar; **6.** vosotros/as, pagar; **7.** tú, aplicar; **8.** nosotros/as, aterrizar; **9.** tú, coger; **10.** vosotros/as, almorzar; **11.** yo/él/ella/usted, convencer; **12.** tú, escoger.

Para trabajar estos contenidos, realice las actividades **9-11**, p. **12** del *Libro de ejercicios*.

2.3. Actividad formal en parejas para seguir afianzando las formas vistas. En este caso, deberán transformar en presente de subjuntivo las frases que aparecen en indicativo. Antes de corregir, pase a la actividad siguiente.
1. Os dejamos que volváis hoy más tarde; **2.** Te aconsejamos que lo pienses bien, con calma; **3.** Quiero que construyan un hospital cerca; **4.** Te prohíbo que traigas el coche; **5.** Os recomiendo que midáis bien el mueble; **6.** Espero que durmáis bien; **7.** ¿Me permite usted que me vaya ya?; **8.** ¿Qué me sugieres que haga?; **9.** Les ruego que hablen más bajo, estoy trabajando.

2.4. [7] Actividad para corregir la actividad anterior y para que reflexionen sobre algunas de las funciones del subjuntivo. Indíqueles que escuchen para comprobar si escribieron bien sus frases y después déjeles un tiempo para clasificarlas de acuerdo con lo que expresan. Corrija en plenario y resuelva sus dudas.
Consejo o recomendación: 2, 5, 8; **Permiso/Prohibición:** 1, 4, 7; **Deseo o petición:** 3, 6, 9.

2.5. Práctica más libre de la estructura propuesta para dar consejos. Déjeles que lean los problemas y piensen individualmente en los consejos que darían. Después invítelos a compartirlos con el resto de compañeros. Fomente la interacción, pidiéndoles que justifiquen sus opiniones.
Posible respuesta:
Te recomiendo que busques la cartelera en internet; Te aconsejo que mires en algún portal de venta de segunda mano; Te recomiendo que vayas a un gimnasio y preguntes a un/a monitor/a; Te aconsejo que respondas a su mensaje; Te recomiendo que no acudas a una cita con un desconocido, puede ser peligroso.

Para trabajar estos contenidos, realice las actividades **11a-15**, pp. **12-13** del *Libro de ejercicios*.

3. El tercer punto gramatical del apartado consiste, de nuevo, en un repaso, esta vez del imperativo. Distribuya la clase en parejas e indíqueles que, en primer lugar, deberán completar los primeros tres puntos del cuadro con las formas que faltan del imperativo afirmativo regular e irregular. Paséese por la clase para comprobar que van completando la información y oriéntelos en caso de que necesiten ayuda. Una vez todas las parejas hayan terminado, puede proyectar el cuadro y corregir en plenario dando las aclaraciones y explicaciones necesarias.
A continuación lea con ellos el cuarto punto del cuadro, en el que se recuerda cuáles son las formas propias del imperativo (*tú* y *vosotros/as*) y que tanto las personas *usted* y *ustedes* como el imperativo negativo toman las formas correspondientes del subjuntivo. Una vez que les haya quedado clara la formación del imperativo, dígales que, de nuevo en parejas, escriban ejemplos para sus distintos usos. Para la corrección de este último punto haga que las parejas compartan sus ejemplos con el resto de estudiantes para que estos piensen en qué contextos podrían utilizarse.
Finalmente, dirija su atención al cuadro de la RAE, en el que se mencionan las variantes voseantes del imperativo; si lo considera adecuado, hágales ver que, en este caso, la diferente posición del acento conlleva en ocasiones la ausencia de diptongación y, por tanto, de irregularidad vocálica.
1. habla; **2.** leed; **3.** abran; **4.** encended; **5.** cuelguen; **6.** juegue; **7.** sigue; **8.** haz; **9.** pon; **10.** ven; **11.** ten; **12.** sé; **13.** di; **14.** sal; **15.** ve; **16.** oye. **Posible respuesta: 17.** Introduzca su tarjeta; **18.** Deme su documentación; **19.** Pregúntale a tu profesora; **20.** Pasa, pasa y siéntate.

3 El imperativo afirmativo y negativo regular e irregular (repaso)

En parejas Completa el siguiente cuadro para repasar las formas del imperativo afirmativo.

- **Formas regulares**:

	Hablar	Leer	Abrir
tú	[1]	lee	abre
usted	hable	lea	abra
vosotros/as	hablad	[2]	abrid
ustedes	hablen	lean	[3] ....

- **Irregularidades vocálicas**:
  - encender (e › ie): enciende, encienda, [4] ...., enciendan
  - colgar (o › ue): cuelga, cuelgue, colgad, [5] ....
  - jugar (u › ue): juega, [6] ...., jugad, jueguen
  - seguir (e › i): [7] ...., siga, seguid, sigan
  - huir (i › y): huye, huya, huid, huyan

- **Otras irregularidades**:

Hacer	Poner	Venir	Tener	Ser
[8]	[9]	[10]	[11]	[12] ....
haga	**ponga**	**venga**	**tenga**	**sea**
haced	poned	venid	tened	sed
hagan	**pongan**	**vengan**	**tengan**	**sean**

Decir	Salir	Ir	Oír
[13]	[14]	[15]	[16] ....
diga	**salga**	**vaya**	**oiga**
decid	salid	id	oíd
digan	**salgan**	**vayan**	**oigan**

La forma *vosotros/as* es siempre regular en imperativo afirmativo.

- Como has visto, el imperativo es un modo verbal que solo tiene dos formas propias: las formas ***tú*** y ***vosotros/as*** del imperativo afirmativo. Para las personas ***usted*** y ***ustedes*** y para formar el **imperativo negativo** se utiliza el presente de subjuntivo:
  Diríjase usted a la ventanilla 3 y entregue la documentación a mi compañero.
  Salgan ustedes en orden, por favor.
  No me digas eso que me pongo triste.

- **En parejas** El imperativo se usa para dar **instrucciones, órdenes, consejos** o **permiso**. Escribe un ejemplo para cada uno de estos usos.
  [17] .... [19] ....
  [18] .... [20] ....

RAE GRAMÁTICA
Recuerda que en las zonas voseantes de América el imperativo tiene una forma propia para la persona ***vos*** (hablá, bebé, abrí, empezá, volvé, elegí, tené, hacé, poné, vení, salí, decí...): *Empezá vos, por favor./Comé, comé, está muy bueno.*

30 | treinta Unidad 2 | EnREDados

2

3.1 **En parejas** Completa los siguientes consejos con los verbos del recuadro en imperativo afirmativo o negativo, según convenga. Luego di qué título le pondrías al decálogo.

diversificar | evitar | cambiar | olvidarse | ~~utilizar~~ | revelar | escoger | anotar | usar | guardar

....

1. No utilices datos familiares.
2. .... las series de palabras o números.
3. .... contraseñas que tengan diferentes caracteres, además de letras y números.
4. .... nunca la contraseña en internet, aunque sea cómodo.
5. .... las claves para cada servicio.
6. .... periódicamente las contraseñas.
7. .... las contraseñas a nadie.
8. .... estas en un lugar seguro si tienes que hacerlo.
9. .... las aplicaciones que sirven para cifrar las claves y recordarlas en caso necesario.
10. .... nunca de seguir los consejos.

Adaptado de https://www.ticpymes.es/legislacion/noticias/1095409049204/decalogo-para-una-contrasena-segura.1.html

3.2 **Todo el grupo** ¿Seguís estos consejos? ¿Cuáles sí y cuáles no? ¿Hay alguna otra medida de seguridad que añadirías tú a las anteriores?

4 Lee estas conversaciones del chat de Sofía con un grupo de amigos y complétalas eligiendo la opción correcta.

① Ya tengo las fotos. ¿Qué hago con ellas?
José: **Envíaselas/Envíanoslo/Envíanoslas**, queremos verlas.
Luis: Sí, pero no **súbelas/las subes/las subas** a Facebook, me da vergüenza la ropa que llevaba.

② **José:** He terminado el trabajo de Historia, ¿vosotros?
Yo no, todavía me queda un poco.
Luis: Yo lo terminé ayer.
José: ¿Y cómo lo enviaste? ¿Por correo?
Luis: No, no **se envíes/le envíes/lo envíes** por correo, hay que subirlo a la página web de la escuela.

③ Se me ha caído el móvil nuevo al suelo y se ha roto la pantalla. ¿Sabéis dónde pueden ponerle una nueva?
José: Yo llevé el mío a la tienda que hay al lado de casa de Luis. **Llévalo/Llévale/Lo lleva** ahí.
Luis: No, no **lo llevas/lo lleves/llévalo** ahí, son muy caros y las pantallas son malas. Además, tu móvil tendrá garantía, ¿no?

④ Hola, ¿os ha llegado a Facebook un mensaje un poco raro de Ana?
Luis: Sí, no **la abras/le abras/lo abras**, ¡me ha avisado de que es un virus!
Vale, gracias. ¿Has hablado con ella? ¿Qué tal en Valencia?
José: Bien, pero parece un poco aburrida, **llámalas/la llames/llámala**.
Ahora mismo la llamo.

Recuerda que en el imperativo afirmativo los pronombres se ponen **detrás** del verbo formando una sola palabra con él, mientras que en el imperativo negativo los pronombres se colocan **delante** del verbo, como ocurre con la mayoría de los tiempos verbales:
- *¿Qué hago con el archivo?*
- ***Adjúntalo** al mensaje y **mándamelo**, pero **no me lo envíes** al correo del trabajo, no lo miro los fines de semana.*

Unidad 2 | EnREDados — treinta y uno | 31

3.1. En esta actividad los estudiantes pondrán en práctica de una forma contextualizada y controlada el uso de las formas regulares e irregulares del imperativo. En primer lugar, lea con ellos los verbos que aparecen en el recuadro y asegúrese de que entienden el significado de todos ellos. A continuación forme parejas e indíqueles que deberán completar un decálogo de consejos escribiendo los verbos anteriores en imperativo afirmativo o negativo en función de lo que les sugiera el contexto. Por último, y para comprobar la comprensión holística del decálogo, deberán poner un título al mismo. Paséese por la clase para supervisar el trabajo y haga una corrección en plenario. Puede anotar en la pizarra los diferentes títulos propuestos como una manera de iniciar la conversación abierta que se propone en la siguiente actividad.
1. No utilices; **2.** Evita; **3.** Escoge; **4.** No guardes; **5.** Diversifica; **6.** Cambia; **7.** No reveles; **8.** Anota; **9.** Usa; **10.** No te olvides. **Posible título:** Decálogo para una contraseña segura.

3.2. Actividad de expresión oral en plenario que es una continuación de la actividad anterior. Déjeles primero que lean las preguntas planteadas y que piensen en sus respuestas individualmente. A continuación fomente la discusión en grupo haciéndoles que compartan qué medidas toman ellos a la hora de proteger sus cuentas y perfiles y que den su opinión sobre las medidas que toman sus compañeros.

4. Finalice el apartado con esta actividad cuyo objetivo es comprobar si los estudiantes recuerdan tanto la forma de los pronombres de objeto directo e indirecto como su orden y posición respecto al imperativo. Para ello, remítalos en primer lugar al cuadro de atención de la banda lateral e indíqueles que lean la información al respecto. A continuación, y de forma individual, deberán leer unas conversaciones de chat y elegir la opción correcta en cada caso. Deje que comparen sus respuestas en parejas y corrija en plenario para resolver, junto a ellos, posibles dudas.
1. Envíanoslas; las subas; **2.** se lo envíes; **3.** Llévalo; lo lleves; **4.** lo abras; llámala.

Para trabajar estos contenidos, realice las actividades **16-17**, p. **14** del *Libro de ejercicios*.

Unidad 2

Practica en contexto

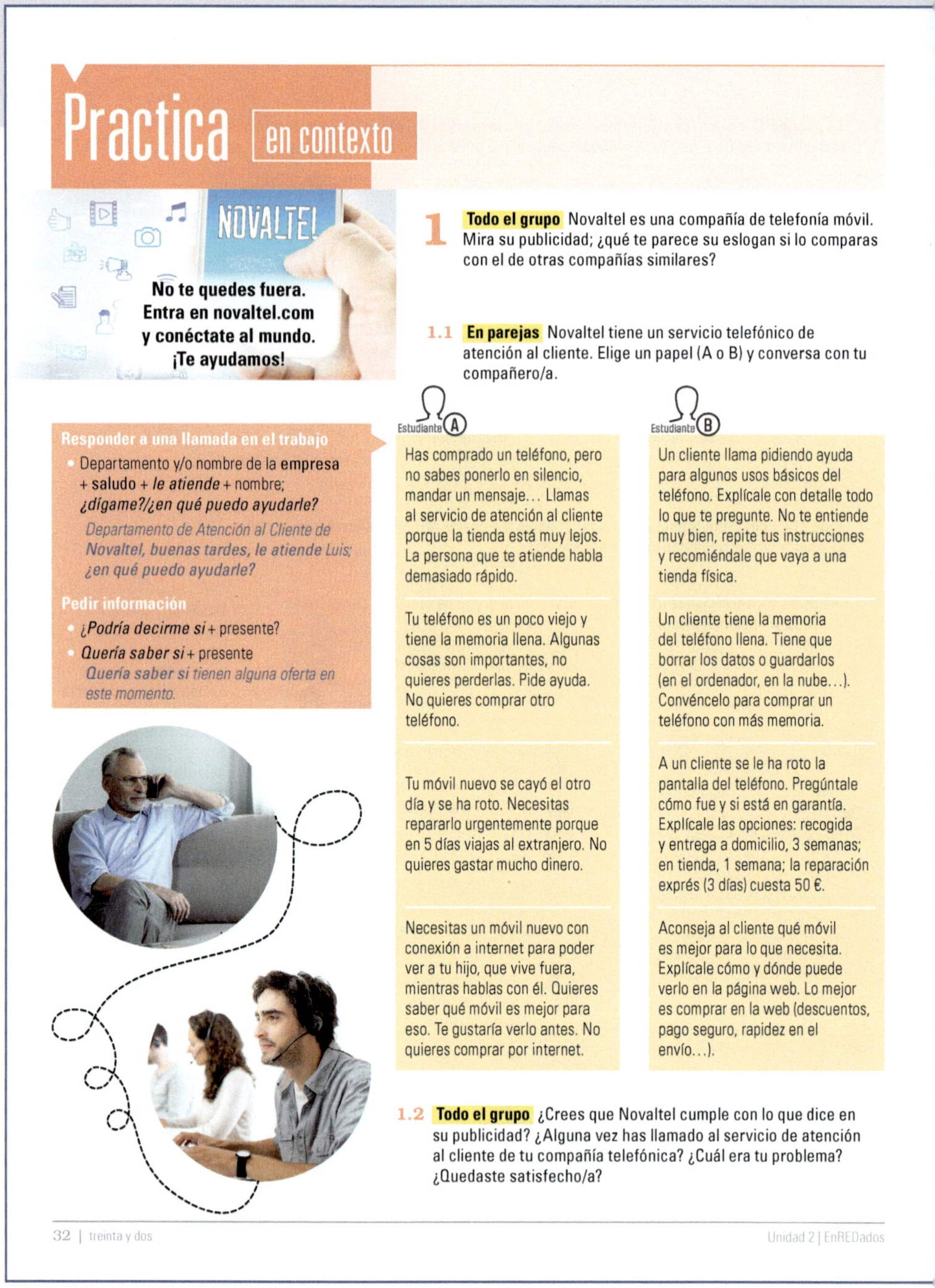

Practica en contexto

1 **Todo el grupo** Novaltel es una compañía de telefonía móvil. Mira su publicidad; ¿qué te parece su eslogan si lo comparas con el de otras compañías similares?

1.1 **En parejas** Novaltel tiene un servicio telefónico de atención al cliente. Elige un papel (A o B) y conversa con tu compañero/a.

Responder a una llamada en el trabajo
- Departamento y/o nombre de la **empresa** + saludo + *le atiende* + nombre; *¿dígame?/¿en qué puedo ayudarle?*
  Departamento de Atención al Cliente de Novaltel, buenas tardes, le atiende Luis; ¿en qué puedo ayudarle?

Pedir información
- *¿Podría decirme si* + presente?
- *Quería saber si* + presente
  Quería saber si tienen alguna oferta en este momento.

Estudiante A	Estudiante B
Has comprado un teléfono, pero no sabes ponerlo en silencio, mandar un mensaje... Llamas al servicio de atención al cliente porque la tienda está muy lejos. La persona que te atiende habla demasiado rápido.	Un cliente llama pidiendo ayuda para algunos usos básicos del teléfono. Explícale con detalle todo lo que te pregunte. No te entiende muy bien, repite tus instrucciones y recomiéndale que vaya a una tienda física.
Tu teléfono es un poco viejo y tiene la memoria llena. Algunas cosas son importantes, no quieres perderlas. Pide ayuda. No quieres comprar otro teléfono.	Un cliente tiene la memoria del teléfono llena. Tiene que borrar los datos o guardarlos (en el ordenador, en la nube...). Convéncelo para comprar un teléfono con más memoria.
Tu móvil nuevo se cayó el otro día y se ha roto. Necesitas repararlo urgentemente porque en 5 días viajas al extranjero. No quieres gastar mucho dinero.	A un cliente se le ha roto la pantalla del teléfono. Pregúntale cómo fue y si está en garantía. Explícale las opciones: recogida y entrega a domicilio, 3 semanas; en tienda, 1 semana; la reparación exprés (3 días) cuesta 50 €.
Necesitas un móvil nuevo con conexión a internet para poder ver a tu hijo, que vive fuera, mientras hablas con él. Quieres saber qué móvil es mejor para eso. Te gustaría verlo antes. No quieres comprar por internet.	Aconseja al cliente qué móvil es mejor para lo que necesita. Explícale cómo y dónde puede verlo en la página web. Lo mejor es comprar en la web (descuentos, pago seguro, rapidez en el envío...).

1.2 **Todo el grupo** ¿Crees que Novaltel cumple con lo que dice en su publicidad? ¿Alguna vez has llamado al servicio de atención al cliente de tu compañía telefónica? ¿Cuál era tu problema? ¿Quedaste satisfecho/a?

32 | treinta y dos — Unidad 2 | EnREDados

1. Esta primera secuencia del apartado utiliza el tema de la telefonía móvil y los servicios de atención al cliente para proporcionar a los estudiantes herramientas a la hora de interactuar en una llamada telefónica en un contexto laboral o formal.
En plenario, pídales que observen el anuncio de la compañía de teléfonos Novaltel y pregúnteles qué les parece desde un punto de vista visual y comunicativo (si creen que es impactante, si llama la atención, si su mensaje es claro y fácil de captar...) y qué opinan de su eslogan en comparación con los anuncios de otras compañías telefónicas. Escuche sus comentarios y, a continuación, dirija su atención a los elementos lingüísticos (qué formas verbales aparecen, a qué creen que se debe, qué persona gramatical se ha usado y por qué...). Por último, compruebe que sus estudiantes comprenden la expresión *quedarse fuera*, pues más adelante, en este mismo apartado, encontrarán un texto que vincula la tecnología con el hecho de tener esa sensación.

1.1. Actividad de interacción oral en parejas en la que los estudiantes deberán simular conversaciones telefónicas entre un cliente y un teleoperador del servicio de atención al cliente.
Dirija su atención a las fotografías que acompañan la actividad y pregúntelas qué personas ven en ellas (cliente y teleoperador) y qué creen que dice cada uno. A continuación lea con ellos el cuadro funcional en el que se dan recursos para responder a una llamada y pedir información, y remítalos después a las situaciones; las del estudiante A corresponden al papel del cliente y las del B, al del teleoperador, por lo que, para interpretar ambos roles, sería conveniente que fueran intercambiándose los papeles.
Déjeles un tiempo para que lean cada situación y asegúrese de que comprenden todo antes de entablar cada conversación. Es importante que los estudiantes no lean las instrucciones de su compañero/a, ya que cada situación plantea un pequeño conflicto que, si se desvela, puede hacer perder el interés. Mientras conversan, paséese por el aula para asegurarse de que emplean las estructuras vistas y tome nota de los errores para corregirlos una vez finalizada la actividad.

1.2. Nueva actividad de interacción oral que servirá para que sus estudiantes puedan conectar sus experiencias personales con el tema propuesto en la secuencia. Pregúnteles si, de acuerdo a los diálogos anteriores, creen que la compañía Novaltel cumple con lo que vende su publicidad e interésese por conocer sus experiencias en relación con los servicios de atención al cliente de sus compañías telefónicas.
Asegúrese de que todos participen de la conversación y dirija las preguntas si lo considera necesario. Por último, puede preguntarles de qué forma mostraron su satisfacción o insatisfacción con la atención recibida en estos servicios, de manera que facilite el tránsito a la siguiente secuencia de actividades.

2

2 **Todo el grupo** Estas son algunas empresas españolas con un servicio de venta en línea muy valorado por los consumidores. ¿Conoces alguna de ellas? ¿Qué tipo de productos venden? Analiza su nombre y su logotipo y haz hipótesis con tus compañeros.

Latiendadirecta.es · ZARA · El Corte Inglés · PC COMPONENTES · MERCADONA SUPERMERCADOS DE CONFIANZA

2.1 [8] Una persona que ha comprado varios productos en una de estas tiendas ha llamado por teléfono al servicio de atención al cliente porque quiere devolver uno de ellos y no sabe qué pasos tiene que seguir. Escucha y ordénalos.

- ☐ Solicita la recogida.
- ☐ Recibe el importe de la compra.
- ☐ Empaqueta el pedido.
- ☐ Entrega el paquete.
- ☐ Marca la prenda en el tique.

2.2 **Todo el grupo** ¿A qué tienda de la actividad 2 crees que se refiere la conversación anterior? ¿Qué palabras claves te han dado la pista para saberlo?

3 **En parejas** En el servicio de atención al cliente de todas las empresas a veces se reciben quejas. Lee el correo que ha escrito esta clienta. ¿Podrías mejorar su redacción? Escríbelo de nuevo utilizando todos los pronombres que hagan falta.

De: María Jesús Rodríguez   Para: Atención al cliente   Asunto: Vaqueros rotos

Estimados señores:
Hace unos días le compré unos vaqueros a mi hija de 6 años. Puse los vaqueros a mi hija y fuimos al centro comercial. En el centro comercial mi hija estuvo saltando durante un rato en una cama elástica. Al bajar vi que los vaqueros estaban raros y cuando miré los vaqueros más de cerca, resulta que los vaqueros estaban rotos y que no había posibilidad de arreglar los vaqueros a mi hija. Fui a la tienda donde venden los vaqueros a reclamar. Hablé con la encargada y la encargada me dijo que era normal, que no se puede saltar con unos vaqueros. Yo dije a la encargada que quería la devolución del dinero y la encargada dijo que no podía devolver el dinero y que si quería cambiar los vaqueros, tenía que enviar los vaqueros al Departamento de Calidad de la tienda para que ese departamento analice los vaqueros. No me parece normal este procedimiento. Quiero la devolución de mi dinero y quiero la devolución ya.
Atentamente,
María Jesús Rodríguez

3.1 **Todo el grupo** ¿Alguna vez has tenido que reclamar en un servicio de atención al cliente? Cuenta a tus compañeros cómo fue tu experiencia.

Unidad 2 | EnREDados   treinta y tres | 33

2. Interacción oral en plenario que aborda el componente cultural, en este caso, el de algunas empresas españolas que disponen de servicio de venta en línea. Pídales que se fijen en los nombres y logotipos de estas empresas y pregúnteles, en función de estos, qué tipos de productos creen que venden. Escuche sus hipótesis e ínstelos a que las argumenten antes de dar la solución.
Latiendadirecta.es: informática y electrónica, belleza y perfumería, deportes, hogar y bricolaje; **Zara:** ropa y complementos; **PcComponentes:** informática y electrónica; **El Corte Inglés:** todo tipo de productos, desde ropa y complementos hasta prensa, seguros o viajes; **Mercadona:** productos de alimentación, higiene y belleza...

2.1. [8] Comprensión auditiva en la que, a partir de la escucha de una conversación entre un cliente y el servicio de atención al cliente, deberán poner en orden los pasos a seguir a la hora de hacer una devolución. Antes de poner el audio, deje que lean los pasos y asegúrese de que entienden todo. Realice una primera escucha, deje que comparen sus respuestas en parejas y haga una segunda escucha antes de la corrección en plenario. Es importante recordar que los pasos que se indican suceden a partir de haber recibido el pedido en casa.
2, 5, 3, 4, 1.

2.2. Actividad de interacción oral en plenario en la que partiendo de la información que ya conocen, deberán indicar a qué comercio de la actividad 2 hace referencia la conversación escuchada. Haga una puesta en común para conocer su respuesta y las palabras claves que les han conducido a esta.
Posible respuesta:
Zara o El Corte Inglés. Los dos establecimientos venden ropa y en la conversación se habla de "prendas" y se dice que una "le está pequeña".

3. Actividad con la que pondrán en práctica su destreza en relación a la cohesión textual; para ello, deberán leer la reclamación por escrito de una clienta y eliminar las repeticiones innecesarias sustituyéndolas por pronombres en los casos en los que sea posible. Forme parejas y haga la actividad en dos fases: una primera en la que marquen los elementos repetidos o superfluos y otra en la que determinen los cambios posibles (eliminación, sustitución por pronombres y correcta ubicación de estos) y los realicen. Para la corrección, use la **proyección 5**.

Vaqueros rotos

[5]

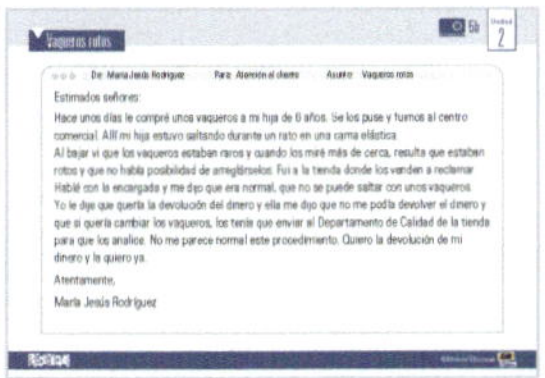

Proyecte la primera lámina para que comprueben si las correcciones coinciden con las suyas. Dé por válidas otras opciones, si son coherentes en su contexto, aunque no sean las que se facilitan aquí. Aclaradas todas las dudas, proyecte la segunda lámina, con el correo definitivo, y léalo en voz alta. De este modo, serán más conscientes de la diferencia entre ambas versiones y de la importancia de utilizar ciertos recursos, como la anáfora, la deixis o la elipsis, para favorecer la cohesión textual.

3.1. Cierre esta secuencia con una actividad de interacción oral en plenario en la que compartan sus experiencias con los servicios de atención al cliente. Invítelos a preguntar detalles sobre las anécdotas que se cuenten y a reaccionar mostrando su opinión.

4. Se inicia una nueva secuencia del apartado que trata de los inconvenientes asociados al uso de internet y las redes sociales. Lea en plenario las afirmaciones que se proponen en esta primera actividad y asegúrese de que entienden su sentido. Pregúnteles, a continuación, su opinión al respecto justificando sus respuestas; ofrézcales también contrargumentos que fomenten la discusión del grupo. El objetivo es que los estudiantes activen sus ideas previas sobre el uso que hace la sociedad actual de las tecnologías y sus posibles consecuencias, lo que servirá para articular las actividades sucesivas.

4.1. Continúe ahora con una actividad de comprensión lectora sobre las consecuencias de vivir siempre conectados. Para despertar el interés de los estudiantes sobre el texto que van a leer, escriba la palabra *FOMO* en la pizarra y pregúnteles si la habían oído antes y si saben qué significa en relación al uso de internet y las redes. Escuche sus hipótesis y, a continuación, indíqueles que, individualmente, lean el texto para comprobarlo y que, después, contesten a las preguntas de comprensión que lo siguen. Si tienen dudas de vocabulario, anímelos a resolverlas por el contexto o con la ayuda de otros compañeros. Durante la corrección, pídales que señalen en qué parte del texto han encontrado la información que justifica sus respuestas. Finalmente recuerde la conexión entre la expresión de la publicidad que abre el apartado *(Quedarse fuera)* y el miedo que describe este artículo *(perderse algo)*.
1. b; **2.** c; **3.** b; **4.** b.

4.2. Cierre la secuencia con esta actividad de interacción oral en plenario en la que tendrán la ocasión de conectar el tema del texto que acaban de leer, el sentimiento de exclusión, con sus experiencias personales. Canalice la conversación e interésese por conocer cómo se sintieron y de qué modo resolvieron la situación, esto le servirá para transitar a la siguiente secuencia.

4 **Todo el grupo** Comenta estas afirmaciones con tus compañeros. ¿Estáis todos de acuerdo?

Internet solo ha mejorado nuestras vidas.	Las redes sociales siempre nos muestran tal y como somos.	No usar redes sociales es sinónimo de no relacionarse.

4.1 ¿Sabes qué es el *FOMO*? Lee este artículo sobre la necesidad de estar siempre conectado y marca la opción correcta.

El miedo a perderse algo

Estás tranquilo en casa un sábado por la tarde, disfrutando de una película, un videojuego, de tus cosas... Te conectas a una red social y ves que dos amigos tuyos están paseando por el centro, que otro va a un cumpleaños al que no te han invitado y que ese que no te cae muy bien va a un partido de fútbol. ¿Te sientes mal?

Cada vez son más las personas que sienten que su vida es mucho menos interesante que la de sus conocidos, que se están perdiendo algo. Las redes sociales, en las que solo se cuenta lo bueno, se están convirtiendo en un nuevo elemento de agobio que ya tiene nombre: FOMO (sigla de *fear of missing out*, el miedo a perderse algo).

FOMO es un miedo social que siempre ha existido: la exclusión, el saber que tus colegas van a hacer algo o tienen algo mejor que tú. Pero, por culpa de los teléfonos inteligentes y las redes sociales, ese miedo se ha convertido en una sensación habitual.

Al consumismo clásico (querer siempre aquello que no tenemos y que creemos necesario para alcanzar la felicidad) se une ahora el sufrimiento de tener la sensación constante de que nos estamos perdiendo algo por estar haciendo otra cosa. Y esto sucede porque estamos informados al minuto de las actividades de nuestros amigos, lo que genera ansiedad y un cierto sentimiento de exclusión.

Según un estudio, 3 de cada 10 personas de entre 13 y 34 años han experimentado esta sensación, generalmente al ver que sus amigos hacen cosas a las que no han sido invitados. De pronto, para mucha gente, quedarse un fin de semana tranquilo en casa se convierte en motivo de ansiedad. El tiempo libre se convierte, paradójicamente, en una fuente de preocupación.

Adaptado de http://blogs.elpais.com/consumidos/2012/03/fomo-el-miedo-a-perderse-algo-fear-of-missing-out.html

1. **El artículo dice que cada vez más personas...**
   a. hacen cosas aburridas.
   b. sienten que su vida es más aburrida que la de sus amigos.
   c. sienten que se lo pasan mejor que sus conocidos.
2. **FOMO en español significa, 'tener miedo...**
   a. al control de los demás'.
   b. a perder cosas que valoras'.
   c. a tener una vida menos interesante que los demás'.
3. **Según el texto, el problema...**
   a. es absolutamente nuevo.
   b. es un problema antiguo, agravado por estar constantemente conectados.
   c. es un problema de las personas con teléfonos móviles.
4. **Hay un estudio que dice que...**
   a. bastantes adolescentes han tenido esas sensaciones.
   b. es un problema que afecta a un porcentaje considerable de jóvenes.
   c. la mayoría de los jóvenes se queda en casa por ansiedad.

4.2 **Todo el grupo** ¿Has sufrido alguna vez este sentimiento de exclusión? ¿Cómo lo has solucionado?

34 | treinta y cuatro   Unidad 2 | EnREDados

5. (página siguiente) Siguiendo con los hábitos que han introducido las nuevas tecnologías y los problemas que de estos se pueden derivar, se inicia una nueva secuencia centrada en la búsqueda de soluciones para dichos problemas y en la aportación de consejos.
[9] Comience con esta actividad de comprensión auditiva holística en la que sus estudiantes deberán marcar el orden en el que intervienen cinco personas que han llamado a un programa de radio contando su situación o problema. Permítales que lean antes los enunciados, verifique que los entienden y, a continuación, ponga el audio. Deje que comparen sus respuestas en parejas y realice una segunda escucha, si es necesario, antes de la corrección en plenario.
5, 3, 2, 4, 1.

5.1. Continúe la secuencia con una comprensión lectora en la que se ofrecen distintos consejos para algunos de los problemas planteados anteriormente. Indique a sus estudiantes que, individualmente, lean los mensajes que han dejado en el chat del programa otros oyentes y que los relacionen con tres de las intervenciones de la actividad anterior; para ello, deberán conectar información específica de las audiciones con la de los mensajes. Deje que comparen en parejas antes de la corrección en plenario y pídales que justifiquen sus respuestas.
Sergio aconseja a Cristina; Janis aconseja a Sofía; JLuis aconseja a Juan.

5 [9] En este programa de radio algunas personas hablan de sus problemas en relación con las nuevas tecnologías. Marca en qué orden interviene cada uno.

- ☐ Luis no controla bien el tiempo que pasa en internet.
- ☐ Sofía ha perdido amigos por culpa de las redes sociales.
- ☐ Juan dice que en su trabajo las redes sociales son necesarias.
- ☐ Para Cristina el móvil es algo imprescindible.
- ☐ Ana tiene problemas de memoria.

5.1 Aquí tienes el chat del programa, donde otros oyentes han escrito para ayudar a estas personas. Relaciona sus consejos con algunas de las intervenciones de la actividad anterior.

Sergio dice...
Tú no lo ves, pero tienes un problema con el teléfono. Déjalo en casa un día, a ver qué pasa. Si ves que estás muy nerviosa, que te sientes mal y empiezas a notar ansiedad, te recomiendo que vayas a un especialista. No te preocupes, a mí me pasaba y poco a poco empiezo a controlarme. 😉

Janis dice...
Estar mirando todo el día la pantalla es tan malo como no mirarla o no responder cuando te escriben. Si quieres tener amigos, te aconsejo que respondas cuando tienes un mensaje, y, si no tienes tiempo de leerlos todos, te recomiendo que elijas quiénes son las personas más importantes para ti y que mantengas el contacto con ellas. Si no les escribes, luego no te quejes cuando no te respondan ellas a ti.

JLuis dice...
Conseguir seguidores en las redes sociales puede llevar algo de tiempo, pero tampoco es difícil: te recomiendo que entres todos los días en tus redes, que reacciones a las cosas que ponen los demás, que subas fotos y que comentes lo que haces en tu trabajo. Hazte "amigo" de personas importantes de tu profesión. Si comparten tus publicaciones, las podrá ver un montón de gente. Es un trabajo diario, no lo dejes.

5.2 **En parejas** En el chat hay algunas personas que no han recibido ningún consejo para sus problemas. Elige a una de ellas y escribe un consejo. Después lee lo que ha escrito tu compañero/a. ¿A quién crees que está respondiendo?

....

....

....

....

Justificar un consejo

Para ser más convincentes, introducimos una **justificación** de nuestros consejos o instrucciones con estas estructuras:

- *Si* + objetivo, consejo
  Si quieres tener éxito en las redes sociales, te recomiendo que publiques fotos atractivas.
- Consejo, *así* + consecuencia
  *Te recomiendo que publiques fotos atractivas, **así** tendrás más éxito en las redes sociales.*

6 Busca información sobre los peligros de internet y compártela con el resto de la clase.

6.1 **Todo el grupo** Después de analizar la información obtenida, reflexiona con tus compañeros:

- ¿Crees que haces un uso adecuado de internet?
- ¿Controlas el tiempo que pasas en la red?
- ¿Qué sientes cuando no puedes conectarte durante un tiempo?
- ¿Subes fotos a las redes de todo lo que haces?

7 **Todo el grupo** ¿Utilizas internet para aprender español? ¿Cómo lo usas? ¿Qué recursos y páginas web te resultan más útiles? Compártelo con tus compañeros.

5.2. Actividad de expresión escrita en la que, tomando como modelo los textos anteriores, deberán escribir a las personas que llamaron al programa y que no recibieron ningún consejo en el chat.
En primer lugar, dirija la atención de sus estudiantes al cuadro funcional en el que se facilitan estructuras para justificar un consejo. Se trata de que sean conscientes de la importancia de ser convincentes para persuadir de manera efectiva.
Puede pedirles que, releyendo los textos anteriores, busquen ejemplos de la primera estructura del cuadro (*Si* + objetivo, consejo) y proponerles que traten de hacer los cambios necesarios para usar la segunda estructura (Consejo, *así* + consecuencia).
Hecho esto, indíqueles que, individualmente, escriban su texto para el chat. Paséese por la clase para comprobar que utilizan las estructuras del cuadro y ayúdelos si lo necesitan. Una vez tengan su texto preparado, lo leerán a su compañero/a sin desvelar el destinatario para que este lo adivine.

6. Las siguientes actividades se centran en la reflexión sobre el uso de las tecnologías y sus posibles consecuencias cuando ese uso no es el correcto o se convierte en abuso.
En primer lugar, indíqueles que, individualmente, busquen información sobre los peligros de internet. Si lo prefiere, puede delimitar la búsqueda: establezca pequeños grupos o parejas para que cada uno se centre en recabar información sobre algún aspecto en concreto (problemas físicos causados por las tecnologías, problemas mentales, económicos, sociales...). Cuando tengan información suficiente, anímelos a que la compartan con el resto de compañeros.
Si desea profundizar en los problemas asociados al uso de la tecnología y si considera que puede ser útil para que sus estudiantes dispongan de más argumentos a la hora de reflexionar sobre el tema, utilice la proyección 6 antes de pasar a la actividad 6.1.

Abuso y mal uso de las tecnologías

[6]

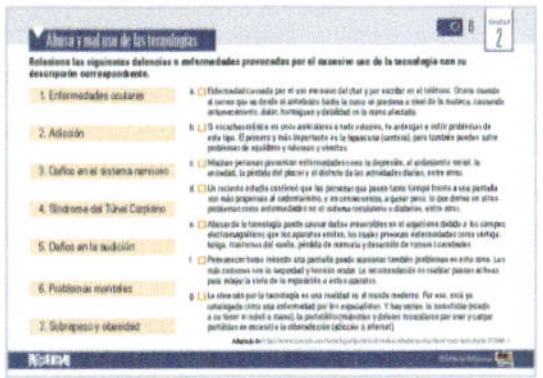

Proyecte la lámina e indíqueles que, en parejas, relacionen las diferentes dolencias o enfermedades provocadas por el excesivo uso de la tecnología con su descripción correspondiente. Haga una puesta en común para confirmar la solución y resuelva, también, posibles dudas de vocabulario.

1. f; **2.** g; **3.** e; **4.** a; **5.** b; **6.** c; **7.** d.

6.1. Actividad continuación de la anterior en la que los estudiantes, en plenario, deberán poner en común sus impresiones y contestar a una serie de preguntas derivando la conversación hacia el terreno personal.

7. Cierre el apartado con una nueva actividad de interacción oral en plenario enfocada esta vez a la relación entre el uso de internet y su experiencia de aprendizaje. Puede ser útil que recopile los distintos recursos en línea para aprender español que mencionen sus estudiantes, de forma que pueda crear algún tipo de documento o infografía para que todos dispongan de estos recursos.

Unidad 2

Cultura

En esta unidad, el apartado "Cultura" trata de la presencia de la lengua española en la red. Para elaborar el texto que sus estudiantes van a leer se recogieron datos del informe *Español: una lengua viva*, al cual se puede acceder en versión electrónica (https://cvc.cervantes.es/lengua/anuario/default.htm). Puede ser interesante que consulte estos datos para llevarlos al aula y comentarlos con sus estudiantes tras la realización de la primera actividad del apartado.

> *Español: una lengua viva* es un informe que publica anualmente el Instituto Cervantes en el que, además de los datos actualizados y ampliados en torno a número de usuarios del español y la presencia de este idioma en las redes, es posible encontrar información sobre el atractivo que suscita su aprendizaje en hablantes de otras lenguas, así como su presencia en organismos internacionales o en la difusión de la ciencia y la cultura.

1. En primer lugar, lea en voz alta el título del apartado y propicie una lluvia de ideas sobre la posible temática del artículo que van a leer. Si lo considera conveniente, pídales su opinión sobre la importancia que le dan al hecho de usar una u otra lengua en sus comunicaciones y cómo creen que una elección de este tipo puede afectar a las lenguas y a sus hablantes. A continuación indíqueles que, individualmente, hagan una primera lectura del artículo y escriban para cada una de sus secciones, según el contenido de estas, el titular más adecuado de los que se proponen. Después, en una segunda lectura, deberán completar los espacios del texto con la información que proporcionan las imágenes que lo acompañan.
Titulares: A. El español en la red; **B.** Un universo diverso; **C.** El español y los hispanohablantes en las redes sociales.
1. tercera; **2.** *móvil;* **3.** *copia de respaldo;* **4.** *ordenadores;* **5.** Shakira; **6.** Alejandro Sanz; **7.** el Real Madrid; **8.** el Fútbol Club Barcelona; **9.** Rafael Nadal.

Internet también se escribe con eñe

1 **En parejas** Lee el siguiente artículo y elige el mejor titular para cada sección. En una segunda lectura, mira las imágenes que lo acompañan y completa los espacios en blanco con la información que estas proporcionan. Luego compara con tu compañero/a para comprobar si tenéis las mismas respuestas.

- Un universo diverso
- El español en la red
- El español y los hispanohablantes en las redes sociales

Internet también se escribe con eñe

(A) ....

Fuente del gráfico: https://cvc.cervantes.es/lengua/espanol_lengua_viva/pdf/espanol_lengua_viva_2017.pdf

En la actualidad, el español es la [1] .... lengua más usada en internet por número de internautas. De los casi 3612 millones de usuarios que tenía internet en todo el mundo en junio de 2016, el 7.7 % se comunicaba en español. Los dos idiomas que están por delante del español son el inglés y el chino. Por otro lado, solo un país de habla hispana, México, está entre los veinte con mayor número de usuarios de internet del mundo.

36 | treinta y seis · Unidad 2 | EnREDados

2

(B) ....

El español tiene una gran variedad de palabras para hablar de la tecnología que usamos. Mientras que en España se puede usar el [2] .... para enviar mensajes, en países americanos se prefiere el *celular*. Si en España es buena idea hacer una *copia de seguridad* para no perder los datos y archivos importantes, en México, por ejemplo, prefieren hacer una [3] .... Incluso los mismos [4] .... que usamos en nuestro día a día en España se llaman *computadoras* en buena parte de la América hispanohablante.

(C) ....

Otro ejemplo de la fuerte presencia del español en internet es que se trata de la segunda lengua más utilizada en dos de las principales redes sociales: Facebook y Twitter. En ellas podemos encontrar hispanohablantes muy populares. La cantante [5] .... es una de las artistas con más seguidores en Twitter, y el primer español es el cantante [6] .... En Facebook la colombiana también tiene muchos seguidores, mientras que, en España, las páginas más seguidas son las de los dos clubes de fútbol más populares: [7] .... y [8] .... En Instagram uno de los puestos más importantes entre los hispanohablantes lo ocupa el tenista español [9] ....

2 **Todo el grupo** Comenta con tus compañeros estas preguntas.

¿Qué lenguas utilizas en internet?
¿Cuál usas más para leer?
¿Y para escribir o ver vídeos?
¿Sigues a hispanohablantes en las redes sociales? ¿A quiénes? ¿Por qué?
¿Qué perfiles son los más seguidos en tu país?

Unidad 2 | EnREDados — treinta y siete | 37

2. Cierre el apartado con una actividad oral en plenario en la que deberán contestar a una serie de cuestiones relacionadas con las lenguas que emplean a la hora de usar internet y las redes. Se trata de conectar el tema del apartado con su experiencia personal. Mientras responden a las preguntas planteadas, fomente la interacción intentando que todos los estudiantes participen en la conversación y reaccionen a lo que cuentan sus compañeros.

Para trabajar estos contenidos, realice las actividades **18-19**, p. **15** del *Libro de ejercicios*.

> Aunque el número de internautas hispanohablantes ha aumentado de forma considerable en las dos últimas décadas, su potencial de crecimiento aún sigue siendo muy alto debido al limitado acceso a la Red que se observa en algunos países de habla hispana. La penetración media de internet en el ámbito hispanohablante, o el porcentaje de población que usa internet, es del 70,4 %, lejos de la media europea, que alcanza el 87,2 %, y del nivel de penetración que registra España, que es idéntico al que muestra la comunidad hispanohablante de Estados Unidos: el 92,6 %. Argentina es el país hispanohablante más conectado a Internet, con una tasa media de acceso a este medio del 93,1 %. Al igual que en el caso argentino y español, los niveles de penetración de Paraguay (89,6 %) y Uruguay (88,2 %) también superan la media europea. En el otro extremo se encuentran Guinea Ecuatorial, con el 23,8 %; Honduras, con el 38,2 %; o Cuba, con el 40,3 %.

Extraído de *El español: una lengua viva*. Informe 2020

Como actividad de ampliación, para que los estudiantes conozcan cuáles son las búsquedas más frecuentes en Google de algunos países hispanohablantes, puede realizar esta actividad: Forme grupos e indíqueles que cada uno elija un país de habla hispana. A continuación deberán entrar en Google Trends y localizar los diez temas más buscados durante el año anterior en dicho país. Para ello, dígales que seleccionen su país en la barra superior de la página y que entren después en el apartado "El año en búsquedas". Una vez que todos los grupos hayan tomado nota de la información relativa a su país, puede hacer una puesta en común para que la compartan. Si desea dotar a la actividad de un carácter más lúdico, propóngales que lean la información sin decir de qué país se trata para que el resto de grupos intente adivinarlo justificando su respuesta. Una vez compartida la información, puede ser interesante que, entre todos, busquen más información sobre personas o eventos que llamen su atención y no conozcan. Por último, comente con ellos las coincidencias que se dan entre los listados de los distintos países y pregúnteles qué búsquedas creen que pueden ser también comunes en su país de origen.

Cartelera de cine

Dirija la atención de sus estudiantes hacia el cartel de la película y pídales que describan lo que ven en ella de la forma más detallada posible. A continuación hágales las siguientes preguntas: *¿quién es Carol?, ¿qué relación hay entre los dos niños que aparecen?, ¿cuántos años tienen?, ¿en qué época está ambientada la película?, ¿qué tipo de avión aparece en la imagen?, ¿por qué?, ¿dónde viaja Carol?, ¿cuál creéis que es el motivo?*
Escuche sus hipótesis y, después, indíqueles que lean la sinopsis de forma individual y que localicen, si están todas, las respuestas. Resuelva las dudas que puedan tener sobre el vocabulario o los referentes históricos o culturales que se mencionan.
Antes de comenzar con la batería de actividades, puede ofrecerles más información sobre la película usando la proyección 7.

El viaje de Carol
[7]

Proyecte la lámina y lea junto a sus estudiantes la ficha técnica y la información sobre la película. Si lo desea y tiene tiempo suficiente, pídales que, en grupos pequeños, investiguen sobre las nominaciones que obtuvo el film, la carrera cinematográfica de su protagonista o la historia de las Brigadas Internacionales y su lucha en la guerra civil española.

Vídeo

Cartelera DE CINE

El viaje de Carol

Sinopsis

Carol, una niña de 12 años de madre española y padre norteamericano, viaja por primera vez a España en la primavera de 1938 en compañía de su madre (Aurora). Su padre, a quien adora, es piloto en las Brigadas Internacionales. Cuando llega al pueblo materno, se encuentra con una familia que, además de vivir bajo los convencionalismos, oculta muchos secretos. Sin embargo, Carol, de carácter rebelde, se opone a ese ambiente opresivo. La complicidad con Maruja, las lecciones de vida de su abuelo Amalio y su amor por Tomiche le abrirán las puertas a un universo de sentimientos adultos que harán de su viaje un trayecto interior difícil, pero tierno, vital e inolvidable.

Antes de la secuencia

1 **Todo el grupo** Carol acaba de llegar desde Nueva York a un pequeño pueblo de España. ¿Qué cosas crees que puede echar de menos alguien que deja de vivir en una gran ciudad?

2 **En parejas** En la siguiente imagen, Carol se encuentra con unos niños del pueblo. ¿Por qué crees que los mira de ese modo?

3 **En parejas** La película transcurre en España durante 1938. ¿Qué cosas son típicas de esa época? Piensa en otras cosas que todavía no existían en ese año.

Cosas de esa época	Cosas que todavía no existían

38 | treinta y ocho — Unidad 2 | EnREDados

1. Para introducir las actividades previas a la visualización de la secuencia, cuyo objetivo es el de anticipar elementos que les ayuden a comprender mejor lo que vean, pregunte en plenario si se han mudado alguna vez o si han tenido la oportunidad de vivir en ciudades grandes y pequeñas. Escuche sus experiencias y, a continuación, pregúnteles qué creen ellos que puede echar de menos Carol, la protagonista de la película, quien ha dejado Nueva York para instalarse en un pequeño pueblo de España. Anote sus respuestas en la pizarra y haga que las justifiquen.

2. Pídales ahora que se fijen en la expresión del rostro de Carol y pregúnteles qué creen que transmite. A continuación deje que lean la pregunta y que, en parejas, intenten responderla. Recuérdeles que, además de los puramente lingüísticos, existen otra serie de elementos a través de los cuales se puede obtener gran cantidad de información, como es el caso de los elementos visuales. Haga una puesta en común para que compartan sus opiniones y pase a la actividad siguiente.

3. Con las mismas parejas y partiendo de su conocimiento previo, deberán pensar en las cosas que ya existían y en las que todavía no en la época en la que está ambientada la película, 1938. Deles un tiempo para pensar y escribir y, a continuación, haga una puesta en común y escriba en la pizarra las palabras que digan. Puede realizar el visionado del primer minuto del vídeo 00:00 ▶ 01:05 con el objetivo de comprobar su grado de acierto y conocimiento de la época. Este visionado les servirá también como acercamiento al contexto histórico y social en el que se desarrolla la historia, lo cual les permitirá una mejor comprensión del resto del vídeo.

2

Durante la secuencia

4 Durante el fragmento 01:05 ▸ 02:42, Carol recorre el jardín de la casa y descubre algo. Visiónalo y responde a las preguntas.

1. ¿Qué tipo de personas ve?
2. ¿Cuántas son?
3. ¿Cómo son?
4. ¿Dónde están?
5. ¿Qué crees que están haciendo?

5 Visiona el fragmento 03:34 ▸ 04:26 y completa el diálogo.

Maruja: ¡Aurorita!
Aurora: ¡Maruja!
Maruja: ¡Aurora!
Aurora: ¡Maruja!
Maruja: [1] .... que te vea, ¡qué guapa! Estás [2] ....
Aurora: No, tú sí que no has [3] .... nada. Ven, te voy a [4] .... a mi hija.
Maruja: Buenas tardes, don Amalio.
Amalio: Buenas tardes, Maruja.
Aurora: Esta es Carol.
Maruja: [5] .... de conocerte, Carol, soy Maruja. ¡Pero, bueno, es [6] .... que tú!
Aurora: *(A Carol).* No. Maruja primero fue mi [7] .... y, después, mi [8] .... amiga.
Amalio: Lo siento, pero nos esperan en Villablanca.
Maruja: Bueno, por mí no se [9] ...., ya tendremos tiempo de [10] ...., ¿no?
Aurora: Sí.

6 En la escena que vas a ver, los tres protagonistas van cantando una canción infantil. Es una canción donde se dicen mentiras. Complétala con las palabras del recuadro. Luego visiona el fragmento 04:27 ▸ 05:01 y comprueba tus respuestas.

mar | despacio | contar | liebres | sardinas | monte

Ahora que vamos [1] ....,
vamos a [2] .... mentiras, tralará.
Por el [3] .... corren las [4] ....;
por el [5] .... las [6] ...., tralará.

Después de la secuencia

7 **En parejas** En la canción anterior se cuentan mentiras. Busca información en internet sobre alguna película que sea muy conocida. Escribe tres datos, uno falso y dos verdaderos. Tu compañero/a tiene que adivinar cuál es la información falsa.

Ejemplo: ▶ *La película* Titanic *es del año 1997, su director fue James Cameron y está protagonizada por Scarlett Johansson.*
▷ *Pues yo creo que la protagonista era Kate Winslet.*
▶ *¡Sí! Has acertado.*

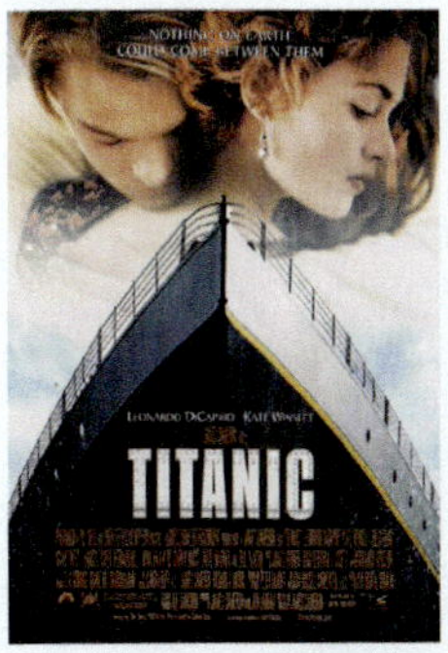

8 **En grupos pequeños** Comenta con tus compañeros las siguientes cuestiones.

1. ¿Crees que es difícil hacer amigos en una nueva ciudad? ¿Por qué?
2. ¿Recuerdas cómo conociste a tu mejor amigo/a?
3. Imagina que ahora estás en una situación parecida; ¿qué haces para conocer a gente nueva?

Unidad 2 | EnREDados — treinta y nueve | 39

4. Antes de realizar el visionado de este primer fragmento, 01:05 ▸ 02:42, deje que sus estudiantes lean las preguntas a las que deberán contestar para que tengan claro hacia qué puntos deben dirigir su atención. Si lo cree pertinente, puede realizar un segundo visionado antes de poner en común sus respuestas.
1. Niños; **2.** Tres; **3.** Uno va vestido de monaguillo, otro lleva sombrero, jersey y pantalón largo, y el último lleva también un sombrero o boina, jersey y pantalón corto; los dos primeros parecen más pequeños y son más bajos y delgados, mientras que el último es más alto, gordito y grandullón; **4.** En el río; **5.** Están jugando mientras cruzan el río.

5. El objetivo de esta actividad es que sus estudiantes sean capaces de realizar una escucha más detallada, de manera que puedan completar un diálogo con las palabras que faltan después de haber visionado el fragmento en el que aparece.
Ponga el fragmento 03:34 ▸ 04:26, deje que completen individualmente e indíqueles que comparen en parejas antes de la corrección en plenario.
1. Déjame; **2.** guapísima; **3.** cambiado; **4.** presentar; **5.** Encantada; **6.** igual; **7.** maestra; **8.** mejor; **9.** preocupen; **10.** charlar.

6. En esta actividad, al igual que en la anterior, los estudiantes deberán activar su capacidad de realizar una escucha detallada para completar un texto, en este caso, el fragmento de una canción infantil. Se integra así el componente cultural, ya que se trata de una de las canciones infantiles más populares de la cultura española, que, como sucede en la escena que van a ver, solía ser cantada durante generaciones en el trayecto de excursiones escolares y escapadas familiares.
Antes del visionado de este último fragmento, pida a sus estudiantes que traten de completar la letra de la canción con las palabras propuestas y deje que comparen en parejas. A continuación visualice los minutos 04:27 ▸ 05:01 para que comprueben el grado de acierto de sus respuestas. Para acercar la actividad al mundo personal de sus estudiantes y trabajar el componente intercultural, puede preguntarles por las canciones que recuerdan de cuando eran niños, de qué trataban y si estaban asociadas a algunas situaciones concretas o no.
1. despacio; **2.** contar; **3.** mar; **4.** liebres; **5.** monte; **6.** sardinas.

7. Una vez finalizado el visionado y siguiendo con el tema de las mentiras de la actividad anterior, propóngales que, en parejas, piensen en películas conocidas y escriban tres datos sobre estas, siendo uno de ellos falso. Se trata de trabajar la interacción oral integrando, además, el componente lúdico. Si el grupo no es muy numeroso, puede proponerles que jueguen entre todos o en equipos.

8. Termine el apartado con una última actividad de interacción oral para que sus estudiantes, en grupos pequeños, puedan compartir sus experiencias y opiniones en torno a algunos temas relacionados con el contenido de la secuencia vista.

Evaluación

1. **A.** antivirus; **B.** archivo; **C.** redes sociales; **D.** buscador; **E.** batería (externa).
   1. C; **2.** D; **3.** A; **4.** B; **5.** E.

2. **hacer:** haces, hagamos; **encontrar:** encontráis, encuentre; **dormir:** dormimos, duermas; **poner:** pone, ponga; **bajar:** bajo, bajen; **construir:** construye, construyan; **ir:** van, vayáis; **lavar:** lavan, lave.

3. Posible respuesta:
   1. Entra; **2.** Introduce/Escribe; **3.** introduce/escribe; **4.** crea; **5.** abre; **6.** haz; **7.** Vuelve; **8.** haz; **9.** Elige; **10.** pulsa; **11.** Pon; **12.** pulsa.

Evaluación

1 ¿De qué están hablando estas personas? Relaciona cada texto con una imagen. Luego escribe el nombre de lo que representa cada dibujo.

1. ☐ Yo las miro mucho, la verdad. Tengo perfil en todas; unas las uso más para comunicarme con amigos, otras para colgar fotos y otras para estar informado. Me encantan.
2. ☐ Es maravilloso; tú pones la información que buscas y en un momento tienes ahí delante todo lo que necesitas. No sé cómo hacían los trabajos de la escuela antes.
3. ☐ Yo antes tenía uno gratis que no funcionaba muy bien y el ordenador iba lentísimo. Ahora he comprado otro que te protege de todo y el ordenador va mucho mejor y me siento más seguro. Merece la pena gastar un poco de dinero en eso.
4. ☐ Mi ordenador tiene muy poca memoria, así que la mayoría los guardo en la nube. Además, de esa forma puedo verlos siempre que los necesito y no tengo que llevar el portátil a todos los sitios.
5. ☐ Mi móvil es un poco antiguo y no le dura mucho, así que siempre llevo una para poder recargarlo en caso necesario.

2 Completa la tabla con las formas verbales correspondientes.

	Presente de indicativo	Presente de subjuntivo
hacer	tú ›	nosotras › ....
encontrar	vosotros ›	yo › ....
dormir	nosotras ›	tú › ....
poner	usted ›	él › ....
bajar	yo ›	ustedes › ....
construir	ella ›	ellos › ....
ir	ellos ›	vosotros › ....
lavar	ustedes ›	usted › ....

3 Completa las instrucciones con los verbos del recuadro en imperativo afirmativo (forma *tú*).

introducir | elegir | hacer (2) | crear | entrar | abrir | poner | volver | pulsar (2) | escribir

[1] .... en la página www.compdoc.com. [2] .... tu dirección de correo, [3] .... una contraseña y [4] .... una cuenta. Después [5] .... tu correo y [6] .... clic en el enlace que has recibido. [7] .... a la página de inicio otra vez y [8] .... clic en "subir documento". [9] .... el documento que quieres compartir y [10] .... "aceptar". [11] .... la dirección de la persona con la que lo quieres compartir. [12] .... "aceptar" otra vez. Ya está.

40 | cuarenta   Unidad 2 | EnREDados

2

4 Transforma las siguientes oraciones a imperativo negativo, como en el ejemplo.

Ejemplo: *Borra las carpetas. > No borres las carpetas.*

1. Conéctate ahora. › ....
2. Sube las fotos a la web. › ....
3. Envía el correo mañana. › ....
4. Cierra la sesión. › ....
5. Guarda los archivos en la nube. › ....
6. Haz clic en el enlace. › ....
7. Pon el vídeo de la fiesta. › ....
8. Ábrete una cuenta. › ....

5 Responde a las siguientes peticiones usando el imperativo afirmativo o negativo del verbo correspondiente y escribe los pronombres necesarios.

Ejemplo:
▶ *¿Puedo usar tu teléfono?*
▷ *Claro, úsalo, úsalo, no lo necesito.*

▶ ¿Hago clic en este enlace?
▷ No, [1] ...., puede ser un virus.

▶ ¿Te bajo esta aplicación?
▷ Sí, por favor, [2] ...., es muy divertida.

▶ ¿Puedo ver el vídeo?
▷ No, [3] ...., es muy personal.

▶ ¿Te envío las fotos?
▷ No, [4] ...., gracias, ya las tengo.

▶ ¿Le limpio la pantalla del ordenador a Gloria?
▷ No, [5] ...., ya la limpió ella ayer.

▶ ¿Apago el ordenador?
▷ No, [6] ...., voy a usarlo yo ahora.

▶ ¿Puedo abrirme una cuenta?
▷ Claro, [7] .... si quieres.

6 Escribe consejos en tu cuaderno para las siguientes situaciones.

1. Una persona que va a viajar a tu ciudad.
2. Una persona con problemas de peso.
3. Una persona con problemas de concentración para estudiar.
4. Una persona que quiere hacer amigos.
5. Una persona que quiere aprender una lengua.

7 Como has visto, en esta unidad hemos recordado algunos contenidos básicos de niveles anteriores. ¿Crees que ha sido útil? Marca la opción adecuada según tu experiencia.

Ha sido útil...	Mucho	Bastante	Un poco	Nada
1. repasar el léxico relacionado con los dispositivos electrónicos.	☐	☐	☐	☐
2. repasar el léxico relacionado con las redes sociales e internet.	☐	☐	☐	☐
3. repasar las formas del presente de subjuntivo y sus usos básicos.	☐	☐	☐	☐
4. repasar las formas del imperativo y sus usos.	☐	☐	☐	☐
5. practicar cómo dar consejos e instrucciones.	☐	☐	☐	☐
6. conocer la presencia del español en las redes.	☐	☐	☐	☐

Unidad 2 | EnREDados   cuarenta y uno | 41

4. **1.** No te conectes ahora; **2.** No subas las fotos a la web; **3.** No envíes el correo mañana; **4.** No cierres la sesión; **5.** No guardes los archivos en la nube; **6.** No hagas clic en el enlace; **7.** No pongas el vídeo de la fiesta; **8.** No te abras una cuenta.

5. **1.** no lo hagas; **2.** bájala; **3.** no lo veas; **4.** no me las envíes; **5.** no se la limpies; **6.** no lo apagues; **7.** ábretela.

6. Respuesta abierta.

7. Respuesta abierta.

Unidad 3

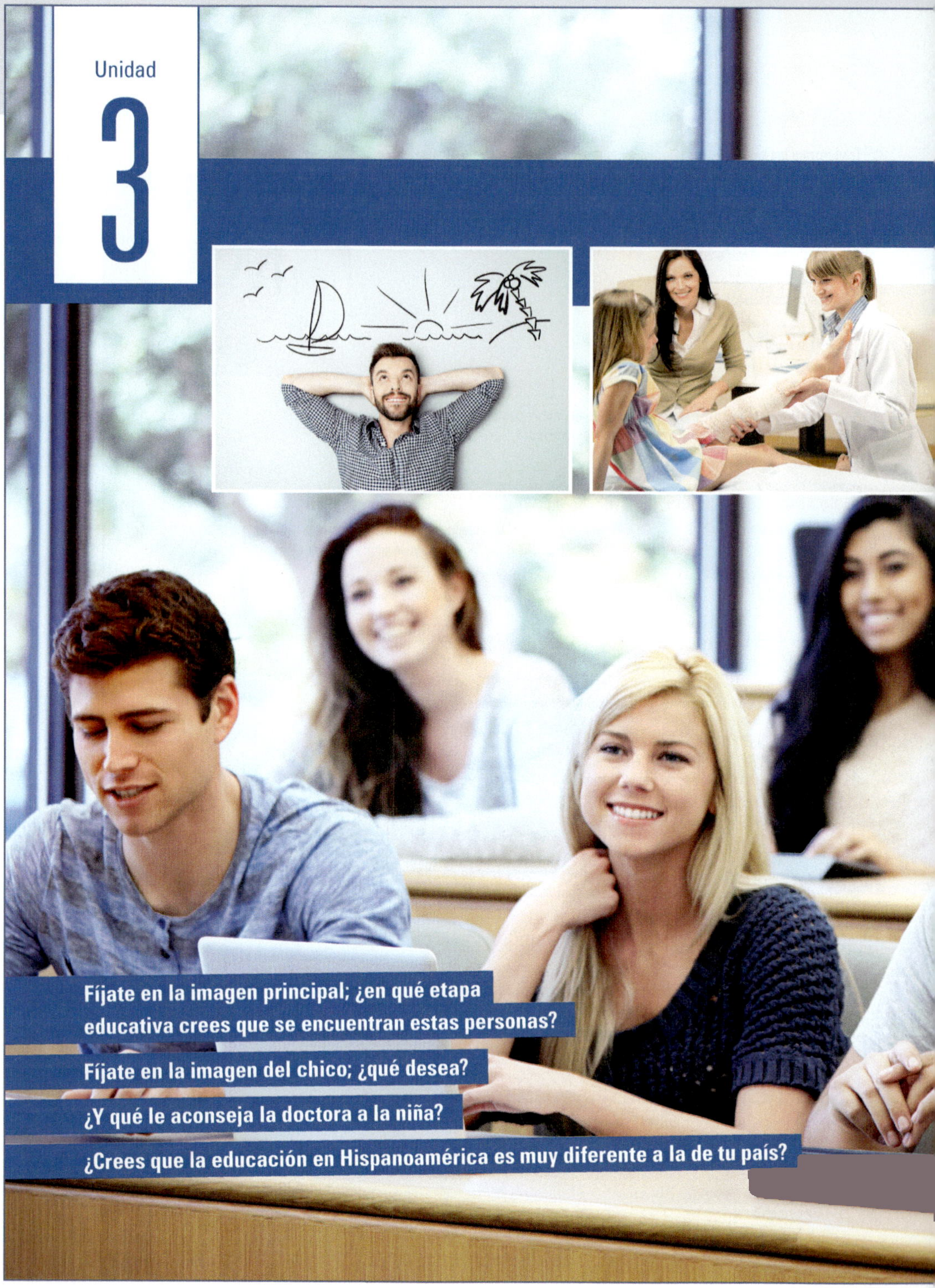

Un poco de educación

Escriba en la pizarra el título de la unidad y pregunte a sus estudiantes qué les sugiere y qué temas creen que se van a tratar en ella. Vaya anotando los temas sugeridos junto al título. Hágales notar, si es necesario, las diferentes acepciones de la palabra *educación* ('instrucción por medio de la acción docente', 'cortesía y urbanidad' y 'enseñanza y doctrina que se da a los niños y a los jóvenes'). Anímelos a debatir brevemente sobre cuál de las tres formas de educación creen que determina más la personalidad y la vida de un individuo, pregúnteles si creen que están interrelacionadas y si se puede tener alguna de ellas más desarrollada respecto a otras, y también de qué instituciones o núcleos sociales depende más cada una de ellas. A continuación pídales que abran el libro y que se fijen en la imagen principal de la portadilla. Pregúnteles a cuál de las acepciones de educación que han comentado remite la imagen (se trata de la primera), en qué etapa educativa creen que se encuentran los estudiantes que aparecen, cómo se llaman los centros donde se desarrolla esa etapa y qué título se consigue cuando se completa la misma.

Un poco de educación

En esta unidad vas a...

- Hablar de la educación presencial y virtual
- Expresar deseos y preferencias
- Dar consejos y hacer recomendaciones
- Hacer peticiones
- Dar órdenes, dar permiso y prohibir
- Conocer el estado actual de la enseñanza en algunos países de Hispanoamérica

Remítalos ahora a las imágenes superiores y pídales que respondan al resto de las preguntas planteadas. Aproveche para preguntarles si conocen alguna expresión española para expresar deseos y para dar consejos y hacer recomendaciones.
Vaya tomando nota de lo que responden a cada una de las preguntas, pues podrá utilizarlo más adelante, cuando introduzca algunos de los contenidos de los apartados "Gramática" y "Cultura".
Por último, remítalos al cuadro inferior y lea con ellos los contenidos que se trabajarán en la unidad. Si lo considera, llame su atención sobre el primer punto: *Hablar de la educación presencial y virtual*, y pregúnteles cuál de las dos opciones les parece mejor y por qué; más adelante tendrán ocasión de desarrollar el tema y adquirir recursos para tratarlo más en profundidad.

¿Qué sabes?

1. El propósito de esta primera actividad es activar uno contenidos léxicos que trabajarán en el apartado "Palabras": el lenguaje académico y los ciclos formativos, así como sondear el conocimiento previo de sus estudiantes sobre el tema.
Organice la clase en parejas y pídales que observen con atención las seis imágenes. Explíqueles que deben relacionarlas con su etapa educativa correspondiente y, después, con las franjas de edad en la que se desarrollan dichas etapas. Adviértales que dos de las etapas se cumplen en la misma franja de edad. Una vez corregida la actividad, puede preguntarles si saben cómo se llaman los centros en que se realiza cada una de las etapas y los docentes que toman parte en ellas. El objetivo es comprobar si conocen palabras como *jardín de infancia, escuela/colegio, instituto, academia, universidad* y la diferencia entre *maestro/maestra, profesor/profesora* y *monitor/monitora*. Anímelos también a describir lo que muestra cada una de las imágenes, qué tipo de cursos son, qué asignaturas se están impartiendo, qué dinámicas se llevan a cabo, qué recursos utilizan, etc. Por último, dirija su atención hacia el cuadro lateral en el que se explica el significado de las siglas *ESO* y *FP*. Busque, junto a sus estudiantes, la equivalencia de estos ciclos formativos en su sistema educativo.
1. D, d; **2.** E, a; **3.** B, c; **4.** F, e; **5.** A, b; **6.** C, e.

¿Qué sabes?

1 **En parejas** Fíjate en las imágenes y asócialas a su etapa educativa correspondiente. Después relaciona cada etapa con la franja de edad en que se realiza. Ten en cuenta que hay dos de ellas que se realizan a la misma edad.

A B C D E F

ESO son las siglas de *Educación Secundaria Obligatoria* y *FP*, de *Formación Profesional*, que es como se conoce a cualquier estudio de carácter práctico que te prepara para ejercer un oficio o profesión.

1. ☐ bachillerato
2. ☐ infantil
3. ☐ secundaria obligatoria (ESO)
4. ☐ formación profesional superior (FP)
5. ☐ primaria
6. ☐ estudios superiores

a. De 3 a 6 años.
b. De 6 a 12 años.
c. De 12 a 16 años.
d. De 16 a 18 años.
e. De 18 a 22 años.

1.1 **En parejas** Completa las frases con las palabras adecuadas. Todas deben estar relacionadas con la enseñanza. Luego compara con tu compañero/a y comparte la información que tengas. ¿Habéis podido completar todas las frases entre los dos?

1. Para estudiar en un centro debes hacer o pagar la ....
2. Los niños, en el colegio, cada año cambian de ....
3. Recibes una .... cuando el Gobierno o una institución te ayuda económicamente en tus estudios.
4. Si un examen tiene una calificación inferior a 5, está ....
5. Historia, Física, Música o Matemáticas son ....
6. En el colegio puedo estudiar en la ...., donde hay muchos libros.
7. La calificación que recibimos por un examen o un trabajo es la ....
8. Si un examen tiene una calificación igual o superior a 5, está ....

1.2 **Todo el grupo** ¿Qué áreas y recursos puedes encontrar en un curso o un aula virtual? ¿Cuáles has utilizado? ¿Te parecen útiles?

44 | cuarenta y cuatro — Unidad 3 | Un poco de educación

1.1. Continúe trabajando el léxico referente a la enseñanza. Pídales que, primero individualmente, completen las frases con las palabras de la actividad anterior. Luego deberán compartir sus respuestas en parejas e intentar, juntos, completar todas las frases. Haga una puesta común para que comparen sus resultados con el resto compañeros pero reserve la corrección para cuando se trabaje este léxico en el apartado "Palabras".
1. matrícula; **2.** curso; **3.** beca; **4.** suspendido; **5.** asignaturas; **6.** biblioteca; **7.** nota; **8.** aprobado.

1.2. Actividad de interacción oral cuyo objetivo es introducir otro de los temas que se trabajará en la unidad, la enseñanza virtual, y el léxico relacionado con esta. Para ello, pregúnteles si alguna vez han realizado un curso virtual o han participado en un aula virtual y pídales que le digan todos los recursos y servicios que ofrecía; pregúnteles también cuáles de esos recursos y servicios utilizaron y pídales que valoren su mayor o menor utilidad. Tome nota del vocabulario que usen que pueda ser relevante, pues les será de utilidad tanto en el apartado "Palabras" como en la última secuencia de "Practica en contexto" (actividades 6 a 6.3).

3

2 Cuando alguien va a hacer un examen, le deseamos suerte. Sigue el ejemplo y escribe qué le dirías a una persona que...

1. va a una fiesta. › ....
2. cumple años. › ....
3. se va a dormir. › ....
4. va a casarse. › ....
5. se va de viaje. › ....
6. está enferma. › ....
7. está comiendo. › ....
8. tiene una entrevista de trabajo. › ....

3 **En parejas** ¿Recuerdas qué estructuras usamos para pedir y dar consejos? Con tu compañero/a, por turnos, pedid o dad consejos según las situaciones que se plantean.

Estudiante A
1. Todos los días vas en coche a trabajar. Tardas mucho en llegar por los atascos.
2. Estás de exámenes y no descansas bien por los nervios.
3. Necesitas ganar más dinero. Con tu sueldo no tienes suficiente porque tu alquiler es muy alto.

Estudiante B
1. Las clases comienzan muy pronto; siempre llegas tarde o te duermes y el/la profesor/a no te deja entrar.
2. Acabas de terminar el bachillerato y no sabes qué carrera hacer.
3. Es la primera vez que vas a una entrevista de trabajo. Necesitas el puesto.

4 **En parejas** Fíjate en las imágenes y completa los diálogos.

Unidad 3 | Un poco de educación — cuarenta y cinco | 45

2. Con esta actividad se anticipa uno de los usos del subjuntivo que se presentarán en el apartado "Gramática": la expresión de deseo, en este caso de manera funcional, guiando a los estudiantes hacia las fórmulas fijas que se usan en determinadas situaciones sociales. Hágales que lean el diálogo que aparece en la imagen que ilustra la actividad y pregúnteles qué está expresando la madre al despedirse del niño y cómo lo hace. Cuando mencionen la palabra *deseo* y la estructura *que* + presente de subjuntivo, escríbalas en la pizarra. A continuación indíqueles que, individualmente, escriban las expresiones que usarían para desear algo a otras personas en las situaciones planteadas. Puede serles útil pensar antes qué dirían en su propia lengua. Estas expresiones las trabajarán en la actividad 1.5 de "Gramática", de manera que puede hacer una primera corrección de aspectos morfológicos u ortográficos y dejar para más adelante la comprobación de si las expresiones que han escrito se adecúan a cada una de las situaciones.

Posible respuesta:

1. Que te diviertas; **2.** Que cumplas muchos más; **3.** Que duermas bien/Que descanses; **4.** Que seas feliz; **5.** Que tengas buen viaje; **6.** Que te mejores; **7.** Que aproveche; **8.** Que tengas suerte.

3. Otro de los usos del subjuntivo que se estudian en el apartado "Gramática" es el de dar consejos y hacer recomendaciones. Con esta actividad podrá sondear las estructuras que sus estudiantes ya conocen o recuerdan correspondientes a esta función comunicativa. Cabe esperar que, cuando les pregunte, mencionen el uso del imperativo, las perífrasis *tener que* + infinitivo y *deber* + infinitivo y, quizá también, los verbos *aconsejar* y *recomendar* seguidos de subjuntivo o de infinitivo. Anote en la pizarra las estructuras que le sugieran y pídales que aporten algún ejemplo para cada una. A continuación organice la clase en parejas y pídales que elijan un rol (Estudiante A o Estudiante B); por turnos, deberán pedir consejos para los problemas que se les hayan asignado, así como aconsejar a su compañero/a en los que este/a le cuente. Para comprobar que han entendido cada una de las situaciones, así como para motivarlos y que puedan valerse de su propia experiencia al realizar la actividad, puede preguntarles previamente si alguna vez se han visto en alguna de esas situaciones. Muévase por el aula mientras hablan y tome nota de las estructuras que utilizan, le servirán para usarlas como ejemplos cuando estudien este uso del subjuntivo en el apartado correspondiente.

4. Mantenga la distribución en parejas para realizar esta actividad en la que se contextualizan algunos de los contenidos que van a trabajar en los siguientes apartados. Explíqueles que deben completar libremente los cuatro diálogos; pídales que se fijen bien en las imágenes y en las intervenciones que ya aparecen transcritas. Haga una puesta en común para corregir la actividad y que puedan comprobar la cantidad de opciones posibles; no importa si no utilizan ninguno de los contenidos que cabría esperar, siempre y cuando contextualicen correctamente las intervenciones que aporten al diálogo.

Posible respuesta:

1. Que lo pases muy bien en la fiesta; **2.** Te pido, por favor, que me ayudes a mover el sofá/¿Te importa ayudarme a mover el sofá?; **3.** ¿De verdad?/¿En serio? ¡Que tengas buen viaje!; **4.** Está prohibido pisar el césped.

Unidad 3

Palabras

1. En esta primera actividad del apartado se trabaja parte del léxico relacionado con el ámbito de la enseñanza por medio de una comprensión lectora. Antes de que lean el texto, puede propiciar una lluvia de ideas para que escriban en la pizarra todas las palabras en español que conozcan de dicho ámbito; recuérdeles que ya vieron algunas en el apartado anterior y que puede ser el momento de recuperarlas. No borre las palabras para que comprueben, más tarde, si alguna de ellas aparece en el texto.
A continuación pídales que, individualmente, lean el texto y subrayen todas las palabras que aparecen en él que tengan relación con la enseñanza. Corrija en plenario y resuelva posibles dudas.
Curso, campus, secretaría, matrícula, beca, prácticas, intercambio, horarios, clase, aulas, asignaturas, aula multimedia, biblioteca, sala de conferencias.

1.1. Esta actividad les servirá para precisar el significado de las palabras del texto anterior.
Pídales que, en parejas, clasifiquen las palabras que subrayaron según formen parte del centro o institución o del sistema educativo. Puede pedirles también que añadan a la tabla las palabras que aportaron ellos en la lluvia de ideas previa a la lectura. Es importante que señale que algunas de las palabras podrían formar parte de ambas categorías dependiendo del contexto; por ejemplo, las prácticas o los intercambios forman parte del sistema educativo, pero pueden ser también actividades organizadas por un centro concreto sin remitir necesariamente a una institución superior.
Forman parte del centro o de la institución: campus, secretaría, matrícula, clase, aulas, aula multimedia, biblioteca, sala de conferencias;
Forman parte del sistema educativo: curso, beca, prácticas, intercambio, horarios, asignaturas.

Palabras

1 Lee la información que ha mandado esta universidad a sus nuevos alumnos y subraya todas las palabras que tengan relación con el ámbito de la educación.

www.universidad.es

RECOMENDACIONES

Antes del inicio del curso, te aconsejamos que visites el campus para familiarizarte con el lugar. Para ello, hemos programado una jornada de puertas abiertas el próximo día 1 de septiembre. Puedes realizar también la visita virtual que proporciona nuestra intranet. Busca primero la secretaría, porque ese es el sitio donde te solucionarán cualquier duda que tengas sobre tu matrícula, tu beca (si has solicitado una), o también donde te informarán si deseas hacer unas prácticas o realizar un intercambio. Descárgate los horarios para saber cuándo tienes clase y en qué aulas se imparten tus asignaturas y date una vuelta para localizarlas. No te olvides de visitar el aula multimedia, la biblioteca y la sala de conferencias.

1.1 **En parejas** Clasifica en la tabla las palabras que has subrayado. Luego compara con tu compañero/a. Si no coincidís, justifica tu respuesta.

Forman parte del centro o de la institución	Forman parte del sistema educativo

2 **En parejas** Relaciona cada palabra con su definición correspondiente.

a. bachillerato | b. carrera | c. máster | d. graduado/a | e. nota | f. apuntes

1. ☐ Notas que se toman de las explicaciones del/de la profesor/a durante la clase.
2. ☐ Calificación que se recibe por un examen o trabajo.
3. ☐ Estudios universitarios.
4. ☐ Últimos años de la enseñanza secundaria.
5. ☐ Curso de especialización que se hace después de obtener el grado.
6. ☐ Persona que ha terminado una carrera universitaria y ha obtenido el grado.

2.1 Completa el diálogo con las palabras de la actividad anterior.

Eva: Hola, Paco.
Paco: ¿Qué tal, Eva? Ya sé por qué llamas... No, todavía no han salido las [1] ...., ja, ja, ja...
Eva: Es que estoy tan agobiada...
Paco: Ya verás como todo va a ir bien. ¿Has pensado ya qué [2] .... quieres hacer?
Eva: Me gustaría hacer Farmacia, pero vamos a ver la calificación final del [3] ....
Paco: Seguro que has pensado ya hasta en el [4] .... que quieres hacer cuando estés [5] ....
Eva: Pues sí, la verdad, pero después del examen que hice...
Paco: Seguro que lo hiciste mucho mejor que yo, y estoy seguro de que no tendré una mala calificación.
Eva: Oye, por cierto, ¿me puedes dejar tus [6] .... de Física?
Paco: Ja, ja, ja... ¡No me digas que te quieres poner a estudiar antes de saber la nota! ¡Cómo eres!

2. Nueva actividad para seguir ampliando el léxico relativo a la enseñanza. Pídales que, en parejas, lean las palabras del recuadro y a las relacionen con su correspondiente definición. Corrija la actividad mediante una puesta en común y dé las explicaciones necesarias para asegurarse de que entienden la diferencia entre palabras como *nota* y *apuntes/notas* o como *carrera* y *grado*.
1. f; **2.** e; **3.** b; **4.** a; **5.** c; **6.** d.

2.1. Con el fin de que contextualicen las palabras de la actividad anterior, propóngales que, de forma individual, completen un diálogo con estas. Indíqueles que primero lean el texto para asegurarse de que entienden correctamente el contexto en el que deberán incorporarlas. Mientras leen, muévase por el aula y resuelva posibles dudas. Deje que comparen sus respuestas en parejas y, por último, corrija en plenario.
1. notas; **2.** carrera; **3.** bachillerato; **4.** máster; **5.** graduada; **6.** apuntes.

Para trabajar estos contenidos, realice las actividades **1-2**, pp. **16-17** del *Libro de ejercicios*.

3

3 **En parejas** Relaciona los verbos y los sustantivos. Haz todas las combinaciones posibles. Luego escribe seis frases en tu cuaderno con algunas de las combinaciones que has hecho.

1. Matricularse en 2. Pedir 3. Sacar 4. Hacer 5. Tener 6. Aprobar 7. Suspender 8. Corregir 9. Repetir 10. Empezar	un una Ø	ejercicio. beca. asignatura. examen. buena o mala nota. escuela. curso/máster.

RAE

LÉXICO

En el español de México, Centroamérica y Argentina se dice ganar/reprobar una materia/un examen en lugar de aprobar/suspender y rendir un examen/una prueba en lugar de hacer:

*Terminó la escuela secundaria, pero no sacó su diploma por **haber reprobado** la materia de Inglés.*

*Nunca estudió, ni asistió a clases, ni nadie lo vio **rendir** examen alguno.*

4 **En grupos pequeños** A continuación tienes un campus virtual y sus áreas. Clasifica la información del recuadro dentro del área correspondiente.

1. Tablero de noticias | 2. Foro de discusión | 3. Enlaces a webs útiles | 4. Trabajos de clase | 5. Actividades prácticas | 6. Encuestas | 7. Recursos informáticos | 8. Cuenta de correo propia

Rincón del estudiante
- Listado de compañeros con sus fichas personales.
- Lista de correos de los miembros del aula.
- Chat para mantener conversaciones en directo.

Secretaría
- Información de cursos: matrículas, reservas, cancelaciones, etc.
- Agenda virtual con la guía de actividades y el desarrollo del curso.

Curso y contenidos
- Contenido teórico de las lecciones.
- Material de apoyo.
- Ejercicios de autoevaluación.

Recursos
- Espacio para compartir archivos con el/la profesor/a y para ver las correcciones.
- Manual de ayuda.
- Bibliografía que se puede consultar.

4.1 **En grupos pequeños** ¿Has realizado alguna vez un curso en línea o has participado en un aula virtual? ¿Cómo fue la experiencia?

3. En esta actividad se trabajan combinaciones léxicas relacionadas con el ámbito de la enseñanza. Puede, en primer lugar y sin que miren el libro, escribir en la pizarra únicamente los verbos y preguntarles si se les ocurre alguna asociación con otras palabras que les confieran a estos verbos un significado que los incluya en el campo léxico que se está trabajando. Solo uno de los verbos, *matricularse*, no necesita de asociarse con otros términos para adquirir ese significado. Tome nota también en la pizarra de lo que digan sus estudiantes. A continuación organice la clase en parejas y explíqueles que deben relacionar esos mismos verbos con las palabras que aparecen en la columna derecha; además, deberán decidir si es necesario o no el uso del artículo indeterminado en la combinación. Muévase por el aula para corregir cualquier duda que pudiera surgir y, después, haga una puesta en común para corregir esta primera parte de la actividad. Compruebe también si alguna combinación coincide con las que hicieron ellos al principio, cuando solo habían visto los verbos. Por último, pídales que elijan seis de las combinaciones que acaban de ver y que escriban una frase con cada una. Haga que compartan el trabajo con sus compañeros para que entre todos lo corrijan. Antes de pasar a la siguiente actividad, presente el cuadro de la RAE en el que se explica el uso de otros verbos en parte de Hispanoamérica para decir *aprobar*, *suspender* y *hacer un examen*.
1. Matricularse en una escuela/un curso/máster; **2.** Pedir una beca; **3.** Sacar una buena o mala nota; **4.** Hacer un ejercicio/un examen/un curso/máster; **5.** Tener una beca/una asignatura/un examen/buena o mala nota; **6.** Aprobar una asignatura/un examen/un curso; **7.** Suspender una asignatura/un examen/un curso; **8.** Corregir un ejercicio/un examen; **9.** Repetir un ejercicio/una asignatura/un examen/un curso; **10.** Empezar un ejercicio/un examen/un curso/máster.

4. En esta última secuencia del apartado se presenta vocabulario relacionado con el ámbito de la enseñanza virtual. Puede recuperar ahora, si le parece oportuno, el léxico que sus estudiantes aportaron sobre este tema en la actividad 1.2 del apartado "¿Qué sabes?" para comprobar si se corresponde con el que aquí aparece e incorporar aquellas palabras que no estén, pero que sí podamos vincularlas con este campo léxico. Distribuya la clase en grupos pequeños y pídales que se fijen detenidamente en la ilustración donde se muestran las distintas áreas de un campus virtual. Vaya viéndolas con ellos una por una y resuelva cualquier posible duda de vocabulario. Luego explíqueles que deben clasificar las palabras que aparecen en el recuadro en el área correspondiente. Es importante señalar que, dependiendo de las aulas virtuales, algunas opciones pueden ubicarse en diferentes áreas.
Rincón del estudiante: 2, 8; **Secretaría:** 1, 6; **Curso y contenidos:** 4, 5; **Recursos:** 3, 7.

4.1. Por último, manteniendo los mismos grupos, pídales que compartan con sus compañeros las experiencias que hayan tenido al realizar cursos en línea o al participar en un aula virtual y que cuenten si los campus virtuales que conocen son como el que aparece en la actividad 4; en caso contrario, invítelos a que expliquen las diferencias.

Para trabajar estos contenidos, realice las actividades **3-5**, p. **17** del *Libro de ejercicios*.

Unidad 3

Gramática

1. En este primer cuadro gramatical se presenta uno de los usos del subjuntivo: la expresión de deseos y preferencias.
Puede preguntar a sus estudiantes, antes de explicarlo, qué estructuras o verbos utilizarían ellos para expresar dicha función; al menos deberían recordar la que trabajaron en la actividad 2 del primer apartado (*qué* + presente de subjuntivo). A continuación presente los contenidos del cuadro y haga hincapié en la diferencia entre la estructura que necesita el verbo subordinado en subjuntivo (si el sujeto de la oración principal y el de la subordinada son diferentes) y la que va con infinitivo (si el sujeto de ambas oraciones coincide). Para ello, analice detenidamente los ejemplos. Por último, compruebe con sus estudiantes si las estructuras y verbos que sugirieron al principio de la actividad han aparecido en el cuadro y si realmente se pueden usar para expresar deseos y preferencias o cumplen otra función. Destaque también la particularidad de la interjección *ojalá*, que rige subjuntivo sin necesidad de que haya un verbo principal; esto se debe a su origen verbal, pues *ojalá* procede de la expresión árabe *in sha'a Allah*, que significa en esta lengua 'si Dios quiere'.

1.1. Actividad cuyo objetivo es trabajar los verbos y estructuras presentados en el cuadro gramatical y, principalmente, la discriminación entre el uso de *que* + subjuntivo o de infinitivo. Pídales que realicen la actividad de forma individual y corríjala después mediante una puesta en común.
1. que estudie; **2.** dormir, descansar; **3.** que tengas, (que) apruebes; **4.** venir; **5.** (que) (te) mejores, salgas.

Gramática

1 Usos del subjuntivo (1): expresar deseos y preferencias

- Para expresar **deseos** y **preferencias** se usan los verbos *querer, desear, esperar, tener ganas de* o *preferir* en la oración principal.
  - Si el **sujeto** de la oración principal y el de la subordinada **son diferentes**, estos verbos van seguidos de *que* + **subjuntivo**:
    ¿Quieres que acabemos el trabajo luego?
    Te deseo que todo te vaya muy bien en el examen.
    Eva no tiene ganas de que invitemos a Juan, prefiere que no venga.
  - Si el **sujeto** de las dos oraciones **es el mismo**, entonces estos verbos van seguidos de **infinitivo**:
    Esperamos irnos de aquí pronto.
- También se usa la interjección *ojalá (que)* seguida de subjuntivo:
  ¡Ojalá (que) haga buen día y podamos salir de excursión!

1.1 Completa las siguientes frases con infinitivo o *que* + subjuntivo según corresponda.

1. El profesor me ha suspendido con un 4.9. Me ha dicho que quiere .... (estudiar) más. ¡Qué rabia me da!
2. Prefiero .... (dormir) en el hotel y .... (descansar). Luego vuelvo tranquilamente en el coche, no tengo prisa.
3. Espero .... (tener) suerte y .... (aprobar), pero reconoce que no has estudiado nada.
4. ¿Quieres .... (venir) al cine conmigo?
5. ¡Ojalá .... (mejorar, tú) y .... (salir) pronto del hospital!

1.2 **En parejas** Javier (J) está hablando con Silvia (S) sobre su afición al teatro. Durante la conversación también le recomienda a Silvia algunas actividades de ocio para combatir el estrés. Relaciona las columnas y, con tu compañero/a, decide quién expresa cada deseo.

1. ☐ Espero que	a. que alguno te interese.
2. ☐ ¡Ojalá	b. te mande algún enlace?
3. ☐ Yo no quiero	c. ir a la fisio y que me dé un masaje.
4. ☐ Prefiero	d. me contesten y que me acepten.
5. ☐ ¿Quieres que	e. que me vea nadie en ninguna revista.
6. ☐ Tengo ganas	f. te conviertas en un actor famoso!
7. ☐ Espero	g. de hacer algo nuevo.

1.3 [10] Escucha el diálogo y comprueba tus respuestas anteriores.

1.4 **En grupos pequeños** Piensa en el futuro y completa libremente estas frases. Luego compártelas con tus compañeros. ¿En qué coincidís?

1. Espero que al final del curso ....
2. Deseo que mi mejor amigo/a ....
3. ¡Ojalá mi familia .... !
4. Tengo ganas de que mis compañeros ....
5. No quiero ...., prefiero que ....
6. Tengo ganas ....

1.2. Continúe la secuencia con esta actividad de carácter formal. Indíqueles que, en parejas, tienen que relacionar las columnas para formar frases en las que se expresan deseos y preferencias; estas frases forman parte de una conversación, por lo que, para relacionar los elementos coherentemente, deberán leer bien la información del enunciado y tener en cuenta el marco en el que se desarrolla la conversación y los temas que se tratan en ella. Una vez formadas las frases, deberán decidir cuál de los dos interlocutores creen que las ha dicho. Para corregir sus respuestas, pase a la actividad siguiente.
1. d, J; **2.** f, S; **3.** e, J; **4.** c, S; **5.** b, J; **6.** g, S; **7.** a, J.

1.3. [10] Ponga el audio y compruebe, junto a sus estudiantes, si sus respuestas anteriores eran correctas. Puede ampliar la actividad preguntándoles, en plenario, cuál de las actividades de ocio mencionadas les parece más útil para combatir el estrés y si consideran que hacer teatro puede ser también una buena terapia.

1.4. Para terminar la secuencia, forme grupos pequeños y pídales que, pensando en el futuro, completen libremente las frases. Haga luego una puesta en común para que comparen los resultados con otros compañeros y vean en qué han coincidido.

Para trabajar estos contenidos, realice las actividades **6-7**, p. **18** del *Libro de ejercicios*.

3

Fíjate:
- Existen muchas expresiones que sirven para manifestar buenos deseos a otra/s persona/s y que se construyen con *que* + **presente de subjuntivo**:
  ¡Que os divirtáis! *¡Que tengas suerte!* *¡Que duermas bien!*
  Como ves, no es necesario expresar el verbo principal *(deseo, espero...)* porque se sobrentiende.
- Estas expresiones funcionan como fórmulas sociales fijas y suelen escribirse entre signos de exclamación.

1.5 **En parejas** Relaciona las expresiones con los contextos en los que se usan. Luego compara con tu compañero/a para ver si tenéis las mismas soluciones. Si no es así, justifica tu respuesta.

1. ¡Que te mejores!
2. ¡Que vaya bien!
3. ¡Que lo pases bien!
4. ¡Que seáis felices!
5. ¡Que cumplas muchos más!
6. ¡Que descanses!
7. ¡Que aproveche!
8. ¡Que tengas buen viaje!

a. A alguien que se va de vacaciones o de fiesta.
b. Cuando una persona se casa.
c. A alguien que se va a dormir.
d. Cuando una persona está enferma.
e. A alguien que está comiendo o va a hacerlo.
f. Cuando una persona se va de viaje.
g. A alguien que va a hacer una entrevista de trabajo.
h. Cuando es el cumpleaños de una persona.

RAE

COMUNICACIÓN

En Hispanoamérica, algunas de estas expresiones son algo diferentes.
- Que la pases bien: *Sophie, si te vas a quedar aquí unos días, es mejor **que la pases bien**, ¿no?*
- Que te vaya bonito (México): *Ojalá **que te vaya bonito**, ojalá que se acaben tus penas.*
- Que los cumplas feliz (Argentina): *Germán entra con una pequeña torta con 40 velitas encendidas y canta "**Que los cumplas feliz**".*
- Que te alivies: *Mami, espero **que te alivies** para que podamos estar juntas y vayamos a España de vacaciones.*

2 Usos del subjuntivo (2): dar consejos y hacer recomendaciones

- Para **dar consejos** y **hacer recomendaciones** se pueden usar los verbos ***aconsejar***, ***recomendar*** y ***sugerir*** seguidos de **infinitivo** o **subjuntivo**:
  *Os **recomendamos buscar/que busquéis** en otras tiendas antes de comprarlo.*
  *El profesor siempre nos **aconseja leer/que leamos** mucho.*
  *Te **sugiero ver/que veas** esta película; te va a gustar más que la otra.*

• *Es*	*conveniente* *recomendable* *aconsejable*	+ **infinitivo**, para hablar de **acciones o situaciones generales**: *Es **recomendable estudiar** todos los días un poco.* + *que* + presente de **subjuntivo**, para **personalizar el consejo**: *Luisa, **es conveniente que seas** más puntual.*

2.1 **En grupos pequeños** Escribe cinco consejos para sacar buena nota en un examen y compártelos con tus compañeros de grupo. ¿Coincidís? Utiliza las expresiones para dar consejos que aparecen en el cuadro anterior.

2.2 **Todo el grupo** Poned en común vuestros consejos y llegad a un acuerdo respecto a cuáles son los cinco más útiles.

1.5. Antes de realizar la actividad, presente el cuadro de atención sobre las expresiones fijas para manifestar buenos deseos a otras personas y que se construyen con *que* + subjuntivo. Puede hacerlo con el libro cerrado, recuperando, primero, las respuestas que dieron en la actividad 2 de "¿Qué sabes?" Una vez vistas las expresiones que propusieron entonces, pídales que abran el libro para comprobar si alguna de ellas aparece en el cuadro o en la columna izquierda de la actividad. A continuación pídales que, primero individualmente, relacionen las expresiones con los contextos en los que se usan para, después, comparar sus resultados en parejas. Anímelos, en caso de desacuerdo, a que argumenten sus respuestas o posturas; cualquier actividad, además de tener un fin específico, es un buen pretexto para fomentar la interacción oral.
Puede ampliar la actividad pidiendo que cada pareja prepare dos diálogos breves en los que se usen dos de las expresiones que han visto y que, luego, los representen ante el resto de la clase. Tome nota de los posibles errores y corríjalos después de que todas las parejas hayan presentado sus diálogos.
Por último, presente el cuadro de la RAE en el que se presentan algunas variantes propias de Hispanoamérica para estas expresiones.
1. d; **2.** g; **3.** a; **4.** b; **5.** h; **6.** c; **7.** e; **8.** f.

Para trabajar estos contenidos, realice la actividad **8**, p. **18** del *Libro de ejercicios*.

2. El segundo cuadro gramatical presenta otro de los usos del subjuntivo: dar consejos y hacer recomendaciones.
Explíqueles los verbos y estructuras que aparecen en el cuadro y llame su atención sobre el hecho de que con los verbos *aconsejar*, *recomendar* y *sugerir* se puede usar el infinitivo aunque el sujeto del verbo subordinado sea distinto al del verbo principal, lo que implica un comportamiento diferente al de otro tipo de verbos que se estudian en este mismo apartado. Una vez explicada la información del cuadro, recupere lo que contestaron en la actividad 3 de "¿Qué sabes?" para comprobar si los verbos y estructuras que usaron entonces son los mismos que se han presentado aquí.

2.1. Distribuya la clase en pequeños grupos para realizar esta actividad de expresión escrita que tiene como propósito la práctica del uso del subjuntivo que acaban de estudiar. Indíqueles que cada estudiante debe escribir cinco consejos para sacar buena nota en un examen y que después deberá compartirlos con sus compañeros de grupo y buscar coincidencias. Sugiera que en sus consejos varíen los verbos y las construcciones para que no resulte demasiado repetitivo. Muévase por el aula para supervisar su trabajo y corregir posibles errores.

2.2. Esta actividad comunicativa es continuación y conclusión de la anterior. En plenario, pídales que cada grupo presente al resto de la clase los consejos que han escrito y que luego, entre todos, elijan los cinco más útiles. Fomente en todo momento la interacción pidiendo que argumenten sus opiniones.

2.3. Continúa la secuencia con la lectura de un texto en el que se dan consejos como los que sus estudiantes han elaborado con la misma finalidad: sacar buena nota en un examen. Al texto le faltan los verbos que aparecen en el recuadro, pídales que, individualmente, lo completen con dichos verbos en la forma adecuada: infinitivo o presente de subjuntivo. Si, mientras realizan la actividad, surgen dudas de vocabulario, anímelos a que las resuelvan preguntándose entre ellos; no solo estará incentivando la autocorrección y la reflexión, sino que demás estará dando ocasión a la interacción oral. Por último, haga una puesta en común para corregir la actividad.
1. preparar; **2.** te informes; **3.** estudiar; **4.** estar; **5.** creas; **6.** hablar; **7.** leas; **8.** dejar; **9.** revises.

2.4. Para cerrar la secuencia, proponga que, en plenario, comparen los consejos que aparecen en el texto que han leído con los que ellos escribieron para que comprueben si han coincidido en alguno y valoren aquellos que sean distintos, de manera que decidan, tal vez, modificar algún consejo de su lista final. Pida que argumenten sus respuestas y que se valgan siempre de la propia experiencia, eso facilitará la fluidez y la elaboración del propio discurso. Usted puede fomentarlo haciendo preguntas como: *¿tú qué haces normalmente antes de un examen?, ¿cuáles de estos consejos has seguido realmente alguna vez?, ¿cuál de ellos no te ha servido y lo desaconsejarías?, ¿crees que todos los consejos sirven por igual para todas las asignaturas?*

Para trabajar estos contenidos, realice la actividad **9**, p. **19** del *Libro de ejercicios*.

2.3 **Lee los consejos que aparecen en este texto y complétalo con los verbos del recuadro en subjuntivo o infinitivo según corresponda.**

estudiar | creer | preparar | leer | revisar | informarse | dejar | estar | hablar

Diez claves para sacar buena nota en un examen

1. Es conveniente .... el examen con antelación para conseguir un buen resultado.
2. Te aconsejo que .... previamente de qué tipo de examen vas a hacer. No es lo mismo preparar un test que un examen en el que hay que desarrollar un tema.
3. El día previo a la prueba es recomendable no .... y solo repasar lo que ya has aprendido.
4. El día del examen es aconsejable .... tranquilo y ordenar bien las ideas que vas a desarrollar.
5. Es conveniente que .... en tus capacidades para tener éxito.
6. No te recomiendo .... con compañeros nerviosos, ni tampoco que llegues con poco tiempo.
7. Te sugiero que .... atentamente las instrucciones y los enunciados para poder responder bien a las preguntas.
8. Es aconsejable no .... nunca una pregunta en blanco. Es mejor responder con alguna idea que no escribir nada.
9. Te recomiendo que .... el examen antes de entregarlo.
10. Piensa siempre que un examen es solo el resultado de una prueba y no da nunca la medida de tu capacidad personal.

2.4 **Todo el grupo** **Ahora comparad vuestros consejos con los que aparecen en el texto. ¿Hay alguno que coincide? ¿Cuál de los que no coinciden te parece más útil? Justifica tu respuesta.**

3 Usos del subjuntivo (3): hacer peticiones

Para **hacer peticiones** se usan los verbos *pedir, rogar* y *suplicar* seguidos de ***que* + subjuntivo**:

*Te **pido**, por favor, **que vuelvas** pronto y que me **ayudes**.*
*El director **ruega que permanezcamos** en silencio.*

Fíjate:
Los verbos ***rogar*** y ***suplicar*** se usan en situaciones muy formales o bien cuando queremos pedir algo con mucho énfasis:
*Le **ruego** que se siente, por favor.* *¡Te **suplico** que me ayudes!*

3.1 **Reescribe las siguientes peticiones usando el subjuntivo y relaciónalas con su imagen correspondiente.**

1. [ ] ▶ ¡Explícamelo, te lo suplico, no lo entiendo!
▷ Lidia le suplica a Maribel ....
2. [ ] ▶ ¡Te lo ruego, perdóname!
▷ Eva le ruega a su amiga ....
3. [ ] ▶ Mamá, déjame tu coche, anda.
▷ Juan le pide a su madre ....
4. [ ] ▶ Sal más, ve al gimnasio y cuídate.
▷ El médico le pide a Jorge ....

50 | cincuenta Unidad 3 | Un poco de educación

3. El tercer cuadro gramatical de apartado presenta, al igual que los anteriores, un nuevo uso del subjuntivo: hacer peticiones. Antes de explicarlo, pregunte a sus estudiantes qué verbos o estructuras usarían ellos para pedir algo y escriba en la pizarra los que le sugieran, pídales también que aporten ejemplos. Seguramente mencionarán estructuras como *¿Puedes/Te importa* + infinitivo? o el imperativo seguido de *por favor*.
A continuación explíqueles que los verbos *pedir, rogar* y *suplicar* van siempre seguidos de subjuntivo. Lea los ejemplos y añada otros si lo considera necesario. Para terminar, remítalos al cuadro de atención en el que se explica que los verbos *rogar* y *suplicar* se usan en situaciones formales o con una finalidad enfática.

3.1. Para trabajar las estructuras anteriores proponga esta actividad que deberán realizar individualmente. Explíqueles que deben transformar las cuatro peticiones usando el subjuntivo de acuerdo con los verbos propuestos y, a continuación, relacionar cada petición con una de las imágenes que ilustran la actividad.
Posible respuesta:
1. Lidia le suplica a Maribel que se lo explique porque no lo entiende, B; **2.** Eva le ruega a su amiga que la perdone, D; **3.** Juan le pide a su madre que le deje su coche, A; **4.** El médico le pide a Jorge que salga más, que vaya al gimnasio y que se cuide, C.

Para trabajar estos contenidos, realice la actividad **10**, p. **19** del *Libro de ejercicios*.

3

4 Usos del subjuntivo (4): dar órdenes, dar permiso y prohibir

- Para **dar órdenes** puedes usar los verbos *mandar* y *ordenar*, y para **dar permiso y prohibir**, los verbos *dejar*, *permitir* y *prohibir*. Al igual que en casos anteriores, pueden ir seguidos de **infinitivo** o **subjuntivo**:
  *Le **han mandado hacer/que haga** los deberes.*
  *A mi hijo lo **dejo salir/que salga** un rato, pero solo hasta las ocho.*
  *Os **permito usar/que uséis** el diccionario durante el examen.*
  *Mi jefa nos **prohíbe utilizar/que utilicemos** el móvil en la oficina.*
- En carteles es frecuente el uso de fórmulas impersonales: ***se prohíbe/permite, está permitido/prohibido*** seguidas de **infinitivo**:
  ***(Está) Prohibido pisar** el césped.*
  ***Se permite viajar** con perros convenientemente atados y con bozal.*

Fíjate:
- El verbo *ordenar* se usa en situaciones muy especiales: cuando la persona que lo usa está muy enfadada y tiene una relación jerárquica de superioridad con el interlocutor (los padres con sus hijos, por ejemplo). En otros contextos, su uso puede resultar muy descortés y ofensivo.
- Recuerda que para dar órdenes se usa principalmente el **imperativo**:
  Venid aquí inmediatamente.

4.1 **Transforma estas frases usando los verbos del cuadro anterior. Fíjate en el ejemplo.**
Ejemplo: *Ve a clase ya.* › *Te **ordeno que vayas** a clase ya.*

1. Salid inmediatamente. › ......
2. Apaga la televisión ahora mismo. › ......
3. No abras la puerta a nadie. › ......
4. Coged mi móvil si necesitáis llamar. › ......
5. Ponte mi chaqueta si quieres. › ......
6. Responda usted a mi pregunta. › ......
7. Aquí no se puede fumar. › ......
8. No podéis salir durante las clases. › ......

5 **Analiza las siguientes frases y relaciónalas con su función correspondiente. Después añade un ejemplo más de cada categoría.**

a. ¡Que seáis muy felices!
b. La profesora me ha mandado repetir los deberes.
c. No os dejo que vayáis allí, es peligroso.
d. Es conveniente que descanses antes del examen, Marta.
e. Les rogamos que disculpen las molestias.
f. ¡Ojalá que nos podamos ver pronto!
g. En esta cafetería está permitido entrar con mascotas.

1. ☐ Deseos y preferencias ......
2. ☐ Fórmulas sociales para expresar deseos ......
3. ☐ Consejos y recomendaciones ......
4. ☐ Peticiones ......
5. ☐ Órdenes ......
6. ☐ Permiso ......
7. ☐ Prohibición ......

Unidad 3 | Un poco de educación — cincuenta y uno | 51

4. Presente el último uso del subjuntivo del apartado preguntándoles qué verbos o estructuras usarían ellos para dar órdenes, dar permiso y prohibir. Anote en la pizarra sus respuestas y pídales también que den ejemplos. A continuación proceda a explicarles el contenido del cuadro; hágales notar que, una vez más, pueden usar el infinitivo independientemente de que los dos verbos de la oración sean diferentes. Cuando haya explicado el segundo punto del cuadro, referente al uso de fórmulas impersonales cuando se trata de prohibiciones que tienen un carácter general, como las que aparecen en carteles y avisos, pídales que digan las prohibiciones con las que se suelen encontrar cada día, por ejemplo: en los medios de transporte, oficinas públicas, hospitales, bares, centros educativos, etc., y escríbalas correctamente en la pizarra. Antes de pasar a la siguiente actividad, remítalos al cuadro de atención en el que se explican las limitaciones de uso del verbo *ordenar* y se recuerda, además, que para dar órdenes solemos utilizar el imperativo.

4.1. Para que asimilen estos contenidos, pídales que, individualmente, transformen una serie de frases formuladas en imperativo o presente usando los verbos aprendidos según se trate de una orden, un permiso o una prohibición, tal y como se hace en el ejemplo. Corrija en plenario y tenga en cuenta las diferentes opciones de respuesta.
Posible respuesta:
1. Os mando/ordeno que salgáis inmediatamente; **2.** Te mando/ordeno que apagues la televisión ahora mismo; **3.** Te prohíbo que abras la puerta a nadie; **4.** Os dejo/permito que cojáis mi móvil si necesitáis llamar; **5.** Te dejo/permito que te pongas mi chaqueta si quieres; **6.** Le mando/ordeno que responda usted a mi pregunta; **7.** Aquí está prohibido/no se permite fumar; **8.** Está prohibido/No está permitido que salgáis durante las clases.

Para trabajar estos contenidos, realice las actividades **11** y **11a**, p. **19** del *Libro de ejercicios*.

5. Cierre el apartado con esta actividad cuyo objetivo es revisar todos los usos del subjuntivo presentados en los diferentes cuadros gramaticales. Indíqueles que, individualmente, lean las frases y las relacionen con el uso del subjuntivo correspondiente de los que aparecen a continuación. Pídales que, para ello, se fijen bien en lo que expresan los verbos principales, en la estructura de la frase y en la forma en que aparece el verbo subordinado (presente de subjuntivo o infinitivo). Corrija en plenario esta primera parte de la actividad y, a continuación, dígales que, de nuevo individualmente, añadan un ejemplo más para cada uso. Haga una puesta en común para que compartan sus frases con el resto de la clase. Finalmente, si lo considera necesario, pregúnteles qué creen que tienen en común todos los usos del subjuntivo que han estudiado en la unidad. El objetivo es que comprendan que, en la mayoría de los casos, se trata de influir de algún modo en el comportamiento de otras personas, por lo que, a menudo, se los denomina 'verbos de influencia'.
1. f; **2.** a; **3.** d; **4.** e; **5.** b; **6.** g; **7.** c.

Para trabajar estos contenidos, realice las actividades **12-13a**, p. **20** del *Libro de ejercicios*.

Practica en contexto

1. La primera secuencia de actividades de este apartado tiene como objetivo la práctica en contexto, mediante la integración de distintas destrezas, de dos contenidos trabajados en los apartados anteriores: el léxico relacionado con el ámbito de la enseñanza y el uso del subjuntivo de dar consejos y hacer recomendaciones.
Organice la clase en parejas y explíqueles que van a leer una conversación entre dos amigos sobre lo que les gustaría hacer cuando terminen la secundaria. Las intervenciones están desordenadas, por lo que tendrán que ordenarlas de forma lógica; se trabaja así la coherencia y la cohesión textual. Muévase por el aula para supervisar su trabajo, haga una puesta en común para que comparen sus respuestas y dé paso a la actividad siguiente para que confirmen la solución.
1, 6, 3, 2, 4, 5, 10, 8, 9, 7, 11.

1.1. Ponga el audio para que escuchen la conversación que han leído y comprueben si la han ordenado correctamente.
[11]
Puede ampliar en la comprensión del texto haciendo que escuchen de nuevo y que, con el libro cerrado, respondan a las siguientes preguntas: *¿Ana y Daniel han decidido ya lo que quieren hacer?, ¿qué quieren los padres de Daniel?, ¿y los de Ana?, ¿qué le gustaría estudiar a Daniel?, ¿qué carrera prefiere estudiar Ana?, ¿a Daniel le sorprende lo que quiere estudiar su amiga?, ¿qué consejos se dan entre ellos?, ¿qué otra persona piensan que podría aconsejarlos mejor?*

1.2. Antes de realizar la actividad, presente el cuadro funcional en el que se ofrecen recursos lingüísticos para pedir, dar y agradecer un consejo y asegúrese de que entienden los exponentes que aparecen. A continuación explíqueles que, en parejas, deberán interactuar para pedirse y darse consejos de acuerdo con el papel que elijan (estudiante A o B) y siguiendo las pautas que se les indican a cada uno. Mientras hablan, muévase por el aula para asegurarse de que las siguen y de que usan los recursos lingüísticos estudiados en la unidad. Tome nota de los posibles errores para que los corrijan, entre todos, cuando hayan terminado de hablar.

2. (página siguiente) Explíqueles ahora que Daniel, el personaje del diálogo que han escuchado, les ha escrito un mensaje pidiéndoles consejo sobre qué estudiar y que deberán responderle con otro mensaje. Deles un tiempo suficiente para que escriban en su cuaderno los consejos sobre cada tema que plantea Daniel y, mientras trabajan, muévase por el aula para resolver posibles dudas y corregir los errores que detecte.

Practica en contexto

1 **En parejas** Daniel y Ana son compañeros de clase y están hablando de lo que les gustaría hacer cuando terminen la secundaria. Ordena el diálogo junto a tu compañero/a.

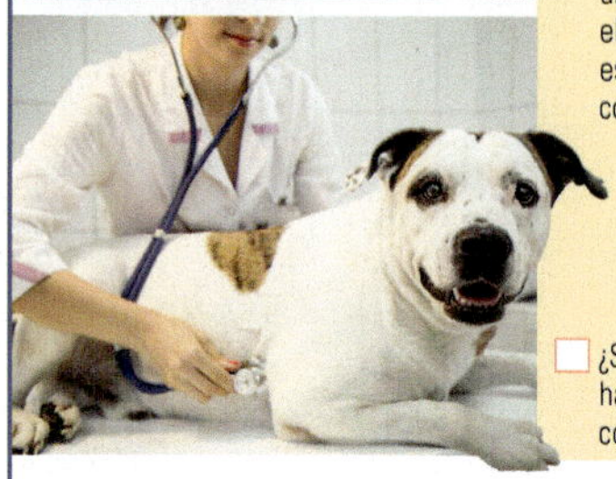

- [1] Daniel, ¿tú has decidido ya lo que quieres hacer después de la secundaria?
- [ ] Buena idea, hablaré con ella. Ojalá pueda ayudarme. Oye, y tú, ¿qué vas a hacer?
- [ ] Pero ¿qué es lo que quieres tú? ¿Qué te interesa estudiar a ti?
- [ ] La verdad es que no. Por un lado, pienso en el bachillerato porque a mi madre le hace muy feliz que me matricule en la universidad y haga Medicina, como hizo ella, y mi padre solo me recomienda que estudie algún idioma con mucho futuro, como el chino. Pero, por otro lado...
- [ ] Pues eso... Ya sabes que a mí lo que me gusta es dibujar y, aunque me apetece aprender un idioma, también quiero estudiar Diseño Gráfico.
- [ ] ¿Sabes? Creo que es importante que hables con nuestra tutora. Te veo confuso... Ojalá te ayude a aclararte y te dé algún consejo interesante. Mónica me ha parecido una profesora muy maja.
- [ ] Oye, ¿por qué no les recomiendas a tus padres que hablen ellos también con nuestra tutora?
- [ ] Me lo imaginaba, con lo que te gustan los animales... ¿Y se lo has dicho a tus padres?
- [ ] Claro..., y se pasan el día aconsejándome que lo piense bien, que no decida todavía nada...
- [ ] Yo lo tengo muy claro. A mi padre, al igual que a tu madre, le encanta la idea de que me matricule en Medicina, mientras que mi madre quiere que me gradúe en algo relacionado con los negocios y prefiere que me vaya a estudiar a otro país; así, de paso, también aprendo un idioma. Pero yo sueño con llegar a ser veterinaria.
- [11] Ja, ja, ja... Pues es verdad, tienen ellos más dudas que yo.

Pedir, dar y agradecer un consejo

- Para **pedir un consejo** puedes usar las siguientes expresiones:
  - ¿Puedes aconsejarme?
  - ¿Qué me recomiendas/aconsejas?
  - ¿A ti qué te parece?
  - ¿Qué puedo hacer?
- Recuerda los verbos y expresiones que has aprendido para **dar consejos**:
  - *Te aconsejo/recomiendo/sugiero* + infinitivo/*que* + subjuntivo
  - *Es conveniente/aconsejable/recomendable* + infinitivo/*que* + subjuntivo
- Para **dar las gracias** puedes usar expresiones como:
  - Muchas gracias por todo/tu consejo.
  - Te agradezco mucho tu ayuda.
  - Me has ayudado mucho, ¡gracias!

1.1 Escucha la conversación y comprueba tu respuesta anterior.
[11]

1.2 **En parejas** Elige uno de los papeles (A o B) y, por turnos, pide y da consejos a tu compañero/a. Comienza el estudiante A.

Estudiante A

- Preguntas a tu compañero/a qué quiere hacer después del bachillerato.
- Te parece que los idiomas tienen más posibilidades de trabajo que Historia.
- Le aconsejas que vaya a un país donde se hable el idioma que estudie. Crees que el chino es una buena opción.
- El fin de semana vas a hacer un curso en línea de programación de videojuegos.
- Deseas dedicarte a crear videojuegos. Esperas que una escuela importante te acepte.
- No sabes qué hacer en caso de que no te acepten. Le pides consejo a tu compañero/a.

52 | cincuenta y dos — Unidad 3 | Un poco de educación

- No sabes muy bien qué estudiar: idiomas o Historia. Le pides consejo a tu compañero/a.
- Pídele también consejo sobre dónde estudiar: aquí o en otro país y, además, qué idioma tiene más futuro.
- Preguntas a tu compañero/a qué va a hacer el próximo fin de semana.
- Le preguntas si quiere dedicarse a eso y por qué.
- Quieres saber qué hará si la escuela no lo acepta.
- Le aconsejas que busque otra escuela, que se informe bien en internet porque seguro que hay muchas escuelas buenas.

Estudiante B

2 Daniel te ha escrito un mensaje. Léelo y dale consejos sobre cada tema que plantea.

Hola. Es que estoy pensando en estudiar chino en la universidad, así mis padres se quedan contentos; al mismo tiempo, quiero hacer un curso de diseño gráfico en línea, sin decirles nada a ellos. Puedo pedir una beca o trabajar este verano para pagármelo. ¿A ti qué te parece? Por cierto, ¿sabes de algún trabajo?

....

2.1 **En grupos pequeños** Comparte tu mensaje con tus compañeros. ¿Habéis coincidido en alguno de vuestros consejos? ¿Cuál crees que debe ser el criterio principal a la hora de elegir qué estudiar?

Interaccionar en una conversación

- Para indicar que **sigues con interés** lo que te cuentan, puedes usar:
  - Sí, sí, claro./Sí, ya.
  - ¿De verdad?/¿En serio?
  - ¡Vaya!
- Para **controlar la atención** de la persona con la que hablas, puedes decir:
  - Mira.../Oye...
  - ¿No?/¿Sí?
  - ¿Vale?/¿Me entiendes?

3 [12] Al final Daniel decide hablar con su tutora. Escucha y señala cuál de los dos, Daniel (D) o la tutora (T), expresa las ideas que tienes a continuación.

1. ☐ Las escuelas privadas de diseño gráfico cuestan mucho.
2. ☐ No se puede pagar el curso pidiendo una beca.
3. ☐ Su sueño es trabajar en el diseño de videojuegos y cómics.
4. ☐ Hay que perseguir lo que se desea.
5. ☐ Diseño Gráfico es una carrera con un gran futuro profesional.
6. ☐ Va a hablar con sus padres para explicarles sus planes.

3.1 **Todo el grupo** Mario Benedetti fue un escritor, poeta, dramaturgo y periodista uruguayo del siglo pasado. Lee la frase de Benedetti que cita la tutora; ¿qué crees que quiere decir?

Ojalá que la espera no desgaste mis sueños.

3.2 **En parejas** Y tú, ¿qué deseos tienes para tu futuro a corto o medio plazo? Piensa en tus estudios, en tu trabajo y en tu vida personal. Coméntalo con tu compañero/a.

3.3 **En parejas** ¿Qué le aconsejas a tu compañero/a para que consiga sus propósitos?

3.4 **Todo el grupo** ¿Crees que los sueños se pueden hacer realidad? ¿Te consideras una persona soñadora?

2.1. Ahora, organizados en pequeños grupos, leerán su mensaje al resto de compañeros y comprobarán si han coincidido en alguno de los consejos dados. En primer lugar, y para que les sirva durante el desarrollo de la actividad, remítalos al cuadro funcional de la parte lateral y vea con ellos los exponentes para facilitar la interacción en una conversación.
Una vez hayan leído y comentado todos los mensajes, pregúnteles cuál creen que debe ser el criterio principal a la hora de elegir qué estudiar.
Con el fin de animar el debate, puede proponerles temas como la vocación, el beneficio económico, la tradición familiar... Pídales también que expliquen al resto de la clase qué les ha motivado a ellos a elegir una carrera o cualquier otra actividad formativa que hayan emprendido.

3. [12] Explíqueles que Daniel ha decidido hablar con su tutora para pedirle consejo y que van a escuchar la conversación mantenida entre ambos, pero que antes lean detenidamente las ideas presentadas, pues deberán indicar, a partir de la escucha, si pertenecen a Daniel o a su tutora. Ponga el audio para que realicen la actividad individualmente y permita que comparen en parejas antes de corregir en plenario. Amplíe la actividad preguntándoles si ellos, en algún momento de su trayectoria académica, se han visto en la situación de tener que elegir un camino sin tener muy claro cuál. Pregúnteles también si recurrieron a alguien, a un tutor o tutora o a alguna otra persona, qué consejos les dieron y si creen que, finalmente, tomaron la decisión correcta.
1. T; **2.** T; **3.** D; **4.** T; **5.** D; **6.** D.

3.1. Escriba en la pizarra la cita referida por la tutora de Daniel y el nombre de su autor. En plenario, pregúnteles si conocían a Mario Benedetti y qué creen que quieren decir esas palabras. Pregúnteles, a continuación, si también ellos piensan que esperar suele desgastarnos y si cuesta mantener vivos los sueños. Si desea trabajar en clase los últimos versos del extenso poema al que pertenece la cita, use la proyección 8.

"Hombre que mira a través de la niebla"

[8]

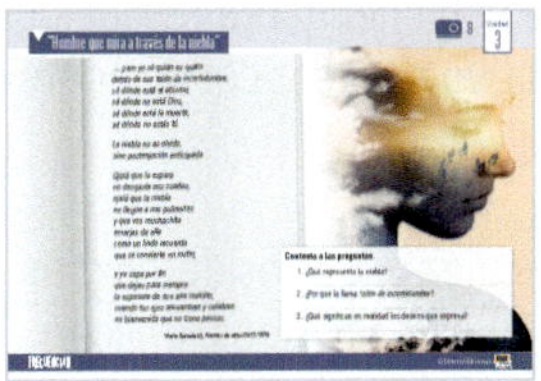

Proyecte la lámina, deles tiempo para que lean el fragmento del poema y resuelva las dudas de vocabulario que le planteen. A continuación pídales que, en parejas, intenten contestar a las preguntas planteadas. Cuando hayan terminado de interpretar el fragmento del poema, haga una puesta en común y facilíteles usted la respuesta. Insista en que no deben sentirse frustrados por las dificultades de comprensión, ya que la poesía, por su alto grado de subjetividad, es un género menos accesible incluso para los lectores nativos.
La niebla simboliza todo lo turbio y oscuro que hay en la naturaleza humana, por eso la llama 'telón de incertidumbre', y los deseos que expresa están relacionados con el deseo de pureza, representado por la muchacha.

3.2. y **3.3.** Organice la clase en parejas y pídales que cuenten a su compañero/a los deseos que tienen, en los ámbitos académico, profesional y personal, para su futuro a corto y medio plazo. A continuación cada estudiante deberá dar consejos a su compañero/a que le ayuden a alcanzar sus sueños. Asegúrese de que usan los verbos y construcciones que estudiaron en los cuadros 1 y 2 de "Gramática".

3.4. Cierre la secuencia pidiéndoles que respondan a las preguntas planteadas y pídales que argumenten sus respuestas apoyándose, si las tienen, en experiencias propias.

4 **En parejas** ¿Sabes qué significa la palabra *netiqueta*? Fíjate bien en cómo está formada y elige la definición correcta.

1. Reglas que se deben seguir para hablar con desconocidos en las redes sociales.
2. Normas que regulan el comportamiento de los usuarios cuando interactúan en internet.
3. Conjunto de sanciones relativas a comportamientos inapropiados en la red.

4.1 Lee el siguiente texto y comprueba tu respuesta anterior.

La netiqueta en el aula virtual

La *netiqueta*, palabra derivada del inglés *net* ('red') y del francés *etiquette* ('buena educación'), es el conjunto de normas que regulan el comportamiento de los usuarios en las diversas plataformas de internet. De la misma manera que existen protocolos[1] para los encuentros presenciales entre personas, la netiqueta describe protocolos que se deben utilizar en los encuentros virtuales.

Ajustarse a las normas de la netiqueta permite evitar malentendidos y problemas entre usuarios, al tiempo que impide que la actuación de un usuario pueda molestar a otros o que se usen los recursos del sistema de forma inapropiada.

Nuestra plataforma educativa tiene sus propias normas de netiqueta. Por ejemplo, está completamente prohibido que los usuarios utilicen la plataforma con fines comerciales. También les pedimos que en los chats y en los foros cuiden la ortografía o que en los mensajes enviados especifiquen siempre el asunto. Estas son solo algunas de las normas que mejoran notablemente la experiencia en nuestras aulas virtuales.

[1] Conjunto de reglas de cortesía que se siguen en las relaciones sociales y que han sido establecidas por costumbre.

Adaptado de http://datateca.unad.edu.co/contenidos/434206/434206/anexo_4_netiqueta_en_la_plataformas_de_unad_virtual.html

4.2 **En parejas** Con tu compañero/a, resume en una línea cada párrafo del texto.

1. ....
2. ....
3. ....

5 **En grupos pequeños** Piensa en cinco normas que, según tú, debe incluir la netiqueta de cualquier campus virtual.

Pedimos a los usuarios que... ....

5.1 **Todo el grupo** Compartid vuestras normas con la clase y, entre todos, elegid las diez más útiles para elaborar la netiqueta de una plataforma educativa virtual.

5.2 [13] Escucha a la profesora de un aula virtual que habla sobre las normas de netiqueta de su curso en línea y comprueba si las que has escrito con tus compañeros se encuentran entre ellas.

4. Se inicia ahora una nueva secuencia que se articula en torno a la enseñanza virtual.
Escriba en la pizarra la palabra *netiqueta* y pregúnteles si conocen su significado; sugiérales que se fijen en su formación, eso puede ayudarles a entender qué significa en caso de que no lo sepan. A continuación indíqueles que, en parejas, elijan cuál de las tres definiciones que se proponen es la que le corresponde a *netiqueta*. Antes de comprobar su respuesta en la actividad 4.1, explíqueles que esta palabra procede de otras dos de distintas lenguas y pregúnteles si saben de cuáles.
2.

4.1. Actividad de comprensión lectora que desarrolla el tema de la netiqueta introducido en la actividad anterior.
Pídales que lean el texto para comprobar si han elegido la opción correcta en 4 y, también, si han acertado con el origen de la palabra, que se explica en las primeras líneas. Una vez leído el texto, puede formentar un debate acerca de la importancia de la netiqueta hoy en día, cuando la comunicación a través de internet está tan presente en todos los ámbitos de la vida. Pregúnteles si ellos siguen las normas de netiqueta cuando se relacionan con otras personas en un espacio virtual y en qué tipo de plataformas (redes sociales, foros, blogs, intranet, etc.) creen que se respetan más estos protocolos.

4.2. Esta actividad tiene como objetivo que sus estudiantes, al tiempo que mejoran la destreza interpretativa de la comprensión lectora, desarrollen también la destreza productiva y capacidad de síntesis, al tener que rescribir lo que han leído resumiéndolo con sus propias palabras.
Pídales que, en parejas, resuman en una línea cada párrafo del texto anterior.
Posible respuesta:
1. La *netiqueta* consiste en los protocolos que deben seguirse en las comunicaciones virtuales; **2.** Respetar las normas favorece la comunicación y el uso correcto de los recursos disponibles; **3.** La institución educativa que firma el texto presenta algunas de sus propias normas de netiqueta.

5. Organice la clase en grupos pequeños y pídales que escriban cinco normas que, en su opinión, deban formar parte de la netiqueta de cualquier campus virtual. Recuérdeles que deben empezar sus frases con la estructura *Pedimos a los usuarios que...* El objetivo es practicar en contexto la expresión de la petición con subjuntivo.

5.1. En plenario, pídales que cada grupo presente sus normas al resto de la clase para, a continuación, elegir juntos las diez que consideren más útiles, de manera que puedan elaborar la netiqueta de una plataforma educativa. Indíqueles que, en la redacción de estas normas, utilicen verbos que expresen permiso y prohibición; de este modo, además de la de hacer peticiones, trabajan otras funciones estudiadas.

5.2. Explíqueles que ahora van a escuchar a la profesora de un aula virtual hablando de las normas de netiqueta de su curso. Ponga el audio y pídales que comprueben si en este se menciona alguna de las normas que ellos habían escrito.
[13]

5.3 [13] Escucha de nuevo y clasifica las normas en la tabla según corresponda.

Te pedimos que…	Te rogamos que…	Está prohibido que…	Está permitido que…

5.4 **Todo el grupo** En las aulas virtuales en las que has participado, ¿crees que los integrantes respetaban las normas de netiqueta? ¿Recuerdas alguna anécdota en este sentido? Coméntalo con tus compañeros.

6 **En parejas** Relaciona los siguientes iconos con las actividades que aparecen destacadas en las distintas áreas de un campus virtual.

Rincón del estudiante	Secretaría
a. **Ver la ficha personal.**	Ver el tablero de anuncios.
b. **Chatear con los compañeros.**	e. **Solicitar un diploma o certificado.**
Recibir las notas.	Pedir información.
Ver mensajes de los profesores.	Matricularse.
Consultar el correo.	Cancelar el curso.

Curso y contenidos	Recursos
Participar en talleres.	Ver enlaces de interés.
Consultar el programa.	Consultar bibliografía.
c. **Ver las lecciones del curso.**	Enviar trabajos al/a la profesor/a.
Participar en foros.	f. **Descargar el material del curso.**
d. **Hacer test de evaluación.**	g. **Solicitar ayuda del servicio técnico.**

6.1 **En parejas** Imagina un campus virtual de español. ¿Qué recursos y servicios crees que debe ofrecer en cada una de sus áreas (rincón del estudiante, secretaría, curso y contenidos y recursos)? Trabaja con tu compañero/a.

6.2 **Todo el grupo** Comparte con la clase tu campus virtual de español ideal. ¿Qué recursos y servicios os parecen imprescindibles?

6.3 **Todo el grupo** ¿Qué ventajas e inconvenientes crees que tiene la enseñanza virtual frente a la presencial? ¿Y en lo referente al aprendizaje de lenguas?

Expresar preferencia

Además del verbo *preferir*, para decir que algo nos parece mejor podemos usar:

- ***Me gusta/interesa más que*** + presente de subjuntivo
  Me gusta más que haya profesores en línea.
  ¿No te interesa más que haya material descargable?
- **Lo que más/menos me gusta/interesa es/son…**
  Lo que más me gusta es el foro.
  Lo que menos me interesa son los talleres.

5.3. [13] Explique a sus estudiantes que van a escuchar de nuevo el audio, esta vez con el propósito de analizar los contenidos gramaticales vistos en la unidad. Antes, pídales que se fijen en las cuatro categorías de los recuadros y que las relacionen con el uso correspondiente de subjuntivo (*Te pedimos que* y *Te rogamos que* › hacer peticiones, *Está prohibido que* › prohibir, *Está permitido que* › permitir). Indíqueles que, mientras escuchan, deberán clasificar las normas que explica la profesora en la categoría correspondiente de acuerdo con lo que expresan. Si es necesario, ponga el audio dos veces y deje que comparen en parejas antes de la corrección en plenario.
Te pedimos que: intentes ser objetivo en tus comentarios, seas moderado al opinar, escuches a los demás, te comportes en la plataforma como en un aula real; **Te rogamos que:** seas generoso, compartas tus conocimientos y tu experiencia, seas siempre conciso y claro; **Está prohibido que:** hagas preguntas personales, des tu número de teléfono, compartas fotografías o material no relacionado con el curso, uses los foros para asuntos ajenos a las asignaturas; **Está permitido que:** accedas a todos los espacios del campus virtual, participes en todos los foros, uses el correo electrónico de la plataforma, escribas a tus profesores para plantear dudas y enviar trabajos.

5.4. En plenario, pregunte a sus estudiantes si, en las aulas o cursos virtuales en los que han participado, los integrantes respetaban las normas de netiqueta y cuáles eran estas. Pídales que cuenten cualquier anécdota relacionada que recuerden.

6. Actividad para trabajar con el vocabulario referente a los campus virtuales que vieron en "Palabras". Pídales que miren las cuatro áreas de un campus virtual que aparecen y las actividades que pueden realizarse en cada una de ellas. Asegúrese de que conocen el vocabulario y de que lo entienden todo. Luego dirija su atención hacia los iconos que hay en la parte superior e indíqueles que, en parejas, deben relacionarlos con las actividades que están encabezadas con una letra. Después, corrija mediante una puesta en común.
1. f; **2.** d; **3.** b; **4.** e; **5.** a; **6.** g; **7.** c.

6.1. y **6.2.** En primer lugar, presente el cuadro funcional en el que se ofrecen recursos lingüísticos para expresar preferencia. Luego forme parejas y pídales que piensen en los recursos y servicios que, según ellos, debe ofrecer un aula virtual de español en cada una de sus áreas. Indíqueles que tomen notas, aunque sea esquemáticamente, de las conclusiones a las que lleguen. Una vez hayan terminado, pídales que compartan con el resto de la clase sus conclusiones para que, entre todos, decidan qué recursos y servicios son realmente imprescindibles.

6.3. Concluya el apartado proponiendo un debate en el que tendrán que discutir las ventajas e inconvenientes en estos dos modelos de enseñanza: el virtual y el presencial. Puede focalizar el debate concretamente en el campo del aprendizaje de lenguas. Si le parece oportuno, forme dos grupos: por un lado, aquellos que estén a favor de la enseñanza virtual y, por otro, quienes prefieren la presencial. Deles un tiempo para que den forma a sus argumentos y luego pídales que los compartan con el bando contrario. Tome nota de los errores para corregirlos al final.

Unidad 3

Cultura

1. Con el libro cerrado, escriba en la pizarra el título del apartado y recupere ahora lo que sus estudiantes le comentaron cuando les planteó preguntas sobre este tema al principio de la unidad. Explíqueles que, en este apartado, van a trabajar algunos aspectos sobre la enseñanza en Hispanoamérica y que, tal vez, puedan comprobar si sus opiniones previas eran más o menos acertadas.
En plenario, y con el libro todavía cerrado, pregúnteles qué esperan ellos de un/a buen profesor/a. Escriba en la pizarra *Espero que...*, de manera que condicione en sus respuestas el uso del presente de subjuntivo. Anote algunas de sus respuestas siguiendo el modelo de las frases que aparecen en la actividad. A continuación explíqueles que van a leer lo que estudiantes de Chile, Colombia y México han manifestado que esperan de sus profesores. Pídales que lean detenidamente las frases para, a continuación, comprobar si coinciden con las que ellos le han sugerido anteriormente. Pregúnteles también por qué motivo se usa en todas las frases el presente de subjuntivo (se trata de la expresión de deseos). Por último, explíqueles que, en parejas, deberán ordenar las frases de mayor a menor importancia según su propio criterio.

LA ENSEÑANZA EN Hispanoamérica

1 **En parejas** Lee lo que los estudiantes de Chile, Colombia y México esperan de sus profesores. Ordénalo de más a menos importante según tu opinión.

- ☐ Que incorporen materiales novedosos en el aula.
- ☐ Que utilicen las nuevas tecnologías.
- ☐ Que sepan aplicar estrategias y metodologías diversas.
- ☐ Que crean en las capacidades de los estudiantes.
- ☐ Que sepan escuchar y nos permitan opinar.
- ☐ Que transformen las evaluaciones en un desafío para aprender.
- ☐ Que disfruten de lo que hacen.
- ☐ Que creen oportunidades para que todos puedan aprender.
- ☐ Que utilicen espacios de aprendizaje diversos.
- ☐ Que generen un ambiente de confianza y participación.

Adaptado de https://www.flipwit.com/blog/super-profesor/que-esperan-los-estudiantes-de-sus-profesores/

1.1 **Todo el grupo** Tu profesor/a te dirá el orden en que habían puesto los temas los estudiantes hispanoamericanos. ¿En qué habéis coincidido? ¿Te llama la atención especialmente alguno de los temas? ¿Por qué?

56 | cincuenta y seis — Unidad 3 | Un poco de educación

1.1. Continúe la secuencia con una nueva actividad de interacción oral. En primer lugar, facilíteles el orden en el que los estudiantes hispanoamericanos habían clasificado los distintos requisitos y anímelos a que comenten sus coincidencias y a que expresen sus opiniones al respecto, justificando su respuesta. Pregúnteles si creen que las posibles diferencias de criterio pueden deberse a factores locales y si alguno de los temas no es importante o resulta chocante donde viven ellos.
1. Que sepan escuchar y nos permitan opinar; **2.** Que disfruten de lo que hacen; **3.** Que crean en las capacidades de los estudiantes; **4.** Que utilicen espacios de aprendizaje diversos; **5.** Que incorporen materiales novedosos en el aula; **6.** Que sepan aplicar estrategias y metodologías diversas; **7.** Que generen un ambiente de confianza y participación; **8.** Que creen oportunidades para que todos puedan aprender; **9.** Que utilicen las nuevas tecnologías; **10.** Que transformen las evaluaciones en un desafío para aprender.

2 **En parejas** Lee el texto sobre los avances en la educación en Hispanoamérica y relaciona los fragmentos de las dos columnas para completar la información.

En los últimos años se han producido cinco avances muy significativos en la educación en Hispanoamérica que muestran, en buena parte, el desarrollo del sector en la región y plantean grandes desafíos para el futuro de la enseñanza en los países de habla hispana.

1. Más niños asisten a la escuela tanto en la educación preescolar como en la primaria y la secundaria.
2. La prueba PISA muestra que algunos países han mejorado sus niveles de aprendizaje.
3. En casi todos los centros los estudiantes tienen acceso a un ordenador.
4. Los Gobiernos de la región invierten cada vez más en educación.
5. Actualmente, el número de estudiantes que completan la secundaria es muy superior al de hace diez años.

a. Perú y Colombia han mejorado en Matemáticas, Ciencias y Lectura.
b. En los últimos años, el gasto público en educación ha pasado del 4.2 % del producto interior bruto al 5.9 % como promedio en estos países.
c. Se ha conseguido que más de un 95 % de niños de 6 a 14 años asistan al colegio.
d. Se ha aumentado del 51 % al 60 % en secundaria y del 33 % al 42 % en bachillerato.
e. Se ha mejorado notablemente, llegando en la actualidad a 14 estudiantes por ordenador en los centros públicos.

Adaptado de https://blogs.iadb.org/educacion/es/cima-5-avances-clave-de-la-educacion-en-america-latina-y-el-caribe/

3 **Todo el grupo** ¿Conoces los datos de tu país? ¿Cuántos estudiantes completan la secundaria? ¿De qué recursos tecnológicos disponen los centros públicos? Busca la información en internet y compártela con tus compañeros.

2. Actividad de comprensión lectora en parejas. Explíqueles que van a leer un texto sobre los avances en la educación en Hispanoamérica y que deberán relacionar los fragmentos de las dos columnas para completar la información. Mientras realizan la tarea, muévase por el aula para resolver posibles dudas. A continuación haga una puesta en común de los resultados y pídales que expliquen qué elementos les han ayudado a relacionar la información.
1. c; **2.** a; **3.** e; **4.** b; **5.** d.

3. Cierre el apartado con una actividad de investigación en equipo relacionada con la actividad anterior. Pídales que busquen información en internet sobre los aspectos de los que trata el texto pero referentes a su propio país. Deles el tiempo necesario para que realicen la búsqueda y tomen nota de los datos. A continuación pídales que los compartan con el resto de la clase para que puedan compararlos. Una vez puestos en común los resultados, pregúnteles en qué áreas creen que debería mejorar la educación en su país y qué medidas creen que habría que adoptar para lograrlo.

Para trabajar estos contenidos, realice las actividades **14-15a**, p. **21** del *Libro de ejercicios*.

Con esta actividad se propone abordar el tema vertebrador de la unidad, la educación, desde otro punto de vista: el que la ciencia tiene de ella para el futuro.
En primer lugar, pregúnteles cómo imaginan que será la enseñanza a lo largo de los próximos treinta años. Tome nota de las ideas que expongan; pueden hacerlo utilizando el futuro simple, pero anímelos a que también lo hagan expresando deseos con *ojalá* o *espero que*…
A continuación use la proyección 9, lea junto a ellos la información que aparece en esta y resuelva las dudas de vocabulario que puedan surgir. Una vez concluida la lectura, compruebe si alguna de las predicciones y deseos que habían manifestado al principio aparece en el texto. Finalmente proponga un debate sobre lo que han leído partiendo de las siguientes preguntas:

La enseñanza en el futuro

[9]

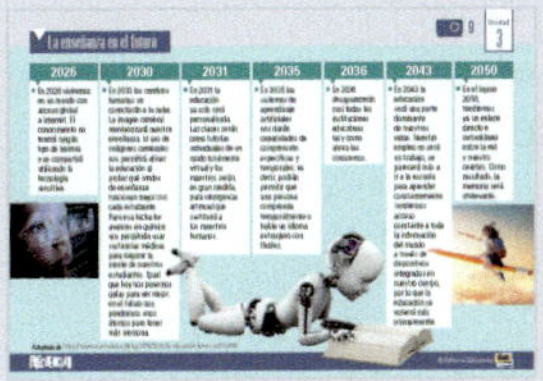

- *¿Crees que realmente todo el mundo tendrá acceso a internet?*
- *¿Piensas que existirán esas sustancias químicas que optimizarán el funcionamiento del cerebro?*
- *¿Qué ventajas y desventajas ves en el hecho de que la enseñanza sea totalmente individualizada y que los profesores sean productos de la inteligencia artificial?*
- *¿Crees que de verdad desaparecerán las instituciones educativas?*
- *¿Estás de acuerdo en que el papel de la memoria en el proceso de aprendizaje será cada vez menos importante?*

Cartelera de cine

Pida a sus estudiantes que lean el título de la película: *Diario argentino*, y que se fijen en su cartelera. Pregúnteles de qué creen que puede tratar la película o a qué género puede pertenecer, quiénes son las dos personas que aparecen en la imagen en una motocicleta y qué creen que expresan las manos que se ven en la parte inferior. A continuación pídales que lean la sinopsis para comparar lo que se cuenta en esta con sus hipótesis anteriores. Explíqueles que se trata de una película autobiográfica, de 2006, en la que la directora, Lupe Pérez García, reflexiona sobre la realidad política argentina para las personas de su generación. Añada que, con el fin de dar más realismo a la historia, Lupe Pérez contó con sus propios familiares y amigos en el reparto y que no ensayó con ellos para que las intervenciones resultaran más espontáneas.

Video

Cartelera DE CINE

Diario argentino

Sinopsis

Lupe, después de varios años, vuelve a Argentina desde España para hacer unos trámites. Allí se reencuentra con su madre, su padrastro y sus amigas.

Durante su viaje a Mar del Plata, rememora con ellos recuerdos de su infancia, de su padre fallecido y de la evolución política de Argentina. Desde un punto de vista autobiográfico, la película profundiza en las experiencias políticas de sus protagonistas y en el deseo de Lupe, como emigrante, de volver algún día a su país.

Antes de la secuencia

1 **Todo el grupo** Lupe visita Mar del Plata para pasar unos días de descanso. Buscad en internet información sobre esta ciudad y anotad los datos más importantes.

2 ¿Quién de estas personas crees que recibirá a Lupe? Marca las posibles respuestas.

1. Su padrastro
2. Su madre
3. Su amiga
4. Su instructor de buceo

3 **Todo el grupo** Imagina qué tipo de conversación puede mantener Lupe con sus seres queridos nada más llegar a Argentina después de varios años. ¿De qué temas crees que hablarán? Coméntalo con tus compañeros.

Durante la secuencia

4 Mira el fragmento 00:00 ○ 02:07 y comprueba tus respuestas anteriores. ¿Has acertado?

58 | cincuenta y ocho

Unidad 3 | Un poco de educación

1. Pregúnteles qué saben sobre Mar del Plata, en qué parte de Argentina está, si es una ciudad grande o pequeña y por qué se llama así. Tome nota de sus respuestas y luego pídales que busquen en internet información sobre la ciudad. Deles un tiempo para ello y, a continuación, anímelos a compartir la información obtenida con el resto de la clase.
   Mar del Plata es una ciudad turística de Argentina que se encuentra en la costa atlántica, 417 km al sur de Buenos Aires. Entre su larga cadena de playas, destacan Punta Mogotes y Playa Grande, famosas por sus zonas de surf. Detrás de Playa Grande, las calles arboladas del barrio Los Troncos albergan casas elegantes de principios del siglo XX que en la actualidad son museos. Entre ellos, está el Archivo Museo Histórico Municipal Don Roberto T. Barili.

2. Pídales que se fijen en las imágenes de la actividad. En ellas aparecen cuatro de los personajes más cercanos al de Lupe: su padrastro, su madre, su amiga y su instructor de buceo. Pregúnteles quién creen que recibirá a Lupe en la estación y por qué, y pídales que imaginen, por la expresión de sus caras, cómo creen que es su relación con Lupe.
   1, 2.

3. En plenario, pregúnteles de qué temas creen que hablará Lupe con sus seres queridos al llegar a Argentina. Pídales que se imaginen en la misma situación, volviendo a su país después de haber pasado unos años fuera; eso les ayudará a entender mejor la situación y a responder con más criterio. Recuérdeles que la historia transcurre en los primeros años del siglo XXI y que, en ese tiempo, no había era tan fácil como ahora la comunicación en la distancia.
   Lupe y su padrastro hablan en el coche sobre el tiempo que llevaba Lupe sin ir a Argentina, de la difícil situación que, durante ese tiempo, han vivido en el país, de los hijos de Lupe y de lo mucho que echan de menos a los nietos.

4. Haga que sus estudiantes vean el primer fragmento, 00:00 ○ 02:07, para que puedan comprobar las respuestas que han dado anteriormente.

3

4.1 **En parejas** Lupe llega a Mar del Plata desde Buenos Aires y allí es recibida por sus familiares. Lee las siguientes frases y decide si son verdaderas (V) o falsas (F). Luego visiona de nuevo el fragmento 00:00 ○ 02:07 para comprobar tus respuestas.

	V	F
1. Mario y su madre esperan a Lupe en el andén de la estación.	V	F
2. Mario dice que está más viejo desde que no ve a Lupe.	V	F
3. Desde que Lupe se marchó a España, la han pasado muy bien.	V	F
4. Mario dice que extraña a los hijos de Lupe, en especial a Ciro.	V	F
5. El tren no llegó puntual.	V	F
6. Mario llevaba más de una hora en la estación porque estaba nervioso.	V	F

5 Lupe llama a su familia a Barcelona. Visiona el fragmento 03:05 ○ final, escucha la conversación que mantiene con Carlos, su marido, y escribe las palabras que faltan.

Lupe: Hola, [1] .... ¿Qué tal?
Carlos: Bien, acá estaba acostando a los chicos. Bueno, se levantó Yuri para [2] .... el teléfono, pero ahora lo acuesto enseguida. ¿Y allí qué tal?
Lupe: Bien, bastante frío.
Carlos: No, yo acá cagado de [3] ...., no se puede estar. ¿Dónde estás?
Lupe: Acá en Mar del Plata.
Carlos: ¿Cómo en Mar del Plata? ¿Ya te fuiste? ¿Y el turno del [4] ....?
(El teléfono comienza a pitar).
Lupe: No, es que no tengo más [5] ...., me parece, por eso hace ese [6] ....
Carlos: Bueno, llamame después.
Lupe: Bueno, bueno, después te llamo.

6 Visiona la secuencia completa y elige la opción correcta.

1. En la estación...
   a. hay mucha gente.
   b. no hay prácticamente nadie.
2. En el coche...
   a. Mario conduce.
   b. la madre de Lupe conduce.
3. En la cabina de teléfono...
   a. el hijo de Lupe contesta a la llamada.
   b. el marido de Lupe contesta a la llamada.
4. Mientras Lupe habla por teléfono...
   a. unos chicos juegan al tenis.
   b. unos chicos juegan al fútbol.

Después de la secuencia

7 **En grupos pequeños** Durante la secuencia, Mario le dice a Lupe "la pasamos muy dura", en referencia a los incidentes ocurridos en Argentina en diciembre de 2001 y en los meses posteriores. Busca en internet información sobre qué ocurrió exactamente en esa fecha en Argentina y escribe un resumen. Luego compara con tu compañero/a.

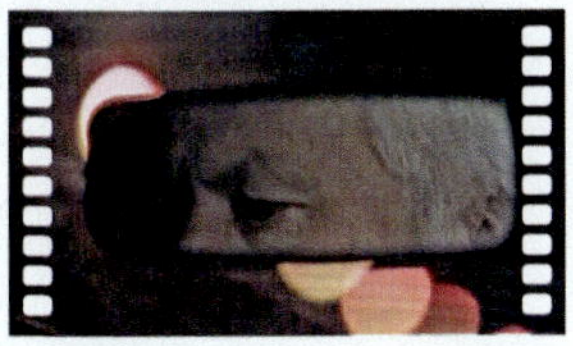

7.1 **Todo el grupo** En caso de tener que emigrar, ¿qué país crees que elegirías? ¿Por qué?

Unidad 3 | Un poco de educación cincuenta y nueve | 59

4.1. Deje que trabajen en parejas y asegúrese de que entienden el verbo *extrañar* (frase 4). A continuación ponga de nuevo el fragmento para comprobar sus respuestas.
1. F; **2.** V; **3.** F; **4.** V; **5.** F; **6.** F.

5. Pídales que cierren el libro y visione el fragmento 03:05 ○ final. A continuación dígales que abran el libro y que intenten completar los espacios con las palabras que recuerden. Haga un segundo visionado para que comprueben o terminen de completar.
1. Negro; **2.** atender; **3.** calor; **4.** consulado; **5.** crédito; **6.** ruido.

6. Nueva actividad de comprensión en la que se plantean otros aspectos, contextuales y visuales, de la secuencia vista.
1. a; **2.** a; **3.** a; **4.** b.

7. Pregúnteles por qué creen que el padrastro de Lupe afirma que lo pasaron muy mal mientras ella estaba ausente. Escuche sus respuestas y, a continuación, pídales que busquen información en internet acerca de lo que sucedió en Argentina en diciembre de 2001. Para seguir profundizando sobre el tema, use la proyección 10.

Argentina, diciembre de 2001

[10]

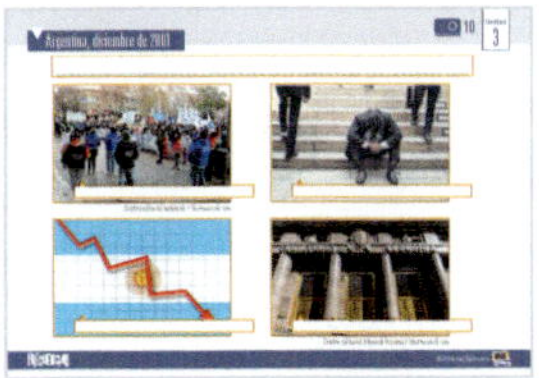

Proyecte la lámina en la que aparecen varias imágenes que ilustran los hechos acaecidos en Argentina en diciembre de 2001. Pídales que describan detalladamente cada imagen relacionándola, además, con la información que hayan buscado previamente. Propóngales que escriban un pie de foto para cada imagen y un titular para todas ellas.

> La crisis de diciembre de 2001 en Argentina fue una crisis política, económica, social e institucional, potenciada por una revuelta popular generalizada bajo el lema "¡Que se vayan todos!", que causó la renuncia del entonces presidente de Argentina, Fernando de la Rúa y que dio lugar a un periodo de inestabilidad política durante el cual cinco funcionarios ejercieron el Poder Ejecutivo Nacional. Sucedió en el marco de una crisis mayor que se extendió entre 1998 y 2002, causada por una larga recesión que disparó una crisis humanitaria, de representatividad, social, económica, financiera y política. El desencadenante inicial de la crisis fue la imposición del "Corralito", el 2 de diciembre de 2001, una disposición del Gobierno que restringía la extracción de dinero en efectivo de los bancos. Esto impactó sobre todo en la clase baja, mayormente no bancarizada, y la clase media, que se vio fuertemente restringida para sus movimientos económicos. El 13 de diciembre las centrales obreras declararon una huelga general, y simultáneamente comenzaron a producirse estallidos violentos en algunas ciudades del país.
>
> https://es.wikipedia.org/wiki/Crisis_de_diciembre_de_2001_en_Argentina

7.1. Para finalizar, pregúnteles qué país elegirían si tuvieran que emigrar y por qué. De este modo, llevando el tema a la propia experiencia, además de fomentar la interacción oral, les permitirá entender mejor las situaciones y problemáticas planteadas en este apartado.

Unidad 3

Evaluación

1. **1.** beca; **2.** matrícula; **3.** curso; **4.** secretaría; **5.** prácticas; **6.** intercambio; **7.** aprobadas; **8.** nota.

2. **1.** Apuntes; **2.** Primaria; **3.** Formación profesional; **4.** Bachillerato; **5.** Máster; **6.** Graduado.

3. **1.** c; **2.** a; **3.** e; **4.** g; **5.** d; **6.** f; **7.** h; **8.** b.

4. **1.** digas; **2.** haga, deje; **3.** cierre; **4.** practicar/que practiquemos; **5.** ir; **6.** vengáis; **7.** alquiléis; **8.** usar/que usemos.

5. **Expresar deseos y preferencias:** 2, 5; **Dar consejos y hacer recomendaciones:** 4, 7; **Hacer peticiones:** 1, 6; **Dar órdenes, dar permiso y prohibir:** 3, 8.

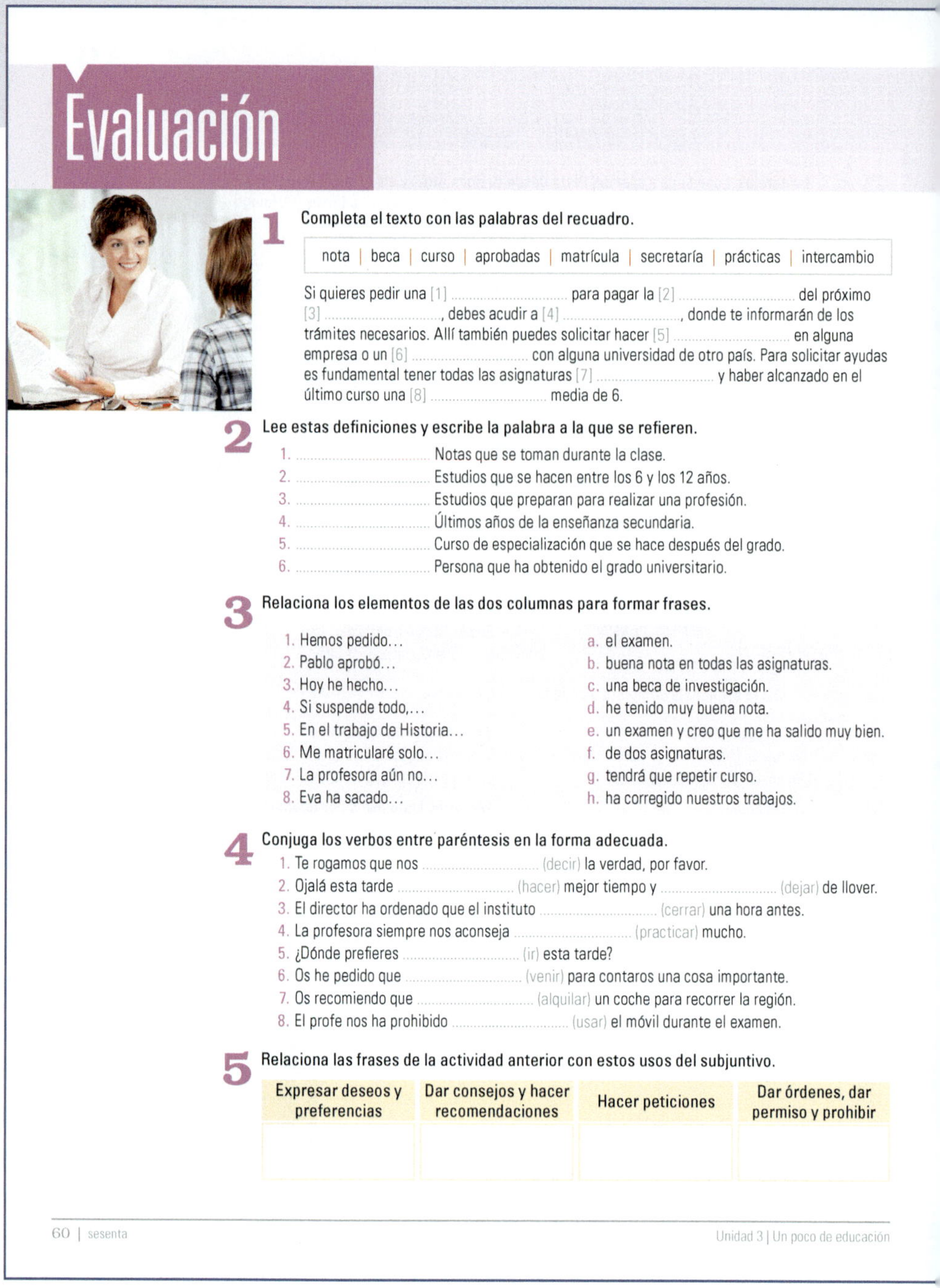

Evaluación

1 Completa el texto con las palabras del recuadro.

nota | beca | curso | aprobadas | matrícula | secretaría | prácticas | intercambio

Si quieres pedir una [1] .... para pagar la [2] .... del próximo [3] ...., debes acudir a [4] ...., donde te informarán de los trámites necesarios. Allí también puedes solicitar hacer [5] .... en alguna empresa o un [6] .... con alguna universidad de otro país. Para solicitar ayudas es fundamental tener todas las asignaturas [7] .... y haber alcanzado en el último curso una [8] .... media de 6.

2 Lee estas definiciones y escribe la palabra a la que se refieren.

1. .... Notas que se toman durante la clase.
2. .... Estudios que se hacen entre los 6 y los 12 años.
3. .... Estudios que preparan para realizar una profesión.
4. .... Últimos años de la enseñanza secundaria.
5. .... Curso de especialización que se hace después del grado.
6. .... Persona que ha obtenido el grado universitario.

3 Relaciona los elementos de las dos columnas para formar frases.

1. Hemos pedido...
2. Pablo aprobó...
3. Hoy he hecho...
4. Si suspende todo,...
5. En el trabajo de Historia...
6. Me matricularé solo...
7. La profesora aún no...
8. Eva ha sacado...

a. el examen.
b. buena nota en todas las asignaturas.
c. una beca de investigación.
d. he tenido muy buena nota.
e. un examen y creo que me ha salido muy bien.
f. de dos asignaturas.
g. tendrá que repetir curso.
h. ha corregido nuestros trabajos.

4 Conjuga los verbos entre paréntesis en la forma adecuada.

1. Te rogamos que nos .... (decir) la verdad, por favor.
2. Ojalá esta tarde .... (hacer) mejor tiempo y .... (dejar) de llover.
3. El director ha ordenado que el instituto .... (cerrar) una hora antes.
4. La profesora siempre nos aconseja .... (practicar) mucho.
5. ¿Dónde prefieres .... (ir) esta tarde?
6. Os he pedido que .... (venir) para contaros una cosa importante.
7. Os recomiendo que .... (alquilar) un coche para recorrer la región.
8. El profe nos ha prohibido .... (usar) el móvil durante el examen.

5 Relaciona las frases de la actividad anterior con estos usos del subjuntivo.

Expresar deseos y preferencias	Dar consejos y hacer recomendaciones	Hacer peticiones	Dar órdenes, dar permiso y prohibir

60 | sesenta — Unidad 3 | Un poco de educación

6 Fíjate en las imágenes y expresa un deseo usando ¡*Que* + presente de subjuntivo!

1. ....

2. ....

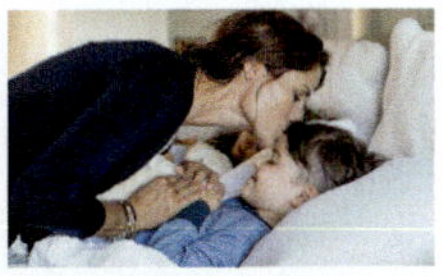

3. ....

4. ....

5. ....

6. ....

7 Imagina que un/a compañero/a de un aula virtual te pide consejo en el chat para aprovechar bien el curso y lo que ofrece el campus. Escribe en tu cuaderno una respuesta de unas cien palabras.

8 Imagina que eres profesor/a. Escribe tres cosas que permites que hagan tus estudiantes y otras tres que les prohíbes.

Os dejo que...	Os prohíbo que...
1.	1. ....
2.	2. ....
3.	3. ....

9 Reescribe las frases donde sea posible usar el infinitivo en lugar del subjuntivo.

1. Esperamos que el examen no sea muy difícil. › ....
2. Te recomiendo que vayas a ese restaurante, es muy bueno. › ....
3. En la piscina no te dejan que entres con perro. › ....
4. La secretaria me ha pedido que lleve una fotocopia del carné. › ....
5. Nos han ordenado que salgamos de la biblioteca. › ....
6. ¿Prefieres que hable yo con Laura? › ....

10 ¿Qué tipo de técnicas de estudio te resulta más útil para cada destreza o contenido? Márcalo en la tabla y luego explica tus razones al resto de la clase.

	Gramática	Vocabulario	Comunicación
De repaso: basadas en la práctica reiterada.	☐	☐	☐
De elaboración: basadas en la memorización.	☐	☐	☐
De organización: basadas en la reflexión.	☐	☐	☐

6. **Posible respuesta:**
1. Que te mejores; **2.** Que tengas buen viaje; **3.** Que duermas bien/Que descanses; **4.** Que seáis felices; **5.** Que te vaya bien/Que tengas suerte; **6.** Que aproveche.

7. Respuesta abierta.

8. Respuesta abierta.

9. 2, Te recomiendo ir a ese restaurante, es muy bueno; 3, En la piscina no te dejan entrar con perro; 5, Nos han ordenado salir de la biblioteca.

10. Respuesta abierta.

Unidad 4

¡Súmate!

Escriba en la pizarra el título de la unidad: *¡Súmate!* o léalo en voz alta e invite a los estudiantes a analizar tanto la morfología del verbo como su significado. Para ello, formúleles preguntas como cuál es su infinitivo correspondiente, en qué modo verbal está escrito y por qué, qué función desempeña aquí el pronombre *te* y qué puede significar este verbo en relación con la imagen principal. Haga hincapié en la diferencia entre *sumar* y *sumarse a algo* o permítales usar el diccionario para que lo comprueben ellos. También puede añadir otros ejemplos con el mismo verbo como *Súmate al reto del agua*, *Me sumo a la huelga de estudiantes* o *Pedro se sumó al Partido liberal*.

A continuación pregúnteles cuál creen que va a ser el tema principal de la unidad, de acuerdo con el título y las imágenes que ilustran la portadilla, tanto la central como las secundarias; es de esperar que respondan relacionando ideas como el medioambiente, la degradación del planeta y la necesidad de una mayor implicación al respecto. Pregúnteles después si creen que ellos llevan un estilo de vida sostenible y escuche rápidamente sus respuestas sin detenerse demasiado en ello, pues tendrán tiempo de desarrollar este tema en el transcurso de la unidad. Finalmente, una vez hayan comentado todas las preguntas planteadas, lea con ellos los contenidos que se trabajarán en la unidad.

¡Súmate!

En esta unidad vas a. . .

- Opinar sobre el medioambiente
- Expresar juicios de valor y certeza
- Debatir y posicionarte
- Expresar acuerdo y desacuerdo con una opinión
- Descubrir paraísos naturales de Latinoamérica en peligro

¿Qué sabes?

¿Qué sabes?

1 Todo el grupo ¿Sabías que la naturaleza está en peligro desde hace muchos años? Lee este fragmento de un libro que Miguel Delibes de Castro, famoso biólogo español, escribió en el año 2001. Luego responde a las preguntas y expresa tu opinión.

RAE

Vida. La naturaleza en peligro

Un canadiense medio precisa[1] casi ocho hectáreas para cubrir los requerimientos[2] que demanda su modo de vida actual, mientras que un ciudadano norteamericano necesita unas diez, un sueco alrededor de seis, un italiano y un español algo más de cuatro, un mexicano dos y media y un hindú menos de una hectárea. La Tierra produce y recicla en la actualidad el equivalente a dos hectáreas por habitante (si en el año 2050 la población alcanza los 10 000 millones, el espacio productivo caerá a 1.2 hectáreas por cabeza) y, sin embargo, la impronta promedio[3] de la humanidad es ya hoy superior a dos hectáreas y media. El conjunto de la humanidad está; por tanto, consumiendo más de lo que la naturaleza puede proporcionar sin deteriorarse[4].

[1] Precisar = necesitar, requerir.
[2] Requerimiento = exigencia.
[3] Impronta promedio = huella global o ecológica, el impacto que el ser humano produce en la naturaleza para satisfacer sus necesidades.
[4] Deteriorarse = estropearse, perder calidad.

Extraído de *Vida. La naturaleza en peligro*, Miguel Delibes de Castro, editorial Temas de Hoy, 2001. Incluido en el CREA (Corpus de Referencia del Español Actual)

Fíjate:
La *hectárea global* es una medida que se obtiene al dividir la biocapacidad de la Tierra (15 000 millones de hectáreas) entre el número de personas que habitan en ella. La cifra que resulta es el número de hectáreas que cada ser humano puede emplear para vivir sin reducir la capacidad de biogeneración del planeta.

1. ¿Por qué crees que algunas nacionalidades necesitan más hectáreas que otras para abastecerse?
2. ¿Cuántas hectáreas por habitante regenera la Tierra, según el texto?
3. ¿Por qué crees que consumimos más de lo que debemos?
4. El texto que has leído es del año 2001. En aquel momento la huella global era de unas 2.5 hectáreas. Actualmente la huella global está en 2.8. ¿Qué conclusiones se pueden sacar?

1.1 En parejas Haz esta encuesta a tu compañero/a para conocer sus hábitos. Después analiza el resultado.

Alimentación

1. ¿Qué comes normalmente?
   a. Alimentos frescos, frutas y verduras de la zona donde vivo.
   b. Alimentos congelados, frescos y en conserva.
   c. Alimentos procesados.
2. ¿Con qué frecuencia comes pescado?
   a. No como nunca pescado.
   b. De una a tres veces a la semana.
   c. Más de tres veces a la semana.

Vivienda y energía

3. ¿En qué tipo de casa vives?
   a. En un apartamento pequeño o un estudio.
   b. En una casa mediana.
   c. En una casa grande.
4. ¿Cómo usas la electricidad?
   a. Intento gastar lo mínimo posible.
   b. Gasto lo que necesito.
   c. No sé lo que gasto.

64 | sesenta y cuatro
Unidad 4 | ¡Súmate!

1. Antes de leer el texto, y con el libro cerrado, escriba en la pizarra *Estilo de vida* y pida a sus estudiantes que, en plenario y mediante una lluvia de ideas, escriban alrededor de esta expresión los elementos que la configuran: ropa, comidas diarias, productos cosméticos, comodidades en casa (electrodomésticos, aire acondicionado, calefacción, muebles, etc.) viajes, transportes, automóviles, ocio (cine, parques de atracciones, restaurantes). Escriba usted en la pizarra un primer ejemplo y nombre a un/a voluntario/a para que vaya escribiendo el resto de ideas. Invítelos a que piensen en lo que ellos tienen hoy en día frente a lo que tenían sus padres, o abuelos, si es más o menos, etc.; esto les ayudará a reflexionar mejor sobre el tema. Cuando tengan una lista lo suficientemente amplia, pregúnteles si han pensado alguna vez cuánto le cuesta a la Tierra poder cubrir todas nuestras necesidades o si nunca se plantean que los recursos no son inagotables. A continuación indíqueles que abran el libro y que lean el texto y la información del cuadro de atención relacionado para responder, después, a las preguntas de comprensión. Tenga en cuenta que los estudiantes se enfrentan a un texto original, por lo que, además de apoyarse en el glosario que acompaña al texto, es posible que tengan que recurrir al diccionario o a otros compañeros para resolver sus dudas de vocabulario. Asegúrese de que lo entienden todo antes de contestar a las preguntas.
Una vez haya corregido la actividad, enfatice sobre el hecho de que el texto se escribió en 2001 y que la situación en este momento es mucho peor. Por último, remítalos de nuevo al cuadro de atención y propóngales que, con los datos más actualizados que encuentren en internet, calculen la hectárea global actual y la comparen con la huella global para que extraigan sus propias conclusiones.

Posible respuesta:

1. Porque sus habitantes, por su estilo de vida o por cómo está organizada la sociedad en la que viven, consumen más que otros para realizar las mismas acciones o las que consideran necesarias o forman parte de su vida; **2.** Dos hectáreas por habitante; **3.** Porque vivimos en una sociedad enfocada al consumo, con un sistema económico basado en el consumismo que se sustenta en la creación de nuevas y continuas necesidades; **4.** Algunas de las conclusiones pueden ser que estamos consumiendo demasiado y que, si no cambiamos nuestro modelo de consumo, la Tierra puede agotar sus recursos; que debemos consumir a otro ritmo para que la Tierra tenga el tiempo necesario para renovar sus recursos; que no somos conscientes de que no vivimos solos en el planeta y de que debemos respetar a otras especies y organismos vivos; que usamos la Tierra en nuestro beneficio sin reparar en que generaciones venideras también necesitarán disponer de recursos para poder sobrevivir, etc.

1.1. Para motivar la actividad, pregunte a sus estudiantes en plenario si alguna vez se han planteado qué huella deja su propio consumo en la naturaleza, es decir, cuál es su huella ecológica. Escuche sus respuestas y dígales que, a continuación, van a hacer un test para averiguarlo. Forme parejas para ello e indíqueles que cada uno anote las respuestas de su compañero/a. Al final del test, explicarán a sus respectivas parejas el resultado del mismo.

1.2 **Todo el grupo** Comparte tu análisis con el resto de la clase. ¿Crees que tenemos que cambiar nuestro modo de vida? Justifica tu opinión a la vista de los resultados obtenidos.

Ejemplo: *Yo creo que no podemos continuar con nuestro modo de vida, porque es evidente que, si seguimos así, en algún momento se agotarán los recursos…*

1.3 Fíjate en los verbos destacados en los resultados del test. ¿En qué modo aparecen? ¿Alguno corresponde a los usos de este modo que conoces? Si no es así, ¿por qué crees que aparece este modo aquí?

2 Relaciona los elementos de las dos columnas para saber cómo cambiar los malos hábitos con respecto a la conservación del medioambiente.

1. Tomar conciencia.
2. Dar la máxima vida a los objetos.
3. Utilizar el transporte público.
4. Reducir residuos.
5. Reutilizar los objetos.
6. Ahorrar energía.
7. Evitar dejar aparatos en *stand-by* o los cargadores enchufados.
8. No desperdiciar el agua.

a. Reparar lo que se estropee antes de tener que tirarlo.
b. Hay electrodomésticos y bombillas de bajo consumo que, además, duran más.
c. Toda acción que realizas tiene una consecuencia.
d. Un grifo que gotea desperdicia 50 litros de agua en una semana.
e. Y, si no hay más remedio que ir en coche, compartirlo.
f. Siguen gastando energía.
g. Optar por productos sin envoltorios ni envases.
h. Muchos pueden usarse de nuevo con otra función.

2.1 **Todo el grupo** Clasifica los consejos anteriores por orden de prioridad según tu opinión. Después compara tus respuestas con las de tus compañeros y expresa acuerdo o desacuerdo con lo que opinan ellos.

Ejemplo: ▶ *Según mi opinión, lo más importante es que empecemos a usar el transporte público o medios de transporte más ecológicos.*
▷ *Sí, yo estoy de acuerdo contigo, porque el coche es lo que más contamina…*

Papel
5. ¿Qué tipo de papel utilizas?
a. Reciclado.
b. No reciclado.
c. El que tenga.

Consumo
6. ¿Con qué frecuencia compras ropa nueva?
a. Cada seis meses o más.
b. Cada dos a seis meses.
c. Todos los meses.

Transporte
7. ¿Cuándo utilizas el transporte público?
a. Siempre.
b. Algunas veces.
c. Siempre voy en coche.

Agua
8. ¿Normalmente te duchas o te bañas?
a. Solo me ducho.
b. Me ducho y alguna vez me baño.
c. Me baño con frecuencia.

Mayoría de a ¡Enhorabuena! Necesitas unas 2 hectáreas para mantener tu estilo de vida. Estás cerca de la media global del planeta y eso significa que estás actuando de forma sostenible. No creemos que **necesites** cambiar demasiado tus hábitos.

Mayoría de b Está claro que tus hábitos pueden mejorar. Necesitas ente 3 y 6 hectáreas de tierra para mantener tu modo de vida. Esta cantidad está por encima de la media del planeta. Es bueno que **pienses** en ello y **decidas** si quieres continuar usando más recursos de lo deseable.

Mayoría de c Definitivamente tus hábitos están muy por encima de la media. Necesitas entre 6 y 9 hectáreas de tierra productiva. Es importante que **cambies** tu forma de consumir si no quieres que los recursos del planeta **se agoten**.

Fuente: https://www.vidasostenible.org/huella-ecologica/

1.2. Con esta actividad en plenario pondrán en común los resultados del test anterior para extraer conclusiones y responder si creen que debemos cambiar nuestro modo de vida. Se trata de una reflexión que parte de la experiencia individual para extrapolarla, después, al grupo de la clase y, por último, al conjunto de la población. Pídales, además, que piensen cuáles creen que son los cambios más importantes que hay que acometer y de qué manera podemos contribuir como comunidad, por ejemplo, a la hora de comprar ropa u otros artículos, de usar el transporte, de consumir alimentos…

1.3. Actividad formal cuyo fin es que reflexionen sobre distintos usos del subjuntivo, revisando algún uso conocido y anticipando otros que estudiarán en el apartado "Gramática" de esta unidad. Pídales que, individualmente, se fijen en los verbos que aparecen destacados en los resultados del test *(pienses, decidas, cambies, se agoten)* y que, ayudados por contexto en el que aparecen, intenten relacionarlos con los usos de subjuntivo que ya conocen o explicar el porqué de su aparición en ese contexto. Haga una puesta en común para que compartan sus conclusiones, confirme el uso que ya conocen y anote sus hipótesis sobre el resto de los casos, limitándose a decirles que los estudiarán más adelante.
Modo de los verbos destacados: subjuntivo;
Corresponden a los usos que ya conocen: se agoten (… *si no **quieres** que los recursos del planeta se agoten*; en esta frase, *querer* expresa un deseo, uso que estudiaron en la unidad 3 de este nivel);
Resto de verbos en subjuntivo: 1. necesites (***No creemos que** necesites cambiar demasiado tus hábitos*; aquí *creer* es un verbo de pensamiento, que estudiarán en el apartado "Gramática" de esta unidad); 2. pienses/decidas (***Es bueno que** pienses en ello y decidas si quieres seguir utilizando más recursos de lo deseable*; aquí, *es bueno que* es una construcción que se usa para expresar juicios de valor y que estudiarán en el apartado "Gramática" de esta unidad); 3. cambies (***Es importante que** cambies tu forma de consumir*; aquí, *es importante que* es una construcción que se usa para expresar juicios de valor y que estudiarán en el apartado "Gramática" de esta unidad).

2. Actividad para que sus estudiantes activen el léxico relacionado con la conservación del medioambiente que puedan recordar del nivel anterior y para anticipar nuevas palabras que les servirán de ahora en adelante. Pídales que, individualmente, lean las expresiones de la columna de la izquierda y encuentren su explicación o una idea relacionada en la columna de la derecha. Recuérdeles que, para realizar la actividad, es importante que se apoyen en el contexto y en sus conocimientos previos. Anímelos también a resolver entre ellos las dudas de vocabulario y preenseñe, si lo considera, los verbos *gotear* y *desperdiciar*. Deje que comparen sus respuestas en parejas y haga una puesta en común para corregir. Finalmente, puede preguntarles si alguno de ellos cumple con alguna de las acciones propuestas o si añadirían alguna otra a la lista, por ejemplo, el consumo de productos de cercanía, para ahorrar en transporte y ayudar a la economía local.
1. c; **2.** a; **3.** e; **4.** g; **5.** h; **6.** b; **7.** f; **8.** d.

2.1. Como continuación de la actividad anterior, proponga esta actividad de interacción oral en plenario. Indíqueles que deberán ponerse de acuerdo para clasificar por orden de prioridad los consejos anteriores. Para ello, tendrán que expresar opinión y mostrar acuerdo o desacuerdo con la de sus compañeros. Se anticipa, así, algunos de los contenidos funcionales que se trabajarán en el apartado "Practica en contexto". Asegúrese de que en la interacción todos participan y tome nota de las muestras de lengua que emplean, ya que le servirán cuando presente este contenido.

Unidad 4

Palabras

1. En este apartado se presenta más vocabulario vinculado al medioambiente. En primer lugar, pida a sus estudiantes que, sin mirar el texto, se fijen en las imágenes y comenten qué les sugieren o con qué conceptos las relacionan. Escuche sus respuestas y, a continuación, agrúpelos en parejas y pídales que, mediante la lectura y apoyándose en el contexto en el que aparecen, relacionen las palabras destacadas con la imagen correspondiente. Resuelva durante el desarrollo de la actividad las posibles dudas de sus estudiantes y corrija con una puesta en común.
1. e; **2.** g; **3.** b; **4.** i; **5.** c; **6.** d; **7.** a; **8.** f; **9.** h.

1.1. Nueva actividad de comprensión lectora en la que tendrán que numerar los temas propuestos según el orden en el que aparecen en el texto. En definitiva, se trata de que los estudiantes sepan relacionar el vocabulario anterior con el campo léxico al que pertenecen. En primer lugar, lea con ellos los temas y asegúrese de que entienden su significado; para ello, puede pedirles que intenten definirlos con sus propias palabras. Después déjeles unos minutos para que, en parejas, relean el texto y discutan el orden de aparición de los temas en el mismo. Corrija en plenario pidiéndoles que señalen las palabras claves del texto que les han ayudado a dar con la respuesta.
1. calentamiento global *(... la temperatura global de la Tierra ha subido ... el aumento de las temperaturas)*; **2.** agricultura intensiva *(... el cultivo masivo de alimentos)*; **3.** animales en peligro de extinción *(... los animales ... desaparecen)*; **4.** energías limpias *(... energías renovables que no contaminen)*; **5.** huella ecológica *(... que los ciudadanos consumamos verdaderamente solo lo que necesitamos)*.

Palabras

1 **En parejas** Lee el texto y relaciona las palabras en negrita con su imagen correspondiente.

La Tierra pide ayuda

Cada día, la Tierra nos envía señales evidentes de que las cosas no están funcionando correctamente. En los polos, el [a] **deshielo** reduce cada vez un poco más su superficie y, por este motivo, el nivel del mar está también aumentando. Grandes desastres naturales, como los huracanes, los [b] **incendios** o las [c] **inundaciones**, son cada vez más frecuentes. En los últimos cien años la temperatura global de la Tierra ha subido casi un grado; la tendencia dice que seguirá subiendo si no reducimos las emisiones de [d] **dióxido de carbono** (CO_2). Este gas, que proviene del uso de combustibles como el [e] **petróleo** o el carbón, es el principal responsable del [f] **efecto invernadero**, un fenómeno que provoca el aumento de las temperaturas al impedir la salida de las radiaciones infrarrojas de la atmósfera. A estos problemas se une la [g] **deforestación**, motivada por la necesidad de usar el suelo para el cultivo masivo de alimentos. Sin bosques, muchos terrenos acaban convirtiéndose en desiertos y los animales, al perder su hábitat natural, desaparecen. Miles de personas en todo el mundo quieren que los Gobiernos obliguen a utilizar [h] **energías renovables** que no contaminen. Para muchos es necesario, además, que los ciudadanos consumamos solo lo que verdaderamente necesitamos y reciclemos nuestra [i] **basura**. La Tierra pide ayuda a gritos.

1.1 **En parejas** Vuelve a leer el texto y numera los temas según se mencionan. ¿Qué palabras claves te han ayudado a identificarlos?

- ☐ energías limpias
- ☐ agricultura intensiva
- ☐ huella ecológica
- ☐ calentamiento global
- ☐ animales en peligro de extinción

Para trabajar estos contenidos, realice las actividades **1-5**, pp. **22-23** del *Libro de ejercicios*.

2. (página siguiente) Para contextualizar el audio de la actividad 2.1 vuelva al título del texto de la actividad anterior, *La Tierra pide ayuda*, y trabaje en plenario en la idea de si los Gobiernos reconocen el cambio climático y apuestan por medidas de protección al medioambiente o si, por el contrario, son las asociaciones las que presionan para que haya avances en este sentido. A continuación, y basándose en esta idea, decidirán en parejas si las afirmaciones que aparecen puede haberlas dicho un representante de Gobierno o de una asociación en defensa del planeta.

2.1. Pídales ahora que escuchen la conversación para comprobar si acertaron en sus suposiciones. Ponga el audio, deje que comparen sus respuestas en parejas y, si es necesario, proceda a una segunda escucha antes de la corrección en plenario.
[14] **1.** Luis Ramírez; **2.** Marta Fernán; **3.** Luis Ramírez; **4.** Marta Fernán; **5.** Marta Fernán; **6.** Luis Ramírez.

Antes de proseguir, pregúnteles si en el debate el tono de los participantes les ha parecido formal o informal. Esto le servirá para introducir la información del cuadro de la RAE que aparece a continuación sobre el uso de *tú* y *vosotros/as* frente a *usted* y *ustedes*. Lea con ellos el contenido del cuadro y de los gráficos y haga las aclaraciones oportunas o aporte más ejemplos. Para trabajar esta alternancia, use la **proyección 11**.

2 **En parejas** En un programa de radio, Luis Ramírez, vicepresidente del Gobierno, y Marta Fernán, presidenta de la asociación Salvemos la Tierra, debaten sobre el cambio climático. ¿Quién de los dos crees que ha hecho los siguientes comentarios? Justifica tu respuesta.

Quién	Comentario
1.	Vamos a trabajar para reducir los niveles de contaminación.
2.	A ustedes no les importan el planeta ni los ciudadanos.
3.	El aumento de la temperatura no ha sido excesivo.
4.	Me parece increíble que no busquen soluciones al problema.
5.	Necesitamos que se reduzca la emisión de gases.
6.	No creo que se pueda hablar de calentamiento.

2.1 Escucha el audio y comprueba tus respuestas.

[14]

RAE

COMUNICACIÓN

- Tú y vos frente a usted. Tú es la forma empleada en España y en muchas zonas de América para el tratamiento informal o de confianza. El pronombre vos se usa en América, mayoritariamente en el Cono Sur y en amplias zonas de América Central. En algunos países, como Chile, vos alterna con tú:
  ¿Qué hace un tipo como tú despierto a estas horas?
- Usted frente a tú y vos. Usted es la forma más empleada para el tratamiento formal. El pronombre usted implica cierto distanciamiento, cortesía y formalidad:
  *¿Cómo se puede uno poner en contacto con **usted** aunque sea por correo electrónico?*
- El mismo valor formal presenta la forma de plural ustedes frente a vosotros/as en la mayor parte de España; en cambio, en todo el territorio americano y, dentro de España, en Andalucía occidental y Canarias, ustedes es la única forma empleada para dirigirse a varios interlocutores, tanto en el tratamiento formal como en el informal.

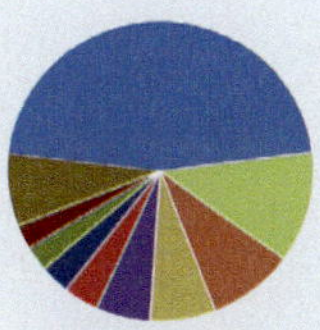

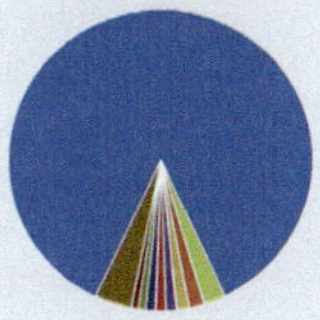

2.2 **En parejas** Lee estos titulares y explica el significado de las palabras en negrita. ¿Puedes deducirlo por el contexto?

1. Aparecen miles de **peces muertos** en el mar Mediterráneo.
2. Una gran masa de bolsas de plástico **flota** en medio del océano Pacífico.
3. Cada día hay más personas interesadas en la **energía solar** porque no contamina y es infinita.
4. Un **glaciar** de la Patagonia pierde hielo rápidamente debido a las altas temperaturas.
5. Mañana se espera una nueva **ola de calor**, con temperaturas superiores a los 42 °C.
6. Los simios de Borneo, en peligro por la **tala** de árboles.
7. Los partidarios de las tiendas de **segunda mano** creen que se compra demasiada ropa nueva.

2.3 **Todo el grupo** Lee de nuevo los titulares y comenta qué problema describe cada uno. ¿Cuál os parece más preocupante?

¿Tú o usted?

[11]

Proyecte la lámina en la que se plantean varias situaciones en función de las cuales deberán decidir, en parejas, entre usar *tú* y *vosotros/as* o *usted* y *ustedes* y completar los ejemplos con el verbo en la forma correcta. Explíqueles que no siempre hay una opción de respuesta, pues la elección entre una u otra forma atiende a tres factores: jerarquía, grado de confianza y edad, que se interrelacionan teniendo más peso uno u otro en función de la situación. Recuérdeles también que en algunos casos deberán añadir algún pronombre. Corrija en plenario y aporte las aclaraciones pertinentes.

Posible respuesta:

1. se encuentra; **2.** van; **3.** queréis; **4.** Te apetece; **5.** te parecen/le parecen; **6.** puede; **7.** puede/puedes; **8.** lleva; **9.** conocerte; **10.** conocerte/conocerlo.

2.2. Para seguir trabajando el léxico relacionado con el medioambiente, agrupe a sus estudiantes en parejas y pídales que lean una serie de titulares de periódico y que deduzcan el significado de las palabras en negrita a partir del contexto en el que estas aparecen. Una vez corregida la actividad y para cerrar este apartado, puede preguntarles si recuerdan algún titular de periódico o noticia reciente relacionados con el medioambiente. Déjeles un tiempo para pensar e invítelos después a compartir la información.

1. peces muertos: peces sin vida; **2.** flota: 3.ª persona del presente del verbo *flotar*, sostenerse algo en la superficie de un líquido; **3.** energía solar: energía renovable que se obtiene a partir de las radiaciones procedentes del sol; **4.** glaciar: masa de hielo acumulada en las zonas de las cordilleras por encima del límite de las nieves perpetuas y cuya parte inferior se desliza muy lentamente, como si fuera un río de hielo; **5.** ola de calor: periodo de tiempo en el que las temperaturas suben por encima de lo previsto; **6.** tala: nombre con el que se define la actividad que consiste en cortar árboles y derribarlos; **7.** segunda mano: se aplica a los productos que se ponen a la venta después de haber sido usados.

2.3. Actividad de interacción oral en plenario continuación de la anterior. Una vez que los estudiantes han entendido el significado de las palabras de la actividad 2.2, deberán asociar los titulares en los que aparecían con alguno de los problemas relacionados con el medioambiente, tanto de los que ya se hablado previamente como de otros que no se hayan mencionado aún. Por último, pídales que comenten cuál de estos problemas les parece más importante y que argumenten por qué.

Posible respuesta:

1. Contaminación de las aguas, animales en peligro; **2.** Abuso de envases de plástico que terminan en el mar; **3.** Necesidad de sustituir las energías que contaminan y son caras; **4.** Calentamiento global; **5.** Calentamiento global; **6.** Deforestación; **7.** Consumo excesivo.

Para trabajar estos contenidos, realice las actividades **6** y **6a**, p. **23** del *Libro de ejercicios*.

Gramática

1. Explique a sus estudiantes el cuadro sobre el funcionamiento de los verbos de pensamiento: introducen un verbo en indicativo cuando son afirmativos y un verbo en subjuntivo cuando van en forma negativa; enfatice que, en este caso, la negación debe estar en la oración principal tal y como se explica en el cuadro de atención de la banda lateral. Explíqueles también que si el verbo de la oración principal está en imperativo negativo o si la frase está formulada en forma de pregunta, no se sigue esta regla, y el verbo subordinado aparece en indicativo. Para asegurarse de que entienden todas las explicaciones, lea con ellos todos los ejemplos y sugiérales que aporten ellos otros o que transformen las frases afirmativas en negativas y viceversa.

1.1. Práctica controlada para realizar de forma individual que les servirá para afianzar este nuevo uso del subjuntivo. Déjelos que trabajen apoyándose en las explicaciones del cuadro gramatical y que comparen en parejas antes de la corrección en plenario.
1. comamos; **2.** puedes; **3.** va; **4.** va; **5.** habéis; **6.** ha; **7.** sea; **8.** ha.

1.2. Práctica semicontrolada cuyo objetivo es trabajar la discriminación entre el modo indicativo y subjuntivo en este tipo de verbos en combinación con el vocabulario de la unidad. Déjelos que trabajen también aquí individualmente y paséese por la clase para anotar los errores que detecte. Una vez una vez que hayan terminado, escriba en la pizarra los errores y fomente la autocorrección antes de dar usted las explicaciones oportunas.
Posible respuesta:
1. Me parece que debemos reducir las emisiones de CO_2; **2.** No creo que estemos haciendo lo suficiente por frenar el cambio climático; **3.** No pienso que haya una solución fácil para hacer frente a las inundaciones; **4.** Opino que el Gobierno tiene que prohibir el uso de bolsas de plástico; **5.** Me imagino que este verano volveremos a sufrir otra ola de calor; **6.** No me parece que esté bien extraer tanta madera de los bosques, es mejor reciclar papel y muebles.

Gramática

1 Verbos de pensamiento + indicativo/subjuntivo

- Los verbos *pensar, creer* y *parecer* se construyen con *que* + **indicativo** cuando son **afirmativos**:
  Pienso que podemos *cuidar más el planeta.*
  Creo que *la Tierra* ***está*** *en peligro.*
  Me parece que hay *demasiadas catástrofes.*
- Estos verbos se construyen con *que* + **subjuntivo** si van en forma **negativa**. En este caso, se usa el subjuntivo para **rebatir una opinión** expresada anteriormente o que se sobrentiende:
  No creo que *los Gobiernos* ***hagan*** *mucho más por solucionar el problema.*
  No me parece que tengamos *tanto tiempo como los gobernantes dicen.*
  No pienso que haya *ningún país completamente concienciado con este tema.*

> Fíjate:
> Si el verbo de la oración principal va en **imperativo negativo** o es **una pregunta**, se usa **indicativo** en la oración subordinada:
> ***No pienses*** *que me* ***voy*** *a olvidar de esto.*
> *¿****No crees*** *que se* ***están*** *agotando los recursos?*

- Otros verbos de pensamiento *(opinar, saber, imaginar, recordar, suponer...)* no se suelen usar en forma negativa si van en presente de indicativo porque sirven para expresar un pensamiento u opinión sin contraponerlos a ningún otro:
  Opino *que la solución* ***tiene*** *que ser global.*

> Fíjate:
> Para que el verbo subordinado vaya en subjuntivo, la negación tiene que estar en la oración principal:
> ***Creo*** *que* ***llegan*** *mañana./****Creo*** *que* ***no llegan*** *mañana.*
> ***No creo*** *que* ***lleguen*** *mañana.*

1.1 Elige la opción correcta.

1. Yo no creo que hoy **comemos/comamos** pronto. Todo está sin hacer.
2. Nunca pienses que no **puedes/puedas** hacerlo. Al menos, tienes que intentarlo.
3. Me parece que hoy **va/vaya** a hacer buen tiempo.
4. ¿No piensas que hoy **va/vaya** a llover?
5. Me parece que no me **habéis/hayáis** felicitado.
6. Imagino que ya **ha/haya** llegado todo el mundo.
7. No me parece que esta cuestión **es/sea** importante ahora, la verdad.
8. No creáis que este debate se **ha/haya** terminado.

1.2 Completa las frases dando tu opinión sobre los siguientes temas.

uso de bolsas de plástico | ola de calor | bosques | emisiones de CO_2 | cambio climático | inundaciones

1. Me parece que ....
2. No creo que ....
3. No pienso que ....
4. Opino que ....
5. Me imagino que ....
6. No me parece que ....

68 | sesenta y ocho   Unidad 4 | ¡Súmate!

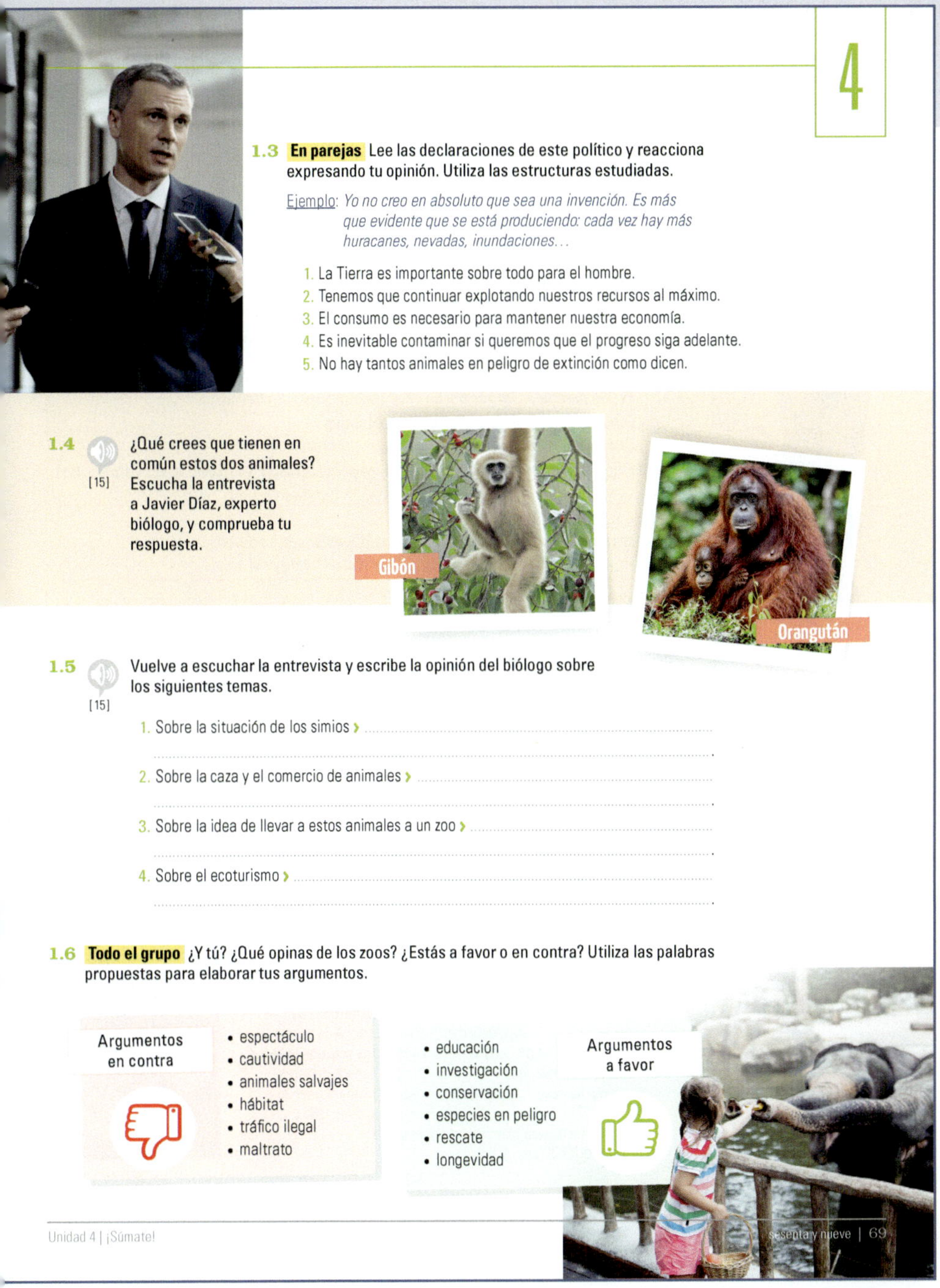

4

1.3 **En parejas** Lee las declaraciones de este político y reacciona expresando tu opinión. Utiliza las estructuras estudiadas.

Ejemplo: *Yo no creo en absoluto que sea una invención. Es más que evidente que se está produciendo: cada vez hay más huracanes, nevadas, inundaciones…*

1. La Tierra es importante sobre todo para el hombre.
2. Tenemos que continuar explotando nuestros recursos al máximo.
3. El consumo es necesario para mantener nuestra economía.
4. Es inevitable contaminar si queremos que el progreso siga adelante.
5. No hay tantos animales en peligro de extinción como dicen.

1.4 [15] ¿Qué crees que tienen en común estos dos animales? Escucha la entrevista a Javier Díaz, experto biólogo, y comprueba tu respuesta.

Gibón

Orangután

1.5 [15] Vuelve a escuchar la entrevista y escribe la opinión del biólogo sobre los siguientes temas.

1. Sobre la situación de los simios › ....
2. Sobre la caza y el comercio de animales › ....
3. Sobre la idea de llevar a estos animales a un zoo › ....
4. Sobre el ecoturismo › ....

1.6 **Todo el grupo** ¿Y tú? ¿Qué opinas de los zoos? ¿Estás a favor o en contra? Utiliza las palabras propuestas para elaborar tus argumentos.

Argumentos en contra	Argumentos a favor
• espectáculo • cautividad • animales salvajes • hábitat • tráfico ilegal • maltrato	• educación • investigación • conservación • especies en peligro • rescate • longevidad

Unidad 4 | ¡Súmate! sesenta y nueve | 69

1.3. Se inicia ahora una nueva secuencia de actividades en la que se trabajarán las estructuras aprendidas dentro del contexto del cambio climático y, en concreto, de los efectos que este provoca en las especies animales. Indíqueles primero que lean las declaraciones de un político sobre el tema y asegúrese de que lo entienden todo. A continuación pídales que, en parejas, reaccionen a dichas declaraciones, mostrando acuerdo con ellas o rebatiéndolas. Pídales que sean imaginativos y que utilicen diferentes verbos de pensamiento y que argumenten sus opiniones aportando datos o ejemplos. Paséese por la clase mientras conversan y anote los errores que detecte para que se autocorrijan una vez que hayan terminado la actividad.

1.4. [15] Antes de dar paso a la actividad de comprensión auditiva, pídales que observen los dos animales que aparecen en las imágenes y pregúnteles qué tienen en común. Probablemente comenten que se trata de animales de la misma especie (puede sondear si conocen otro tipo de simios o primates como el mono, el gorila, el chimpancé…); también es muy posible que, enlazando con lo que comentaron en la actividad anterior, respondan que se trata de especies en peligro de extinción. A continuación ponga el audio para que comprueben sus hipótesis.

Posible respuesta:
Tanto el gibón como el orangután se encuentran en peligro de extinción debido a la acción del hombre: deforestación, caza sin control y comercio ilegal de animales.

1.5. [15] Se sigue trabajando la comprensión auditiva, esta vez mediante una escucha más pormenorizada. Indíqueles que escuchen de nuevo la entrevista al biólogo y que escriban qué es lo que opina este sobre los temas propuestos. Si lo considera oportuno, puede preenseñar las palabras *fuente de ingresos*, *gente sin recursos*, *fauna* y *flora*. Después de la escucha, déjelos que comparen en parejas y corrija mediante una puesta en común.

Posible respuesta:
1. Sobre la situación de los simios: algunas especies están en peligro de extinción, su situación es crítica y pueden desaparecer en diez o veinte años; **2.** Sobre la caza y el comercio de animales: hay personas sin recursos que cazan y venden estos animales para tener ingresos. No hay suficiente control por parte de sus Gobiernos; **3.** Sobre la idea de llevar a estos animales a un zoo: los zoológicos ayudan a proteger a los animales, pero no es suficiente; **4.** Sobre el ecoturismo: es una alternativa para que la gente que habita en esas zonas pueda ganar dinero al mismo tiempo que se protege la fauna y la flora.

1.6. Interacción oral en plenario en la que pondrán en práctica los contenidos gramaticales y léxicos aprendidos dando su propia opinión sobre uno de los temas mencionados en el audio: los parques zoológicos. Si lo prefiere, puede plantear la actividad como un debate entre los partidarios o los que se oponen a la existencia de este tipo de espacios. Una vez repartidos los roles, déjeles un tiempo para que preparen la defensa de sus posturas basándose en los argumentos propuestos o en otros que ellos puedan añadir. Durante el debate, actúe como moderador asegurándose de que todos participen y tome nota de los errores para que los corrijan al final.

Para trabajar estos contenidos, realice las actividades **7** y **7a**, p. **24** del *Libro de ejercicios*.

2. Antes de introducir el siguiente cuadro de gramática, y con el libro cerrado, puede hacerles reflexionar sobre el valor que algunos sustantivos y adjetivos confieren a diferentes conceptos. Hablamos de los adjetivos o sustantivos valorativos. Escriba en la pizarra, en una columna: *bueno, malo, importante, increíble, escandaloso, justo, sorprendente* e *intolerable* y en otra columna: *una vergüenza, una pena, un horror, una suerte, una tontería, una buena/mala noticia, un desastre* y *un peligro*. Explíqueles que va a preguntarles su opinión sobre diferentes temas y que ellos tienen que responder, por turnos, usando el léxico presentado. Los temas pueden ser: el calentamiento global, el uso de plásticos, la contaminación, la extinción de especies, el uso de energías renovables, las inundaciones, la deforestación, el reciclaje... Se trata de hacerles ver que, frente a un mismo concepto, existen diferentes puntos de vista y opiniones. Pídales después que abran el libro y explíqueles la información del cuadro punto por punto: la diferencia entre el uso de infinitivo o de *que* + subjuntivo en la frase subordinada en función de si se valora un hecho de forma general o personalizando respectivamente, o que *bueno/malo* se construyen con *ser* mientras que *bien/mal* lo hacen con *estar*; haga hincapié en este último punto, ya que representa un motivo de equivocación recurrente para los estudiantes en cuya lengua materna no existe la diferencia entre estos dos verbos. Para terminar, propóngales que amplíen la lista con otros adjetivos o sustantivos valorativos que ellos conozcan.

2 Construcciones para expresar juicios de valor

- Para **valorar un hecho** de manera **general** usamos estas estructuras:
  - ***(No) Es/Me parece*** + adjetivo/sustantivo **valorativo** + **infinitivo**
    Es/Me parece importante ser respetuoso con la naturaleza.
    Es/Me parece un peligro no tomar medidas medioambientales a tiempo.
  - ***Está/Me parece*** + ***bien/mal*** + **infinitivo**
    Está/Me parece bien reciclar la basura.
- Para **valorar un hecho personalizando** usamos estas estructuras:
  - ***(No) Es/Me parece*** + adjetivo/sustantivo **valorativo** + ***que*** + **subjuntivo**
    Es/Me parece bueno que se tomen medidas para frenar el cambio climático.
    Es/Me parece un horror que se usen tantos envases de plástico.
  - ***Está/Me parece*** + ***bien/mal*** + ***que*** + **subjuntivo**
    Está/Me parece bien que busquemos energías alternativas.

Gramaticalmente, hay un cambio de sujeto que obliga al uso del subjuntivo, como ya has visto en otros casos.

Fíjate:
Ser se construye con los adjetivos ***bueno/malo***, y *estar*, con los adverbios ***bien/mal***:
Es malo desperdiciar el agua./Está mal desperdiciar el agua.

- Algunos adjetivos y sustantivos **valorativos** son:

Adjetivos valorativos	
bueno/malo	justo
importante	sorprendente
increíble	intolerable
escandaloso	(...)

Sustantivos valorativos	
una vergüenza	una suerte
una pena	una tontería
un horror	un desastre
una buena/mala noticia	(...)

2.1 **En parejas** El consumo de plástico está creando un gran problema en nuestros mares. Lee este artículo y complétalo con las palabras del recuadro. Luego compara tus resultados con los de tu compañero/a.

humana | microplásticos | invaden | superficie | desconocen | degradación | toneladas

Las bolsas de plástico [1] .... los océanos. En su proceso de [2] .... se transforman en [3] .... que envenenan a los peces. Esto tiene consecuencias negativas aún desconocidas para la salud [4] ....

Se calcula que cada año se producen más de 300 millones de [5] .... de plástico en todo el mundo. Asia es el continente donde se produce la mayor cantidad de plástico, mientras que Estados Unidos, Japón y la Unión Europea son los mayores productores de desechos plásticos per cápita del mundo, según la ONU. En la [6] .... del mar se han detectado grandes extensiones de basura plástica, pero aún se [7] .... las cantidades que hay bajo el mar.

Fuente: https://news.un.org/es/story/2018/06/1435111

70 | setenta   Unidad 4 | ¡Súmate!

2.1. Actividad controlada en parejas consistente en una comprensión lectora que le servirá de pretexto para que trabajen los contenidos que acaban de aprender. Para introducir este otro subtema, relacionado también con el medioambiente, puede hacerles algunas preguntas sobre su modo de consumo (cuando van al super, por ejemplo, si compran productos desechables, en formato monodosis o envasados, etc.). Una vez despertado el interés, indíqueles que lean el texto sobre el consumo de plásticos y sus consecuencias y que completen los espacios con las palabras del recuadro en función del contexto. Corrija en plenario e invítelos a comentar qué les ha parecido la noticia y si conocían o no la información que aparece en ella.
1. invaden; **2.** degradación; **3.** microplásticos; **4.** humana; **5.** toneladas; **6.** superficie; **7.** desconocen.

2.2. (página siguiente) Práctica controlada destinada a sistematizar las nuevas estructuras en el contexto temático del uso y abuso de los envases de plástico. Pídales que, individualmente, realicen primera parte de la actividad: completar una serie de valoraciones en un chat usando infinitivo o subjuntivo en función del contexto. Corrija en plenario y, seguidamente, dígales que realicen la segunda parte de la actividad: escribir en el chat su propia valoración usando alguna de esas mismas estructuras; cuando lo hayan hecho, pase a la actividad siguiente.
Posible respuesta:
1. concienciarse; **2.** inviertan, elaboren; **3.** prohíba; **4.** utilice; **5.** Respuesta abierta.

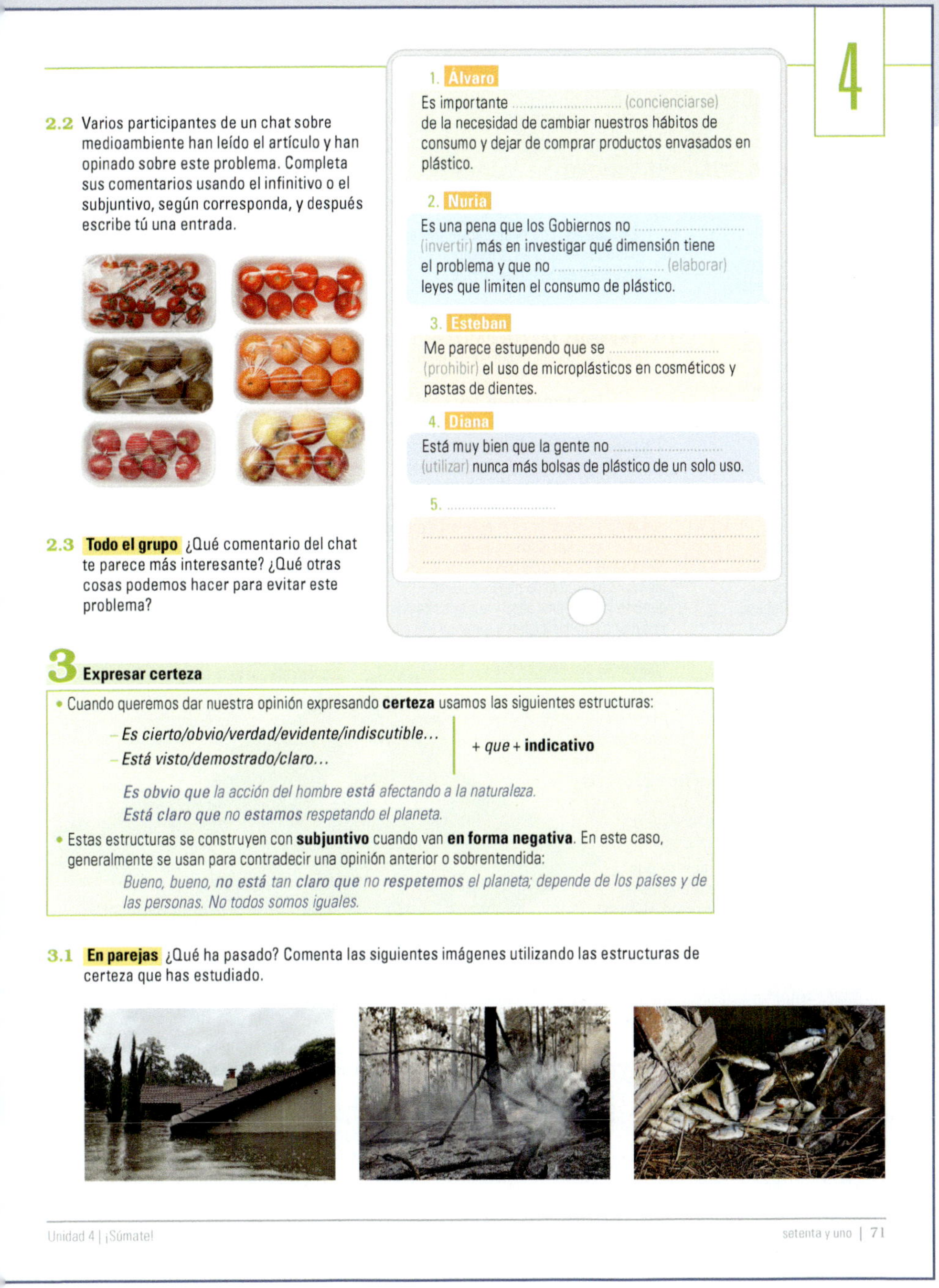

2.2 Varios participantes de un chat sobre medioambiente han leído el artículo y han opinado sobre este problema. Completa sus comentarios usando el infinitivo o el subjuntivo, según corresponda, y después escribe tú una entrada.

1. **Álvaro**
Es importante .... (concienciarse) de la necesidad de cambiar nuestros hábitos de consumo y dejar de comprar productos envasados en plástico.

2. **Nuria**
Es una pena que los Gobiernos no .... (invertir) más en investigar qué dimensión tiene el problema y que no .... (elaborar) leyes que limiten el consumo de plástico.

3. **Esteban**
Me parece estupendo que se .... (prohibir) el uso de microplásticos en cosméticos y pastas de dientes.

4. **Diana**
Está muy bien que la gente no .... (utilizar) nunca más bolsas de plástico de un solo uso.

5. ....

2.3 **Todo el grupo** ¿Qué comentario del chat te parece más interesante? ¿Qué otras cosas podemos hacer para evitar este problema?

3 Expresar certeza

- Cuando queremos dar nuestra opinión expresando **certeza** usamos las siguientes estructuras:
  - *Es cierto/obvio/verdad/evidente/indiscutible...* | + *que* + **indicativo**
  - *Está visto/demostrado/claro...*

  Es obvio que la acción del hombre está afectando a la naturaleza.
  Está claro que no estamos respetando el planeta.
- Estas estructuras se construyen con **subjuntivo** cuando van **en forma negativa**. En este caso, generalmente se usan para contradecir una opinión anterior o sobrentendida:
  Bueno, bueno, no está tan claro que no respetemos el planeta; depende de los países y de las personas. No todos somos iguales.

3.1 **En parejas** ¿Qué ha pasado? Comenta las siguientes imágenes utilizando las estructuras de certeza que has estudiado.

Unidad 4 | ¡Súmate! setenta y uno | 71

2.3. Cierre la secuencia con una interacción oral en plenario en la que deberán compartir sus opiniones sobre el consumo de plásticos que escribieron en el chat anterior y comentar, de entre todas, cuál les parece más interesante. Después deberán buscar juntos otras medidas que puedan frenar el consumo de plásticos. Si dispone de tiempo suficiente, sugiérales que busquen información en internet. Asegúrese de que usan las estructuras aprendidas siempre que sea posible.

Para trabajar estos contenidos, realice las actividades **8** y **8a**, pp. **24-25** del *Libro de ejercicios*.

3. Preséntеles el último contenido gramatical del apartado: las estructuras para expresar certeza. Lea con ellos cada uno de los apartados del cuadro y hágales ver que estas estructuras rigen el modo indicativo porque no introducen ningún elemento valorativo ni que se cuestione, simplemente una información que damos por cierta. En el caso de que estas estructuras se encuentren en forma negativa, se usa, sin embargo, el modo subjuntivo, pues estaríamos, en realidad, contradiciendo una opinión previa o que se sobrentiende. Para que vean más fácilmente esta distinción, escriba en la pizarra la frase que aparece a modo de ejemplo *(Bueno, bueno, no está tan claro que no respetemos el planeta...)* y pídales que identifiquen aquellos elementos que nos hacen pensar en una opinión previa (*bueno, bueno* y *tan*).

3.1. Práctica oral en parejas en la que tienen que interpretar, usando las estructuras estudiadas, el fenómeno que se describe en las imágenes.
Posible respuesta:
Imagen 1: Es obvio que ha habido una inundación;
Imagen 2: Es evidente que ha habido un incendio;
Imagen 3: Está claro que el agua está contaminada.

Para trabajar estos contenidos, realice la actividad **9**, p. **25** del *Libro de ejercicios*.

Para cerrar el apartado y a modo de recapitulación de los usos de subjuntivo vistos en los tres cuadros, use la **proyección 12**.

¿Cómo opinamos?

[12]

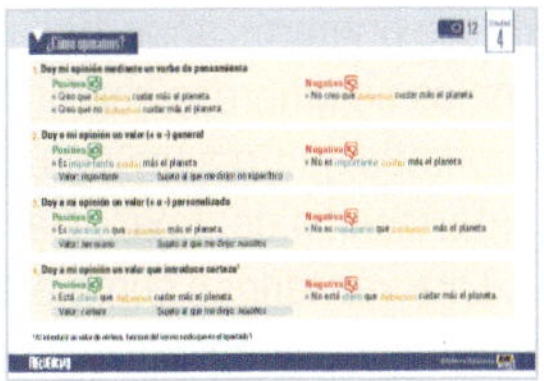

Proyecte la lámina que resume los usos de subjuntivo estudiados en la unidad a partir de ejemplos y usando los colores como ayuda. Para una óptima consolidación de los contenidos por parte de sus estudiantes, pídales que, en parejas, escriban también sus propios ejemplos.

Para trabajar estos contenidos, realice las actividades **10-12**, p. **26** del *Libro de ejercicios*.

Practica en contexto

1. En esta primera secuencia del apartado, los estudiantes tendrán la oportunidad de poner en práctica los contenidos léxicos y gramaticales ya vistos, así como los contenidos funcionales que se presentan y que sirven para introducir una opinión. En primer lugar, y con el libro cerrado para evitar que lean el cuerpo de la noticia a partir de la que trabajarán, escriba en la pizarra el titular: *La economía sostenible salva a los vecinos de Villar.* Anímelos a que, en parejas, interpreten dicho titular y opinen sobre qué puede estar sucediendo en el pueblo. Para ello, puede hacer preguntas del tipo: *¿qué creéis que significa el verbo* salvar *en este contexto?, ¿cuál puede ser el peligro que amenaza al pueblo de Villar?, ¿de qué manera puede "salvar" al pueblo de Villar la economía sostenible?, ¿en qué consiste esta exactamente?* Haga una breve puesta en común para conocer sus hipótesis y pase a la actividad siguiente.

Posible respuesta:

Para salvar al pueblo de Villar de la despoblación, su alcaldesa ofrece ventajas a los negocios que decidan establecerse allí. La condición que pone es que se trate de modelos de empresa sostenibles y que estén en armonía con el entorno.

1.1. Una vez despertado el interés y manteniendo la disposición en parejas, permítales abrir el libro para que realicen la actividad de comprensión lectora mediante la cual, por un lado, comprobarán si acertaron en sus hipótesis anteriores y, por otro, deberán completar el mapa que ilustra la actividad con las palabras que aparecen en el texto destacadas en negrita. Recuérdeles que lean tanto la noticia como el cuadro de atención en el que se explica en qué consiste la economía sostenible. Explíqueles también que un *viñedo* es un campo de vides, planta que da uvas y, por tanto, vino.

1. montaña; **2.** arroyo; **3.** bosque de pinos; **4.** lago; **5.** viñedos.

Practica en contexto

1 **En parejas** Lee el siguiente titular. ¿Qué crees que está pasando en la localidad de Villar de Arriba?

La economía sostenible salva a los vecinos de Villar

> Fíjate:
> La economía sostenible desarrolla actividades que, de forma conjunta, son económicamente rentables y ambiental y socialmente sostenibles, haciendo un uso racional de los recursos naturales y favoreciendo un empleo de calidad. El fin último es satisfacer las necesidades de las generaciones presentes, pero sin poner en peligro las posibilidades de las generaciones futuras.

1.1 **En parejas** Lee el texto y comprueba si tu idea inicial es correcta. Después completa el mapa con las palabras en negrita.

La economía sostenible salva a los vecinos de Villar

Villar de Arriba era un pueblo abandonado, a punto de desaparecer. Pero su alcaldesa, Lara García, ha decidido ofrecer una serie de ventajas económicas a aquellos empresarios que instalen negocios en el pueblo. La principal condición es crear modelos de empresa sostenibles en armonía con el entorno. Entre las ventajas está el no pagar impuestos durante los primeros años y la posibilidad de comprar o alquilar locales y terrenos a la mitad del precio habitual. Otra condición importante que hay que cumplir es que los empleados contratados sean residentes de la zona.

Han llegado muchos proyectos a la oficina del Ayuntamiento y ahora es el momento de decidir cuáles son más convenientes y viables. Villar cuenta con cien habitantes y está situado a los pies de una **montaña**. En sus inmediaciones hay un **bosque de pinos** y también un **arroyo** y un pequeño **lago** que abastecen de agua al pueblo. También hay varios campos de **viñedos** que actualmente no se están explotando por falta de personal.

E. M.

Introducir una opinión

- *Para* + pronombre personal *(mí, ti, él, ella...)*/ nombre propio...
  Para mí/Pedro es importante que las empresas no sean contaminantes.
- A mí/Pedro... me/le... parece que...
  A mí/Pedro me/le parece importante que las empresas no sean contaminantes.
- *Según* + pronombre personal *(tú, él, ella...)*/ nombre propio/*mi idea/tu criterio/lo que ha dicho...*
  Según lo que ha dicho el portavoz, no es verdad que todos los empleados tengan que ser del pueblo.
- En mi/tu/su opinión...
  En su opinión, no vale la pena realizar ningún cambio.
- Desde mi/tu/su punto de vista...
  Desde mi punto de vista, es bueno intentar recuperar la actividad en esta zona.

1.2 Vuelve a leer el texto y subraya las condiciones que pone el Ayuntamiento a las nuevas empresas y las ventajas que ofrece.

1.3 **Todo el grupo** Mira el plano, valora el entorno y los recursos y comenta con tus compañeros qué tipo de empresas o negocios pueden ser interesantes para Villar teniendo en cuenta las condiciones que pone el Ayuntamiento.

72 | setenta y dos   Unidad 4 | ¡Súmate!

1.2. Se continúa trabajando la comprensión lectora. Esta vez, de forma individual, los estudiantes deberán llevar a cabo una segunda lectura para subrayar las condiciones que pone el Ayuntamiento de Villar a las empresas que quieran instalarse en el pueblo, así como las ventajas que ofrece a dichas empresas.

Condiciones: que sean modelos de empresa sostenibles, que se contrate a residentes de la zona; **Ventajas:** las empresas que se instalen no pagarán impuestos durante los primeros años, se podrán comprar o alquilar terrenos o locales a mitad de precio.

1.3. Divida la pizarra en tres columnas: en la primera, escriba *Ventajas para los empresarios* (no pagar impuestos durante los primeros años, se pueden comprar o alquilar terrenos o locales a mitad de precio); en la segunda, *Condiciones que deben cumplir* (modelos de empresa sostenibles, se contratará a residentes de la zona) y en la tercera, *Características del pueblo* (100 habitantes, a los pies de una montaña, junto a un lago, un arroyo, un bosque de pinos y un viñedo). Deles unos minutos para que, en plenario, completen las columnas con la información del texto. De este modo, la tendrán a la vista para decidir, entre todos, qué tipo de negocio podría ser interesante para el pueblo. Una vez tengan completada la tabla, y antes de que empiecen a hablar, remítalos al cuadro funcional en el que se presentan estructuras para introducir una opinión y sugiérales que las usen en sus producciones. Durante la conversación, escuche sus propuestas; no es necesario que profundicen más sobre el tema, pues lo harán en la actividad siguiente.

1.4 **En parejas** Estos son los proyectos que han llegado al Ayuntamiento de Villar. Léelos y comenta con tu compañero/a el impacto que pueden tener en la zona. ¿Cuáles crees que no son buenos para el pueblo?

Empresa Todos Jugamos

Producto: Zona recreativa.
Descripción: La empresa quiere crear un centro recreativo junto al lago con un parque de atracciones y un casino.
Empleados necesarios: 100.
Instalaciones: Es necesario construir un nuevo recinto con distintas instalaciones. (La actividad puede crear riqueza indirecta, turismo, restaurantes…).

Empresa Divernáutica

Producto: Ocio.
Descripción: La empresa quiere explotar el lago con paseos en lanchas motoras, vela y otras actividades acuáticas, como la pesca.
Empleados necesarios: 7.
Instalaciones: Inicialmente solo es necesaria una pequeña caseta de información y un almacén para guardar el material.

Empresa Mil Olivas

Producto: Aceite de oliva.
Descripción: La empresa quiere comprar un terreno cerca del pueblo para plantar olivos y producir aceite.
Empleados necesarios: 5.
Instalaciones: Inicialmente no haría falta construir, ya que los olivos necesitan una media de 5 años para dar sus primeras aceitunas.

Empresa Ruralmenty

Producto: Hotel.
Descripción: La empresa quiere comprar una casa grande en el pueblo para hacer un alojamiento rural.
Empleados necesarios: 5.
Instalaciones: No es necesario construir, solo reformar una de las casas del pueblo.

Empresa Viñas Martín

Producto: Vino.
Descripción: La empresa quiere comprar varios viñedos para producir vino local.
Empleados necesarios: 10, con posibilidad de ampliar.
Instalaciones: Es necesario construir una bodega para la elaboración del vino.

Empresa Comebién

Producto: Alimentación.
Descripción: La empresa quiere comprar una casa para montar un bar-restaurante con una tienda de productos de la zona (vino, queso, carne…).
Empleados necesarios: 5.
Instalaciones: Inicialmente no es necesario construir, solo reformar.

1.5 **En grupos pequeños** Elegid uno de los proyectos y preparad su defensa. Utilizad para ello las estructuras gramaticales que habéis estudiado. Tomad notas de las aportaciones de todos los miembros del grupo para preparar una presentación.

Ejemplo: *Es evidente que este proyecto dará trabajo a muchas personas, pero no me parece bien que la empresa explote el lago con actividades que necesiten lanchas motoras… Creo que debemos utilizar barcos de vela, así el proyecto será más sostenible.*

1.4. Explique a sus estudiantes que ahora van a conocer algunos de los proyectos que se han presentado al Ayuntamiento de Villar. Déjelos que realicen una primera lectura de la información y resuelva posibles dudas de vocabulario. En una segunda lectura tendrán que analizar, ya en parejas, los pros y los contras de cada uno de los proyectos. Para orientarlos en su análisis, pídales que piensen en si estos podrían ser sostenibles o no atendiendo al impacto que pueden causar en el pueblo y su entorno (contaminación o destrucción de espacios naturales, tipo de negocio en mayor o menor consonancia con la zona, negocio a corto o largo plazo, etc.).

Posibles ventajas o desventajas: Todos Jugamos: aunque genere riqueza y empleo, su construcción supone un gran impacto y no trae un tipo de actividad en armonía con el espacio, sino que atrae un tipo de turismo no interesado en un entorno rural; Divertináutica: su actividad puede contaminar las aguas y dejar sin recursos el lago debido a la pesca como actividad lúdica; Mil Olivas: aunque a largo plazo puede dar empleo y nuevos recursos a la zona, llevará mucho tiempo obtener beneficio económico, pues los árboles necesitan crecer para dar frutos; además, obliga a crear un tipo de cultivo que en la actualidad no existe en el pueblo y eso puede no estar en consonancia con el entorno; Ruralmenty: no es agresivo, atrae un tipo de turismo en armonía con el entorno y puede implicar la apertura de otros negocios o actividades tales como restaurantes, senderismo, etc.; Viñas Martín: recupera una explotación en desuso, una tradición ya arraigada en el pueblo, da empleo, no es un tipo de industria agresiva ni contaminante; además, puede constituir una atracción para la zona, ya que se pueden organizar actividades paralelas (degustación de vinos, ruta ecológica en los alrededores, etc.); Comebién: potencia el producto autóctono, recupera la tradición, no es agresiva con el entorno.

1.5. Continuando con la secuencia, realice una nueva tarea de interacción oral basada en la negociación. Distribuya ahora a los estudiantes en grupos de cuatro y dígales que deben ponerse de acuerdo sobre el proyecto que más les convenza de todos los que se han presentado. Deberán preparar su presentación en la que justifiquen su decisión utilizando las estructuras aprendidas para dar opinión.

Expresar acuerdo o desacuerdo con una opinión

- Habitualmente se utilizan las siguientes expresiones con el verbo *estar* para dejar clara **nuestra posición** concreta frente a una opinión:
  - **(No) Estar de acuerdo con...**
    Estoy de acuerdo con lo que dices. Tienes toda la razón.
  - **(No) Estar a favor de...**
    Yo no estoy a favor de esa propuesta. Me parece un error.
  - **(No) Estar en contra de...**
    Estamos en contra de todo lo dicho hasta ahora, estáis completamente equivocados.
- Para expresar **acuerdo parcial** con una opinión se utilizan estas expresiones:
  - **No estoy totalmente de acuerdo con...**
  - **Estoy de acuerdo en parte, pero...**
  - **Estoy a favor, pero...**

1.6 **Todo el grupo** Ha llegado la hora de elegir las tres empresas que se instalarán en Villar. Presentad vuestros proyectos al resto de la clase y entablad un debate para elegir los tres más convenientes.

2 [16] **Rosa y Marcos tienen una tienda de compraventa de ropa de segunda mano. Un periodista les ha hecho una entrevista. Escucha y marca qué palabras dicen de las que aparecen a continuación.**

☐ calidad	☐ gran superficie	☐ moda
☐ intercambio	☐ crisis	☐ coste
☐ precio	☐ prenda	☐ pequeña
☐ artículos	☐ concienciación	☐ sostenible
☐ transformarse	☐ convertirse	☐ fábrica

2.1 [16] En la entrevista, se habla de cuatro factores que están influyendo en la popularidad creciente de la ropa de segunda mano. Vuelve a escuchar y resume cada factor en una frase.

Factor 1: *La crisis económica...*
Factor 2: ....
Factor 3: ....
Factor 4: ....

2.2 **En grupos pequeños** ¿Qué sabes del movimiento *hippie*? Busca información en internet y contesta a las siguientes preguntas.

1. ¿Cuándo nace el movimiento *hippie*?
2. ¿Qué buscaba este movimiento?
3. ¿Cuál era su símbolo? ¿Y alguno de sus lemas?
4. ¿Cómo iban vestidos los *hippies*?
5. ¿Qué opinas de este movimiento? ¿Piensas que fue importante?

2.3 Según tus investigaciones anteriores, ¿qué relación crees que hay entre la ropa de segunda mano y el movimiento *hippie*? Lee el artículo y comprueba tu respuesta.

RAE

De Londres a Glòries, vía Ibiza

La idea de vender ropa de segunda mano como la entendemos hoy tiene más de un cuarto de siglo. A finales de los años sesenta los tenderetes de ropa usada empezaron a aparecer como setas en muchas ciudades europeas, pero especialmente en tres focos muy concretos: el interminable mercado de Portobello en Londres, el barrio de Beaubourg-Les Halles de París y las calles entre canales y junto a otros escaparates en Ámsterdam. Vestir de segunda mano era barato, pero sobre todo significaba rebeldía, originalidad y distinción respecto a los demás. A principios de los setenta, Ibiza (España) se convirtió en el paraíso del *hippismo*, una especie de centro de reunión de los jóvenes de Europa en busca de nuevas experiencias. La implantación de la venta de ropa de segunda mano no tardaría en desarrollarse. El ejemplo cundió casi inmediatamente en las playas de la costa mediterránea, como Sitges, y muy especialmente en Barcelona, donde, en 1973, un joven argentino llamado Quirós, interesado en la moda, montó un puesto de ropa de segunda mano en el mercado de los Encants de las Glòries de Barcelona que todavía hoy existe.

Mercado de los Encants de las Glòries de Barcelona

Extraído de *La Vanguardia*, "De Londres a Glòries, vía Ibiza".
Incluido en el CREA (Corpus de Referencia del Español Actual)

1.6. Cierre la secuencia con una última actividad de interacción oral, esta vez en plenario, en la que de nuevo tendrán que negociar para llegar a un acuerdo. Proponga que, primero, cada uno de los grupos defienda el proyecto que considera más beneficioso para el pueblo de Villar mediante la presentación que prepararon en la actividad anterior; después elegirán entre todos cuáles son los tres mejores proyectos según su opinión. Indíqueles que, durante su negociación, deberán usar las expresiones del cuadro funcional para expresar acuerdo o desacuerdo; revise con ellos los contenidos de este cuadro antes de que empiecen a trabajar. Mientras realizan la actividad anote errores que considere importantes y, una vez llevada a cabo la deliberación, escríbalos en la pizarra para que se autocorrijan.

2. [16] Se inicia ahora una nueva secuencia que gira en torno al tema de la ropa de segunda mano. Hágales, primero, algunas preguntas para introducir el tema, por ejemplo, qué ventajas creen que puede tener comprar este tipo de ropa, a nivel individual (precio económico, producto único) o colectivo (ahorro en producción textil, dar a un producto otra oportunidad). A continuación dígales que van a escuchar la entrevista a dos socios que tienen una tienda de segunda mano y que deberán marcar, individualmente y en una primera escucha, las palabras que se mencionan en la conversación de todas las que se proponen. Ponga el audio, deje que comparen sus respuestas en parejas y corrija en plenario.
Precio, artículos, crisis, prenda, concienciación, moda, sostenible.

2.1. [16] En esta segunda escucha deberán prestar atención para identificar cuáles son los factores de los que se habla que contribuyen a que la ropa de segunda esté ganando cada vez más popularidad. Lea con ellos el primer factor, que ya se adelanta a modo de ejemplo, y ponga el audio para que, individualmente, identifiquen los tres restantes. Finalizada la escucha, deje que comparen sus respuestas en parejas y proceda, después, a una corrección en plenario.
Factor 1: La crisis económica, el precio más barato de la ropa de segunda mano; **Factor 2:** La gente necesita dinero y vende la ropa que ya no usa o no le vale; **Factor 3:** Puedes encontrar prendas distintas, que no se venden en otros sitios; **Factor 4:** Necesidad de consumo responsable: la industria textil es una de la más contaminantes del mundo.

2.2. Haga que sus estudiantes se fijen durante unos segundos en la imagen que ilustra la actividad y, después, pídales que cierren los libros y que la describan (cuántas personas había, qué llevaban puesto, cuál era su estado de ánimo, qué gesto hacían con la mano, si era una foto actual o no...). Dirija sus respuestas hacia la década de los años 70 y el movimiento *hippie* y, a continuación, organícelos en grupos pequeños y pídales que contesten a las preguntas planteadas buscando las respuestas en internet.
Posible respuesta:
1. A finales de los años 60; **2.** Vida simple, pacífica, opuesta al consumismo, preocupada por el medioambiente (también defensa del amor libre, gusto por las religiones orientales y, a veces, consumo de algunas sustancias ilegales); **3.** Un círculo dividido por una línea vertical y dos líneas diagonales que significa 'paz y amor'; también la uve de "victoria" hecha con el gesto de los dedos, cuyo significado sería asimismo 'paz y amor'; **4.** Con ropa multicolor, flores, pantalones de campana, camisas y blusas anchas y bandas en el pelo; también solían llevar el pelo largo; **5.** Respuesta abierta (algunos aspectos importantes y positivos son que cuestionó el uso de la violencia y reforzó la conciencia medioambiental).

4

2.4 **Todo el grupo** ¿Vas a los mercados o tiendas de segunda mano? ¿En tu ciudad hay alguno? ¿Qué tipo de gente va a comprar allí? ¿Tú consumes ropa u objetos de segunda mano? ¿Por qué?

3 **Todo el grupo** Responde a las siguientes preguntas y coméntalas con tus compañeros.

1. ¿Con qué frecuencia vas de compras?
2. ¿Qué tipo de productos compras normalmente?
3. ¿Crees que necesitas todo lo que compras?
4. ¿Tienes en tu armario prendas de vestir que no te pones?
5. ¿Prefieres comprar menos ropa, pero de calidad, o te gusta cambiar a menudo y comprar más aunque la ropa sea peor?

3.1 **En grupos pequeños** **La bloguera Sara Garrido ofrece algunos datos interesantes sobre el consumo de ropa. Lee el texto y valora lo que dice; utiliza para ello las construcciones para expresar juicios de valor y posiciónate a favor o en contra de su opinión.**

www.elblogdesarag.com

Tenemos demasiada ropa

¿Sabías que...

- solo usamos el 20 % de toda la ropa que tenemos?
- compramos mucha más ropa que antes, cuando no existían las tiendas de bajo coste?
- el 80 % de nuestras prendas se queda en el armario porque siempre hay algo que nos gusta más?
- la industria textil es una de las más contaminantes del planeta?
- las prendas de bajo coste son confeccionadas en el tercer mundo, donde los trabajadores hacen jornadas de 16 horas por dos dólares en condiciones infrahumanas?

2.3. (página anterior) Continúa la secuencia en torno al mismo tema con una comprensión lectora de otro texto real, extraído del corpus de la RAE, CREA (Corpus de Referencia del Español Actual). Pregúnteles primero si creen que se puede establecer alguna relación entre la ropa de segunda mano y el movimiento *hippie* y, en caso afirmativo, cuál. Sondee sus conclusiones y, después, indíqueles que lean individualmente el texto y que comprueben la respuesta. Tenga en cuenta de nuevo que, al tratarse de un texto no adaptado, pueden necesitar más ayuda con el vocabulario que aparezca en este, préstesela usted o intente que lo hagan entre ellos. Puede preenseñar *tenderetes*, *aparecer como setas* y *cundir*.

Posible respuesta:

En aquella época, vestir de segunda mano era barato y, sobre todo, significaba rebeldía, originalidad y ser diferente a los demás.

2.4. Finalice esta segunda secuencia con una interacción oral en plenario cuyo objetivo es que contesten a unas preguntas y compartan sus opiniones sobre la ropa de segunda mano. Modere la conversación y anímelos a que usen el léxico y las estructuras aprendidas para expresar opinión.

3. Se inicia ahora la tercera y última secuencia del apartado en la que, partiendo del tema de la ropa, se invita a la reflexión sobre nuestra forma de consumir y la necesidad de comprar de forma racional. Pídales que, en primer lugar, lean preguntas relacionadas con el tema y escriban brevemente sus respuestas. A continuación invítelos a compartir lo que han escrito con el resto de la clase. Por el momento, solo es necesario que compartan datos, pues la reflexión en función de estos la llevarán a cabo en las actividades sucesivas.

3.1. Pregúnteles ahora si siguen algún blog y, en concreto, alguno dedicado a la moda. Escuche brevemente sus respuestas y, a continuación, proponga esta nueva actividad de interacción oral en la que, a partir de la lectura de una serie de datos, deberán dar su opinión respecto al consumo de ropa. Coloque a sus estudiantes en grupos pequeños, indíqueles que lean la información facilitada por una bloguera y, después, pídales que muestren su opinión sobre cada uno de los puntos, comentando si los consideran ciertos, increíbles, relevantes…, y posicionándose a favor o en contra de la opinión de la bloguera. Antes de que empiecen a hablar, dígales que se fijen en el ejemplo e ínstelos a que utilicen las estructuras aprendidas para opinar. Camine por la clase para comprobar la interacción entre los grupos y tome nota de los errores que detecte para que los corrijan entre ellos una vez finalizado el debate.

Unidad 4

Cultura

1. Esta primera actividad está encaminada a la motivación de los estudiantes para la lectura del texto de la página siguiente. Introduzca el tema escribiendo en la pizarra la palabra *paraíso* y preguntándoles qué entienden ellos por *paraíso* y qué características tiene un lugar considerado así (naturaleza, paz, limpieza, equilibrio, armonía…). A continuación pídales que observen las imágenes que aparecen en la página, pregúnteles si las conocían y explíqueles que todas ellas son "paraísos" en peligro en este momento. Una vez introducido el tema, coloque a sus estudiantes en parejas y haga que trabajen sobre los posibles factores que creen que han provocado esta situación. Pueden recurrir a las causas que se ofrecen como posibilidad o pensar en otras distintas. Asegúrese de que entienden todas las palabras (como *turismo de masas*) y déjeles unos minutos para que lo comenten. Deje que compartan sus hipótesis con el resto de la clase y pase a la actividad siguiente para que confirmen sus respuestas.

Paraísos en PELIGRO

Río Amazonas a su paso por Iquitos (Perú)

Mariposas monarca en Michoacán (México)

Glaciar Perito Moreno en la Patagonia argentina

1 **En parejas** ¿Sabes por qué razón estos lugares se encuentran en peligro? Coméntalo con tu compañero/a.

- turismo de masas
- contaminación por CO_2
- deforestación
- incendios
- inundaciones
- animales amenazados
- huracanes

76 | setenta y seis — Unidad 4 | ¡Súmate!

Una vez realizadas todas las actividades del apartado, puede proponer una actividad complementaria que ayude a los estudiantes, por un lado, a sistematizar las estructuras aprendidas y, por otro, a concienciarse sobre el valor de nuestro entorno natural.

Propóngales que se pongan en el papel de un creativo de publicidad y que elaboren una campaña par proteger nuestros espacios naturales. Para poder llevar a cabo la tarea, dé las siguientes instrucciones:

1. El trabajo consiste en crear un cartel en grupos de tres personas.
2. El cartel deberá contener, por un lado, una parte gráfica, con el uso de imágenes, iconos o dibujos.

4

2 **En parejas** Lee el texto y comprueba tus respuestas.

Patagonia: el Perito Moreno se derrite

La Patagonia es uno de los parajes de América Latina que están literalmente desapareciendo como consecuencia del aumento de temperatura de nuestro planeta y de las emisiones de gases de efecto invernadero. Su masa de hielo está sufriendo los efectos del cambio climático y la velocidad a la que se derrite es alarmante. Decenas de glaciares han desaparecido y el noventa por ciento de su extensión se ha visto afectada por el calentamiento. Uno de sus glaciares más conocidos, el Perito Moreno, también está en peligro.

Amazonas: el pulmón del planeta

La excesiva tala de árboles por parte de las industrias está destruyendo una zona que está considerada el pulmón de la Tierra. Sus árboles renuevan el aire que respiramos, por lo que esta tala indiscriminada supone una amenaza no solo para las especies que lo habitan, sino también para el hombre. El río Amazonas, que atraviesa tres países (Perú, Colombia y Brasil), contiene las dos terceras partes del agua dulce que hay en el planeta. A la amenaza de la tala se suma la contaminación por prácticas industriales irregulares, así como el turismo incontrolado.

Michoacán (México) se llena de mariposas

La mariposa monarca, con un llamativo color naranja, viaja miles de kilómetros desde los bosques de Canadá y Estados Unidos hasta el estado mexicano de Michoacán. En los bosques de oyamel, una especie de abeto de las montañas del país, se agrupan cada año estas mariposas. La Unesco ha declarado esta zona Reserva de la Biosfera para protegerla, aunque el espacio se ve amenazado por la agricultura y la deforestación.

3 **En grupos pequeños** ¿Qué paraísos naturales hay cerca de ti? ¿Están amenazados por algún tipo de peligro? Busca con tus compañeros información sobre lugares naturales amenazados por el cambio climático. Ilustra el tema con fotografías o imágenes.

4 **Todo el grupo** Presenta tu trabajo a la clase. ¿Qué paraje de los presentados está más amenazado? ¿Se está haciendo algo por solucionarlo?

Fuentes: http://www.jamesnava.com/26/06/2009/paraisos-naturales-en-peligro-de-extincion-i/ y https://elpais.com/elpais/2014/11/13/ciencia/1415859395_334557.html

Unidad 4 | ¡Súmate! — setenta y siete | 77

3. Y también deberá contener una parte escrita: puede ser una frase corta, un texto, un eslogan, varios textos pequeños, etc.
4. Pueden incluirse expresiones valorativas, por ejemplo: *Es una pena que no cuidemos este paraíso, Es increíble que no valoremos nuestro planeta*, etc.
5. Se decidirá de común acuerdo qué elementos tendrá el cartel.
6. Una vez elaborados los carteles, se presentarán y defenderán en plenario por parte de cada grupo.
7. Se realizará una votación para decidir cuál es el mejor cartel.
8. Los carteles se podrán colgar en clase, en la red social de la escuela (si la hubiera), aplicaciones…

2. Actividad de comprensión lectora en parejas que les servirá para confirmar sus hipótesis anteriores.
Pida a sus estudiantes que lean los textos, busquen las respuestas a las preguntas anteriormente planteadas y haga una puesta en común para que las comenten entre todos.
Glaciar Perito Moreno: por el deshielo a causa del aumento de la temperatura del planeta y la emisión de gases de efecto invernadero; **Amazonas:** por la excesiva tala de árboles, la contaminación provocada por prácticas industriales irregulares y el turismo de masas, lo que supone una amenaza tanto para las especies que allí habitan como para el hombre; **Michoacán:** por la agricultura y la deforestación que amenazan los bosques de oyamel, uno de los hábitats de las mariposas monarca.

3. Dirija el tema ahora hacia la propia realidad de los estudiantes con esta actividad de interacción oral en grupos pequeños. Indíqueles que piensen en espacios naturales de su entorno o país que puedan estar amenazados por el cambio climático y que busquen información al respecto para preparar una presentación. Pídales también que indiquen cuáles son las características de estos lugares y qué los hace especiales y anímelos a que aporten imágenes para ilustrar su trabajo de investigación.

4. Cierre el apartado con una nueva actividad de interacción oral, esta vez para presentar sus trabajos al resto de la clase. Deje que todos los grupos hagan sus presentaciones y permita que durante estas se hagan todas las preguntas que consideren oportunas. Después de las presentaciones y a partir de la información aportada, deberán decidir, de entre todos, cuál piensan que es el paraje más amenazado. Si sus estudiantes muestras interés por el tema, puede proponerles como tarea para casa que investiguen si en este momento se está llevando a cabo alguna iniciativa por parte de gobiernos u organizaciones para proteger los lugares que han comentado.

Para trabajar estos contenidos, realice las actividades **13-15a**, p. **27** del *Libro de ejercicios*.

Unidad 4

Cartelera de cine

Antes de leer su sinopsis, y para motivar a sus estudiantes, escriba el título de la película en la pizarra y pídales que, con los libros cerrados, intenten adivinar qué creen que se esconde detrás de este. Hágales trabajar en parejas sobre el argumento que les sugiere el título: *(¿es una comedia?, ¿una película musical?, ¿romántica?...)* y después invítelos a que compartan sus suposiciones con el resto de compañeros. A continuación pídales que abran sus libros y que lean la sinopsis para confirmar qué pareja se ha acercado más a la realidad. Asegúrese de que entienden todas las palabras del texto antes de pasar a la secuencia de actividades que trabajan la película.

1. Antes del visionado, proponga esta actividad de investigación en parejas. Pregúnteles primero, en plenario, si recuerdan algo acerca de la guerra civil española. Es de esperar que alguno de sus estudiantes pueda aportar algún dato, pues es un tema que se ha mencionado en anteriores unidades. A continuación sugiérales que busquen información en internet para responder a las preguntas planteadas. Se trata de una tarea facilitadora que les proporcionará un contexto a partir del cual podrán entender lo que verán a continuación. Para corregir, puede apoyarse en la proyección 13.

La guerra civil española
[13]

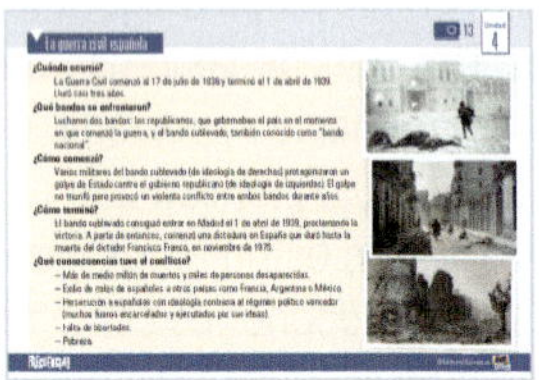

Proyecte la lámina para que confirmen sus respuestas. Haga hincapié en las consecuencias que se mencionan en el texto, pues le servirán para contextualizar la secuencia y entender la situación de las jóvenes protagonistas de la película.

2. y **2.1.** En primer lugar, indique a sus estudiantes que lean la información que aparece en el cuadro y que sitúa dentro de la película la secuencia que van a visionar. A continuación explíqueles que verán tres fragmentos y que en el primero, 00:01 ▶ 01:30, deberán prestar atención a aquellos elementos que les ayuden a responder a las preguntas planteadas. Realice el visionado, deje que escriban sus respuestas y pase a la actividad siguiente para que confirmen sus respuestas. Insista en el hecho paradógico de que el personaje de Blanca no es una mujer de izquierdas, ni está en contra del régimen del momento, sino que tan solo ayuda a un amigo de su marido que se encuentra en apuros.

Posible respuesta:

1. En su casa; **2.** Buscan el dinero que escondieron antes de la guerra; **3.** Son ahorros de su trabajo.

Vídeo

Cartelera DE CINE

Las 13 rosas

Sinopsis

El 1 de abril de 1939 termina la guerra civil española. Muchos republicanos huyen del país, pero otros no pueden o no quieren, como las jóvenes protagonistas de esta historia real.

Cuando Franco sube al poder, promete que solamente serán castigados quienes tengan las manos manchadas de sangre. Y ninguna de esas jóvenes las tiene. Como Carmen, por ejemplo, de 16 años, que pertenecía a las Juventudes Socialistas, pero que nunca tuvo un arma. Ni su amiga Virtudes, que servía en casa de una familia rica y que pasó la guerra dando de comer a ancianos y a niños.

Las detuvieron al mes de acabar la guerra. Sufrieron duros interrogatorios policiales y, finalmente, fueron trasladadas a la cárcel de Ventas, donde había miles de mujeres. A las trece detenidas, a quienes sus compañeras bautizaron como "las menores" por su corta edad, las acusaron de ayudar a la rebelión y de haber planeado un atentado contra el dictador; un atentado que nunca se cometió, pero que sirvió de excusa para su ejecución.

Madrid durante la Guerra Civil

Antes de la secuencia

1 **En parejas** ¿Qué sabes ya de la guerra civil española? ¿Qué bandos pelearon? ¿Cuánto tiempo duró? ¿Qué pasó después? Busca información en internet y haz un breve resumen de este triste episodio de la historia de España.

Durante la secuencia

Desde el principio de la película hasta esta secuencia, se hace una presentación de las diferentes protagonistas y se muestra la rutina diaria en Madrid, una ciudad que acaba de ser ocupada por los nacionales. Con esta victoria, Franco ha ganado la guerra.

2 Visiona el fragmento 00:01 ▶ 01:30 y contesta a estas preguntas.

1. ¿Dónde están Blanca y su familia? ....
2. ¿Qué están haciendo? ....
3. ¿Por qué crees que tienen tanto dinero? ....

4

2.1 **Ahora lee este resumen para comprobar tus respuestas anteriores.**

Blanca Brisac es una de las "trece rosas". Católica, votante de la derecha y madre de un hijo. Con el dinero ahorrado antes de la guerra, ella y su marido deciden ayudar a Juan, músico, militante comunista y compañero de orquesta de su marido.

3 **En parejas** **Lee el diálogo y completa los espacios en blanco con las palabras del recuadro.**

no vuelvas más | ¿Qué haces aquí? | en la cabeza | que te quedes | mala hora | somos amigos | Hasta

Blanca: Buenas tardes, ¿está Juan?
Cuñada: No, no, no, lo siento, no… No sabemos nada de él.
Blanca: No se preocupe, [1] .... Soy Blanca, la mujer de Enrique García.
Suegra: ¿No lo ha oído? *(A la cuñada)*. ¡Cierra!
Juan: ¡Espera! Pasa, Blanca. Mi suegra y mi cuñada Manuela… [2] ....
Blanca: *(Le da un sobre con dinero)*. Es todo lo que podemos darte.
Juan: Está bien.
Blanca: ¿Dónde vas a estar? Enrique dice que es peligroso [3] .... aquí.
Suegra: ¡Es peligroso! [4] .... tus amigos lo dicen.
Juan: No se preocupe que en cuanto pueda me iré, pero usted no me puede echar. ¡Este también es mi piso, de mi mujer!
Suegra: ¡En [5] .... os conocisteis! Tú le metiste todas esas ideas [6] ....
Cuñada: ¡Te tienes que ir!
Suegra: *(Blanca y Juan abren la puerta y salen)*. Sí, ¡vete! ¡Vete con tus amigos bolcheviques! ¡Vete y [7] ....!
Blanca: Adiós.

3.1 **En parejas** **Visiona el fragmento 01:31 ▷ 03:10 y comprueba tu respuesta anterior.**

4 **En parejas** **Visiona el fragmento 03:11 ▷ final y contesta a estas preguntas. Luego compara tus respuestas con tu compañero/a.**

1. ¿Qué último favor le pide Juan a Blanca?
2. ¿Cómo reacciona Blanca?
3. ¿Por qué dice Juan "Quién puede pensar ahora en la música"?
4. ¿Qué consejo le da Juan a Blanca para continuar la vida con su marido?

Después de la secuencia

5 **Todo el grupo** **Blanca Brisac fue fusilada tras la guerra por este episodio que acabas de ver. ¿Has hecho alguna vez algo bueno por alguien que haya tenido consecuencias negativas en tu vida? Cuéntaselo a tus compañeros.**

6 **Todo el grupo** **¿Tu país ha pasado alguna vez por una guerra civil? ¿Crees que las consecuencias de una guerra civil son aún peores que las de otro tipo de guerra? ¿Por qué?**

Unidad 4 | ¡Súmate! setenta y nueve | 79

3. y **3.1.** Dígales que van a leer una conversación de la película y que, en función del contexto, deberán completar los espacios con las palabras propuestas del recuadro. Explíqueles que la conversación corresponde al momento en el que Blanca llega a la casa del amigo de su marido, el cual vive con su suegra y su cuñada. Deje que trabajen en parejas y, en caso de que tengan dudas de vocabulario, sugiérales que las resuelvan preguntándose entre ellos. Una vez completados los espacios, visione el fragmento 01:31 ▷ 03:10 para que confirmen sus respuestas.
1. somos amigos; **2.** ¿Qué haces aquí?; **3.** que te quedes; **4.** Hasta; **5.** mala hora; **6.** en la cabeza; **7.** no vuelvas más.

4. Actividad de comprensión audiovisual en la que, de nuevo en parejas, deberán contestar a unas preguntas después del visionado. Si lo considera necesario, preenseñe *empeñar* y *Monte de Piedad*. Visione el fragmento 01:31 ▷ final para que respondan a las preguntas y corrija mediante una puesta en común.
Posible respuesta:
1. Juan pide a Blanca que le empeñe su instrumento; **2.** Le da dinero; **3.** Porque ahora es un hombre perseguido por su ideología, en peligro; **4.** Que tienen que ser como antes de la guerra, músicos y nada más.

> Los **Montes de Piedad** eran instituciones bancarias en las que se podía conseguir dinero de una forma rápida a cambio de dejar en depósito pertenencias como objetos de valor, joyas, etc. Nacieron como una iniciativa benéfica para combatir los abusos de los usureros y defender a las clases sociales más desfavorecidas en tiempos de necesidad.

5. Actividad enfocada a trabajar la interacción oral a través del relato de vivencias del pasado. Se trata de que los estudiante recuerden si en algún momento de su vida realizaron una buena acción que tuviera una consecuencia negativa para ellos. Mientras conversan, observe sus producciones y el uso que hacen de los tiempos del pasado y tome nota de algunos errores que crea conveniente corregir al final del apartado.

6. Nueva actividad de interacción oral en plenario en la que se trata de que reflexionen sobre las consecuencias de las guerras y, en concreto, sobre si existe para ellos alguna diferencia entre las consecuencias de una guerra civil y las de otro tipo. Para que les resulte más fácil hablar sobre el tema, llévelo al plano personal, pídales que piensen en sus países, si estos han sufrido alguna guerra civil a lo largo de su historia y si pueden compartir tal vez vivencias que les hayan contado sus familiares de ese periodo. Tome también aquí notas de los errores que considere que hay que corregir y, una vez hayan terminado de hablar, anote los de ambas actividades para que intenten corregirlos entre ellos.

Evaluación

1. **1.** Deforestación; **2.** Huella ecológica; **3.** Inundación; **4.** Residuo; **5.** Petróleo.

2. **1.** e; **2.** f; **3.** a; **4.** c; **5.** d; **6.** b.

3. **Posible respuesta:**
Utilizar de la naturaleza solo lo que necesitamos sin comprometer las reservas de futuras generaciones.

4. Respuesta abierta.

Evaluación

1 Escribe a qué palabra se refiere cada definición.

1. Pérdida de árboles y vegetación en un espacio. ....
2. Impacto que causa el hombre en la naturaleza. ....
3. Fenómeno que se produce como consecuencia de lluvias intensas. ....
4. Parte de un producto que no se utiliza y se tira. ....
5. Combustible fósil que emite CO_2. ....

2 Relaciona las expresiones con la imagen a la que se refieren.

a. agricultura intensiva | b. contaminación por microplásticos | c. tala | d. animales en peligro de extinción | e. energías renovables | f. gases de efecto invernadero

3 Define con tus palabras qué entiendes por *sostenibilidad*.

....

4 Expresa una opinión en forma negativa sobre los siguientes temas.

1. El medioambiente › *Yo no creo que* ....
2. Los animales › ....
3. El plástico en el mar › ....
4. El consumo › ....
5. Las energías tradicionales › ....

80 | ochenta — Unidad 4 | ¡Súmate!

4

5 Completa las frases con las expresiones del recuadro.

a favor | bien | horror | increíble | muy positivo

1. Me parece un .... que destruyamos el hábitat de los animales para el beneficio del hombre.
2. Es .... que algunos países prohíban el uso de bolsas de plástico.
3. Está .... que cada vez haya más empresas sostenibles.
4. Es .... que muchas personas piensen que no existe cambio climático.
5. Estoy .... del consumo responsable. Gastamos más de lo que necesitamos.

6 ¿Indicativo o subjuntivo? Observa las estructuras y elige la forma correcta.

1. Creo que el ecoturismo **puede/pueda** ser una alternativa perfecta.
2. No pienso que los zoológicos **son/sean** la única solución para proteger a los animales del peligro de extinción.
3. Me parece razonable que se **frena/frene** la tala de árboles en el Amazonas.
4. Es importante que se **reducen/reduzcan** las emisiones de gases de efecto invernadero.
5. Es verdad que la gente **recicla/recicle** la basura.

7 Dos amigos debaten sobre sus compras. Completa la conversación. Puede haber varias soluciones en algunos casos.

Ana: ¿Tienes diez pares de zapatos? ¿No te parece exagerado?
Pedro: No, no [1] .... que [2] .... exagerado. Es lo normal hoy en día.
Ana: No estoy de [3] .... contigo. No necesitas tantos. Me parece que con la mitad [4] .... suficiente.
Pedro: Pues no entiendo por qué… Yo pienso que [5] .... positivo que la gente [6] ...., así la economía se activa y se crea riqueza.
Ana: Comprar no es positivo si lo que compras es innecesario. Piensa que todas nuestras acciones [7] .... un impacto en la naturaleza.
Pedro: Es evidente que [8] .... recursos suficientes. ¡No se van a terminar mañana!
Ana: Para nosotros sí hay recursos, pero ¿qué pasará con las próximas generaciones?
Pedro: Pues, es [9] .... lo que dices… Visto así, tienes toda la razón.

8 Escribe brevemente tu opinión sobre el consumo innecesario. Procura utilizar las estructuras que has aprendido para expresar lo que piensas sobre el tema.

....

....

9 Reflexiona sobre la unidad y valora tu aprendizaje.

	Sí	Un poco	No
1. Puedo hacer referencia a diferentes aspectos relacionados con el medioambiente.	☐	☐	☐
2. Puedo hablar brevemente sobre la economía sostenible y dar mi opinión.	☐	☐	☐
3. Puedo valorar cuestiones relacionadas con el consumo responsable dando mi opinión.	☐	☐	☐
4. Puedo hablar brevemente de algún espacio natural de Hispanoamérica amenazado por el cambio climático.	☐	☐	☐

Unidad 4 | ¡Súmate! ochenta y uno | 81

5. **1.** horror; **2.** muy positivo; **3.** bien; **4.** increíble; **5.** a favor.

6. **1.** puede; **2.** sean; **3.** frene; **4.** reduzcan; **5.** recicla.

7. **1.** creo/pienso/me parece; **2.** sea; **3.** acuerdo; **4.** es/sería; **5.** es; **6.** compre/gaste/consuma; **7.** tienen/provocan…; **8.** hay/tenemos; **9.** verdad/cierto.

8. Respuesta abierta.

9. Respuesta abierta.

Unidad 5

Unidad

5

Para siempre

¿Qué te sugiere la imagen principal y el título de la unidad?

Fíjate en las personas de las fotos pequeñas; ¿cómo crees que se sienten?

¿Sabes dónde están y a qué estilo arquitectónico pertenecen los edificios de la derecha?

Para siempre

Antes de que sus estudiantes abran el libro, escriba en la pizarra el título de la unidad y pregúnteles qué temas les sugiere y si para ellos es una expresión con connotaciones positivas o negativas. Anote los temas que le digan en la pizarra y pídales que abran el libro y se fijen en la imagen principal, pregúnteles entonces si esa imagen ilustra alguno de los temas que han sugerido anteriormente; es muy probable que entre ellos se encuentre la amistad y que, por lo tanto, concluyan que ese es, precisamente, el tema que evoca el título. A continuación dirija su atención hacia las imágenes inferiores y pregúnteles cómo creen que se sienten esas dos personas. Cabe esperar que digan que la chica está contenta, alegre, tranquila o relajada y que el chico está nervioso o asustado. Pídales también que los describan, que expliquen por qué creen que se sienten así, cómo suponen que es su carácter y qué rasgos imaginan que tiene su personalidad. Puede preguntarles, además, cómo se sienten ellos en este momento o últimamente y anotar todas las palabras que le digan para describir sus estados de ánimo. También propóngales que, a partir de lo que ya conocen (título de la unidad, tema de la amistad y estados de ánimo tratados en las imágenes secundarias), intenten adivinar algunos de los contenidos que se trabajarán en la unidad.

En esta unidad vas a...

- Hablar de las relaciones personales
- Expresar gustos, intereses, sentimientos, emociones y estados de ánimo
- Describir personas: carácter y personalidad
- Mostrar empatía
- Conocer el modernismo arquitectónico de Barcelona

Pídales ahora que observen la imagen de los dos edificios y pregúnteles si saben a qué estilo arquitectónico pertenecen. Si le dan la respuesta correcta (modernismo), pregúnteles también si saben en qué ciudad se encuentran (Barcelona), si conocen alguna otra construcción de este estilo en la misma ciudad (basílica de la Sagrada Familia, Parque Güell...) y si saben a qué época corresponde ese estilo arquitectónico (finales del siglo XIX y primeras décadas del siglo XX).
Por último, remítalos al cuadro en el que se presentan algunos de los contenidos que se trabajarán en la unidad y expóngalos, relacionándolos con los temas que han sugerido ellos al principio y que se han ido derivando de la explotación de las distintas imágenes. De este modo, habrá conseguido que se motiven y se sientan preparados para empezar.

Unidad 5

¿Qué sabes?

1. En esta primera actividad se anticipa uno de los contenidos léxicos que trabajarán en "Palabras": el vocabulario para describir el carácter y la personalidad.
Comience escribiendo en la pizarra la palabra *fisiognomía* y pregunte a sus estudiantes si saben qué significa ('pseudociencia que se apoya en el estudio de la apariencia física de una persona, sobre todo el rostro, para conocer su personalidad'). Una vez comentado el significado, pregúnteles si creen que se pueden conocer realmente aspectos de la personalidad de alguien observando sus facciones. En el caso de que conozcan algo sobre esta materia, anímelos a que la compartan con el resto de la clase. A continuación explíqueles que van a leer un texto que trata precisamente sobre este asunto y que deberán subrayar todos los adjetivos utilizados en él para describir el carácter o la personalidad. Deles un tiempo para que realicen la actividad y corrija, después, en plenario; es posible que alguien subraye *con mucha iniciativa*, explíqueles que, aunque propiamente no se trata de un adjetivo, sí que cumple la misma función.
Extravertida, introvertida/o, responsable, valiente, soñadoras, creativas, optimista, paciente, trabajador, inteligente, sinceras, inmaduras, sensible, fiel, honestas, inseguras, positiva, orgulloso, creído, seguro, decidido, habladora.

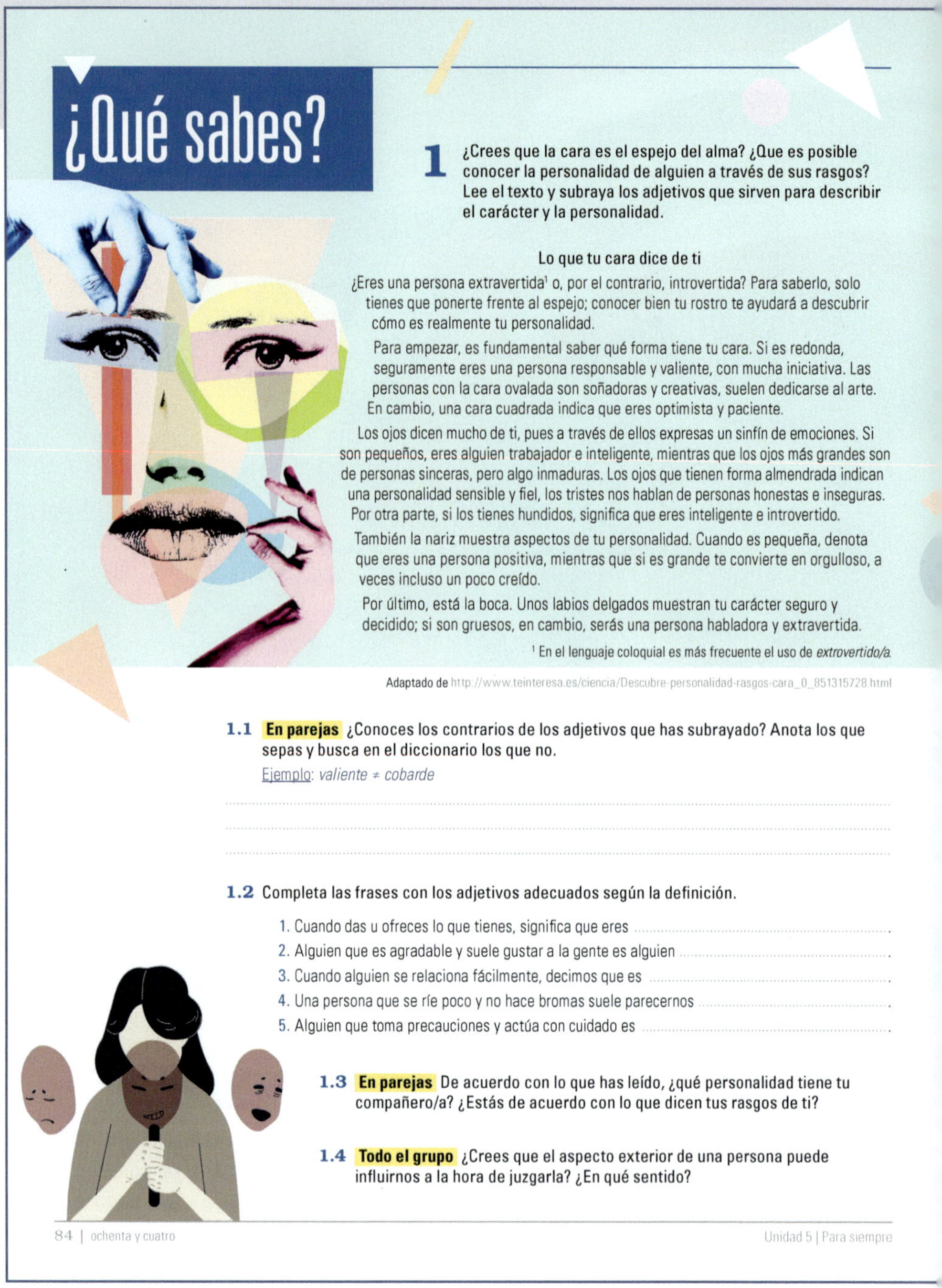

¿Qué sabes?

1 ¿Crees que la cara es el espejo del alma? ¿Que es posible conocer la personalidad de alguien a través de sus rasgos? Lee el texto y subraya los adjetivos que sirven para describir el carácter y la personalidad.

Lo que tu cara dice de ti

¿Eres una persona extravertida[1] o, por el contrario, introvertida? Para saberlo, solo tienes que ponerte frente al espejo; conocer bien tu rostro te ayudará a descubrir cómo es realmente tu personalidad.

Para empezar, es fundamental saber qué forma tiene tu cara. Si es redonda, seguramente eres una persona responsable y valiente, con mucha iniciativa. Las personas con la cara ovalada son soñadoras y creativas, suelen dedicarse al arte. En cambio, una cara cuadrada indica que eres optimista y paciente.

Los ojos dicen mucho de ti, pues a través de ellos expresas un sinfín de emociones. Si son pequeños, eres alguien trabajador e inteligente, mientras que los ojos más grandes son de personas sinceras, pero algo inmaduras. Los ojos que tienen forma almendrada indican una personalidad sensible y fiel, los tristes nos hablan de personas honestas e inseguras. Por otra parte, si los tienes hundidos, significa que eres inteligente e introvertido.

También la nariz muestra aspectos de tu personalidad. Cuando es pequeña, denota que eres una persona positiva, mientras que si es grande te convierte en orgulloso, a veces incluso un poco creído.

Por último, está la boca. Unos labios delgados muestran tu carácter seguro y decidido; si son gruesos, en cambio, serás una persona habladora y extravertida.

[1] En el lenguaje coloquial es más frecuente el uso de *extrovertido/a*.

Adaptado de http://www.teinteresa.es/ciencia/Descubre-personalidad-rasgos-cara_0_851315728.html

1.1 **En parejas** ¿Conoces los contrarios de los adjetivos que has subrayado? Anota los que sepas y busca en el diccionario los que no.

Ejemplo: *valiente ≠ cobarde*

....

....

....

1.2 Completa las frases con los adjetivos adecuados según la definición.

1. Cuando das u ofreces lo que tienes, significa que eres ....
2. Alguien que es agradable y suele gustar a la gente es alguien ....
3. Cuando alguien se relaciona fácilmente, decimos que es ....
4. Una persona que se ríe poco y no hace bromas suele parecernos ....
5. Alguien que toma precauciones y actúa con cuidado es ....

1.3 **En parejas** De acuerdo con lo que has leído, ¿qué personalidad tiene tu compañero/a? ¿Estás de acuerdo con lo que dicen tus rasgos de ti?

1.4 **Todo el grupo** ¿Crees que el aspecto exterior de una persona puede influirnos a la hora de juzgarla? ¿En qué sentido?

84 | ochenta y cuatro — Unidad 5 | Para siempre

1.1. Actividad para ampliar el léxico de la anterior. Pídales que, en parejas, escriban los contrarios de los adjetivos que han subrayado en el texto; déjeles usar el diccionario si lo necesitan y, cuando hayan terminado, haga una puesta en común para corregir.
Valiente ≠ cobarde; extravertido/a ≠ introvertido/a; introvertido/a ≠ extravertido/a; responsable ≠ irresponsable; soñador/a ≠ realista; creativo/a (no existe un antónimo correspondiente, solemos decir *poco creativo/a, con poca imaginación*); optimista ≠ pesimista; paciente ≠ impaciente; trabajador/a ≠ vago/a; inteligente ≠ tonto/a o estúpido/a; sincero/a ≠ falso/a o hipócrita; inmaduro/a ≠ maduro/a; sensible ≠ insensible; fiel ≠ infiel; honesto/a ≠ deshonesto/a; inseguro/a ≠ seguro/a; positivo/a ≠ negativo/a; orgulloso/a ≠ humilde o modesto/a; creído/a ≠ humilde o sencillo/a; seguro/a ≠ inseguro/a; decidido/a ≠ indeciso/a (o *con poca iniciativa*); hablador/a ≠ callado/a.

1.2. Explíqueles que, ahora, deberán completar una serie de definiciones con el adjetivo al que hacen referencia. Acláreles que se puede tratar de los adjetivos que han visto anteriormente o de otros diferentes y que puede haber más de una respuesta válida.
1. generoso/a; **2.** majo, amable, simpático; **3.** sociable, abierto; **4.** seria; **5.** prudente, precavido.

1.3. Organice la clase en parejas y explíqueles que, teniendo en cuenta lo que han leído en el texto, deberán describir el carácter de su compañero/a a partir de sus facciones y usando los adjetivos aprendidos. Luego cada estudiante deberá valorar si lo que sus rasgos dicen de él/ella es más o menos acertado.

1.4. Para terminar la secuencia, propóngales un debate acerca de la importancia que tiene la apariencia física en las primeras impresiones. Pregúnteles si, en su opinión, tendemos a juzgar a las personas por su aspecto y en qué medida afecta esa impresión sobre la opinión que nos formamos de ellas. Puede preguntarles también si, a menudo, cuando ya tienen trato con alguien, se modifica esa primera impresión.

2 **Todo el grupo** ¿Una persona puede ser alegre, pero estar triste? Justifica tu respuesta con un ejemplo.

2.1 **En parejas** Independientemente del carácter que tengamos, todos podemos pasar por diferentes estados de ánimo a lo largo del día. Fíjate en las imágenes; ¿qué les pasa a estas personas?

1. .... 2. .... 3. .... 4. .... 5. ....

2.2 **En parejas** ¿Qué otros estados de ánimo puedes expresar en español? Comparte lo que sabes con tu compañero/a. ¿Cómo estás tú ahora?

3 **En parejas** Hay situaciones que nos producen sentimientos o sensaciones que influyen en nuestro estado de ánimo. Fíjate en las imágenes y completa los diálogos expresando un sentimiento según la situación. Utiliza los verbos del recuadro en la forma adecuada.

dar miedo | gustar | molestar | alegrarse | dar igual | odiar | encantar

1

Sara, por favor, ya sabes que me .... mucho que entres cuando estoy trabajando.

2

▶ .... de que ya estés aquí.
▷ Y yo de verte.

3

¡Qué bien! Me .... que me traigáis el desayuno a la cama.

4

▶ Sabes que no me .... que dejes todo por en medio.
▷ Perdona, lo siento.

5

▶ Esta película me ....; quítala, por favor.
▷ No, que está muy bien.

6

▶ .... que no me digas la verdad.
▷ Me .... lo que pienses, ya no me importa.

4 **En grupos pequeños** ¿Cómo es tu mejor amigo/a? Cuéntales a tus compañeros cómo es su carácter, cuál suele ser su estado de ánimo, qué aficiones tiene, por qué lo/la consideras tu mejor amigo/a...

2. Como anticipación de uno de los contenidos que se trabajarán en el apartado "Gramática", la expresión de los estados de ánimo, formule en plenario la pregunta que plantea la actividad. Puede corregir en el momento sin que, por ello, interfiera en lo que estudiarán más adelante.
Posible respuesta:
Sí, una persona puede ser alegre pero estar triste. Con *ser* describimos su carácter y con *estar*, en este caso, un estado de ánimo momentáneo que no la define como persona. Ejemplo: *No sé qué le pasa a Carlos, con lo alegre que es y últimamente está muy triste.*

2.1. Aclarada la diferencia entre carácter y estado de ánimo, proponga esta actividad para ampliar el léxico sobre este último. Para ello, pídales que, en parejas, describan el estado de ánimo de las personas que aparecen en las imágenes.
1. Está triste; **2.** Está enfadada; **3.** Está sorprendido; **4.** Está alegre/contenta; **5.** Está nervioso.

2.2. Pregúnteles ahora qué otros estados de ánimo son capaces de expresar en español y pídales que los compartan en parejas. Para hacer más lúdica la actividad, propóngales que uno de ellos muestre con un gesto un determinado estado de ánimo para que el otro lo adivine y lo escriba; en ese caso, permítales utilizar el diccionario. Finalizada la actividad, haga una puesta en común para que puedan seguir ampliando su caudal léxico con las aportaciones de otros compañeros.

3. Actividad que introduce otro de los contenidos que se estudiarán en "Gramática": la expresión de sentimientos y emociones. Por el momento, solo nos centraremos en algunos de los verbos que usamos con este fin, sin reparar en que los verbos a los que subordinan se conjuguen en subjuntivo.
Con la clase todavía dispuesta en parejas, explíqueles que deben completar las frases conjugando en la forma adecuada los verbos del recuadro. Insista en que fijarse bien en las imágenes que ilustran las frases les facilitará el trabajo. Esta actividad presenta la dificultad de que todos los verbos, excepto *odiar* y *alegrarse*, funcionan como *gustar* y lo más probable es que sus estudiantes aún no lo sepan; puede corregir y decirles simplemente que verán estos verbos más adelante o dejar la corrección para entonces.
1. molesta; **2.** Me alegro; **3.** encanta; **4.** gusta; **5.** da miedo; **6.** Odio, da igual.

4. Cierre el apartado con una interacción oral que les permitirá poner en práctica en buena medida los contenidos que se han apuntado en las actividades anteriores. Pídales que, en pequeños grupos, cuenten a sus compañeros cómo es su mejor amigo/a y anímelos a usar los adjetivos que han trabajado en la primera secuencia de actividades de este apartado.

Palabras

1. Abra el apartado con esta comprensión auditiva en la que se trabajan adjetivos para describir el carácter y la personalidad. Explíqueles que van a escuchar cómo dos estudiantes hablan de sus nuevos compañeros de clase y que tendrán que escribir bajo el nombre de cada uno los adjetivos que emplean para describirlos. Antes de poner el audio, presente el cuadro de atención en el que se explican algunos recursos del español para suavizar los aspectos negativos de una persona cuando hablamos de ella. Pídales que, en los casos en los que se suavice un adjetivo, lo escriban también. Proceda a la escucha, deje que comparen después en parejas y corrija mediante una puesta en común. Si es necesario, ponga el audio dos veces.

[17]

Linda: muy alegre, habladora, un poco vaga; **Raúl:** un poco creído, trabajador; **Sara:** simpática, un poco nerviosa, impaciente; **David:** un poco cerrado, callado, serio; **Teresa:** extravertida, seria.

1.1. El objetivo de esta actividad es asegurarse de que sus estudiantes comprenden del significado de los adjetivos que han escuchado en la actividad anterior. Pídales que, primero individualmente, lean las definiciones y escriban junto a cada una el adjetivo correspondiente de los que anotaron en su tabla. Una vez que lo hayan hecho, indíqueles que comparen sus respuestas en parejas y corrija, por último, mediante una puesta en común.

1. nerviosa; **2.** Creído; **3.** impaciente; **4.** cerrado, callada, habladora; **5.** alegre; **6.** vaga; **7.** seria; **8.** simpático; **9.** extravertida; **10.** trabajadora.

Palabras

Recuerda:
Para suavizar defectos o aspectos negativos de las personas es muy frecuente usar ***un poco, un poquito*** y el diminutivo ***-ito/a***:

Me ha parecido un poco creído.

Es calladita, pero muy maja cuando la conoces.

1 [17] **Ramón y Ana hablan de sus nuevos compañeros de clase. Escucha la conversación y escribe los adjetivos que usa cada uno para describirlos.**

Linda	Raúl	Sara	David	Teresa

1.1 **En parejas** Lee estas definiciones y escribe los adjetivos de la actividad anterior donde corresponda. Luego compara con tu compañero/a.

1. Una persona se pone .... cuando pierde la calma.
2. .... es alguien prepotente, que se cree superior en algún aspecto.
3. Cuando una persona tiene poca paciencia, decimos que es ....
4. Si alguien es poco sociable, es .... Y, si además habla muy poco, es una persona ...., lo contrario de ....
5. Alguien es .... si sonríe, es agradable y tiene una actitud optimista.
6. Decimos que una persona es .... cuando no tiene buena actitud para trabajar.
7. Una persona .... es alguien que hace las cosas con cuidado y responsabilidad.
8. De alguien divertido, que cae bien a los demás, decimos que es ....
9. Alguien a quien le gusta relacionarse con los demás es una persona ....
10. Una persona es .... cuando trabaja mucho.

Fíjate:
La expresión ***pecar de*** indica una cualidad en principio positiva, pero que si se tiene en exceso resulta negativa:

Yo peco de sincero, y eso a veces me da problemas con mis amigos.

2 **En parejas** **Lee el perfil que Sandra ha colgado en una red social y subraya los adjetivos que usa para describir su carácter y el tipo de personas que le gustan.**

Sandra

Me llamo Sandra, tengo 21 años y soy estudiante de Ingeniería Industrial. Me considero una persona optimista e inquieta; bueno, realmente soy muy nerviosa; también pienso que soy bastante prudente, aunque a veces peco de seria. Mis amigos dicen que soy generosa y sincera. Espero que sea verdad... Me gusta la gente tranquila y alegre. No me gustan demasiado las personas pesimistas, tampoco la gente falsa o egoísta. Bueno..., creo que en realidad las personas así no le gustan a nadie. 😊

2.1 **En parejas** **¿Cómo es tu compañero/a? Escribe en tu cuaderno un perfil tomando como ejemplo el de Sandra. Luego lee lo que ha escrito tu compañero/a sobre ti. ¿Estás de acuerdo?**

2.2 **En el perfil de Sandra hay varios adjetivos antónimos. Escribe las cinco parejas que encuentres y añade tú una más.**

1. .... ≠ ....
2. .... ≠ ....
3. .... ≠ ....
4. .... ≠ ....
5. .... ≠ ....
6. .... ≠ ....

2. Actividad para seguir ampliando el léxico relacionado con el carácter y la personalidad. Pídales que, con la misma pareja, lean el perfil que una chica, Sandra, ha escrito en una red social y subrayen los adjetivos que ha usado para definirse a sí misma y a las personas que le gustan o no. Antes de que lean el texto, remítalos al cuadro de atención, en el que se explica el significado de la expresión *pecar de...* que van a encontrar en el perfil de Sandra. Puede ampliar la actividad pidiéndoles que separen los adjetivos en dos categorías: los que tienen un significado positivo *(optimista, prudente, seria, generosa, sincera, tranquila, alegre)* y los que indican aspectos negativos *(inquieta, nerviosa, pesimistas, falsa, egoísta).*

Optimista, inquieta, nerviosa, prudente, seria, generosa, sincera, tranquila, alegre, pesimistas, falsa, egoísta.

2.1. Explíqueles que ahora cada estudiante, tomando como modelo el perfil que acaban de leer, deberá escribir uno de su compañero/a. Luego deberán intercambiárselo y decir en qué aspectos están de acuerdo y en cuáles no argumentando sus respuestas.

2.2. Pídales que lean de nuevo el perfil de Sandra y que busquen en él las cinco parejas de adjetivos antónimos que aparecen y las escriban. Además, tendrán que añadir una más, dentro del campo léxico que están trabajando.

1. optimista ≠ pesimista; **2.** nerviosa ≠ tranquila; **3.** seria ≠ alegre; **4.** generosa ≠ egoísta; **5.** sincera ≠ falsa; **6. Posible respuesta:** prudente ≠ imprudente.

5

2.3 **En parejas** Algunos antónimos de los adjetivos de carácter se forman añadiendo un prefijo. Otros son palabras diferentes. Completa la tabla y luego usa el diccionario para comprobar tu respuesta. Trabaja con tu compañero/a.

	IN-, IM-, I-	DES-	Otro antónimo
1. maduro/a			
2. confiado/a			
3. responsable			
4. trabajador/a			
5. seguro/a			
6. honesto/a			
7. agradecido/a			
8. sociable			
9. agradable			
10. paciente			
11. valiente			
12. creído/a			

RAE LÉXICO

- En una gran parte de Hispanoamérica se usa chévere con el significado de 'estupendo', 'bonito', y qué mala onda con el significado de '¡qué pena siento!': *¡Qué **chévere** que viniste! ¿Qué te parece mi fiesta? Linda, ¿verdad? Supe lo que les pasó. **Qué mala onda**. Qué cosa más terrible.*
- En Colombia, Honduras, Cuba y República Dominicana bacano significa 'muy bueno', 'estupendo', 'excelente'. Se usa en el lenguaje juvenil: *Nueva York, ¡qué **bacano**!, habían dicho los compañeros de la universidad.*
- En México chido significa 'bonito', 'lindo', y padre, 'estupendo': *"Estás bien bonita", le dice Sara. "Y está bien **chido** el vestido y la bandita. ¿Es de tu trabajo?" Ay, qué **padre**. Debe ser bien interesante todo lo que haces.*

3 **En parejas** Las expresiones que tienes a continuación sirven para reaccionar ante una información. Relaciónalas con su diálogo correspondiente.

a. ¡Qué estrés! | b. ¡Qué aburrimiento! | c. ¡Qué alegría! | d. ¡Qué casualidad! | e. ¡Qué noticia! | f. ¡Qué desastre! | g. ¡Qué tontería! | h. ¡Qué susto!

1. ▶ Tengo que estudiarme cien páginas para el examen de mañana.
▷ ☐
2. ▶ Solo se rompió una pierna, pero el accidente fue terrible.
▷ ☐
3. ▶ Estábamos visitando el Taj Mahal y me encontré con mi profesora de español, ¡en la India!
▷ ☐
4. ▶ ¡Uf! Ha estado hablando cuatro horas sin parar.
▷ ☐
5. ▶ Hemos perdido todo el dinero en ese negocio.
▷ ☐
6. ▶ ¡Mira quién ha llegado! ¡Mamá!
▷ ☐
7. ▶ Nos van a subir a todos el sueldo, ¿lo sabías?
▷ ☐
8. ▶ No me habla porque me olvidé de felicitarlo por su cumpleaños.
▷ ☐ Seguro que no es por eso.

Unidad 5 | Para siempre ochenta y siete | 87

2.3. Actividad para seguir trabajando los antónimos de los adjetivos de carácter. Explíqueles que los antónimos de muchos adjetivos se forman añadiéndole a estos un prefijo como los que aparecen en la parte superior de la tabla *(in-, im-, i-, des-)* y que en otros casos, como han visto, se trata de palabras totalmente distintas. En el caso del prefijo *in-*, explíqueles que en ocasiones presenta variantes debido a cuestiones fonológicas: pierde la letra *n* y se trasforma en *i-* ante palabras que comienzan por *l-* o *r-* *(ilegal, irreal…)* o cambia la *n* por *m* y se trasforma en *im-* ante palabras que comienzan por *b-* o por *p-* *(imborrable, impredecible…)*. A continuación pídales que, de nuevo en parejas, completen la tabla con los antónimos de los adjetivos que aparecen en ella. Aunque la corrección la realizarán ellos mismos consultando el diccionario, haga una puesta en común después. Finalizada la actividad, presente el cuadro de la RAE en el que aparecen algunos adjetivos utilizados en diferentes países de Hispanoamérica para calificar o definir.
Como ampliación, si desea seguir trabajando estos antónimos, use la proyección 14.
1. inmaduro/a; **2.** desconfiado/a; **3.** irresponsable; **4.** vago/a; **5.** inseguro/a; **6.** deshonesto/a; **7.** desagradecido/a; **8.** insociable; **9.** desagradable; **10.** impaciente; **11.** cobarde; **12.** humilde, modesto/a.

Antónimos
[14]

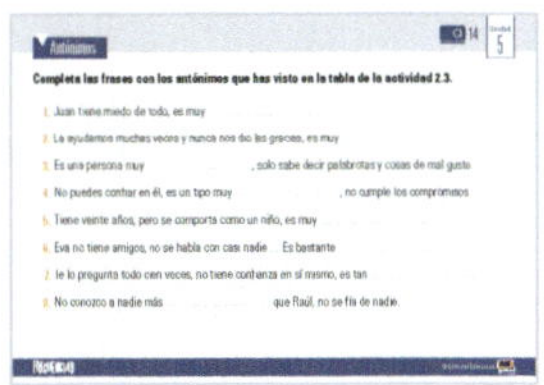

Proyecte la lámina y pida a sus estudiantes que, en parejas, realicen la tarea que aparece en ella. Haga una puesta en común para corregirla.
1. cobarde; **2.** desagradecida; **3.** desagradable; **4.** deshonesto; **5.** inmaduro; **6.** insociable; **7.** inseguro; **8.** desconfiado.

Para trabajar estos contenidos, realice las actividades **1-5**, pp. **28-29** del *Libro de ejercicios*.

3. Se presenta ahora un nuevo contenido léxico: algunas de las expresiones que usamos para reaccionar ante una información o situación. Pídales que, primero, lean las expresiones del recuadro y piensen en situaciones en las que las dirían. Haga un breve sondeo en plenario y, después, indíqueles que lean en parejas las intervenciones y seleccionen qué expresión del recuadro usarían para reaccionar en cada caso. Hágales ver que las imágenes que acompañan a cada intervención les pueden también ayudar, en cierto modo, en sus respuestas. Haga una puesta en común para la corrección.
Puede ampliar la actividad preguntando si conocen otras expresiones exclamativas que sirvan para reaccionar a una información. Escriba en la pizarra las que le digan o escriba las siguientes si nadie las menciona: *¡Qué bien!, ¡Qué mal!, ¡Qué sorpresa!, ¡Qué bonito!, ¡Qué extraño!* Por último, anímelos a improvisar breves diálogos en los que las usen.
1. a; **2.** h; **3.** d; **4.** b; **5.** f; **6.** c; **7.** e; **8.** g.

Para trabajar estos contenidos, realice la actividad **6**, p. **29** del *Libro de ejercicios*.

Gramática

1. Antes de presentar el primer cuadro gramatical, pregúnteles qué verbos conocen para expresar gustos, intereses y preferencias; escúchelos y luego compruebe con ellos si esos verbos aparecen en el cuadro que se dispone a explicar. Pregúnteles si recuerdan cómo se conjuga el verbo *gustar* y pídales que le den ejemplos construidos con sustantivos en singular y en plural. Recuérdeles también que los verbos *encantar* e *interesar* se construyen igual y lea los ejemplos que aparecen en el cuadro.
A continuación explíqueles que cuando los verbos que expresan gustos, intereses y preferencias van seguidos de otro verbo, este puede estar en infinitivo o en subjuntivo. Pregúnteles si saben a qué responde esa distinción. Una vez hayan dado con la respuesta, lea con ellos los ejemplos del cuadro y pídales que añadan algún otro. Haga hincapié en que, dentro de los verbos que expresan gustos, intereses y preferencias, los hay, como *preferir*, que se conjugan como la mayoría de los verbos en español (verbos cuyo sujeto es aquel que realiza o experimenta la acción) pero que también funcionan, respecto a los verbos subordinados, igual que el verbo *gustar*, es decir: con infinitivo o subjuntivo dependiendo de si los sujetos de ambos verbos coinciden o son diferentes. Por último, remítalos al cuadro atención de la banda lateral en el que se explica cómo se gradúan en intensidad este tipo de verbos.

1.1. Actividad controlada para consolidar las estructuras que acaban de estudiar escribiendo frases con los verbos *gustar*, *interesar* y *encantar* seguidos de sustantivo, infinitivo o *que* + subjuntivo. En parejas, deberán escribir las frases en función de lo que le cuente su compañero/a. Mientras realizan la actividad, muévase por el aula para corregir los errores que puedan cometer. Luego haga una puesta en común e invítelos a compartir con el resto de la clase la información que más les ha llamado la atención.

Gramática

1 Expresar gustos, intereses y preferencias

- Recuerda que los verbos *gustar*, *encantar* e *interesar* se construyen casi siempre en tercera persona, acompañados de los pronombres de objeto indirecto. Esta construcción especial se conjuga en singular si a continuación hay un **sustantivo singular** y en plural si el **sustantivo** es **plural**:
  Me gusta/encanta/interesa este escritor.
  Me gustan/encantan/interesan las novelas históricas.
  - Cuando esta construcción va seguida de un verbo, se usa el **infinitivo** si las acciones se refieren al mismo sujeto y de ***que*** + **subjuntivo** si las acciones se refieren a sujetos diferentes:
    Me gusta/encanta/interesa ***trabajar*** *aquí.*
    Me gusta/encanta/interesa ***que vengas****.*
- El verbo ***preferir*** se construye como la mayoría de los verbos en español:
  Prefiero *estos pantalones, son más cómodos.*
  Mi hermana ***prefiere estudiar*** *en la biblioteca por el silencio.*
  *¿****Prefieres que nos veamos*** *en el centro?*

Recuerda:
Los verbos ***gustar*** e ***interesar*** se pueden graduar en intensidad con ***muchísimo***, ***mucho***, ***bastante***, ***no... demasiado***, ***no... mucho***, ***no... nada***; en cambio, el verbo ***encantar*** expresa el grado máximo de intensidad, por lo que no se puede graduar y se usa solo:
▶ *No me gustan* ***nada*** *las películas de terror, lo paso fatal.*
▷ *Uy, pues a mí me gustan* ***muchísimo****, ¡me encantan!*

1.1 **En parejas** Pregúntale a tu compañero/a qué dos cosas le gustan, qué dos actividades le interesa hacer y qué dos características le encantan de su mejor amigo/a.

1. Le gusta/n › ....
2. Le gusta/n › ....

1. Le interesa › ....
2. Le interesa › ....

1. Le encanta › ....
2. Le encanta › ....

2 **En parejas** Hay otros muchos verbos con la misma estructura que *gustar*. Lee el texto y subraya los que encuentres. Luego compara tus resultados con los de tu compañero/a y anota los que no tengas.

www.adolescenteshoyendia.com

Lo que tu hijo adolescente te reprocha

A tu hijo adolescente le preocupa no ser valorado. Le importa mucho más de lo que crees tu opinión, aunque, quizá, le molesta más que no cuentes con la suya para los asuntos de casa y que no pueda participar en las dinámicas familiares de una manera más activa. A menudo no le consultamos porque creemos que no le importa nada lo que sucede en casa y luego nos sorprende que le enfaden esas decisiones que hemos tomado sin contar con él. El adolescente, recuérdalo siempre, necesita sentirse importante.
Aunque no lo pida, le agrada que sus padres se interesen por sus aficiones, que le pregunten por la música que escucha o las series que ve, pero sin hacer juicios de valor ni ridiculizarlo por sus gustos. Pocas cosas le indignan más que sentirse despreciado por ellos. Es importante que seas empático con él.
Por último, no olvides que al adolescente le aburren y fastidian tanto los sermones que no suele escucharlos; por eso, siempre es mejor transmitirle mensajes a través de historias reales, propias o ajenas, que entenderá mejor y que no percibirá como una reprimenda.

88 | ochenta y ocho — Unidad 5 | Para siempre

2. Antes de presentar la actividad pregúnteles si, además de *encantar* e *interesar*, conocen otros verbos que funcionen igual que *gustar*. Al menos deberían recordar el verbo *doler*, que estudiaron en el nivel anterior. A continuación explíqueles que van a leer un texto sobre la relación de los adolescentes con sus padres y que deberán subrayar todos los verbos que, según ellos, funcionan igual que *gustar*. Aconséjeles que se fijen en las estructuras en las cuales aparecen todos los verbos y, especialmente, en los pronombres que los acompañan, los cuales pueden subrayar también si esto les ayuda a entender mejor su funcionamiento. Una vez que hayan realizado la actividad individualmente, déjelos que comparen sus respuestas en parejas y que añadan los verbos que no hayan encontrado. Por último, haga una puesta en común para corregir y resuelva cualquier duda que le planteen (por ejemplo, es posible que subrayen *interesen*; hágales ver que, en este caso, se trata de una estructura distinta y que prueba de ello es el sujeto, *sus padres*, el pronombre *se* y la preposición *por*).
(Le) preocupa, (Le) importa, (le) molesta, (nos) sorprende, (le) enfaden, (le) agrada, (le) indignan, (le) aburren, (le) fastidian.

5

2.1 **En parejas** Con tu compañero/a, piensa en otras cuestiones que, en tu opinión, fastidian, agradan y preocupan a los adolescentes. Tomad notas.

2.2 **Todo el grupo** Compartid vuestras notas con el resto de la clase. ¿Estáis de acuerdo? ¿En qué no coincidís?

3 Locuciones verbales con *dar* y *poner* para expresar sentimientos y emociones

- Las locuciones *dar* + **sustantivo** *(miedo, pena, lástima, vergüenza, rabia, asco...)* y *poner* + **adjetivo** *(triste, contento/a, furioso/a, nervioso/a...)* también expresan **sentimientos y emociones** y se construyen igual que el verbo *gustar*:

  *Me **dan miedo** las alturas.*
  *Me **da vergüenza** hablar en clase.*
  *¿Te **pone nerviosa** que venga Esteban?*
  *Me **ha puesto triste** leer tu mensaje.*

- Estas construcciones pueden ir seguidas de ***cuando*** o ***si*** en lugar de ***que***. En este caso, el verbo que introducen va en **indicativo.** Además, el verbo *poner* se hace **reflexivo**:

  *Nos da mucha lástima **cuando/si oímos** esas noticias.*
  *Mi perra **se pone** muy contenta **cuando/si** te **ve**.*

Fíjate:
Otras locuciones muy usadas con ***dar*** y ***poner*** son ***dar igual/lo mismo*** (para mostrar indiferencia) y ***poner de buen/mal humor***.

RAE

LÉXICO
- En Paraguay se usa hallarse con el significado de 'encontrarse en cierto estado emocional (triste, alegre...)' o 'no encontrarse a gusto en algún sitio o situación, estar molesto':
  *Desde que la providencia me dejó viudo, **no me hallo**.*
- En el español de América es más frecuente el uso de enojar(se) frente a enfadar(se), que se usa más en el español de España:
  *Será mejor que no hagamos **enojar** a tu papá.*

Fíjate en la frecuencia de uso del verbo ***enojar(se)*** por zonas lingüísticas:

Zona	Freq	Fnorm.[1]
México y Centroamérica	935	16.33
Río de la Plata	910	21.77
Chilena	294	16.57
Andina	177	7.57
España	137	1.32
Caribe continental	129	3.50
Antillas	65	3.06

[1] Freq: frecuencia conjunta (número total de ocurrencias obtenidas para la consulta realizada).

Fnorm.: frecuencia normalizada (número de ocurrencias de la consulta por cada millón de palabras de la categoría que le corresponde en la distribución).

3.1 Escucha la conversación de estos dos amigos y completa la información.
[18]

1. A los padres les da rabia que, a esa edad, ...
2. Les da miedo que ....
3. .... hablar con mis padres de algunos temas.
4. Les da pena ....
5. .... cuando .... que voy a estar allí sin la familia.
6. A mi madre le pone muy triste ....

3.2 **Todo el grupo** ¿Estás de acuerdo con Ricardo y Eva? ¿Qué otras cosas crees que molestan o preocupan a los padres de hijos adolescentes?

Unidad 5 | Para siempre ochenta y nueve | 89

2.1. Como ampliación de la actividad anterior, pídales que piensen qué otras cuestiones o situaciones les pueden fastidiar, agradar o preocupar a los adolescentes y que, en parejas, escriban frases con sus ideas. Asegúrese de que usan el mayor número de los verbos han visto en el texto.

2.2. Complete la secuencia pidiéndoles que presenten al resto de la clase las frases que han escrito en la actividad anterior. Fomente el debate preguntando si están de acuerdo o no con lo que dicen sus compañeros y por qué.

Para trabajar estos contenidos, realice las actividades **7-10**, p. **30** del *Libro de ejercicios*.

3. Escriba en la pizarra *Me da...* y *Me pone...* y pregúnteles si conocen palabras o expresiones con las que suelan combinarse estos verbos. Tome nota de las que le sugieran y, a continuación, explíqueles que con estos verbos se forman una gran cantidad de locuciones con las que expresamos sentimientos y emociones. Aclare que las locuciones con el verbo *dar* se construyen principalmente con sustantivos mientras que las que contienen el verbo *poner* lo hacen con adjetivos, aunque existen algunas excepciones como las que se presentan en el cuadro de atención. Explíqueles después que estas locuciones funcionan como el verbo *gustar* pero que también pueden introducir la oración subordinada mediante los nexos *cuando* y *si* en lugar de *que*, en cuyo caso el verbo subordinado se conjuga en indicativo y el verbo *poner* se hace reflexivo. Para asegurarse de que entienden correctamente lo explicado, pídales que formulen otras frases con otros sustantivos y adjetivos que aparecen en el cuadro. Por último, dirija su atención hacia el cuadro de la RAE y el de atención y explíqueles las diferencias de vocabulario y las frecuencias de uso presentadas en estos.

3.1. Explíqueles que van a escuchar una conversación en la que dos amigos comentan el texto sobre los adolescentes de la actividad 2 y que deberán completar las frases con la información que falta. Permítales que lean las frases previamente para que focalicen su escucha y dígales que se fijen en las locuciones usadas para expresar sentimientos. Como algunos de los fragmentos que deben completar son extensos, ponga el audio dos veces si es necesario. Corrija mediante una puesta en común.
[18]
1. A los padres les da rabia que, a esa edad, los hijos sean tan cerrados con ellos y no les cuenten nada, que confíen en cualquiera antes que en sus propios padres; **2.** Les da miedo que confíen en las personas equivocadas y luego tengan problemas; **3.** A mí me da vergüenza hablar con mis padres de algunos temas; **4.** Les da pena ver que el niño que antes dependía de ellos para todo, poco a poco empieza a ser independiente, a necesitarlos menos; **5.** Mi padre se pone nervioso cuando piensa que voy a estar allí sin la familia; **6.** A mi madre le pone muy triste ver fotos de cuando yo era pequeña.

3.2. En plenario, pregúnteles si están de acuerdo con lo que han comentado los personajes del audio. Pídales que añadan otros aspectos que, en su opinión, preocupan a los padres; anímelos a hacerlo usando las locuciones verbales que han visto en el cuadro gramatical y a que recurran a su experiencia personal para argumentar sus ideas.

Para trabajar estos contenidos, realice las actividades **11** y **12**, p. **31** del *Libro de ejercicios*.

4. En primer lugar, pregúnteles si conocen algún verbo más que exprese sentimientos o emociones que se conjugue como la mayoría de los verbos y no como *gustar*. Escuche sus respuestas y, a continuación, presente los verbos que aparecen en el cuadro y compruebe si alguno coincide con los que ellos hayan podido decir. Lea los ejemplos que aparecen en el cuadro y pídales que añadan otros tanto con infinitivo como con subjuntivo. Luego explíqueles que para expresar estados de ánimo usamos el verbo *estar* con distintas construcciones y también los verbos *sentirse* y *encontrarse*, tal y como se explica en el cuadro de atención.

4.1. Con el fin de practicar los verbos presentados, pídales que, en parejas, escriban en su cuaderno frases en las que expresen los sentimientos o emociones que les producen las situaciones planteadas. Muévase por el aula mientras trabajan para asegurarse de que usan diferentes verbos. Cuando hayan terminado, pídales que compartan sus frases con el resto de la clase y que comprueben en qué han coincidido.

4.2. Actividad cuyo propósito es formar frases, a partir de los elementos que integran las tres columnas, en las que se expresan diferentes estados de ánimo. Se trata de que los estudiantes sean conscientes de las posibilidades combinatorias con este tipo de verbos. Pídales que, primero, hagan la actividad individualmente. Explíqueles que hay varias opciones posibles y que deben prestar especial atención a los elementos de la columna central y su relación tanto con las palabras que los preceden como con las que aparecen a continuación. Deje que comparen sus respuestas en parejas y corrija mediante una puesta en común; dé por válidas las respuestas que sean correctas gramaticalmente y coherentes semánticamente aunque no coincidan con las que se ofrecen aquí (que entendemos que serían las más lógicas por descarte).

Posible respuesta:

1. que, c; **2.** por, a; **3.** porque, e; **4.** Ø, d; **5.** Ø, f; **6.** que, b; **7.** por, i; **8.** porque, g; **9.** porque, j; **10.** por, h.

> Fíjate:
> Para expresar estados emocionales también se pueden usar los verbos ***sentirse*** o ***encontrarse***:
> *María **se siente/se encuentra** algo deprimida.*

4 Otros verbos que expresan sentimientos, emociones y estados de ánimo

- Además de los que has visto hasta ahora, hay otros verbos que expresan sentimientos y emociones en los que el sujeto es la persona que experimenta el sentimiento o la emoción, como ***soportar, sentir, temer, lamentar, odiar, aguantar*** o ***alegrarse***:

  *No **soporto** que haga tanto frío.* *Raquel **se alegra** de vernos.*
  ***Lamentamos** mucho esta situación.* ***Siento** que no lo comprendas.*

- Para expresar **estados de ánimo** se usa el verbo *estar* con las construcciones que ya conoces:

  Estoy contenta de ir. *Estoy contenta **cuando/si vienes**.*
  *Estoy contenta de **que vengas**.*

4.1 **En parejas** Escribe frases en tu cuaderno expresando qué sentimientos o emociones te producen estas situaciones.

1. Si un amigo te miente.
2. Si sacas una buena nota u obtienes un triunfo profesional.
3. Si ves un animal repugnante.
4. Si piensas en tu peor defecto.
5. Si te enteras de que alguien querido ha sufrido un accidente.
6. Si alguien se cuela en la cola del súper.

4.2 **En parejas** Forma frases relacionando las partes de las tres columnas. Hay varias opciones posibles. Luego compara el resultado con tu compañero/a.

1. Estamos encantados de		a. haber suspendido el examen.
2. Estoy triste		b. siempre hable mal de Jaime.
3. Alberto está deprimido		c. vengáis a nuestra fiesta.
4. Estamos hartos de	que	d. tu comportamiento infantil.
5. Estás aburrido de	por	e. se siente solo.
6. Estoy cansada de	porque	f. esperar tanto tiempo.
7. Usted está de mal humor	Ø	g. hace muy buen tiempo.
8. Estáis de buen humor		h. la entrevista de trabajo.
9. Paco está enfadado		i. el retraso del avión.
10. Estoy nerviosa		j. ha perdido su equipo de fútbol.

5 Oraciones de relativo con antecedente conocido y desconocido

- Recuerda que las oraciones de relativo sirven para unir frases que tienen un elemento en común (el **antecedente**) mediante los relativos. Los más habituales son el pronombre ***que*** y el adverbio ***donde***:

  Voy a hacer un intercambio con un chico. El chico es inglés. ›
  *Voy a hacer un intercambio con **un chico que** es inglés.*

- Cuando el antecedente es **conocido**, real, las oraciones de relativo se construyen con **indicativo**:

  ***La casa donde vivo** está bastante cerca.*

- Sin embargo, cuando el antecedente es **desconocido**, solo buscamos en este ciertas características, preguntamos por su existencia o la negamos, estas oraciones se construyen con **subjuntivo**:

  *Necesito **un libro que tenga** más ejercicios.*

  – Para preguntar y para responder negativamente se usan los pronombres indefinidos ***algo/nada, alguien/nadie***:

  ▶ *¿Conoce usted a **alguien que hable** bien japonés?*
  ▷ *Tengo un amigo que habla un poco de japonés, pero no conozco a **nadie que lo hable** bien.*

90 | noventa Unidad 5 | Para siempre

Para trabajar estos contenidos, realice la actividad **13**, p. **32** del *Libro de ejercicios*.

5. Pregunte a sus estudiantes si recuerdan qué es una *oración de relativo* y si podrían darle algún ejemplo. Si no lo recuerdan, escriba en la pizarra estas dos frases: *Estoy leyendo un libro* y *El libro está muy bien*, y pídales que escriban una sola frase con esas dos. Cuando obtenga la frase *Estoy leyendo un libro que está muy bien*, explíqueles que esa es una oración de relativo porque une frases que tienen un elemento en común (el antecedente = *libro*) mediante un pronombre relativo (*que*, en este caso). A continuación explíqueles que cuando el antecedente es conocido, el verbo de la oración de relativo va en indicativo, mientras que si el antecedente es desconocido o no estamos seguros de su existencia, el verbo va en subjuntivo; para ilustrarlo, lea los ejemplos del cuadro. Con el fin de que lo entiendan mejor, puede también hacerles las siguientes preguntas sobre la clase, de manera que deban responder de forma afirmativa o negativa según las circunstancias y usando las oraciones de relativo: *¿en la clase hay alguien que lleve gafas?*, *¿hay alguna ventana que esté abierta?*, *¿hay algún estudiante que tenga origen hispano?*, *¿hay alguien que sepa conducir?*, etc.

5

5.1 Completa las frases con el verbo en indicativo o en subjuntivo según corresponda.

1. Marta ha adoptado un perro muy pequeño que .... (caber) en un vaso.
2. Mi abuelo tiene una ferretería que .... (abrir) los sábados por la tarde.
3. En España casi no hay ríos donde se .... (poder) navegar.
4. ¿Todavía tienes el bolígrafo que .... (escribir) a cinco colores?
5. ¿Alguien tiene un cargador de móvil que .... (servir) para todas las marcas?
6. He comprado una aspiradora que no .... (hacer) mucho ruido.
7. No conozco a nadie que no .... (tener) móvil.
8. ¿No puedes cantar otra canción que no .... (ser) esa?
9. El español es una lengua que se .... (hablar) en muchos países.
10. No sé si hay robots que .... (saber) conducir.

5.2 **Todo el grupo** Fíjate bien en la imagen y responde a las preguntas usando los pronombres relativos.

Ejemplo: ▶ *¿Ves algo que sirva para limpiar?* ▷ *Sí, hay algo que sirve para limpiar: la escoba.*

1. ¿Hay alguien que lleve gafas de sol?
2. ¿Hay alguien que no tenga pelo?
3. ¿Ves a alguien que tenga una planta?
4. ¿Aparece algo que sirva para escribir o para hablar?
5. ¿Hay alguien que tenga menos de diez años?
6. ¿Ves a alguien que lleve ropa de color rosa?
7. ¿Hay alguien que tenga corbata?
8. ¿Aparece alguien que sea rubio?
9. ¿Ves a alguien que sepa cocinar?

5.3 **Todo el grupo** Lee los anuncios y averigua si alguien de la clase puede responder a alguno de ellos.

5.4 **Todo el grupo** Toma nota de los resultados.

Sí, hay gente que ....

No, no hay nadie que ....

Unidad 5 | Para siempre

noventa y uno | 91

5.1. Actividad estructural que ayudará a sus estudiantes a sistematizar los contenidos del cuadro gramatical. Explíqueles que deben conjugar los verbos que aparecen entre paréntesis en indicativo o subjuntivo dependiendo de la naturaleza del antecedente. Deje que trabajen individualmente y luego haga una puesta en común para corregir y responder a las dudas que puedan plantearle. Preste especial atención a las frases 3 y 10, en las que el uso del subjuntivo podría resultarles más difícil de comprender.
1. cabe; **2.** abre; **3.** pueda; **4.** escribe; **5.** sirva; **6.** hace; **7.** tenga; **8.** sea; **9.** habla; **10.** sepan.

5.2. Se continúan trabajando las oraciones subordinadas de relativo, ahora mediante una actividad de oral en plenario. Pídales que se fijen en las personas de la imagen que ejercen distintas profesiones y explíqueles que, siguiendo el ejemplo, deberán ir formulando las preguntas presentadas y contestar en función de lo que ven. Haga que se fijen también en que todas las preguntas están planteadas con el verbo en subjuntivo porque quien pregunta no sabe si el antecedente existe o no; en cambio, en la respuesta deberán usar el indicativo o el subjuntivo en función de si esta es afirmativa o negativa.
Si desea seguir trabajando el tema de las profesiones unido a la práctica de las oraciones de relativo, use la proyección 15.
1. No, no hay nadie que lleve gafas de sol; **2.** No, no hay nadie que no tenga pelo; **3.** Sí, veo a un chico que tiene una planta; **4.** Sí, aparece algo que sirve para hablar, un micrófono; **5.** No, no hay nadie que tenga menos de diez años; **6.** No, no veo a nadie que lleve ropa de color rosa; **7.** Sí, hay un chico que tiene corbata; **8.** Sí, aparecen tres mujeres que son rubias; **9.** Sí, veo a alguien que sabe cocinar, el cocinero.

Oraciones de relativo

[15]

Proyecte la lámina en la que se pregunta qué características debe tener una persona para ejercer determinadas profesiones. Sus estudiantes deberán responder usando la estructura *Debe ser/Tiene que ser una persona que…*

5.3. y **5.4.** Cierre la secuencia con otra actividad de interacción oral en plenario. Indíqueles que lean una serie de anuncios y que, a continuación, averigüen si alguien de la clase podría responder a alguno de ellos. Deles algún tiempo para que realicen la búsqueda y, después, pídales que escriban sus conclusiones en la actividad 5.4.

Para trabajar estos contenidos, realice las actividades **14-15a**, p. **32** del *Libro de ejercicios*.

Practica en contexto

1 **En parejas** ¿Conoces estas redes sociales? ¿Cómo se llaman? ¿Puedes explicar qué diferencia hay entre ellas? ¿Cuáles son más populares en este momento? ¿Cuáles usas tú?

1.1 [19] **En parejas** Ricardo se está registrando en una nueva red social. Escucha su conversación con Eva y, en el cuestionario que tienes a continuación, completa los datos que faltan y marca los adjetivos con los que Eva lo describe.

www.intercambios-estudiantes.com

Usuario	Ricardo		
Correo electrónico	.... correo.com		
Edad	18 años		
Tu personalidad: ¿Con cuáles de estos adjetivos te identificas más?	sincero | pesimista | alegre | introvertido | optimista nervioso | prudente | tranquilo | arrogante | inseguro extravertido | generoso | serio		
Tu carácter			
Tus gustos	Cosas que me gustan: - .... - .... -	Cosas que me gusta hacer: - .... - .... -	Me gusta que la gente… - .... - .... - ....

Fíjate:
Una persona puede tener *buen/mal* carácter o un carácter *fácil/difícil/fuerte/débil*.

1.2 [19] **En parejas** Escucha de nuevo y marca si las afirmaciones que hay a continuación son verdaderas o falsas.

1. Ricardo va a hacer en Valencia un curso de grabación de vídeo. ..... V F
2. Ricardo se hace un perfil en la red porque busca información del curso. ..... V F
3. En esa red encontró Eva el alojamiento cuando estuvo en Irlanda. ..... V F
4. La red social donde se está registrando Ricardo se llama En Cambio. ..... V F
5. Eva piensa que Ricardo es un chico muy nervioso. ..... V F
6. A Ricardo le gustan las personas respetuosas con el medioambiente. ..... V F

1.3 **En grupos pequeños** Completa el cuestionario con tus datos y luego compártelo con tus compañeros de grupo.

92 | noventa y dos — Unidad 5 | Para siempre

Practica en contexto

1. Organice la clase en parejas y pídales que se fijen en los iconos que representan a cinco redes sociales. Pregúnteles si las conocen y, a continuación, deje que respondan a las preguntas planteadas. Corrija en plenario y amplíe la actividad preguntándoles qué otras redes sociales conocen o usan y en qué se diferencian de las que han comentado. Si sus estudiantes no conocieran otras, puede usted sugerir algunas como LinkedIn (para profesionales), Filmaffinity (para cinéfilos), XboxLIVE (para aficionados a los videojuegos), minube (para viajeros), etc.
Los iconos que aparecen pertenecen, de izquierda a derecha, a las siguientes redes sociales: Twitter (destinada a la publicación de informaciones breves o tuits), Instagram (especializada en la publicación de fotografías), Facebook (en la que se comparten todo tipo de documentos con los amigos), Snapchat (que, como Facebook, permite que se compartan archivos: fotografías, vídeos…), TikTok (destinada a la publicación de vídeos cortos).

1.1. [19] Mantenga la organización en parejas para realizar esta actividad de comprensión auditiva. Explíqueles que van a escuchar una conversación entre Ricardo y su amiga Eva mientras él se registra en una nueva red social y que deberán completar los datos que faltan en el cuestionario y, también, marcar o subrayar los adjetivos que emplea Eva para describir a su amigo. Antes de que realicen la actividad, remítalos al cuadro de atención, en el que se explican los adjetivos que solemos usar para describir el carácter. Si lo considera necesario, ponga el audio dos veces y corrija, después, mediante una puesta en común.
Correo electrónico: ricardo2000@correo.com;
Tu personalidad: ¿Con cuáles de estos adjetivos te identificas más?: sincero, alegre, nervioso, generoso; **Tu carácter:** fácil; **Cosas que me gustan:** el cine, los perros y la informática; **Cosas que me gusta hacer:** montar en bici, jugar con la consola y viajar; **Me gusta que la gente…:** se preocupe por el medioambiente, tenga sentido del humor, sea tolerante (que respete las ideas de los demás).

1.2. [19] Mantenga las mismas parejas para seguir trabajando sobre el mismo audio. Explíqueles que, en este caso, deberán marcar si las afirmaciones que aparecen son verdaderas o falsas según lo que dicen Ricardo y Eva. Puede poner el audio de nuevo para que realicen la actividad o plantear que la realicen primero en función de lo que recuerdan y que escuchen, después, para comprobar las respuestas.
1. F; **2.** F; **3.** V; **4.** F; **5.** F; **6.** V.

1.3. Con el fin de que sus estudiantes orienten hacia su propia experiencia tanto el vocabulario como las estructuras gramaticales aprendidas, pídales que completen también ellos, con sus propios datos, el cuestionario de la red social Intercambios. Deles un tiempo para que realicen la actividad y luego distribúyalos en pequeños grupos para que compartan sus respuestas con los demás compañeros. Anímelos en todo momento a que pregunten para ampliar la información que están recibiendo y propiciar, así, la interacción oral entre ellos.

5

2 **Todo el grupo** Una vez que has creado el perfil en Intercambios, te hacen otro cuestionario para encontrar gente afín a ti. ¿A qué temas crees que hacen referencia las siguientes imágenes? Coméntalo con tus compañeros y escribe el tema en la primera línea de cada foto.

1 *La impuntualidad* / *Le pone muy nervioso esperar.*
2
3
4
5
6
7
8
9

2.1 [20] **En parejas** Escucha lo que contesta Ricardo al cuestionario para comprobar tu respuesta. Después escucha de nuevo y escribe el sentimiento que le produce cada tema en la segunda línea de cada imagen.

2.2 **En parejas** ¿Coincides con Ricardo? Cuéntale a tu compañero/a los sentimientos que te producen a ti las situaciones de las imágenes. Argumenta tus respuestas.

2.3 **En parejas** Cambia de pareja y realiza el cuestionario a tu nuevo/a compañero/a. Toma notas.

¿Qué te pone nervioso/a? | ¿Qué odias de la gente?
Te pones de buen humor si… | ¿Qué te encanta hacer?
¿Qué no soportas? | ¿Qué te pone triste?
¿Qué te fastidia? | ¿Qué te da miedo?
¿Qué te preocupa del futuro?

2.4 **Todo el grupo** Comparte la información que tienes con el resto de la clase. ¿A cuál de tus compañeros crees que te pareces más? ¿Por qué?

Mostrar empatía

- Para mostrar **empatía**, es decir, que entendemos y compartimos las emociones que expresan los demás, podemos usar:
  - **Ya, ya.**
  - **Tienes razón.**
  - **Sí, claro.**
  - **Sí, lo entiendo (perfectamente).**
  - **Entiendo que te enfades.**
  - **Siento verte/que estés así.**
- También puedes usar las expresiones para reaccionar que ya conoces:
  - **¡Qué alegría!, ¡Qué desastre!, ¡Qué susto!…**

Unidad 5 | Para siempre

noventa y tres | 93

2. Con la clase en plenario, explíqueles que Intercambios propone a sus usuarios otro cuestionario en el que pregunta por una serie de temas. Pídales que se fijen en las imágenes y que escriban en la primera línea que hay debajo de cada una el tema al que hace referencia, tal y como muestra el ejemplo. No corrija por ahora, pues lo harán en la actividad siguiente.
1. La impuntualidad; **2.** Los días soleados en invierno; **3.** El tabaco; **4.** El fútbol; **5.** La gente que habla alto o grita; **6.** Pasear con el perro; **7.** La contaminación; **8.** La soledad de la gente mayor; **9.** La velocidad/imprudencia al volante.

2.1. [20] Actividad de comprensión auditiva que les servirá, por un lado, para comprobar las respuestas en la actividad anterior y, por otro, para conocer qué sentimientos provocan en Ricardo los temas planteados en este nuevo cuestionario. Organícelos en parejas e indíqueles que, en una primera escucha, confirmen cuáles son los temas a los que aluden las imágenes. Después, en una segunda escucha, deberán escribir, en la segunda línea habilitada para ello, las respuestas de Ricardo. Ponga el audio, haga una puesta en común para corregir la primera parte y, a continuación, ponga el audio de nuevo para que completen la segunda parte y corríjala también. Por último, a modo de reflexión, dirija su atención hacia los verbos y locuciones que Ricardo y Eva han usado en el diálogo *(me pone nervioso, me encantan, no me pone de buen humor, no soporto…)* y pregúnteles por las estructuras en las que aparecen (seguidos de sustantivos, de verbos en infinitivo o de verbos en subjuntivo).
1. Le pone muy nervioso esperar; **2.** Le encantan los días fríos pero soleados; **3.** No soporta que la gente fume; **4.** Le fastidia que algunos de sus amigos solo hablen de fútbol; **5.** Odia que la gente grite o hable demasiado alto; **6.** Le encanta/relaja salir con su perro de paseo; **7.** Le preocupa la contaminación; **8.** Le entristece mucho que la gente mayor esté sola; **9.** Le da mucho miedo que la gente conduzca muy deprisa y que no sea prudente al volante.

2.2. Mantenga la disposición en parejas para realizar esta actividad de interacción oral en la que deberán explicar a su compañero/a en qué coinciden con Ricardo y cuáles son los sentimientos que les provocan a ellos los temas planteados. Mientras hablan, asegúrese de que utilizan correctamente los verbos en cuestión, de que no repiten siempre los mismos y, también, de que usan distintas estructuras con ellos. Tome nota de sus errores para, una vez terminada la actividad, puedan corregirlos.

2.3. Explíqueles que ahora deben cambiar de pareja para hacer el cuestionario que propone la actividad a su nuevo/a compañero/a. Pídales que, antes de empezar a conversar, se fijen bien en los verbos que aparecen en cada pregunta y que tengan en cuenta las distintas estructuras que rigen. Anímelos a tomar notas de las respuestas que les dé su compañero/a, pues las necesitarán para la siguiente actividad.

2.4. Pídales, por último, que compartan con los demás compañeros la información recabada en las dos actividades anteriores. Fomente la participación de todos preguntándoles a cuál de sus compañeros creen que se parecen más y por qué. Antes de que empiecen a hablar, remítalos al cuadro funcional en el que se presentan recursos lingüísticos para mostrar empatía cuando escuchamos a alguien y anímelos a usar, durante la conversación, aquellos que, en función de este contexto, encajarían.

Unidad 5

3. En esta actividad se trabajan principalmente las oraciones de relativo por medio de una comprensión lectora. Organice la clase en parejas y explíqueles que van a leer un mensaje que ha escrito Ricardo en Intercambios para encontrar amigos y una habitación en un piso compartido. Deberán insertar los fragmentos descolocados en el lugar correspondiente del mensaje. Mientras realizan la actividad, muévase por el aula para resolver sus dudas y corrija, después, mediante una puesta en común. Si lo considera oportuno, termine pidiéndoles que subrayen todas las oraciones de relativo que aparecen en el mensaje completo y que se fijen en el modo en que están conjugados los verbos subordinados que hay en ellas; de este modo, comprobará si recuerdan la regla y reconocen su aplicación.
Después de la actividad, y si ninguno de sus estudiantes ha reparado en ello, pregúnteles a quién iba dirigido exactamente el correo, si a chicos o chicas o a ambos, y por qué lo saben. Escuche sus respuestas y, seguidamente, dirija su atención hacia el cuadro de la banda lateral, en el que se explica el uso, cada vez más extendido, de la arroba *(@)* para referirse a personas de ambos sexos y evitar, así, el sexismo en el lenguaje. Señale los dos ejemplos que aparecen en la actividad (*amig@s* y *tod@s*) e interésese por saber si en su lengua materna se utiliza el mismo recurso u otro que sirva para lo mismo.
1. e; **2.** a; **3.** g; **4.** d; **5.** h; **6.** b; **7.** c; **8.** f.

3 **En parejas** Ricardo ha escrito un mensaje en Intercambios para encontrar amigos en Valencia y también habitación en un piso compartido, pero un error informático ha borrado algunas partes del texto. Léelo y coloca las partes que se han borrado donde corresponda.

a. pueda contarme qué tal es
b. mis compañeros de piso sean estudiantes
c. les gusten los animales
d. no esté lejos de la escuela
e. se encuentra por el centro y que se llama Videomax
f. con quien pueda practicar inglés
g. quiera conocer ya a algún compañero
h. esté cerca de alguna estación de metro

Fíjate:
Para evitar el sexismo en el lenguaje, se está extendiendo el uso de la @ (arroba) para referirse a una persona de cualquier sexo. Este recurso, cada vez más frecuente en redes sociales e internet, es coloquial y no es normativo, pues en español el masculino puede incluir el femenino.

www.intercambios-estudiantes.com

¡Hola, amig@s!
Muy pronto estaré en Valencia haciendo un curso de edición de vídeo en una escuela que [1] ...., y me pregunto si hay alguien que la conozca o que esté estudiando ahora allí y [2] ....; o, quién sabe, quizá algún estudiante que piense hacer el mismo curso este verano y [3] ....
Además, busco una habitación en un piso compartido. Un piso que sea céntrico, que [4] .... o que, al menos, [5] .... Prefiero que [6] ...., que tengan más o menos mi edad, que [7] ...., porque me llevaré a mi perro, y también el cine y los videojuegos. Y si hay alguien que sea extranjero [8] ...., pues mucho mejor.
Un saludo a tod@s y espero vuestros mensajes.

3.1 **En parejas** Lee las respuestas que ha recibido Ricardo y decide con tu compañero/a qué opción es más compatible con él. Consulta los cuestionarios que hizo en las actividades anteriores para argumentar tu decisión.

Sofía
Somos tres estudiantes: un chico inglés, Paul, y Silvia y yo, que somos valencianas. Tenemos entre 21 y 23 años. Paul da clases de inglés y nosotras trabajamos en una pizzería los fines de semana. Nos encantan los animales. El piso no es muy céntrico, pero sí está cerca del metro. Espero que te interese.

Héctor
Yo busco un compañero de piso que no tenga más de 20 años. Soy estudiante de Periodismo y me encantan los videojuegos, el fútbol y montar en bici. Vivo muy cerca de la escuela donde vas a estudiar. El único problema es que, aunque me gustan los animales, los perros me dan un poco de miedo.

Beverly y Sam
Somos de EE. UU. y buscamos un compañero de piso que sea español para practicar. Tenemos 23 y 24 años y somos voluntarios en una ONG ecologista. Nos gustan los videojuegos y no nos importa que tengas un perro. El piso está en un pueblo, pero muy cerca de Valencia.

Lorena
Alquilamos una habitación en nuestra casa. Nuestro hijo tiene tu edad y, como a ti, también le encanta el cine y montar en bici. Vivimos muy cerca del centro y también tenemos un perro. Los fines de semana nos gusta hacer excursiones y, por supuesto, puedes venir con nosotros.

94 | noventa y cuatro — Unidad 5 | Para siempre

3.1. Mantenga la organización en parejas para realizar esta actividad. Además de tratarse de una comprensión lectora en la que se trabajan los contenidos vistos en la unidad (la expresión de los sentimientos y las oraciones de relativo), la actividad exige a sus estudiantes que hagan una recapitulación de toda la información que, hasta este momento, han obtenido sobre Ricardo; tendrán así que integrar diferentes destrezas para recabar los datos que han escuchado y leído en los cuestionarios y mensajes de Ricardo. Deles un tiempo para que realicen esa búsqueda de información y tomen note de ella. Insístales en la importancia de ser sintéticos, pues no se trata de escribir un texto sobre Ricardo, sino de anotar los rasgos principales de su carácter así como sus gustos e intereses. A continuación pídales que lean las respuestas que ha recibido Ricardo a su mensaje y asegúrese de que no tienen dudas de vocabulario. Luego pídales que, en función de esa información recabada, decidan cuál de las personas que ha contestado a Ricardo es, en su opinión, la más compatible con él y, por lo tanto, su compañero/a de piso ideal.

5

3.2 **Todo el grupo** Compartid vuestras conclusiones con el resto de la clase. ¿Habéis coincidido? Si no es así, justificad vuestras respuestas para llegar a un consenso.

Ejemplo: *Hay varias opciones, pero como a Ricardo le encantan especialmente los animales y le preocupa el medioambiente…*

Destacar un elemento del discurso

- **sobre todo/en concreto/en particular**
  *Le gustan los animales, **sobre todo** los perros.*
  *Me refiero **en concreto/en particular** a lo que dijiste anoche.*
- **especialmente/principalmente**
  *Me encanta la música, **especialmente** el jazz.*
- ***es importante*** + infinitivo
  ***Es importante** recordar lo que dijo sobre la contaminación.*

4 **En parejas** Spotahome, una página de internet dedicada al alquiler de casas y habitaciones, ha publicado el siguiente artículo, en el que habla del compañero de piso ideal. ¿Estás de acuerdo con lo que dice? Coméntalo con tu compañero/a.

www.spotahome.com

Spotahome

Hábitos, estilo de vida y en ocasiones hasta el tipo de música que nos gusta son suficientes para determinar si la convivencia será buena o no. Antes de elegir compañero de piso, haz una lista de las cosas que te gustan y las que no. De esta manera podrás tomar una decisión más objetiva. Para vivir con alguien no basta con conocerlo, también es necesario que sea una persona con la que te puedas comunicar y acordar el ambiente en el que quieras vivir.

Ser compañeros de piso no significa tener que tolerar todo lo que el otro haga. Por eso una de las primeras cosas que debemos poner sobre la mesa son los límites: horarios, privacidad, respeto por el descanso del otro, etc.

Otro de los criterios para compartir piso con alguien es el tema de la limpieza. Dejar la ropa en su lugar, cambiar la bolsa de la basura, mantener limpio el frigorífico, quitar el polvo, limpiar el baño a menudo… Te recomiendo que sigas esta máxima: lo que para mí es limpio puede no ser suficiente para el otro.

Es básico tener la confianza y la seguridad de que regresarás a casa y encontrarás tus pertenencias en su lugar. No hay peor temor que llegar a la nevera y que no esté eso que habías guardado para cenar. Es simple: si estáis de acuerdo en compartir absolutamente todo, adelante; si no, hay que decirlo para evitar malentendidos.

Y nuestra mayor recomendación: cuenta hasta diez antes de entrar en crisis y salir corriendo. Una buena convivencia en casa siempre es cuestión de comunicación. Recuerda hablar de todo y tener una mentalidad abierta para comprender las discrepancias.

Adaptado de https://www.spotahome.com/es/blog/guia-para-el-roomie-perfecto

4.1 **En parejas** Revisa las actividades 2.3 y 2.4. ¿Con quién de tus compañeros te gustaría compartir piso? Poneos de acuerdo y, teniendo en cuenta el artículo que habéis leído, estableced vuestras propias normas de convivencia. ¿Sois compatibles?

Preguntar por preferencias

- ¿Qué es lo que más/menos te gusta de…?
- *¿Qué te interesa más?* + ¿Opción 1 + *o* + opción 2?
- ¿Cada cuánto tiempo prefieres…?

5 **Todo el grupo** ¿Alguna vez has viajado a otra ciudad o país para estudiar? Cuenta al resto de la clase cómo fue la experiencia y, si compartías alojamiento con compañeros, qué tal fue la relación con ellos, cómo los conociste, etc.

Unidad 5 | Para siempre noventa y cinco | 95

3.2. Concluya esta secuencia de actividades en torno al mensaje de Ricardo con una interacción oral que involucre a toda la clase. Para ello, pídales que compartan con el resto de compañeros las conclusiones a las que han llegado en la actividad anterior y que comprueben si han coincidido en sus decisiones; en caso de no haberlo hecho, deberán defender sus posturas argumentándolas para llegar a un acuerdo sobre quién es la persona ideal para compartir piso con Ricardo. Antes de realizar la actividad, dirija su atención hacia el cuadro funcional en el que se presentan algunos recursos que se usan fundamentalmente para destacar un elemento del discurso. Lea los ejemplos, sugiérales que aporten otros, e ínstelos a que usen estos exponentes cuando presenten sus conclusiones o las argumenten.

4. Actividad que tiene como objetivo integrar las destrezas de comprensión lectora y de expresión oral al tiempo que se practican en contexto las oraciones de relativo y otros contenidos, tanto léxicos como gramaticales, presentados en otras unidades (dar consejos y hacer recomendaciones, el léxico relativo a las tareas domésticas, etc.).
Explíqueles que van a leer un artículo publicado en una página de internet en el que se habla del compañero de piso ideal y se hacen algunas recomendaciones para conseguir una buena convivencia. Deles un tiempo para que lleven a cabo individualmente la lectura e invítelos a que resuelvan entre ellos cualquier duda de vocabulario, interviniendo solo para corregir o confirmar. Luego pídales que comenten en parejas si están de acuerdo o no con lo que se dice en el artículo y que argumenten sus posturas.

4.1. Pida a sus estudiantes que revisen la información que recabaron de sus compañeros cuando realizaron las actividades 2.3 y 2.4 de este apartado. Dígales que, teniendo en cuenta toda esa información, deberán decidir con cuál de ellos les gustaría compartir piso. Una vez lo tengan claro, disponga la clase en parejas en función del grado de compatibilidad que haya entre ellos (si le resultara complicado, opte por formar las parejas al azar). A continuación pídales que, basándose en el artículo que han leído en la actividad anterior, establezcan sus propias normas de convivencia. Deles libertad para que usen estructuras gramaticales y contenidos trabajados en otras unidades, como el imperativo o la expresión del permiso y la prohibición.
Antes de que realicen la actividad, presénteles el cuadro funcional que aparece en la banda lateral; en él se aparecen recursos para preguntar por preferencias que pueden serles muy útiles para negociar las normas que deben acordar de cara a su convivencia.

5. Para concluir el apartado, con la clase en plenario, pregúnteles si alguna vez han vivido en otra ciudad o país por razón de estudios. Anímelos a compartir su experiencia con el resto de la clase de manera que, desde una óptica personal y ya sin modelos, traten algunos de los temas que han trabajado en las distintas actividades del apartado. Para ello, pregúnteles si compartían alojamiento con otras personas, qué tal fue la relación con ellas, cómo conocieron a esas personas y cómo encontraron el alojamiento, qué normas de convivencia había, qué fue lo mejor y lo peor de la experiencia, etc.

Unidad 5

Cultura

1. Con el libro cerrado, escriba en la pizarra el título del apartado y pregunte a sus estudiantes qué les sugiere y qué lugares con magia conocen. Puede también preguntarles cómo debe ser un lugar para que tenga magia, de manera que en las respuestas usen oraciones de relativo *(un lugar que tenga/sea...)*. A continuación pídales que abran el libro y que se fijen en la imagen de la basílica de la Sagrada Familia y pregúnteles si ese lugar, según su opinión, tiene magia. Repase con ellos si, de las características que enumeraron antes, el monumento de Gaudí posee alguna. Luego organice la clase en parejas y pídales que lean las diez afirmaciones sobre el edificio y que indiquen cuáles de ellas son correctas. Insista siempre en que argumenten sus respuestas. Haga una puesta en común para que comenten sus respuestas y pase a la actividad siguiente antes de corregir.
   1, 3, 4, 7, 8, 10.

2. Pida a sus estudiantes que lean el texto de la actividad para que comprueben las respuestas de la actividad anterior. Concédales un tiempo para que lleven a cabo la lectura y fomente que resuelvan entre ellos las posibles dudas de vocabulario. Una vez que hayan leído el texto y confirmado las respuestas de la actividad 1, pídales que relacionen las imágenes que ocupan la doble página del apartado con los edificios mencionados en el texto.
   1. Casa Amatller; **2.** Casa Batlló; **3.** Casa Lleó Morera; **4.** Palau de la Música.

Modernismo es un término que se emplea para denominar los diferentes movimientos artísticos y literarios que se desarrollaron entre la fase final del siglo XIX y el comienzo del siglo XX en Europa y Latinoamérica. Aunque en español se conoce por este nombre, en otros países se lo denominó Modern style, Art Nouveau y Jugendstil.
El movimiento modernista tenía la intención de romper con lo tradicional y buscar una nueva estética, intentaba conjugar la belleza artística con los objetos cotidianos. De esta forma esperaba que el arte se hiciera accesible a cualquier clase social.

Extraído y adaptado de https://www.historiando.org/modernismo/

LUGARES CON MAGIA

1 **En parejas** Fíjate bien en la fotografía que está debajo y elige las afirmaciones correctas referidas a este monumento.

1. ☐ Se encuentra en Barcelona.
2. ☐ Empezaron a construirlo en 1950.
3. ☐ Es una obra del arquitecto Antoni Gaudí.
4. ☐ El edificio es una basílica católica.
5. ☐ 2026 es el año previsto para su finalización.
6. ☐ La obra se terminó en el año 2000.
7. ☐ Se trata de la principal obra del modernismo catalán.
8. ☐ El nombre del edificio es Sagrada Familia.
9. ☐ El edificio se encuentra en Granada.
10. ☐ Es uno de los monumentos más visitados de España.

2 Lee el texto y comprueba tus respuestas anteriores. Después relaciona las imágenes con los edificios citados.

La arquitectura modernista surgió a finales del siglo XIX y representa la transición del estilo historicista de ese siglo hacia la modernidad del nuevo, de ahí su nombre, *modernismo*, que expresa la idea de innovación y futuro.

El modernismo catalán es el más notable de España y uno de los más importantes del mundo. La característica más interesante del modernismo catalán es el rechazo a la simetría clásica y el gusto por las formas onduladas e irregulares, que expresan vitalidad y optimismo.

Otro aspecto muy atractivo de los edificios modernistas es que el diseño y la integración de todas las artes cobran una gran importancia; se cuidan, así, todos los detalles de la decoración, como el mobiliario, y no solo aspectos arquitectónicos.

96 | noventa y seis — Unidad 5 | Para siempre

Como actividad extra de comprensión, hágales las siguientes preguntas sobre el texto:

1. *¿Cuándo surgió la arquitectura modernista?*
2. *¿Qué representa el modernismo y por qué recibe ese nombre?*
3. *¿Qué papel tiene mundialmente el modernismo catalán?*
4. *¿Cuál es la característica principal del modernismo catalán?*
5. *¿Qué otros aspectos, además de la arquitectura, se cuidan en los edificios modernistas?*
6. *¿Cuál es la única sala de conciertos declarada Patrimonio Mundial por la Unesco?*
7. *¿Cómo se llama la calle donde se encuentran tres de los edificios modernistas más famosos?*
8. *¿Cuál es el nombre de estos edificios?*

1. A finales del siglo XIX; **2.** Representa la idea de innovación y de futuro del nuevo siglo; **3.** Es uno de los más importantes del mundo; **4.** El rechazo a la simetría clásica y el gusto por las formas onduladas e irregulares, que expresan vitalidad y optimismo; **5.** La decoración y el mobiliario; **6.** El Palau de la Música de Barcelona; **7.** Paseo de Gracia; **8.** Casa Lleó Morera, Casa Amatller y Casa Batlló.

Sin duda, la obra más importante del modernismo catalán y uno de los monumentos más visitados de España es la basílica de la Sagrada Familia en Barcelona, obra de Antoni Gaudí, que se empezó a construir en 1882 y que todavía no está terminada.

El Palau de la Música, del arquitecto Domènech i Montaner, fue inaugurado en 1908 y es la única sala de conciertos declarada Patrimonio Mundial por la Unesco. Este edificio modernista es una estructura central metálica recubierta de vidrio que, al recibir la luz natural, se convierte en una caja de música mágica donde se combinan todas las artes aplicadas: escultura, mosaico, vidrio y forja.

En el paseo de Gracia de Barcelona se encuentran tres de los más famosos edificios modernistas: la Casa Lleó Morera, que destaca por la riqueza ornamental de su fachada; la Casa Amatller, en cuyo interior podemos apreciar ese gusto por los detalles en el mobiliario y las lámparas, y la Casa Batlló, donde reconocemos el gusto por las formas onduladas y las vidrieras de colores de Gaudí. Estas casas son una clara muestra de cómo el modernismo contribuyó a embellecer y modernizar la capital catalana.

Adaptado de https://www.arteespana.com/arquitecturamodernista.htm

3 **Todo el grupo** ¿Conoces Barcelona? ¿Has visitado alguno de estos edificios?

4 **En parejas** Junto con tu compañero/a, busca información en internet sobre otros edificios modernistas en España o en tu país; tenéis que escribir un texto de unas diez líneas y adjuntar dos fotografías.

4.1 **Todo el grupo** Presentad los trabajos en clase. ¿Qué edificio os parece más interesante? ¿Cuál os gustaría visitar?

Unidad 5 | Para siempre — noventa y siete | 97

3. En plenario, pregunte a sus estudiantes si conocen Barcelona y han visitado alguno de los edificios que han aparecido en el texto. En caso afirmativo, pida a los demás que le hagan preguntas acerca de los temas tratados en el apartado.

4. y **4.1.** Pídales que, en parejas, busquen información en internet sobre otros edificios modernistas, tanto en España como en su propio país, y que escriban un texto y lo ilustren con, al menos, dos fotografías. Deles un tiempo para hacerlo y, en tanto, muévase por la clase para ayudarlos si lo necesitan. Por último pídales que compartan sus trabajos con el resto de la clase y que comenten qué edificio les ha parecido más interesante y cuál les gustaría visitar si no lo han hecho ya.

Para trabajar estos contenidos, realice las actividades **16-18**, p. **33** del *Libro de ejercicios*.

Recuerde a sus estudiantes que el modernismo no fue solo un movimiento arquitectónico, sino que existió además un movimiento literario homónimo que surgió también a finales del siglo XIX.

Escriba en la pizarra *Rubén Darío* y pregúnteles si conocen a este autor. En caso negativo, deles unos minutos para que hagan una búsqueda en internet y compartan lo que encuentren con el resto de la clase. Asegúrese de que mencionan estos datos: Rubén Darío fue un poeta, periodista y diplomático nicaragüense, nacido en 1867 y fallecido en 1916, que está considerado el máximo representante del modernismo literario en lengua española. A continuación pregúnteles cuáles creen que serán las características del modernismo literario, teniendo en cuenta lo que saben ya del movimiento arquitectónico. Tome nota de lo que le digan y luego exponga usted las siguientes características para que comprueben si alguna coincide con las suyas: oposición al realismo, huida de lo cotidiano y de lo común, expresión de sentimientos íntimos, intención de crear belleza sin otro propósito, el arte por el arte, uso de lenguaje culto, primacía de la forma sobre el contenido. Por último, use la **proyección 16** para que puedan leer un poema de Rubén Darío.

Rubén Darío

[16]

Proyecte la lámina y pídales que lean el poema con atención. Cuando hayan terminado, resuelva las dudas de vocabulario y pídales que, en parejas, busquen en el poema las características que ha presentado anteriormente. Concédales unos minutos para que realicen la tarea y, por último, pídales que compartan sus conclusiones con el resto de la clase.

El propio poema presenta al poeta como alguien que huye de la realidad y de lo cotidiano, hasta el punto de que, en su búsqueda de la belleza, es poco práctico. Esa búsqueda de la belleza y del arte por el arte está expresada entre los versos 2 y 7; el lenguaje refinado y la obsesión por la forma que expresan esos mismos versos contrastan con los cuatro versos finales, en los que se concluye que la poesía no tiene ningún fin, salvo el de buscar la belleza hasta el punto de ser completamente improductiva.

Unidad 5

Vídeo

Cartelera de cine — Los amantes del círculo polar

Sinopsis

Ana y Otto son dos niños de 8 años que un día se conocen a la salida del colegio. En ese mismo momento nace una historia de amor secreta y circular que se cerrará 17 años después en Finlandia, en el mismo círculo polar ártico.

La película nos narra la hermosa y dramática historia de amor que viven los protagonistas, desde su primer encuentro en la infancia hasta los 25 años.

Antes de la secuencia

1 **En parejas** Los dos protagonistas se conocen a la salida del colegio. ¿Cómo crees que fue ese encuentro?

2 **Todo el grupo** Los nombres de los protagonistas son palíndromos. ¿Sabes qué significa eso? ¿Crees que los palíndromos o las cifras capicúas tienen alguna influencia en la vida de las personas o piensas que es solo una superstición? ¿Conoces otras palabras en español con esta característica?

3 Lee esta crítica de la película y marca la respuesta correcta.

> Fíjate:
> En realidad, *capicúa* es un término que se refiere a los números. Cuando se trata de palabras o frases, este fenómeno recibe el nombre de *palíndromo.*

Una deslumbrante historia de amor que gira en torno a las casualidades con las que se encuentran los protagonistas; esa es la mejor forma de definir esta película.
El film está relatado en forma de capítulos con el nombre de Ana o de Otto en cada uno de ellos. A partir de ahí, observamos dos visiones distintas de un mismo hecho. Es la historia de Otto y Ana, la historia de dos niños con nombres capicúas.
La historia se "lee" de igual forma del derecho que del revés, como sucede con el nombre de sus protagonistas. El círculo comienza a dibujarse en los primeros minutos de la película, para acabar cerrándose perfectamente cuando se aproxima al final. La narración cumple un círculo, acabando donde empieza.

1. **Los protagonistas se encuentran con una gran cantidad de...**
   a. cosas capicúas.
   b. casualidades.
   c. problemas.
2. **La película está dividida en...**
   a. capítulos.
   b. párrafos.
   c. dos historias.
3. **La historia es como...**
   a. una esfera.
   b. un rectángulo.
   c. un círculo.

98 | noventa y ocho — Unidad 5 | Para siempre

Cartelera de cine

Antes de leer la sinopsis de la película, pida a sus estudiantes que se fijen en la imagen de la cartelera y que lean el título. Pregúnteles de qué creen que tratará la película y por qué piensan que se hace referencia en el título al círculo polar. Escuche las ideas que le sugieran y, a continuación, pídales que lean la sinopsis y comprueben si sus conjeturas eran acertadas. Llame su atención sobre el hecho de que la historia de amor entre Ana y Otto sea definida como circular y que se concluya precisamente en el círculo polar. Asegúrese de que saben dónde se encuentra el círculo polar ártico y qué significa que una historia sea circular, pregúnteles después si conocen alguna otra película o alguna novela que narre una historia circular.

> *Los amantes del círculo polar* es una película dirigida por Julio Medem y protagonizada por Najwa Nimri y Fele Martínez. Ganó dos premios Goya en 1999. Julio Medem también recibió el Premio del Público en el Festival Internacional de Cine de Atenas y a la mejor película de habla latina en el Festival de Gramado.

1. Una vez contextualizada la historia, explíqueles que Ana y Otto se conocen a la salida del colegio y que, en parejas, deberán imaginar una escena que narre el encuentro. Deles unos minutos para que le den forma y luego anímelos a compartirla con el resto de la clase. Más adelante comprobarán si la escena que han ideado se parece a la de la película.

2. Escriba en la pizarra los nombres *Ana* y *Otto* y pregunte a sus estudiantes, ahora en plenario, qué tienen en común ambos nombres; es de esperar que le respondan que son iguales tanto si se leen de izquierda a derecha como si se leen de derecha a izquierda. Si no le sugieren esa respuesta, dígales que se trata de nombres palíndromos y explíqueles qué significa esto. Una vez aclarado, hágales notar que, de nuevo, en los nombres de los personajes aparece ese rasgo de circularidad que está presente en toda la película. Pídales entonces que respondan al resto de preguntas del enunciado y, por último, aporte usted estos palíndromos si es que no los han mencionado ellos: *allá, aérea, ama, ata, nadan, solos, ojo, oro, oso, rajar, salas, seres, somos, sus...*

3. En primer lugar, y enlazando con la tarea anterior, remítalos al cuadro de atención en el que se presenta la diferencia de significado entre *palíndromo* y *capicúa*. Luego concédales unos minutos para que lean la crítica de la película y resuelva las dudas de vocabulario que pudieran surgir. A continuación pídales que realicen la actividad de comprensión lectora, marcando en cada caso la opción correcta entre las propuestas. Por último, corrija mediante una puesta en común.
1. b; **2.** a; **3.** c.

5

Durante la secuencia

4 Otto se encuentra por primera vez con Ana. Visiona el fragmento 00:09 ▶ 01:47 y elige la opción correcta.

1. Otto, de niño, se sentía **solo/protegido**.
2. La escena tiene lugar una tarde de **verano/invierno**.
3. Otto corría tras **una pelota/una niña**.
4. Si ella no lo hubiera mirado así, él habría seguido **mirándola/corriendo tras el balón**.
5. No se habría encontrado con ella si **Otto/un niño** hubiera chutado bien.

Fíjate:
La forma *hubiera* + participio corresponde al pretérito pluscuamperfecto de subjuntivo y hace referencia a una acción del pasado que nunca se produjo.

5 **En parejas** Ana se encuentra por primera vez con Otto. Visiona el fragmento 01:48 ▶ 04:05 y contesta a las preguntas.

1. ¿Por qué la madre de Ana fue a buscarla al colegio?
2. ¿Qué hace Ana?
3. ¿Quién cree Ana que es ese niño?

6 **En parejas** Visiona el fragmento 04:06 ▶ final y ordena los hechos siguientes según suceden. Luego compara el resultado con tu compañero/a.

- ☐ A partir de entonces los protagonistas se ven muy a menudo.
- ☐ El padre de Otto le dice que no es momento para explicar su nombre.
- ☐ La madre de Ana le dice al padre de Otto que no es necesario que las lleve a su casa.
- ☐ El padre decide llevarlas a su casa aunque la madre de Ana dice que no es necesario.
- ☐ Ana dice que se siente mal y que está mareada.
- ☐ Ana le dice su nombre a Otto.
- ☐ Otto se presenta a Ana.
- ☐ Otto quiere explicar a Ana el porqué de su nombre.
- ☐ Otto decide bajarse del coche.
- ☐ Se despiden con un beso.
- ☐ Otto se da cuenta de que el nombre de Ana es "capicúa".

Después de la secuencia

7 **Todo el grupo** Habla con tus compañeros sobre los siguientes temas relacionados con las escenas que has visto.

1. ¿Crees en el destino? ¿Y en las casualidades?
2. ¿Crees en la buena o en la mala suerte? ¿Crees que, en general, tienes buena o mala suerte?
3. ¿Piensas que hay personas que están predestinadas a encontrarse y a tener una relación?
4. ¿Crees en el amor a primera vista? ¿Por qué?
5. ¿Es posible enamorarse cuando uno es pequeño? ¿Puede el amor de la infancia durar hasta cuando eres adulto?

Unidad 5 | Para siempre   noventa y nueve | 99

4. Explíqueles que van a visionar el fragmento en el que se cuenta el primer encuentro entre Ana y Otto. Pídales que primero lean las cinco frases con las dos opciones entre las que deberán elegir, de manera que se predispongan para lo que van a ver. Preséntleles también el cuadro de atención en el que se explica la forma y el valor hipotético del pretérito pluscuamperfecto de subjuntivo, un tiempo que aún no han estudiado; acláreles que la escena que van a ver hace referencia a una acción del pasado que nunca se produjo. A continuación póngales el primer fragmento, 00:09 ▶ 01:47. Deles unos minutos para que marquen las opciones que consideren correctas y, luego, corrija mediante una puesta en común.
Antes de continuar, compruebe junto a sus estudiantes si la escena que han visto tiene algún rasgo en común con las que ellos habían ideado en la primera actividad del apartado. Pregúnteles también quién narra la escena (Otto) y por qué creen que corría Ana cuando Otto la encuentra. Si lo considera oportuno, puede facilitarles la transcripción de este fragmento y revisar con ellos el vocabulario más difícil antes de continuar.
1. protegido; **2.** invierno; **3.** una pelota; **4.** corriendo tras el balón; **5.** un niño.

5. Explíqueles que en el siguiente fragmento, 01:48 ▶ 04:05, van a ver ese mismo primer encuentro narrado por Ana y que, después, deberán responder en parejas a las preguntas planteadas. Corrija en plenario y resuelva posibles dudas.
1. Porque el padre había muerto en un accidente de coche; **2.** Ana sale corriendo porque no quiere ver a su madre llorar; **3.** Cree que es su padre que ha vuelto.
Puede ampliar la actividad haciendo otras preguntas, como:

1. *¿Dónde espera Ana al principio de la secuencia?, ¿qué espera?*
2. *¿Por qué Ana no quiere que su madre llore?*
3. *¿Qué hace Ana para asegurarse de que el niño no es su padre?*
4. *¿Se parece el niño a su padre?*
5. *¿Por qué piensa Ana que, quizá, su padre abandonó el cuerpo de adulto para tomar el de un niño de su edad?*

1. Junto a un lago, espera la mayor casualidad de su vida; **2.** Porque piensa que llorando hace que las cosas malas sucedan; **3.** Mira las fotos de su padre cuando era niño; **4.** No, no se parecían nada; **5.** Porque tal vez estaba harto de ver llorar a la madre.
También aquí puede facilitarles la transcripción de este fragmento y revisar con ellos el vocabulario más difícil antes de continuar.

6. Mantenga la organización en parejas para ver el fragmento final de la secuencia. Pídales primero que lean los hechos que aparecen en la actividad y dígales que deberán numerarlos según el orden en el que suceden. A continuación póngales el fragmento 04:06 ▶ final.
10, 8, 1, 2, 6, 3, 4, 7, 9, 11, 5.

7. Para terminar, propóngales esta actividad de interacción oral en plenario en la que deberán responder a algunas preguntas sobre los temas tratados en la secuencia. Tome nota, mientras hablan, de los errores que puedan cometer y corrija al final para no interferir en sus producciones.

Unidad 5

Evaluación

1. 1. cerrado; 2. callado; 3. gracioso; 4. inseguro; 5. pesimista; 6. sincero; 7. falso.

2. 1. pesimista; 2. tranquilo/a; 3. alegre; 4. egoísta; 5. falso/a; 6. trabajador/a; 7. inmaduro/a; 8. desagradable; 9. valiente; 10. arrogante; 11. infiel; 12. confiado/a.

3. Respuesta abierta.

4. Respuesta abierta.

Evaluación

1 Completa el texto con estos adjetivos.

pesimista | falso | sincero | callado | gracioso | cerrado | inseguro

Antonio siempre me había parecido antipático, pero el otro día estuve hablando un rato con él y me di cuenta de que, en realidad, lo que le pasa es que es un chico bastante [1] .... y que le cuesta hablar, es muy [2] ....; pero luego, cuando lo conoces mejor, te ríes mucho con él, es muy [3] .... Además se ve que es un chico [4] ...., no tiene mucha confianza en sí mismo. Es verdad que es un poco [5] ...., que tiene una visión algo oscura de la vida, pero al menos te dice siempre lo que piensa, es muy [6] .... y no un [7] .... como su hermano Miguel.

2 Escribe los contrarios de los siguientes adjetivos.

1. optimista ›	7. maduro/a › ....
2. nervioso/a ›	8. agradable › ....
3. serio/a ›	9. cobarde › ....
4. generoso/a ›	10. modesto/a › ....
5. sincero/a ›	11. fiel › ....
6. vago/a ›	12. desconfiado/a › ....

3 Describe el carácter de alguien a quien conozcas usando los adjetivos de las actividades anteriores.

....

4 Completa los diálogos. Fíjate bien en las reacciones.

1 
▶ ....
▷ ¡Qué casualidad!

2 
▶ ....
▷ ¡Qué susto!

3 
▶ ....
▷ ¡Qué noticia!

4 
▶ ....
▷ ¡Qué desastre!

5 
▶ ....
▷ ¡Qué alegría!

6 
▶ ....
▷ ¡Qué tontería!

5

5 Escribe los verbos entre paréntesis en la forma adecuada.

1. Antes me .... (interesar) más el cine, ahora .... (preferir) el teatro.
2. ¿Te preocupa que no .... (enviar, ellos) los informes a tiempo?
3. No debería sorprenderte que Lidia .... (estar) enfadada contigo.
4. Nos indigna .... (ganar) tan poco y que compañeros menos preparados que nosotras .... (tener) un sueldo mayor.
5. No me importa que .... (oír, tú) música con auriculares, pero no soporto que también .... (cantar), porque estoy estudiando.
6. Siento que .... (irse, tú) de la empresa, pero ya sé que .... (odiar) este trabajo.

6 Clasifica las palabras del recuadro donde corresponda.

nervioso/a | triste | rabia | pena | asco | contento/a | lástima | de mal humor | igual | miedo | furioso/a | de buen humor | vergüenza | lo mismo

Me da...	Me pone...

7 Elige seis locuciones de la actividad anterior y escribe en tu cuaderno una frase con cada una de ellas.

8 Selecciona la opción correcta.

1. Tengo una aplicación que **traduce/traduzca**, pero no tengo ninguna que **corrige/corrija**.
2. ¿Hay alguien que **sabe/sepa** para qué sirve este aparato?
3. Quiero una camisa como la que hemos visto antes, pero que no **tiene/tenga** bolsillos.
4. ¿Conoces al chico que nos **trae/traiga** los documentos?
5. Busca un lugar donde **puedes/puedas** estudiar tranquila.
6. Quiero un móvil que **es/sea** más pequeño, más o menos como el que **tienes/tengas** tú.

9 Observa el monumento de la imagen y completa la información.

Lugar: ....
Nombre: ....
Estilo: ....
Autor: ....
Época: ....

10 Cuando hablas español, tu lengua u otras que conozcas influyen de dos maneras; relaciona cada una de ellas con su significado. Luego responde a las preguntas.

1. Transferencia
2. Interferencia

a. Los esquemas de esa lengua contaminan tu español.
b. Lo parecido de esa lengua con el español te ayuda.

– En tu aprendizaje, ¿cuál de estas dos influencias crees que está más presente?
– Piensa en situaciones, relacionadas con ambos casos, que has experimentado en tu proceso de aprendizaje y coméntalas con el resto de la clase.

5. **1.** interesaba, prefiero; **2.** envíen; **3.** esté; **4.** ganar, tengan; **5.** oigas, cantes; **6.** te vayas, odias.

6. **Me da:** rabia, pena, asco, lástima, igual, miedo, vergüenza, lo mismo; **Me pone:** nervioso/a, triste, contento/a, de mal humor, furioso/a, de buen humor.

7. Respuesta abierta.

8. **1.** traduce, corrija; **2.** sepa; **3.** tenga; **4.** trae; **5.** puedas; **6.** sea, tienes.

9. **Lugar:** Barcelona; **Nombre:** Basílica de la Sagrada Familia; **Estilo:** modernista; **Autor:** Antoni Gaudí; **Época:** Finales de siglo XIX.

10. Respuesta abierta.

Unidad 6

Esta es mi generación

Lea con sus estudiantes el título de la unidad y, a continuación, dirija su atención a la imagen principal. Pídales que describan a las mujeres que aparecen en esta e invítelos a hacer hipótesis sobre la relación que puede haber entre ellas y sobre su edad. Pregúnteles también si se identifican con alguna y por qué. Remítalos después a las fotografías más pequeñas para que expliquen quiénes son y qué están haciendo las personas que aparecen en ellas, pídales también que las relacionen con alguna de las mujeres de la foto principal en función de la edad.
A continuación indíqueles que respondan a las preguntas propuestas para activar su interés y los conocimientos previos sobre algunos temas de la unidad. Por último, lea con ellos los contenidos que van a trabajar.

Esta es mi generación

En esta unidad vas a...

- Hablar de diferencias entre distintas generaciones
- Recordar diferentes etapas de la vida
- Enumerar tus puntos fuertes y débiles
- Hablar de la formación y los trabajos con más futuro
- Conocer a la generación del 27

Una de las acepciones de generación que recoge el *Diccionario de la lengua española* es la de "conjunto de personas que, habiendo nacido en fechas próximas y recibido educación e influjos culturales y sociales semejantes, adoptan una actitud en cierto modo común en el ámbito del pensamiento o de la creación". En las culturas hispánicas, como en muchas otras, hay varias generaciones de artistas que trascendieron las fronteras y que se hicieron famosos en todo el mundo. Nombres como Velázquez, Lope de Vega o Calderón los asociamos con la generación del Siglo de Oro español mientras que García Márquez, Cortázar o Carlos Fuentes recibieron el nombre de generación del *boom* latinoamericano. En la presente unidad sus estudiantes tendrán la ocasión de acercarse a una generación de gran importancia también en la historia artística española, la generación del 27, de la que probablemente conozcan nombres como Lorca, Dalí o Falla.

¿Qué sabes?

1. Pregunte a sus estudiantes si conocen el significado de la palabra *etiqueta* referido a internet y las redes sociales y cómo se llama el símbolo que se usa para etiquetar temas de conversación en algunas redes sociales *(almohadilla)*. Pregúnteles también si utilizan Twitter y qué nombre reciben los mensajes en esta red social *(tuits)*; aproveche su respuesta para leer con ellos el cuadro de la RAE que explica cómo se forma el plural de esta y otras palabras. A continuación indíqueles que deberán leer una conversación de Twitter y, en parejas, consensuar el final de la etiqueta que resuma el tema general de la conversación. Se trata de que, a partir de una comprensión holística, realicen un trabajo de síntesis al mismo tiempo que activan vocabulario que usarán a lo largo de la unidad. Haga una puesta en común para conocer las diferentes propuestas y pídales que justifiquen las mismas.
Posible respuesta:
#Elmejorrecuerdodelauniversidad.

1.1. Con el objetivo de seguir comprobando el léxico que poseen sus estudiantes en torno al tema de los estudios superiores, haga que mismas parejas traten de nombrar los estudios que han cursado las personas de la actividad anterior así como las diferentes áreas de conocimiento en las que estos estudios se incluyen. Haga una puesta en común para conocer sus respuestas y, salvo que lo considere necesario, no les dé la solución todavía, pues en el apartado "Palabras" tendrán ocasión de trabajar en profundidad este vocabulario.
Posible respuesta:
@ffernan y @mmaría: Historia (Artes y Humanidades); **@elenamp:** Administración y Dirección de Empresas (Ciencias Sociales y Jurídicas); **@pccito:** Ingeniería Informática (Ingeniería/Arquitectura).

1.2. Termine la secuencia con esta actividad de reflexión en plenario que le servirá para anticipar algunos de los contenidos que verán en el apartado "Practica en contexto". Remítalos de nuevo a los tuits de la actividad 1 y pídales que localicen en estos los verbos que utilizan las personas que los escribieron para evocar recuerdos. Pregúnteles a continuación si conocen otros recursos para expresar lo mismo. Tome nota de sus respuestas para sondear sus conocimientos previos y limitaciones en este sentido.
Acordarse de *(me acuerdo de las clases, de lo que siempre me acordaré es del viaje)* y recordar *(Yo recuerdo el primer año)*.

2. Continúe con este sondeo de conocimientos previos, esta vez sobre el léxico relacionado con las diferentes etapas de la vida y con los momentos vitales asociados a estas. Para ello, ínstelos a que, en parejas, traten de resolver la actividad sin la ayuda del diccionario. Haga una puesta en común para corregir, teniendo en cuenta que es posible que sus estudiantes tengan diferentes opiniones sobre qué momentos son importantes en cada etapa de la vida en función de las diferencias culturales o personales entre ellos. A no ser que lo crea conveniente, no se detenga en fomentar la discusión en torno al tema, pues tendrán ocasión de hacerlo en el siguiente apartado.
Posible respuesta:
1. Infancia. Primer día de colegio; **2.** Adolescencia. Primer amor; **3.** Juventud. Independizarse; **4.** Madurez. Primer hijo; **5.** Tercera edad. Jubilación.

¿Qué sabes?

1 **En parejas** Lee la siguiente conversación en Twitter. ¿Cómo crees que termina la etiqueta?

#Elmejorrecuerdode...............................

@ffernan
#Elmejorrecuerdode... eran las clases de Historia del Pensamiento; la mayoría de las veces no entendía nada, pero creo que me gustaban justamente por eso... Bueno, también porque me sentaba al lado de @mmaría. ❤️

@mmaría
😂 No te enterabas de nada porque no dejabas de intentar ligar conmigo. Para mí, #Elmejorrecuerdode... fueron las prácticas en el Museo Picasso. Me ayudaron mucho a entender qué quería hacer después de terminar. También me acuerdo de las tardes en la cafetería con @ffernan.😜

@elenamp
Ni las clases de Contabilidad, ni las de Métodos de Decisión, ni las de Comportamientos del Consumidor, que eran muy interesantes y han sido muy útiles después...; yo de lo que siempre me acordaré es del viaje de fin de carrera y de todo lo que hicimos para conseguir dinero. Para mí, ese es #Elmejorrecuerdode...

@pccito
Yo recuerdo el primer año; volvía a casa alucinando con lo que hacíamos en clase de Programación y se lo contaba a mis padres, que me miraban como si les hablara de otro planeta. Fuimos la primera promoción de España. ¡Ay! ¡Ese es sin duda #Elmejorrecuerdode...! 😃

RAE **ORTOGRAFÍA**
El *Diccionario panhispánico de dudas* aclara que los sustantivos y adjetivos terminados en **consonante distinta** de *-l, -r, -n, -d, -z, -j, -s, -x* o *-ch,* ya sean onomatopeyas o voces procedentes de otras lenguas, hacen el plural en *-s*: tuit › tuits, crac › cracs, zigzag › zigzags, esnob › esnobs, cómic › cómics, robot › robots, web › webs...:
*La inversión en la construcción de **robots** se incrementó en un 25 por ciento en todo el mundo.*

1.1 **En parejas** ¿Qué estudiaron las personas que han escrito estos tuits? ¿A qué rama pertenecen sus estudios?

1.2 **Todo el grupo** En la conversación anterior todos hablan de recuerdos. ¿Con qué verbos lo hacen? ¿Conoces otras formas para decir lo que recuerdas y lo que no recuerdas?

2 **En parejas** Mira las imágenes. ¿Qué etapa de la vida representan? ¿Cuál es el momento más importante en cada una de ellas, según tu opinión?

1. *Infancia. Primer día de colegio.*
2. ....
3. ....
4. ....
5. ....

104 | ciento cuatro — Unidad 6 | Esta es mi generación

3 **Todo el grupo** Lee esta publicación de un blog que ha abierto Emilio, un español que está en Francia. ¿En qué etapa de la vida crees que se encuentra? ¿Qué ha hecho este año?

El blog de Emilio

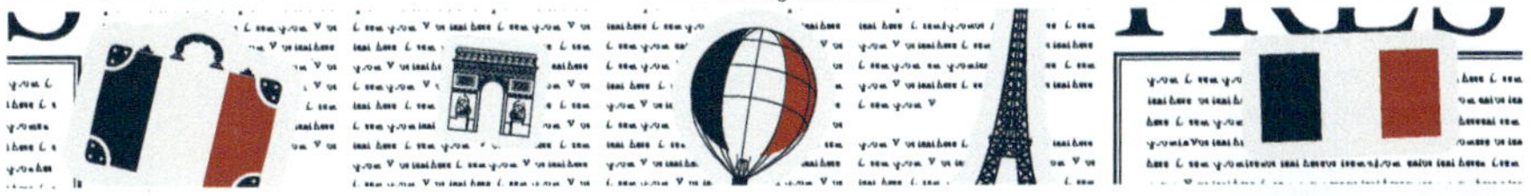

Estoy a punto de volver de mi Erasmus en París y he decidido abrir este blog para ayudar a todos los que os animéis a estudiar en Francia el próximo año. Voy a compartir con vosotros algo de ese saber acumulado que te da la experiencia y que no encontraréis en las guías de la universidad.

Antes de llegar, entrad en la web del CNOUS (Centre National des Œuvres Universitaires et Scolaires); allí encontraréis todo tipo de información para los estudiantes extranjeros. Os vendrá bien un poco de ayuda porque, cuando estéis aquí, veréis que la burocracia francesa puede ser un poco compleja.

Si decidís alojaros en una residencia, tenéis que solicitar la plaza en cuanto podáis, porque vuelan. Es un tipo de alojamiento muy demandado porque ofrece muchísimas ventajas; la más importante, que estará cerca de la universidad donde vayáis a estudiar. En cualquier caso, debéis solicitar la CAF (Caisse d'Allocations Familiales), una ayuda mensual al alojamiento que da el Gobierno francés. Eso sí, no lo intentéis hasta que estéis aquí, será inútil. Solo la podréis solicitar cuando tengáis ya un alojamiento.

Por último, perfeccionad vuestro francés antes de llegar; no es fácil estudiar una carrera en un idioma que no es el tuyo si no lo dominas. Por otro lado, es bueno que os presentéis a los profesores cuando empiece el curso y que les comentéis vuestra situación; suelen ser comprensivos y os ayudarán.

Ya os iré haciendo otras sugerencias interesantes cuando tenga más tiempo, ahora me voy a preparar mi fiesta de despedida. *Au revoir!*

3.1 **En parejas** Emilio da consejos para preparar una estancia de estudios en Francia. Separa los que se refieren a lo que hay que hacer antes del viaje y los que se refieren a la estancia allí.

Antes de ir	Durante la estancia

3.2 **En parejas** Vuelve a leer la entrada del blog y marca todas las expresiones temporales que aparecen. Emilio dice en el texto: *(...) tenéis que solicitar la plaza en cuanto podáis*. ¿Qué significa *en cuanto*?

4 **En grupos pequeños** Mira estas dos imágenes. ¿Qué diferencias y similitudes crees que hay entre los niños de ahora y los de antes? ¿Qué crees que es lo mejor de cada época?

Unidad 6 | Esta es mi generación ciento cinco | 105

3. Actividad de comprensión lectora que le servirá de pretexto tanto para seguir ampliando el léxico relacionado con los estudios como para introducir el concepto de temporalidad que estudiarán en el apartado "Gramática".
Lea el texto con sus estudiantes o déjelos que lo lean individualmente y pídales después que contesten en plenario a las preguntas planteadas. Se trata de que asocien el testimonio de Emilio con una de las etapas y momentos vitales que vieron en la actividad anterior. Aproveche para comentar con ellos el programa de intercambio universitario Erasmus y pregúnteles si lo conocen y si han participado en él o estarían interesados en hacerlo.
Juventud. Un intercambio universitario en el extranjero.

3.1. Agrupe a sus estudiantes en parejas para que realicen una nueva lectura del texto, esta vez más detallada, a partir de la cual deberán localizar los distintos consejos que da Emilio y relacionarlos temporalmente con un determinado momento: antes de ir a Francia o durante la estancia allí. Corrija la actividad mediante una puesta en común y, para que le sirva de transición hacia la siguiente actividad, pídales que argumenten las razones que les han hecho clasificar las acciones de uno u otro modo.
Antes de ir: buscar información en la web del CNOUS, solicitar plaza en una residencia, perfeccionar el francés; **Durante la estancia:** solicitar la CAF (una ayuda mensual al alojamiento), presentarse a los profesores.

3.2. Continúe con la reflexión iniciada en 3.1. Llegados a este punto, probablemente sus estudiantes ya habrán mencionado algunos de los nexos que evidencian la relación entre dos acciones desde una perspectiva temporal. Pídales que, con su misma pareja de antes, vuelvan al texto y localicen todos los nexos temporales que aparezcan, tanto si los han mencionado ya como si no. Con ello, anticipará otro de los contenidos destacables de la unidad. Corrija la actividad en plenario sin detenerse en dar excesivas explicaciones sobre el significado, diferencia o modo de funcionar de los diferentes nexos, pues lo verán en el apartado "Gramática". Por último, y si lo considera conveniente, puede pedirles que analicen formalmente los consejos dados por Emilio; se trataría, de nuevo, de un sondeo que les haga conscientes de los recursos de los que ya disponen para llevar a cabo esta función comunicativa (como es el caso del imperativo o de las perífrasis *tener que/deber* en presente + infinitivo) y que le sirva a usted para después enlazar con otros recursos que se presentarán en la unidad, como es el caso del condicional simple.
Antes de, cuando, en cuanto, hasta (que). *En cuanto* expresa posterioridad inmediata.

4. Para finalizar el epígrafe dirija su atención a las imágenes que ilustran esta actividad y pregúnteles cuál creen que es más actual. A continuación forme pequeños grupos e invítelos a dar respuesta a las preguntas planteadas. Escuche sus intervenciones y tome nota de cómo formulan las comparaciones, pues le servirá, de nuevo, para detectar necesidades y limitaciones en torno a este otro contenido de la unidad.

Unidad 6

Palabras

1. Agrupe a sus estudiantes en parejas para realizar la actividad. Pídales que argumenten sus respuestas, pues probablemente vincularán las edades propuestas con experiencias vitales. Remítalos a los cuadros de atención y de la RAE para ver la connotación y el uso de la palabra *viejo* en España y en América.
Posible respuesta:
Infancia: de 0 a 12 años; **Adolescencia:** de los 12 a los 18; **Juventud:** de los 18 a los 30; **Madurez:** de los 30 a los 65; **Tercera edad o vejez:** a partir de los 65.

1.1. Pídales que se fijen en las imágenes del margen lateral y pregúnteles, en plenario, qué acciones representan y con qué etapa vital las asocian. A continuación haga que, en parejas, asocien los momentos del recuadro con una etapa de la vida.
Posible respuesta:
Infancia: ir al colegio, nacer, ir de campamento; **Adolescencia:** enamorarse por primera vez, desobedecer a los padres; **Juventud:** independizarse, empezar a trabajar, ir a la universidad, hacer un curso en el extranjero, tener pareja, graduarse; **Madurez:** estar embarazada, casarse, cambiar de trabajo, comprar una casa, cuidar de los padres; **Tercera edad o vejez:** cuidar a los nietos, jubilarse, morir.

1.2. Pídales que, en parejas, establezcan un orden temporal lógico para las acciones anteriores. Fomente la discusión teniendo en cuenta de nuevo que este orden puede variar en función de criterios como la propia cultura o la experiencia personal.
Posible respuesta:
Nacer, ir al colegio, ir de campamento, desobedecer a los padres, enamorarse por primera vez, ir a la universidad, hacer un curso en el extranjero, graduarse, empezar a trabajar, tener pareja, independizarse, comprar una casa, casarse, estar embarazada, cambiar de trabajo, cuidar de los padres, jubilarse, cuidar a los nietos, morir.

Palabras

1 **En parejas** ¿Con qué edades asocias las diferentes etapas de la vida?

Infancia: ....
Adolescencia: ....
Juventud: ....
Madurez: ....
Tercera edad o vejez: ....

Fíjate:
La palabra *viejo/a* en España puede considerarse despectiva; en su lugar se usa *anciano/a* o *persona mayor*.

RAE LÉXICO
En Hispanoamérica el término viejo/a se usa para dirigirse o referirse afectuosamente a alguien, especialmente al padre, a la madre, a la pareja o a los amigos:
Solo sé que entonces mi viejo, mi papá, Julián García Miralles, cobró para mí una dimensión colosal.

1.1 **En parejas** Relaciona estas acciones con su correspondiente etapa de la vida, según tu opinión. Trabaja con tu compañero/a. ¿Estáis de acuerdo?

estar embarazada | independizarse | empezar a trabajar | casarse | cuidar a los nietos | ir al colegio | enamorarse por primera vez | cambiar de trabajo | ir a la universidad | jubilarse | nacer | comprar una casa | desobedecer a los padres | ir de campamento | morir | hacer un curso en el extranjero | cuidar de los padres | tener pareja | graduarse

1.2 **En parejas** Ordena cronológicamente las acciones de la actividad anterior. ¿Coincides con tu compañero/a? ¿Habéis vivido alguno de esos momentos? ¿Cuándo?

2 Lee estas afirmaciones sobre la sociedad española actual y marca las que te parecen verdaderas.

1. ☐ Las mujeres son madres más jóvenes que antes.
2. ☐ Hay más nacimientos que muertes.
3. ☐ El número de hijos que tienen las mujeres ha bajado.
4. ☐ Cada vez hay más bodas.
5. ☐ Los españoles prefieren casarse en una iglesia.
6. ☐ La vida laboral es más larga que antes.
7. ☐ El primer contrato se firma a los 16 años.

2.1 [21] Escucha la noticia y comprueba tus suposiciones anteriores. ¿Has acertado?

2.2 **Todo el grupo** Compara los datos que has escuchado sobre los españoles con los de tu país. Busca información, si la necesitas, e informa al grupo. ¿Hay muchas diferencias?

2.3 [21] Vuelve a escuchar la noticia y marca qué expresiones de las siguientes se mencionan.

☐ Tener un hijo.
☐ Hacer unas prácticas.
☐ Casarse por la Iglesia.
☐ Contraer una deuda.
☐ Estudiar una carrera.
☐ Contraer matrimonio.
☐ Encontrar empleo.
☐ Comprar una casa.
☐ Firmar un contrato.
☐ Ahorrar para la jubilación.
☐ Estar en paro.
☐ Jubilarse.

106 | ciento seis — Unidad 6 | Esta es mi generación

2. y **2.1.** Pídales que, individualmente, lean las informaciones sobre la sociedad española actual y marquen las que crean verdaderas. El objetivo es que puedan anticipar vocabulario del audio de la actividad siguiente, lo que les facilitará la comprensión y les permitirá centrarse en los puntos propuestos. Antes de proceder a la escucha para confirmar sus hipótesis, deje que comenten estas en parejas.
[21] 3, 4.

2.2. Pídales que busquen información estadística para comparar los datos de su país con los de España. Haga una puesta en común cuando dispongan de la información y pregúnteles qué datos les parecen más interesantes o les llaman más la atención.

2.3. Para ampliar su vocabulario sobre el tema al tiempo que llevan a cabo una escucha más selectiva, ponga de nuevo el audio y pídales que marquen, de las expresiones propuestas, aquellas que se mencionan.
[21] Tener un hijo, Casarse por la Iglesia, Contraer matrimonio, Encontrar empleo, Firmar un contrato, Jubilarse.

Para trabajar estos contenidos, realice las actividades **1-3**, pp. **34-35** del *Libro de ejercicios*.

2.4 **En parejas** Clasifica las expresiones anteriores en las siguientes categorías. Alguna de ellas puede pertenecer a más de una categoría. Luego añade una expresión más en cada caso.

Trabajo	Estudios	Familia	Dinero

3 **Todo el grupo** Mira estos gráficos sobre los estudios y el paro en España y elige un titular para cada uno. Hay un titular que sobra, ¿cuál es? ¿Son similares los datos en tu país?

1. Las carreras con más futuro | 2. La formación profesional, a la cabeza del *ranking*
3. Más estudios: más empleo | 4. Los españoles: o sin estudios o muy formados

Datos extraídos de https://www.elmundo.es/sociedad/2017/09/12/59b79c6de2704e35498b45c9.html y de https://www.ine.es/prensa/np957.pdf

3.1 **En grupos pequeños** Clasifica las siguientes carreras universitarias en la tabla y complétala con otras que conozcas. Puedes usar el diccionario. ¿En qué tipo de empresas se puede trabajar con estas titulaciones?

Derecho | Filología | Administración y Dirección de Empresas | Periodismo
Telecomunicaciones | Tecnologías Ambientales | Comercio y *Marketing* | Física | Enfermería
Historia del Arte | Farmacia | Urbanismo | Matemáticas | Fisioterapia

Artes y Humanidades	
Ciencias	
Ciencias Sociales y Jurídicas	
Ingeniería/ Arquitectura	
Ciencias de la Salud	

3.2 **Todo el grupo** Imagina que tienes que elegir una carrera. ¿Cuál elegirías en la actualidad? ¿Por qué?

2.4. Termine la secuencia pidiéndoles que, en parejas, clasifiquen las expresiones anteriores en la categoría correspondiente. De esta forma podrán crear relaciones léxicas que les ayuden a recordar mejor este vocabulario.
Trabajo: Hacer unas prácticas, Encontrar un empleo, Firmar un contrato, Estar en paro, Jubilarse; **Estudios:** Hacer unas prácticas, Estudiar una carrera; **Familia:** Tener un hijo, Casarse por la Iglesia, Contraer matrimonio; **Dinero:** Contraer una deuda, Comprar una casa, Ahorrar para la jubilación.

Para trabajar estos contenidos, realice las actividades **1-3**, pp. **34-35** del *Libro de ejercicios*.

3. Nueva secuencia que gira en torno a las titulaciones y las áreas de conocimiento.
Lea con ellos los diferentes titulares, deles un tiempo para que procesen la información visual que contienen los gráficos y pídales después que, en plenario, relacionen cada gráfico con el titular correspondiente, teniendo en cuenta que sobra un titular. Una vez corregida la actividad, pregúnteles si los diferentes niveles educativos que aparecen en los dos primeros gráficos son los mismos en sus países o si existen diferencias.
Nivel de estudios: titular 4; **Tasa de empleo:** titular 3; **Tasa de paro:** titular 1. El titular que sobra es el 2.

3.1. Conecte esta actividad con la anterior preguntándoles si les sorprende la información del tercer gráfico y cuál es su opinión al respecto. A continuación pídales que, en pequeños grupos, clasifiquen distintas carreras en su rama correspondiente y comenten en qué tipo de empresas se podría trabajar con dichas titulaciones. Corrija mediante una puesta en común y dé por válidas las distintas opciones posibles.

Posible respuesta:
Artes y Humanidades: Filología (editorial), Historia del Arte (galería); **Ciencias:** Física (empresa de meteorología o de medioambiente), Matemáticas (banco); **Ciencias Sociales y Jurídicas:** Derecho (despacho de abogados), Administración y Dirección de Empresas (consultoría), Periodismo (periódico), Comercio y *Marketing* (empresa de publicidad); **Ingeniería/Arquitectura:** Telecomunicaciones (empresa tecnológica), Tecnologías Ambientales (empresa de energías renovables), Urbanismo (ayuntamiento o despacho de abogados); **Ciencias de la Salud:** Enfermería (clínica), Farmacia (farmacia), Fisioterapia (club deportivo).

3.2. Termine el epígrafe con una interacción oral en plenario en la que deberán ponerse en la situación de tener que elegir unos estudios y justificar su elección. Ínstelos a usar el condicional en sus producciones, pues se trata de pensar en situaciones imaginarias.

Para trabajar estos contenidos, realice la actividad **4**, p. **35** del *Libro de ejercicios*.

Unidad 6

Gramática

1. Lea con sus estudiantes el contenido del cuadro gramatical que presenta los diferentes nexos temporales con sus respectivos significados y deténgase en la explicación de los ejemplos que ilustran cada caso. Para comprobar que comprenden su significado, puede pedirles que dibujen la relación temporal que establece cada nexo entre las distintas acciones, pasearse por la clase para ver las diferentes propuestas y compartir en plenario las que considere más ilustrativas. Coménteles también los marcadores temporales que aparecen en el cuadro de atención de la banda lateral.

1.1. Actividad formal para trabajar la correspondencia de algunos nexos temporales con el más genérico de todos ellos: *cuando*. Distribuya a sus estudiantes en parejas e indíqueles que escriban de nuevo las frases cambiando los nexos temporales que aparecen en estas por el nexo *cuando*, haciendo también los cambios necesarios derivados de esa sustitución. De esta manera, serán conscientes de que en ocasiones existen distintas formas de expresar una misma relación temporal. Corrija en plenario y resuelva posibles dudas.
1. Lo contrataron cuando vieron su currículum; **2.** Iba siempre a correr cuando salía del trabajo; **3.** Cuando volví a mi país encontré todo muy cambiado; **4.** Cuando se casó perdió el contacto con sus amigos.

1.2. Nueva actividad formal en la que los estudiantes trabajarán las diferencias de uso entre los distintos nexos temporales. Indíqueles que primero, de manera individual, completen el recuerdo de Mateo seleccionando el nexo temporal adecuado en cada caso en función del contexto. A continuación permítales que comparen sus respuestas en parejas y anímelos a que discutan la idoneidad de uno u otro nexo en los casos en los que no coincidan. Corrija en plenario dando las explicaciones oportunas. Para terminar, pregúnteles de qué momento vital habla Mateo y pídales que argumenten su respuesta con información del texto.
1. mientras; **2.** Después de; **3.** en cuanto; **4.** antes de; **5.** hasta que. Habla del día de su boda.

Gramática

1 Nexos temporales

- Existen varios **nexos temporales** que establecen relaciones de **simultaneidad**, **anterioridad** o **posterioridad** entre dos o más acciones, o el **inicio** o **límite temporal** de las mismas.
- *Cuando* y *al* + infinitivo expresan relaciones de **simultaneidad** entre las acciones o **posterioridad** de una acción respecto a otra:
  *Siempre escuchaba música **cuando** estudiaba.*
  Cuando terminé (1.ª acción) la universidad encontré (2.ª acción) trabajo.
  Al abrir (1.ª acción) la puerta me encontré (2.ª acción) con Paco.
  – ***Nada más*** + infinitivo y ***en cuanto*** expresan una **posterioridad inmediata**:
  *El examen empezó (2.ª acción) **nada más** llegar (1.ª acción) el profesor.*
  ***En cuanto** terminamos (1.ª acción), fuimos (2.ª acción) corriendo a la piscina para bañarnos.*
- ***Mientras*** indica que las acciones son **simultáneas**:
  ***Mientras** tú reservas la habitación, yo voy a comprar algo para comer.*
- ***Después de*** indica la **posterioridad** de la acción expresada por la oración principal:
  *Fuimos (2.ª acción) unos días a la costa **después de** pasar (1.ª acción) por la capital.*
- ***Antes de*** indica la **anterioridad** de la acción expresada por la oración principal:
  ***Antes de** preparar (2.ª acción) la maleta hago (1.ª acción) una lista con las cosas que necesito.*
- ***Desde que/Hasta que*** indican el **inicio** y el **límite temporal** de una acción respectivamente:
  *Estuvimos en el hospital **desde que** empezó la operación **hasta que** terminó.*

Fíjate:
Siempre que y ***cada vez que*** indican acciones **simultáneas o posteriores** que son **habituales**:
***Siempre que** tenemos la oportunidad nos vamos a pasar el día al campo.*
***Cada vez que** el profesor le preguntaba, se ponía muy nervioso.*

1.1 **En parejas** Transforma las siguientes frases utilizando el nexo *cuando*.
1. Lo contrataron nada más recibir su currículum. › ....
2. Iba siempre a correr al salir del trabajo. › ....
3. Al volver a mi país encontré todo muy cambiado. › ....
4. Nada más casarse perdió el contacto con sus amigos. › ....

1.2 **En parejas** Completa este texto donde Mateo narra un recuerdo. Utiliza los nexos temporales del recuadro. Luego compara el resultado con tu compañero/a. ¿De qué momento de su vida habla?

mientras | hasta que | en cuanto | después de | antes de

Recuerdo perfectamente aquel día; ha sido uno de los más importantes de mi vida. Me acuerdo de que [1] .... desayunaba empecé a pensar en cómo sería nuestra vida a partir de ese momento, si seríamos capaces de vivir juntos. [2] .... desayunar, ducharme y vestirme con aquel traje tan ajustado que me quité [3] .... pude, salí en el coche que habíamos alquilado: un descapotable rojo; creo que nunca más me he sentido tan importante como en aquel momento. Luego llegamos a la iglesia, cogí a mi madre de la mano y subimos juntos las escaleras. [4] .... entrar, mi madre me preguntó si estaba nervioso. Yo le mentí, le dije que no, pero estoy seguro de que ella se dio cuenta, porque no paré de temblar [5] .... llegó ella, preciosa con el traje que llevaba. Recuerdo cómo nos miramos, esa mezcla de ilusión y vértigo que teníamos. ¡Fue tan bonito!

2 Oraciones temporales

- Las oraciones temporales ponen en relación dos o más acciones indicando **en qué momento** tiene lugar la acción de la oración principal.
- Con *cuando, siempre que, cada vez que, hasta que, desde que* y *en cuanto* se usa **indicativo** en **presente** y **pasado:**
  *Cuando **llego** a casa después del trabajo, **me pongo** un rato a leer.* (El presente indica que son acciones habituales: *cuando* equivale a ***siempre que***).
  ***Me llamó** para felicitarme **en cuanto se enteró** del nacimiento de mi hija.*
  – Para hablar de una **acción habitual** en **pasado** se usa el **pretérito imperfecto**:
  ***Cada vez que podíamos, nos íbamos** a nuestra casa de campo.*
- Todos estos nexos temporales se construyen con **subjuntivo** para expresar **futuro**:
  *No **pensaré** en mi futuro **hasta que (no) termine** el curso.*
  *Os **daremos** las notas **en cuanto corrijamos** los exámenes.*
- Con ***antes de*** y ***después de*** se utiliza el **infinitivo** cuando el sujeto de las oraciones es el mismo y el **subjuntivo** si son diferentes:
  *Me tomé un año sabático **después de terminar** la universidad.*
  *Es mejor tomar tus propias decisiones **antes de que** otros las **tomen** por ti.*

Fíjate:
- No se puede usar el futuro con estos nexos, solo el **subjuntivo**:
  Cuando ~~vendrá~~ mamá, haré los deberes ›
  *Cuando **venga** mamá, haré los deberes.*
- Si ***cuándo*** es **interrogativo** o **interrogativo indirecto**, se puede construir con **futuro**:
  *¿**Cuándo verás** a tu familia?*
  ***No sé cuándo podré** irme de vacaciones.*

RAE
GRAMÁTICA
- La construcción no... hasta que (no)... indica que una acción no se produce antes de que otra suceda:
  *La abuela **no** dejó de chillar **hasta que** el niño atrapó al bicho y lo metió en el bote.*
  *Le he dicho que **no** lo voy a tocar **hasta que no** lo ponga quien tiene la obligación de hacerlo.*
  Ambas frases son correctas según indica la RAE. La segunda negación tiene un valor enfático. Esta construcción es más usual en el español de España.
- En algunas zonas de América, especialmente en México, en el área costera de Ecuador, en América Central y en Colombia, se produce el siguiente fenómeno: **se suprime la negación** delante del verbo en las oraciones con hasta, por lo que el enunciado se interpreta como a partir de:
  *El licenciado estará disponible mañana jueves **hasta** las diez horas.* ('a partir de las diez horas')

2.1 **Relaciona los elementos de las dos columnas y conjuga los verbos correctamente añadiendo *que* si es necesario.**

1. Salimos para el hospital...
2. Cuando .... (terminar, tú) los estudios...
3. Vivieron juntos...
4. Después de .... (jubilarse, yo)...
5. Tenemos que hablar contigo...
6. Tuve varios trabajos...

a. mientras .... (estudiar, yo).
b. antes de .... (irse, tú).
c. encontrarás trabajo sin problema, ya lo verás.
d. hasta que su hija .... (cumplir) 18 años. Luego se separaron.
e. quiero dedicarme a la jardinería.
f. en cuanto nos .... (decir, ellos) que había nacido.

2.2 **Transforma las siguientes frases en tu cuaderno utilizando el nexo que aparece entre paréntesis.**

1. Iré a correr después de terminar este trabajo. (cuando)
2. Recibimos la noticia y te pusimos un mensaje. (al)
3. De pequeña iba a la sierra si hacía buen tiempo. (siempre que)
4. No volveré si no me dices la verdad. (hasta que)
5. Primero recibirás la información. Luego terminará el curso. (antes de)
6. Salí de casa. Llamaron por teléfono. (en cuanto)

2. Continúe trabajando el concepto de temporalidad con este nuevo cuadro gramatical. Lea atentamente junto a sus estudiantes la información de cada uno de los puntos. Explíqueles primero que algunos de los nexos anteriores rigen indicativo o subjuntivo dependiendo de si introducen información referida al presente o al pasado o información habitual, por un lado, o de si introducen información referida al futuro, por otro. A continuación pase a explicar los nexos que rigen infinitivo o subjuntivo en función de si el sujeto de ambas oraciones, la principal y la subordinada, son los mismos o son diferentes. Comente también la información del cuadro de atención sobre la imposibilidad de usar el futuro con estos nexos, puesto que se construyen con subjuntivo, y la posibilidad de hacerlo cuando estos nexos son interrogativos. Asegúrese también de que saben identificar cuándo un nexo es interrogativo, pues el hecho de que aparezca acentuado o de que se encuentre en una oración interrogativa no implica que este lo sea necesariamente; para ello, puede escribir algunas frases en la pizarra y pedirles que escriban los verbos entre paréntesis en futuro o en subjuntivo según proceda. Escriba, por ejemplo, estos dos pares de frases: *No sé cuándo ______ (tener) vacaciones/No sé a dónde iré cuando ______ (tener) vacaciones* y *¿Cuándo ______ (terminar) la clase?/¿Qué harás cuando ______ (terminar) la clase?* (Las soluciones serían *tendré*, *tenga* y *terminará*, *termine* respectivamente). Por último, lea con ellos la información del cuadro de la RAE sobre la particularidad de la construcción *no... hasta que (no)...* y llame su atención sobre el diferente significado con el que se entendería *hasta* en España y en las zonas de América mencionadas en el cuadro.

2.1. Actividad formal en la que los estudiantes deberán, por un lado, relacionar de forma lógica los elementos de las dos columnas atendiendo al contexto y a la relación temporal que se establece entre las distintas acciones y, por otro lado, decidir en qué tiempo y modo gramatical deben conjugar los verbos entre paréntesis. Indíqueles que trabajen individualmente y permita que comparen sus respuestas en parejas antes de la corrección en plenario.
1. f, dijeron; **2.** c, termines; **3.** d, cumplió; **4.** e, jubilarme; **5.** b, que te vayas; **6.** a, estudiaba.

2.2. Para terminar con esta secuencia sobre los nexos temporales y la correspondencia temporal y modal que establecen estos, proponga esta otra actividad de producción semicontrolada. Indíqueles que lean primero detenidamente la frases y que intenten, a continuación, formular la misma idea pero usando el nexo temporal propuesto entre paréntesis. Aclároles antes de empezar que deben respetar el significado original en la medida de lo posible. Una vez que hayan terminado, déjelos que comparen en parejas y corrija mediante una puesta en común para dar por válidas todas las opciones posibles.
Posible respuesta:
1. Iré a correr cuando termine este trabajo; **2.** Al recibir la noticia, te pusimos un mensaje; **3.** De pequeña iba a la sierra siempre que hacía buen tiempo; **4.** No volveré hasta que (no) me digas la verdad; **5.** Recibirás la información antes de que termine el curso; **6.** En cuanto salí de casa, llamaron por teléfono.

Para trabajar estos contenidos, realice las actividades **5-8**, pp. **36-37** del *Libro de ejercicios*.

3. Antes de presentar la información del tercer cuadro gramatical, puede preguntarles, con el libro cerrado, si recuerdan las formas del futuro simple que estudiaron en el nivel A2. Haga un sondeo en plenario de lo que recuerden y, a continuación, pídales que abran el libro y que, en parejas, intenten completar la información que falta en el cuadro sobre la forma del futuro simple y del condicional simple apoyándose en lo que recuerdan y en la información que aparece ya dada. Lea también con ellos el cuadro de atención de la banda lateral que incide en la conveniencia de realizar comparaciones morfológicas entre tiempos verbales relacionados a fin de ayudarles en la tarea de memorización.
Una vez hayan terminado de completar las formas, corrija en plenario y pase a leer con ellos los diferentes usos del condicional simple, tanto los principales como el que se indica en el segundo cuadro de atención de la banda lateral.
Vivir: viviré, vivirás, vivirá, viviremos, viviréis, vivirán; Comer: comería, comerías, comería, comeríamos, comeríais, comerían; 1. podría; 2. querré; 3. sabré; 4. sabría; 5. pondría; 6. tendría; 7. vendré; 8. diré; 9. diría; 10. haré.

3.1. Actividad cuyo objetivo es comprobar que sus estudiantes han entendido, por un lado, la morfología del condicional simple y pueden identificar, por otro, algunos de los usos que se asocian a este modo verbal. Si lo cree necesario, complete la primera frase con ellos a modo de ejemplo. Deje que trabajen individualmente y que comparen sus respuestas en parejas antes de la corrección en plenario.
Finalizada la actividad, y si desea trabajar el uso del condicional para hablar de situaciones imaginarias, puede usar la proyección 17.
1. iría (SG); 2. haría (S); 3. estarían (FP); 4. harían (FP); 5. serían (S); 6. tendríamos (SI); 7. gustaría, podríais (C); 8. vivirías (SI); 9. importaría (C).

Fíjate:
Comparar los tiempos verbales relacionados te ayuda a memorizar su morfología más fácilmente.

Fíjate:
- El condicional se puede usar para hablar de situaciones **imaginarias**:
  *Yo no **viviría** nunca en un pueblo, me **aburriría** muchísimo.*
- También se usa para expresar **deseos**:
  *¡Qué hambre! Me **tomaría** un bocadillo.*

3 Futuro simple y condicional simple

En parejas Lee la información del cuadro y completa las formas que faltan.

- El **futuro simple** y el **condicional simple** son dos tiempos relacionados. Ambos se construyen añadiendo al infinitivo sus terminaciones o desinencias correspondientes:

Futuro simple			Condicional simple		
Hablar	Comer	Vivir	Hablar	Comer	Vivir
hablaré	comeré	.....	hablaría	.....	viviría
hablarás	comerás	.....	hablarías	.....	vivirías
hablará	comerá	.....	hablaría	.....	viviría
hablaremos	comeremos	.....	hablaríamos	.....	viviríamos
hablaréis	comeréis	.....	hablaríais	.....	viviríais
hablarán	comerán	.....	hablarían	.....	vivirían

- Los **verbos irregulares** en condicional simple son los mismos que en futuro simple:
  - caber › **cabré** › **cabría**
  - haber › **habré** › **habría**
  - poder › **podré** › [1] .....
  - querer › [2] ..... › **querría**
  - saber › [3] ..... › [4] .....
  - poner › **pondré** › [5] .....
  - salir › **saldré** › **saldría**
  - tener › **tendré** › [6] .....
  - valer › **valdré** › **valdría**
  - venir › [7] ..... › **vendría**
  - decir › [8] ..... › [9] .....
  - hacer › [10] ..... › **haría**
- El **condicional simple** expresa **posterioridad** respecto a un momento del **pasado** (futuro de pasado):
  *"Llegaré a las seis". › Dijo que **llegaría** a las seis y son menos cinco.*
- También se usa para **hacer suposiciones** sobre un hecho o situación del pasado:
  ***Tendría** 5 o 6 años cuando lo conocí, no lo recuerdo bien.*
- El condicional también se puede usar con **valor presente** para:
  - Hacer **peticiones con cortesía**:
    *¿**Podría** repetirlo, por favor?*
  - Hacer **sugerencias**:
    ***Deberías** comer más sano.*

3.1 **Completa las frases con la forma correcta del condicional de los verbos entre paréntesis y di cuál es su uso en cada caso: futuro del pasado (FP), suposición (S), cortesía (C), sugerencia (SG) o situación imaginaria (SI).**

1. ☐ Yo que tú ..... (ir) más tarde, normalmente a estas horas hay mucha gente.
2. ☐ ¿Qué ..... (hacer) Juanjo ayer en la oficina hasta tan tarde?
3. ☐ Nos dijeron que hoy a primera hora ..... (estar) las notas.
4. ☐ Ayer me prometieron que lo ..... (hacer, ellos) todo esta mañana, no te preocupes.
5. ☐ No sé… Yo creo que anoche cuando llegamos ..... (ser) las once o las once y media.
6. ☐ En mi mundo ideal todos ..... (tener, nosotros) una casa para vivir.
7. ☐ Me ..... (gustar) pediros un favor: ¿..... (poder) hablar más bajo? Es que estoy estudiando.
8. ☐ Con un buen trabajo, ... (vivir, tú) sin tantos agobios.
9. ☐ ¿Te ..... (importar) abrirme la puerta, por favor? Tengo las manos ocupadas.

110 | ciento diez

Unidad 6 | Esta es mi generación

¿Qué harías…?
[17]

Agrupe a sus estudiantes en parejas, proyecte la lámina y pídales que imaginen qué harían en las situaciones propuestas y se lo cuenten mutuamente. Indíqueles que, al tratarse de situaciones imaginarias, deberán usar el condicional. Pasee por la clase para asegurarse del correcto desarrollo de la actividad y anote los errores que detecte. Una vez que terminen, puede pedirles que comenten lo que más les ha sorprendido o llamado la atención de las respuestas de sus compañeros y escribir en la pizarra los errores que anotó para que los corrijan entre ellos.

3.2 Fíjate en una de las frases anteriores: *En mi mundo ideal todos tendríamos una casa para vivir.* Escribe un texto en tu cuaderno en el que describas cómo sería tu mundo ideal según los temas que se proponen.

3.3 **Todo el grupo** Comparte tus ideas anteriores con tus compañeros. ¿Habéis coincidido en algún tema?

4 Comparar y acotar cantidades

- Para decir que dos elementos son **equivalentes** usamos:
  - elemento + verbo + ***igual de*** + adjetivo/adverbio ***que...***
    *Los jóvenes de hoy son **igual de** trabajadores **que** los de antes.*
    *Lo haces **igual de** bien **que** María.*
- Para **destacar un elemento** frente a todos los demás de un conjunto usamos el **superlativo relativo**:
  - ***el/la/los/las*** (+ sustantivo) + ***más/menos*** + adjetivo + ***de*** + grupo
    *Marisa es **la** (persona) **más** trabajadora **del** mundo.*
  - ***el/la/los/las*** (+ sustantivo) + ***que*** + ***más/menos*** + verbo + ***de*** + grupo
    *Este bolígrafo es **el que menos** dura **de** todos los que tengo.*
- Para **acotar cantidades** usamos esta estructura:
  - ***(No) más/menos de*** + cantidad
    *Esta chica tendrá **más de** 20 años y **no más de** 25.*

> Fíjate:
> En esta estructura ***igual*** es un adverbio y, por tanto, es invariable.

> Fíjate:
> Si el grupo se ha mencionado antes o se sobrentiende, no es necesario repetirlo:
> *Ana tiene la nota más baja de la clase, pero no sé quién tiene la más alta.*

4.1 **En parejas** Fíjate en los datos de Estrella y Tomás y completa las frases con alguna de las estructuras anteriores.

1. Estrella .... 40 años.
2. Tomás es .... hijos tiene.
3. Para Tomás .... importante .... para Estrella.
4. Estrella es .... gana de los dos.
5. Tomás es .... horas trabaja.
6. Estrella es .... horas trabaja.

	Estrella	Tomás
Edad	41	26
Familia	Casada, 2 hijos	Casado, 1 hijo
Prioridades	Familia, trabajo, amigos	Familia, trabajo, amigos
Salario/mes	1600 €	1200 €
Contrato	8 horas/día	6 horas/día

3.2. Actividad de producción escrita para seguir trabajando el condicional. En primer lugar, a fin de que tengan una idea más concreta de lo que van a escribir, puede realizar con ellos una lluvia de ideas con preguntas en torno a los temas propuestos, por ejemplo: *¿cuántas personas vivirían en las ciudades?, ¿cómo se comportarían los jefes con sus empleados?, ¿cómo se impartiría la enseñanza?*, etc. Recuérdeles que deberán utilizar el condicional para describir ese mundo ideal imaginario y que tendrán también que incluir información sobre todos los temas. Déjeles el tiempo que necesiten para realizar la tarea y paséese por la clase para supervisar sus producciones o ayudarlos en caso necesario.

3.3. Haga ahora que sus estudiantes compartan las ideas que han escrito con el resto de la clase y verifiquen en qué medida han coincidido entre ellos. Motive la interacción oral pidiéndoles que expresen su opinión respecto a las ideas de sus compañeros.

> Para trabajar estos contenidos, realice las actividades **9-13**, pp. **37-38** del *Libro de ejercicios*.

4. Presente el último cuadro de gramática del apartado que trata sobre las estructuras comparativas y las que sirven para acotar cantidades. Lea de manera detallada con sus estudiantes cada uno de los puntos y asegúrese de que comprenden toda la información. Ponga más ejemplos si lo considera necesario o pídales a ellos que aporten ejemplos propios. No olvide comentar también la información que aparece en los cuadros de atención, referidos a la invariabilidad de *igual* cuando funciona como adverbio o a la posibilidad de no mencionar al grupo al que se refiere el superlativo relativo cuando aquel queda claro por el contexto.

4.1. Para trabajar las estructuras que acaban de ver, organice la clase en parejas e indíqueles que, fijándose en la información de la tabla respecto a Estrella y Tomás, completen los espacios de las frases con dichas estructuras o con las palabras que falten. Haga una puesta en común para corregir y aclare las posibles dudas. Finalmente, y a modo de transición hacia el siguiente apartado, puede comentar con ellos si creen que estas diferencias y coincidencias entre Estrella y Tomás son habituales entre las personas de esas generaciones, los 40 y los 20, o no.
1. Estrella tiene más de 40 años; **2.** Tomás es el que menos hijos tiene; **3.** Para Tomás la familia/el trabajo es igual de importante que para Estrella; **4.** Estrella es la que más gana de los dos; **5.** Tomás es el que menos horas trabaja; **6.** Estrella es la que más horas trabaja.

> Para trabajar estos contenidos, realice las actividades **14-15**, p. **38** del *Libro de ejercicios*.

Unidad 6

Practica en contexto

1. Antes de reproducir el audio que vertebra esta secuencia, escriba en la pizarra la palabra *generación* y pregunte a sus estudiantes qué generaciones importantes o representativas recuerdan. Es posible que ya mencionaran algunas generaciones literarias cuando se trabajaron las páginas de la portada, indíqueles ahora que piensen en generaciones relacionadas con cualquier otro campo o con ninguno en concreto. Escuche sus respuestas y después lea con ellos los nombres de las generaciones que aparecen en la actividad; pregúnteles si las conocían o si tienen alguna otra denominación para ellas. Indíqueles que se detengan unos momentos en observar las imágenes y, a continuación, pídales que describan a las personas que pertenecen a cada generación, lo que las caracteriza, los objetos con las que se las asocia, la edad, la forma de vestir… Esta discusión previa los ayudará a anticipar ideas y vocabulario que aparecerá en el audio, por lo que les facilitará la comprensión del mismo. Una vez comentadas las imágenes, ponga el audio para que, mediante una escucha global, numeren las generaciones según el orden en el que se mencionan. Si lo desea, puede realizar una segunda escucha más detallada para que puedan identificar algunos de los objetos de las imágenes que se mencionan.

[22]

1. *Baby boomer;* **2.** Milenial o generación Y; **3.** Generación X; **4.** Generación Z.

1.1. Siguiendo con la temática de las generaciones y las características que las definen, pídales que, en plenario, respondan a las preguntas planteadas sobre una nueva generación. Es importante que no lean aún el texto de la actividad siguiente, pues en él encontrarán la solución.

Practica en contexto

1 ¿Sabes qué caracteriza a estas generaciones? Escucha y ordena las imágenes según la generación a la que se refieran. [22]

☐ Generación Z ☐ Milenial o generación Y ☐ *Baby boomer* ☐ Generación X

1.1 **Todo el grupo** Actualmente se está hablando ya de una nueva generación. ¿Sabes cómo se llama y por qué la han nombrado así? ¿Qué edad tienen actualmente las personas de esta nueva generación?

1.2 **Todo el grupo** Lee el texto y comprueba tus respuestas anteriores.

Después de la generación Z, formada por aquellos nacidos entre 1995 y 2010, los expertos comienzan a hablar de la generación alfa (α), formada por los nacidos a partir de 2010: los hijos de la generación Y o milenial. No es casualidad que hayan escogido el nombre de "alfa" para referirse a ella, ya que es la primera letra del abecedario griego, lo que parece dar a entender, de forma metafórica, un nuevo renacer de la humanidad.

Adaptado de https://saposyprincesas.elmundo.es/consejos/psicologia-infantil/caracteristicas-generacion-alpha/ y https://www.elconfidencial.com/alma-corazon-vida/2019-05-30/generacion-alpha-demografia-social-digital_2042446/

1.3 **En grupos pequeños** Mira esta infografía sobre la generación alfa. ¿Qué similitudes y diferencias tiene con su generación anterior? ¿Cómo crees que será la nueva generación en otros aspectos: futuras relaciones de pareja, medioambiente…?

Comparar

Recuerda que para comparar puedes usar las siguientes expresiones:

- **el/la más/menos… de…**
- **igual de… que…**
- **más/menos… que…**
- **tan… como…**

112 | ciento doce

Unidad 6 | Esta es mi generación

1.2. Indíqueles ahora que lean el texto sobre la generación alfa para confirmar si habían acertado en sus hipótesis anteriores. Pregúnteles también si hay alguna información que les haya parecido interesante o llamado la atención.

1.3. Conforme pequeños grupos y lea con ellos el cuadro funcional que aparece en la banda lateral y que repasa las estructuras comparativas que les servirán para llevar a cabo la actividad. Se trata de que, atendiendo a la información facilitada, comparen la generación alfa con su generación anterior, la Z, y se aventuren también a imaginar cómo será esta nueva generación en relación con otros aspectos como la familia, el trabajo, el dinero… Paséese por la clase mientras hablan y recuérdeles la necesidad de argumentar sus ideas. Por último, haga una puesta en común para que compartan sus suposiciones con el resto de la clase y comprueben si han coincidido en algo.

6

1.4 **Todo el grupo** ¿A qué generación perteneces tú? ¿Con qué características te identificas más y con cuáles no te identificas en absoluto? Cuéntaselo a tus compañeros.

2 [23] **En parejas** Escucha este pódcast en el que cuatro personas hablan de un episodio de su vida. Anota en tu cuaderno a qué generación pertenece cada una y de qué época de su vida habla.

2.1 [23] Escucha de nuevo y marca qué persona hace cada afirmación.

	Persona
1. Formó una familia justo después de encontrar trabajo.	a b c d
2. Conoció a su pareja cuando vivía en el extranjero.	a b c d
3. Decidió qué estudiar después de un viaje.	a b c d
4. Pronto dejará de trabajar.	a b c d
5. Echa de menos la libertad de aquella época.	a b c d
6. No está seguro/a sobre su futuro académico.	a b c d
7. No se hizo realmente adulto/a hasta que salió de su país.	a b c d
8. No ha encontrado trabajo relacionado con sus estudios.	a b c d

2.2 **Todo el grupo** ¿Recuerdas el primer día del curso de español? ¿Cómo fue? ¿Qué pasó?

Fíjate:
Digo que algo ***me suena*** cuando tengo un recuerdo vago de un episodio, persona, dato... Si algo ***no me suena*** o ***no caigo*** es que no lo recuerdo de ninguna manera. Digo ***ya caigo*** cuando consigo acordarme de algo que no recordaba:
- ▶ *¿Te acuerdas de cuando te pusiste a imitar a don Manuel y él estaba detrás?*
- ▷ *¿Don Manuel? **No me suena**...*
- ▶ *Sí, mujer, el profesor de quinto, el que hablaba con un acento tan gracioso.*
- ▷ *¡Ah, sí! Don Manuel, **ya caigo**... Era muy majo, empezó a reírse él también con la imitación. No se enfadó ni nada.*

Evocar recuerdos
- Para expresar que **se recuerda** algo se usa:
  - *Recordar/Acordarse de* + sustantivo/*que*...
    - ***Recuerdo** ese día*/***Me acuerdo de** ese día.*
    - ***Recuerdo que** cuando entré todos me miraron.*
  - *No olvidar/No olvidarse de* + sustantivo/*que*...
    - ***No he olvidado el**/**No me he olvidado del** primer día de colegio.*
    - ***No me he olvidado de que** fuiste tú quien me ayudó.*
- Para expresar que **no se recuerda** algo podemos usar las estructuras anteriores en forma negativa y afirmativa, respectivamente:
  - ***No recuerdo** bien/**No me acuerdo** bien de ese día, pero sí de lo contenta que estaba.*
  - ***Me he olvidado del** nombre de mi primer jefe.*

Fíjate:
La estructura **me recuerdo* es incorrecta.

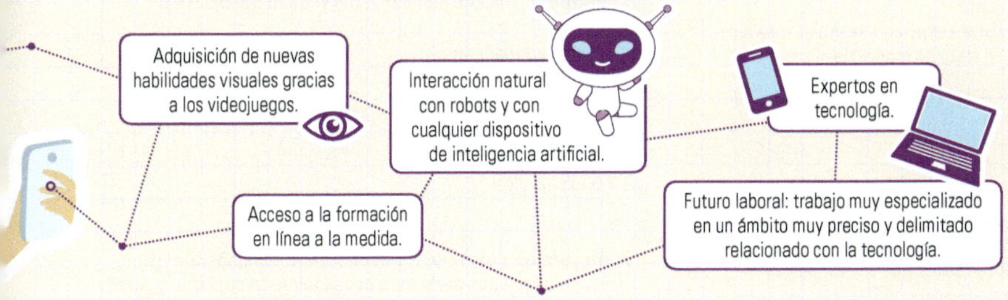

1.4. Cierre la secuencia con una nueva actividad de interacción oral, esta vez en plenario. Déjeles un tiempo para que tomen notas y preparen un pequeño monólogo sobre la generación a la que pertenecen, los valores de esa generación con los que se identifican o no, así como los valores asociados a otras generaciones con los que se podrían sentir más identificados. A continuación haga que compartan sus ideas con el resto compañeros y fomente la participación de todos.

2. [23] Inicie esta nueva secuencia con una actividad de comprensión auditiva en la que, mediante una escucha holística, los estudiantes tendrán que relacionar a distintas personas con la generación a la que pertenecen e identificar de qué etapa vital hablan. Ponga el audio, deje que, en parejas, intercambien sus opiniones y se pongan de acuerdo y proceda a una segunda escucha, si es necesario, antes de corregir en plenario.
Persona a: generación X, habla de su año de Erasmus cuando iba a la universidad;
Persona b: milenial o generación Y, habla de los años de instituto y del viaje de fin de curso;
Persona c: *baby boomer*, habla del inicio de su madurez, cuando firmó su (primer) contrato laboral;
Persona d: generación Z, habla de las vacaciones de verano en el pueblo cuando era niña.

2.1. [23] Nueva actividad de comprensión auditiva, esta vez de carácter selectivo, en la que, individualmente, asociarán distintas informaciones con la persona a la que hacen referencia. Antes de poner el audio, lea con ellos las frases y asegúrese de que las comprenden. Corrija mediante una puesta en común y pídales que justifiquen sus respuestas; de este modo, se verán obligados a parafrasear los enunciados que aparecen en la actividad.
1. c; **2.** a; **3.** b; **4.** c; **5.** d; **6.** d; **7.** a; **8.** b.

2.2. A continuación sus estudiantes deberán construir un recuerdo común, el de su primer día del curso de español, y comentarlo en plenario. Antes de que empiecen a trabajar, lea con ellos tanto el cuadro funcional sobre los recursos para evocar recuerdos como el cuadro de atención que ejemplifica cómo se habla de recuerdos vagos y de la recuperación de recuerdos olvidados. Si lo considera necesario, puede dirigir la conversación preguntándoles por detalles de aquel día de manera que los induzca a usar dichos recursos.

Unidad 6

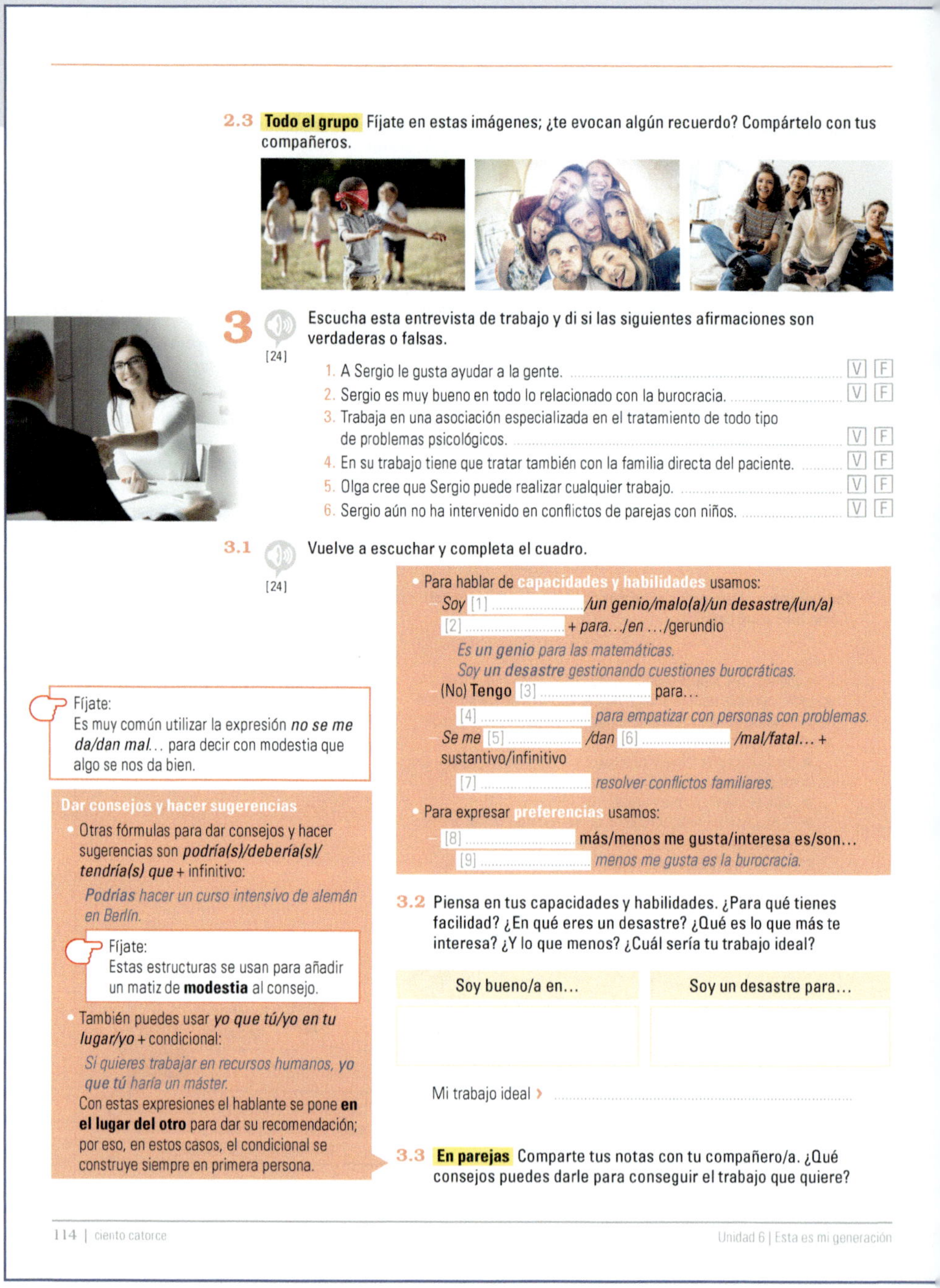

2.3 **Todo el grupo** Fíjate en estas imágenes; ¿te evocan algún recuerdo? Compártelo con tus compañeros.

3 [24] **Escucha esta entrevista de trabajo y di si las siguientes afirmaciones son verdaderas o falsas.**

1. A Sergio le gusta ayudar a la gente. V F
2. Sergio es muy bueno en todo lo relacionado con la burocracia. V F
3. Trabaja en una asociación especializada en el tratamiento de todo tipo de problemas psicológicos. V F
4. En su trabajo tiene que tratar también con la familia directa del paciente. V F
5. Olga cree que Sergio puede realizar cualquier trabajo. V F
6. Sergio aún no ha intervenido en conflictos de parejas con niños. V F

3.1 [24] **Vuelve a escuchar y completa el cuadro.**

- Para hablar de **capacidades y habilidades** usamos:
  - *Soy* [1] .... */un genio/malo(a)/un desastre/(un/a)*
    [2] .... + *para.../en ...*/gerundio
    Es un genio para las matemáticas.
    Soy un desastre gestionando cuestiones burocráticas.
  - (No) **Tengo** [3] .... para...
    [4] .... *para empatizar con personas con problemas.*
  - *Se me* [5] .... */dan* [6] .... */mal/fatal...* + sustantivo/infinitivo
    [7] .... *resolver conflictos familiares.*
- Para expresar **preferencias** usamos:
  - [8] .... **más/menos me gusta/interesa es/son...**
    [9] .... *menos me gusta es la burocracia.*

Fíjate:
Es muy común utilizar la expresión ***no se me da/dan mal...*** para decir con modestia que algo se nos da bien.

Dar consejos y hacer sugerencias

- Otras fórmulas para dar consejos y hacer sugerencias son ***podría(s)/debería(s)/tendría(s) que*** + infinitivo:
  Podrías hacer un curso intensivo de alemán en Berlín.

Fíjate:
Estas estructuras se usan para añadir un matiz de **modestia** al consejo.

- También puedes usar ***yo que tú/yo en tu lugar/yo*** + condicional:
  Si quieres trabajar en recursos humanos, yo que tú haría un máster.
  Con estas expresiones el hablante se pone **en el lugar del otro** para dar su recomendación; por eso, en estos casos, el condicional se construye siempre en primera persona.

3.2 Piensa en tus capacidades y habilidades. ¿Para qué tienes facilidad? ¿En qué eres un desastre? ¿Qué es lo que más te interesa? ¿Y lo que menos? ¿Cuál sería tu trabajo ideal?

Soy bueno/a en...	Soy un desastre para...

Mi trabajo ideal › ....

3.3 **En parejas** Comparte tus notas con tu compañero/a. ¿Qué consejos puedes darle para conseguir el trabajo que quiere?

114 | ciento catorce — Unidad 6 | Esta es mi generación

2.3. Nueva tarea de interacción oral en plenario que continúa trabajando la evocación de recuerdos. Antes de que empiecen a hablar, deles tiempo para que observen las imágenes y piensen en los recuerdos que estas les evocan. A continuación pídales que compartan sus impresiones con el resto de la clase. Ínstelos a que encuentren puntos en común y a que den detalles de lo que cuentan, así como a que pidan más información a sus compañeros o a que reaccionen ante lo que estos cuentan.

3. [24] Se inicia ahora una nueva secuencia que gira en torno a las entrevistas de trabajo.
Dirija la atención de sus estudiantes hacia la imagen que acompaña a la actividad y pídales que describan que está sucediendo en ella. Cuando mencionen *entrevista de trabajo*, pregúnteles si han participado en alguna o, en caso de que sea obvio que sí, si lo han hecho recientemente. Hágales que expliquen qué preguntas les hicieron y de qué temas hablaron. Escriba en la pizarra las ideas que mencionen y que les puedan anticipar vocabulario para facilitarles la compresión a la que se van a enfrentar. A continuación explíqueles que van a escuchar una entrevista de trabajo y que deberán responder si las afirmaciones propuestas son verdaderas o falsas. Deje que las lean estas antes de poner el audio y resuelva cualquier duda de vocabulario. Reproduzca el audio las veces que considere oportuno y corrija en plenario.
1. V; **2.** F; **3.** F; **4.** V; **5.** F; **6.** V.

3.1. [24] Nueva actividad de comprensión auditiva, esta vez de carácter selectivo, para que sus estudiantes completen el cuadro funcional sobre los exponentes para hablar de capacidades o habilidades con la información que falta. Permítales que lean previamente el cuadro para que puedan intuir el tipo de palabras que deberán escribir. A continuación reproduzca el audio, deje que comparen sus respuestas en parejas y proceda a una segunda escucha, si es necesario, antes de la corrección en plenario. No se olvide de comentar el cuadro de atención de la banda lateral sobre cómo hablar de una forma modesta de nuestras habilidades.
1. bueno; **2.** negado(a); **3.** facilidad; **4.** Tengo facilidad; **5.** da; **6.** bien; **7.** Se me da bien; **8.** Lo que; **9.** Lo que.

3.2. Actividad para trabajar las estructuras que acaban de aprender. Déjeles un tiempo para que puedan pensar en sus habilidades y dificultades, principalmente asociadas con el mundo académico o laboral, así como cuál sería el trabajo ideal para ellos y pídales que completen la actividad. Paséese por la clase para comprobar que lo hacen correctamente y ayúdelos en caso necesario.

3.3. Actividad de interacción oral en parejas en la que compartirán la información escrita en 3.2 y se aconsejarán respectivamente para poder conseguir el trabajo deseado. Antes de configurar las parejas, dirija su atención hacia el cuadro funcional de la banda lateral que presenta algunos exponentes para dar consejos y hacer sugerencias con el condicional simple.

6

3.4 **En parejas** En tu empresa hay un puesto vacante con el perfil de tu compañero/a. Hazle una entrevista de trabajo. Sigue el modelo de la audición anterior.

4 **En parejas** Lee los siguientes titulares sobre cómo será el futuro en algunos aspectos. ¿Qué crees que pasará cuando se hagan realidad?

Ejemplo: *Cuando se puedan prever las enfermedades, viviremos más años y tendremos mejor calidad de vida.*

> Recuerda:
> Para relacionar dos acciones futuras se usa *cuando* + subjuntivo.

La energía solar será la principal fuente de energía.

El 47 % de los trabajos manuales será sustituido por robots en una o dos décadas.

Todo estará conectado digitalmente.

La población mundial llegará a los 10 000 millones de habitantes según Naciones Unidas y, por esta razón, habrá que aumentar la producción agrícola en un 70 %.

Se confeccionarán mapas de ADN al nacer para prever el riesgo de padecer enfermedades.

4.1 **Todo el grupo** ¿Qué profesiones representan las siguientes imágenes? Responde después a las preguntas teniendo en cuenta los titulares anteriores y tu experiencia. Justifica tus respuestas.

A 
B 
C 
D 
E 

F 

1. ¿Cuáles de estas profesiones tienen más futuro y cuáles están condenadas a desaparecer?
2. ¿Cuándo desaparecerán estas últimas?
3. ¿Cuáles tendrán que reinventarse para sobrevivir?
4. ¿Qué otras profesiones actuales se encuentran en esta situación?

4.2 **En parejas** Elige una profesión con futuro y prepara una presentación para explicar a tus compañeros por qué crees que tiene tantas posibilidades. Luego, entre todos, elegid las cinco profesiones con más futuro en los próximos diez años.

Unidad 6 | Esta es mi generación ciento quince | 115

3.4. Finalice la secuencia con una nueva actividad de interacción oral. Haga que las mismas parejas desarrollen ahora una entrevista de trabajo teniendo presente la información que escribieron en la actividad 3.2 y siguiendo como modelo la entrevista que escucharon en la actividad 3. Una vez se hagan las entrevistas, puede animarlos a elegir una de las dos y a representarlas ante el resto de la clase. Finalmente, puede discutir con ellos en plenario si las entrevistas les han parecido profesionales, si las respuestas que han dado los candidatos han sido inteligentes, si piensan que obtendrían el puesto, etc. Antes de pasar a la siguiente secuencia, y si considera útil que sus estudiantes sigan practicando las estructuras para hablar de capacidades y habilidades en general, utilice la proyección 18.

¿Qué tal se te da...?

[18]

Proyecte la lámina y pregunte en una puesta en común qué temas representan las imágenes que aparecen en esta. A continuación agrúpelos en parejas y pídales que comenten, usando las estructuras aprendidas, su mayor o menor capacidad o habilidad respecto a dichos temas. Paséese por la clase mientras hablan y anote los errores que detecte para que se corrijan, finalmente, en una puesta en común.

4. Actividad de interacción oral en parejas que inicia la última secuencia del apartado y que está articulada en torno al tema de las profesiones del futuro. Pídales primero que lean los titulares presentados y asegúrese de que lo entienden todo. A continuación indíqueles que, en parejas, comenten cuáles creen que serán las consecuencias del futuro que pronostican los titulares; para ello, recuérdeles que usen la estructura que aparece en el cuadro de atención, *cuando* + subjuntivo, que sirve para relacionar temporalmente dos acciones futuras. Mientras hablan, paséese por la clase para observar el correcto desarrollo de la actividad. Finalmente, haga que las diferentes parejas compartan sus ideas y reaccionen ante las del resto.

4.1. Pida a sus estudiantes que se fijen en las imágenes y pregúnteles qué hacen las personas que aparecen en ellas y cuál creen que es su profesión. Después indíqueles que, en plenario, contesten a las preguntas planteadas teniendo en cuenta lo que leyeron en los titulares de la actividad 4 y su propia experiencia o conocimiento sobre el tema.
A. ingeniero/a agrónomo/a o ingeniero/a genético/a; **B.** dependiente/a; **C.** médico/a; **D.** profesor/a; **E.** ingeniero/a industrial; **F.** taxista/chófer.

4.2. Para cerrar el apartado proponga una presentación en parejas sobre una profesión que ellos consideren que tiene un gran futuro. Indíqueles que en su presentación deberán incluir una introducción sobre dicha profesión y las labores que desempeñan quienes se dedican a ella para después exponer las razones por las que creen que esta tiene tantas posibilidades. Si lo considera útil, puede acordar con ellos unos criterios para evaluar las presentaciones: claridad de la estructura, relación de los distintos argumentos, interacción con el público, corrección lingüística, precisión léxica...; de este modo, fomentará una retroalimentación entre iguales que les ayudará también a autoevaluarse.
Durante las presentaciones, vaya anotando en la pizarra las profesiones propuestas para que finalmente elijan en consenso las cinco profesiones que ellos consideran que tienen más futuro.

Unidad 6

Cultura

1. En primer lugar, pida a sus estudiantes que lean el texto que aparece junto a la célebre fotografía que ilustra esta primera página del apartado. Pregúnteles si conocían a alguno de los autores que se mencionan y también si serían capaces de identificarlo en la imagen. Infórmeles de que todos ellos forman parte de una de las generaciones más importantes de la literatura española, la generación del 27, de la que hablaron brevemente en la introducción a la unidad. A continuación forme los pequeños grupos e indíqueles que traten de responder a las dos preguntas planteadas y escriban una definición lo más precisa posible de *generación literaria*. Una vez hayan terminado, dé paso a la siguiente actividad.

1.1. Haga que los diferentes grupos compartan sus definiciones en plenario y anote en la pizarra las principales características que señalen. A continuación lea con ellos la definición propuesta en el libro para que la comparen con las suyas y comprueben si se habían acercado en sus hipótesis. Por último, interésese por saber si conocían la otra gran generación mencionada en el texto, la del 98, y si a grandes rasgos podrían decir algo sobre ambas (autores, géneros literarios, época…).

2. Actividad en parejas que sirve para despertar el interés sobre lo que leerán a continuación. Indíqueles que, primero, lean las afirmaciones y marquen individualmente las que creen que son ciertas para, después, comentarlo en parejas. Antes de que confirmen sus respuestas en la siguiente actividad, puede hacer una puesta en común para conocer qué afirmaciones han marcado y preguntarles si disponen de información que justifique su respuesta.

LA GENERACIÓN DEL 27

Es, sin duda, la fotografía más célebre de la literatura española. En ella posan los poetas –tímidos, frágiles en apariencia– tras la mesa del salón de actos de la Sociedad Económica de Amigos del País de la calle Rioja, en Sevilla. Allí están ocho de las más firmes promesas literarias de la época: Rafael Alberti, Federico García Lorca, Juan Chabás, Mauricio Bacarisse, Jorge Guillén, José Bergamín, Dámaso Alonso y Gerardo Diego. Junto a ellos, los anfitriones Manuel Blasco Garzón y José María Romero Martínez.

José María Rondón, *Diario de Sevilla*, Sevilla, 18 de diciembre de 2016

1 **En grupos pequeños** Los poetas de la foto forman parte de una de las generaciones más importantes de la literatura española: la generación del 27. ¿Sabes qué es una *generación literaria*? ¿Por qué se agrupa a los escritores en generaciones? Discútelo con tus compañeros de grupo.

1.1 **Todo el grupo** Exponed vuestras conclusiones y comparadlas con las del resto de la clase. ¿Coincidís? Ahora, leed esta definición y comprobad vuestras respuestas.

Una generación literaria es un grupo o conjunto de escritores que tienen en común vivir en la misma época y compartir estilos, técnicas, gustos y preocupaciones. En la literatura española contemporánea se estudian dos grandes generaciones: la generación del 98 y la generación del 27.

2 **En parejas** ¿Cuáles de estas afirmaciones sobre la generación del 27 crees que son ciertas? Compara tus respuestas con las de tu compañero/a.

1. ☐ La generación tiene ese nombre porque coincide con el año de nacimiento de los artistas.
2. ☐ Los miembros de esa generación son solamente escritores.
3. ☐ Muchos miembros de esa generación tienen entre ellos relaciones de amistad.
4. ☐ La generación del 27 aparece con posterioridad a la guerra civil española.
5. ☐ Federico García Lorca es uno de los miembros más famosos de esta generación.
6. ☐ La generación del 27 es famosa por su odio al arte antiguo y su amor por el arte moderno.

116 | ciento dieciséis   Unidad 6 | Esta es mi generación

Para cerrar el apartado, y si desea que sus estudiantes tengan una idea más completa del ambiente de la generación del 27 y que conozcan algunas mujeres que participaron de ella, proponemos esta actividad de investigación. En primer lugar, recuerde con ellos en plenario los nombres de los integrantes de la generación del 27 y pregúnteles si no hay nada que les llame la atención. Es de esperar que alguien mencione que no hay ninguna mujer entre sus miembros. Seguidamente, escriba en la pizarra Las Sinsombrero y pregúnteles qué les sugiere este nombre. Escuche sus respuestas y, a continuación, forme pequeños grupos para que investiguen y contesten a las preguntas planteadas. Para facilitarles el trabajo, puede sugerirles que consulten la siguiente dirección web: https://leer.es/proyectos/las-sinsombrero

1. *¿Quiénes fueron las Sinsombrero?*
2. *¿Por qué recibieron ese nombre?*
3. *¿Quiénes fueron sus principales representantes?*
4. *¿Cómo eran vistas por la sociedad del momento?*
5. *¿Quién fue Maruja Mayo?*
6. *¿Cuáles son los principales datos de su biografía?*

6

2.1 Lee el texto y comprueba tus respuestas anteriores.

En 1927 un grupo de escritores se reúne en Sevilla para conmemorar el tercer centenario de la muerte de Góngora, un célebre escritor clásico español de los siglos XVI-XVII. Entre los escritores de la generación del 27 destacan poetas como Pedro Salinas, Rafael Alberti, Federico García Lorca o Jorge Guillén. Pero este grupo literario integra a otros artistas de la época con los que trabajan en los proyectos artísticos más modernos y vanguardistas de su tiempo. Directores de cine como Luis Buñuel, músicos como Manuel de Falla y pintores como Dalí son famosos en la historia del arte y comparten con la generación del 27 las siguientes características:

- Muchos de ellos son amigos y estudian en la Institución Libre de Enseñanza. La mayoría vive y se reúne en la Residencia de Estudiantes de Madrid.
- Tienen los mismos gustos e intereses por los escritores clásicos y son, al mismo tiempo, muy innovadores y originales en sus creaciones artísticas.
- Están muy preocupados por la realidad social y política del país, pero también sienten mucha atracción por temas filosóficos universales.
- La gran mayoría apoya al bando republicano durante la guerra civil española y por ese motivo abandonan el país durante la dictadura de Franco.

El Pabellón Transatlántico de la Residencia de Estudiantes de Madrid

2.2 Vamos a conocer más a algunos de estos artistas y escritores. ¿Con quién asocias estas informaciones? ¿Con Buñuel, Lorca, Dalí o Falla? Puedes utilizar internet para investigar.

Buñuel · Lorca · Dalí · Falla

1. Es conocido también por sus obras de teatro. ______
2. Es famoso por ser el primer director español en ganar un premio Óscar, con una película francesa. ______
3. Su biografía habla de su hábito de desinfectar el piano antes de tocarlo y lo define como un maniático de la limpieza. ______
4. Muere asesinado al principio de la guerra civil española. ______
5. Trabaja con Hitchcock en *Spellbound* y es el diseñador del logotipo de unos caramelos. ______
6. Hacen juntos una película: *Un perro andaluz.* ______

3 **En parejas** Elige a un miembro de la generación del 27, busca información e imágenes sobre él y preséntaselo a la clase.

Unidad 6 | Esta es mi generación ciento diecisiete | 117

2.1. Actividad de comprensión lectora que les permitirá comprobar si acertaron en sus respuestas anteriores. Indíqueles que lean el texto de manera individual y, en el caso de que tengan dudas de vocabulario, ínstelos a que las pregunten a otros compañeros e intenten resolverlas entre ellos. Haga una puesta en común para confirmar las respuestas correctas y pídales que las justifiquen indicando el fragmento del texto en el que aparece dicha información. Si lo desea, puede preguntarles también por la información que desmiente las afirmaciones falsas de la actividad 2.
1. F; **2.** F; **3.** V; **4.** F; **5.** V; **6.** F.

2.2. Dirija previamente la atención de sus estudiantes a las fotografías de los cuatro miembros de la generación del 27 sobre los que van a trabajar e ínstelos a que aporten toda la información sobre ellos que conozcan. Escuche sus respuestas y, a continuación, dígales que lean las distintas informaciones y las asocien con el artista o escritor al que creen que se refieren. Permítales que busquen la información en internet si tienen la posibilidad y si lo necesitan. Una vez hayan terminado, corrija mediante una puesta en común e invítelos a seguir investigando preguntándoles por otros detalles como por ejemplo: *¿con qué película ganó el Óscar Buñuel?* (*El discreto encanto de la burguesía*, 1972), *¿qué obras de teatro escribió Lorca?* (*Yerma, La casa de Bernarda Alba* o *Bodas de sangre*, entre otras), *¿de qué trata la película de Buñuel y Dalí?* (objeto de numerosas interpretaciones, la película, un desfile de imágenes incoherentes, puede resumirse como un ejemplo de surrealismo puro, el sueño filmado de dos genios).
1. Lorca; **2.** Buñuel; **3.** Falla; **4.** Lorca; **5.** Dalí; **6.** Buñuel y Dalí.

3. Actividad para ahondar en la generación del 27. Indíqueles que, en parejas, elijan un miembro de dicha generación y preparen una presentación sobre este. Recuérdeles que deberán abordar al personaje desde el punto de vista artístico, pero también vital y acompañar su presentación con imágenes. Déjeles el tiempo que necesiten para trabajar o, dependiendo de las circunstancias, proponga que realicen la tarea como deberes para una próxima sesión de clase. Una vez realizadas las presentaciones, y si cuenta con el tiempo y los recursos, puede proponer que elaboren un póster para decorar la clase que reúna la información más relevante y las imágenes de las presentaciones.

Para trabajar estos contenidos, realice las actividades **16-18a**, p. **39** del *Libro de ejercicios*.

Una vez hayan respondido a las preguntas, puede corregir en plenario con la ayuda de la proyección 19.

Las Sinsombrero

[19]

Proyecte la lámina para que confirmen si los datos que aparecen en esta coinciden con la información que ellos han buscado. Fomente también un debate en el que expresen su opinión personal sobre lo que han aprendido. Por último, pregúnteles si en sus países existe alguna generación o grupo literario o artístico comparable con Las Sinsombrero.

Unidad 6

Cartelera de cine

Observe con sus estudiantes el cartel de la película e invítelos a que lo describan: quiénes aparecen en la imagen, cómo visten, en qué época están… A continuación lea título y pídales que, en función de este y del cartel, intenten imaginar de qué trata la película y a qué genero creen que pertenece. Escuche sus respuestas y pídales después que, individualmente, lean la sinopsis para comprobar sus hipótesis. Resuelva las posibles dudas de vocabulario y, si lo desea, antes de comenzar con las actividades, comparta con ellos la siguiente información:

> ***Sus ojos se cerraron y el mundo sigue andando*** es una coproducción argentina y española que cuenta con actores de ambas nacionalidades.
> Es un drama que cuenta una historia de amor, aunque también sirve para rendir homenaje al cantante Carlos Gardel, mito y símbolo cultural en Argentina que falleció trágicamente en un accidente de avión en el año 1935.
> En la película se integran en total doce tangos, género musical de origen rioplatense que se caracteriza por sus letras y baile apasionados.
> La película es una muestra interesante de los distintos acentos y expresiones de ambos países.

Vídeo

Cartelera DE CINE

Sus ojos se cerraron y el mundo sigue andando

Sinopsis

La película tiene lugar en Buenos Aires en los años treinta. Juanita es una joven y bella modista española que admira a Carlos Gardel con obsesiva pasión. Un día conoce a Renzo, un fracasado cantante, de quien se enamora por el simple hecho de tener un gran parecido físico con su ídolo. Por este amor es capaz de abandonar a su antiguo novio e intentar convertir por todos los medios al joven Renzo en una copia perfecta de Carlos Gardel. Su fijación conducirá a su amado a un desenlace tan trágico como el del propio Gardel.

Antes de la secuencia

1 **Todo el grupo** Renzo sabe que a Juanita le gusta el cantante Carlos Gardel. ¿Cómo crees que conseguirá enamorar a la protagonista?

2 **Todo el grupo** De los siguientes escenarios, ¿cuál crees que es el más idóneo para enamorarse: una playa, un salón de baile o un supermercado? ¿Por qué?

3 **Todo el grupo** En la secuencia que vamos a ver, Juanita abandona a su novio por Renzo. ¿Cómo crees que reaccionará el novio ante esa situación?

Durante la secuencia

4 **En parejas** Renzo canta su canción *Amores de estudiante*. Visiona el fragmento 00:59 ▸ 02:45 y decide si las siguientes afirmaciones son verdaderas o falsas. Luego compara con tu compañero/a.

1. Renzo interpreta la canción mirando solo a Juanita. ..... V F
2. Las amigas de Juanita se dan cuenta de que ella presta más atención al cantante que a su novio. ..... V F
3. El novio de Juanita, Gustavo, disfruta de la canción. ..... V F
4. La letra de la canción dice: "Amores de estudiante, flores de una noche son". ..... V F
5. A los músicos les sorprende recibir aplausos del público tras la canción. ..... V F

118 | ciento dieciocho   Unidad 6 | Esta es mi generación

1. Pida a sus estudiantes que describan a los protagonistas de la historia y que imaginen, por su aspecto y gestos, cuál es la personalidad de cada uno. Ínstelos después a que discutan sobre el modo en que creen que conseguirá Renzo enamorar a Juanita y a que justifiquen sus respuestas.

2. Pregúnteles ahora cuál de los escenarios propuestos es, según su opinión, el más idóneo para enamorarse y por qué motivo. Invítelos también a que propongan otros escenarios que pueden propiciar que surja el amor. A continuación dígales que los protagonistas se enamoran en uno de los tres lugares propuestos y pregúnteles cuál de ellos, a tenor de las imágenes, piensan que es ese lugar.

3. Cierre esta sección de actividades previas a la visualización de la secuencia anticipando la reacción que tendrá Gustavo cuando Juanita, su novia, rompa con él. Pídales también que imaginen de qué forma se entera Gustavo de la traición y, si lo ve oportuno, pregúnteles cómo reaccionarían ellos si su pareja les abandonara por otra persona famosa o popular.

4. Advierta a sus estudiantes que el primer fragmento que van a visualizar sucede mientras se interpreta una canción, por lo que para realizar la actividad deberán prestar atención a los gestos y al lenguaje no verbal de los protagonistas. Déjeles que lean previamente las afirmaciones y, a continuación, visualice el fragmento 00:59 ▸ 02:45 para que indiquen individualmente si estas son verdaderas o falsas. Indíqueles que comparen sus respuestas en parejas antes de corregir y, si fuera necesario, visualice el fragmento de nuevo. Por último, puede pedirles que interpreten con sus palabras la letra de la canción "Amores de estudiantes, flores de un día son" y que comenten si ellos están de acuerdo con dicha afirmación.
1. V; **2.** V; **3.** F; **4.** F; **5.** V.

6

5 Juanita y Renzo bailan un tango. Esta es parte de la conversación que mantienen. Visiona el fragmento 03:38 ▶ 04:30 y escribe las palabras que faltan.

Juanita: No me dirá que lo hizo por mí.
Renzo: Por supuesto. Usted fue la [1] .... que me dijo lo de Gardel.
Juanita: Claro, porque Gardel es grande.
Renzo: Yo también.
Juanita: Es puro [2] ....
Renzo: Yo igual.
Juanita: Y va a llegar a lo más alto porque es un [3] ....
Renzo: Yo también.
Juanita: Me está pareciendo un poco vanidoso.
Renzo: No, vanidoso no, [4] .... Yo soy pura ambición.
Juanita: Yo también.

6 **En parejas** Visiona ahora la secuencia completa y ordena estas frases por orden de aparición. Luego compara con tu compañero/a.

- ☐ Las amigas de Juanita comentan la situación.
- ☐ Los músicos discuten con el propietario del local.
- ☐ A Gustavo le molesta que Renzo esté hablando con su novia.
- ☐ Renzo y Juanita charlan mientras bailan un tango.
- ☐ El propietario quiere cerrar y les pide que terminen.
- ☐ Renzo canta un tango mientras mira fijamente a Juanita.
- ☐ Gustavo abandona el bar enojado.

Después de la secuencia

7 **Todo el grupo** Lee las preguntas y coméntalas con tus compañeros.

1. ¿Por qué Renzo no acompaña a sus amigos al terminar la canción?
2. ¿Qué problema tienen el propietario del local y los músicos?
3. ¿En qué tres cosas dice Renzo que coincide con Carlos Gardel?
4. Cuando Juanita y Renzo bailan, ¿en qué cualidad dicen los dos coincidir?

Las amigas

8 **En parejas** En la secuencia se dicen las siguientes dos frases, en las que aparecen algunas expresiones típicamente argentinas. ¿Sabes qué significan?

"Jamás le podría hacer una cosa así a **la gallega**".
"¿Cuántas veces te he dicho que **esa mina** no es para vos?".

9 **En grupos pequeños** La canción que interpreta Renzo, *Amores de estudiante*, es solo uno de los éxitos que popularizó Carlos Gardel, un mito en Argentina. Busca en internet información sobre su figura y discute con tus compañeros los ingredientes de su éxito eterno. ¿Con qué figura actual se puede comparar?

Unidad 6 | Esta es mi generación   ciento diecinueve | 119

5. Dirija la atención de sus estudiantes hacia las imágenes de la derecha y explíqueles que en siguiente fragmento que van a ver ambos protagonistas bailan un tango mientras mantienen una conversación. Deje que lean una parte de esta para que, individualmente, imaginen qué palabras le pueden faltar. A continuación visualice el fragmento 03:38 ▶ 04:30 para que escriban la respuesta. Para terminar, puede preguntarles si la actitud de Renzo les parece sincera o si piensan que es una estrategia para enamorar a Juanita.
1. primera; **2.** sentimiento; **3.** predestinado; **4.** ambicioso.

6. Actividad de comprensión holística en la que tendrán que numerar las acciones propuestas según el orden en el que suceden en la secuencia. Indíqueles que realicen la actividad individualmente basándose en lo que recuerdan y que comparen, después, sus respuestas en parejas. Finalmente, proceda a la visualización para que confirmen estas.
6, 2, 3, 5, 7, 1, 4.

7. Pídales que, en plenario, respondan a las preguntas planteadas. Si es necesario, deje que visualicen la secuencia de nuevo para que puedan prestar atención a detalles en los que es posible que no hayan reparado antes. Dígales que el diálogo de la actividad 5 también puede ayudarlos a responder a algunas preguntas.
Posible respuesta:
1. Porque quiere estar solo con Juanita, aunque a sus amigos les da el pretexto de que tiene que afinar la guitarra; **2.** Los músicos se quejan porque no les paga desde hace una semana; **3.** En que es grande, es puro sentimiento y un predestinado; **4.** En que ambos son ambiciosos.

8. Lea con ellos las expresiones argentinas que se destacan y pregúnteles si recuerdan quién las dijo y cuándo. De este modo, conseguirá que elaboren hipótesis sobre su significado basándose en otros elementos distintos a los puramente lingüísticos. A continuación déjelos que contesten en parejas a la pregunta del enunciado y corrija en plenario. Por último, pregúnteles si conocen otras expresiones de la variante argentina o comparta usted algunas de las más frecuentes como *manejar* (en lugar de *conducir*) o *re*+adjetivo (en lugar de *muy* + adjetivo).
La gallega: se aplica a los españoles migrados a Argentina en referencia al origen regional de la mayoría de ellos. Lo dice una amiga de Juanita refiriéndose a ella; **Esa mina:** significa 'mujer'. Se lo dice uno de los músicos a Gustavo refiriéndose a Juanita.

9. Pídales que investiguen sobre la figura de Carlos Gardel y que compartan entre todos los datos más destacables. A continuación pídales que, en grupos pequeños, discutan sobre las cuestiones planteadas. Finalmente haga una puesta en común para que, en plenario, decidan los tres ingredientes más importantes para lograr el éxito eterno y para conocer las distintas figuras famosas propuestas.

Carlos Gardel fue un famoso cantante y compositor además de figura reconocida en el mundo del tango. Nació en Francia, aunque pasó la mayor parte de su vida y carrera en Buenos Aires, Argentina, nacionalidad que adoptó finalmente. Su carrera como cantante se desarrolló tanto en Latinoamérica como en otros lugares del mundo tales como Nueva York, Barcelona o Madrid. Gardel participó en películas para la Paramount en Francia y Estados Unidos. Gozó de una inmensa popularidad entre la juventud femenina, que lo encontraba muy atractivo. Murió trágicamente en un accidente de avión en Colombia cuando todavía se encontraba en lo más alto de su carrera.

Evaluación

1. **1.** Está embarazada; **2.** Están comprando una casa; **3.** Firman un contrato; **4.** Está ahorrando; **5.** Se ha graduado; **6.** Están cuidando a su nieto/a.

2. [25] **1.** Cuando compró su primera casa; **2.** Su traslado a la ciudad; **3.** El día en que nació su nieta; **4.** Su jubilación; **5.** Cuando se independizó; Nadie habla de cuando se graduó.

3. Respuesta abierta.

4. **1.** El grado en Filología dura igual que el de Administración de Empresas; **2.** Las prácticas en Administración de Empresas son igual de largas que las de Filología Hispánica; **4.** La carrera con más futuro es Administración de Empresas.

Evaluación

1 Escribe debajo de cada imagen qué hacen o qué les pasa a estas personas.

1. ....

2. ....

3. ....

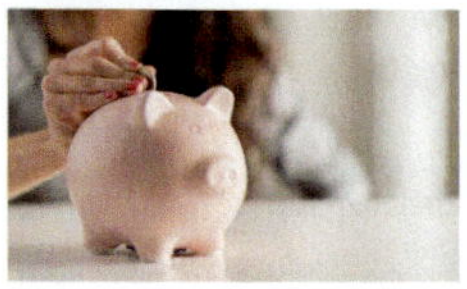
4. ....

5. ....

6. ....

2 [25] Escucha a estas personas comentando acontecimientos importantes de su vida. ¿De qué momento habla cada una? ¿De cuál no habla ninguna?

☐ Cuando compró su primera casa. ☐ Su traslado a la ciudad. ☐ El día que nació su nieta.
☐ Cuando se independizó. ☐ Cuando se graduó. ☐ Su jubilación.

3 Escribe un recuerdo para la situación que no se comenta en la actividad anterior.

....

....

4 Observa estos datos sobre dos titulaciones universitarias y corrige la información que no sea correcta.

Grado en Filología Hispánica	Grado en Administración de Empresas
Duración: 4 cursos **Prácticas:** 3 meses	**Duración:** 4 cursos **Prácticas:** 3 meses
Nota de entrada: 5/10	**Nota de entrada:** 7.5/10
Tasa de empleo de titulados: 56 %	**Tasa de empleo de titulados:** 78 %
Tiempo medio entre finalización de estudios y empleo: 18 meses	**Tiempo medio entre finalización de estudios y empleo:** 3 meses

1. El grado en Filología no dura igual que el de Administración de Empresas. › ....
2. Las prácticas de Administración de Empresas son las más largas. › ....
3. Necesitas al menos un 5 para entrar en Filología y no menos de un 7.5 para entrar en Administración de Empresas. › ....
4. La carrera con más futuro es Filología. › ....
5. El tiempo para encontrar un trabajo con Filología no es igual que con Administración de Empresas. › ....

6

5 **Une los elementos de las dos columnas para formar frases y completa con los verbos entre paréntesis en la forma correcta.**

1. Ojalá encuentre trabajo de lo mío…
2. Desde que (nacer) .... Marta…
3. Cuando nos (subir, ellos) .... el sueldo…
4. Mientras (estar, ellos) .... dormidos…
5. No volveré a trabajar…
6. Necesitaremos otra casa…

a. hasta que el niño (comenzar) .... el colegio.
b. después de (terminar, yo) .... la carrera.
c. en cuanto (nacer) .... su hermanita.
d. nos casaremos.
e. no tenemos tiempo para nosotros.
f. podremos hablar de nuestras cosas; ¡hace tanto que no lo hacemos!…

5.1 **Las frases de la actividad anterior son los pensamientos de Antonio en distintos momentos de su vida. Ordénalos y escribe la historia.**

....

....

....

6 **Transforma las siguientes frases para que signifiquen lo que se indica entre paréntesis usando el condicional o el nexo temporal adecuado.**

1. Volverás. Saldremos a tomar algo. (acciones sucesivas)
....
2. Quiero hablar un momento por teléfono. (petición cortés)
....
3. Anoche el niño cenó ensalada y salchichas. (hipótesis)
....
4. Tengo un bebé y no puedo dormir. (inicio de la acción)
....
5. Recibí un correo y a continuación me llamaron por teléfono. (acción sucesiva inmediata)
....
6. Tengo muchas ganas de tomar un café. (deseo)
....
7. Sal con los amigos y relaciónate, pasas mucho tiempo solo. (consejo)
....
8. Yo pongo la mesa. Tú haces la comida. (acciones simultáneas)
....

7 **¿Cómo recuerdas lo que has aprendido? Marca las opciones con las que te identifiques.**

1. Soy **bueno(a)/malo(a)** recordando lo que es más diferente a mi lengua.
2. Soy **un genio/un desastre** recordando los ejemplos.
3. **Tengo/No tengo** facilidad para recordar lo que está relacionado con conocimientos anteriores.
4. Se me da **bien/mal** recordar lo que me emociona/divierte/enfada…
5. Soy **bueno(a)/malo(a)** recordando lo que experimento.

Unidad 6 | Esta es mi generación   ciento veintiuno | 121

5. **1.** b, terminar; **2.** e, nació; **3.** d, suban; **4.** f, estén; **5.** a, comience; **6.** c, nazca.

5.1. 1, 3, 2, 5, 4, 6.

6. **1.** Cuando vuelvas saldremos a tomar algo; **2.** ¿Podría hablar un momento por teléfono?; **3.** Anoche el niño cenaría ensalada y salchichas; **4.** Desde que tengo un bebé no puedo dormir; **5.** Me llamaron por teléfono nada más recibir un correo/En cuanto recibí un correo me llamaron por teléfono; **6.** Me tomaría un café; **7.** Deberías salir con los amigos y relacionarte, pasas mucho tiempo solo; **8.** Yo pongo la mesa mientras tú haces la comida/Mientras yo pongo la mesa tú haces la comida.

7. Respuesta abierta.

Todo es noticia

Pida a sus estudiantes que se fijen en la imagen principal y en el título de la unidad y pregúnteles qué les sugieren y qué relación ven entre ambos. A continuación plantéeles las preguntas propuestas para que las comenten en plenario. Para fomentar el debate, pídales que argumenten sus respuestas y plantee otras preguntas como: *¿qué creéis que están fotografiando las personas de la imagen principal?, ¿qué creéis que está leyendo la chica de la foto superior derecha?* o *¿dónde creéis que se encuentra el niño que está detrás de la reja?* Escuche sus respuestas sin dar, de momento, más información al respecto, pues todos estos temas se tratarán en los diferentes apartados de la unidad y tendrán entonces la ocasión de ahondar en ellos. Aproveche la última pregunta, relacionada con el tipo de noticias, para revisar con ellos las diferentes secciones que hay en un periódico o en un informativo de televisión: *política nacional, política internacional, economía, cultura, salud, el tiempo, deportes...* Por último, dirija la atención de la clase hacia el cuadro en el que se presentan algunos de los contenidos que trabajarán en esta unidad y hágales notar que todos ellos guardan relación, de alguna manera, con el tema de la información.

Todo es noticia

En esta unidad vas a. . .

- Expresar cambios relacionados con una acción y sus causas
- Rectificar o matizar una información o suposición previa
- Redactar y titular acontecimientos informativos
- Descubrir qué palabras han sido noticia en los últimos años

¿Qué sabes?

1. Esta primera actividad del apartado tiene como objetivo sondear el conocimiento que tienen sus estudiantes, en español, del vocabulario y de algunos temas relacionados con los medios informativos. Se trata de que, organizados en grupos pequeños, contesten a un cuestionario de opción múltiple en el que aparecen preguntas de carácter cultural y sociológico y también algunas de léxico que recogen diferentes términos y expresiones relacionados con el tema de la unidad. Si lo prefiere, puede plantear el concurso para que, en lugar de que compitan entre los miembros de cada grupo, lo hagan los distintos grupos entre sí; en este caso, haga usted de moderador y vaya anotando las respuestas en la pizarra. Para la corrección, pase a la actividad siguiente.

1. a; **2.** b; **3.** a; **4.** a; **5.** b; **6.** c; **7.** a; **8.** b; **9.** b; **10.** b; **11.** a; **12.** c.

Puede ampliar la actividad proponiéndoles que desarrollen la información que han visto en el cuestionario. Así, puede pedir a cada grupo que busque en internet información sobre uno de los siguientes temas:

1. *¿Cuándo apareció el primer periódico en España?, ¿cómo se llamaba y dónde se publicó?*
2. *¿Cuándo se publicaron por primera vez los periódicos* ABC *y* La Vanguardia*?, ¿dónde tienen su redacción y cuál es su línea editorial?*
3. *¿Qué tres acontecimientos o espectáculos han sido los más seguidos mundialmente en la historia de la televisión?, ¿cuándo tuvieron lugar y dónde?*
4. *¿Qué medios de comunicación prefieren las personas de acuerdo con su edad?*
5. *¿De qué tratan las series* El secreto de Puente Viejo, Médico de Familia *y* La casa de papel, *y en qué año se produjeron?*

1. En 1758 se publica en Madrid el primer periódico diario: *El diario Noticioso*; antes, en 1661, se había publicado el primer periódico semanal: *Las Gaceta de Madrid*; **2.** *ABC* fue fundado en 1903 en Madrid, al principio era un semanario, su línea editorial es conservadora y monárquica; *La Vanguardia* publicó su primer número en 1881 en Barcelona, su línea editorial es de centroizquierda; **3.** Casi todas las fuentes coinciden en los siguientes: 1. Funeral de Michael Jackson en 2009, en Los Ángeles; 2. Funeral de Lady Di en 1997, en Londres; el rescate de los mineros en Chile en 2010, en San José; **4.** Depende de qué fuente se consulte pueden variar los resultados, pero casi todas apuntan a que las personas menores de 47 años prefieren los medios digitales y las redes sociales, mientras que las mayores de 47 optan por los medios tradicionales como la televisión y los periódicos impresos, si bien un 70 % de la población considera que son más fiables los medios tradicionales; **5.** *El secreto de Puente Viejo* es una producción emitida entre 2011 y 2020, muestra la vida de los habitantes de un pequeño pueblo ficticio de España llamado Puente Viejo en el que siempre están presentes el amor, la venganza y las traiciones; *Médico de Familia* se emitió entre 1995 y 1999, la serie cuenta los problemas familiares, personales y profesionales que le suceden a un joven médico; *La casa de papel* se estrenó en 2017 y en 2020 se rodó su quinta y última temporada, la serie gira en torno a un asalto de varios días preparado contra la Fábrica Nacional de Moneda y Timbre.

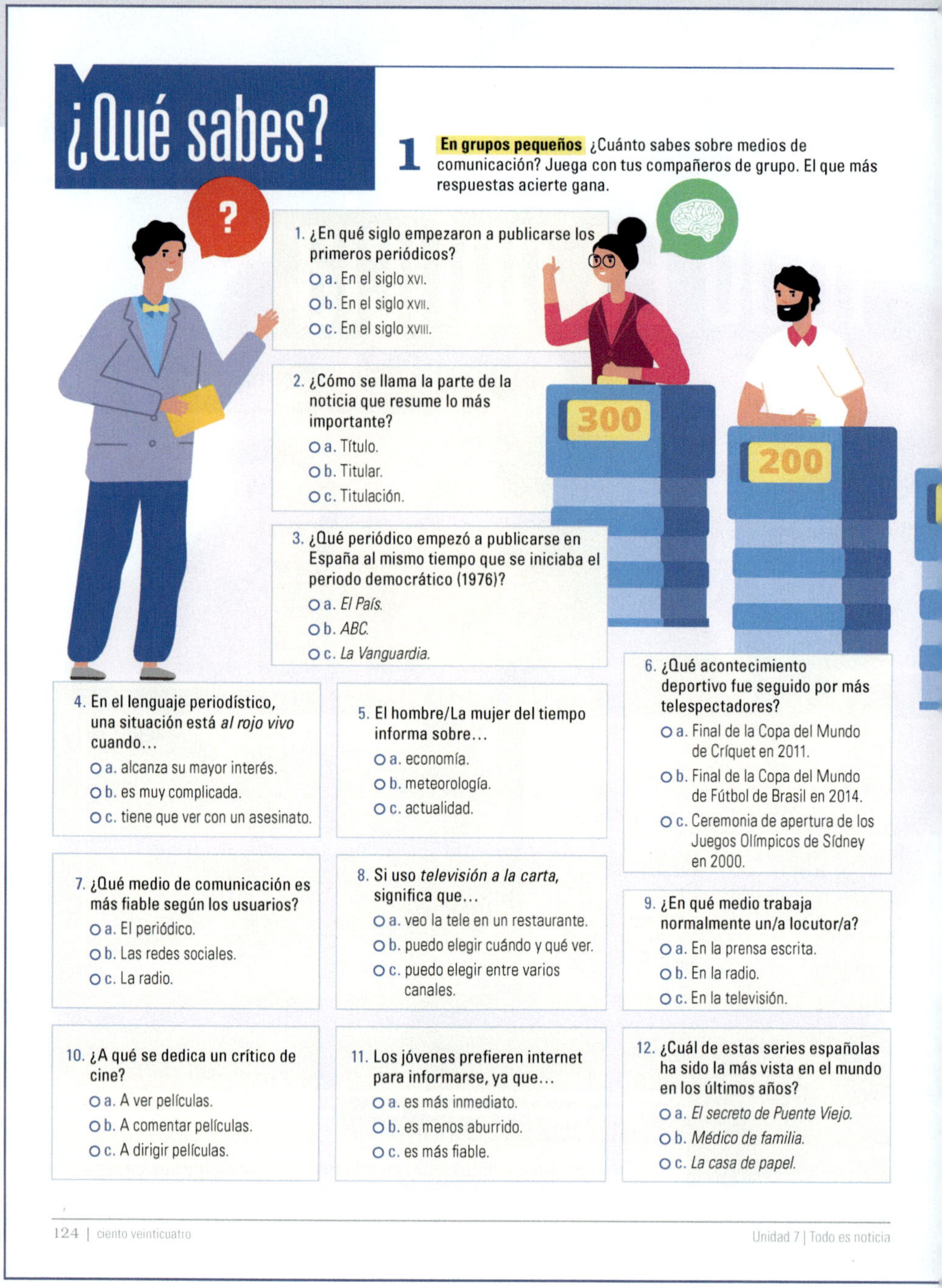

¿Qué sabes?

1 **En grupos pequeños** ¿Cuánto sabes sobre medios de comunicación? Juega con tus compañeros de grupo. El que más respuestas acierte gana.

1. **¿En qué siglo empezaron a publicarse los primeros periódicos?**
   - a. En el siglo XVI.
   - b. En el siglo XVII.
   - c. En el siglo XVIII.
2. **¿Cómo se llama la parte de la noticia que resume lo más importante?**
   - a. Título.
   - b. Titular.
   - c. Titulación.
3. **¿Qué periódico empezó a publicarse en España al mismo tiempo que se iniciaba el periodo democrático (1976)?**
   - a. *El País.*
   - b. *ABC.*
   - c. *La Vanguardia.*
4. **En el lenguaje periodístico, una situación está *al rojo vivo* cuando…**
   - a. alcanza su mayor interés.
   - b. es muy complicada.
   - c. tiene que ver con un asesinato.
5. **El hombre/La mujer del tiempo informa sobre…**
   - a. economía.
   - b. meteorología.
   - c. actualidad.
6. **¿Qué acontecimiento deportivo fue seguido por más telespectadores?**
   - a. Final de la Copa del Mundo de Críquet en 2011.
   - b. Final de la Copa del Mundo de Fútbol de Brasil en 2014.
   - c. Ceremonia de apertura de los Juegos Olímpicos de Sídney en 2000.
7. **¿Qué medio de comunicación es más fiable según los usuarios?**
   - a. El periódico.
   - b. Las redes sociales.
   - c. La radio.
8. **Si uso *televisión a la carta*, significa que…**
   - a. veo la tele en un restaurante.
   - b. puedo elegir cuándo y qué ver.
   - c. puedo elegir entre varios canales.
9. **¿En qué medio trabaja normalmente un/a locutor/a?**
   - a. En la prensa escrita.
   - b. En la radio.
   - c. En la televisión.
10. **¿A qué se dedica un crítico de cine?**
    - a. A ver películas.
    - b. A comentar películas.
    - c. A dirigir películas.
11. **Los jóvenes prefieren internet para informarse, ya que…**
    - a. es más inmediato.
    - b. es menos aburrido.
    - c. es más fiable.
12. **¿Cuál de estas series españolas ha sido la más vista en el mundo en los últimos años?**
    - a. *El secreto de Puente Viejo.*
    - b. *Médico de familia.*
    - c. *La casa de papel.*

124 | ciento veinticuatro — Unidad 7 | Todo es noticia

7

1.1 **Todo el grupo** Tu profesor/a va a dar las respuestas a cada pregunta. ¿Hay algo que te sorprenda o que no sabías? Cuéntaselo a tus compañeros.

2 **En parejas** El siglo XXI ha revolucionado la forma de hacer periodismo. Lee las frases y adivina qué palabra falta en cada una de ellas. Ayúdate del contexto y de tu experiencia para hacerlo. Luego compara con tu compañero/a.

El usuario ha dejado de ser solo espectador para [1] .... activamente en el proceso informativo.

Los ciudadanos han empezado a colaborar en el trabajo de los [2] .... aportando fotos, vídeos y testimonios.

El periodismo ciudadano añade un punto de vista diferente frente a los grandes medios, que defienden [3] .... comerciales.

La participación [4] .... en internet está provocando un exceso de información o sobreinformación.

Los rumores se convierten habitualmente en [5] .... y se pierde la perspectiva de lo que es verdadero o falso.

2.1 Escucha y comprueba tus respuestas. [26]

2.2 **En parejas** Comenta ahora con tu compañero/a cómo es tu relación con los medios informativos. ¿Coincidís en algo?

1. ¿Qué medios utilizas para estar informado/a? ¿Por qué?
2. ¿Has participado alguna vez en una información o en un programa con tus fotos, vídeos o comentarios? ¿Dónde?
3. ¿Qué medio te parece más fiable para informarte? ¿Por qué razón?
4. ¿Crees que en la actualidad hay demasiadas noticias falsas? ¿Podrías poner algún ejemplo?

2.3 **Todo el grupo** Lee la conclusión del audio anterior. ¿Estás de acuerdo con ella? Justifica tu respuesta.

"Lo cierto es que estos cambios ya no tienen vuelta atrás y el periodismo de este siglo seguirá transformándose con la ayuda de todos, profesionales y usuarios".

1.1. Facilite las respuestas correctas del cuestionario a sus estudiantes, para que, en el caso de que haya realizado la actividad a modo de concurso, pueda proclamar a los ganadores o al equipo ganador. Insista en que algunas de las respuestas podrían variar dependiendo de las fuentes. (Nuestras fuentes consultadas: https://curiosfera-historia.com/historia-del-periodico/ y https://www.marca.com/claro-mx/tiramillas/2017/11/21/5a14684822601da5058b4637.html). Pregúnteles si alguna de las informaciones aportadas por el cuestionario les ha sorprendido o la desconocían y, si no están de acuerdo con alguno de los datos, anímelos a que busquen en internet la información y que la contrasten.

2. Lea la primera frase del enunciado *"El siglo XXI ha revolucionado la forma de hacer periodismo"* y pregunte a sus estudiantes en qué sentido o hasta qué punto creen que esta afirmación es cierta. Escuche sus respuestas y, a continuación, dígales van a leer algunas frases al respecto y que deben completarlas, atendiendo al contexto, con las palabras que faltan. Indíqueles que trabajen primero individualmente y que comparen, después, sus respuestas en parejas. Haga una puesta en común de los resultados, pero no corrija aún la actividad.
1. participar; **2.** periodistas/reporteros; **3.** intereses; **4.** ciudadana/global; **5.** noticia.

2.1. [26] Actividad de comprensión auditiva que les permitirá comprobar si las respuestas que han dado en la actividad anterior son correctas o no. Ponga el audio una primera vez sin interrumpirlo; luego, si lo considera necesario, vuelva a ponerlo pausándolo para que escuchen los fragmentos en los que se encuentren las palabras que necesiten confirmar.

2.2. Mantenga la disposición en parejas para realizar está actividad de interacción oral en la que tendrán que responder a una serie de preguntas acerca de los medios de comunicación. Esta actividad enlaza con algunas de las preguntas que ya se plantearon al inicio de la unidad; aproveche las respuestas que le dieron entonces para iniciar esta nueva discusión en la que deberán ampliar la información ya aportada y ahondar en los temas propuestos.

2.3. Con la clase en plenario, pídales que lean la conclusión del audio que han escuchado y pregúnteles si están de acuerdo con esta. Puede extender el debate haciéndoles otras preguntas relacionadas como: *¿crees que nuestro papel en la difusión de noticias mediante las redes sociales es beneficioso para la opinión pública o, por el contrario, solo la contamina y beneficia a los difusores de bulos?, ¿piensas que la aparición de los medios digitales ha afectado negativamente a los tradicionales?, ¿crees que estos últimos deberán adaptarse a los nuevos tiempos o que desaparecerán?, ¿crees que en el futuro, gracias al rápido desarrollo de las nuevas tecnologías, aparecerán nuevos medios de comunicación?, ¿cómo imaginas que serán?*

Unidad 7

Palabras

1. Esta primera actividad del apartado tiene como propósito introducir un campo léxico que se ampliará en actividades posteriores: el de las profesiones relacionadas con los medios de comunicación. Organice la clase en parejas y pídales que discutan cuál creen que es la profesión y el medio en el que trabajan las personas de las imágenes. Haga una puesta en común para que compartan sus respuestas pero no corrija aún, pues lo harán en la actividad siguiente. Para ampliar el léxico, puede preguntarles qué otras profesiones conocen vinculadas con el sector de la comunicación y anotarlas en la pizarra para utilizarlas en actividades posteriores.
1. crítica de cine, prensa escrita; **2.** hombre del tiempo, televisión; **3.** locutora, radio.

1.1. Actividad de comprensión lectora para comprobar sus respuestas anteriores así como para activar y ampliar el léxico relacionado con los medios de comunicación. Explíqueles que van a leer tres textos en los que los profesionales de la actividad anterior hablan sobre su trabajo y que deberán completarlos con las palabras del recuadro. Mientras trabajan, muévase por el aula para resolver posibles dudas. Déjelos que comparen sus respuestas en parejas y corrija, después, mediante una puesta en común. Puede ampliar la actividad pidiéndoles que elijan una de las profesiones que mencionaron en 1 y que, tomando como modelo los textos que acaban de leer, escriban otro contando la trayectoria y experiencia de alguien que ejerce esa profesión. Mientras escriben, vaya señalando los errores que cometan para que ellos mismos los corrijan. Una vez que hayan terminado, pídales que lean sus textos en voz alta para que el resto de la clase adivine las profesiones que describen.
1. estrenos; **2.** críticas; **3.** lectores; **4.** cartelera; **5.** reportero; **6.** cámara; **7.** información meteorológica; **8.** espectadores; **9.** estudio; **10.** oyentes; **11.** última hora; **12.** informativo.

Palabras

1 **En parejas** Observa las imágenes. ¿Qué profesión relacionada con la comunicación tienen estas personas? ¿En qué medio crees que trabajan?

1. .... 2. .... 3. ....

1.1 Lee lo que han escrito estas tres personas sobre su trabajo y comprueba si tus respuestas de la actividad anterior son correctas. Después completa los textos con las palabras adecuadas del recuadro.

cartelera | lectores | espectadores | última hora | informativo | estrenos | reportero
críticas | estudio | oyentes | cámara | información meteorológica

(1) Soy crítica de cine porque desde niña mi pasión son las películas. Es un verdadero placer para mí trabajar en algo que me gusta tanto, pero eso no significa que no tenga que esforzarme. Para empezar, necesito ver todos los [1] .... importantes para poder estar al día. A veces no todo lo que veo es de calidad u original. Tampoco mis [2] .... gustan a todos los [3] .... Y el periódico me exige que tenga terminados mis artículos a veces en el día. Además, en vacaciones sigo escribiendo porque la [4] .... no se detiene y siempre hay nuevas películas de las que hablar.

(2) Empecé a trabajar en la televisión como [5] .... Cada día salía a la calle para buscar noticias, acompañado por un [6] .... Un día tuvimos que cubrir una inundación y descubrí que la [7] .... me gustaba más que otros temas. Como tengo un grado en Física, hice un máster en Climatología y me ofrecí para ser el hombre del tiempo. Gracias a mi trabajo anterior tenía contactos y conseguí mi propio programa después del telediario. Como soy una cara conocida, muchos [8] .... me paran por la calle para mostrarme sus fotos de nevadas o simplemente para preguntarme si mañana va a llover. El tiempo es un tema que nos interesa a todos.

(3) De lunes a viernes tengo que estar en el [9] .... muy temprano. Empiezo a trabajar a las cinco de la mañana, pero no me importa. Cada día, nuestros [10] .... se levantan con la [11] .... gracias a nuestro [12] .... Yo soy la presentadora; mi voz es lo que se escucha, pero detrás de mí hay un gran equipo que trabaja muy organizado para que todo sea perfecto cuando estoy en el aire. Llevo muchos años trabajando en la radio, pero cada día sigue siendo muy emocionante.

126 | ciento veintiséis   Unidad 7 | Todo es noticia

1.2. (página siguiente) Actividad de vocabulario que se deriva de los textos leídos anteriormente. Explíqueles que, en parejas y en primer lugar, deben subrayar todas las palabras relacionadas con los medios de comunicación que aparecen en los tres textos para, a continuación, clasificarlas en la categoría correspondiente. Puede pedirles también que incluyan en la categoría *Profesional* las palabras que le sugirieron en la actividad 1 y que añadan otras palabras que conozcan a las demás categorías. Si lo considera oportuno, para realizar este último paso, puede dejarles que utilicen el diccionario. Algunas de las palabras que podrían añadir se incluyen entre paréntesis.
Medio de comunicación: periódico/prensa, televisión, radio (redes sociales, revistas, blogs, etc.); **Profesional:** crítica de cine, reportero, cámara, hombre del tiempo, presentadora (periodista, locutor/a, fotógrafo-a/reportero-a gráfico-a, etc.); **Usuarios:** lectores, espectadores, oyentes (seguidores, público, asistentes, etc.); **Tipo de texto/Programa:** crítica, artículos, cartelera, noticias, información meteorológica, telediario, informativo (opinión, debate, documental, etc.); **Otros:** cubrir, estudio, última hora, estar en el aire (digital, publicación, plataforma, etc.).

7

1.2 **En parejas** Clasifica en la tabla todas las palabras relativas a los medios de comunicación que aparecen en los textos de la actividad anterior. Añade tú alguna más en cada categoría. Luego compara con tu compañero/a.

Medio de comunicación	Profesional	Usuarios	Tipo de texto/ Programa	Otros
periódico				

1.3 **En parejas** Relaciona las palabras anteriores según el medio de comunicación al que pertenecen: televisión, radio o prensa. Ten en cuenta que algunas pueden usarse en varios medios diferentes.

RAE

LÉXICO

En el español de América se usa frecuentemente la palabra noticiero para referirse a un programa de noticias, tanto de radio como de televisión:

*Al mediodía volveremos a estar con ustedes, y no se pierdan nuestro **noticiero**, solamente la verdad y siempre la verdad.*

En el español de España es más frecuente el uso de informativo : *Evidentemente, una cosa es firmar en un periódico y otra cosa es aparecer en un **informativo** de la única televisión que en aquel momento existía.*

2 **En parejas** Vas a escuchar un diálogo en el que se utilizan los siguientes términos. Antes relaciónalos con su definición. ¿A qué fenómeno de la comunicación actual crees que va a hacer referencia la conversación posterior teniendo en cuenta estas palabras?

1. enterarse de
2. fiarse de
3. rumor
4. portavoz
5. desmentir
6. en directo

a. Información que se transmite de una persona a otra sin que se confirme su veracidad.
b. Persona que habla en nombre de un grupo.
c. Recibir la noticia de un asunto.
d. Tener confianza en algo o en alguien.
e. Cuando un programa se emite al mismo tiempo que se realiza.
f. Decir que un hecho o comentario es falso.

Fíjate:
Reconocer las palabras claves de un texto escrito u oral te ayuda a comprender mejor su mensaje o idea principal.

2.1 [27] Escucha la conversación entre Elena y su hijo Toni y comprueba tus respuestas anteriores. Después decide si las siguientes afirmaciones son verdaderas o falsas.

1. El presidente del Gobierno ha dimitido, según las redes sociales. .... V F
2. Elena no está segura de que la noticia sea cierta. .... V F
3. Toni busca más información en la radio. .... V F
4. El portavoz del partido político confirma la dimisión del presidente. .... V F

2.2 **Todo el grupo** ¿Por qué crees que Elena no se fía de las redes sociales? ¿Crees que internet es un medio seguro para buscar información fiable?

Unidad 7 | Todo es noticia   ciento veintisiete | 127

1.3. Para concluir esta secuencia en torno al léxico relativo a los medios de comunicación, propóngales ahora que, organizados también parejas, relacionen las palabras de la actividad anterior con el medio de comunicación al que pertenecen. Insístales en que algunas palabras pueden asociarse a diferentes medios. Haga una puesta en común para la corrección y, si escribieron más palabras en 1.2, invítelos a que las relacionen también con el medio correspondiente. Por último, antes de pasar a la siguiente secuencia de actividades, presente el cuadro de la RAE en el que se explica el uso de la palabra *noticiero* en América en lugar de *informativo*, más usada en España.
Televisión: crítica de cine, reportero, cámara, hombre del tiempo, presentadora, espectadores, noticias, información meteorológica, telediario, informativo, estudio, última hora, estar en el aire; **Radio:** crítica de cine, reportero, hombre del tiempo, presentadora, oyentes, noticias, información meteorológica, informativo, estudio, última hora, estar en el aire; **Prensa:** crítica de cine, reportero, lectores, crítica, artículos, cartelera, noticias, información meteorológica.

Para trabajar estos contenidos, realice las actividades **1-2**, p. **40** del *Libro de ejercicios*.

2. Se inicia una nueva secuencia que gira en torno a una conversación que van a escuchar. Para empezar, proponga esta actividad que tiene como propósito presentar parte del léxico que oirán en el audio así como crear una expectativa a partir de este. Recuérdeles, además, la importancia de reconocer palabras claves en un texto para lograr una mayor comprensión del mismo, tal y como explica el cuadro de atención de la banda lateral. Forme parejas y pídales que relacionen cada una de las palabras y expresiones propuestas con su definición correspondiente. Por último, pregúnteles a qué fenómeno de la comunicación actual, en función del vocabulario presentado, creen que se referirá la conversación. Para la corrección, pase a la actividad siguiente.
1. c; **2.** d; **3.** a; **4.** b; **5.** f; **6.** e.

2.1. Ponga ahora el audio para que escuchen la conversación y comprueben sus respuestas anteriores. A continuación pídales que, individualmente, decidan si las cuatro afirmaciones propuestas son verdaderas o falsas. Haga una puesta en común para corregir la actividad.
[27] **1.** V; **2.** V; **3.** F; **4.** F.

2.2. Para terminar el apartado, pregúnteles en plenario por qué creen que Elena no se fía de las redes sociales y si ellos piensan que internet es un medio fiable. Puede enlazar sus respuestas con las que ya le dieron al principio de la unidad.

Para trabajar estos contenidos, realice las actividades **3-4**, p. **41** del *Libro de ejercicios*.

Unidad 7

Gramática

1. Antes de explicar a sus estudiantes el contenido del cuadro, escriba en la pizarra la palabra *perífrasis* y al lado varias frases que contengan algunas de las que ya estudiaron en niveles anteriores, por ejemplo: *Voy a llamar a Pedro*, *Estoy viendo una película*, *Suelo ir al cine los sábados*, *Quiero viajar a México* o *Tengo que hacer la compra.* A continuación dígales que en cada frase hay una perífrasis verbal e ínstelos a que intenten identificarlas y explicar en qué consisten. Una vez haya escuchado sus respuestas, pídales que abran el libro y lea con ellos la información del primer punto para confirmar sus hipótesis, haciendo hincapié en los diferentes valores que pueden tener estas estructuras.
Para presentar del segundo punto del cuadro, puede pedirles que cierren de nuevo el libro y escribir en la pizarra o proyectar solo los ejemplos con el fin de que sean ellos los que expliquen qué creen que significa cada perífrasis y cuál es su valor. De este modo fomentará un aprendizaje más reflexivo e inductivo. Una vez que hayan comentado todos los ejemplos, déjeles abrir el libro de nuevo para que lean la información y confirmen sus hipótesis; pídales también que aporten ellos nuevos ejemplos. Después de esto, explíqueles que, a diferencia de lo que sucede con las de infinitivo y gerundio, existen pocas perífrasis que se construyen con participio. Preséntelos las dos que aparecen en cuadro de atención de la banda lateral y pídales que añadan también en este caso algún ejemplo. Para terminar, dirija su atención hacia el cuadro de la RAE en el que se explican algunas diferencias de uso o variantes de estas perífrasis de infinitivo en Argentina y en España.

Gramática

1 Perífrasis verbales. Perífrasis de infinitivo

- Una **perífrasis verbal** está formada por **dos verbos**: uno conjugado y otro en forma no personal (infinitivo, gerundio o participio) unidos frecuentemente por una **preposición** o el nexo *que*.
  El verbo conjugado aporta un valor **modal** (obligación, capacidad, probabilidad...), **temporal** o **aspectual** (comienzo de la acción, desarrollo, interrupción...) a la acción principal expresada por el infinitivo, gerundio o participio:
  __Tienes que salir__ de casa y divertirte un poco. (Valor modal, indica necesidad).
  Mañana __voy a ir__ al gimnasio. (Valor temporal, indica futuro).
  Descansa un poco y luego __sigues estudiando__. (Valor aspectual, indica que la acción se reanuda).
- Las perífrasis más frecuentes son las de infinitivo y las de gerundio. Estas son algunas de las perífrasis de infinitivo más comunes y su significado:
  - ***Empezar/Comenzar* + *a* + infinitivo** indica el comienzo de una acción:
    Ayer __empecé a ver__ una nueva serie.
  - ***Volver* + *a* + infinitivo** indica la repetición de una acción:
    María __ha vuelto a trabajar__ después de tener a su hijo Luis.
  - ***Dejar* + *de* + infinitivo** indica la interrupción o finalización de una acción:
    __Dejé de trabajar__ como reportero porque prefería ser el hombre del tiempo.
  - ***Acabar* + *de* + infinitivo** indica la finalización reciente de una acción:
    __Acaban de decir__ en internet que el presidente ha dimitido.
  - ***Estar a punto de* + infinitivo** indica el comienzo inminente de una acción:
    El partido de fútbol __está a punto de terminar__. ¡Y mi equipo va a ganar!

Fíjate:
No hay muchas perífrasis de participio. Una de las más comunes es ***llevar/tener* + participio**, que indica la parte realizada de una acción que aún no ha terminado:
__Llevo/Tengo hechos__ dos ejercicios. Aún me quedan tres más.

RAE GRAMÁTICA

- En Argentina y en la zona rioplatense la perífrasis *acabar de* + infinitivo se suele sustituir por *recién* + verbo conjugado con el mismo significado: *Para cumplir con los 112 pagos mensuales del terreno hacen rifas y colectas. Admiten que el esfuerzo __recién comienza__, pero que vale la pena.*
- También en Argentina, la perífrasis *estar a punto de* + infinitivo se suele reemplazar por *estar por* + infinitivo :
  Isabel __estaba por cumplir__ 13 años cuando falleció su abuela.
  Esta perífrasis en España tiene un significado diferente; indica la intención de realizar una acción:
  Es más, __estoy por pedirte__ que te quedes a pasar unos días aquí. Así tú te sentirías mejor.
  También puede expresar una acción que aún no se ha realizado:
  No lo celebró: "El trabajo __estaba por terminar__. No tenía nada que celebrar", dijo.

1.1 **Reformula las oraciones utilizando una perífrasis de infinitivo. Sigue el ejemplo.**

Ejemplo: *Hoy he estudiado desde las nueve.* › *Hoy __he empezado a estudiar__ a las nueve.*

1. Ayer jugué un partido de baloncesto. Hoy he jugado otro. ...
2. Antes tomabas mucho azúcar. Ahora no. ...
3. Ya son las dos menos cinco, y la clase acaba a las dos. ...
4. Mañana iré al supermercado. ...

1.1. Actividad formal en la que los estudiantes deberán reformular las frases propuestas usando las perífrasis de infinitivo que han estudiado. Si le parece necesario, puede ampliar la actividad añadiendo estas frases a las que se proponen: *Hemos llegado hace un instante (Acabamos de llegar), Hace un momento no llovía y ahora sí (Ha empezado a llover), Mañana, por fuerza, voy al médico (Mañana tengo que ir al médico).*

Posible respuesta:

1. Hoy he vuelto a jugar un partido de baloncesto; **2.** He dejado de tomar azúcar; **3.** La clase está a punto de acabar; **4.** Mañana voy a ir al supermercado.

7

1.2 **En parejas** Observa las imágenes y completa cada frase con una perífrasis de infinitivo.

Paco [1] .... por las noches.

El jarrón [2] ....

Miguel [3] ....

Paula [4] .... al colegio.

Matías [5] .... está lleno.

Elisa [6] .... su regalo.

2 Perífrasis de gerundio

- Las perífrasis de gerundio son **aspectuales**: independientemente del tiempo en el que esté el verbo auxiliar, indican que la acción principal está **en desarrollo**. La perífrasis de gerundio más común es *estar* + gerundio:
  - *Ahora **estoy viviendo** en Madrid.*
  - *Ayer **estaba viendo** una serie cuando me llamaste.*
  - *La semana pasada **estuve trabajando** hasta las tantas porque tenía muchísimo que hacer.*
  - *En agosto **estaremos tomando** el sol en la playa.*

Fíjate:
En cada uno de los ejemplos anteriores el tiempo verbal es diferente (presente, pasado, futuro), pero en todos ellos se presenta la acción en desarrollo.

- La perífrasis ***seguir/continuar*** **+ gerundio** expresa una acción en desarrollo que comenzó anteriormente:
  - *Mi trabajo en la radio **sigue/continúa siendo** muy emocionante.*
- La perífrasis ***llevar*** **+ (cantidad de tiempo) + gerundio** expresa la duración de una acción que empezó en el pasado (indicando su comienzo) y que continúa en el presente:
  - ***Llevo dos años trabajando** como locutora.*

  En pasado indica solo la duración de una acción:
  - ***Llevaba** dos horas **estudiando** cuando me llamaste.*
- La perífrasis ***ir*** **+ gerundio** expresa una acción que se desarrolla progresivamente:
  - *Ya **voy entendiendo** estas ecuaciones de segundo grado.*
- La perífrasis ***andar*** **+ gerundio** indica discontinuidad, despreocupación y algunas veces tiene un matiz negativo:
  - ***Anda contándoselo** a todo el mundo; es muy indiscreto.*

RAE GRAMÁTICA

- En Argentina *estar* + gerundio expresa una acción en su transcurso, al igual que en el español peninsular, pero también puede expresar futuro cuando hay una referencia temporal de futuro: *"Buenísimo, ¿cuándo?" "En febrero". Me aclara que **se está yendo** a Nueva York por un mes y lo tranquilizo: "Tenemos tiempo".*
- En México *andar* + gerundio tiene una frecuencia de uso mucho mayor que en ningún otro país hispanohablante, sobre todo en el habla informal: *–¿Qué **andaba haciendo** ese nagual en esta parte del mundo? ¿**Andaba curando**?*

1.2. Organizados ahora en parejas y a partir de las situaciones que muestran las imágenes, sus estudiantes deberán completar las frases usando, de nuevo, perífrasis de infinitivo. Haga una puesta en común para la corrección, teniendo en cuenta que hay varias opciones de respuesta.

Posible respuesta:

1. Paco tiene que calmar a su bebé por la noches; **2.** El jarrón está a punto de romperse; **3.** Miguel ha vuelto a estudiar tras su jubilación; **4.** Paula ha empezado a ir al colegio; **5.** Matías acaba de comer y ahora está lleno; **6.** Elisa está a punto de abrir su regalo.

Para trabajar estos contenidos, realice las actividades **5** y **6**, p. **42** del *Libro de ejercicios*.

2. En este segundo cuadro gramatical se presentan las perífrasis de gerundio. Explique a sus estudiantes que estas perífrasis son aspectuales, es decir, indican que la acción expresada por el verbo en gerundio está en desarrollo. De nuevo, puede introducir las distintas perífrasis siguiendo la dinámica propuesta en el cuadro anterior: a partir de los ejemplos escritos o proyectados en la pizarra, deje que sean ellos los que intenten deducir el significado y que lo confirmen después leyendo la información. Pídales de nuevo que añadan otros ejemplos y haga hincapié en la información que aparece en el cuadro de atención. Por último, explíqueles el cuadro de la RAE en el que se presenta otro significado de la perífrasis *estar* + gerundio en Argentina y se comenta el uso de *andar* + gerundio en México.

Si quiere trabajar en mayor profundidad las perífrasis de gerundio y sus valores correspondientes, use la proyección 20.

Perífrasis de gerundio

[20]

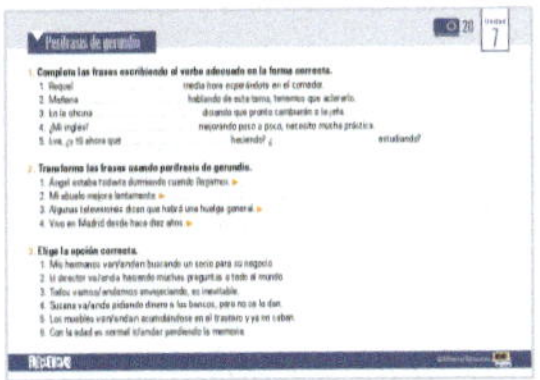

Proyecte la lámina y pida a sus estudiantes que realicen las actividades individualmente o en parejas. Luego corríjalas mediante una puesta en común para que puedan comparar y discutir sus conclusiones.

1. **1.** lleva; **2.** seguiremos/continuaremos; **3.** andan; **4.** Va; **5.** estás, sigues/continúas.
2. **1.** Ángel seguía durmiendo cuando llegamos; **2.** Mi abuelo va mejorando lentamente; **3.** Algunas televisiones andan diciendo que habrá una huelga general; **4.** Llevo diez años viviendo en Madrid.
3. **1.** andan; **2.** anda; **3.** vamos; **4.** anda; **5.** van; **6.** ir.

Unidad 7

2.1 **En parejas** Elige la opción más adecuada fijándote bien en el contexto de la frase.

1. Empieza la segunda parte del partido. **Vamos/Continuamos/Estamos** retransmitiendo en directo.
2. **Estoy/Voy/Llevo** participando en este concurso más de tres meses y aún **sigo/estoy/ando** ganando.
3. ▶ ¿Qué **estás/vas/llevas** haciendo, Jaime? Te veo muy serio...
   ▷ Es que **vengo/estoy/llevo** dos horas con este ejercicio y no me sale.
4. **Está/Continúa/Anda** trabajando en varias novelas al mismo tiempo sin terminar ninguna.
5. **Llevo/Voy/Estoy** haciendo la comida y mientras tú **vas/estás/llevas** poniendo la mesa, ¿vale?

2.2 [28] **En parejas** Escucha y contesta a estas preguntas. Luego compara tus respuestas con tu compañero/a.

1. ¿Dónde está el periodista? ....
2. ¿De qué está informando? ....
3. ¿En qué momento se encuentra? ....

2.3 [28] **En parejas** Completa con la perífrasis de gerundio adecuada según el contexto. Luego escucha de nuevo para comprobar tu respuesta.

Aunque [1] .... (llover) con fuerza en el estadio, esto parece no importar ni a los jugadores ni a los asistentes. ¡Qué gran partido [2] .... (ver)! Increíble cómo [3] .... (jugar) estos deportistas. El partido está al rojo vivo, máximo interés. El equipo blanquiazul [4] .... (buscar) la victoria mucho tiempo y acaba de meter el tercer tanto. Faltan tan solo cinco minutos para el final, estamos a punto de terminar y los blanquiazules [5] .... (ganar). El resultado, de momento, Blanquiazules 3, Rojillos 2.

3 Oraciones causales

- Las oraciones **causales** indican la **razón o motivo** de una acción o situación y se construyen en **indicativo**:
  *Voy a dejar mi trabajo **porque quiero volver a estudiar**.*
- Los conectores causales más habituales son ***porque*** y ***como***. ***Como*** se usa para expresar la causa en primer lugar. En este caso, el hablante quiere hacer más hincapié en la causa que en la consecuencia:
  *Le hemos preguntado a su mujer **porque** no sabemos bien qué regalarle.*
  ***Como** no sabemos bien qué regalarle, le hemos preguntado a su mujer.*
- El conector ***por*** equivale a ***porque***, y se construye con un **sustantivo** o un **infinitivo**:
  *Hay mucho tráfico **por la lluvia**. = Hay mucho tráfico **porque llueve**.*
  *Le han castigado **por llegar tarde**. = Le han castigado **porque ha llegado tarde**.*
- Otros conectores causales son:
  – **ya que** – **puesto que** – **dado que** – **en vista de que**
  Estos conectores expresan una **causa** que **ya es conocida** por el interlocutor y pueden aparecer antes o después de la consecuencia:
  ***Ya que** no puedes venir a la fiesta, te invitaré el domingo a comer.*
  *Te invitaré el domingo a comer, **ya que** no puedes venir a la fiesta.*
- El conector ***a causa de*** es formal y suele ir seguido de un **sustantivo**:
  *No puedo trabajar **a causa de mi enfermedad**.*

2.1. Para practicar las perífrasis de gerundio estudiadas, organice la clase en parejas e indíqueles que elijan la opción correcta entre las que se proponen en cada frase.
1. Continuamos; **2.** Llevo, sigo; **3.** estás, llevo; **4.** Anda/Está; **5.** Voy, vas.

2.2. [28] Actividad de comprensión auditiva en la que deberán escuchar una breve locución para, luego, responder a las preguntas planteadas. Ponga el audio una sola vez, deje que comparen sus respuestas en parejas y, si es necesario, ponga el audio de nuevo antes de la corrección en plenario.
1. En un estadio de fútbol; **2.** De un partido de fútbol, está transmitiéndolo; **3.** Está casi en el final del partido.

Puede ampliar la actividad añadiendo otras preguntas como las siguientes:

1. *¿Qué tiempo está haciendo en el momento de la retransmisión?*
2. *¿Cómo es el partido: aburrido o interesante?*
3. *¿Cuántos goles ha metido hasta el momento el equipo blanquiazul?*
4. *¿Cuánto falta para el final?*
5. *¿Cuál es el resultado del partido por el momento?*

1. Está lloviendo con fuerza; **2.** Es un gran partido, máximo interés; **3.** Tres; **4.** Cinco minutos; **5.** Blanquiazules 3, Rojillos 2.

2.3. [28] Continúe trabajando las perífrasis de gerundio. Explíqueles que van a leer la transcripción del audio que han escuchado en la actividad anterior y que, con la misma pareja con la que trabajaron entonces, deberán intentar completarlo con las perífrasis de gerundio que mejor se adecúen al contexto. Una vez que hayan realizado la actividad, ponga de nuevo el audio para que comprueben sus respuestas. Finalmente, puede preguntarles si aparece en el texto alguna perífrasis con infinitivo *(acaba de meter, estamos a punto de terminar)*.
1. sigue lloviendo; **2.** estamos viendo; **3.** están jugando; **4.** llevaba buscando; **5.** van ganando.

Para trabajar estos contenidos, realice las actividades **7-9a**, pp. **42-43** del *Libro de ejercicios*.

3. En primer lugar, y antes de presentar el contenido del tercer cuadro gramatical, escriba en la pizarra la primera frase que aparece como ejemplo: *Voy a dejar mi trabajo porque quiero volver a estudiar.* A continuación subraye la oración causal y pregúnteles qué tipo de información aporta esta oración con relación a la principal. Es de esperar que sus estudiantes mencionen *causa*, *motivo* o *razón*. Pregúnteles entonces si conocen otros nexos que podrían usar en lugar de *porque*. Escuche sus respuestas y, seguidamente, pase a explicar el cuadro sobre las oraciones y conectores causales punto por punto. Anímelos a poner ejemplos con los diferentes conectores causales para asegurarse, así, de que han comprendido cómo funcionan estos y la diferencia entre causa y consecuencia.

3.1 **En parejas** Transforma estas oraciones causales utilizando el nexo propuesto. Haz los cambios de orden y categoría gramatical que sean necesarios.

1. Tengo hambre porque no he comido nada. (como)
2. Como veo mucho la televisión, me sé de memoria la programación. (porque)
3. No sé qué ha pasado porque no he visto las noticias. (por)
4. Puesto que tienes tiempo, ayúdame con mis deberes. (ya que)
5. Como ya la conocía, no la invité a mi presentación. (en vista de que)
6. Hubo una fuerte tormenta y tuvieron que cancelar el concierto. (a causa de)
7. Han convocado una reunión urgente porque han destituido al entrenador. (dado que)

4 Oraciones concesivas

- Las oraciones concesivas se usan para **presentar un obstáculo** que no impide que la acción principal se cumpla. *Aunque* es el nexo concesivo más común.
- Se usa *aunque* con **indicativo** cuando el obstáculo se presenta como un **hecho objetivo** o como **información nueva**:
  - ▶ *¿Quieres un trozo de tarta?*
  - ▷ *Bueno, probaré un poco, **aunque** a mí no me **va** mucho el dulce, la verdad.*
- Se usa *aunque* con **subjuntivo** cuando el obstáculo es una información compartida o el hablante no lo considera importante:
  - ▶ ***Aunque** no te **vaya** mucho el dulce, seguro que te gusta, apenas lleva azúcar.*

4.1 Relaciona las columnas para formar frases con sentido.

1. No voy a dejarte mis llaves aunque…	a. las predicciones son de mal tiempo.
2. Mañana iremos a la playa aunque…	b. siempre va a su trabajo caminando.
3. Aunque vive bastante lejos,…	c. yo nunca te veo hacerlo.
4. Mi hermana es más joven que yo, aunque…	d. todo el mundo me echa menos años a mí.
5. Aunque dices que te gusta mucho cocinar,…	e. me prometas que no vas a perderlas.

4.2 Transforma las siguientes frases en tu cuaderno usando *aunque* con indicativo o subjuntivo. Fíjate en el ejemplo.

Ejemplo: *Parece despistado en clase, pero saca muy buenas notas.* ›
***Aunque parece** despistado en clase, saca muy buenas notas.*

1. Era el mejor candidato, pero le dieron el puesto a otra persona.
2. Lleva muchos años en España, pero no habla muy bien español.
3. Sí, estás muy ocupada, pero tienes que recoger tu cuarto igualmente.
4. Ana y Bea se pasan el día discutiendo; sin embargo, siempre están juntas.
5. Es el más pequeño de todos los hermanos, pero es el más responsable.
6. Tienes mucha confianza con Juan, pero eso no te da derecho a hablarle mal.
7. Te vas a enfadar; sin embargo, no pienso hacerte caso.

Unidad 7 | Todo es noticia — ciento treinta y uno | 131

3.1. Forme parejas para realizar esta actividad formal cuyo objetivo es que trabajen con los conectores causales que acaban de aprender. Explíqueles que deben transformar una serie de oraciones causales para decir lo mismo pero utilizando los conectores propuestos. Haga una puesta en común para corregir la actividad y resuelva las dudas que le puedan plantear.
1. Como no he comido nada, tengo hambre; **2.** Me sé de memoria la programación porque veo mucho la televisión; **3.** No sé qué ha pasado por no haber visto las noticias; **4.** Ya que tienes tiempo, ayúdame con mis deberes; **5.** En vista de que ya la conocía, no la invité a mi presentación; **6.** A causa de la fuerte tormenta tuvieron que cancelar el concierto; **7.** Dado que han destituido al entrenador, han convocado una reunión urgente.

Para trabajar estos contenidos, realice las actividades **10** y **11**, p. **44** del *Libro de ejercicios*.

4. Presente el último cuadro gramatical del apartado, el de las oraciones concesivas, y explique detalladamente la información que aparece en este. Asegúrese de que entienden el significado y funcionamiento de estas oraciones; para ello, aporte usted más ejemplos y sugiérales a ellos después que añadan otros. También les puede ayudar a entender el significado de *aunque* traducirlo a su lengua. Por último, explíqueles la diferencia entre el uso de este conector con indicativo y con subjuntivo y asegúrese de nuevo de que lo entienden aportando más ejemplos.

4.1. Para consolidar lo aprendido, explíqueles que deben relacionar individualmente las columnas y formar frases concesivas con sentido. Una vez que haya corregido la actividad mediante una puesta en común, puede pedirles que se fijen en el modo en el que aparecen los verbos subordinados y que expliquen por qué están en indicativo o en subjuntivo en cada caso.
1. e; **2.** a; **3.** b; **4.** d; **5.** c.

4.2. Esta actividad se centra en la discriminación de uso del indicativo o subjuntivo en las oraciones concesivas. Explíqueles que deben transformar las frases propuestas usando *aunque* con indicativo o subjuntivo dependiendo del contexto. Pídales que lean el ejemplo y asegúrese de que lo entienden bien antes de que realicen la actividad individualmente. Durante la corrección, tenga en cuenta que algunas frases podrían construirse con ambos modos, dependiendo de si el interlocutor conociera los hechos o estos fueran desconocidos para él.
1. Aunque era el mejor candidato, le dieron el puesto a otra persona; **2.** Aunque lleva muchos años en España, no habla muy bien español; **3.** Aunque estés muy ocupada, tienes que recoger tu cuarto igualmente; **4.** Aunque Ana y Bea se pasan el día discutiendo, siempre están juntas; **5.** Aunque es el más pequeño de todos los hermanos, es el más responsable; **6.** Aunque tengas mucha confianza con Juan, eso no te da derecho a hablarle mal; **7.** Aunque te enfades, no pienso hacerte caso.

Para trabajar estos contenidos, realice la actividad **12**, p. **44** del *Libro de ejercicios*.

Unidad 7

Practica en contexto

1. Distribuya la clase en parejas para realizar la primera actividad de esta secuencia cuyo objetivo final es que sus estudiantes escriban una noticia a partir de los diferentes datos que irán recopilando. Pídales que se fijen detenidamente en las imágenes y pregúnteles qué creen que está pasando en las situaciones que muestran y por qué, en su opinión, son noticia.

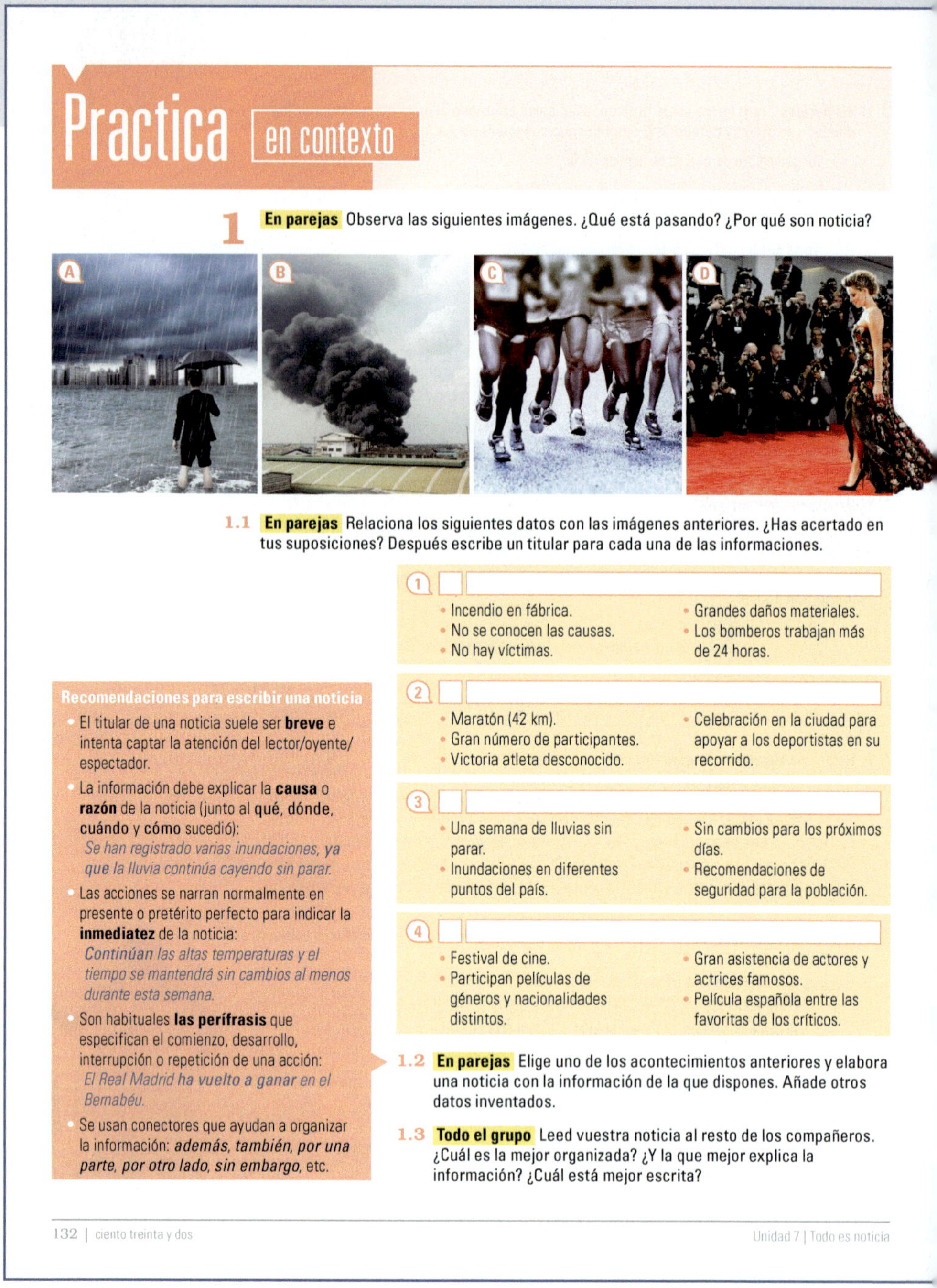

Practica en contexto

1 **En parejas** Observa las siguientes imágenes. ¿Qué está pasando? ¿Por qué son noticia?

A B C D

1.1 **En parejas** Relaciona los siguientes datos con las imágenes anteriores. ¿Has acertado en tus suposiciones? Después escribe un titular para cada una de las informaciones.

1
- Incendio en fábrica.
- No se conocen las causas.
- No hay víctimas.
- Grandes daños materiales.
- Los bomberos trabajan más de 24 horas.

2
- Maratón (42 km).
- Gran número de participantes.
- Victoria atleta desconocido.
- Celebración en la ciudad para apoyar a los deportistas en su recorrido.

3
- Una semana de lluvias sin parar.
- Inundaciones en diferentes puntos del país.
- Sin cambios para los próximos días.
- Recomendaciones de seguridad para la población.

4
- Festival de cine.
- Participan películas de géneros y nacionalidades distintos.
- Gran asistencia de actores y actrices famosos.
- Película española entre las favoritas de los críticos.

Recomendaciones para escribir una noticia
- El titular de una noticia suele ser **breve** e intenta captar la atención del lector/oyente/espectador.
- La información debe explicar la **causa** o **razón** de la noticia (junto al **qué**, **dónde**, **cuándo** y **cómo** sucedió):
  *Se han registrado varias inundaciones, **ya que** la lluvia continúa cayendo sin parar.*
- Las acciones se narran normalmente en presente o pretérito perfecto para indicar la **inmediatez** de la noticia:
  ***Continúan** las altas temperaturas y el tiempo se mantendrá sin cambios al menos durante esta semana.*
- Son habituales **las perífrasis** que especifican el comienzo, desarrollo, interrupción o repetición de una acción:
  *El Real Madrid **ha vuelto a ganar** en el Bernabéu.*
- Se usan conectores que ayudan a organizar la información: ***además, también, por una parte, por otro lado, sin embargo**, etc.*

1.2 **En parejas** Elige uno de los acontecimientos anteriores y elabora una noticia con la información de la que dispones. Añade otros datos inventados.

1.3 **Todo el grupo** Leed vuestra noticia al resto de los compañeros. ¿Cuál es la mejor organizada? ¿Y la que mejor explica la información? ¿Cuál está mejor escrita?

132 | ciento treinta y dos — Unidad 7 | Todo es noticia

1.1. Mantenga las mismas parejas y pídales que lean los datos que aparecen en los recuadros y que los relacionen con las imágenes de la actividad anterior para comprobar si habían acertado en sus suposiciones. Mientras llevan a cabo a lectura, muévase por el aula para ayudarlos a resolver posibles dudas. Haga una puesta en común para corregir y, a continuación, pídales que escriban un titular para cada información. Una vez los hayan escrito, anímelos a que los compartan con el resto de la clase y a que voten cuáles se ajustan mejor al contenido de las noticias y a las características que ha de tener un buen titular (brevedad, inmediatez, claridad…).
1. B; **2.** C; **3.** A; **4.** D.

1.2. En primer lugar, dirija la atención de la clase hacia el cuadro funcional de la banda lateral en el que se dan algunas recomendaciones para escribir una noticia. Lea con ellos los diferentes puntos y haga hincapié en los dos últimos para asegurarse de que, cuando realicen la actividad, incluyan en sus escritos algunas de las perífrasis verbales estudiadas y también conectores que les ayudarán a articular y a organizar la información. Dígales que, con la misma pareja, elijan uno de los acontecimientos vistos en la actividad anterior y redacten una noticia con la información de la que disponen más la que quieran añadir. Mientras elaboran la noticia, muévase por el aula para resolver las dudas o ayudarlos a corregir errores.

1.3. Con la clase en plenario, indique a las parejas que compartan con sus compañeros la noticia que han redactado. Una vez que se hayan leído todas las noticias, pídales que decidan entre todos cuál es la mejor organizada, cuál la que mejor explica la información y cuál está mejor escrita; también puede preguntarles por la más imaginativa, las más impactante, la más divertida, etc., de modo que al final puedan establecer cuáles pondrían en la portada de un periódico y qué espacio le reservarían a cada una.

7

2 **Todo el grupo** Observa las fotografías que ilustran la siguiente entrevista. ¿Con qué noticia de la actividad 1 las relacionas? ¿Por qué crees que estas mujeres van vestidas de rosa?

2.1 **En grupos pequeños** Como puedes ver, en la entrevista faltan el titular, parte de las preguntas y los pies de foto. Trabaja con tus compañeros para completar los huecos. Luego compara el resultado con la entrevista original que te va a mostrar tu profesor/a.

"[1] ...."

> Fíjate:
> En las entrevistas es muy común encontrar como titular una frase relevante extraída del texto.

[2] ....
J. F.

▶ [3] ....

▷ Es una buena pregunta. En primer lugar porque me gusta, pero también porque para mí es una forma de vida, una filosofía. No entiendo la vida sin deporte.

▶ Para ganar una maratón, que es una competición de 42 kilómetros, [4] ....

▷ ¿Sacrificios? No, no es que se tengan que hacer sacrificios, llevo practicando deporte toda mi vida, es una pasión; pero sí es verdad que hay cosas que no me puedo permitir. Me levanto cada día muy temprano para correr. Llevo una dieta estricta y no tengo vacaciones. Hago ejercicio 365 días al año, nunca dejo de hacer deporte.

▶ Es muy interesante. Hace unos años correr era una actividad que pocos hacían. [5] ....

▷ Me parece bien que esté de moda. Creo que es una actividad sana y barata, no se necesita nada más que ropa deportiva y unas zapatillas. En ese sentido, creo que es un deporte muy fácil de practicar.

▶ [6] ....

▷ Aún no lo he pensado. Supongo que sí. Todavía estoy como en una nube, estoy disfrutando de mi victoria y no, por el momento no tengo planes para el futuro. No sé si volveré a repetir esta experiencia.

[7] ....

Expresiones idiomáticas con *estar*

- **Estar al día** › Estar bien informado, con la información actualizada.
- **Estar al rojo (vivo)** › Se refiere a una situación o acontecimiento que está en su momento de máximo interés.
- **Estar de moda** › Estar de actualidad o marcar tendencia.
- **Estar al caer** › Estar a punto de llegar o a punto de ocurrir.
- **Estar en el aire** › En radio o televisión, estar retransmitiendo en directo. También se dice cuando algo está pendiente y no se sabe si va a suceder o no.
- **Estar (como) en una nube** › Estar viviendo un sueño, un momento muy feliz.

RAE LÉXICO

La expresión estar al caer cambia en las siguientes variantes:

- En el español de Argentina se usa estar por pasar: *Tenemos que irnos, Michel –dijo Chemir–,* ***está por pasar*** *el patrón y si nos encuentra aquí vamos a tener que pagar la consumición.*
- En el español de México y Centroamérica se usa estar por caer: *No sé qué hacer, es de noche y para salir de aquí es demasiado largo. Para ir al pueblo más cercano tenemos que esperar a Willy,* ***está por caer.***

2. Pida a sus estudiantes que observen las imágenes que ilustran la entrevista que van a leer y que las relacionen, atendiendo a la temática, con una de las noticias de la actividad 1 del apartado. A continuación pregúnteles por qué creen que todas las mujeres que aparecen en las imágenes van vestidas de rosa.
Las imágenes guardan relación con la noticia de la imagen C de la actividad 1. Van vestidas de rosa por solidaridad con las mujeres afectadas por el cáncer de mamá, pues los beneficios de la maratón irán destinados a la investigación de dicha enfermedad.

2.1. Distribuya la clase en grupos pequeños para que realicen esta actividad que integra la compresión lectora con la expresión escrita. Explíqueles que ahora van a leer la entrevista a la ganadora de la maratón y que deberán completar la información que falta, esto es, el titular, parte de las preguntas y los pies de foto. Antes de darles un tiempo para que realicen la tarea, dirija la atención de la clase hacia los diferentes cuadros que acompañan a la actividad: el cuadro de atención que aparece en la parte superior en el que se comenta la costumbre de usar fragmentos de las entrevistas como titulares de las mismas, el cuadro funcional en el que se exponen expresiones idiomáticas con el verbo *estar* y, por último, el cuadro de la RAE que presenta otras variantes de la expresión *estar al caer* en diferentes zonas de América. Mientras realizan la actividad, muévase entre los grupos para resolver cualquier duda que le puedan plantear. Cuando hayan terminado, corrija en plenario con ayuda de la proyección 21. Para cerrar la secuencia, puede preguntarles si alguna vez han participado en una maratón benéfica y qué opinión tienen acerca de este tipo de iniciativas.

Posible respuesta:
1. No entiendo la vida sin deporte; **2.** Nadia González llegando a la meta; **3.** ¿Por qué hace deporte?; **4.** ¿qué sacrificios hay que hacer?; **5.** Ahora está de moda y hay carreras de todo tipo. ¿Qué le parece?; **6.** ¿Volverás a correr una maratón?; **7.** La campeona junto a otras corredoras de la maratón.

Entrevista a Nadia González

[21]

Proyecte la entrevista para que sus estudiantes comparen lo que han escrito con el texto original. Interésese por conocer, en una puesta en común, qué equipo se ha acercado más en sus respuestas y dé por válidas también aquellas que, aún sin coincidir con el texto original, podrían encajar en los huecos atendiendo al sentido y al contexto.

Unidad 7

3. Con la clase en plenario, pida a sus estudiantes que se fijen en las personas que aparecen en las imágenes y hágales las preguntas que plantea el enunciado de la actividad. Puede preguntarles también qué otras cosas saben acerca de estas personas. Tome nota de todas las respuestas para, más adelante, comprobar si son correctas.
A. cantante colombiano; **B.** tenista español; **C.** jueza estadounidense de origen puertorriqueño; **D.** cantante española; **E.** músico venezolano; **F.** periodista puertorriqueña. Todos tienen en común su origen latino.

3 **Todo el grupo** ¿Conoces a estas personas? ¿Sabes de dónde son y a qué se dedican? ¿Qué tienen todos en común?

A J. Balvin · B Rafael Nadal · C Sonia Sotomayor · D Rosalía · E Gustavo Dudamel · F María Celeste Arrarás

3.1 Relaciona cada información con el personaje al que crees que se refiere.

1. ☐ Aunque todos la conocen como "la Reina de la Televisión Hispana", esta periodista puertorriqueña es también una activista muy comprometida con el medioambiente y los derechos de los animales.
2. ☐ Esta cantante española ha obtenido reconocimiento mundial gracias a su original estilo, que mezcla el flamenco con el trap, el hiphop o la música electrónica. Aunque ha recibido ya varios premios Grammy, con 15 años se presentó a un programa musical y no logró pasar las pruebas.
3. ☐ Aunque apenas ronda los 40, es el director de la Orquesta Filarmónica de Los Ángeles y está considerado como la máxima representación de la música clásica y la dirección de orquestas.
4. ☐ Es "el Príncipe del Reguetón", pero este cantante y productor colombiano escuchaba a los 10 años grupos de *rock* como Sepultura, Red Hot Chili Peppers y Nirvana.
5. ☐ Aunque nació y se crio en el Bronx, esta jueza de origen puertorriqueño se convirtió en la primera persona de origen hispano en ocupar una bancada en la Corte Suprema de Estados Unidos.
6. ☐ Está considerado uno de los mejores deportistas de la historia. Tiene varias manías: alinear siempre de la misma forma sus botellas de agua o no pisar nunca las líneas de la pista cuando la pelota no está en juego son algunas de ellas.

3.2 **En parejas** Dos de los personajes anteriores han trabajado juntos, ¿quiénes crees que son? Coméntalo con tu compañero/a. Justifica tu respuesta.

3.3 **En parejas** Decide a cuál de estos personajes te gustaría entrevistar. Investiga sobre su vida y elabora un cuestionario de unas cinco o seis preguntas. Luego elige un papel, entrevistador/a o personaje, y con tu compañero/a representa la entrevista ante la clase. ¿Cuál ha sido la más interesante? ¿Y la más divertida?

1 Se ven olas que brillan en la oscuridad en la costa de California
2 Un hombre recibe el mensaje de su padre, muerto hace seis años
3 Los semáforos mojan a los peatones en una ciudad de China
4 Aparecen en Colombia dos árboles llenos de dinero
5 La policía encuentra un hipopótamo en medio del campo extremeño

Fuente: www.que.es

4 **En grupos pequeños** Lee los titulares de estas noticias y debate con tus compañeros cuál puede haber sido la causa.

4.1 Escucha y comprueba si has acertado en tus hipótesis. [29]

134 | ciento treinta y cuatro — Unidad 7 | Todo es noticia

3.1. Actividad de comprensión lectora que les permitirá comprobar si las respuestas que dieron en la actividad anterior eran correctas así como conocer más información sobre las personas de las imágenes. Deje que trabajen individualmente y permítales comparar sus respuestas en parejas antes de la corrección en plenario. Pregúnteles después si hay alguna información que les ha sorprendido o parecido especialmente interesante.
1. F; **2.** D; **3.** E; **4.** A; **5.** C; **6.** B.

3.2. Pídales ahora que, en parejas, imaginen qué dos personas de la actividad 3 han trabajado juntas y que argumenten su respuesta, pues se trata de practicar, también, las oraciones causales.
Rosalía y J. Balvin grabaron juntos la canción *Con altura*. Se puede deducir que se trata de ellos dos porque, de las seis personas, son las únicas que comparten la misma profesión.

3.3. Mantenga las mismas parejas y dígales que elijan a uno de los personajes anteriores para preparar una entrevista que representarán ante el resto de la clase. Para escribir la entrevista, deberán documentarse buscando información en internet y para la representación, cada miembro de la pareja deberá asumir el rol de entrevistador/a o entrevistado/a. Mientras trabajan, muévase por el aula para corregir errores y resolver posibles dudas. Una vez que hayan representado las entrevistas, pídales que decidan entre todos cuál ha sido la más interesante y cuál la más divertida. También, si le parece oportuno, puede pedirles que improvisen preguntas para los personajes entrevistados; de este modo fomentará la interacción oral y les obligará a salirse del "guion" y recurrir a la imaginación y a sus propios recursos lingüísticos para responder.

4. Actividad cuya finalidad es la práctica de las oraciones causales. Explíqueles que, en pequeños grupos, deben leer los titulares de la página de periódico que aparece a la izquierda y explicar la causa que hay detrás de todas esas noticias. Haga una puesta en común para que todos los grupos compartan sus hipótesis con el resto de la clase.

4.1. Explíqueles que, para confirmar si habían acertado en sus hipótesis anteriores, van a escuchar las seis noticias correspondientes a los titulares y que explican sus respectivas causas. Vaya pausando el audio cuando sea necesario para que puedan comprender toda la información.
[29] **1.** Se trata de un plancton luminiscente que se concentra en altas cantidades provocando este original efecto; **2.** Fue su madre la autora del mensaje. Como no sabía si el teléfono funcionaba correctamente, envió un mensaje a su hijo para comprobarlo; **3.** Se trata de una medida puesta en marcha como castigo a los ciudadanos que cruzan la calle cuando no deben; **4.** Parece ser que forma parte de un experimento social realizado por una universidad de Medellín para investigar el comportamiento de las personas en su relación con el dinero; **5.** El hipopótamo llegó hasta allí tras escapar de un circo instalado en un pueblo cercano.

5 **En parejas** ¿Qué imagen de las siguientes te identifica a la hora de ver la tele? ¿Siempre ha sido así? ¿Por qué ha cambiado? Coméntalo con tu compañero/a.

5.1 **En parejas** ¿Estamos ante una nueva era en la forma de ver la televisión? Marca las afirmaciones que se correspondan con la tendencia actual según tu opinión.

1. ☐ La tele se ve en familia, en el sofá, a la hora de cenar.
2. ☐ La tele se ve solo en un móvil o tableta.
3. ☐ Las series de televisión se comentan en las redes sociales.
4. ☐ Las series se comentan solo con los amigos en el trabajo o en la escuela.
5. ☐ El espectador puede elegir cuándo y qué ver.
6. ☐ El espectador se adapta a los contenidos de una programación fija.

5.2 **En grupos pequeños** Lee el texto y comprueba tus respuestas anteriores. Si no estás de acuerdo con alguna afirmación, rectifícala o matízala con la información que tú creas correcta y coméntalo con tus compañeros.

La nueva era de la televisión

Antes la tele se veía en familia, en el sofá, y luego se hablaba de lo que se había visto con los compañeros del trabajo o en la escuela. Ahora la tele se ve solo, en la tableta o en el móvil, y se comenta en las redes sociales. La televisión es uno de los medios que en poco tiempo ha vivido una revolución.

La llegada de internet ha cambiado la forma de ver la televisión, su audiencia, el modelo de negocio, pero también la experiencia. Ahora el usuario puede elegir qué ver, cuándo lo ve y en qué dispositivo.

Hay mucha más libertad para el espectador, que puede decidir, por ejemplo, qué serie ver y cuántos capítulos ver en una sola sesión.

Además, en su experiencia televisiva puede elegir los subtítulos o el idioma, pero también opciones de contenidos basadas en sus gustos.

Las cadenas tradicionales buscan una salida entre el modelo clásico y el moderno ofreciendo contenidos a la carta a través de su página web. Esto quiere decir que se pueden ver los programas de la cadena en el momento en que se desee. Para ello es necesario tener una televisión "inteligente" con conexión a internet.

Fuente: https://www.uoc.edu/portal/es/news/actualitat/2017/195-aniversario-netflix.html

Rectificar o matizar una información o suposición previa

- *no porque* + subjuntivo, *sino porque* + indicativo
  Voy al cine no porque me guste, sino porque quiero acompañarte.
- *no es que* + subjuntivo, *es que* + indicativo
  No es que no te crea, es que necesito una confirmación oficial.

5.3 **Todo el grupo** Comenta tus gustos a la hora de ver la televisión y qué series son tus preferidas.

5. Con esta actividad de interacción oral comienza la última secuencia del apartado que gira en torno al tema de la televisión y los cambios que esta ha experimentado en las últimas décadas tras la aparición de internet. Pida a sus estudiantes que, en parejas, se fijen en las tres imágenes y respondan a las preguntas planteadas.

5.1. Mantenga la organización en parejas y pregúnteles si, tras haber contestado a las preguntas de la actividad anterior, han llegado a la conclusión de que estamos ante una nueva era de la televisión. Fomente el debate haciendo que argumenten sus respuestas. A continuación pídales que lean las afirmaciones sobre la televisión y que marquen aquellas que, en su opinión, se corresponden con la tendencia actual. Una vez que hayan realizado la tarea, invítelos a que compartan sus resultados con el resto de la clase y a que, de nuevo, argumenten por qué han seleccionado unas afirmaciones y no otras. No corrija aún, pues lo harán en la siguiente actividad.
2, 3, 5.

5.2. Explique a sus estudiantes que ahora van a leer un texto sobre la nueva era de la televisión en el que encontrarán las respuestas de la actividad anterior y también de la pregunta que se planteó en la actividad 5. Dígales que, si no están de acuerdo con alguna de las afirmaciones del texto, deberán rectificarla o matizarla usando las estructuras que se presentan en el cuadro de la banda lateral. Indíqueles que realicen la actividad en pequeños grupos, de este modo conseguirá integrar la interacción oral en una actividad de comprensión lectora. Es importante que tenga en cuenta la edad de sus estudiantes, si son muy jóvenes y han crecido en un mundo en el que ya estaban extendidos el uso de internet, los dispositivos como los teléfonos inteligentes y las plataformas de *streaming*, es muy probable que no hayan conocido la situación que se describe en las primeras líneas del texto. Por último, pregúnteles si creen que la televisión está condenada a desaparecer y que no sobrevivirá a la revolución digital.

Para trabajar estos contenidos, realice la actividad **13**, p. **44** del *Libro de ejercicios*.

5.3. Concluya la secuencia con una interacción oral en plenario en la que comenten qué tipo de programas les gusta ver en la televisión y cuáles son sus series favoritas. Si su clase es numerosa, puede proponerles trabajar en grupos pequeños.

Unidad 7

Cultura

1. Escriba en la pizarra el título del apartado: *La palabra del año* y pregunte a sus estudiantes qué les sugiere este y a qué creen que se refiere. Tome nota de las respuestas que le den para comprobar, más adelante, si han acertado o no. A continuación pídales que lean las cuatro palabras que aparecen en el recuadro de la actividad: *selfi*, *populismo*, *refugiado* y *escrache* y que marquen las afirmaciones que crean que explican lo que tienen en común. Haga una puesta en común para que comparen sus resultados pero no les facilite todavía la solución.
   2, 3.

2. Con la clase en plenario, pregúnteles ahora si saben qué significan las cuatro palabras de la actividad anterior y pídales que las definan. Haga hincapié en que las imágenes que ilustran el apartado pueden ayudarlos a deducir el significado si no lo conocen. Escuche las definiciones que le sugieran y, a continuación, indíqueles que lean el texto en el que encontrarán las respuestas a todas las preguntas planteadas hasta ahora en el apartado. Una vez que hayan leído el texto, haga una puesta en común y pídales que definan de nuevo qué es *la palabra del año* y qué significan las palabras anteriores. Por último, pregúnteles si existen palabras con el mismo significado en su idioma y si tienen el mismo origen que las que usamos en español.

   Si quiere ahondar en la comprensión lectora, puede ampliar la actividad haciendo estas otras preguntas:
   1. *¿Desde cuándo se elige la palabra del año?*
   2. *¿Quién la elige?*
   3. *¿Son siempre palabras de nueva creación?*
   4. *¿Qué otros términos, además de los cuatro ya referidos, han sido elegidos como palabra del año?*
   5. *¿Qué significan?*

   1. Desde 2013; **2.** La Fundación del Español Urgente (FundéuRAE); **3.** No; **4.** Aporofobia y microplástico; **5.** La primera significa 'rechazo a los pobres' y la segunda, 'pequeños fragmentos de plástico que se han convertido en una amenaza para el medioambiente y la salud'.

La palabra del año

1 ¿Qué crees que tienen estas palabras en común? Marca las opciones correctas según tu opinión.

selfi | populismo | refugiado | escrache

1. ☐ Son palabras que se han empezado a usar recientemente.
2. ☐ Son palabras que han aparecido frecuentemente en los medios informativos.
3. ☐ Las cuatro han ganado un concurso anual de palabras.
4. ☐ Son palabras muy populares.

2 **Todo el grupo** Entre todos, definid las cuatro palabras anteriores. Fijaos bien en las imágenes para deducir su significado. Luego leed el texto para comprobar vuestras respuestas.

La palabra del año

Anualmente, desde 2013, la Fundación del Español Urgente (FundéuRAE) elige una palabra, *la palabra del año*, entre aquellas que han marcado la actualidad informativa del año en curso. Eligen términos que han estado presentes en los medios de comunicación y que ofrecen interés desde el punto de vista lingüístico. Son términos que han sido objeto de alguna de las recomendaciones que diariamente publica la FundéuRAE.

Hay veces en las que la palabra elegida es de nueva creación, pero en otras ocasiones son palabras adaptadas de lenguas extranjeras o que simplemente han adquirido un nuevo uso.

136 | ciento treinta y seis — Unidad 7 | Todo es noticia

Refugiado Selfi

En los últimos años han ganado este honor los términos *escrache* (palabra que se forma a partir del verbo *escrachar*, propio del español de Argentina, que significa 'dejar en evidencia a alguien' y que se usa para aludir a las manifestaciones que se convocan frente a los domicilios de los políticos y otros personajes públicos para protestar por algo), *refugiado* ('persona que, a consecuencia de guerras, revoluciones o persecuciones políticas, se ve obligada a buscar refugio fuera de su país'), *populismo* (palabra que ha evolucionado a lo largo del tiempo y que ha tomado últimamente connotaciones negativas, pues se refiere a la tendencia de algunos políticos de cualquier ideología a recurrir a los sentimientos del ciudadano y ofrecer soluciones simples a problemas complejos), *selfi* (adaptación española de la palabra inglesa *selfie*), *aporofobia* ('rechazo a los pobres') o *microplástico* (palabra que designa los pequeños fragmentos de plástico que se han convertido en una amenaza para el medioambiente y la salud).

Adaptado de https://www.fundeu.es/

La Fundación del Español Urgente –FundéuRAE– es una institución sin ánimo de lucro que tiene como principal objetivo impulsar el buen uso del español en los medios de comunicación.

Mediante recomendaciones diarias y respuestas a las consultas que recibe, pretende ser una herramienta que ayude a quienes utilizan el idioma en su actividad diaria en los medios de comunicación, las redes sociales o las nuevas plataformas digitales.

Adaptado de https://www.fundeu.es/Sobrefundeubbva/quienes-somos/

3 **Todo el grupo** Juega en clase a *la palabra favorita*. Presenta una palabra candidata, justificando tu elección. La que reciba más votos será la palabra ganadora.

Unidad 7 | Todo es noticia — ciento treinta y siete | 137

Escriba en la pizarra *Fundación del Español Urgente* y pregunte a sus estudiantes cuál creen que es la finalidad de esta fundación que, como han visto en el texto anterior, elige la palabra del año. Pídales que argumenten sus respuestas. A continuación indíqueles que lean el texto en el que se habla de la FundéuRAE y de sus objetivos. Una vez hayan leído el texto, compruebe con ellos si alguna de las respuestas que le dieron anteriormente se corresponde con la información que ofrece este.

3. Con la clase en plenario, proponga ahora el juego de *la palabra favorita* mediante el cual elegirán la palabra española favorita de toda la clase. Explíqueles que cada uno debe elegir su palabra candidata y presentársela después al resto de la clase explicando por qué le gusta y por qué debería ser elegida como favorita. Una vez que hayan presentado todas las palabras, pídales que voten por una que no sea la que han propuesto ellos mismos. La palabra que obtenga más votos será la ganadora.

Para trabajar estos contenidos, realice las actividades **14-15a**, p. **45** del *Libro de ejercicios*.

Explique a sus estudiantes que van a leer un texto sobre la Real Academia Española (RAE) para que conozcan un poco mejor la institución y su historia. Utilice para ello la proyección 22.

La Real Academia Española

[22]

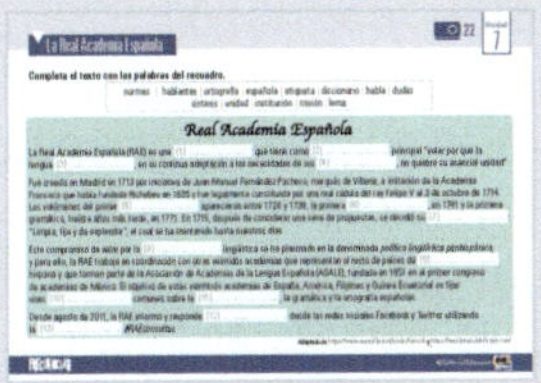

Proyecte la actividad y, con la clase organizada en parejas, dígales que lean el texto y que completen los espacios con las palabras del recuadro. Mientras llevan a cabo la lectura, resuelva las dudas de vocabulario que le puedan plantear. Para la corrección, haga una puesta en común. Finalmente pregúnteles si existen instituciones u organismos en su país que desempeñen labores similares a la Fundación del Español Urgente o a la Real Academia Española.

1. institución; **2.** misión; **3.** española; **4.** hablantes; **5.** diccionario; **6.** ortografía; **7.** lema; **8.** unidad; **9.** habla; **10.** normas; **11.** sintaxis; **12.** dudas; **13.** etiqueta.

Unidad 7

Cartelera de cine

A modo de introducción, explique a sus estudiantes que *AzulOscuroCasiNegro* es una película española, dirigida por Daniel Sánchez Arévalo en 2006 y protagonizada por famosos actores en nuestro país como Quim Gutiérrez y, Marta Etura y Antonio de la Torre. Pregúnteles si conocen a estos actores y, en caso afirmativo, si recuerdan alguna película en la que los hayan visto actuar. A continuación distribuya la clase en parejas y pídales que se fijen bien en el título de la película, en las imágenes y fotogramas que muestra la cartelera y en la frase que aparece en la misma: *Si el color de tu vida no te gusta…, ¡actúa, rebélate!*, para que hagan hipótesis sobre el argumento de la película y sobre sus protagonistas. Anote en la pizarra las ideas principales para comprobar, más adelante, hasta qué punto han acertado en sus suposiciones.

> *AzulOscuroCasiNegro* recibió en 2006 seis nominaciones a los Premios Goya y recibió tres estatuillas: mejor dirección novel original (Daniel Sánchez Arévalo), mejor actor de reparto (Antonio de la Torre) y mejor actor revelación (Quim Gutiérrez). El título de la película tiene un significado simbólico y puede interpretarse como un estado anímico o un futuro incierto o designar un color que varía dependiendo del estado de ánimo.

Vídeo

Cartelera DE CINE

AzulOscuroCasiNegro

Sinopsis

El padre de Jorge sufrió un infarto cerebral hace siete años y no ha podido recuperarse. Jorge ha heredado su trabajo de portero. Desde entonces, este lucha contra un destino que parece inevitable. En los últimos años se ha esforzado por hacer su trabajo: cuidar de su padre y estudiar una carrera. Ahora que ha terminado Empresariales, su deseo es encontrar un puesto acorde a sus estudios. A través de su hermano Antonio, que está en prisión, conoce a Paula, con quien iniciará una extraña relación que lo impulsará a dejar de sentirse responsable de todo y a enfrentarse a sus deseos.

Antes de la secuencia

1 **En parejas** Observa las imágenes que tienes a continuación. Describe cada una de ellas y relaciónalas con la información correspondiente de la sinopsis de la película. Trabaja con tu compañero/a.

1.1 **En parejas** Fíjate en la imagen 3. ¿Crees que a Jorge le gusta lo que está haciendo? ¿Cuáles crees que son los inconvenientes de trabajar como portero?

Durante la secuencia

2 **En grupos pequeños** Visiona la secuencia completa. ¿Cuántos personajes podemos ver? ¿Dónde están? ¿Qué les pasa?

1. Actividad oral en parejas en la que deberán, en primer lugar, observar y describir los seis fotogramas que se presentan y, a continuación, leer la sinopsis de la película y relacionar cada imagen con una información concreta. Haga una puesta en común para la corrección.
Posible respuesta:
1. El padre de Jorge sufrió un infarto cerebral hace siete años; **2.** En los últimos años se ha esforzado por […] cuidar de su padre; **3.** Jorge ha heredado su trabajo de portero; **4 y 5.** … su deseo es encontrar un puesto acorde a sus estudios; **6.** A través de su hermano Antonio, que está en prisión, conoce a Paula.

1.1. Con la misma disposición en parejas, pídales que se fijen en la tercera imagen de la actividad anterior y que respondan a las preguntas argumentando sus respuestas de acuerdo con la información que han leído en la sinopsis y lo que opinan al respecto.
Entendemos que no, puesto que Jorge se ha graduado en Empresariales y quiere encontrar un trabajo que se ajuste a su formación.

2. Organice la clase en grupos pequeños y pídales que lean primero las preguntas propuestas, de este modo condicionarán el visionado de la secuencia en función de las respuestas que deberán dar. A continuación ponga el vídeo para que vean la secuencia completa sin interrupciones al tiempo que toman notas. Déjelos que las comparen después con los demás miembros del grupo y corrija, finalmente, mediante una puesta en común.
En la secuencia podemos ver ocho personajes, entre ellos los más importantes: Jorge, su padre, su hermano y Paula. Además, aparecen el cartero, una reclusa y dos entrevistadores. Las escenas tienen lugar en la casa de Jorge, en la portería, en la prisión, en las empresas donde lo entrevistan y en la calle. Jorge le da al cartero cartas con currículos que está enviando a empresas para buscar trabajo, también lo vemos arreglar el traje que se pondrá para las entrevistas y cuidar de su padre; simultáneamente, en la prisión, Paula es agredida por una presa. Más tarde vemos a Jorge siendo entrevistado en dos ocasiones en diferentes empresas mientras que Paula y su hermano se ven en la prisión, también volvemos a ver a Jorge cuidando de su padre y mirando un elegante traje en un escaparate. Por último, vemos a Jorge recibiendo una respuesta negativa a su solicitud de empleo.

7

3 Ordena la entrevista de trabajo que hace Jorge y luego mira el fragmento 02:50 ▶ 03:20 para comprobar tus respuestas.

- [11] Entrevistador: ¡Ah!
- [ ] Jorge: Estoy trabajando.
- [ ] Entrevistador: ¿Con qué?
- [ ] Entrevistador: Aquí no aparece experiencia laboral.
- [ ] Jorge: Bueno, soy portero.
- [ ] Entrevistador: ¿De fútbol?
- [ ] Jorge: Es que he estado compaginándolo.
- [1] Entrevistador: Siete años para terminar la carrera.
- [ ] Jorge: No, de portería, de vivienda.
- [ ] Entrevistador: ¿Y en qué trabaja? ¿En qué sector?
- [ ] Jorge: Es que no está relacionado con el sector.

4 Mira el fragmento 03:57 ▶ final y contesta a las preguntas.

> Recuerda:
> El condicional se usa para hablar de situaciones imaginarias o hipotéticas.

1. ¿Qué le puede pasar a Jorge, según el entrevistador, si lo aceptan en ese nuevo trabajo?
2. ¿Dónde tendría que ir a vivir?
3. ¿Cuántas horas semanales tendría que trabajar en ese puesto?
4. ¿Qué opina el director de la empresa sobre el cuidado del padre?
5. ¿Qué condiciones laborales tiene su trabajo como portero?
6. ¿Por qué no le gusta trabajar como portero?
7. ¿Qué respuesta recibe por parte de la empresa?

Después de la secuencia

5 **Todo el grupo** Has visto dos entrevistas de trabajo a las que ha asistido Jorge. ¿Crees que es apropiado hacer preguntas personales en este tipo de entrevistas? ¿Por qué?

6 **Todo el grupo** Jorge es rechazado repetidas veces en su búsqueda de empleo. ¿Qué consejos le darías para que por fin logre superar una entrevista?

7 **Todo el grupo** Como has visto, Jorge tiene expectativas debido a su cualificación, pero finalmente no alcanza todo lo que desea en la vida. ¿Piensas que esto refleja la situación actual de los jóvenes en el mundo? ¿Cómo es la situación en tu país?

3. Indíqueles ahora que, individualmente, lean la entrevista de trabajo que han visto y que aparece trascrita y que ordenen las frases que se han dicho en ella. Pídales que se fijen en las dos intervenciones que ya están ordenadas para que les sirvan de referencia. Una vez que hayan realizado la tarea, póngales el fragmento 02:50 ▶ 03:20 para que comprueben sus respuestas. Pause el vídeo si es necesario.
1, 4, 3, 5, 8, 9, 2, 1, 10, 7, 6.

4. Explíqueles que ahora van a volver a ver el fragmento final de la secuencia y que deberán contestar por escrito a las preguntas planteadas. Antes del visionado, pídales que las lean y asegúrese de que lo entienden todo; lea también el cuadro de atención en el que se recuerda el uso del condicional para hablar situaciones imaginarias o hipotéticas, pues algunas de las preguntas están planteadas en condicional. A continuación ponga el fragmento 03:57 ▶ final, deles un tiempo para que respondan a las preguntas y, finalmente, corrija mediante una puesta en común.
1. Su padre y él se quedarían sin un sitio donde vivir, pues tendrían que abandonar la portería; **2.** Tendría que ir a otro lugar; **3.** Tendría que trabajar 50 horas semanales; **4.** Piensa que se convertirá en un problema para la empresa porque Jorge no tendrá tiempo para cuidarlo; **5.** Dispone de sueldo fijo y vivienda estable; **6.** Porque no es lo que él ha elegido; **7.** Recibe una respuesta negativa.

5. Con la clase en plenario, pregúnteles si han observado algo inadecuado en las dos entrevistas de trabajo que aparecen en la secuencia. A continuación pregúnteles si les parece apropiado que se hagan preguntas de carácter personal en las entrevistas de trabajo; pídales que argumenten sus respuestas y también que expliquen cómo reaccionarían ellos si les hicieran preguntas de esa naturaleza. Si le parece oportuno, pude proponerles que hagan un listado de preguntas que, según ellos, nunca deberían hacerse en una entrevista de trabajo.

6. Mantenga la clase en plenario para que entre todos elaboren una lista de consejos que podrían ayudar a Jorge a superar una entrevista de trabajo y conseguir un nuevo empleo. Si lo considera necesario, revise previa y brevemente algunos de los recursos que se han estudiado en unidades anteriores para dar consejos y hacer recomendaciones, tales como el imperativo, los verbos *aconsejar*, *recomendar* y *sugerir* o las expresiones *es recomendable* y *es conveniente*... Vaya anotando en la pizarra los consejos que propongan y corríjalos, junto al grupo, solo cuando hayan terminado.

7. Para terminar el apartado, proponga un debate sobre la situación de los jóvenes en el mercado laboral. Pregúnteles si les parece que la situación de Jorge, un joven cualificado que no encuentra un trabajo adecuado a su formación, refleja la situación actual y si es así en su país.

Unidad 7

Evaluación

1. **1.** ha desmentido; **2.** Te has enterado; **3.** me fío; **4.** informan; **5.** está.

2. Posible respuesta:
   1. Persona que trabaja hablando en la radio; **2.** Profesional que elabora críticas de las películas que se estrenan en cine; **3.** Primera vez que se proyecta una película ante el público; **4.** Informativo que se emite por televisión; **5.** Persona que oye la radio; **6.** Información que se trasmite sin que se conozca la fuente ni se contraste su veracidad.

3. **1.** estás; **2.** sigo; **3.** empecé; **4.** dejé/he dejado; **5.** volveré; **6.** acabo.

4. **1.** porque; **2.** porque; **3.** puesto que/ya que/porque; **4.** por; **5.** Dado que/Puesto que/Como.

Evaluación

1 **Completa las frases con los verbos del recuadro en el tiempo correcto.**

informar | enterarse | desmentir | estar | fiarse

1. Hace unos minutos el portavoz del Gobierno .... la noticia acerca de la subida del precio del petróleo. No es cierto lo que te han dicho.
2. ¿.................... (tú) del resultado del partido de fútbol de esta tarde?
3. Yo normalmente no .... de las noticias que aparecen en chats.
4. Algunas redes sociales .... de noticias falsas.
5. El debate sobre el cambio climático en televisión .... al rojo vivo. Hay división de opiniones.

2 **Escribe una definición de las siguientes palabras.**

1. Locutor/a › ....
2. Crítico/a de cine › ....
3. Estreno › ....
4. Telediario › ....
5. Oyente › ....
6. Rumor › ....

3 **Completa la conversación entre dos amigas formando las perífrasis apropiadas en el tiempo correcto.**

volver | estar | empezar | acabar | seguir | dejar

Virginia: ¿Qué serie [1] .... viendo?

Raquel: La misma que la semana pasada, [2] .... viendo *Aburridos*. Está muy bien. ¿Y tú?

Virginia: El otro día [3] .... a ver una serie nueva sobre una familia que viaja por el espacio, pero [4] .... de verla porque era demasiado lenta. Prefiero cuando hay un poco más de acción.

Raquel: Yo también, pero mis series favoritas son las históricas. Recuerdo una que vi sobre la vida de los reyes. Creo que, si la encuentro en mi canal, [5] .... a verla.

Virginia: ¡Qué coincidencia! Justo [6] .... de empezar a ver una serie histórica. Solo he visto el primer capítulo.

Raquel: Pues, si me dices qué serie es, podemos verla juntas.

Virginia: ¡Venga! Se llama *Castillos en la arena* y está genial, de verdad.

4 **Lee el texto y completa con el conector causal adecuado. En algunos casos hay varias opciones posibles.**

El periodismo del siglo XXI ha cambiado por completo, no [1] .... hayan pasado los años, sino [2] .... el usuario ya no es solo receptor de la información, también opina e informa. Esta nueva situación trae consigo ventajas e inconvenientes [3] .... permite a los medios ser más dinámicos, pero extiende los rumores a través de las redes [4] .... lo fácil que resulta publicar cualquier noticia. [5] .... todo el mundo puede crear información, saber distinguir entre lo que es real y lo que es falso resulta en muchos casos una misión imposible.

140 | ciento cuarenta — Unidad 7 | Todo es noticia

7

5 Completa las frases con las expresiones idiomáticas con *estar* que has estudiado.

1. A mi padre le gusta estar .... de la información deportiva.
2. Las gafas que compré parece que están .... porque todo el mundo las lleva.
3. Pedro no ha llegado aún pero debe estar ....
4. Desde que mi hermano sale con Alicia, está ...., lo veo muy feliz.
5. No es seguro que vayamos a Barcelona de vacaciones. La decisión está todavía ....

6 Completa libremente las siguientes oraciones concesivas.

1. Hay gente que se informa de lo que sucede a través de las redes, aunque ....
2. Muchos jóvenes prefieren ver las películas en su tableta u ordenador, aunque ....
3. Aunque en mi casa se compra el periódico todos los días, ...
4. Aunque la televisión de hoy en día ofrezca muchas posibilidades, ...
5. Dicen que la radio es un medio de comunicación un poco anticuado, aunque ....
6. Aunque en casi todas las casas tenemos televisión, ...

7 Observa esta fotografía. ¿Qué está pasando? ¿Por qué? Escribe en tu cuaderno una historia basada en la imagen. En tu texto deben aparecer dos perífrasis de infinitivo, dos de gerundio y una frase con *aunque* + subjuntivo.

8 Define con tus palabras los siguientes términos.

1. Refugiado/a: ....
2. Populismo: ....
3. Escrache: ....

9 Analiza tu aprendizaje y marca la opción que más se acerca a tu experiencia.

Después del trabajo con la unidad, soy capaz de...	Mucho	Bastante	Un poco	Nada
1. hablar de los medios de comunicación en la actualidad.	☐	☐	☐	☐
2. escribir una noticia.	☐	☐	☐	☐
3. explicar y entender la causa de lo que sucede.	☐	☐	☐	☐
4. rectificar una información o suposición previa.	☐	☐	☐	☐
5. expresar un obstáculo que, sin embargo, no impide la realización de un hecho.	☐	☐	☐	☐
6. expresar valores de modo y aspecto mediante las perífrasis verbales.	☐	☐	☐	☐

5. **1.** al día; **2.** de moda; **3.** al caer; **4.** (como) en una nube; **5.** en el aire.

6. Respuesta abierta.

7. Respuesta abierta.

8. **Posible respuesta:**
1. Persona que huye de su país por razones políticas y es acogida en otro; **2.** Tendencia política a dar soluciones simples y populares a problemas complejos; **3.** Protesta que se lleva a cabo ante el domicilio del político o de la persona contra la que va dirigida la protesta.

9. Respuesta abierta.

Unidad 8

¿Qué habrá pasado?

Lea en voz alta el título de la unidad y la primera pregunta y pida a sus estudiantes que hagan hipótesis basándose en las pistas que da la imagen. A continuación dirija su atención a las fotos más pequeñas y lea las preguntas propuestas para activar su interés y los conocimientos previos que puedan tener sobre los temas de la unidad. Si lo considera oportuno, pregúnteles cuál puede ser la diferencia entre la pregunta del título *(¿Qué habrá pasado?)* y la segunda pregunta *(¿Cómo serán las ciudades del futuro?)*. Ambas son hipótesis, pero la primera se refiere a un hecho recién sucedido y la segunda, al futuro.

Antes de leer los contenidos que se trabajarán en la unidad, pida a sus estudiantes que, basándose en las preguntas que han visto anteriormente y en las imágenes, traten de imaginar qué van a estudiar. Luego remítalos a la lista de contenidos para que comprueben sus suposiciones.

¿Qué habrá pasado?

En esta unidad vas a...

- Hacer hipótesis sobre el presente y el pasado
- Hacer predicciones sobre el futuro
- Expresar probabilidad
- Hablar de la finalidad de objetos y acciones
- Conocer datos curiosos de Madrid (España)

En el año 852 Muhammad I, hijo de Abderramán II, llegó a Madrid y la conquistó; después construyó una gran muralla a su alrededor. En 1083, el ejército cristiano de Alfonso VI quería conquistar esta ciudadela árabe, pero la gran muralla de 12 metros de altura era un obstáculo importante. Dice la leyenda que un soldado tomó la determinación de escalar esa gran muralla. Cuando se encontró frente a ella comenzó a treparla ayudándose de una daga. Lo hacía tan bien que Alfonso VI dijo en voz alta: "Parece un gato". Una vez en la cima, el soldado cambió la bandera árabe por la cristiana y comenzó la toma de la ciudad. Después de esta hazaña, al soldado trepador lo empezaron a llamar *gato* y también a los miembros de su familia. Dicen que todos los que se apellidan Gato son descendientes de ese soldado. Sea verdad o no, lo cierto es que "ser gato" en Madrid significa 'ser un madrileño auténtico, de varias generaciones', algo no muy común en Madrid, pues al ser la capital del país, la mayoría de la población es inmigrante o descendiente de inmigrantes, procedente de otros lugares de España y también del extranjero.

Unidad 8

¿Qué sabes?

1. Con el fin de evitar que los estudiantes anticipen la relación de uso con los objetos que conocen de su presente, pídales que cierren los libros y utilice la proyección 23 para realizar la actividad.

Objetos antiguos
[23]

Proyecte la lámina y pídales que se fijen detenidamente en las imágenes para decir el nombre y el uso de los objetos que aparecen en ellas. Hágales ver que si no conocen los objetos presentados ni su función, no importa, pues pueden hacer suposiciones teniendo en cuenta la forma, el material y las partes de cada objeto. Haga una puesta en común para que todos compartan sus conclusiones y/o conjeturas con los demás compañeros. Propicie el debate para que comenten qué suposición les parece más divertida y cuál más probable. Deben argumentar sus respuestas. **1.** Biciclo. Servía para ir de un lugar a otro, aunque se usaba más para hacer carreras que como medio de transporte; **2.** Disquete. Servía para guardar archivos y datos digitales; **3.** La consola de videojuegos Sinclair Spectrum. Servía para jugar.

1.1. El objetivo de esta actividad es movilizar los recursos léxicos que tengan sus estudiantes para describir objetos de manera detallada. Es uno de los contenidos principales de la unidad.
Agrúpelos en parejas para que puedan compartir sus diferentes conocimientos e ideas y paséese por la clase para proporcionarles la ayuda que necesiten. Finalmente haga una puesta en común para comparar los resultados.
Posible respuesta:

	Bicicleta	Lápiz de memoria	Consola
Antes	**Forma:** circular	**Forma:** cuadrado	**Forma:** rectangular
	Material: hierro	**Material:** plástico y metal	**Material:** plástico
	Uso: divertirse	**Uso:** guardar archivos	**Uso:** jugar
	Otros: mayor tamaño de la rueda delantera	**Otros:** poca capacidad	**Otros:** lenta, menos funcionalidades
Ahora	**Forma:** según la parte, recta, circular, diagonal…	**Forma:** rectangular, más pequeño que el disquete	**Forma:** alargada, rectangular
	Material: aluminio y plástico	**Material:** plástico y metal	**Material:** plástico
	Uso: hacer deporte, hacer ejercicio y desplazarse	**Uso:** guardar datos y archivos	**Uso:** jugar, aprender
	Otros: puede ser eléctrica	**Otros:** mucha capacidad	**Otros:** rápida, más funcionalidades

¿Qué sabes?

1 **Todo el grupo** Mira estos objetos antiguos. ¿Sabes cómo se llamaban y para qué servían?

1.1 **En parejas** Estos son los objetos actuales que sustituyen a los anteriores. Describe las diferencias que observas entre ellos en cuanto a la forma, el material, su uso, etc. Trabaja con tu compañero/a.

	Bicicleta	Lápiz de memoria	Consola
Antes	Forma: ...... Material: ...... Uso: ...... Otros:	Forma: ...... Material: ...... Uso: ...... Otros:	Forma: ...... Material: ...... Uso: ...... Otros: ......
Ahora	Forma: ...... Material: ...... Uso: ...... Otros:	Forma: ...... Material: ...... Uso: ...... Otros:	Forma: ...... Material: ...... Uso: ...... Otros: ......

1.2 **Todo el grupo** Comenta con tus compañeros cuál de estos objetos es el que ha experimentado un mayor avance según tu opinión. Justifica tu respuesta.

144 | ciento cuarenta y cuatro Unidad 8 | ¿Qué habrá pasado?

1.2. Guíe la conversación para que todos los estudiantes puedan participar.
El objetivo de la actividad es practicar el vocabulario anterior mientras reflexionan sobre cuál de los objetos presentados es el que más ha avanzado según su opinión. Deben justificar sus respuestas.

2 **Todo el grupo** Imaginar el futuro es algo propio del ser humano. ¿Cómo crees que imaginaban nuestra época las personas de principios del siglo XX? Haz hipótesis con tus compañeros sobre estos temas: sociedad, salud, transporte y entretenimiento.

2.1 **En parejas** Lee el siguiente artículo y compara lo que realmente pensaban con vuestras hipótesis anteriores. ¿Habéis coincidido en alguna? ¿Acertaron en alguna predicción?

Cómo imaginaban el SIGLO XXI en los AÑOS 30

Coches voladores, catástrofes climáticas, igualdad de derechos para todos, revolución robótica… La humanidad siempre ha tendido a mirar hacia el futuro, arriesgarse y hacer predicciones que bien pueden cumplirse o no. En el año 1932, en España, las figuras más prestigiosas de cada actividad imaginaron cómo serían los 2000 e hicieron sus propias predicciones. Ha sido la Biblioteca Nacional la que ha compartido algunos de estos testimonios a través de su cuenta de Twitter.

Una de las predicciones que comparten es la de Catalina Bárcena, actriz, que creía que "mucho antes del año 2000, el cine habrá dado muerte al teatro […] y entonces habrá que reinventar el teatro nuevamente", afirmaba.

En cuanto al desarrollo científico y tecnológico, se hablaba ya entonces de un asistente personal en forma de "hombre mecánico": un robot que "por poco dinero […] lo mismo nos llevará la contabilidad que nos encenderá el fuego de la cocina".

En el campo de la tecnología, creían que "se podrá volar a 1500 kilómetros por hora" y que "los aparatos podrán quedarse quietos en el aire".

También dio su opinión el doctor Gregorio Marañón, que lo veía muy claro: "No se morirá nadie por enfermedades infecciosas y solo habrá enfermos del sistema nervioso, el corazón y las arterias".

Visto este tema desde el exterior, de España se creía que sería un país de "cuarenta millones de habitantes, nudo de las comunicaciones internacionales y país de grandes riquezas". Todas estas y muchas más predicciones se pueden ver en la cuenta de @BNE_biblioteca.

Adaptado de https://www.eldiario.es/rastreador/corridas-igualdad-genero-monarquias-imaginaban_6_802179778.html

2.2 **En parejas** Fíjate en la siguiente frase que aparece en el texto: "el cine habrá dado muerte al teatro". Analiza la forma verbal y con tu compañero/a responde a estas preguntas.

1. ¿A qué momento se refiere ese tiempo verbal? ……
2. ¿Para qué se usa en el texto? ……
3. ¿Cómo crees que se llamará este tiempo si analizas su forma? ……

2.3 **En grupos pequeños** Haz predicciones con tus compañeros sobre cómo imagináis el mundo dentro de cien años en relación con los siguientes temas: sociedad, salud, transporte y entretenimiento. ¿Qué predicciones te parece que es más probable que se cumplan?

2. La finalidad de esta actividad es anticipar el vocabulario que aparecerá en la lectura de la actividad 2.1, de modo que todo el grupo tenga el mayor caudal léxico disponible para enfrentarse al texto y su comprensión resulte menos compleja, por lo que se propone que se haga una lluvia de ideas en plenario. Si lo considera conveniente, también puede realizar la actividad en parejas o grupos pequeños con una posterior puesta en común. Escriba previamente en la pizarra los diferentes temas propuestos para anotar debajo de cada uno las hipótesis que hagan. Pregunte a diferentes estudiantes en qué categoría deben escribir la hipótesis de sus compañeros para asegurarse de que todos prestan atención y comprenden las hipótesis de los demás.

2.1. Agrupe la clase en parejas para que lean el texto y cumplan con los dos objetivos concretos que marcan las preguntas: buscar coincidencias entre las hipótesis que han realizado previamente y las que aparecen en el texto, así como entre las hipótesis de este y la realidad que les rodea. Por otra parte, el texto también servirá como ejemplo o modelo para hacer la actividad 2.3 de este apartado y para empezar a ver la diferencia entre los dos tiempos futuros que van a trabajar en el apartado "Gramática". Ponga en común las respuestas de las parejas para corregir la actividad. Fomente la discusión preguntándoles su opinión sobre las predicciones que han leído. Puede preguntarles también si han visto alguna de las muchas películas que se hicieron el siglo pasado sobre el mundo en el año 2000. Pídales que comenten cómo imaginaban el mundo esas películas y si se parecía en algo al mundo actual.

2.2. Con esta actividad no buscará tanto resolver correctamente las preguntas planteadas como incitar a las parejas de estudiantes a la reflexión sobre la estructura y forma de la lengua que estudian. Anote y comente las diferentes respuestas que escuche, pero, si no lo considera imprescindible, no las resuelva, pues se verá en el apartado "Gramática".
1. Al futuro; **2.** Para hablar de un hecho que estará terminado en el momento futuro al que se refiere; **3.** Futuro compuesto.

2.3. El objetivo de esta actividad es que formulen las hipótesis sobre el futuro que crean convenientes de manera intuitiva y con los recursos de que disponen. Forme grupos pequeños para facilitar la participación de todos los estudiantes. A continuación ponga las hipótesis en común anotando las ideas que los diferentes grupos vayan exponiendo.
Si lo cree necesario, a fin de hacerles ver la posibilidad de graduar la idea de probabilidad, pregunte a cada estudiante cuál es la predicción más probable en su opinión y haga una marca en la idea señalada. A continuación complete esta frase que habrá escrito previamente: *Es muy probable que dentro de 100 años…* con las ideas que más votos hayan recibido.

Unidad 8

Palabras

1. En este apartado se ofrece a los estudiantes recursos léxicos para describir un objeto atendiendo a sus diferentes partes, formas, materiales y funciones. Para esta primera actividad, que pretende activar el vocabulario referido a objetos cotidianos y los recursos para hablar de su función, agrupe a la clase en parejas. Así podrá observar las posibles dificultades a las que se van a enfrentar sus estudiantes. Ponga en común los resultados en la pizarra.
A. Botella, para guardar líquidos; **B.** Vaso, para beber; **C.** Cuchara, para tomar sopa, por ejemplo; **D.** Rueda, para desplazar peso con facilidad; **E.** Sartén, para cocinar alimentos; **F.** Tapa, para cubrir/tapar recipientes; **G.** Lápiz, para escribir; **H.** Bolsa, para llevar cosas.

1.1. Agrupe a sus estudiantes en parejas para realizar esta actividad de léxico sobre las partes o piezas de un objeto. Corrija la actividad en dos fases diferentes. En primer lugar, pregunte a las diferentes parejas las definiciones correspondientes a cada parte. A continuación pídales a sus estudiantes que, además de relacionar estas partes o piezas con los objetos de la actividad 1, digan otros objetos que también tienen estas partes o piezas.
Posible respuesta:
1. d, Objetos: C, E; **2.** b, Objetos: A, B; **3.** f, Objetos: A, F; **4.** e, Objetos: F, H; **5.** a, Objeto: G; **6.** c, Objeto: B, D.

1.2. En esta actividad se presenta el léxico para describir un objeto por su forma y figura. Antes de que las parejas empiecen la actividad, haga que reparen en el cuadro funcional que aparece a la izquierda para hacerles ver la necesidad de distinguir la categoría gramatical de las palabras. Dígales que pueden consultar el diccionario para resolver la actividad si lo considera oportuno.

Formas y figuras

Sustantivos: cuadrado, círculo, rectángulo, triángulo.

Adjetivos: rectangular, triangular, corto/a, horizontal, estrecho/a, vertical, diagonal, plano/a, recto/a, circular, ancho/a, largo/a, alargado/a, cuadrado/a.

Materiales

Plástico, piedra, madera, tela, cartón, aluminio, metal.

Palabras

1 **En parejas** ¿Sabes el nombre de estos objetos? ¿Para qué sirven?

1.1 **En parejas** Relaciona estas palabras con su definición correspondiente. ¿En qué objetos de la actividad anterior se encuentran?

Objeto(s) [ ]	1. mango	a. Parte extrema de un objeto que puede pinchar.
Objeto(s) [ ]	2. boca	b. Parte abierta que hace de entrada y salida.
Objeto(s) [ ]	3. tapa/tapón	c. Abertura circular que atraviesa algo de parte a parte.
Objeto(s) [ ]	4. asa	d. Parte alargada por la que se puede agarrar un objeto.
Objeto(s) [ ]	5. punta	e. Parte con forma semicircular que sirve para agarrar utensilios.
Objeto(s) [ ]	6. agujero	f. Pieza que cierra los recipientes por la parte superior.

Fíjate:
- Para hablar de la **forma**:
  - *Tiene forma de* + sustantivo
    Esa caja tiene forma de huevo.
  - *Tiene forma/Es* + adjetivo
    La mesa tiene forma/es triangular.
- Para hablar del **material**:
  - *Está hecho(a)/Es de* + material
    Este jersey está hecho/es de lana.
- Si no se sabe el nombre o la forma del material puedes usar *es como/similar a... pero...*:
  Es como un plato, pero ovalado y más grande.

1.2 **En parejas** Clasifica estas palabras en la tabla. Luego, con tu compañero/a, añade tres más a cada categoría. Puedes usar el diccionario.

rectangular | plástico | triangular | corto/a | piedra | horizontal | estrecho/a | madera | vertical | cuadrado | diagonal | tela | plano/a | cartón | círculo | recto/a | aluminio | rectángulo | circular | ancho/a | largo/a | alargado/a | metal | cuadrado/a | triángulo

Formas y figuras		Materiales
Sustantivos	Adjetivos	

1.3 **En grupos pequeños** Elige un objeto de la clase y descríbeselo a tus compañeros sin decir para qué sirve. Usa las palabras que has aprendido. Tus compañeros tienen que adivinar de qué objeto se trata.

146 | ciento cuarenta y seis   Unidad 8 | ¿Qué habrá pasado?

1.3. Actividad de expresión oral que cierra la secuencia y que sirve para para poner en práctica las palabras y estructuras aprendidas. Distribuya a sus estudiantes en grupos pequeños con el fin de que todos tengan la oportunidad de participar en el juego y elaborar alguna descripción. Si su grupo no es muy numeroso, puede llevar a cabo esta actividad en plenario.

Para trabajar estos contenidos, realice las actividades **1-6**, p. **46** del *Libro de ejercicios*.

2 La *reutilización creativa* consiste en dar otro uso a cosas viejas, usadas o estropeadas. Vas a leer algunos ejemplos de creaciones hechas con material reciclado. ¿Qué han usado? Relaciona algunos de estos objetos con su texto correspondiente.

☐ cajones	☐ corchos de botella de vino	1 botes de cristal
☐ mangos de sartén	☐ latas	☐ etiquetas de ropa
☐ tapones de tubo de crema	☐ estanterías de frigorífico	☐ cajas de zapatos
☐ tapones de bolígrafo	☐ botellas de plástico	☐ tambores de lavadora
☐ cordones de zapatillas usadas	☐ pinzas para la ropa	☐ ruedas de coche

1. Lara Yo, después de comerme la mermelada, los empleo para hacer lámparas. Un pequeño agujero en la tapa para pasar el cable y listo.

2. Fer Yo no las tiro nunca; hago muchísimas cosas con ellas: las utilizo de macetas para plantas, para hacer coches de juguete…, incluso como figuras para decorar el jardín. Son muy útiles y, como son de plástico, son muy fáciles de manipular.

3. Tomás No es lo más ingenioso, en el colegio ya lo hacíamos, pero yo siempre las guardo para utilizarlas como botes para lápices, pequeñas macetas, portavelas… Mis hijos se lo pasan genial pintándolas.

4. Sara Cuando tengo que cambiarlas, les pongo un trozo de madera en el agujero y unas patas, y sirven como sillas para el jardín. Son muy resistentes, como son de goma…

5. Juan Acababa de ver la idea en internet cuando se estropeó la nuestra, así que se lo quité para usarlo como barbacoa. Eso fue lo más difícil. Luego solo tuve que ponerle una parrilla encima y unas patas debajo y ya estaba listo. Facilísimo y barato.

6. Tania Iba a tirar un mueble y me fijé en su capacidad. Los saqué, los llené de tierra y planté hierbas aromáticas. Los puse en la terraza uno encima de otro. Un amigo me dijo que había visto una idea parecida en un restaurante muy famoso. ¡A todo el mundo le encantan!

2.1 **En grupos pequeños** Elige dos objetos de la lista anterior e inventa un uso que les permita alargar su vida. Trabaja con tus compañeros de grupo.

2.2 **Todo el grupo** Presentad vuestras creaciones a la clase. ¿Qué son ahora y para qué sirven? Después, entre todos, elegid la reutilización más original de las que se han presentado.

> A mí se me ha ocurrido que las pinzas de la ropa, las que son de madera, ¿sabéis?; pues que se pueden pintar de colores y pegarles, cuando estén ya secas, un pequeño imán por detrás. Así se podrían utilizar en una pizarra magnética para colgar fotos o notas.

2. En esta secuencia se propone el tema de la *reutilización creativa* para continuar practicando el vocabulario y las estructuras vistas.
Escriba este concepto en la pizarra y pregunte a sus estudiantes a qué creen que se refiere. Escuche sus ideas y, después, lea la instrucción de esta actividad para que vean si han acertado o no. Antes de que lean el texto, pídales que identifiquen qué objetos de la lista aparecen en las imágenes laterales y explique, si es necesario, el léxico que desconozcan.
A continuación dígales que lean los textos y que presten atención a las partes, piezas, formas, materiales y funciones mencionados, así como a la concordancia de género y número para identificar qué objeto se describe en cada texto.
Si lo desea, puede proponerles que dibujen las creaciones de las que no hay imágenes para medir el grado de comprensión de los textos.
1. botes de cristal; **2.** botellas de plástico; **3.** latas; **4.** ruedas de coche; **5.** tambores de lavadora; **6.** cajones.

2.1. El propósito de esta actividad es que los estudiantes usen de manera libre el vocabulario que se ha visto en este apartado convirtiéndose en creadores de objetos a partir de otros ya usados.
Para que la creatividad sea mayor y puedan aparecer ideas interesantes, distribuya a los estudiantes en grupos pequeños. Pasee por los grupos mientras realizan la tarea para pedirles que sean lo más concretos posible en la descripción del nuevo objeto o uso que están diseñando y solicíteles, si es posible, que realicen dibujos para poder visualizar el objeto con detalle en la presentación posterior.

2.2. Actividad final de expresión oral en la que los grupos presentan al resto de la clase sus creaciones. El objetivo es que sean capaces de describirlas con la mayor precisión posible usando el léxico y las estructuras vistas. Una vez presentadas todas las creaciones, fomente el debate entre sus estudiantes para elegir la reutilización más original justificando su elección.

Para trabajar estos contenidos, realice las actividades **7-8**, p. **47** del *Libro de ejercicios*.

Unidad 8

Gramática

1. Explique a sus estudiantes el paradigma del futuro compuesto. Hágales ver las semejanzas con los tiempos compuestos que conocen, el pretérito perfecto y el pluscuamperfecto, y cómo este tiempo, al igual que aquellos, también se construye con el verbo *haber*, en este caso en futuro simple, y el participio del verbo principal. Repase rápidamente la lista de participios irregulares si lo cree necesario. Una vez explicada la morfología, pase a los usos de este tiempo verbal. Puede volver a utilizar la semejanza con el pretérito perfecto y el pluscuamperfecto para explicarlo: expresa una acción futura anterior a otra acción futura, es un antefuturo, del mismo modo que el pretérito perfecto es un antepresente y el pluscuamperfecto, un antepasado. A continuación céntrese en el uso de este verbo para expresar hipótesis, también referidas a un pasado reciente, recordándoles el título de la unidad: *¿Qué habrá pasado?*
Antes de pasar a la actividad de práctica, comente con ellos el cuadro de la RAE, en el que se explica el uso del indefinido como antefuturo en lugar del futuro compuesto en algunos países hispanoamericanos.

1.1. Actividad de práctica controlada sobre el paradigma del futuro compuesto y sus usos. Dígales que presten atención al contexto que les proporcionan las otras palabras para discriminar el uso de este tiempo en cada frase.
1. habré hablado, F; **2.** Habremos hecho, P; **3.** Se habrá perdido, P; **4.** habrán terminado, F; **5.** habrá visto, P; **6.** habrán casado, F.

Para trabajar estos contenidos, realice la actividad **9**, p. **48** del *Libro de ejercicios*.

Gramática

1 Futuro compuesto

- El **futuro compuesto** es un tiempo verbal que se forma con el verbo auxiliar *haber* en **futuro simple** y el participio del verbo principal:

	Estudiar	Entender	Repetir
yo	**habré** estudiado	**habré** entendido	**habré** repetido
tú	**habrás** estudiado	**habrás** entendido	**habrás** repetido
él, ella, usted	**habrá** estudiado	**habrá** entendido	**habrá** repetido
nosotros/as	**habremos** estudiado	**habremos** entendido	**habremos** repetido
vosotros/as	**habréis** estudiado	**habréis** entendido	**habréis** repetido
ellos, ellas, ustedes	**habrán** estudiado	**habrán** entendido	**habrán** repetido

Recuerda:
- El participio no cambia de género ni de número: *yo habré **leído**/ella habrá **leído**/ellos habrán **leído**...*

- Recuerda que algunos participios irregulares son:

abrir › **abierto**	hacer › **hecho**	romper › **roto**
decir › **dicho**	morir › **muerto**	ver › **visto**
escribir › **escrito**	poner › **puesto**	volver › **vuelto**
cubrir › **cubierto**	resolver › **resuelto**	descubrir › **descubierto**

- El futuro compuesto se usa para indicar una **acción futura anterior** a otra **acción** o **momento** también **futuros**:
  *El lunes que viene haré un trabajo de historia con María en la biblioteca. Antes de que cierre ya **habremos terminado**.*
- Se usa también para **expresar hipótesis** sobre sucesos del **pasado reciente**, es decir, dentro de un marco temporal que no se considera aún terminado. En este caso, el futuro compuesto equivale al pretérito perfecto:
  *Se **habrá enfadado** con su novia y por eso tiene esa cara.*
  *¿Dónde **habré puesto** el móvil?*

RAE GRAMÁTICA
En el español de América (Uruguay, Argentina, Paraguay...) es posible usar el pretérito indefinido en lugar del futuro compuesto para expresar una acción futura anterior a otra acción o momento futuros:
De seguir así, a la semana que viene ya corrí los 40 kilómetros.

1.1 Completa las siguientes oraciones con la forma correcta del futuro compuesto y marca si se refieren al futuro (F) o al pasado hipotético (P).

1. Llámame luego, que ya .... (yo, hablar) con Pedro y sabré qué pasa. .... F P
2. .... (Nosotros, hacer) algo mal, porque ahora no funciona. .... F P
3. .... (Ella, perderse); ya debería estar aquí. .... F P
4. Cuando llegues, ... (ellos, terminar), no te preocupes. .... F P
5. Parece nervioso, ... (él, ver) algo raro. .... F P
6. Mañana, a estas horas, ya se .... (ellos, casarse). .... F P

1.2 **En parejas** ¿Qué crees que les ha pasado a estas personas? Haz hipótesis usando el futuro compuesto.

2 Hacer predicciones: futuro simple/futuro compuesto

Se pueden hacer **predicciones** tanto con el futuro simple como con el compuesto:

- **Con el futuro simple** situamos la predicción **en el futuro**:
  *Según algunos estudios, en 2050 la población mundial **será** el triple de la actual.*
- **Con el futuro compuesto** se expresa **la anterioridad** de la predicción con respecto al **futuro**:
  *Algunos creen que en 2050 ya **habremos descubierto** un planeta con condiciones suficientes para desarrollar la vida.*

2.1 Completa estas predicciones científicas con la forma correcta del futuro simple o compuesto según corresponda.

Me atrevo a pronosticar qué [1] **ocurrirá/habrá ocurrido** y qué no cuando lleguemos a la década de los sesenta. No [2] **conoceremos/habremos conocido** cómo se originó el universo, pero sí [3] **resolveremos/habremos resuelto** el misterio de la energía oscura y [4] **sabremos/habremos sabido** por qué el universo se expande de forma acelerada. Se [5] **viajará/habrá viajado** a la Luna de vacaciones, pero no se [6] **llegará/habrá llegado** a Marte todavía. El petróleo barato se [7] **acabará/habrá acabado** y [8] **usaremos/habremos usado** energías alternativas como la solar.

2.2 **En parejas** Piensa qué habrá ocurrido en el mundo en la década de los sesenta respecto a estos temas y escribe tus predicciones. Luego compáralas con las de tu compañero/a. ¿Coincidís?

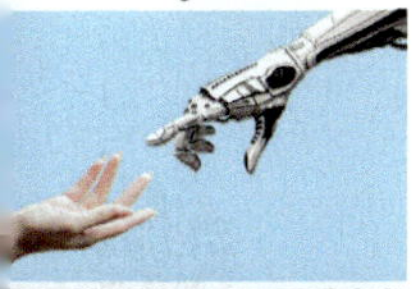

1. Relaciones entre humanos y robots
2. Clima
3. Transporte

1.2. Agrupe a sus estudiantes en parejas e invítelos a pensar qué acción previa ha provocado la situación actual que presentan las diferentes imágenes. Si lo considera pertinente, ofrézcales un ejemplo de las hipótesis que les pide. Haga una puesta en común con las ideas que ofrezcan las diferentes parejas y pregúnteles a sus estudiantes cuál les parece más lógica y cuál más improbable.

Posible respuesta:

1. Se habrá caído por las escaleras y se habrá hecho daño en la espalda; **2.** Se habrá quedado sin gasolina./Habrá tenido un problema en el motor; **3.** Se habrá estropeado el ascensor y están intentando abrirlo; **4.** Habrán entrado en su casa a robar./Habrá hecho una fiesta; **5.** Habrá habido un accidente en el otro sentido./Habrá olvidado algo importante, como recoger a su hijo; **6.** Habrá metido gol su equipo de fútbol.

2. Explique a sus estudiantes el cuadro sobre cómo hacer predicciones con los tiempos del futuro. Insista en la diferencia temporal que establecen ambos tiempos: acción no terminada/terminada, respectivamente.

2.1. **1.** habrá ocurrido; **2.** conoceremos; **3.** habremos resuelto; **4.** sabremos; **5.** viajará; **6.** habrá llegado; **7.** habrá acabado; **8.** usaremos.

2.2. Agrupe a sus estudiantes en parejas y pídales que formulen, al menos, una predicción con cada uno de los tiempos del futuro. Ponga en común las diferentes predicciones que hagan para que comenten lo que opinan sobre las predicciones del resto. Puede ampliar la actividad si les pregunta qué otros cambios podrá haber en esa época.

Posible respuesta:

1. Los robots tendrán sentimientos y los humanos se casarán con ellos; **2.** Muchas energías no renovables se habrán acabado y usaremos energías limpias, por lo que se habrá frenado el cambio climático; **3.** Habrán desaparecido los automóviles de gasolina y nos moveremos en vehículos eléctricos. Habrán inventado vehículos voladores individuales para ir de un lugar a otro de la ciudad.

Para trabajar estos contenidos, realice las actividades **10-11**, p. **48** del *Libro de ejercicios*.

3. Presente a sus estudiantes los diferentes marcadores de probabilidad según aparecen en el cuadro y explíqueles que existe un grupo de marcadores que exige el uso de indicativo, otro grupo que exige el subjuntivo y un tercer grupo que se puede construir con ambos modos verbales. Comente el cuadro de atención lateral para que vean el matiz entre usar uno y otro modo verbal con los marcadores de este último grupo. Insista en que esta diferencia se da solo con los marcadores que admiten los dos modos, no con el resto (es decir, que *a lo mejor* indica el mismo grado de probabilidad que *puede que*, por ejemplo, independientemente de que se construya con indicativo). Una vez les haya quedado claro este punto, pase a comentar el segundo cuadro de atención, en el que se anticipa una nueva forma de expresar hipótesis para referirnos a un pasado reciente y que estudiarán en el nivel B2: el pretérito perfecto de subjuntivo. En realidad, se trata del equivalente en subjuntivo del pretérito perfecto, por lo que se forma con el auxiliar *haber* en presente de subjuntivo y el participio del verbo principal. No es necesario que se detenga, por el momento, en trabajar esta forma, simplemente hábleles de su existencia y dígales que la trabajarán en el siguiente curso.
Antes de pasar a la siguiente actividad, dirija su atención al cuadro de la RAE sobre el valor de la expresión *de repente* como marcador de probabilidad en algunos países hispanoamericanos.

3.1. Actividad de práctica controlada en la que los estudiantes, en parejas, completan las frases según el marcador que aparece y después las relacionan con los misterios que representan las imágenes (fantasmas, ovnis).
1. son/sean, A; **2.** quieren, A; **3.** sean, B; **4.** sean, A; **5.** vienen/vengan, B; **6.** son, B.

Fíjate:
En las expresiones que pueden llevar indicativo o subjuntivo, si el hablante usa el indicativo, cree que su suposición es más probable que si usa el subjuntivo.

RAE GRAMÁTICA
En el español de América (R. Dominicana, Uruguay y Venezuela) también se usa de repente con el significado de posiblemente:
*Por mi barrio hay un joyero que **de repente** lo puede arreglar… Mañana mismo se lo llevo.*

3 Hacer hipótesis y expresar probabilidad con indicativo y subjuntivo

Cuando queremos hacer **hipótesis** y expresar **probabilidad**, usamos las siguientes expresiones:

- Con **indicativo**:
  - a lo mejor
  - lo mismo
  - igual
- Con **indicativo y subjuntivo**:
  - quizá(s)
  - tal vez
  - probablemente
  - posiblemente
  - seguramente
- Con **subjuntivo**:
  - puede (ser) que
  - (no) es + posible / probable / imposible + que

*A lo mejor Laura no **viene** porque está enferma.*
*Tal vez **hay/haya** menos tráfico porque es domingo.*
*Probablemente **tengamos/tenemos/tendremos** buen tiempo este fin de semana.*
*Puede que le **dé** vergüenza y por eso se **haya puesto** rojo.*

Fíjate:
Para referirte a un pasado reciente en subjuntivo, puedes utilizar el **pretérito perfecto de subjuntivo**, que se construye con el verbo *haber* en presente de subjuntivo y el participio del verbo principal. Equivale, en subjuntivo, al pretérito perfecto de indicativo:
▶ *¿Por qué está enfadado Antonio?*
▷ *Ha llegado tarde y le han llamado la atención.*
▷ *Puede que **haya llegado** tarde y que le **hayan llamado** la atención.*

3.1 **En parejas** Completa estas hipótesis con el tiempo verbal correcto. ¿Con qué misterio de los representados en las imágenes las relacionas?

1. ☐ Tal vez .... (ser) los espíritus de personas del pasado.
2. ☐ A lo mejor los espíritus .... (querer) asustarnos.
3. ☐ Es posible que .... (ser) aviones secretos del ejército.
4. ☐ Puede que .... (ser) alucinaciones de gente que echa de menos a sus familiares.
5. ☐ Probablemente .... (venir) para comunicarse con nosotros.
6. ☐ Lo mismo .... (ser) luces producidas por satélites.

A

B

3.2 Ahora escribe en tu cuaderno una hipótesis sobre cada uno de los temas anteriores usando otros marcadores de probabilidad.

4 Contraste futuro simple/futuro compuesto/condicional para expresar hipótesis

- Con el **futuro simple** se expresan hipótesis referidas al **presente**:
  ▶ *¿Cuántos años tiene?* ▷ *No sé, no **tendrá** más de 30.*
- Con el **futuro compuesto** se expresan hipótesis referidas al **pasado reciente**:
  ▶ *¿Sabes dónde está Javier? No ha venido todavía.*
  ▷ ***Se habrá puesto** enfermo; él nunca llega tarde.*
- Con el **condicional** se expresan hipótesis referidas al **pasado**:
  ▶ *¿Por qué no vino Eloísa a la reunión?*
  ▷ ***Estaría trabajando** o **se le olvidaría**, últimamente está muy estresada.*

4.1 **En parejas** Piensa en una persona famosa y, con tu compañero/a, describe cómo creéis que es su vida normalmente y cómo pueden haber sido sus dos últimos días: ayer y hoy. El grupo tiene que adivinar de qué persona se trata analizando vuestras hipótesis.

3.2. Actividad de práctica libre en la que los estudiantes, de modo individual, escriben sus propias hipótesis sobre los temas tratados anteriormente. Si el tema suscita interés en la clase, haga una puesta en común para que compartan sus suposiciones.

Para trabajar estos contenidos, realice las actividades **12-13a**, pp. **48-49** del *Libro de ejercicios*.

4. Con la ayuda del cuadro explique a sus estudiantes el uso de estos tiempos verbales para hacer suposiciones. Remarque el hecho de que, como pueden observar en los ejemplos, con estos tiempos verbales, en un contexto bien delimitado, no es necesaria la inclusión de marcadores de probabilidad o expresiones de incertidumbre para expresar hipótesis. Haga hincapié también en el valor temporal que adquieren estos tiempos verbales cuando se usan para expresar hipótesis. Puede reforzar estos contenidos con la proyección 24.

Hablar con seguridad vs. hablar con incertidumbre

[24]

Proyecte la lámina y comparta la información que aparece en ella con sus estudiantes. Hágales ver qué tiempo verbal usan normalmente para hablar del presente mostrando seguridad y cómo, si están haciendo una suposición o quieren mostrar incertidumbre, deben usar el futuro simple. Haga lo mismo con los otros momentos y tiempos verbales antes de pasar a la siguiente actividad, en la que deben poner en práctica dicho contraste.

5 Oraciones finales

- Para expresar la **función de un objeto** o el **objetivo de una acción**, se usa la preposición *para*. Hay dos construcciones diferentes:
  - Si ambos verbos tienen el **mismo sujeto**, se usa *para* + infinitivo:
    *La NASA viajará a Marte **para** explorar el planeta.* (La NASA quiere explorar Marte).
  - Si los verbos tienen **diferentes sujetos**, se usa *para que* + subjuntivo:
    *La ciencia está trabajando **para que** tengamos un futuro mejor.*
    (La ciencia quiere que **nosotros** tengamos un futuro mejor).
- Además de *para*, existen otras **expresiones de finalidad**:
  - En **contextos formales** puedes usar ***con el fin/el objetivo/el propósito/la finalidad de (que)***:
    *Se realizarán obras **con el fin de que** los clientes disfruten de mejores instalaciones.*
  - Con **verbos de movimiento** es frecuente utilizar la preposición ***a***:
    ***Vinieron** ayer **a** verte, pero no estabas.* ***Ve** al médico **a** que te recete algo para la gripe.*

> Fíjate:
> Estos marcadores siguen la misma estructura que *para*, es decir, infinitivo si los sujetos son iguales y subjuntivo si son diferentes.

5.1 Transforma estas oraciones causales en oraciones finales con *para*.

1. Están trabajando porque quieren mejorar el funcionamiento de las máquinas.
2. Llevan la comida en una nevera porque quieren que se mantenga fresca.
3. Organizarán una reunión porque quieren que los miembros se conozcan.
4. Estudian la materia oscura porque quieren conocer su funcionamiento.
5. Quieren tomar medidas porque no quieren que la temperatura aumente.

5.2 Teniendo en cuenta el contexto, elige la opción correcta.

1. Los países miembros de la Unión Europea se reúnen .... establecer una política educativa común.
   a. para b. con la finalidad de c. con el fin de que
2. Papá, no vengáis .... recogerme a la escuela; al final viene a buscarnos la madre de Óscar.
   a. a b. con el fin de c. para que
3. He puesto esta planta cerca de la ventana .... reciba más sol.
   a. con el propósito de que b. para c. para que
4. Señores y señoras, hemos organizado esta visita .... conozcan la esencia de la ciudad.
   a. con el objetivo de que b. para c. con el fin de

5.3 Escucha y comprueba tus respuestas anteriores. [30]

Unidad 8 | ¿Qué habrá pasado? ciento cincuenta y uno | 151

4.1. (página anterior) Distribuya a sus estudiantes en parejas y explique la actividad. Puede plantearla a modo de concurso para fomentar el juego en clase. Si quiere, incluso, puede establecer un premio para aquella persona que adivine más personajes en el menor tiempo posible. Si lo cree conveniente, puede darles el ejemplo que aparece a continuación como modelo.
Modelo:
(Rey). Creo que se levantará en su palacio, desayunará con sus hijas y después irá a su despacho para trabajar y ver las citas que tiene durante el día. Muchos días irá a actos oficiales. Ayer iría a la entrega de algún premio importante y hoy se habrá despertado pronto para coger algún avión a otro país.

> Para trabajar estos contenidos, realice la actividad **14**, p. **49** del *Libro de ejercicios*.

5. Explique las oraciones finales siguiendo la explicación del cuadro. No deje pasar por alto las interpretaciones del significado de los ejemplos que hay entre paréntesis. Haga ver a sus estudiantes que la regla para elegir en la alternancia entre infinitivo o subjuntivo con las expresiones de finalidad tiene paralelismos con otras estructuras que ya conocen, como las que expresan deseos con verbos de voluntad (*Quiero ir./Quiero que vayas*, por ejemplo).

5.1. Actividad de práctica controlada sobre los contenidos vistos anteriormente. Antes de darles la solución, puede pedirles que comparen sus resultados con su compañero/a para que tengan la oportunidad de autocorregirse.
1. Están trabajando para mejorar el funcionamiento de las máquinas; **2.** Llevan la comida en una nevera para que se mantenga fresca; **3.** Organizarán una reunión para que los miembros se conozcan; **4.** Estudian la materia oscura para conocer su funcionamiento; **5.** Quieren tomar medidas para que la temperatura no aumente.

5.2. En esta actividad es importante que insista en que deben elegir el marcador de finalidad adecuado teniendo en cuenta tanto la corrección gramatical como el grado de formalidad de la oración. De nuevo, puede dejarles que comparen sus respuestas en parejas antes de pasar a la actividad siguiente.
1. b; **2.** a; **3.** c; **4.** a.

5.3. Ponga el audio dos veces a fin de que los estudiantes, al margen de comprobar sus respuestas, tengan ocasión también de percibir el contexto de mayor o menor formalidad en cada situación. [30]

> Para trabajar estos contenidos, realice las actividades **15-17b**, p. **50** del *Libro de ejercicios*.

Unidad 8

Practica en contexto

1. Actividad de léxico fundamental para realizar la secuencia propuesta a continuación. Distribuya a sus estudiantes en parejas, pídales que lean las frases que contextualizan el léxico y que se fijen en las imágenes que lo ilustran. Corrija en plenario y asegúrese de que todos entienden el significado de las palabras propuestas.
1. agujero; **2.** trozo; **3.** lado; **4.** tira o cinta; **5.** punta; **6.** mango.

1.1. Pídales a las mismas parejas que han realizado la actividad anterior que piensen qué utilidad pueden tener los objetos o las partes que se han presentado. Antes de que sus estudiantes realicen la actividad, repase con ellos el cuadro de la banda lateral en el que se explican los exponentes que se usan normalmente para describir la función o finalidad de un objeto. Con ello se asegura de que disponen de los recursos necesarios para llevar a cabo la tarea.

1.2. [31] Explique a sus estudiantes que van a escuchar la puesta en común de una clase que ha realizado la misma actividad que ellos acaban de completar. Dirija convenientemente su atención hacia los aspectos mencionados en la instrucción: primero, haga una escucha para asegurarse de que los estudiantes comprenden cuáles son los usos reales de las partes de los objetos. Pregúnteles quiénes han acertado en sus suposiciones. Posteriormente, vuelva a poner el audio y pídales que esta vez dirijan su atención a los momentos en los que la profesora expone las ideas que han expresado sus estudiantes para poder relacionar sus nombres con los marcadores de probabilidad. Si lo considera oportuno, recuérdeles los modos que rigen estos marcadores.
1. e; **2.** c; **3.** a; **4.** d; **5.** d; **6.** b.

Practica en contexto

1 **En parejas** Muchos objetos cotidianos o algunas de sus partes tienen una finalidad que a veces no conocemos. Completa el texto de cada imagen con estas palabras.

punta | agujero | mango | trozo | lado | tira o cinta

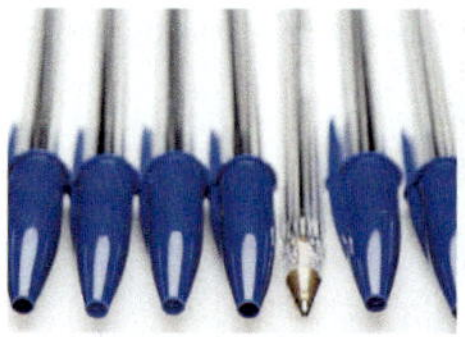
1. El .... que hay en el tapón de los bolígrafos.

2. El .... de tela que viene con la ropa nueva.

3. El .... azul de las gomas de borrar.

4. La .... que tienen muchas camisas en la espalda.

5. La .... que hay en el tapón de los tubos de crema o pomada.

6. El agujero en el .... de las sartenes y cacerolas.

Describir la función o finalidad de un objeto

- Para describir la función o finalidad de los objetos, puedes usar:
  - ***Es/Sirve/Se usa/Se utiliza para*** + infinitivo/*que* + subjuntivo (mismo sujeto/sujeto diferente):
    *La tinta **es para** escribir.*
    *Las cacerolas **sirven para que** podamos cocinar los alimentos.*
- Para describir una **función distinta** a aquella para la que estaba diseñado el objeto, usamos:
  - ***Se usa/Se utiliza/Se emplea/Sirve como*** + sustantivo:
    *Una botella **se emplea como** florero.*
    *Un tenedor viejo **sirve como** utensilio de jardín.*

1.1 **En parejas** Con tu compañero/a, piensa para qué sirven los objetos o partes anteriores y escríbelo en tu cuaderno usando *para que*.

Ejemplo: *Pues yo creo que el agujero del tapón sirve para que salga la tinta si se rompe la punta, ¿no crees?*

1.2 [31] En una clase acaban de realizar la actividad anterior. Escucha la explicación de la profesora, comprueba si has acertado en tus suposiciones y relaciona a los estudiantes con la expresión de hipótesis que utilizan.

1. Olga
2. Roberto y Susana
3. Irene y Alfonso
4. Luis y Pepa
5. Mirian y Valeria
6. Juan y Lorenzo

a. puede que
b. igual
c. quizá
d. tal vez
e. a lo mejor

1.3 **Todo el grupo** ¿Cuál de las funciones te ha sorprendido más? ¿Te parece que son prácticos estos elementos? ¿Por qué?

1.4 **En grupos pequeños** Fíjate en estas imágenes y en las partes marcadas; elige una, busca información en internet sobre su finalidad y, luego, compártela con el resto de la clase. ¿Cuál es la más curiosa según tu opinión?

1.5 **Todo el grupo** ¿Se te ocurre algún objeto cotidiano que esconda un pequeño misterio? ¿Cuál?

Preguntar o introducir una información y responder

- Para **preguntar** algo que se desconoce, se usa:
  - ¿Sabes qué/si/cómo/cuándo/dónde…?
  - *¿Sabes cuándo empezaron a poner ese bolsillo?*
  - *¿Sabes si esta aguja sirve para algo?*
- Para responder **negativamente**, se usan las siguientes expresiones:
  - Lo siento, (pero) no lo sé/no tengo ni idea.
- Para **introducir** una determinada **información** y saber si nuestro interlocutor la **conoce**, puedes usar:
  - *¿Sabes/Sabías que* + información*?*
  - *¿Sabes/Sabías que la boca de la botella tiene esa forma para que sea más fácil cogerla con dos dedos?*
  - *He leído/oído/visto que* + información
  - *He oído que el agujero de la cuchara de los espaguetis sirve para medir las raciones.*
- Para **responder**, puedes usar:
  - Sí, ya lo sabía.
  - No, no lo sabía/no tenía ni idea.

2 Piensa en las características de un objeto importante en tu vida cotidiana y contesta por escrito en tu cuaderno a las siguientes preguntas.

- ¿Qué forma tiene?
- ¿De qué está hecho?
- ¿Es útil?
- ¿Para qué sirve?
- ¿Es frágil?
- ¿Cómo funciona?
- ¿Dónde puedes usarlo?
- ¿Puedes llevarlo puesto?
- ¿Ocupa mucho espacio?
- ¿Se puede arrugar fácilmente?
- ¿Es resistente al agua?
- ¿Puede doblarse?
- ¿Tiene patas?
- ¿Cabe en un bolsillo?
- ¿Puedes llevártelo de viaje?
- ¿Es caro?

2.1 **En parejas** Pregunta a tu compañero/a por las características de su objeto y adivina de qué se trata.

1.3. Converse con toda la clase sobre la información que acaban de completar. Pregúnteles su opinión sobre las funciones de esas partes de los objetos que acaban de conocer, de modo que todos tengan ocasión de comentar algún aspecto.

1.4. Antes de dar comienzo a la actividad, revise con sus estudiantes el cuadro lateral con el fin de que tengan los recursos necesarios para llevar a cabo la presentación de la información así como para reaccionar ante la información de los otros grupos. El objetivo de la actividad es que, en grupos pequeños, pongan en práctica la expresión de la finalidad a través de una presentación oral.
Para la corrección reagrupe a los estudiantes de diferente manera para que, otra vez en pequeños grupos, intercambien la información que han encontrado. Paséese por los grupos para ver si utilizan bien los exponentes del cuadro lateral y las expresiones de finalidad.

1.5. En plenario, plantee la pregunta de la actividad. El objetivo es conectar el tema que se está tratando con su conocimiento previo del mundo para crear motivación y practicar de manera más libre los exponentes y contenidos de la secuencia.
Puede ser conveniente que piense de antemano en algún ejemplo de objeto cotidiano con misterio (el agujero del cucharón de la pasta, por ejemplo) por si acaso no se les ocurre ningún ejemplo en ese momento.

2. y **2.1.** Antes de que cada estudiante empiece a pensar en las características del objeto que elija, cerciórese de que comprenden las preguntas que aparecen en la actividad. Para ello, elija uno de los objetos que aparecen en las imágenes y haga las preguntas propuestas a diferentes estudiantes. De este modo tendrán un modelo que seguir y el resultado de su trabajo escrito será más exitoso.
Una vez que hayan terminado, agrúpelos en parejas para realizar la actividad lúdica 2.1. Si el grupo no es muy numeroso, puede hacer la actividad en plenario.

Unidad 8

3. Antes de que las parejas se pongan a trabajar, emplee unos minutos con toda la clase para describir las imágenes y solucionar posibles dudas de vocabulario que pudieran tener. Aproveche este tiempo para hacerles ver que la situación en la que se encuentran estas personas es extraña de una u otra forma e ínstelos a que las pequeñas historias que ofrezcan para explicar cada situación también lo sean. Si lo cree conveniente, puede proporcionarles algunas de las posibles respuestas que se le ofrecen a continuación para motivarlos y guiarlos en la tarea. Una vez que las diferentes parejas hayan intercambiado sus ideas, haga una puesta en común con toda la clase y anote en la pizarra algunas de las ideas que hayan comentado.

Posible respuesta:

1. Habrá robado un banco porque tendrá una pensión baja y la policía la ha metido en la cárcel; **2.** Es un astronauta que habrá viajado a un planeta lejano y le habrá gustado tanto que se ha quedado a vivir con ellos; **3.** Habrá ido a una isla para pescar; **4.** Habrá comprado los globos para hacerle una fiesta sorpresa a alguien que habrá llamado para decirle que no va a ir.

3.1. Deje que sus estudiantes lean de forma individual lo que realmente ha ocurrido para que puedan certificar si han acertado en sus suposiciones y en qué grado lo han hecho. También puede preguntarles qué les han parecido las historias, si creen que son probables y en qué casos, si les han sorprendido o hecho gracia, etc.

3.2. La actividad tiene como objetivo que los estudiantes hagan suposiciones argumentadas sobre cuáles pueden ser las respuestas que darán los otros miembros de su grupo a las preguntas del cuestionario y que reaccionen a las historias reales que van a escuchar por parte de estos.

Conforme los grupos y déjeles un tiempo previo para que puedan responder a las preguntas del cuestionario de manera individual y recordar bien la historia. Invítelos también a pensar qué pistas podrían ofrecer a sus compañeros para ayudarles a formular las hipótesis en caso de que sea necesario durante el desarrollo de la actividad. Una vez que compruebe que todos los integrantes de los grupos tienen historias que contar y pistas que ofrecer, lea con ellos el cuadro lateral que les ofrece recursos para expresar sorpresa o extrañeza, solucione las dudas e invítelos a usar dichas expresiones durante el desarrollo de la actividad.

3.3. Haga una puesta en común con las vivencias más interesantes del grupo. Propicie una conversación en la que los estudiantes expresen de nuevo sorpresa y extrañeza y reaccionen a las historias que se cuenten.

---

3 **En parejas** Fíjate en las imágenes y dile a tu compañero/a lo que crees que les habrá ocurrido. Si no está de acuerdo contigo, justifica tu respuesta.

3.1 Dale la vuelta al libro y lee lo que realmente les ha pasado. ¿Habéis acertado con vuestras suposiciones?

1. Lola trabaja limpiando y hoy ha ido a trabajar a la comisaría para limpiar las celdas de los detenidos. La puerta se ha cerrado y ha tenido que avisar a un policía y convencerlo para salir.
2. Lucas trabaja en una discoteca a las afueras de la ciudad y ha tenido que ir vestido de astronauta porque hoy había una fiesta de disfraces sobre extraterrestres.
3. Julio ha ido de vacaciones a la costa y, por la emoción, lo primero que ha hecho es ir a la playa. Mientras hacía fotos para colgarlas en internet ha subido la marea.
4. Sofía ha estado preparando la fiesta de cumpleaños de su hijo Mario y se ha dado cuenta de que no ha mandado las invitaciones.

Expresar sorpresa o extrañeza

• *Me sorprende* • *Me extraña* • *Es increíble* • *Es raro* • *Es extraño*	+	sustantivo infinitivo *que* + subjuntivo

Nos sorprende/Es bastante rara la historia de Lucía porque…
Me extraña/Es raro que digas que esa situación fue incómoda porque…

• ¡Qué sorpresa/raro/extraño!
• ¡No me lo puedo creer!
• ¿En serio?

3.2 **En grupos pequeños** Responde a este cuestionario. Luego tus compañeros harán conjeturas sobre lo que creen que has respondido teniendo en cuenta lo que saben de ti. Dales pistas si lo necesitan.

¿Cuál es…

1. el lugar más extraño donde has estado?
2. la situación más incómoda que has vivido?
3. la fiesta más rara a la que te han invitado?
4. el viaje más interesante que has hecho?

Ejemplo:

▶ *El lugar más extraño en el que habrá estado Miguel estará relacionado con el mar, porque vive en un pueblo costero y le encanta navegar, ¿a que sí, Miguel?*

▷ *Bueno, sí, la verdad es que sí. Una vez estaba navegando y mi barco chocó contra una roca. Me refugié en una cueva y estuve allí un día entero hasta que me rescataron. La verdad es que no me puedo creer el miedo que sentí en algunos momentos… Yo, que estoy tan acostumbrado al mar…*

▶ *¿En serio? Me sorprende que digas eso. No es raro tener miedo en una situación así.*

3.3 **Todo el grupo** ¿Te ha sorprendido alguna vivencia de tus compañeros? ¿Cuál y por qué?

154 | ciento cincuenta y cuatro — Unidad 8 | ¿Qué habrá pasado?

4 **En parejas** Observa algunos objetos que se usaban en el pasado y responde a las siguientes preguntas. Si no sabes la respuesta, haz conjeturas. Sigue el ejemplo.

1. ¿Para qué servía?
2. ¿Cómo se llamaba?
3. ¿Cómo se usaba?
4. ¿Quién lo utilizaba?
5. ¿Cuándo dejó de usarse?
6. ¿Por qué?

Ejemplo:

No conozco ese objeto, pero, por la forma, creo que sería algún tipo de máquina manual que serviría para picar alimentos. Yo creo que se llamaría máquina de picar, picador o algo así. El alimento se echaría por la parte de arriba, se daría vueltas a la manivela y el producto, ya picado, caería en esa especie de cajón. Tal vez lo usaban en casa para cocinar. Dejaría de emplearse seguramente cuando aparecieron las picadoras eléctricas, porque son mucho más cómodas de manejar.

4.1 [32] **Escucha la conversación e indica a qué objeto de los anteriores se refiere cada frase.**

1. Es fácil encontrarlo hoy en día. .... A B C D E F
2. El abuelo de Manu dice que el resultado era una incógnita. .... A B C D E F
3. Manu ha adivinado el uso que tenía. .... A B C D E F
4. Marta jugaba con uno cuando era niña. .... A B C D E F
5. Manu dice que servía para dejar mensajes. .... A B C D E F
6. Tenía un timbre. .... A B C D E F
7. Tiene también un uso medicinal. .... A B C D E F
8. Servía para escuchar música. .... A B C D E F
9. Mucha gente tuvo uno hasta mitad del siglo XX. .... A B C D E F
10. A Marta le parece una videoconsola. .... A B C D E F

4.2 **Todo el grupo** ¿Has acertado en tus hipótesis? ¿Alguna vez has visto o usado alguno de los objetos anteriores? ¿Conoces otros que ya no se usan?

4.3 **Todo el grupo** ¿Qué objetos actuales crees que habrán desaparecido dentro de cien años? ¿Por qué? ¿Qué los sustituirá?

Pues yo creo que habrán desaparecido las gafas porque todos los problemas de visión se podrán solucionar con láser.

4. Siguiendo con la descripción de objetos de la vida cotidiana que vertebra esta unidad, en esta última parte del apartado los estudiantes van a describir y a hacer conjeturas sobre objetos que, de una u otra manera, han desaparecido de nuestras vidas y que solo las personas de mayor edad puede que conozcan. Establezca parejas para que puedan contestar a las preguntas con las ideas de ambos integrantes y no deje de leer el ejemplo que se ofrece para que los estudiantes tengan claro qué se espera que hagan. Hágales ver también cómo, al estar hablando de objetos del pasado que no tienen conexión con el presente, la expresión de hipótesis debe formularse con el condicional simple. Haga un repaso de la forma de este tiempo si lo cree necesario. Haga una puesta en común y ofrezca la oportunidad de intercambiar opiniones sobre lo que han imaginado los otros, pero no dé la solución porque la van a escuchar a continuación.

4.1. [32] Antes de reproducir el audio, explique a sus estudiantes que van a escuchar a dos amigos que están buscando la respuesta a las preguntas anteriores. La actividad consiste en relacionar cada frase con el objeto de la actividad anterior al que se refiere. Déjeles un tiempo para leer las frases previamente y reproduzca el audio dos veces si es necesario.
1. D; **2.** C; **3.** E; **4.** A; **5.** B; **6.** F; **7.** D; **8.** E; **9.** A; **10.** B.

4.2. Inicie una conversación en plenario para comprobar si han acertado en sus hipótesis y pregunte a los estudiantes cuáles han sido las razones que les han llevado a sus conclusiones. Derive la conversación hacia el universo personal de sus estudiantes y pregúnteles si han visto o usado alguno de los objetos anteriores y si conocen otros objetos que ya no se usan.

4.3. Con la última actividad de este apartado los estudiantes tienen ocasión de hacer predicciones en relación al tema de la desaparición o transformación de objetos de su vida cotidiana usando los tiempos de futuro que se trabajan en la unidad.
Puede resultar interesante que les deje unos minutos para que piensen de manera individual o en parejas en el tema, antes de iniciar la conversación con todo el grupo.

Unidad 8

Cultura

1. Antes de realizar la primera actividad, lea el título del apartado y pregunte a sus estudiantes qué tipo de información de Madrid creen que van a conocer. A continuación pregúnteles qué saben de Madrid y vaya escribiendo la información que le den en la pizarra. Puede preguntarles si saben dónde está, su número aproximado de habitantes, desde cuándo es capital de España, qué lugares interesantes hay y cuántos conocen, qué personas famosas son de Madrid, cómo es su gastronomía… Pase después a observar con ellos las diferentes imágenes que aparecen en el apartado. Pídales que las describan y si no saben de qué se trata, anímelos a que hagan suposiciones. De esta manera se anticipará parte del léxico que van a escuchar en el audio siguiente. Si le parece interesante, puede comentar con ellos la ilustración de Madrid de la doble página, preguntarles si identifican en ella alguno de los lugares que aparecen a su vez en las fotografías y si conocen el resto de los lugares. En la ilustración se puede reconocer el Templo de Debod a la izquierda y el Retiro a la derecha, donde se encuentra la estatua de El Ángel Caído, dedicada al diablo. El resto de edificios de izquierda a derecha son: la Catedral de la Almudena, la plaza de la Villa, el Palacio de Telecomunicaciones, antiguamente conocido como *Correos* y lugar donde actualmente está ubicado el Ayuntamiento de Madrid, y delante de este, la Fuente de la Cibeles, muy conocida por ser el lugar donde los seguidores del Real Madrid celebran las victorias de su equipo. Todos ellos son lugares emblemáticos de la ciudad.

MADRID, UNA CAPITAL CURIOSA

1 **Todo el grupo** Fíjate en las fotografías; ¿conoces estos lugares de Madrid? Todos ellos esconden algún secreto. ¿Sabes cuál es? Si no es así, haz suposiciones y compártelas con tus compañeros.

2 [33] Escucha el audio y marca si las siguientes afirmaciones son verdaderas o falsas.

1. Madrid es la capital más antigua de Europa. V F
2. Botín es un restaurante del siglo XVIII. V F
3. El Templo de Debod fue comprado por el Gobierno español a Egipto. V F
4. A los madrileños los llaman *gatos* por una batalla. V F
5. El reloj más grande de Madrid está en una estación de tren. V F
6. La estación de Chamberí es una estación de metro construida para una película. V F
7. La estatua del diablo está en el parque del Retiro. V F

2.1 **Todo el grupo** ¿Conoces datos curiosos, leyendas o misterios de tu ciudad? Cuéntaselos a tus compañeros.

156 | ciento cincuenta y seis

Unidad 8 | ¿Qué habrá pasado?

2. [33] Haga una primera escucha para comprobar si las suposiciones que han hecho en la actividad anterior son correctas. Antes de reproducir de nuevo el audio, déjeles unos minutos para que lean las frases de la actividad; de este modo, podrán hacer una escucha selectiva que les permita resolver con éxito la tarea. Una vez que hayan escuchado el audio y contestado a las preguntas, déjelos que comparen en parejas sus respuestas para rectificar si así lo creen necesario.
1. F; **2.** V; **3.** F; **4.** V; **5.** V; **6.** F; **7.** V.

2.1. Prosiga con esta actividad de corte intercultural en la que los estudiantes deben contar alguna curiosidad del lugar donde viven. En el caso de que todos vivan en el mismo sitio, forme grupos o parejas para que se repartan los temas de la ciudad (datos curiosos, leyendas, famosos, misterios que se cuentan…).

Algunas cosas (casi) gratis que puedes hacer en Madrid...

- Disfrutar del atardecer desde el Palacio Real.
- Dar una vuelta por el jardín tropical de la estación de Atocha.
- Comprar una fruta en el antiguo mercado de San Miguel.
- Hacer un pícnic frente al Palacio de Cristal en el Retiro.
- Perderte en el Rastro.
- Hacerte un selfi con los leones del Congreso de los Diputados.
- Recorrer Madrid Río en bicicleta.
- Comerte un bocadillo de calamares en la plaza Mayor.

3 **Todo el grupo** ¿Qué cosas se pueden hacer casi gratis en tu ciudad?

Adaptado de https://www.mochileandoporelmundo.com/cosas-que-ver-hacer-madrid-gratis/

A continuación lea con sus estudiantes los planes (casi) gratis que se mencionan en el apartado. Si tiene oportunidad y medios, busque o lleve al aula imágenes que puedan ilustrar estos lugares y sitúelos en un plano de Madrid.

3. Para terminar el apartado, pregúnteles por actividades que se pueden hacer en su ciudad y que son gratis o muy baratas. Puede plantear un pequeño debate con las siguientes cuestiones: *¿se puede viajar con poco dinero y disfrutar del viaje?, ¿hay cosas que te pierdes?, ¿cuáles?, ¿prefieres viajar aunque sea con poco dinero o ahorrar y hacer un viaje mejor?*

Para trabajar estos contenidos, realice las actividades **18-19**, p. **51** del *Libro de ejercicios*.

Para cerrar el apartado, puede ampliar el tema con una actividad complementaria sobre el Rastro. Si no lo han visto anteriormente, explíqueles qué es *el Rastro*: un mercadillo al aire libre en el centro de la ciudad donde las mañanas de los domingos se pueden comprar objetos de todo tipo, desde ropa a tecnología, pasando por menaje del hogar o herramientas de algún oficio perdido. Comente que lo normal es que en estos mercados el precio no esté fijado y que a veces es negociable, especialmente si se trata de cosas usadas. Comente que muchas personas que van al Rastro no siempre compran, solo van a mirar. Anuncie lo que van a hacer: ver objetos que se podrían encontrar en el Rastro de Madrid. Pídales que digan antes qué cosas pueden ser y anótelas en la pizarra. A continuación ponga la proyección 25.

Nos vamos al Rastro

[25]

Proyecte la lámina para que comprueben si habían mencionado los artículos que aparecen en ella. Luego deles un tiempo para que piensen qué tres artículos les llaman más la atención y por qué. Pídales después que digan el nombre de esos artículos si lo saben, que los describan, que digan por qué les interesan, si saben para qué sirven o pueden imaginarlo y si los comprarían y qué harían con ellos. Por último, pídales que imaginen cuál podría ser su precio.

Cartelera de cine

Dirija la atención de sus estudiantes al cartel de la película. Pídales que le describan lo que ven: quiénes aparecen en la imagen, cómo son, qué actitud tienen, qué les dicen sus caras… Una vez que han descrito la imagen, haga que la relacionen con el título de la película, *Sobreviviré*, haciéndoles estas preguntas: *¿a cuál de los personajes crees que se refiere?, ¿por qué?, ¿cómo expresarías en una sola palabra el estilo del cartel en relación al título?* A continuación cada uno lee individualmente la sinopsis. Preenseñe la expresión *sacar del pozo* y resuelva las dudas de vocabulario si es necesario, luego invítelos a que comenten entre todos si la conversación anterior tiene que ver en algo con la sinopsis de la película y si creen que el cartel refleja la historia que acaban de leer.

> *Sacar (a alguien) del pozo*, en sentido figurado, significa 'ayudar a una persona a salir de una situación complicada cuando no es capaz de hacerlo sin ayuda'.

Antes de comenzar con la batería de actividades, puede ofrecerles la información sobre la película que aparece en la proyección 26.

Sobreviviré

[26]

Revise la lista de curiosidades sobre la película. Si lo desea y tiene tiempo suficiente, agrupe a los estudiantes para que investiguen sobre los problemas sociales que se plantean (desempleo, homosexualidad, principalmente) dentro del contexto español, tanto en el año 1999 como en la actualidad. Por último, pídales que expliquen si creen que esta película habría sido popular en su país de origen en 1999.

Vídeo

Cartelera DE CINE

Sobreviviré

Sinopsis

Marga es una mujer joven que, de la noche a la mañana, pierde su empleo y también a su novio Roberto en un accidente de tráfico; y, para colmo, descubre que está embarazada. En tales circunstancias, no tiene más remedio que empezar una nueva vida. Entonces conoce a Iñaki, un joven diez años menor que ella y que hasta entonces se había considerado exclusivamente gay, y se enamoran.

Empiezan así una historia de amor que sacará a Marga del pozo en el que se encuentra, a pesar de que todos opinan que esa relación no puede funcionar.

Antes de la secuencia

1 **En parejas** Observa estas imágenes extraídas de la película y, conociendo de qué trata, relaciónalas con las descripciones.

a. Marga e Iñaki salen juntos.
b. Marga recibe la noticia de la muerte de Roberto.
c. Marga y Rosa, su amiga cubana, se van a vivir juntas.
d. Iñaki acude al videoclub de Marga.
e. Marga y Roberto deciden irse a vivir juntos.
f. Marga conoce a su novio Roberto.

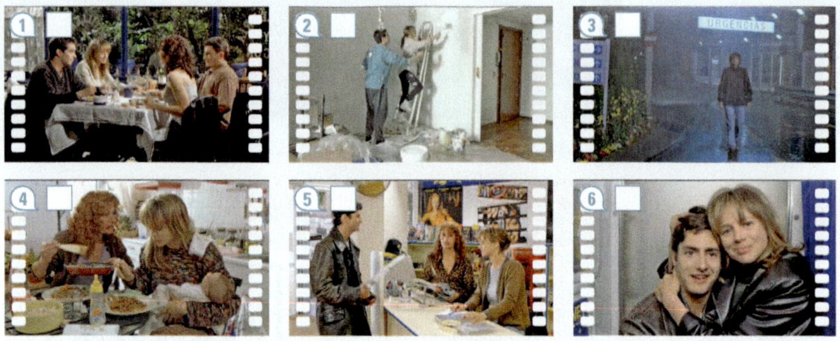

2 **En parejas** Durante la secuencia que vas a ver, los personajes utilizan estas expresiones idiomáticas. Con tu compañero/a, explica su significado. Puedes usar el diccionario.

1. Estar acaramelada.
2. Me miraba con ojos de no haber roto nunca un plato.
3. Tú lo que necesitas es un baño de cariño.
4. Te va a dejar mamá que te lleve el coco.

158 | ciento cincuenta y ocho — Unidad 8 | ¿Qué habrá pasado?

---

1. Antes de hacer la actividad tal y como se plantea, y si lo considera oportuno, elija a varios estudiantes de la clase para que describan las imágenes. A continuación forme parejas para realizar la actividad. Dígales que recordar la sinopsis les ayudará a establecer la relación entre imágenes y descripciones.
1. f; **2.** e; **3.** b; **4.** c; **5.** d; **6.** a.

2. Actividad de anticipación de léxico de la secuencia de la película que van a ver. De nuevo forme parejas y pídales que definan las expresiones. Déjeles usar el diccionario. Recuérdeles que, en algunos casos, se trata de expresiones idiomáticas y que, por tanto, han de buscar un significado no literal de las palabras que aparecen. A continuación tiene la solución, pero no se la facilite a los estudiantes hasta que no realicen la actividad 5 del apartado.
1. Dicho de los enamorados, darse visibles muestras de cariño; **2.** Dar la impresión de no haber cometido ninguna falta; **3.** Necesitar una gran cantidad de afecto y amor; **4.** El *coco* es un ser imaginario con el que se metía miedo a los niños.

8

Durante la secuencia

3 Visiona el fragmento 00:09 ▸ 02:13 y elige la opción correcta.

1. ¿Cómo pasó la noche Rosa?
   a. Horrible, estuvo vomitando.
   b. Fantástica, estuvo muy bien.
   c. Aburrida, estuvo bailando.
2. ¿Qué piensa Rosa sobre su relación de pareja con Rolando?
   a. Que quizás ha llegado el momento del matrimonio.
   b. Que quizás ha llegado el momento de romper.
   c. Que quizás ha llegado el momento de tener un hijo.
3. ¿Qué piensa Marga de Iñaki tras su primera cita?
   a. Que la cita fue mal, horrible, fatal...
   b. Que es dulce, encantador y divertido.
   c. Que es aburrido y soso.

4 Visiona el fragmento 02:14 ▸ 04:19 y contesta a estas preguntas.

1. ¿Cuál es la reacción de Rosa al ver llegar a Iñaki?
2. ¿Y la reacción de Marga?
3. ¿Qué reacción tiene Iñaki al conocer a Tito?

4.1 **En parejas** Comenta con tu compañero/a el final de la secuencia. ¿Por qué crees que Iñaki reacciona de esa manera? ¿Tú harías lo mismo? ¿Qué crees que pasará después?

5 Por último, vuelve a la actividad 2. Ahora que has podido oír las expresiones idiomáticas en contexto, ¿crees que las has definido correctamente?

Después de la secuencia

6 **Todo el grupo** Tras leer la sinopsis de esta película y después de haber visto la secuencia, ¿puedes imaginar cuál es el tema principal? Discútelo con tus compañeros.

6.1 **Todo el grupo** ¿Piensas que lo principal para ser feliz en la vida es encontrar el amor o una buena amistad?

Unidad 8 | ¿Qué habrá pasado? — ciento cincuenta y nueve | 159

3. Explíqueles que en este primer fragmento Marga y Rosa charlan sobre la noche anterior. Rosa comenta cómo va su relación con Rolando y pregunta a Marga qué tal su cita con Iñaki. Permítales que lean las preguntas y las opciones antes del visionado para que la búsqueda de información sea selectiva. Reproduzca el fragmento 00:09 ▸ 02:13 para que realicen la actividad y visiónelo de nuevo si lo cree necesario.
1. b; **2.** a; **3.** b.

4. Explíqueles el resumen de lo que van a ver a continuación: Iñaki llega a la tienda. Marga y él se ven por segunda vez tras su primera cita. En ese momento Iñaki conoce al hijo de Marga. Ponga el fragmento 02:14 ▸ 04:19 y déjeles unos minutos para responder por escrito a las preguntas. Puede pedirles que, en parejas, comparen sus respuestas y que si no están de acuerdo, las justifiquen.
Posible respuesta:
1. Muestra su desconcierto; **2.** Muestra sorpresa, pero también alegría; **3.** Se sorprende y sale de la tienda.

4.1. Dígales que van a ver de nuevo el fragmento anterior y que, en esta ocasión, deberán fijarse bien en la reacción de Iñaki y en la explicación que le da Marga sobre su situación personal. Una vez que lo han visto, en parejas, contestan a las preguntas. Puede también proponer una conversación con todo el grupo si así lo considera oportuno.

5. Para rematar esta parte del apartado, dígales que van a ver toda la secuencia completa con el fin de oír en contexto las expresiones que definieron en la actividad 2. Cuando aparezca la primera de las expresiones, detenga el vídeo, rebobine un poco y vuelva a reproducir el momento exacto en el que se dice. Vuelva a detener el vídeo y, antes de continuar adelante, pregúnteles si consideran que su definición de la actividad 2 es la correcta teniendo en cuenta el contexto en el que aparece la expresión en cuestión. Dé la solución y proceda del mismo modo con el resto de expresiones.

6. Actividad de interacción oral en la que los estudiantes, en plenario y teniendo en cuenta la secuencia que han visto y la sinopsis que han leído, deben discutir cuál es el tema principal de la película. Puede recordarles las notas adicionales que vieron en la proyección 26. Si su grupo es muy numeroso, puede organizarlos en grupos pequeños para realizar la actividad. En este caso, paséese por los grupos para comprobar que todos intervienen. También es posible convertir la actividad en una tarea de expresión escrita individual en la que deberán imaginar la idea principal de la película justificando su respuesta.

6.1. Para finalizar, plantee la pregunta de la actividad a modo de debate. Puede hacer usted de moderador o encargar a algún/a estudiante que tome este papel. También puede dividir la clase en dos grupos para que cada uno defienda una de las dos posturas aportando razonamientos y ejemplos.

Unidad 8

Evaluación

1. **Cazo:** 1, 4; **Taza:** 4; **Cuchillo:** 1, 3.

2. **1.** cartón; **2.** rectangular; **3.** tapa; **4.** pieza; **5.** círculo; **6.** metal; **7.** borde; **8.** goma; **9.** rectos; **10.** metal.

3. **Posible respuesta:**
   1. Sirve para abrir las latas; **2.** Se utiliza para unir las hojas de papel; **3.** Se usa para escribir notas; **4.** Se emplea para borrar la tinta de los bolígrafos.

4. **1.** Tendrá, estará; **2.** sabría; **3.** Habrán discutido; **4.** Se habrá estropeado; **5.** Querrá.

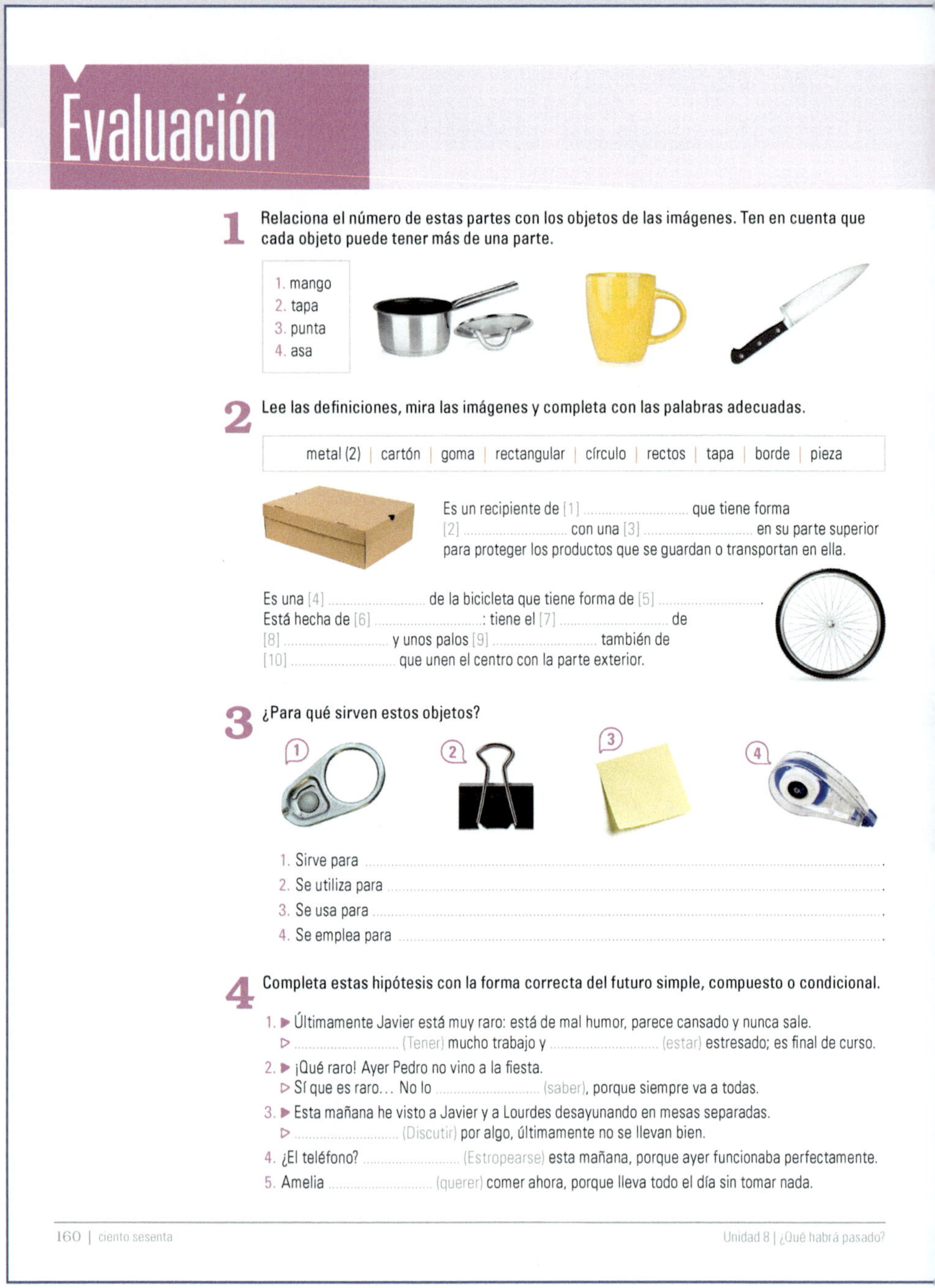

Evaluación

1 Relaciona el número de estas partes con los objetos de las imágenes. Ten en cuenta que cada objeto puede tener más de una parte.

1. mango
2. tapa
3. punta
4. asa

2 Lee las definiciones, mira las imágenes y completa con las palabras adecuadas.

metal (2) | cartón | goma | rectangular | círculo | rectos | tapa | borde | pieza

Es un recipiente de [1] .... que tiene forma [2] .... con una [3] .... en su parte superior para proteger los productos que se guardan o transportan en ella.

Es una [4] .... de la bicicleta que tiene forma de [5] .... Está hecha de [6] .... : tiene el [7] .... de [8] .... y unos palos [9] .... también de [10] .... que unen el centro con la parte exterior.

3 ¿Para qué sirven estos objetos?

1. Sirve para ....
2. Se utiliza para ....
3. Se usa para ....
4. Se emplea para ....

4 Completa estas hipótesis con la forma correcta del futuro simple, compuesto o condicional.

1. ▶ Últimamente Javier está muy raro: está de mal humor, parece cansado y nunca sale.
   ▷ .... (Tener) mucho trabajo y .... (estar) estresado; es final de curso.
2. ▶ ¡Qué raro! Ayer Pedro no vino a la fiesta.
   ▷ Sí que es raro... No lo .... (saber), porque siempre va a todas.
3. ▶ Esta mañana he visto a Javier y a Lourdes desayunando en mesas separadas.
   ▷ .... (Discutir) por algo, últimamente no se llevan bien.
4. ¿El teléfono? .... (Estropearse) esta mañana, porque ayer funcionaba perfectamente.
5. Amelia .... (querer) comer ahora, porque lleva todo el día sin tomar nada.

160 | ciento sesenta   Unidad 8 | ¿Qué habrá pasado?

5 Elige la opción u opciones correctas.

1. Probablemente **saldremos/salgamos** mañana de viaje, pero no es seguro.
2. Igual **llego/llegue** tarde, tengo mucho trabajo.
3. A lo mejor **está/esté** enfadado contigo, si no te saluda...
4. Quizá **tiene/tenga** prisa, parece bastante nerviosa.
5. Es muy probable que no **viene/venga** a la cena, me dijo que tenía examen mañana.

6 Mira estas imágenes y completa usando *para (que)*.

1 Hace ejercicio... ....

2 Va así vestido a la entrevista... ....

3 Va al zapatero... ....

7 Completa estas frases con los marcadores de finalidad del recuadro.

para | para que | a | a que | con el objetivo de | con la finalidad de que

1. Siempre llamo antes .... sepas cuándo llego.
2. Mañana vendrá Jesús .... recoger el libro que me dejó.
3. El Gobierno ha impulsado una ley .... las empresas modernicen sus equipos.
4. Yo estudio español .... viajar por Latinoamérica.
5. Quiero llevarte a Buenos Aires .... conozcas el lugar en el que nací.
6. Les escribo esta carta .... solicitar un puesto de trabajo en su empresa.

8 Reacciona con extrañeza ante estas situaciones.

1. Luis no está en su oficina. ....
2. Susana dice ahora que quiere estudiar Medicina. ....
3. Gloria se ha comprado una casa nueva. ....
4. Dicen que en pocos años los robots dominarán a los humanos. ....

9 Marca qué haces cuando necesitas organizar los contenidos que has estudiado.

1. Hago resúmenes. ☐
2. Subrayo en el libro o el cuaderno las ideas importantes. ☐
3. Realizo esquemas para entender la organización de los contenidos. ☐
4. Hago mapas conceptuales para establecer relaciones entre los elementos aprendidos. ☐
5. Pongo en común lo estudiado con otros compañeros para resolver nuestras dudas. ☐
6. Otros: .... ☐

5. **1.** saldremos/salgamos; **2.** llego; **3.** está; **4.** tiene/tenga; **5.** venga.

6. **Posible respuesta:**
1. Hace ejercicio para correr una maratón/para que sus músculos estén fuertes; **2.** Va así vestido a la entrevista para conseguir el trabajo/para que el entrevistador piense que es una persona seria; **3.** Va al zapatero para arreglar la bota/para que le arreglen la bota.

7. **1.** para que; **2.** a; **3.** con la finalidad de que; **4.** para; **5.** a que; **6.** con el objetivo de.

8. **Posible respuesta:**
1. ¡Qué raro!; **2.** Es extraño que diga eso ahora; **3.** ¿En serio?; **4.** ¡No me lo puedo creer!

9. Respuesta abierta.

¿Eres lo que comes?

Indique a sus estudiantes que miren durante quince segundos la imagen principal que ilustra la portada de la unidad y que cierren el libro. A continuación pídales que la describan con el mayor detalle posible: cuántas personas hay, qué están haciendo, dónde están, cómo se sienten y qué relación hay entre ellas; la idea es introducir el tema central de la unidad a partir de una situación cotidiana con la que pueden sentirse identificados. Después haga que vayan respondiendo en plenario a las preguntas planteadas: alimentos que ven en la página (agua, pan, pollo asado, patata, tomate, rúcula, lechuga...), qué alimentos hay normalmente en su frigorífico y si reconocen el árbol de la imagen inferior derecha y el fruto que da (olivo y aceituna). Pregúnteles también qué otro producto se extrae de los olivos (aceite) y qué significado tiene este en los países mediterráneos (es uno de los ingredientes base de la dieta mediterránea).

En esta unidad vas a. . .

- Expresar condiciones y consecuencias
- Diferenciar entre causa y finalidad
- Hablar sobre nutrición, gastronomía y nuevos alimentos
- Conocer el valor y las propiedades del aceite de oliva

Una vez respondidas las preguntas deténgase en el título de la unidad, *¿Eres lo que comes?*, y pídales que expliquen qué significa según ellos y si están de acuerdo con el mismo. Pregúnteles después en qué modo y en qué tipo de aspectos se puede reflejar externamente aquello que comemos (por ejemplo, en nuestro aspecto físico, color de la tez, brillo del pelo, estado de ánimo, agilidad mental, etc.). Aproveche para hacer que los estudiantes desarrollen su fluidez oral con un tema que puede resultar motivador al formar parte de la vida cotidiana de todos. Por último, lea con ellos los contenidos que estudiarán en la unidad.

Unidad 9

¿Qué sabes?

¿Qué sabes?

1 **En parejas** ¿Sabes el nombre de los siguientes platos y de qué país son típicos?

1.1 **Todo el grupo** Escribe en español la lista de alimentos e ingredientes que reconozcas en las fotografías. Luego pon en común tu lista con la de tus compañeros y anota los nombres que te falten.

1.2 **Todo el grupo** ¿Cuál es tu cocina favorita? ¿Has tomado recientemente alguno de los platos de la actividad 1? ¿Crees que nos dirigimos hacia un tipo de cocina global?

2 **En parejas** Observa los siguientes símbolos; se refieren a dietas que están de moda últimamente. ¿Sabes cómo se llaman? ¿En qué consisten? ¿Qué otras dietas conoces?

1. Puede plantear esta primera actividad del apartado como una pequeña competición entre las distintas parejas en la que deberán identificar el nombre de cada plato y decir de qué país es típico (advierta que en algunos casos puede haber más de una opción). Se parte así del conocimiento del mundo que los estudiantes puedan tener, teniendo en cuenta que se trata de platos que se han extendido a nivel mundial, para seguir introduciendo el tema en torno al cual gira la unidad: la comida. Ganará la competición la pareja que conteste correctamente y en primer lugar a más preguntas.

Posible respuesta:

1. cuscús, Norte de África (Marruecos, Argelia, Túnez); **2.** guacamole, México; **3.** *pizza*, Italia; **4.** hamburguesa, Estados Unidos; **5.** paella, España; **6.** salchichas, Alemania; **7.** arroz con pollo al curry, India; **8.** empanadas/empanadillas, Sudamérica (principalmente Chile, Argentina, Paraguay, Colombia, Uruguay o Venezuela, aunque está presente en la práctica totalidad de la gastronomía latinoamericana); **9.** *sushi*, Japón.

1.1. Con esta actividad se pretende que los estudiantes activen y amplíen el léxico relativo a la comida a partir de las imágenes anteriores. Pídales que se fijen de nuevo en los platos y que, individualmente, escriban todos los alimentos o ingredientes que reconozcan. Una vez que hayan terminado, haga una puesta en común para compartan y amplíen su lista. Tenga en cuenta que el objetivo es que identifiquen los ingredientes que están viendo, no los que lleva exactamente cada plato y que, en muchos casos, pueden variar dependiendo de la región. Si lo considera oportuno, una vez finalizada la corrección, puede preguntarles si conocen algún otro ingrediente que puedan llevar estos platos y que no aparezca o se aprecie en las imágenes.

Posible respuesta:

1. sémola de trigo, garbanzos, almendras, calabaza, calabacín; **2.** aguacate, tortilla de maíz tostado (nachos); **3.** base de pan, tomate, pimiento rojo, verde y amarillo, queso, albahaca (como decoración); **4.** pan, lechuga, carne picada, tomate, queso, cebolla, pepinillo, salsa mayonesa, patatas fritas; **5.** arroz, limón, guisantes, pimientos rojos, mejillones, almejas, calamares, cigalas (también lleva azafrán o colorante para darle el color amarillo); **6.** carne picada de cerdo, col, pimienta negra; **7.** arroz, pollo, curry, pan *naan*, cilantro; **8.** verduras, carne picada, pan; **9.** salmón, algas, arroz, gambas, aguacate.

1.2. Actividad de interacción oral en plenario que les servirá para seguir activando el vocabulario sobre la comida así como para practicar contenidos gramaticales y funcionales ya aprendidos: expresar gustos *(me gusta/encanta/apasiona...)*, hablar de experiencias *(Últimamente he probado el cuscús)* o expresar hábitos *(Suelo comer paella cuando voy a España)*. Compruebe con ellos si están de acuerdo con la idea de una cocina global como tendencia actual: si lo ven posible, si depende de los productos que hay en cada zona o de los hábitos culturales, etc. Por último, si desea prolongar la conversación, puede preguntarles también por qué tipo de comida suelen optar en diferentes situaciones: cuando salen a cenar, cuando piden comida a domicilio, cuando se juntan con la familia o con amigos, en cumpleaños, pícnics...

2.1 **En grupos pequeños** Lee las recetas de estos tres platos típicos de la cocina española y fíjate en sus ingredientes. ¿Sabes bajo qué condición podrían tomarlos las personas que sigan cada una de las dietas anteriores?

Ejemplo: *El salmorejo es bueno para los veganos si eliminamos el huevo y el jamón.*

Croquetas de pollo

Se pueden tomar frías o calientes, por lo que sirven para llevarlas de pícnic o al trabajo.

Ingredientes: cebolla, leche, harina, pollo, pan rallado, huevo, sal, nuez moscada y aceite de oliva.

Se prepara una bechamel con la cebolla, la harina, el pollo, la leche, la sal y la nuez moscada. Una vez fría, se divide en pequeñas porciones, se reboza en huevo y pan rallado y se fríe en abundante aceite de oliva.

Salmorejo

Es una crema fría de tomate, muy refrescante, y que por tanto se toma en verano.

Ingredientes: tomate, ajo, pan, sal, aceite de oliva, huevo y jamón serrano.

Se corta el pan en trozos y se echa por encima el tomate, previamente triturado, la sal y el ajo, y se deja reposar un rato. Luego se añade el aceite y se tritura todo hasta obtener una sopa espesa. Se decora con huevo duro y unas tiras de jamón serrano.

Migas de pastor

Era una comida habitual entre pastores, ya que es un plato muy económico y su elaboración es rápida.

Ingredientes: pan, aceite de oliva, chorizo, panceta, ajo y pimentón.

En una sartén se pone el aceite a calentar y se rehoga el ajo con el chorizo y la panceta. A continuación se agrega el pimentón, se rehoga un poco, se añade el pan desmigado (en porciones muy pequeñas) y se le da vueltas hasta que esté frito.

2.2 **En parejas** ¿Qué platos conoces que son compatibles con cada una de estas dietas? ¿Sabes cómo se hacen? Explícaselo brevemente a tu compañero/a.

2. (página anterior) Nueva actividad de interacción oral en la que se presentan distintos tipos de dietas. Remítalos a las imágenes y pídales que, en parejas, reflexionen sobre los símbolos que ven (con qué los asocian o qué creen que prohíben) y contesten a las preguntas planteadas. Corrija mediante una puesta en común y escriba en la pizarra las diferentes dietas que mencionen, tanto las representadas por las imágenes como otras que conozcan. Por último, pregúnteles si alguien en clase sigue alguna de estas dietas.

Posible respuesta:

Dieta sin gluten: generalmente la siguen las personas celiacas o que padecen alergia a esta proteina. Excluye, así, alimentos como el trigo, la avena, la cebada o el centeno.

Paleodieta/Dieta paleo: basada en la dieta que habría seguido el ser humano del Paelolítico, antes de la aparición de la agricultura. Se compone básicamente de carne de res magra, pescado, frutas, verduras, frutos secos y semillas, y excluye los productos procesados.

Dieta sin lácteos: la que excluye la leche y cualquier producto derivado de ella.

Dieta vegana: la que excluye cualquier alimento de origen animal.

Otras dietas: sin cerdo (practicada por musulmanes y judíos por motivos religiosos), proteica (basada en el consumo de proteínas), mediterránea (basada en la cocina tradicional de los países del Mediterráneo y que utiliza el aceite de oliva como grasa principal), crudívora (basada en el consumo de productos no cocinados), etc.

2.1. Actividad que, partiendo de la lectura de varias recetas, servirá como aproximación a uno de los contenidos gramaticales de la unidad: la primera condicional.

En primer lugar, pídales que se fijen en los tres platos y pregúnteles si los conocen o si los han probado alguna vez; aproveche para comentar que se trata de platos muy típicos y populares en la gastronomía española y que pueden encontrarlos en la mayoría de restaurantes o bares de tapas. Preenseñe también algunas palabras como *nuez moscada, rebozar, triturado, pastor, sartén, rehogar* o *desmigado/a.* A continuación indíqueles que, en pequeños grupos, comenten bajo qué condición podrían comer estos platos las personas que sigan las dietas que vieron en la actividad anterior (sin gluten, paleodieta, sin lácteos o vegana); adviértales que también puede darse el caso de que algún plato puedan comerlo sin condiciones o de que no lo puedan comer de ningún modo. Lea el ejemplo para que lo tomen como referencia y ponga algún otro ejemplo si fuera necesario.

Posible respuesta:

Croquetas: pueden comerlas los celíacos si no se preparan con harina de trigo, pueden comerlas los intolerantes a la lactosa si no se hacen con leche, no son buenas para los que siguen paleodieta ya que es un producto elaborado, pueden comerlas los vegetarianos si se preparan sin pollo; **Salmorejo:** pueden comerlo los celiacos si se prescinde del pan, es bueno para los que siguen la paleodieta si se elimina el pan y el jamón, pueden comerlo los vegetarianos si se elimina el huevo y el jamón, pueden comerlo los intolerantes a la lactosa sin condiciones; **Migas de pastor:** pueden comerlas los celiacos si se hacen con pan sin gluten, pueden comerlas los intolerantes a la lactosa sin condiciones, no son buenas para los que siguen la paelodieta porque el pan es su ingrediente principal, son buenas para los vegetarianos si se prescinde del chorizo.

2.2. Para cerrar el apartado pida a sus estudiantes que, en parejas, comenten qué platos conocen que puedan ser compatibles con cada una de las dietas anteriores. Pídales también que comenten cómo se preparan estos platos siguiendo los modelos de la actividad anterior. Una vez que lo hayan comentado, haga una puesta en común para conocer las diferentes propuestas.

Unidad 9

Palabras

1. Disponga a sus estudiantes en parejas y pídales que escriban los nombres de los alimentos que aparecen en las imágenes. Insista en que no es necesario, de momento, completar los textos que aparecen debajo de estas. Si no reconocen todos los alimentos, puede darles una pista comentándoles que algunos de ellos (quinoa, kale, chía) son relativamente nuevos, pues se han introducido en nuestras dietas en la última década; si lo que no conocen es el nombre del alimento en español, puede dejarles usar el diccionario. Indíqueles también que contesten a las preguntas planteadas y corrija después en plenario solo la primera parte de la actividad, es decir, la referente a los nombres que designan a los alimentos.
1. aceite (de oliva); **2.** sardinas; **3.** espinacas; **4.** piña; **5.** arándanos; **6.** quinoa; **7.** kale; **8.** semillas de chía.

1.1. Continúe con la misma disposición en parejas e indíqueles que completen ahora, con las palabras que aparecen en el recuadro, los textos que acompañaban a las imágenes anteriores. Confirme primero que entienden el significado de las palabras propuestas e insista en que, para completar con éxito los textos, tengan en cuenta factores como el contexto o la concordancia de género y número; aconséjeles también que dejen para el final las palabras más difíciles y que se apoyen en sus conocimientos previos sobre estos alimentos. Cuando hayan terminado de completar y antes de que confirmen sus respuestas con el audio, vuelva a formularles la pregunta de la actividad 1: *¿qué tienen en común estos alimentos?* Escuche sus respuestas y anticipe que son llamados *superalimentos* porque proporcionan numerosos beneficios para la salud gracias a su alto nivel nutricional.
a. colesterol; **b.** ácidos grasos; **c.** cáncer; **d.** hierro; **e.** piel; **f.** pelo; **g.** uñas; **h.** desintoxicante; **i.** retención; **j.** vejiga; **k.** antibacterianas; **l.** aminoácidos; **m.** calorías; **n.** obesidad; **ñ.** articulaciones; **o.** proteínas.

Palabras

1 **En parejas** Escribe el nombre de los alimentos que aparecen en las imágenes. ¿Qué crees que tienen en común? ¿Qué beneficios tienen para la salud?

1. ....

El ácido oleico que contiene sirve para mantener bajos los niveles de [a] ....

2. ....

Tiene un alto contenido en [b] .... omega 3, que ayudan a prevenir enfermedades como el [c] ....

3. ....

Tienen altas dosis de [d] ...., pocas calorías y ayudan a mejorar el estado de la [e] ...., el [f] .... y las [g] ....

4. ....

Entre sus propiedades figura su alto poder [h] .... Se utiliza también en dietas que sirven para evitar la [i] .... de líquidos.

5. ....

Su zumo es muy bueno para curar las infecciones de [j] .... por sus propiedades [k] ....

6. ....

Es un alimento muy completo, ya que contiene los ocho [l] .... esenciales para el organismo. Tiene muchas proteínas.

7. ....

Es rico en calcio y bajo en [m] ...., de ahí que se utilice en dietas contra la [n] ....

8. ....

Pueden calmar el dolor en las [ñ] .... y tienen un alto nivel de [o] ...., fibra y potasio, entre otros minerales.

1.1 **En parejas** Completa la descripción de los alimentos anteriores con las palabras del recuadro. Trabaja con tu compañero/a.

antibacterianas | obesidad | ácidos grasos | aminoácidos | colesterol | hierro | vejiga | pelo | proteínas | calorías | cáncer | articulaciones | uñas | piel | desintoxicante | retención

1.2 [34] Escucha el audio y comprueba tus respuestas anteriores.

1.3 **En parejas** Clasifica las palabras de la actividad 1.1 en los siguientes grupos. ¿Qué otras palabras de los textos de la actividad 1 podrías añadir a cada grupo?

Propiedades	Partes del cuerpo	Dolencias	Elementos

1.2. [34] Actividad de comprensión auditiva que servirá para que confirmen sus respuestas en la actividad anterior. Después de la corrección, motive una discusión en plenario preguntándoles si ellos incorporan alguno de estos alimentos en su dieta habitual, qué opinión tienen sobre ellos y si conocen otros alimentos que merezcan el mismo calificativo.

1.3. Una vez identificados y contextualizados los términos de las actividades 1 y 1.1, corresponde ahora clasificarlos en la categoría léxica a la cual pertenecen: Propiedades, Partes del cuerpo, Dolencias o Elementos. Guíe a sus estudiantes con un ejemplo, clasificando en su casilla la primera palabra, *colesterol*, y pídales que, en parejas, clasifiquen el resto. Después de la corrección haga que piensen en la morfología de las palabras (si se trata de nombres o adjetivos) y con qué otras palabras suelen combinarse *(retención de líquidos, tener colesterol, padecer cáncer, dolor de articulaciones, rico en hierro...)*. Aproveche también para que amplíen su vocabulario pidiéndoles que añadan a las distintas categorías otras palabras que conozcan.
Propiedades: antibacterianas, desintoxicante; **Partes del cuerpo:** vejiga, pelo, articulaciones, uñas, piel; **Dolencias:** obesidad, colesterol, cáncer, retención (de líquidos), infecciones; **Otros elementos:** ácidos grasos, aminoácidos, hierro, proteínas, calorías, ácido oleico, calcio, fibra, potasio, minerales.

Para trabajar estos contenidos, realice las actividades **1-1b**, p. **52** del *Libro de ejercicios*.

2 **En parejas** Observa el cartel y responde a las preguntas.

chef_

chef_ Comida sana. #Comidareal. ¿Aceptas el reto?... más

Añade un comentario... Publicar

1. ¿Qué alimentos tendrás que eliminar de tu dieta si comes solo comida real?
2. ¿Qué beneficios crees que puede tener una dieta de este tipo?

2.1 **En parejas** Lee el texto sobre el reto de la comida real y comprueba tus respuestas anteriores.

#comidareal, sabor natural

A través de las redes sociales, un joven nutricionista español, Pablo Sánchez, ha lanzado un interesante reto: estar un mes entero comiendo únicamente comida real. De esta forma, hay que eliminar de la lista de la compra productos como pan blanco, patatas fritas, refrescos, zumos, bollería, alimentos precocinados, salsas y *pizzas*. Aunque parece mucho, lo único que se elimina realmente son aquellos alimentos que han pasado por un proceso industrial que ha afectado de algún modo a su composición, es decir, los productos llamados *ultraprocesados*. Pablo ha invitado a sus seguidores a cumplir el reto y miles de personas ya se han mostrado interesadas en intentarlo. Las instrucciones son simples: se mira la etiqueta del alimento y, si el producto tiene más de cinco ingredientes, no se puede consumir. Tampoco si entre sus ingredientes está la harina no integral, el azúcar o el aceite vegetal. La idea, según el nutricionista, es que todo el que participe disfrute de los sabores reales y consuma una comida lo más parecida posible a como se encuentra en la naturaleza.

Adaptado de https://realfooding.com/reto-comida-real/

2.2 **En parejas** Vuelve a leer el texto y completa las frases.

1. Según el texto, comida real es ....
2. Si entre los ingredientes hay ...., no se considera comida real.
3. Ejemplos de alimentos ultraprocesados son ....
4. El reto sirve para ....

RAE LÉXICO
Recuerda que hay muchas palabras referidas a los alimentos que son diferentes entre España e Hispanoamérica, como patata › papa, zumo › jugo, tomate › jitomate (propio de México), judías › frijoles ...:
Aparte, muela también el ***jitomate*** *con la cebolla y el ajo. Ponga el recaudo a freír y júntelo con los* ***frijoles****.*

2.3 **En grupos pequeños** Haz una lista de los alimentos que consumes a diario y analiza cuántos de ellos son "comida real". Compara los resultados con tus compañeros y decide quién lleva un estilo de alimentación más natural.

Unidad 9 | ¿Eres lo que comes? ciento sesenta y siete | 167

2. Escriba en la pizarra la expresión *aceptar un reto* y aproveche la popularidad de los retos en las redes sociales para que sus estudiantes comenten si han participado en alguno recientemente (retos sobre coreografías, de humor, sobre habilidades, deportivos, para recaudar fondos, etc.). Después centre su atención en la etiqueta: *#comida real* y sondee si, apoyándose en la imagen, entienden lo que puede significar esta expresión. A continuación pídales que, en parejas, sin leer el texto y solo con la ayuda de la información proporcionada por la imagen, intenten responder a las dos preguntas planteadas.
Posible respuesta:
1. Los alimentos que han pasado por un proceso industrial que ha afectado a su composición original (pan blanco, patatas fritas, refrescos, zumos, bollería, alimentos precocinados, salsas, *pizzas*...);
2. Disfrutar del sabor real de la comida, consumir una comida lo más parecida posible a como se encuentra en la naturaleza y, por lo tanto, más saludable.

2.1. Mantenga la distribución en parejas para que realicen la lectura del texto y pídales que, a continuación, confronten lo que dice este con las respuestas que ellos aportaron en la actividad anterior. Comente en plenario si sus hipótesis iniciales difieren mucho de la información aparecida en el texto y pregúnteles, por último, si ellos suelen mirar las etiquetas de los alimentos que consumen.

2.2. Actividad en parejas en la que se trabajan tanto la comprensión lectora, pues los estudiantes deberán sintetizar la información del texto anterior, como la expresión escrita, al tener que completar una serie de frases reformulando las palabras del texto para que encajen correctamente en los huecos. Corrija en plenario y, a continuación, llame su atención sobre el cuadro de la RAE en el que se dan algunos ejemplos de variantes léxicas entre España e Hispanoamérica referidas a los alimentos. Si desea profundizar en este sentido, anímelos a buscar en internet otros ejemplos como los que aparecen en el siguiente enlace: https://www.youtube.com/watch?v=fQ7cWJApFHc
Posible respuesta:
1. Según el texto, comida real es la comida que no ha pasado por ningún tipo de proceso industrial que haya afectado de algún modo a su composición; **2.** Si entre los ingredientes hay harina no integral, el azúcar o el aceite vegetal, no se considera comida real; **3.** Ejemplos de alimentos ultraprocesados son pan blanco, patatas fritas, refrescos, zumos, bollería, alimentos precocinados, salsas, *pizzas* o los que tienen más de cinco ingredientes; **4.** El reto sirve para disfrutar de los sabores reales y consumir comida lo más parecida posible a como se encuentra en la naturaleza.

2.3. Para introducir esta última actividad del apartado, tenga preparada su lista personal de productos que consume a diario y escríbala en la pizarra; puede ser buena idea estructurarla en las diferentes comidas del día. Preenseñe, si es necesario, léxico no conocido y pregúnteles si creen que en su lista hay suficiente comida real o no (se puede tomar como referencia que el 80 por ciento de la comida lo sea). A continuación dígales que, siguiendo su ejemplo, escriban su propia lista y decidan después, con el resto de compañeros de grupo, quién de ellos lleva una dieta más "real". Para terminar, haga una puesta en común en la que un representante de cada grupo explique al resto de la clase en qué consiste la dieta más natural o real de su grupo.

Para trabajar estos contenidos, realice las actividades **2-3**, p. **53** del *Libro de ejercicios*.

Unidad 9

Gramática

1. En primer lugar, escriba en la pizarra, en mayúscula y en contraste, *POR/PARA* y sondee en plenario los conocimientos previos de sus estudiantes sobre las diferencias entre el uso de ambas preposiciones; pídales también que pongan ejemplos de los usos que mencionen. A continuación remítalos al primer cuadro gramatical en el que en se presenta la diferencia básica entre *por* (causa) y *para* (finalidad). Si necesita dar algún otro ejemplo además de los presentados en el cuadro, le proponemos el siguiente: *estudio español por trabajo* (en mi trabajo actual necesito el español), *estudio español para conseguir un trabajo* (en el futuro quizá encuentre un trabajo gracias al español). Por último, explique la información del cuadro de atención de la banda lateral, en el que se explica el valor causal de algunas oraciones finales con *para* cuando se refuerza su matiz de intencionalidad.

1.1. Actividad controlada para consolidar los usos básicos de *por* y *para* vistos en el cuadro anterior. Pídales que trabajen individualmente y que después comparen sus respuestas en parejas, comentando en cada caso si se está expresando causa o finalidad. Corrija en plenario y resuelva posibles dudas.
1. por; **2.** para; **3.** por; **4.** para; **5.** por.

1.2. Actividad de reflexión contrastiva sobre el uso de *por* y *para* para expresar el concepto de causa y de finalidad relativamente. Si tiene una clase monolingüe, puede pedirles en plenario que traduzcan las frases a su lengua y vean en común las diferencias respecto al español. Si tiene una clase multilingüe, organice a sus estudiantes por lenguas para que trabajen en grupos previamente a la puesta en común. Por último, comente con ellos las ventajas de traducir o de comparar su propia lengua con la que se aprende, si a ellos les ayuda o si, por el contrario, los confunde más. Déjelos que se expresen y compruebe si utilizan las mismas estrategias.

Gramática

1 Contraste *por/para*

- La principal diferencia entre las preposiciones *por* y *para* es que *por* expresa la **causa o motivo** de una acción, mientras que *para* expresa su **finalidad o propósito**:
  *Llegué tarde **por** el tráfico.* (causa)
  *Estudio **para** ser médica.* (finalidad)
- Para distinguir entre causa y finalidad se debe tener en cuenta la relación temporal entre las acciones. La **causa** es **anterior o simultánea** a la consecuencia, mientras que la **finalidad** es **posterior**:
  *Perdió el tren **por** llegar tarde.* (Primero llegó tarde y después perdió el tren).
  *Se acercó **para** saludarlo.* (Primero se acercó y después lo saludó).

Fíjate:
Las oraciones finales con ***para*** expresan intención por parte del hablante. Se pueden convertir en causales si se refuerza ese matiz de intencionalidad:
Estudio para ser médica. › *Estudio porque quiero ser médica.*
Se acercó para saludarlo. › *Se acercó porque tenía intención de saludarlo.*

1.1 **En parejas** Selecciona *por* o *para* en las siguientes frases según expresen causa o finalidad. Luego compara tus resultados con los de tu compañero/a.

1. Vivo con mis padres **por/para** razones económicas. No tengo trabajo.
2. De joven, mi padre estuvo viviendo en Washington **por/para** aprender inglés.
3. Suspendieron el concierto **por/para** la lluvia.
4. A David le gustaría terminar su doctorado este año **por/para** solicitar una plaza en un centro de investigación.
5. No la dejaron entrar **por/para** ser menor de edad.

1.2 **Todo el grupo** Traduce las frases anteriores a tu lengua. ¿Cómo se expresan los conceptos de causa y finalidad? ¿Se usan preposiciones? Si es así, ¿se trata de dos preposiciones diferentes? ¿Crees que comparar tu lengua con la lengua que estás aprendiendo es útil? ¿Por qué?

2 Otros usos de *por* y *para*

Además de **causa**, la preposición ***por*** puede expresar:

- Tiempo y lugar **aproximados**, lugar **de paso**:
  *Volvió a su país **por** Navidad.*
  *Me doy una vuelta **por** la Gran Vía.*
  *El tren pasa **por** Valladolid.*
- **Partes del día**:
  *Nos vemos mañana **por** la mañana y hablamos.*
- **Intercambio, precio**:
  *El reto es sustituir comida precocinada **por** productos naturales.*
  *Todo **por** solo 1 euro.*
- **Medio** ('a través de', 'por medio de'):
  *El sol entra **por** mi ventana.*
  *La información te llegará **por** correo.*

Además de **finalidad o intención**, la preposición ***para*** puede expresar:

- **Plazo** de tiempo:
  *El trabajo tiene que estar terminado **para** el próximo lunes.*
- **Dirección** del movimiento:
  *Voy **para** el centro, ¿te vienes?*
- **Opinión**:
  ***Para** mí, el alimento más completo es la leche.*
- **Destinatario/a**:
  *Tengo un paquete **para** Mercedes.*
- **Comparación en contraposición**:
  ***Para** lo poco que estudia, saca muy buenas notas.*
  *El niño está muy alto **para** su edad.*

Fíjate:
- Es frecuente dar las gracias seguido de *por*:
  *Muchas gracias **por** venir a verme.*
- Para expresar la duración total de una acción no es necesaria la preposición *por*, pero su uso no se considera incorrecto:
  *Estuve en el instituto (**por**) tres años.*
- Con la preposición ***a*** indicamos el destino, el fin del movimiento. Con ***para*** se indica solo la dirección, es más impreciso.
- Hay muchas expresiones fijas con ambas preposiciones:
  por favor, por cierto, por casualidad, por supuesto, por si acaso, para nada, para colmo, para entonces...

Para trabajar estos contenidos, realice la actividad **4**, p. **54** del *Libro de ejercicios*.

2. Presente este segundo cuadro con otros usos de *por* y *para*. Vaya leyendo los ejemplos con ellos y asegúrese de que todos les quedan claros, dando más ejemplos cuando sea necesario. Comente también el cuadro de atención de la banda lateral sobre algunas particularidades de estas preposiciones y pregúnteles si conocen ellos alguna otra expresión fija con *por* o *para* distinta a las que aparecen en este. Para trabajar la conceptualización de estos nuevos usos de *por* y *para*, utilice la proyección 27.

9

RAE GRAMÁTICA

- Es frecuente escuchar la expresión *favor de* + infinitivo en Centroamérica, Chile, Colombia, Ecuador, México y República Dominicana en lugar de hacer el favor de o *por favor* + imperativo:
  *Pero tú, ¡**favor de guardar calma**! –exclamó ella.*
- En el español de América se usa en la mañana/tarde/noche, en lugar de por la mañana/tarde/noche:
  *Pues, mire, venga mañana **en la mañana** y hable con ella en su oficina.*
- En México y Argentina se puede responder por nada a un agradecimiento. Alterna con de nada:
  ▶ *Muy amable, señorita. El agente Hernández le tomará sus datos.* ▷ ***Por nada**...*
  ▶ *Quiero darte las gracias por ayudarme a ver la realidad con alegría.* ▷ ***De nada**.*

2.1 Completa las frases con la preposición *por* o *para* y escribe cuál es su uso en cada caso.

1. Estudio español *para* viajar a Latinoamérica. *finalidad*
2. He preparado este almuerzo .... mi madre. ....
3. Habla muy bien francés .... el poco tiempo que estuvo allí. ....
4. Si no responde a tus correos, ¿por qué no lo llamas .... teléfono? ....
5. Yo vuelvo a mi casa, ¿tú .... dónde vas ahora? ....
6. Si te dejo el vestido, me lo tienes que devolver .... el viernes. ....
7. El jueves .... la tarde vamos todos al cine. ....
8. Vivo en Austria .... mi trabajo. ....
9. He comprado unos pantalones muy bonitos .... 10 euros. ....
10. El río Tajo pasa .... Toledo y .... Lisboa. ....

2.2 Pedro está de visita en Madrid y recibe una recomendación de su amiga Ana: visitar el mercado de San Miguel. Completa el texto con *por* o *para*.

Si visitas Madrid, tienes que ir al mercado de San Miguel. [1] .... llegar, sube desde la Puerta del Sol [2] .... la calle Mayor. Enseguida verás el mercado en la plaza del mismo nombre, a la izquierda. Entra [3] .... la puerta que está en el lateral.

Dentro del mercado, a la derecha, verás un puesto de marisco. Te dan dos raciones de gambas [4] .... el precio de una, ¡riquísimas! Si continúas de frente, hay un puesto de *pizzas* tradicionales. Las porciones cuestan poco [5] .... lo grandes que son.

A veces, [6] .... las tardes, a partir de las siete, hay degustaciones gratuitas en el mercado. A mí me encanta el puesto de quesos que hay al lado del café. Tienen muchas variedades de España y de otros países de Europa. Espero que te guste.

2.3 Escucha y comprueba tu respuesta. [35]

Unidad 9 | ¿Eres lo que comes? ciento sesenta y nueve | 169

Por y para

[27]

Proyecte la lámina y dígales que se fijen en las imágenes que aparecen. A continuación pídales que, en parejas, intenten formar para cada una de ellas una frase que contenga *por* o *para* con alguno de los usos que acaban de estudiar. Esta actividad les permitirá asociar un concepto gramatical a una imagen, de modo que pueda resultar más fácil memorizarlo. Mientras trabajan paséese por la clase y deles alguna pista si lo ve oportuno. Por ejemplo, para la imagen número 2 de *para*, necesitarán algo más de información, como que el símbolo que se ve en primer plano es el del Camino de Santiago, que termina en la localidad gallega de Santiago de Compostela. Una vez que hayan terminado, corrija en plenario dando las explicaciones oportunas.

Posible respuesta:

Por: 1. El niño duerme por la noche; 2. La mujer camina por el campo; 3. El sol entra por la ventana; 4. Ha comprado un pantalón por 35 euros; **Para:** 1. El regalo es para ella; 2. Son muy deportistas/activos para la edad que tienen; 3. Van para Santiago; 4. El informe tiene que estar terminado para las 11.

Una vez que hayan entendido todos los usos de *por* y *para* y antes de proceder a las actividades para trabajarlos, comente con ellos el cuadro de la RAE en el que se explican algunas variantes de uso de estas preposiciones en distintas zonas de América respecto a España.

2.1. Actividad de consolidación de los usos de *por* y *para* que acaban de aprender. Pida a sus estudiantes que trabajen individualmente y permítales que comparen sus respuestas en parejas antes de la corrección en plenario.
1. para, finalidad; **2.** para, destinatario/a; **3.** para, comparación en contraposición; **4.** por, medio; **5.** para, dirección del movimiento (también podría ser *por* si nos referimos al camino o ruta que se va a seguir); **6.** para, plazo de tiempo; **7.** por, parte del día; **8.** por, causa; **9.** por, precio; **10.** por, lugar de paso.

2.2. y **2.3.** [35] Nueva actividad para afianzar el uso de estas dos preposiciones a la vez que se introduce el elemento cultural. Aproveche para comprobar su conocimiento sobre la ciudad de Madrid y en concreto del mercado de San Miguel, que es uno de los puntos turísticos y gastronómicos más populares entre sus visitantes. A continuación indíqueles que, de nuevo individualmente, completen el texto con *por* o *para* atendiendo al contexto. Permítales que comparen en parejas y seguidamente ponga el audio para que confirmen las respuestas. Después de la corrección, puede preguntarles si en sus ciudades existe algún mercado famoso o similar al de San Miguel.
1. Para; **2.** por; **3.** por; **4.** por; **5.** para; **6.** por.

Para trabajar estos contenidos, realice las actividades **5** y **5a**, p. **54** del *Libro de ejercicios*.

3 Oraciones consecutivas

- Las oraciones consecutivas expresan la **consecuencia** producida por un hecho anterior. Algunos conectores consecutivos habituales son ***entonces, o sea que, así (es) que, por (lo) tanto, por lo que, de manera/modo que, por consiguiente, de ahí que…***:
  *Esta tarde llueve mucho, **así que** no voy a salir.* *Es mío; **por lo tanto**, dámelo.*
- Estos conectores se construyen con indicativo o imperativo, excepto ***de ahí que***, que se construye siempre con subjuntivo:
  *Este plato lleva canela, **de ahí que tenga** un cierto sabor dulce.*
- ***De manera/modo que*** se construyen con subjuntivo si tienen **matiz final**:
  Explícame eso de realfooding ***de manera/modo que** lo **entienda**.*
- En algunas situaciones estas oraciones tienen un valor **deductivo**:
  ▶ *Me he comido todos los bombones.*
  ▷ ***O sea que** te gusta el chocolate.*

3.1 Relaciona las frases.

1. Los celiacos son alérgicos al gluten; por tanto,…
2. El flan es una comida dulce, por lo que…
3. La chía es un superalimento; por consiguiente…
4. El pan es un alimento básico, de ahí que…
5. Desde el desayuno no ha comido nada,…

a. tiene muchas propiedades beneficiosas para la salud.
b. esté presente en nuestra dieta a diario.
c. no deben comer trigo.
d. o sea que tendrá hambre.
e. se toma como postre.

3.2 Completa libremente las siguientes frases.

1. La sandía es una fruta muy refrescante, de ahí que ....
2. El examen de inglés me salió muy bien, o sea que ....
3. Hoy hace mucho calor; por consiguiente ....
4. Tengo el frigorífico vacío, por lo que ....
5. ¿Te duele mucho la cabeza? Entonces ....
6. El concierto ha sido cancelado por la lluvia, así que ....

4 Oraciones condicionales (primera condicional)

- Las oraciones condicionales indican una **condición** que se tiene que producir para que se cumpla la acción de la oración principal. La conjunción condicional más común es ***si***:
  Si como demasiado (condición), *me dolerá el estómago* (acción principal).
- Las oraciones condicionales **reales (primera condicional)** son las que presentan una condición que puede realizarse o suceder. Tienen la siguiente estructura:
  Si + **presente** de indicativo + **presente/imperativo/futuro**
  *Si **tengo** hambre, **me como** un sándwich.*
  (En este caso puede tener valor habitual, equivalente a ***cuando*** o ***siempre que***).
  *Si **tienes** sobrepeso, **ponte** a dieta.*
  *Si **vamos** a ese restaurante vegano, no **pediré** tofu. No me gusta.*
- Como sucede con otro tipo de oraciones compuestas, en las oraciones condicionales es posible **intercambiar el orden** entre la oración principal y la subordinada:
  ***Si me levanto pronto**, desayunaré en la cafetería.*
  *Desayunaré en la cafetería **si me levanto pronto**.*

Fíjate:
Si no se puede construir nunca con futuro:
*Si ~~vendrás~~ **vienes**, te invito a un café.*

3. Para presentar este nuevo contenido gramatical, escriba el primer ejemplo del cuadro en la pizarra *(Esta tarde llueve mucho, así que no voy a salir)* y pregunte a sus estudiantes cuál es la relación que se establece entre los dos verbos de la frase. El objetivo es que reconozcan que *llueve* expresa la causa mientras que *no voy a salir* expresa la consecuencia correspondiente. Una vez introducidos estos conceptos, lea con ellos cada uno de los puntos sobre el uso de las oraciones consecutivas y los diferentes conectores que las introducen, así como los distintos matices que aportan estos. Distinga, si lo ve necesario, entre aquellos conectores que tienen un uso más formal y principalmente escrito, como *de ahí que, por consiguiente, de modo que,* frente a los que son más habituales en la lengua oral, como *así (es) que* u *o sea que*. Ponga otros ejemplos para los conectores *de manera/modo que*, en el caso de que encuentren dificultad para ver la diferencia entre su uso con subjuntivo o indicativo.

3.1. Actividad controlada destinada a trabajar la relación causa-consecuencia introducida por las oraciones consecutivas. Indíqueles que realicen la actividad individualmente y permítales comparar sus respuestas en parejas antes de la corrección en plenario.
1. c; **2.** e; **3.** a; **4.** b; **5.** d.

3.2. Actividad semicontrolada para trabajar la formación de las oraciones consecutivas. Indíqueles que completen las frases individualmente y paséese por la clase para supervisar su trabajo, orientándolos cuando sea necesario para que sean ellos mismos los que se corrijan. Permítales después que comparen sus frases en parejas o pequeños grupos y, finalmente, haga una puesta en común para que lean algunas de ellas.
Posible respuesta:
1. La sandía es una fruta muy refrescante, de ahí que se tome mucho en los meses de verano; **2.** El examen de inglés me salió muy bien, o sea que voy sacar una buena nota; **3.** Hoy hace mucho calor; por consiguiente no es recomendable salir a la calle; **4.** Tengo el frigorífico vacío, por lo que voy a ir al supermercado esta misma tarde; **5.** ¿Te duele mucho la cabeza? Entonces es mejor que te tomes una pastilla y te acuestes; **6.** El concierto ha sido cancelado por la lluvia, así que no vamos a ir.

Para trabajar estos contenidos, realice las actividades **6-9**, p. **55** del *Libro de ejercicios*.

4. Para presentar las oraciones condicionales, escriba en la pizarra la primera parte de la frase que aparece como primer ejemplo *(Si como demasiado,…)* y pregúnteles, en plenario, cómo la terminarían; escuche sus respuestas y, seguidamente, escriba usted el final que aparece en el libro *(me dolerá el estómago)*; es de esperar que, aunque las propuestas de sus estudiantes no coincidan con el ejemplo dado, todas expresen una consecuencia de la condición o hipótesis planteada inicialmente. A continuación hágales algunas preguntas de comprobación como: *¿cuál es la condición que se debe dar para que me duela el estómago?, ¿me va a doler en cualquier situación?, ¿cuál será la consecuencia de comer demasiado?* Por último, pase a leer con ellos el contenido del cuadro punto por punto; haga hincapié en que la oración condicional nunca va en futuro, tal y como se explica en el cuadro de atención de la banda lateral, y recuérdeles también que en las oraciones condicionales es posible intercambiar el orden entre la oración principal (o *apódosis*) y la subordinada (o *prótasis*).

9

4.1 Forma frases condicionales con las siguientes situaciones.

1. beber limón › quemar grasas ....
2. tomar mucho azúcar › salir caries en los dientes ....
3. comer frutas y verduras › estar más sano ....
4. preparar pollo › comer en casa ....
5. llover esta tarde › llevar paraguas ....
6. hacer deporte › estar en forma ....

4.2 **En parejas** ¿Cómo ves tu futuro? Forma frases condicionales relacionadas con estas consecuencias y compártelas con tu compañero/a. ¿Coincidís en alguna?

Ejemplo: *Hablar español.* › *Hablaré muy bien español si practico todos los días.*

1. Tomar tapas › ....
2. Ser millonario/a › ....
3. Hacer yoga › ....
4. Ir a cenar esta noche › ....
5. Cambiar de trabajo › ....
6. Viajar en barco › ....

4.3 [36] Estas personas hablan de la dieta que siguen. Escucha y completa la información.

1

- ¿Qué dieta sigue? ....
- ¿Qué alimentos no toma? ....
- "Si .... , no la hagas".

2

- ¿Qué dieta sigue? ....
- ¿Qué alimentos no toma? ....
- "Si comes productos naturales, ...".

3

- ¿Qué dieta siguen? ....
- ¿Qué alimentos no toman? ....
- "Creo que, si .... , destruiremos el planeta".

4.4 **Todo el grupo** ¿Qué ventajas e inconvenientes ves en seguir un tipo específico de dieta?

Ejemplo: *A mí la dieta vegana me parece un poco radical y peligrosa, porque, si no se toma nada de origen animal, estoy segura de que al final la salud se resiente...*

4.1. Actividad para consolidar la formación de las oraciones condicionales. Se trata, en esta ocasión, de una práctica controlada en la que los estudiantes de forma individual deben construir frases condicionales a partir de las situaciones presentadas. Confirme primero que no tienen dudas de vocabulario y pídales que en sus frases utilicen diferentes tiempos posibles y que estén atentos al tiempo verbal que debe suceder a la partícula *si*. En caso necesario, guíelos con la primera respuesta: *Si bebes limón, quemas/quemarás grasas.*

Posible respuesta:

1. Si bebes limón, quemarás/quemas grasas; **2.** Si tomas mucho azúcar, te saldrán/te salen caries en los dientes; **3.** Si comes frutas y verduras, estarás/estás más sano; **4.** Si preparas pollo, comeré/como en casa; **5.** Si llueve esta tarde, llevaré/llevo el paraguas; **6.** Si haces deporte, estarás/estás en forma.

4.2. El objetivo de esta actividad es permitir a los estudiantes una práctica más libre de la estructura aprendida llevada, además, al plano personal. Pídales que, en primer lugar, jueguen a imaginar su futuro, tanto inmediato como más lejano, y escriban frases condicionales partiendo de la información dada. Después invítelos a que comenten sus frases en parejas y a que comprueben si se da alguna coincidencia entre ellos. Antes de que empiecen a trabajar, deténgase en el ejemplo y pregúnteles qué otras condiciones se les ocurren a ellos para poder hablar español (... *si leo o veo películas o series en español, si hago intercambios, si estudio más,* etc.).

4.3. [36] Termine la fijación de la estructura condicional con una actividad de comprensión auditiva. Antes de la escucha, recuerde con ellos los tipos de dieta que han visto hasta el momento (actividad 2 del apartado "¿Qué sabes?") y anótelos en la pizarra. Permítales también que observen las imágenes y que lean las preguntas y las oraciones incompletas que deberán completar; de este modo centrarán la escucha en aquellos elementos que deben identificar. Preenseñe, además, las palabras *recolectar* y *pesadez*. A continuación ponga el audio una primera vez, deje que comparen sus respuestas en parejas y realice una segunda escucha, si es necesario, antes de la corrección en plenario.

Posible respuesta:

1. ¿Qué dieta sigue?: Dieta sin gluten; ¿Qué alimentos no toma?: Pan, pastas o alimentos que contengan trigo u otros cereales; "Si no tienes intolerancia al gluten, no la hagas"; **2.** ¿Qué dieta sigue?: Paleodieta; ¿Qué alimentos no toma?: Alimentos procesados, leche, azúcar y alcohol; "Si comes productos naturales, tienes más energía"; **3.** ¿Qué dieta siguen?: Vegana; ¿Qué alimentos no toman?: Nada de origen animal: carne, pescado, huevos, miel, leche o derivados, como el queso; "Creo que, si no dejamos de comer carne, destruiremos el planeta".

4.4. Cierre el apartado con una actividad de interacción oral en plenario en la que los estudiantes den su opinión personal acerca de las ventajas o inconvenientes de seguir una dieta específica.

Para trabajar estos contenidos, realice las actividades **10-12**, p. **56** del *Libro de ejercicios*.

Unidad 9

Practica en contexto

1 **Todo el grupo** ¿Has oído hablar de los huertos urbanos? ¿Qué sabes de ellos? ¿Has plantado alguna vez tomates, calabacines, lechugas...? ¿Qué tal fue la experiencia?

1.1 [37] Escucha la siguiente entrevista, en la que se habla de estos espacios, y marca el orden en el que la entrevistada menciona sus ventajas.

- ☐ Ayudan a tomar conciencia de la importancia del consumo de productos locales.
- ☐ Reducen la contaminación del aire.
- ☐ Suponen una nueva forma de emplear el tiempo libre.
- ☐ Aumentan el consumo de verduras en la comunidad.

1.2 **En parejas** Las siguientes imágenes ilustran algunos inconvenientes de los huertos urbanos. ¿A qué problemas crees que hacen referencia?

1.3 Lee el siguiente artículo y comprueba tu respuesta anterior.

Los huertos urbanos constituyen una moda que se ha implantado con fuerza en muchas ciudades. Y es normal, porque es muy buena idea: una combinación casi perfecta de espacios verdes, actividades comunitarias y educación alimentaria.

No obstante, la proliferación de estos huertos conlleva una serie de inconvenientes que merece la pena tener en cuenta.

Por un lado, debido a la contaminación, el aire de las ciudades contiene partículas ligeras de metales pesados, como el plomo, que flotan y que se depositan en la superficie de los productos cultivados. A su vez, el suelo de la ciudad, el que se usa para crear esos huertos, es en sí mismo un suelo contaminado.

Por otro lado, el gasto de agua se dispara, ya que las hortalizas son plantas de regadío y, por tanto, necesitan un continuo aporte de agua. Esto, en países secos como España, constituye un grave problema.

Además, la inversión inicial es alta si se trata de un huerto dispuesto en una terraza o azotea, puesto que los contenedores de cultivo tienen un precio alto, los abonos son caros y hay que invertir en tierra y en tratamientos ocasionales que, a veces, son costosos, por lo que quizá sea más barato comprar los tomates en una frutería.

Otro inconveniente es que, si no se siembra con moderación, podemos encontrarnos con una producción que no nos dé tiempo a consumir, de modo que generaríamos un exceso de residuos orgánicos.

Por último, el huerto, debido a la polinización y a otras causas, atrae insectos que pueden constituir una plaga y provocar algún tipo de epidemia.

Fuentes: https://magnet.xataka.com/en-diez-minutos/los-huertos-urbanos-son-un-peligro-para-la-salud-publica-o-nos-los-tomamos-en-serio-o-tendremos-un-problema y https://www.eldiario.es/consumoclaro/ahorrar_mejor/huertos-urbanos-domesticos-razones-pensarselo_1_3543509.html

Practica en contexto

1. Con esta actividad se introduce el tema en torno al cual girarán las dos primeras secuencias del apartado: los huertos urbanos. Busque una imagen que le sirva de ayuda para presentar el término o escríbalo en la pizarra. Pregúnteles en plenario si conocen algún huerto urbano, si saben en qué consisten, si tienen algún familiar o conocido que los cultive, si saben por qué surgen este tipo de iniciativas en las ciudades y si alguna vez han plantado alimentos personalmente y cómo fue la experiencia. La finalidad es activar y sondear, mediante una interacción oral, sus conocimientos previos sobre el tema así como enlazar con las siguientes actividades.

1.1. [37] Explique a sus estudiantes que van a escuchar una entrevista en la que se habla sobre las ventajas de los huertos urbanos y que deberán marcar el orden en el que estas se mencionan. Antes de poner el audio, déjelos que lean dichas ventajas y compruebe que no tienen dudas de vocabulario; esto les facilitará la comprensión y les ayudará a identificar la información relevante. Ponga el audio una primera vez, deje que comparen sus respuestas en parejas y realice una segunda escucha, si es necesario, antes de la corrección en plenario.
3, 1, 2, 4.

1.2. Disponga a sus estudiantes en parejas y pídales que observen las imágenes presentadas y que busquen el concepto que puede asociarse a cada una de ellas y que represente un inconveniente o desventaja de los huertos urbanos. Deles unos minutos para que puedan comentarlo y, a continuación, haga una puesta en común para conocer las diferentes propuestas. Para la corrección, pase a la actividad siguiente.
Posible respuesta:
1. Gasto de agua excesivo; **2.** Plagas de insectos que pueden provocar epidemias; **3.** Contaminación del aire y del suelo de la ciudad; **4.** La inversión inicial es alta, puede no resultar tan rentable.

1.3. Actividad de comprensión lectora que les permitirá corregir la actividad anterior. Antes de leer, asegúrese de que entienden palabras como *proliferación, plomo, regadío* o *abonos*. Tras la lectura, haga una puesta en común para confirmar las respuestas de 1.2 y pregúnteles si habían acertado en sus hipótesis. Por último, para profundizar sobre el tema de cara al siguiente apartado, suscite entre los estudiantes un pequeño debate realizando las siguientes preguntas: *¿creéis que vale la pena invertir en huertos urbanos?, ¿pensáis que tienen más ventajas o más inconvenientes?, ¿no pensáis que salen demasiado caros y que al final es más fácil comprar en el supermercado, como dice el texto?, ¿pensáis que en las ciudades disponemos de tiempo suficiente para dedicarnos a una actividad como esta?, ¿no os parece que los huertos urbanos suponen más sacrificios (demasiado trabajo, atención, tiempo de dedicación) que beneficios o gratificación?*

9

2 **En grupos pequeños** Eres el/la responsable de un huerto urbano y debes decidir con tus compañeros qué productos plantar en él. Lee las condiciones y ten en cuenta los beneficios, pero también las consecuencias de tu elección.

POSIBLES PRODUCTOS

ajo ▲
- Producto muy utilizado.
- No necesita mucha agua.
- Crece muy rápido.

tomate ▲
- Es muy popular como alimento.
- Necesita mucha agua, sol y nutrientes.
- Es vulnerable a las plagas.

quinoa ▶
- No necesita mucha agua.
- Muy completa y saludable.
- Su popularidad crece cada vez más.

◀ berenjena
- Necesita mucho sol y agua.
- Sus raíces requieren mucho espacio.
- Resiste mal las bajas temperaturas.

cebolla ▶
- Producto básico.
- Crece rápido.
- No necesita mucha agua.

◀ kale
- Es muy saludable.
- Resiste bien las bajas temperaturas.
- No es muy conocido.

▲ chía
- Tiene muchas propiedades.
- Necesita mucha agua.
- Su popularidad está en aumento.

◀ aguacate
- No resiste bien el frío.
- Es un alimento muy popular.
- Necesita mucho tiempo para dar fruto.

Condiciones

- El espacio del huerto es limitado y solo es posible cultivar cinco productos básicos.
- El huerto servirá a las familias que viven en el barrio, por lo que debemos tener en cuenta las necesidades nutricionales de todas las personas.
- El clima de la zona es seco, con veranos calurosos e inviernos fríos.
- Se pueden añadir otros productos, si se justifica su elección.

Estrategias para llegar a un acuerdo

- Utiliza las estructuras que ya conoces para **expresar tu opinión**:
  - Para mí…
  - Desde mi punto de vista…
  - Yo creo/A mí me parece que…
- **Interrumpe** la conversación ayudado de expresiones como:
  - Perdona (que te interrumpa)…
  - Espera un momento/momentito…
- **Expón las consecuencias** de cada elección:
  - Si elegimos…, entonces…
- **Comprueba** si se ha llegado a un acuerdo con:
  - ¿Estamos todos de acuerdo?
  - ¿Os parece bien a todos?
  - ¿Alguien quiere añadir algo más?
  - ¿Hay algo que queráis cambiar?

2.1 **Todo el grupo** Presentad vuestros argumentos al resto de la clase.

Unidad 9 | ¿Eres lo que comes? ciento setenta y tres | 173

2. Forme grupos pequeños y explíqueles que se han convertido en miembros de un huerto urbano y que se encuentran en la primera fase del proyecto, en la que deberán decidir qué productos plantar. Pídales que lean con atención las condiciones que deben cumplir así como la información sobre los productos que podrían plantar; utilice también la proyección 28 para que conozcan algunos datos sobre el barrio y las características de su población. En base a toda esa información deberán tomar su decisión. Antes de que empiecen a trabajar, lea con ellos las estrategias para llegar a un acuerdo que aparecen en el cuadro funcional con el fin de que las usen durante su negociación.

Proyecto Huerto Urbano

[28]

Proyecte la lámina e indique a sus estudiantes que, para decidir qué productos van a plantar, tengan también en cuenta los datos que aparecen en esta (número de habitantes del barrio y edad y sexo de la población en porcentajes). Sugiérales también que tengan en cuenta otros factores como los gustos mayoritarios de la población (quizá no acepten tan bien los productos de reciente introducción), si son productos más caros de producir, etc.

2.1. Nombre a un/a portavoz en cada uno de los grupos anteriores y pídale que exponga ante el resto de la clase los productos que han elegido argumentando los motivos. Anímelos a que, en la medida de lo posible, utilicen las oraciones condicionales aprendidas en clase. Haga recuento de los productos que han elegido en cada uno de los grupos y escriba en la pizarra el resultado de los más votados. Como actividad extra puede pedirles que, en casa, escriban un breve informe sobre el proyecto, el barrio y los productos elegidos.

Unidad 9

3. y **3.1.** Nueva secuencia cuyo objetivo es activar el contenido estudiado, tanto léxico como gramatical, a través de la expresión oral gracias a un cuestionario sobre la forma en la que nos relacionamos con la comida. La actividad consta de varias partes: en primer lugar, los estudiantes tendrán que completar individualmente las preguntas del cuestionario, eligiendo entre *por* y *para*. Una vez corregida esta parte, indíqueles que contesten, también de forma individual, a las preguntas. A continuación, organizados en parejas, se harán el cuestionario mutuamente para ver qué tienen en común y quién disfruta más de la comida. Por último, puede hacer una puesta en común para conocer las respuestas más curiosas y, respecto a la pregunta 8, comprobar cuál es el alimento más importante para la mayoría de ellos.
1. por; **2.** por; **3.** para; **4.** para; **5.** Para; **6.** para; **7.** por; **8.** para; **9.** para; **10.** por.

4. [38] Nueva secuencia que gira en torno a los batidos naturales y a las propiedades de estos. En primer lugar, para motivar la escucha, pídales que observen las imágenes y, en plenario, pregúnteles por los alimentos que reconocen en estas. A continuación ponga el audio para que relacionen las distintas recetas que escuchen con su batido correspondiente. Déjelos que comparen sus respuestas en parejas y ponga el audio de nuevo, si es necesario, antes de la corrección en plenario.
1. c; **2.** a; **3.** d; **4.** b.

4.1. [38] Nueva actividad de comprensión auditiva en la que los estudiantes deberán completar una serie de frases con las palabras que faltan. Haga hincapié en la necesidad de que la frase completa tenga sentido y que su estructura sea correcta. Corrija en plenario y pregúnteles qué tipo de oraciones son las que han completado y por qué nexos aparecen introducidas. Por último, hágales algunas preguntas sobre el tema: si conocían la información que han escuchado, cuál es el batido más les ha gustado de los cuatro o si habitualmente toman este tipo de combinados.
Posible respuesta:
1. Da mucha energía, de manera que puede tomarse después de hacer deporte; **2.** Gracias a los arándanos, estás protegida. Por tanto, no hay que preocuparse por las bacterias; **3.** Tiene mucha vitamina C, de ahí que lo tome casi todos los días; **4.** Llena bastante, así que se puede tomar como primer plato.

4.2. Para cerrar la secuencia, los estudiantes deberán escribir en parejas la receta de un batido sano que imite a las presentadas en el audio anterior. Recuérdeles los requisitos del texto: tiene que describir los ingredientes del batido, sus beneficios para la salud, en qué momento del día es mejor tomarlo, cómo se prepara y cuál es su sabor; para esto último, remítalos al cuadro funcional de la banda lateral. Pídales también que incluyan en su texto algún conector consecutivo de los estudiados en la página 170. Puede proponerles que acompañen su receta con imágenes y que la cuelguen en la clase o en el blog o las redes sociales de la escuela, si disponen de ellos. También sería interesante que la prepararan en casa y grabaran un vídeo comentando su preparación al estilo "*youtuber*" para poder visualizarlo en la próxima sesión de clase.

---

3 Completa el siguiente cuestionario con la opción correcta *(por/para)* en cada caso y después responde a las preguntas.

Tú y la comida

1. ¿Qué sueles comer **por/para** las mañanas?
2. ¿En la comida sustituyes los postres **por/para** fruta?
3. ¿Eres de los que piensan que pesas demasiado **por/para** lo poco que comes?
4. ¿Opinas que **por/para** ser feliz hay que comer bien?
5. ¿**Por/Para** cuántas personas cocinas normalmente?
6. ¿Piensas que la comida nos sirve también **por/para** disfrutar y ser más felices?
7. ¿Te saltas con frecuencia alguna comida **por/para** trabajo?
8. ¿Cuál es **por/para** ti el alimento más importante?
9. Cuando comes con amigos, ¿te reservas **por/para** el postre las conversaciones más interesantes?
10. ¿Buscas **por/para** diferentes tiendas antes de comprar el producto que más te interesa?

3.1 **En parejas** Hazle ahora el cuestionario a tu compañero/a y anota sus respuestas. ¿En qué respuestas coincidís y en cuáles no? ¿Quién disfruta más de la comida?

4 [38] Vas a escuchar a cuatro personas que hablan de sus batidos naturales favoritos. Relaciona cada receta con su imagen correspondiente.

1 ☐ 
2 ☐ 
3 ☐ 
4 ☐ 

Sabores básicos

Los cuatro sabores básicos son:
- **dulce** (por ejemplo, el azúcar)
- **salado/a** (por ejemplo, la sal)
- **amargo/a** (por ejemplo, el café)
- **ácido/a** (por ejemplo, el limón)

Fíjate:
El **picante** (el chile o el jengibre, por ejemplo) no es un sabor. Es una sensación de picor ardiente captada por el sentido del gusto. Curiosamente, en el ámbito científico, se considera un tipo de dolor.

4.1 [38] Vuelve a escuchar y completa.

1. Da mucha energía, ... después de hacer deporte.
2. Gracias a los arándanos, estás protegida. .... por las bacterias.
3. Tiene mucha vitamina C, ... casi todos los días.
4. Llena bastante, ... tomar como primer plato.

4.2 **En parejas** Escribe la receta de un batido de tu invención que contenga una mezcla de ingredientes sanos. Describe el sabor y sus consecuencias beneficiosas para la salud.

174 | ciento setenta y cuatro — Unidad 9 | ¿Eres lo que comes?

5 **En grupos pequeños** Esta noche tienes que organizar una cena con platos tradicionales españoles y tus invitados tienen unas características especiales con respecto a su alimentación. Lee el menú y busca en internet los platos que no conozcas. Luego lee el perfil de los invitados.

Opciones de menú

ENTRANTES	PLATOS PRINCIPALES	POSTRES
• Revuelto de espárragos	• Bacalao al pilpil	• Natillas
• Croquetas de bacalao	• Pulpo a la gallega	• Fruta de temporada
• Chorizo a la sidra	• Calamares a la romana	• Helado de chocolate
• Arroz con berenjenas	• Cordero asado	• Dulce de leche
• Escalivada	• Entrecot a la pimienta	• Melocotón en almíbar
• Ensaladilla	• Lasaña de verduras	• Tarta de Santiago

Los invitados

Héctor es celiaco. | Gabriela tiene intolerancia a la lactosa. | Bruno practica la paleodieta. | Darío es vegetariano, pero come huevos. | Vega no come cerdo.

5.1 **En grupos pequeños** Teniendo en cuenta toda la información, elige cuatro entrantes (1), dos platos principales (2) y dos postres (3) para el menú. Si es necesario, busca los ingredientes en internet. Luego di qué platos va a tomar cada invitado/a y lo que vas a comer tú mismo/a.

5.2 **Todo el grupo** Presentad el menú al resto de la clase y justificad vuestra elección.

5. En esta última secuencia del apartado los estudiantes deberán organizar una cena con platos típicos españoles teniendo en cuenta las características de sus invitados. Se trata de una dinámica de negociación en pequeños grupos en la que de nuevo pondrán en práctica los contenidos léxicos y gramaticales estudiados. La actividad puede llevar tiempo si los estudiantes no están muy familiarizados con los platos propuestos; por ello, le recomendamos que use antes la proyección 29 o que les dé tiempo suficiente para que busquen los que no conozcan en internet. Cuando hayan identificado cada plato, indíqueles que lean el perfil de cada uno de los invitados.

Platos españoles

[29]

Proyecte la lámina y pídales que, con su mismo grupos, relacionen cada plato con su nombre correspondiente. Corrija esta parte y pregúnteles, ya en plenario, cómo servirían estos platos, si como entrantes, como platos principales o como postres. Escuche sus respuestas e indíqueles que abran el libro para confirmarlo y para proseguir con la tarea 5. **1.** entrecot a la pimienta; **2.** natillas; **3.** chorizo a la sidra; **4.** melocotón en almíbar; **5.** arroz con berenjenas; **6.** fruta de temporada; **7.** tarta de Santiago; **8.** escalivada; **9.** calamares a la romana; **10.** ensaladilla; **11.** cordero asado; **12.** helado de chocolate; **13.** bacalao al pilpil; **14.** croquetas de bacalao; **15.** dulce de leche; **16.** pulpo a la gallega; **17.** lasaña de verduras; **18.** revuelto de espárragos.

5.1. Es el momento de elaborar el menú y de seleccionar qué va a comer cada invitado, teniendo en cuenta su perfil y sus respectivas limitaciones culinarias. Anímelos a incluir también las bebidas e indíqueles que, en algunos platos, pueden optar por sustituir algún ingrediente por otro siempre que este no pierda su esencia (por ejemplo, se puede sustituir la harina de trigo por otra que no contenga gluten, como la de garbanzos o la de maíz). Para facilitarles la tarea, o si no disponen de internet para verificar los ingredientes de los platos, use la proyección 30.

Ingredientes

[30]

Proyecte la lámina en la que se describen los ingredientes de cada uno de los platos sugeridos y manténgala proyectada para que sus estudiantes puedan recurrir a ella mientras negocian qué platos incluirá su menú.

5.2. Haga una puesta en común para que un representante de cada grupo se encargue de presentar su menú al resto de la clase. Anímelos a que justifiquen su elección para cada invitado, dando, además de la respectiva a los ingredientes, otras explicaciones como puede ser la combinación de los platos, los sabores, la variedad, etc.

Cultura

1. Presente el apartado escribiendo el título en la pizarra y preguntando a sus estudiantes a qué producto piensan que hace referencia este. Escuche sus respuestas y confírmeles que se trata del aceite de oliva, pregúnteles entonces por qué creen que este producto recibe este sobrenombre (su color, sus valiosas propiedades para la salud...). Una vez que lo hayan comentado en plenario, indíqueles que lean el texto y que, en parejas, titulen sus párrafos con las opciones propuestas. Corrija en plenario y pregúnteles si conocían alguna información de lo que han leído. Por último, llame la atención sobre las imágenes que hacen alusión al proceso de elaboración del aceite.
   1. Orígenes; **2.** Alimento base; **3.** Medicina natural; **4.** Productor mundial; **5.** Calidad superior; **6.** Producto milenario.

El oro del Mediterráneo

1 **En parejas** Lee los textos sobre el aceite de oliva y relaciónalos con su título correspondiente.

Alimento base | Calidad superior | Producto milenario | Orígenes | Productor mundial | Medicina natural

[1] ....
Al comienzo se utilizaba con fines cosméticos. Fueron los romanos quienes iniciaron su uso con fines gastronómicos.

[2] ....
En los países mediterráneos es un alimento esencial. Se usa como ingrediente básico de cualquier plato.

[3] ....
Su lista de beneficios es interminable: tiene propiedades antioxidantes, fortalece los huesos y es eficaz contra el envejecimiento.

[4] ....
España es el mayor productor de aceite de oliva del mundo. Jaén, en Andalucía, es la capital del aceite.

[5] ....
El aceite de oliva virgen extra de extracción en frío es el más apreciado en la cocina. Las aceitunas de mayor calidad se destinan a la elaboración de este aceite.

[6] ....
En España existen muchísimos olivos con más de mil años. Se protegen como parte del patrimonio nacional.

176 | ciento setenta y seis — Unidad 9 | ¿Eres lo que comes?

Aproveche el interés que haya podido despertar en sus estudiantes el tema para introducir otros productos muy asociados a la gastronomía española y que se caracterizan por su calidad y singularidad. Comente con ellos que algunos aceites de oliva que se producen en España tienen un reconocimiento especial conocido como D.O. (denominación de origen). Pregúnteles si había escuchado antes este término, a qué creen que puede estar asociado y qué cualidades creen que debe tener un alimento para poder obtener esta distinción. Para desvelar qué se entiende por denominación de origen, use la proyeccion 31.

Productos con denominación de origen

[31]

9

6 Curiosidades del aceite de oliva virgen

1 En España se consumen 12 litros de aceite por persona y año.

2 El aceite de oliva tiene propiedades antiinflamatorias. 50 gramos de aceite de oliva virgen extra son equivalentes a la décima parte de una aspirina.

3 El olivo tiene el mismo número de cromosomas que el ser humano, es decir, 46.

4 Médicos y profesionales recomiendan ingerir de 2 a 3 cucharadas de aceite de oliva virgen extra al día para fortalecer nuestro sistema inmunológico.

5 La provincia de Jaén tiene 66 millones de olivos.

6 Para fabricar 1 litro de aceite de oliva virgen extra es necesario usar unos 5 kilos de aceitunas.

2 **Todo el grupo** Busca información en internet sobre un producto básico en la dieta de tu país. Comparte los datos con el resto de compañeros.

Se amplía la información sobre el aceite de oliva con seis curiosidades acerca de este. Pida a sus estudiantes que lean los textos y que comenten en plenario qué información les llama más la atención. Pregúnteles después si han consumido o suelen consumir aceite de oliva, si conocían sus propiedades y si, después de lo que han aprendido sobre este producto, lo incorporarían a su dieta o modificarían la forma de consumirlo si es que ya lo hacen.

Para trabajar estos contenidos, realice las actividades **13-15**, p. **57** del *Libro de ejercicios*.

2. Cierre el apartado con una actividad de investigación en grupo en la que deberán decidir entre todos cuál es el producto básico más valorado de la dieta de su país y buscar en internet información sobre el mismo. Indíqueles que, al igual que los textos que han leído, su información deberá incluir aspectos sobre las características de este producto, propiedades, historia y también curiosidades. En el caso de que tenga en clase estudiantes de varias nacionalidades, puede formar distintos grupos. También puede proponerles que elaboren un mural o infografía con toda la información y que lo acompañen con imágenes.

Proyecte la lámina y deles tiempo para que lean la información. Haga preguntas de comprobación para verificar si han comprendido lo que significa denominación de origen: *¿todos los quesos de España tienen esta denominación?, ¿todas las carnes?, ¿todos los vinos?* A continuación explique que el mapa recoge solo una pequeña cantidad de productos y pídales que, teniendo en cuenta su localización e imagen, escriban en parejas su nombre correspondiente. Una vez corregida la actividad, pídales que, con la misma pareja, busquen en internet otros dos productos con denominación de origen de España. Finalmente, haga una puesta en común para que completen en mapa con todos los productos que hayan encontrado. La actividad les servirá para adquirir un mayor conocimiento sobre los productos españoles y la variedad de calidades que poseen.
1. miel; **2.** vino tinto; **3.** ternera; **4.** jamón ibérico; **5.** pimentón; **6.** queso manchego; **7.** aceite de oliva; **8.** arroz.

Unidad 9

Cartelera de cine

En primer lugar, escriba en la pizarra el título de la película y pregúnteles en plenario qué saben o que recuerdan, en caso de que ya se haya mencionado antes, acerca de esta dieta. A continuación pídales que, basándose en el título, en el texto que lo acompaña *(jugosa, fresca, una comedia muy sabrosa)* y en la imagen de la carátula (el número de personas que aparecen, la expresión de su cara, su ropa o su edad), imaginen y comenten entre ellos el posible argumento de la película. Finalmente, deje que lean la sinopsis y que comprueben si han acertado en sus hipótesis. Resuelva cualquier duda de vocabulario antes de pasar a las actividades.

1. Disponga a sus estudiantes en parejas y llame su atención sobre el primer fotograma para que respondan a la pregunta. No corrija de momento, ya que verificarán la respuesta cuando visionen el fragmento correspondiente en la actividad 3.
Posible respuesta:
Porque los platos que elabora en su primer día de trabajo cuentan con la aprobación de su jefe.

1.1. Sondee en plenario qué nombres de pescados conocen en español. Introduzca, entre otros, los que van a aparecer en el visionado *(trucha, rape, lenguado)* para que puedan identificarlos después; le será útil poder visualizarlos previamente en internet. Por último, puede preguntarles también si consumen este tipo de pescado o si es frecuente comerlo en su país.
Posible respuesta:
Merluza, sardinas, lenguado, besugo, rape, bacalao, dorada, trucha, salmón.

Vídeo

Cartelera DE CINE

Dieta mediterránea

Sinopsis

Sofía es una chica de pueblo que ha crecido entre fogones[1]. Sus padres tenían una casa de comidas y, gracias a ello, ha ido descubriendo su talento innato para la cocina.

A su lado siempre está Toni, su marido y padre de sus tres hijos; pero, de repente, aparece Frank, un representante que quiere hacer de Sofía la mejor cocinera del mundo.

Cuando Sofía se da cuenta de que no puede prescindir de ninguno de los dos, se adentra en un triángulo amoroso y profesional de consecuencias insospechadas.

[1] *Fogón* es sinónimo de *cocina*. Cuando alguien crece entre fogones, significa que esa persona se ha criado en un ambiente en el que se cocina mucho; en un restaurante, por ejemplo.

Antes de la secuencia

1 **En parejas** En la primera imagen, Sofía acaba de cocinar varios platos de pescado. Fíjate en su expresión; ¿por qué crees que está tan contenta?

1.1 **Todo el grupo** ¿Conoces el nombre de algún pescado en español?

1.2 **En parejas** Para cocinar estos pescados utiliza una sartén, una olla y una plancha. ¿Qué platos haces tú en estos recipientes?

1.3 **En parejas** Fíjate en la expresión de Sofía en el segundo fotograma; ¿qué crees que le pasa?

Durante la secuencia

2 Sofía llega a la ciudad para trabajar en un restaurante y conoce a su compañera de piso. Completa el diálogo y visiona el fragmento 01:09 ▶ 01:33 para comprobar tu respuesta.

Nuria: Hola, soy Nuria.
Sofía: Hola.
Nuria: Encantada. Esta es mi [1] ...., si no te [2] ....
Sofía: Ah, perdón. ¿Tú también [3] .... en la cocina?
Nuria: No, en el [4] ...., de camarera. En la [5] .... ni loca; todos son hombres.

1.2. Avance alguna información sobre lo que van a ver, como que es el primer día de trabajo de la protagonista y que su jefe le va a pedir que prepare unos platos utilizando tres tipos de recipientes muy habituales en la cocina española: la olla, la sartén y la plancha. Dibuje en la pizarra estos recipientes y pídales que, en parejas, comenten si ellos suelen utilizarlos para cocinar y, en caso afirmativo, qué tipo de platos preparan en estos. Haga una puesta en común y deles la respuesta que sería más lógica en España.
Posible respuesta:
Sartén: se utiliza para freír (pescado, croquetas, patatas, etc.); **Olla:** se utiliza normalmente para hacer guisos de pescado, carne, legumbres o sopas; **Plancha:** se utiliza para cocinar alimentos que no necesitan mucho aceite y que se hacen de forma rápida (pescados, carnes, sándwiches, gambas, etc.).

1.3. Dirija ahora su atención hacia el segundo fotograma y pídales que, en parejas, comenten qué creen que le pasa a la protagonista. Haga una puesta en común para escuchar sus hipótesis pero de nuevo no corrija hasta que vean la secuencia completa.
Posible respuesta:
El trabajo no le resulta tan gratificante como esperaba. Está cansada y no consigue hablar con su novio. Es posible que se sienta sola o frustrada.

2. Para contextualizar la actividad, visualice el primer minuto y anticipe que la protagonista se ha mudado de ciudad con su novio para empezar en un nuevo trabajo en una cocina y que, en el fragmento que van a ver, esta habla con su nueva compañera de piso. Pídales que imaginen ese diálogo y que lo completen con las palabras que le faltan. Después visualice el fragmento 01:09 ▶ 01:33 para que confirmen sus respuestas.
1. cama; **2.** importa; **3.** trabajas; **4.** comedor; **5.** cocina.

9

3 **En parejas** Sofía hace la prueba para trabajar en la cocina. Visiona el fragmento 01:34 ▶ 03:28 y elige la opción correcta.

1. ¿Qué significa *tener enchufe* en un trabajo?
   a. Tener vacaciones.
   b. Tener un contacto.
   c. Tener un problema.
2. ¿Qué tres tipos de pescado tiene que cocinar?
   a. Trucha, sardina y lenguado.
   b. Trucha, rape y salmón.
   c. Trucha, rape y lenguado.
3. ¿Cuál de estos ingredientes no utiliza?
   a. sal
   b. perejil
   c. carne
   d. cebolla
   e. harina
   f. pimiento verde
   g. queso
   h. pimienta
   i. tomate
   j. vino blanco
   k. limón

4 Mira el final de la secuencia y comprueba tu respuesta a la actividad 1.3.

Después de la secuencia

5 **En parejas** Imagina que tú también tienes que hacer un plato para poder trabajar en un restaurante. ¿Qué harías?

Nombre del plato:

Utensilios necesarios:

Ingredientes:

Receta:

Tiempo estimado:

6 **En parejas** Contesta a este cuestionario y házselo luego a tu compañero/a. ¿Coincidís en alguna respuesta?

	Mi respuesta	La respuesta de mi compañero/a
1. ¿Hay algún plato de la cocina hispana que te apasione?		
2. ¿Cuándo fue la última vez que comiste pescado? ¿Qué tipo de pescado fue? ¿Cómo estaba cocinado?		
3. ¿Alguna vez has dejado un trabajo voluntariamente? ¿Cuál fue la razón?		
4. ¿Alguna vez has dejado todo por un sueño? ¿Qué fue lo que dejaste y cuál era el sueño?		

7 **Todo el grupo** ¿Conoces alguna película, serie o programa de televisión que gire en torno a la gastronomía? Explica su argumento o en qué consiste.

3. Indíqueles que van a ver el siguiente fragmento, 01:34 ▶ 03:28, y que, en parejas, deberán contestar a las preguntas planteadas. Déjelos que las lean previamente y, si es necesario, visione dos veces el fragmento o vaya deteniéndolo para que puedan identificar bien los alimentos que aparecen. Corrija en plenario y profundice en las expresiones *tener (un) enchufe* y *ser un/a enchufado/a*, cuya comprensión puede resultar difícil para algunos estudiantes desde un punto de vista cultural. Por último, remítalos a la actividad 1 de antes del visionado y pregúnteles si acertaron en sus hipótesis.

Posible respuesta:

1. b; **2.** c; **3.** c.

4. Visualice la última parte de la secuencia para que puedan verificar la respuesta a la actividad 1.3. Si lo prefiere, para que les sea más fácil contextualizar esta última escena, déjelos que vean la secuencia completa. Corrija en plenario y pregúnteles si acertaron en sus hipótesis. Después de la corrección, y en caso de que sus estudiantes ya trabajen, puede fomentar un pequeño debate preguntándoles cómo vivieron su primer día de trabajo y cómo se sintieron.

5. Una vez visualizada la secuencia, los estudiantes, en parejas, deberán ponerse en la situación de la protagonista y preparar un plato, tendrán que decidir qué plato van a preparar y completar juntos la ficha que aparece en la actividad. Paséese por la clase mientras trabajan y resuelva posibles dudas de vocabulario. Finalmente, haga una puesta en común para que compartan sus recetas con el resto de la clase y para que comenten también por qué la han escogido, si la preparan habitualmente, si es una receta que se cocina en la familia, transmitida por sus padres, abuelos, etc.

6. Actividad de interacción oral en parejas en la que los estudiantes contestarán a un cuestionario al hilo de los temas que aparecen en la película y comprobarán hasta qué punto coinciden en sus respuestas. Cuando hayan terminado, haga una puesta en común para que compartan la información más interesante con el resto de la clase.

7. Cierre el apartado con una nueva actividad de expresión oral en plenario que aborda el interés que suscita la gastronomía en los últimos años, con la llegada de programas o concursos televisivos. Ponga como ejemplo los programas de televisión *Master Chef* (concurso que consiste en la preparación de distintos platos) o *Pesadilla en la Cocina* (en el que un reconocido chef presta sus conocimientos a propietarios de restaurantes en apuros), chefs reconocidos internacionalmente (como el británico Jamie Olivier o el vasco Carlos Arguiñano) u otras películas que giran en torno a la gastronomía (como *Ratatouille, de Disney,* la francesa *Chocolat* o la mexicana *Como agua para chocolate*, basada en la novela homónima de Laura Esquivel). Se trata de dar algunos ejemplos que los motiven a hablar de aspectos como la mecánica de estos programas, el argumento de algunas películas y si les gustan o si los animan a cocinar o a conocer más sobre este campo.

Evaluación

1. **1.** Chía; **2.** Espinaca; **3.** Quinoa; **4.** Arándano; **5.** Piña.

2. **1.** f; **2.** e; **3.** a; **4.** d; **5.** c; **6.** b.

3. Respuesta abierta.

Evaluación

1 Lee las siguientes definiciones y, a partir de la letra inicial, escribe el nombre del alimento al que se refieren.

1. C........................ Es una semilla con un alto nivel de proteínas.
2. E........................ Es una verdura que tiene mucho hierro.
3. Q........................ Es un cereal con un alto contenido en aminoácidos esenciales.
4. A........................ Es una fruta del bosque con propiedades antibacterianas.
5. P........................ Es una fruta con propiedades desintoxicantes.

2 Relaciona cada imagen con su descripción correspondiente.

a. Es un tipo de col rica en calcio y con pocas calorías.
b. Es un alimento ultraprocesado.
c. Es un alimento prohibido para los veganos, pues su origen es animal.
d. Tiene ácidos grasos omega 3 que ayudan a prevenir el cáncer.
e. Si eres vegetariano/a o vegano/a, nunca tomas ese producto.
f. Es un alimento prohibido para las personas con intolerancia a la lactosa.

3 Completa las siguientes frases condicionales.

1. Saldré con mis amigos mañana si ....
2. Ven a mi casa esta tarde si ....
3. Suelo ir andando al trabajo si ....
4. Viviré en un país extranjero si ....
5. Iré a comprar al supermercado si ....
6. Normalmente no hablo mucho si ....

180 | ciento ochenta — Unidad 9 | ¿Eres lo que comes?

4 Relaciona las siguientes frases.

1. Ana solo come frutas y verduras, por lo que...
2. Miguel es alérgico al gluten, de ahí que...
3. A Marta le encantan los superalimentos, o sea que...
4. Juan es intolerante a la lactosa, así que...
5. Si llevas una dieta sana, perderás peso y entonces...

a. si preparas ensalada de quinoa, seguro que se pondrá contenta.
b. te sentirás mejor.
c. es mejor que no pongas quesos en la cena.
d. es vegana.
e. no coma productos que lleven trigo.

5 Completa con *por* o *para* las siguientes conversaciones. Luego relaciona cada una con su uso correspondiente del recuadro.

a. intercambio, precio | b. dirección | c. parte del día | d. comparación en contraposición | e. lugar aproximado | f. plazo de tiempo

Diálogo 1 ☐
Mar: ¿Sabes? Voy a empezar una dieta vegana. Creo que la clave es sustituir la carne .... verduras con muchas proteínas.
Joana: Pues en el súper hay oferta de tomates. Dos kilos .... el precio de uno.
Mar: ¡Fenomenal!

Diálogo 2 ☐
Carlos: Estoy haciendo un trabajo sobre nutrición.
Esteban: ¡Qué interesante!
Carlos: Sí, el problema es que tengo poco tiempo.
Esteban: ¿.................. cuándo lo tienes que terminar?
Carlos: .... el próximo viernes.

Diálogo 3 ☐
Javi: ¿Sabes si el autobús 35 va al Retiro?
Rosa: Creo que sí.
Javi: Muchas gracias, voy .... allá dentro de un rato.

Diálogo 4 ☐
Tati: ¿Estás estudiando en España?
Elena: Sí, estoy estudiando en Zaragoza.
Tati: Yo conozco Zaragoza. ¿.................. dónde vives?
Elena: Vivo .... el centro, en la calle Alfonso I, muy cerca de la basílica del Pilar.

Diálogo 5 ☐
Ángel: Mira, ¿ese no es Pedro?
Valeria: Sí, es verdad, no lo conocía...
Ángel: ¡Madre mía! .... lo joven que es, está viejísimo.
Valeria: Tienes razón.

Diálogo 6 ☐☐
Iker: ¿Tú qué tomas .... la mañana?
María: Pues tomo yogur con cereales y chía.
Iker: ¿Por qué chía?
María: Porque es una semilla con grandes propiedades .... lo pequeña que es.

6 Escribe cinco datos sobre el aceite de oliva.

1. ....
2. ....
3. ....
4. ....
5. ....

7 En esta unidad, además de cuestiones lingüísticas, has tratado cuestiones relacionadas con la nutrición y las dietas. ¿Has aprendido algo nuevo sobre el tema? ¿Crees que cambiarás alguno de tus hábitos nutricionales después de lo que has aprendido? ¿Por qué?

4. **1.** d; **2.** e; **3.** a; **4.** c; **5.** b.

5. **Diálogo 1:** a, por, por; **Diálogo 2:** f, Para, Para; **Diálogo 3:** b, para; **Diálogo 4:** e, Por, por; **Diálogo 5:** d, Para; **Diálogo 6:** c, por, d, para.

6. **Posible respuesta:**
Tiene propiedades antioxidantes y antinflamatorias, fortalece los huesos, es eficaz contra el envejecimiento, mantiene bajos los niveles de colesterol, refuerza el sistema inmunológico, es un alimento esencial en la dieta mediterránea, España es el mayor productor de aceite de oliva del mundo, el aceite de oliva virgen se elabora con las aceitunas de mayor calidad.

7. Respuesta abierta.

Unidad 10

Línea de meta

En primer lugar, escriba en la pizarra el título de la unidad, *Línea de meta*, y pregunte a sus estudiantes si saben qué significa esta expresión (en las carreras deportivas, 'línea de llegada'). Pídales que se fijen en la imagen principal de la portadilla y que relacionen tanto esta como el título con su propio aprendizaje del español. Pregúnteles también qué "línea de meta" han alcanzado ellos, además de la que implica terminar el libro y cubrir un nuevo nivel, qué objetivos tenían al principio del curso y si los han cumplido, y qué otras metas han alcanzado que no habían previsto. A continuación pregúnteles a qué hace referencia la imagen de los móviles y si esta les evoca alguna de las unidades del libro y de los contenidos y temas trabajados (la imagen remite principalmente a la unidad 2, *EnREDados*, articulada en torno al tema de las nuevas tecnologías, pero también puede referirse a la unidad 7, *Todo es noticia*, en la que se trató el papel que juegan las nuevas tecnologías en el ámbito de los medios de comunicación). Por último, pídales que se fijen en la imagen que muestra distintos alimentos y pregúnteles si saben qué es el *comercio justo*; tome nota de sus respuestas para comprobar, cuando se trabaje este tema en el apartado "Cultura", si han respondido correctamente.

Línea de meta

En esta unidad vas a...

- Repasar los contenidos principales del nivel B1
- Hablar sobre el internet de las cosas
- Evaluarte con el *Marco de referencia* y reflexionar sobre lo que has aprendido
- Conocer los diez principios del comercio justo

Dirija ahora la atención de sus estudiantes al cuadro de contenidos y explíqueles que, en esta última unidad, repasarán algunos de los contenidos léxicos, gramaticales y funcionales del nivel B1 estudiados a lo largo del curso. Pregúnteles qué contenidos les han parecido fundamentales y, por lo tanto, esperan volver a encontrar en esta unidad y cuáles creen que necesitan revisar; mientras, tome nota de lo que le sugieran. Añada que, aunque también volverán a aparecer algunos de los temas que se han tratado a lo largo del libro, se trabajarán otros nuevos, como el del internet de las cosas. Pregúnteles si saben a qué se refiere este término y escuche sus respuestas sin anticipar nada, ya que lo verán en el apartado "Practica en contexto". Explíqueles también que, en esta unidad, conocerán cuáles son los objetivos del nivel B1 establecidos por el *Marco común europeo de referencia*, lo que les permitirá reflexionar sobre su propio proceso de aprendizaje.

Unidad 10

¿Qué sabes?

1. El presente apartado gira en torno a dos temas trabajados en las unidades 2 y 7 respectivamente: las nuevas tecnologías y el periodismo, aunque esta vez aparecen ambos temas integrados, pues se verá la manera en que las nuevas tecnologías han influido y cambiado la profesión de periodista; el contenido gramatical que se trabaja es el uso de los pasados de indicativo. Escriba en la pizarra *La silueta del olvido*, explíqueles que se trata del título de una novela de Joaquín Camps y pregúnteles qué les sugiere y de qué creen que puede tratar. Luego pídales que, individualmente, lean las dos citas de uno de sus personajes acerca de su profesión y que completen la segunda cita con la profesión a la que se refiere el personaje. Una vez haya corregido, y para asegurarse de que han entendido la primera cita, pregúnteles en plenario por qué creen que el autor denomina a la época actual *época de la posverdad* (porque los hechos están superados y no importa si son reales, lo que cuenta principalmente es que llamen la atención).
Periodismo.

1.1. Pregúnteles en plenario si creen que, de acuerdo con lo que han leído en las dos citas anteriores, Héctor tiene una buena opinión sobre su trabajo. Antes de pasar a la siguiente actividad, pregúnteles qué opinan ellos del nuevo periodismo y si comparten la visión pesimista de Héctor.
Posible respuesta:
Probablemente no, ya que, según él, que un hecho sea real ha dejado de importar y, además, utiliza la palabra *mentira* cuando se refiere al nuevo periodismo.

¿Qué sabes?

1 En la novela *La silueta del olvido*[1], de Joaquín Camps, uno de sus personajes, Héctor, habla sobre su profesión. Lee estas dos frases extraídas del libro y completa la última con el nombre de la profesión a la que hace referencia.

"En la época de la posverdad no importa si la historia es real, solo importa si haces clic sobre ella. Los hechos están superados".

"Que en la primera frase que pronuncia haya una verdad y una mentira demuestra su perfecta adaptación al nuevo ....".

[1]Con esta novela, publicada por la editorial Planeta, Joaquín Camps ganó el Premio Azorín de Novela 2019.

1.1 **Todo el grupo** Según lo que has leído, ¿crees que Héctor tiene un buen concepto de su profesión? ¿Qué piensas tú del periodismo actual?

2 **En parejas** Tres periodistas hablan de cómo ha cambiado su profesión con la llegada de las nuevas tecnologías. Completa los textos con la forma adecuada del pasado de los verbos entre paréntesis.

María, reportera. Cuando yo [1] .... (empezar), hace unos 20 años, el trabajo [2] .... (ser) muy diferente; siempre [3] .... (ir) mi cámara y yo. [4] .... (Llegar, nosotros) al lugar, y, mientras él [5] .... (grabar), yo [6] .... (preguntar) qué [7] .... (pasar), [8] .... (tomar) notas en un cuaderno y luego, entre los dos, [9] .... (montar) la pieza para el informativo. Ahora, muchas veces, voy sola con mi teléfono, que hace de cámara. Pero lo más importante para mí es la inmediatez que me exigen; es importante ser los primeros en dar la noticia, así que tengo que montar el reportaje casi al momento.

Julián, locutor de radio. En mi trabajo, creo que en general ha habido pocos cambios. Antes solo [10] .... (contactar) con los oyentes por teléfono y ahora tenemos las redes sociales, los mensajes de texto, los correos…; pero en el fondo es igual. Lo que también [11] .... (cambiar) es que antes [12] .... (leer) el guion en papel y ahora lo leemos en el ordenador o en la tableta; eso es muy positivo. Recuerdo una vez que se me [13] .... (desordenar) las hojas y [14] .... (pasar) un mal rato hasta que [15] .... (decidir) olvidarme de ellas e improvisar.

Adrián, presentador de televisión. Recuerdo muy bien el día que [16] .... (presentar) el informativo por primera vez. [17] .... (Estar) bastante nervioso. [18] .... (Dormir) muy poco el día antes, [19] .... (equivocarse) un par de veces… Yo creo que la forma en que se llega a la información [20] .... (cambiar) mucho. Ahora hay más medios: internet, los espectadores, las agencias, las redes sociales… Y en mi profesión en concreto también. Antes, por ejemplo, [21] .... (presentar) siempre sentados detrás de la mesa y ahora nos movemos mucho por el plató, así que la imagen es más importante, yo creo.

2. El objetivo de esta actividad es repasar el uso, en contraste, de los pasados de indicativo (pretéritos perfecto, indefinido, imperfecto y pluscuamperfecto) que estudiaron en la unidad 1 del libro. Organice la clase en parejas y explíqueles que van a leer tres textos en los que tres periodistas relatan cómo ha cambiado su profesión a causa de las nuevas tecnologías y que deberán conjugar los verbos que aparecen entre paréntesis en el tiempo adecuado del pasado. Mientras realizan la actividad, muévase por el aula para responder a las dudas de vocabulario que puedan surgir. Corrija mediante una puesta en común y aproveche para que sus estudiantes recuerden los usos principales de cada uno de los tiempos del pasado.
1. empecé; **2.** era; **3.** íbamos; **4.** Llegábamos; **5.** grababa; **6.** preguntaba; **7.** pasaba/había pasado; **8.** tomaba; **9.** montábamos; **10.** contactábamos; **11.** ha cambiado; **12.** leíamos; **13.** desordenaron/habían desordenado; **14.** pasé; **15.** decidí; **16.** presenté; **17.** Estaba; **18.** Había dormido; **19.** me equivoqué; **20.** ha cambiado; **21.** presentábamos.

10

3 **En pequeños grupos** El periodismo no es la única profesión que ha cambiado debido a la llegada de las nuevas tecnologías. Fíjate en las imágenes; ¿a qué profesiones hacen referencia? ¿Cómo eran antes y cómo son ahora?

1 2 3 4 5 6

4 **En parejas** Vas a escuchar un programa donde se habla de la relación entre la tecnología y el trabajo. Antes lee las siguientes afirmaciones y marca las que, en tu opinión, son verdaderas. Compara con tu compañero/a. ¿Estáis de acuerdo?

1. ☐ La mayoría de los jóvenes encontrará un trabajo que hoy día aún no existe.
2. ☐ En 20 años, 50 profesiones habrán sido sustituidas por el trabajo de los robots.
3. ☐ Surgirán otras necesidades y, por tanto, otras profesiones.
4. ☐ Los sectores con más empleo serán el alimentario, el turístico y el sanitario.

4.1 [39] Escucha el audio y comprueba tus respuestas. ¿Has acertado en tus suposiciones?

5 **En parejas** ¿Y tú? ¿A qué te dedicas? ¿Has cumplido tus sueños? Contesta a las siguientes preguntas y habla con tus compañeros sobre el tema.

1. ¿Qué querías ser de pequeño/a?
2. ¿Te gustaría cambiar de profesión?
3. ¿Hay algo que te impida desarrollar tu carrera ideal?
4. ¿Crees que estás preparado/a para los cambios que se producirán en el futuro en el ámbito laboral?

Unidad 10 | Línea de meta   ciento ochenta y cinco | 185

3. Pregunte a sus estudiantes qué otras profesiones conocen que hayan cambiado sustancialmente debido a las nuevas tecnologías. Escriba en la pizarra las que le sugieran y, a continuación, organice la clase en pequeños grupos y pídales que se fijen en las imágenes de la actividad y que escriban las profesiones mostradas en ellas. Después pídales que cuenten cómo eran antes estas profesiones y cómo son ahora, con el fin de que practiquen el pretérito imperfecto de indicativo en contraposición con el presente. No se preocupe si los grupos dan diferentes interpretaciones a alguna de las imágenes, lo importante es que mantengan coherencia en su discurso y que la interacción fluya con naturalidad. Puede ampliar la actividad proponiendo que realicen la misma tarea con las profesiones que le sugirieron previamente y que usted anotó en la pizarra; explíqueles que no es necesario conocer a fondo dichas profesiones y que lo importante es que usen correctamente las formas verbales y que utilicen la imaginación cuando no dispongan de suficientes datos.

Posible respuesta:
1. diseñador/a gráfico/a; **2.** profesor/a o formador/a en línea; **3.** agricultor/a; **4.** cirujano/a; **5.** arquitecto/a; **6.** músico/a.

4. Actividad de interacción oral que tiene como objetivo repasar los futuros simple y compuesto de indicativo y que sirve de introducción a la actividad de comprensión auditiva siguiente. Explíqueles que van a escuchar un programa de radio en el que se habla de la relación entre tecnología y trabajo, pero que antes deben leer individualmente una serie de afirmaciones, indicar cuáles creen que son verdaderas y comparar, después, sus respuestas en parejas. Insista en que deben argumentar siempre su opinión y en que intenten usar los dos futuros correctamente en sus producciones. Amplíe la actividad preguntándoles qué trabajos que ahora no existen creen que habrá en el futuro, cuáles serán las profesiones que se habrán sustituido por el trabajo de los robots y qué nuevas necesidades creen que darán también lugar a nuevas profesiones.
1, 3.

4.1. [39] Ponga el audio para que escuchen el programa radiofónico y puedan comprobar las respuestas de la actividad anterior. Si es necesario, haga una segunda escucha. Compruebe también si han acertado en algunas de sus suposiciones al especular sobre las nuevas profesiones, necesidades y oficios que desaparecerán.

5. Para concluir el apartado, y a modo de conclusión, proponga esta actividad de interacción oral en parejas en la que se retoma el uso de los pasados, además de añadir el del condicional, llevando el tema de las profesiones hacia el ámbito o experiencia personal. Mientras hablan, tome nota de los errores que puedan cometer y corríjalos al final para no interferir en la comunicación.

Unidad 10

Palabras

1. Esta primera actividad del apartado tiene como objetivo revisar los adjetivos para describir el carácter y la personalidad que se trabajaron en la unidad 5. Organice la clase en parejas y explíqueles que deben indicar cuáles de los adjetivos de la lista tienen una connotación positiva y cuáles una negativa. Además, deberán escribir el antónimo de cada uno de ellos. Haga una puesta en común para corregir la actividad.
1. P, introvertido-a; **2.** P, irresponsable; **3.** N, valiente; **4.** P, pesimista; **5.** P, impaciente; **6.** P, vago-a; **7.** P, falso-a; **8.** P, deshonesto-a; **9.** N, seguro-a; **10.** P, arrogante; **11.** P, insociable; **12.** N, positivo-a; **13.** P, triste; **14.** N, maduro-a.

Para trabajar estos contenidos, realice las actividades **1** y **1a**, p. **58** del *Libro de ejercicios*.

2. [40] El propósito de esta actividad de comprensión auditiva es revisar parte del vocabulario referente a las nuevas tecnologías que se estudió en la unidad 2. Explíqueles que van a escuchar a cinco personas hablar sobre su relación con las nuevas tecnologías y que, tras la escucha, deberán identificar quiénes son, de entre ellas, las dos que aparecen en la imagen y escribir sus nombres en los espacios correspondientes. Corrija en plenario y pídales que argumenten sus respuestas. Por último, si le parece oportuno, puede preguntarles si han notado algo diferente en la forma de hablar de estas dos personas (Eva y Álvaro son mexicanos) y si, además, han usado algunas palabras distintas a las que usamos en España (por ejemplo, *chavo/a*, *computadora* o *celular*, que ya vieron en la unidad 2).
Álvaro y Eva.

Palabras

1 **En parejas** Di si los siguientes adjetivos de carácter son positivos (P) o negativos (N) y escribe su antónimo.

1. ☐ extravertido/a ≠ ....
2. ☐ responsable ≠ ....
3. ☐ cobarde ≠ ....
4. ☐ optimista ≠ ....
5. ☐ paciente ≠ ....
6. ☐ trabajador/a ≠ ....
7. ☐ sincero/a ≠ ....
8. ☐ honesto/a ≠ ....
9. ☐ inseguro/a ≠ ....
10. ☐ humilde ≠ ....
11. ☐ sociable ≠ ....
12. ☐ negativo/a ≠ ....
13. ☐ alegre ≠ ....
14. ☐ inmaduro/a ≠ ....

2 [40] Escucha e identifica, de las cinco personas que hablan, quiénes son las de la imagen.

2.1 **En parejas** Completa estas frases con las palabras del recuadro.

un perfil | las contraseñas | un programa | entra | se conecta | cuentas | cuelgan

1. .... con muchos dispositivos.
2. Tiene muchas .... en redes sociales.
3. .... en internet para comunicarse con su familia.
4. Han instalado .... que le impide ver algunas páginas de internet.
5. A veces olvida .... de sus cuentas.
6. Ve las fotos que .... sus familiares.
7. Se hizo .... en una red social de contactos.

2.2 [40] Escucha de nuevo y relaciona los enunciados anteriores con la persona que los dice.

- Rodrigo ....
- Nacho ....
- Álvaro ....
- Eva ....
- Diana ....

2.3 **En parejas** Después de escucharlas, ¿qué carácter crees que tienen estas personas? ¿En qué etapa de la vida está cada una (infancia, adolescencia, madurez...)? Justifica tus respuestas.

186 | ciento ochenta y seis — Unidad 10 | Línea de meta

2.1. Actividad en parejas en la que deberán completar frases que hacen referencia al audio anterior con las palabras del recuadro relativas a las nuevas tecnologías. Corrija mediante una puesta en común.
1. Se conecta; **2.** cuentas; **3.** Entra; **4.** un programa; **5.** las contraseñas; **6.** cuelgan; **7.** un perfil.

2.2. [40] Explique a sus estudiantes que van a escuchar de nuevo el audio y que esta vez deberán relacionar las frases de la actividad 2.1 con las personas que las dicen. Déjeles leer de nuevo las frases antes de poner el audio.
Rodrigo: 3, 6; **Eva:** 1; **Nacho:** 7; **Diana:** 4; **Álvaro:** 2, 5.

2.3. Organice de nuevo la clase en parejas para realizar esta actividad de interacción oral en la que tendrán que utilizar el vocabulario visto en las unidades 5 y 6 para hablar del carácter de las personas y de las diferentes etapas de la vida. Explíqueles que, por lo que han contado las personas del audio de la actividad 2, deben decir cómo creen que es su carácter y en qué etapa de la vida piensan que se encuentran.
Rodrigo: tercera edad; **Eva:** juventud; **Nacho:** madurez; **Diana:** adolescencia; **Álvaro:** juventud. En cuanto al carácter de estas personas, la respuesta es abierta.

3 **En parejas** Lee el siguiente texto sobre la historia de la informática y complétalo con las palabras del recuadro.

época | siglos | etapa | décadas | periodo

Breve historia de la informática

La necesidad del ser humano de crear herramientas útiles para hacer sus cálculos de manera más precisa y rápida no es reciente: hace [1] .... la cultura china inventó el ábaco, ese instrumento cuadrado, de madera, con diez cuerdas o alambres donde poner las bolitas con las que hacer las cuentas y que seguramente todos hemos usado en la escuela cuando aprendíamos las bases de las matemáticas.

También de otra [2] .... es la *pascalina* (siglo XVII), que sirvió para automatizar las operaciones de suma y resta con un sistema de cilindros mecánicos.

Ahora bien, ninguno de estos instrumentos se parece a lo que hoy conocemos como *ordenador* o *computadora*.

La mayoría coincide en situar los primeros ordenadores en el [3] .... de la Segunda Guerra Mundial y los años posteriores: máquinas enormes, que se podían emplear para realizar cálculos de todo tipo, pero que no estaban pensadas para el público en general: por su tamaño, precio y complejidad, solo estaban al alcance de las empresas o universidades.

Fue [4] .... más tarde, en los setenta, cuando aparecieron los primeros ordenadores personales: unas cajas cuadradas o rectangulares, todavía demasiado pesadas como para llamarlos "portátiles", pero sí al menos "transportables". Empezó así una nueva [5] .... de popularización de los ordenadores. En esta revolución participó ya Steve Jobs, que años después volvió a sorprender al mundo con un pequeño aparato plano con los bordes redondeados y una pantalla de cristal que servía para escuchar música, realizar llamadas telefónicas y conectarse a internet: el famoso iPhone, el primer teléfono inteligente y una máquina que ha cambiado la forma de entender el mundo y relacionarse. ¿Qué será lo siguiente?

3.1 **En parejas** Marca las palabras del texto anterior que se refieren a la forma, el material y la función de los objetos y clasifícalas en su lugar correspondiente.

Forma	Material	Función
cuadrado,	*madera,*	*Sirve para...*

3.2 **Todo el grupo** ¿Cómo crees que serán los ordenadores del futuro? ¿De qué estarán hechos? ¿Qué forma tendrán?

3. Actividad de comprensión lectora cuyo fin es contextualizar algunos términos referentes a espacios de tiempo relacionados con la historia y que estudiaron en la unidad 1. En primer lugar, pregúnteles qué saben de la historia de la informática. Puede hacerles las siguientes preguntas: *¿conoces algún instrumento anterior a las calculadoras y a los ordenadores que permita hacer cálculos?, ¿cuándo crees que aparecieron los primeros ordenadores?, ¿cómo eran?, ¿cuándo piensas que llegaron al público los primeros ordenadores personales?, ¿sabes cuál fue el primer teléfono inteligente?, ¿quién lo creó y qué características tenía?* A continuación organice la clase en parejas y pídales que lean el texto y lo completen con las palabras sugeridas del recuadro. Mientras trabajan, muévase por el aula para resolver posibles dudas de vocabulario. Haga una puesta en común para corregir y pídales que comprueben si las respuestas que dieron antes de leer se corresponden con los datos que ofrece el texto.
Si desea seguir trabajando la diferencia de significado entre las palabras *época*, *etapa* y *periodo*, le sugerimos que utilice la **proyección 32**.
1. siglos; **2.** época; **3.** periodo; **4.** décadas; **5.** etapa.

Palabras relacionadas con el tiempo

[32]

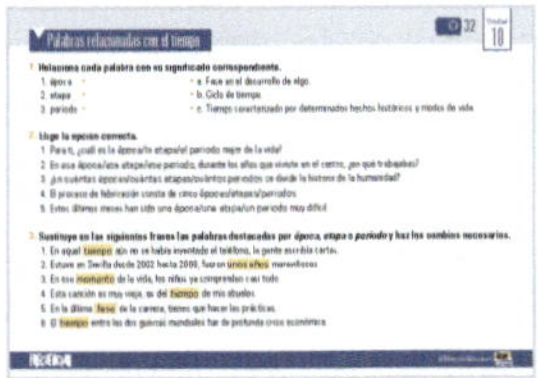

Proyecte la lámina y pídales que realicen las actividades de manera individual. Deje que comparen sus respuestas en parejas y haga, después, una puesta en común para la corrección.

1. 1. c; **2.** a; **3.** b.
2. 1. la etapa; **2.** ese periodo; **3.** cuántas épocas; **4.** etapas; **5.** un periodo.
3. 1. En aquella época aún no se había inventado el teléfono, la gente escribía cartas; **2.** Estuve en Sevilla desde 2002 a 2008, fue un periodo maravilloso; **3.** En esa etapa de la vida, los niños ya comprenden casi todo; **4.** Esta canción es muy vieja, es de la época de mis abuelos; **5.** En la última etapa de la carrera, tienes que hacer las prácticas; **6.** El periodo entre las dos guerras mundiales fue de profunda crisis económica.

3.1. Actividad para revisar el léxico relacionado con la descripción de objetos que aprendieron en la unidad 8. Se trata de que, en parejas, localicen en el texto anterior las palabras que se refieran a la forma, material y función de los objetos que se mencionan y las clasifiquen en la categoría correspondiente. Pídales que marquen también los adjetivos que sirvan para describir otras cualidades del objeto, como *enormes* y *pequeño* (para el tamaño) o *útiles*, *pesadas* o *inteligente*. Corrija mediante una puesta en común y anímelos a ampliar las listas con otras palabras.
Forma: cuadrado, cuadradas, rectangulares, plano, redondeados; **Material:** madera, cristal; **Función:** sirvió para..., se podía emplear para..., (no) estaban pensadas para..., servía para...

3.2. Por último sus estudiantes deberán intentar dar respuesta a la pregunta que cierra el texto *(¿Qué será lo siguiente?)* contestando en plenario a las preguntas propuestas. Si lo considera oportuno, añada esta última pregunta: *¿qué nuevas funciones podrán realizar estos ordenadores?* Déjelos que se expresen y tome nota de los errores para corregirlos una vez que haya concluido la actividad.

Para trabajar estos contenidos, realice las actividades **2-4**, pp. **58-59** del *Libro de ejercicios*.

Gramática

1. Los usos principales del subjuntivo y su contraste con el indicativo constituyen, en gran medida, el eje gramatical en torno al cual gira el nivel B1 y es precisamente este contenido el que se revisará en el presente apartado. Al tratarse de un repaso, le sugerimos que, en lugar de explicar directamente los cuadros de gramática, sondee antes toda la información que recuerden sus estudiantes acerca de cada contenido. Así, antes de presentar el primer cuadro, pregúnteles qué verbos y otras palabras usamos en español para expresar deseos y hacer peticiones. Anote todas las palabras que le sugieran y, a continuación, pregúnteles también cuándo estos verbos rigen infinitivo y cuándo subjuntivo. A continuación escriba en la pizarra ¡*Que* + presente de subjuntivo! y pídales que digan todas las expresiones que recuerden con esta estructura y que usamos para expresar buenos deseos. Una vez hecho esto, dirija su atención hacia el cuadro gramatical y compruebe junto a ellos si la información que aparece en este es la misma que la anotada en la pizarra. Por último, presente el cuadro de la RAE en el que se muestran algunas expresiones para manifestar buenos deseos que se dicen de distinta manera en diferentes países de Hispanoamérica.

1.1. Práctica formal de la expresión de los deseos que han repasado en el cuadro gramatical. Se trata de que, individualmente, escriban deseos en función de la situación planteada y de las diferentes personas propuestas. Corrija mediante una puesta en común y haga hincapié en el cambio de subjuntivo a infinitivo en el último de los casos, cuando Pedro expresa deseos para sí mismo y, por lo tanto, el sujeto es el mismo en ambas oraciones.

Gramática

1 Subjuntivo para expresar deseos y preferencias y hacer peticiones (repaso)

- Para expresar **deseos** y **preferencias** se usan los verbos *querer, desear, esperar, tener ganas de* o *preferir* seguidos de **infinitivo** (si el sujeto de las oraciones principal y subordinada es el mismo) o *que* + **subjuntivo** (si el sujeto de ambas oraciones es diferente):
  *Jaime **quiere visitar** a María./Jaime **quiere que** María **venga** a visitarlo.*
  - También se usa la interjección ***ojalá (que)*** seguida siempre de **subjuntivo**:
    *Ojalá (que) **estemos** siempre juntos.*
  - La estructura *que* + **presente de subjuntivo** se usa para manifestar buenos deseos a otras personas. Son fórmulas sociales como ***¡que lo pases bien!, ¡que te vaya bien!, ¡que cumplas muchos más!, ¡que te mejores!, ¡que aproveche!, ¡que os divirtáis!, ¡que descanses!...***
- Para hacer **peticiones** se usan los verbos *pedir, rogar* y *suplicar* seguidos de *que* + **subjuntivo**:
  *Le **ruego que espere** un momento, por favor.*

RAE COMUNICACIÓN
En Hispanoamérica, algunas de estas expresiones son algo diferentes.
- Que la pases bien: *Congratulaciones anticipadas al joven abogado Rony Díaz Yánez [...] **Que la pases bien**, amigo.*
- Que te vaya bonito (México): *Ojalá **que te vaya bonito**, ojalá que se acaben tus penas.*
- Que los cumplas feliz (Argentina): *Germán entra con una pequeña torta con 40 velitas encendidas y canta "**Que los cumplas feliz**".*
- Que te alivies: *Mami, espero **que te alivies** para que podamos estar juntas y vayamos a España de vacaciones.*

1.1 Pedro se muda a Alemania para terminar sus estudios. Escribe qué le desean o qué le piden estas personas. ¿Qué crees que desea él?

1. Sus padres: ....
2. Sus amigos: ....
3. Su novia: ....
4. Sus profesores en Alemania: ....
5. Sus compañeros de piso en Alemania: ....
6. Pedro: ....

1.2 **En parejas** Inventa una situación en la que podrías decir las siguientes frases. Trabaja con tu compañero/a.

¡Que seáis muy felices!
¡Que te lo pases bien!
¡Que os divirtáis!
¡Que tengas suerte!
¡Que cumplas muchos más!
¡Que sueñes con los angelitos!
¡Que aproveche!
¡Que descanses!
¡Que te mejores!

188 | ciento ochenta y ocho — Unidad 10 | Línea de meta

1.2. Interacción oral en parejas en la que trabajarán las expresiones para manifestar buenos deseos que han visto también en el cuadro gramatical. Explíqueles que deben contextualizar cada expresión imaginando una situación en la que podría usarse. Una vez que lo hayan comentado, haga una puesta en común para que compartan sus respuestas y aclare cualquier duda que aún puedan tener.
Posible respuesta:
¡Que seáis muy felices!: en una boda, cuando alguien empieza una relación con otra persona; **¡Que te lo pases bien!:** a una persona que sale con los amigos, que va a una fiesta o que se va de vacaciones; **¡Que os divirtáis!:** en los mismos casos que la expresión anterior, pero dirigiéndose a más de una persona; **¡Que tengas suerte!:** a alguien que va a hacer un examen o una entrevista de trabajo; **¡Que cumplas muchos más!:** a una persona que cumple años; **¡Que sueñes con los angelitos!:** a una persona que se va a dormir; **¡Que aproveche!:** A alguien que se dispone a comer o ya lo está haciendo; **¡Que descanses!:** a una persona que va a dormir, que se va de vacaciones o, también, al final de una jornada o de una semana de trabajo; **¡Que te mejores!:** a alguien que tiene alguna dolencia o que está enfermo.

Para trabajar estos contenidos, realice la actividad **5**, p. **60** del *Libro de ejercicios*.

2 Subjuntivo con verbos de influencia: consejos y recomendaciones, órdenes, permiso y prohibición (repaso)

- Son verbos de influencia *aconsejar, recomendar, sugerir, mandar, ordenar, permitir, dejar* o *prohibir*. Este tipo de verbos se construyen con **infinitivo** o con *que* + **subjuntivo**:
  Os aconsejo ver/que veáis esa serie, es magnífica.
  Te prohibimos salir/que salgas de aquí hasta que no termines los deberes.
- *Es* *conveniente* / *recomendable* / *aconsejable*
  + **infinitivo**, para hablar de **acciones o situaciones generales**:
  Es recomendable beber mucha agua los días de calor.
  + *que* + presente de **subjuntivo**, para **personalizar el consejo**:
  Es aconsejable que estudiéis una hora diaria, por lo menos.

Recuerda:
En carteles es frecuente el uso de fórmulas impersonales: ***se prohíbe/permite, está permitido/prohibido*** seguidas de **infinitivo**:
(Está) Prohibido/Se prohíbe fumar.
(Está) Permitido/Se permite circular por el arcén.

2.1 **Todo el grupo** ¿Por qué crees que a estos verbos se les llama "de influencia"?

2.2 Fíjate en el ejemplo y transforma las siguientes frases.
Ejemplo: *No te vayas.* (prohibición) > *Te prohíbo que te vayas.*
1. No te rías. (consejo) › ....
2. Vuelve un poco más tarde. (permiso) › ....
3. Ve a esa exposición. (recomendación) › ....
4. No entres aquí. (prohibición) › ....
5. Estudia más. (sugerencia) › ....
6. Vete de aquí. (orden) › ....

2.3 [41] **En grupos pequeños** Javier es un niño de 10 años que tiene un problema. Escucha el audio y elabora con tus compañeros una lista de consejos y prohibiciones que ayuden a su familia a resolverlo.

3 Subjuntivo para expresar sentimientos y estados de ánimo (repaso)

- Existen diferentes construcciones para expresar **sentimientos** y **estados de ánimo**. Todas ellas van acompañadas de **infinitivo** si el sujeto de la oración subordinada es el mismo que el de la principal y de *que* + **subjuntivo** si los sujetos son distintos.
  – Verbos con la misma construcción que *gustar*, como *interesar, encantar, molestar, doler, importar, preocupar, extrañar* o *sorprender*.
  Me sorprende que todavía estés en la cama. ¡Si son las doce de la mañana!
  – Las locuciones *dar* + **sustantivo** *(miedo, pena, vergüenza...)* y *poner* + **adjetivo** *(triste, contento/a, furioso/a, nervioso/a...)*:
  Me pone furioso dejarme la nevera abierta. ¡Es que se estropea la comida!
  – Verbos en los que el sujeto es la persona que experimenta el sentimiento o emoción, como *soportar, sentir, lamentar, temer, odiar, aguantar* o *alegrarse*:
  Odio que la gente hable en voz alta.
  – Los estados de ánimo se expresan con *estar* + **adjetivo** *(cansado/a, harto/a, contento/a...)*:
  Estoy muy contenta de que hayáis venido a visitarme.
- Las expresiones *me da igual/lo mismo* expresan **indiferencia**.

Recuerda:
- Las locuciones con *dar* y *poner* se pueden construir con *cuando* o *si*. En este caso el verbo que introducen va siempre en indicativo y el verbo *poner* se hace reflexivo:
  Me pongo furioso cuando me dejo la nevera abierta.
  Me da mucha lástima si veo a un niño llorar.
- Esto ocurre también con verbos como *enfadar(se), alegrar(se), aburrir(se)*:
  A Juan le aburre que le hablen de política./Juan se aburre cuando/si le hablan de política.

Unidad 10 | Línea de meta — ciento ochenta y nueve | 189

2. En el segundo cuadro de gramática se revisan algunos verbos de influencia y su funcionamiento. Pregunte a sus estudiantes qué verbos recuerdan que sirvan para dar consejos, hacer recomendaciones, dar órdenes, permitir y prohibir; escriba en la pizarra los que le digan y pídales que añadan algunos ejemplos. Pregúnteles después si con estos verbos, al igual que sucede con los que han visto en el primer cuadro, solo puede usarse el infinitivo en caso de que el sujeto del verbo subordinado sea el mismo que el del principal (los verbos de influencia pueden ir seguidos de infinitivo aun cuando el sujeto sea diferente). Pregúnteles también si, además de los verbos comentados, conocen alguna locución que sirva también para dar consejos. Una vez que tenga anotada en la pizarra toda esta información, dirija la atención de la clase hacia el cuadro gramatical y compruebe si su contenido es el mismo que el aportado por ellos. Por último, remítalos al cuadro de atención en el que se recuerdan algunas de las fórmulas impersonales que suelen aparecer en carteles para expresar la misma función.

2.1. Actividad de carácter reflexivo. Indíqueles que discutan en plenario sobre la pregunta planteada y que pongan ejemplos para ilustrar sus explicaciones. Todos estos verbos expresan la intención, por parte del sujeto, de influir de un modo u otro en el comportamiento de otras personas.

2.2. Actividad formal para practicar los contenidos del cuadro anterior. Se trata de que individualmente transformen una serie de frases construidas con imperativo por otras que contengan verbos de influencia y que expresen lo que se indica entre paréntesis. Léales el ejemplo para que les quede claro lo que deben hacer y permítales que comparen sus respuestas en parejas antes de la corrección en plenario.

Posible respuesta:
1. Te aconsejo que no te rías; **2.** Te permito/dejo que vuelvas un poco más tarde; **3.** Te recomiendo que vayas a esa exposición; **4.** Te prohíbo que entres aquí; **5.** Te sugiero que estudies más; **6.** Ye ordeno que te vayas de aquí.

2.3. [41] Termine la secuencia con esta actividad en grupos en la que, a partir de una escucha en la que se expone un problema, deberán elaborar una lista de consejos y prohibiciones que ayuden a su resolución. Ponga el audio y deje que redacten su lista de consejos; mientras, muévase por el aula para asegurarse de que utilizan distintos verbos y estructuras. Para terminar, anímelos a que compartan su trabajo con el resto de la clase.

Para trabajar estos contenidos, realice las actividades **6-8**, p. **60** del *Libro de ejercicios*.

3. Para introducir el contenido de este tercer cuadro de gramática, pida a sus estudiantes que digan verbos o locuciones que recuerden que sirvan para expresar sentimientos y estados de ánimo y que aporten ejemplos; mientras, usted vaya anotándolos en la pizarra. A continuación pregúnteles cómo se construyen estos verbos o locuciones (algunos lo hacen como *gustar*, en otros la persona que experimenta el sentimiento es el sujeto, y en algunos casos existen ambas posibilidades: *me pongo/me pone..., me preocupa/me preocupo...*). Una vez que hayan expuesto todo lo que recuerdan, pase a leer con ellos la información del cuadro punto por punto, así como el cuadro de atención de la banda lateral; haga hincapié en cualquier contenido que no hubieran tenido en cuenta previamente y asegúrese de que no les quedan dudas al respecto.

Unidad 10

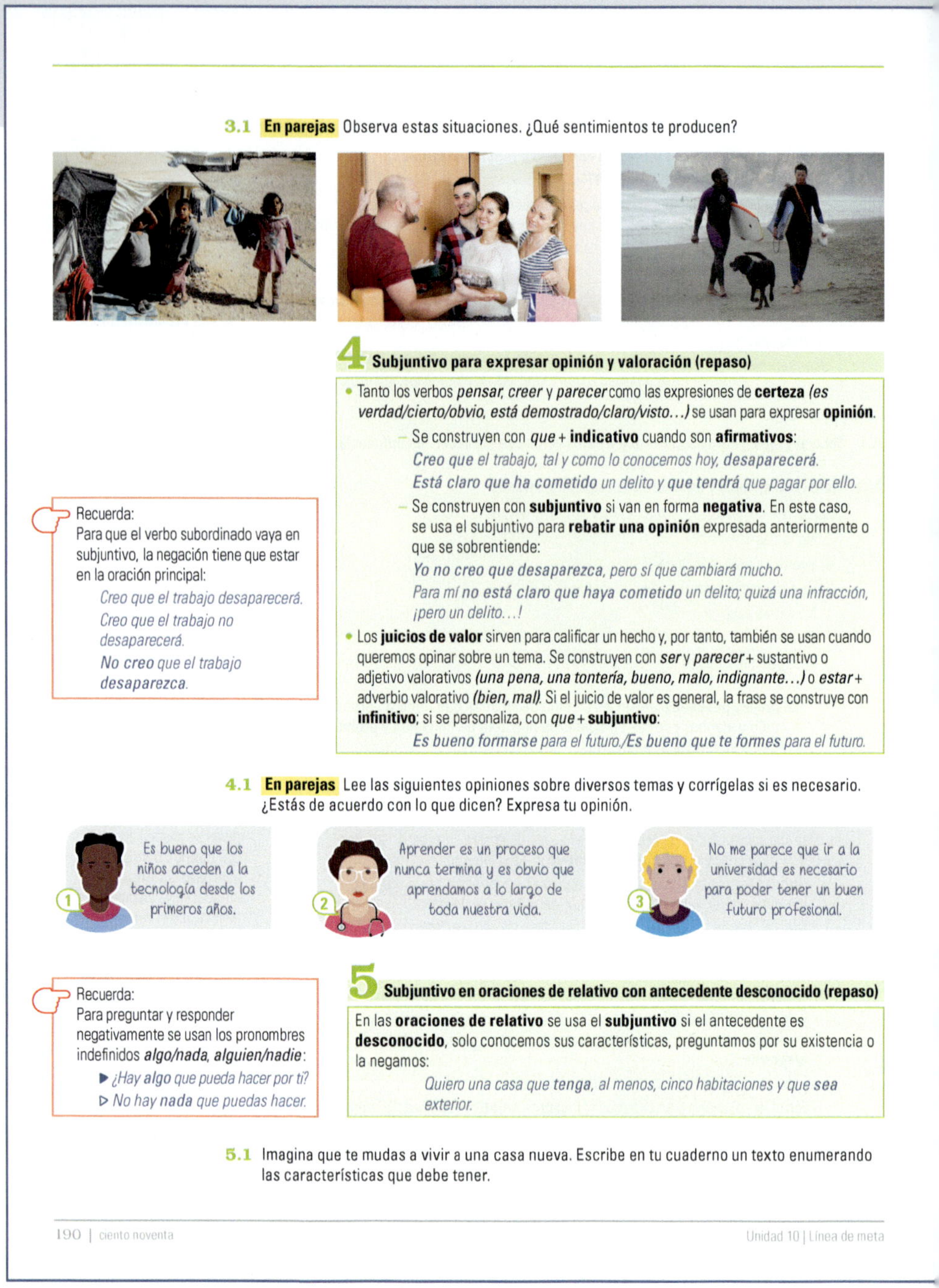
3.1 **En parejas** Observa estas situaciones. ¿Qué sentimientos te producen?

4 Subjuntivo para expresar opinión y valoración (repaso)

- Tanto los verbos *pensar, creer* y *parecer* como las expresiones de **certeza** *(es verdad/cierto/obvio, está demostrado/claro/visto...)* se usan para expresar **opinión**.
  - Se construyen con *que* + **indicativo** cuando son **afirmativos**:
    Creo que el trabajo, tal y como lo conocemos hoy, desaparecerá.
    Está claro que ha cometido un delito y que tendrá que pagar por ello.
  - Se construyen con **subjuntivo** si van en forma **negativa**. En este caso, se usa el subjuntivo para **rebatir una opinión** expresada anteriormente o que se sobrentiende:
    Yo no creo que desaparezca, pero sí que cambiará mucho.
    Para mí no está claro que haya cometido un delito; quizá una infracción, ¡pero un delito...!
- Los **juicios de valor** sirven para calificar un hecho y, por tanto, también se usan cuando queremos opinar sobre un tema. Se construyen con *ser* y *parecer* + sustantivo o adjetivo valorativos *(una pena, una tontería, bueno, malo, indignante...)* o *estar* + adverbio valorativo *(bien, mal)*. Si el juicio de valor es general, la frase se construye con **infinitivo**; si se personaliza, con *que* + **subjuntivo**:
    Es bueno formarse para el futuro./Es bueno que te formes para el futuro.

Recuerda:
Para que el verbo subordinado vaya en subjuntivo, la negación tiene que estar en la oración principal:
Creo que el trabajo desaparecerá.
Creo que el trabajo no desaparecerá.
No creo que el trabajo desaparezca.

4.1 **En parejas** Lee las siguientes opiniones sobre diversos temas y corrígelas si es necesario. ¿Estás de acuerdo con lo que dicen? Expresa tu opinión.

1 Es bueno que los niños acceden a la tecnología desde los primeros años.
2 Aprender es un proceso que nunca termina y es obvio que aprendamos a lo largo de toda nuestra vida.
3 No me parece que ir a la universidad es necesario para poder tener un buen futuro profesional.

Recuerda:
Para preguntar y responder negativamente se usan los pronombres indefinidos *algo/nada, alguien/nadie*:
▶ *¿Hay algo que pueda hacer por ti?*
▷ *No hay nada que puedas hacer.*

5 Subjuntivo en oraciones de relativo con antecedente desconocido (repaso)

En las **oraciones de relativo** se usa el **subjuntivo** si el antecedente es **desconocido**, solo conocemos sus características, preguntamos por su existencia o la negamos:
Quiero una casa que tenga, al menos, cinco habitaciones y que sea exterior.

5.1 Imagina que te mudas a vivir a una casa nueva. Escribe en tu cuaderno un texto enumerando las características que debe tener.

190 | ciento noventa   Unidad 10 | Línea de meta

3.1. Actividad en parejas para que practiquen los verbos y locuciones que han revisado en el cuadro de gramática anterior. Pídales que se fijen en las imágenes y que comenten qué sentimientos les producen las situaciones que muestran. Indíqueles que, además, escriban una frase para cada fotografía; de este modo, hará que practiquen las estructuras completas y evitará que se limiten a decir verbos o palabras aisladas. Haga una puesta en común para conocer las diferentes respuestas y realizar las correcciones necesarias.

Para trabajar estos contenidos, realice las actividades **9** y **9a**, p. **61** del *Libro de ejercicios*.

4. Pregunte primero a sus estudiantes qué verbos y expresiones conocen para expresar opinión y, una vez más, anote en la pizarra todo lo que le sugieran. Pregúnteles entonces si recuerdan cuándo estos verbos rigen indicativo y cuándo subjuntivo, pídales que añadan ejemplos a las explicaciones que le den y escríbalos también. A continuación pídales que le digan los verbos que se usan para expresar juicios de valor, así como los adjetivos y adverbios valorativos que los acompañan. De nuevo, anímelos a ilustrar las explicaciones con ejemplos. Una vez que haya recabado toda la información, compárela con la que aparece en el cuadro haciendo hincapié en los aspectos en los que hayan podido equivocarse o no ser precisos. Por último, remítalos al cuadro de atención de la banda lateral en el que se explica la posición que ha de tener la negación para que el verbo subordinado se conjugue en subjuntivo.

4.1. Actividad en parejas que tiene por fin aplicar lo que se ha revisado en el cuadro gramatical anterior: primero, por medio de un ejercicio de gramática en el que deberán corregir los errores de tres opiniones presentadas y, a continuación, expresando oralmente su propia opinión respecto a los temas planteados.
1. Es bueno que los niños accedan a la tecnología desde los primeros años; **2.** Aprender es un proceso que nunca termina y es obvio que aprendemos a lo largo de toda nuestra vida; **3.** No me parece que ir a la universidad sea necesario para poder tener un buen futuro profesional.

5. Para presentar el contenido de este cuadro gramatical, escriba en la pizarra el siguiente par de frases: *Quiero una casa que tiene cinco habitaciones* y *Quiero una casa que tenga cinco habitaciones*. Pregúnteles si recuerdan cómo se llamaban estas oraciones y qué diferencias hay entre ambas y a qué se deben. Una vez que sus estudiantes hayan contestado a sus preguntas, lea con ellos el contenido del cuadro referente a las oraciones de relativo con antecedente desconocido y confirme si la información coincide con la que ellos dieron. Para terminar, lea también el cuadro de atención en el que se recuerdan los pronombres indefinidos que se suelen utilizar en este tipo de frases.

5.1. Actividad de expresión escrita para practicar las oraciones de relativo revisadas en el anterior cuadro gramatical. Pídales que, individualmente, escriban una redacción sobre su casa ideal contando cómo sería, dónde se encontraría, cuántas habitaciones tendría, cómo estaría decorada, de qué servicios dispondría, cuánto costaría, etc. Una vez hayan terminado, puede hacer que compartan en pequeños grupos sus textos y comprueben si hay coincidencias entre ellos.

6 Subjuntivo para expresar hipótesis y probabilidad (repaso)

- En español, para expresar **hipótesis** y **probabilidad**, hay dos recursos principales:
  - El uso del **futuro simple**, el **futuro compuesto** y el **condicional**:
    *Estará ocupada y no **podrá** llamarte, no te preocupes.* (presente)
    *¿**Habrá llegado** ya al aeropuerto?* (pasado reciente)
    *¿Que a qué hora se fue? Muy tarde, **serían** las tres de la mañana o así.* (pasado)
  - El uso de los siguientes **adverbios** y **locuciones adverbiales**:

Con **indicativo**:	Con **indicativo y subjuntivo**:	Con **subjuntivo**:
- a lo mejor	- quizá(s)	- puede (ser) que
- lo mismo	- tal vez	- (no) es + posible / probable / imposible + que
- igual	- probablemente	
	- posiblemente	
	- seguramente	

*A lo mejor **está** enfadado y por eso no te llama.* (presente)
*Probablemente **han/hayan llegado** ya a su destino.* (pasado)

Recuerda:
En las expresiones que pueden llevar indicativo o subjuntivo, si el hablante usa el indicativo, cree que su suposición es más probable que si usa el subjuntivo.

RAE GRAMÁTICA
En el español de América (R. Dominicana, Uruguay y Venezuela) también se usa *de repente* con el significado de *posiblemente*:
*Por mi barrio hay un joyero que **de repente** lo puede arreglar...*
Mañana mismo se lo llevo.

6.1 **En parejas** Escribe tres hipótesis en tu cuaderno sobre lo que va a hacer tu compañero/a después del curso. Luego coméntaselas; ¿has acertado?

7 Subjuntivo para expresar finalidad (repaso)

Para expresar la **función de un objeto** o el **objetivo de una acción**, se usa la preposición ***para*** seguida de **infinitivo** si el sujeto de la oración subordinada es el mismo que el de la oración principal, y ***que* + subjuntivo** cuando los sujetos son diferentes:
*Esta pluma tan rara servía **para escribir**.*
*Eva trabaja duro **para que** sus hijos **tengan** lo necesario para vivir.*

Recuerda:
- Otros marcadores de finalidad son *con el fin/el objeto/la finalidad de (que)*. Se usan en **contextos** más **formales**.
- La preposición ***a*** se usa como marcador de finalidad con verbos de **movimiento**:
  *Vengo **a** que me ayudes.*

7.1 **En parejas** ¿Para qué utilizamos estas cosas?

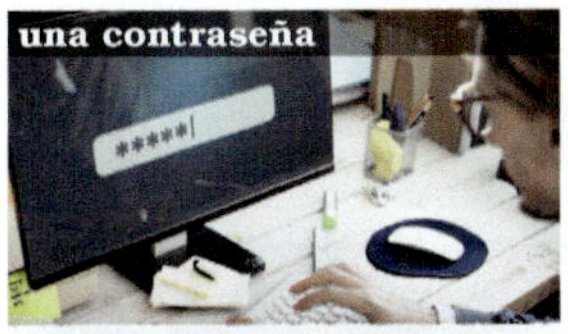
una contraseña

una red social

un dron

un horno

una aplicación

una sartén

Unidad 10 | Línea de meta ciento noventa y uno | 191

6. Pregunte a sus estudiantes qué recursos conocen en español para expresar hipótesis y probabilidad, ya sean determinados tiempos verbales o adverbios y locuciones adverbiales. Escriba en la pizarra sus respuestas y pídales que aporten ejemplos de cada caso. En los ejemplos con adverbios y locuciones adverbiales, hágales reparar en si estos rigen indicativo, subjuntivo o pueden introducir ambos modos, en cuyo caso, pregúnteles también si existe diferencia entre usar uno u otro. Finalizada la reflexión, lea con ellos la información del cuadro gramatical y la del de atención y explique aquellos aspectos que no se hayan comentado o no hayan quedado claros. Por último, lea el cuadro de la RAE en el que se hace referencia al diferente uso de *de repente* en algunos países de América.

6.1. Distribuya la clase en parejas y pídales que escriban tres hipótesis sobre lo que creen que hará su compañero/a después del curso. Una vez escritas, anímelos a compartirlas con su pareja para comprobar si han acertado en alguna de ellas.

7. El último cuadro gramatical del apartado trata sobre la expresión de la finalidad con subjuntivo. Pregunte a sus estudiantes qué preposición se usa en español para expresar la función de un objeto o el objetivo de una acción *(para)*. Pídales que aporten algunos ejemplos y que, a tenor de estos, le digan qué forma verbal introduce esta preposición (infinitivo o subjuntivo) y de qué depende. Una vez más, cuando tenga anotada ya toda la información en la pizarra, compárela con la que presenta el cuadro de gramática para constatar si es correcta o le falta algún dato importante. Por último, remítalos al cuadro de atención en el que se presentan otros marcadores de finalidad y se explica el uso de la preposición *a* con valor final.

7.1. Concluya el apartado con una actividad de interacción oral en parejas en la que aplicarán el contenido gramatical revisado en el último cuadro. Se trata de que comenten para qué se utilizan normalmente los objetos de las imágenes. Es posible que sus estudiantes usen en todos los casos la preposición *para* con infinitivo, pues se puede entender que el sujeto del verbo subordinado es el mismo que el de la oración principal. En ese caso, después de la corrección, puede pedirles que digan sus mismas frases pero usando la estructura *sirve para que*; de esta forma se verán obligados a usar el subjuntivo.
Posible respuesta:
Una contraseña: la utilizamos para acceder/sirve para que accedamos a nuestro correo; **una red social:** la utilizamos para compartir/sirve para que compartamos información con nuestros amigos; **un dron:** lo utilizamos para grabar/sirve para que grabemos imágenes desde el aire; **un horno:** lo utilizamos para calentar/sirve para que calentemos la comida; **una aplicación:** la utilizamos para descargar/sirve para que descarguemos música (entre otras muchas funciones); **una sartén:** la utilizamos para freír/sirve para que friamos patatas.

Para trabajar estos contenidos, realice las actividades **10-13c**, pp. **61-62** del *Libro de ejercicios*.

Practica en contexto

1. En este apartado se van a practicar, en diferentes contextos e integrando las distintas destrezas, algunos de los contenidos léxicos y gramaticales estudiados a lo largo del nivel B1. Comience preguntando a sus estudiantes si podrían explicar qué es *el internet de las cosas*, tema que sirve para articular el apartado. Escuche sus respuestas y, a continuación, pídales que lean las tres definiciones propuestas y que, entre todos, elijan la que consideren correcta. Por último, presente el cuadro de la RAE, en el que se habla del género de las palabras *internet* y *wifi*.
2.

1.1. Actividad de comprensión lectora cuyo objetivo es comprobar la respuesta de la actividad anterior. Deles un tiempo para que lean el texto y luego pídales que marquen la palabra clave para dar con la respuesta. La palabra sería *interconexión*, pues no se trata únicamente de objetos conectados a internet, sino también conectados entre sí.

1.2. Continúe ahondando en el tema, ahora por medio de esta actividad de interacción oral en plenario que tiene como objetivo revisar el vocabulario sobre los dispositivos electrónicos aprendido en la unidad 2. Pregúnteles si tienen o conocen algún objeto inteligente, objetos que se puedan conectar al wifi, y vaya anotando en la pizarra todos los que le propongan. Deberían elaborar una lista que, al menos, incluyera: *móvil*, *reloj*, eBook, *alarma*, *reproductores de música*, *televisor*, *consola*, *asistentes personales* y *electrodomésticos (robot, aspirador, frigorífico, lavadora...)*.

Practica en contexto

1 **Todo el grupo** ¿Qué es el *internet de las cosas*? Elige la definición que te parezca correcta y justifica tu respuesta.

1. Se trata de todas las cosas que pueden hacerse con la ayuda de internet.
2. Es la conexión de los objetos cotidianos a internet y también entre sí.
3. Son todos los objetos que pueden conectarse a internet.

RAE

LÉXICO

Las palabras internet y wifi se usan indistintamente en masculino y femenino. Ambas opciones son correctas:
*Investiga en **el internet** sobre quién puede necesitar una buena página web.*
*Fue un proyecto digital llamado a marcar un antes y un después en la historia de **la internet** mundial.*
*Seguro que el del segundo me está robando **el wifi**.*
*Esto de **la wifi** y de escribir cartas por teléfono es mágico.*

1.1 Lee la siguiente definición y comprueba tu respuesta anterior.

El internet de las cosas o IoT *(Internet of Things)* es un concepto que se basa en la interconexión, a través de internet, de las cosas de nuestro día a día. Estas *cosas* incluyen personas, objetos, animales, máquinas... Al estar todo interconectado, se transfieren datos que, analizados, permiten obtener una información que facilita la vida cotidiana y que contribuye a mejorar también la sociedad, ayudando, por ejemplo, en la gestión de las ciudades, de modo que sean más habitables y sostenibles.

1.2 **Todo el grupo** ¿Tienes o conoces algún objeto inteligente? ¿Cuál? Haced una lista con todos los que se mencionen en la clase.

2 **En parejas** ¿Cuáles de los siguientes objetos inteligentes existen ya?

Paraguas que predice el tiempo y que, además, te avisa para que no lo olvides en ningún sitio.

Tenedor que vigila tus comidas para que tu dieta sea saludable.

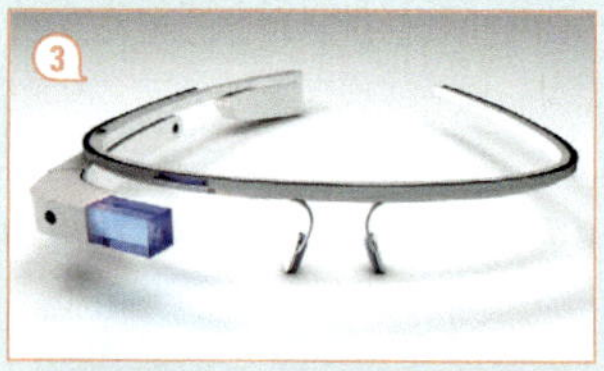

Gafas con GPS que te guían para que no te pierdas y sepas siempre dónde estás.

Zapatos que te dicen con qué ropa combinan mejor para que vayas siempre perfecto/a.

192 | ciento noventa y dos — Unidad 10 | Línea de meta

2. Actividad que combina la comprensión lectora y la interacción oral y en cuyos textos aparecen dos estructuras que se repiten sistemáticamente: las oraciones de relativo y las finales. Organice a sus estudiantes en parejas y pídales que lean la descripción de los objetos que aparecen en las imágenes para, a continuación, decidir cuáles de ellos creen que existen ya en su versión "inteligente". Una vez que lo hayan comentado, anímelos a compartir sus conclusiones con el resto de la clase argumentando sus respuestas. No corrija de momento, pues lo harán más adelante mediante una comprensión auditiva. Si cree que sus estudiantes pueden necesitar un refuerzo gramatical, puede proponer como tarea para casa que subrayen todas las oraciones de relativo y las finales que encuentren en las descripciones y que indiquen en qué modo aparecen los verbos subordinados y por qué. Con este mismo fin, también puede usar la proyección 33 después de haber finalizado esta secuencia.
1, 2, 5, 6, 7.

Objetos inteligentes

[33]

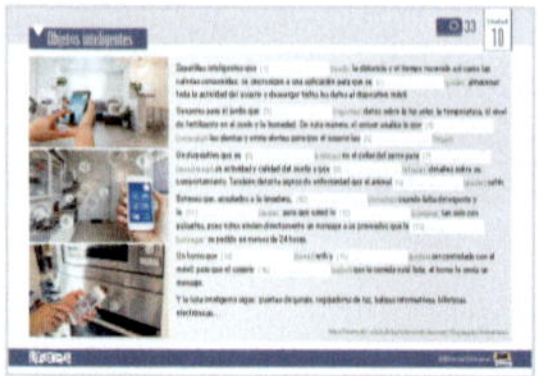

Proyecte o reparta fotocopiado el texto en el que se describen otros objetos inteligentes que ya existen y pida a sus estudiantes que lo completen individualmente conjugando los verbos entre paréntesis en la forma correcta. Deje que comparen sus respuestas en parejas antes de la corrección en plenario.
1. miden; **2.** pueda; **3.** registran; **4.** necesitan; **5.** riegue; **6.** coloca; **7.** monitorear; **8.** ofrece; **9.** pueda; **10.** detectan; **11.** avisa; **12.** compre; **13.** entrega/entregará; **14.** tiene; **15.** puede; **16.** sepa.

Huevera que te avisa si los huevos no están frescos para que no los comas en mal estado.

Cubo de basura que te manda un mensaje cuando está lleno para que cambies la bolsa.

Frigorífico que pide al supermercado los alimentos que le faltan para que no te quedes nunca sin comida.

Sofá que se calienta o enfría según el clima y que vibra para que te despiertes a la hora que le pidas.

2.1 [42] **Forma frases relacionando los elementos de las dos columnas. Luego escucha y comprueba tu respuesta. ¿Has marcado correctamente los objetos inteligentes de la actividad 2?**

1. Si se está acabando un alimento…
2. El paraguas manda un mensaje…
3. El tenedor elabora informes para…
4. La huevera analiza los huevos…
5. La parte de abajo del cubo sirve para…
6. Muy pronto usaremos el móvil…
7. Con las gafas inteligentes se puede…

a. para controlarlo casi todo.
b. que veas los progresos que haces.
c. lo añade a la lista de la compra.
d. para que te acuerdes de cogerlo.
e. aspirar lo que cae fuera de él.
f. consultar una dirección.
g. para evitar intoxicaciones.

2.2 **Todo el grupo** **¿Crees que los objetos inteligentes que no existen y que se mencionan en la actividad 2 serían útiles? Justifica tu respuesta.**

3 **En parejas** Piensa en un objeto que te gustaría convertir en inteligente por medio del internet de las cosas y completa esta ficha. Fíjate en el ejemplo.

¿Qué objeto?
Una maceta que cambie de color cuando la planta necesite agua y que avise también de si le falta abono o necesita más luz.

¿Por qué este objeto?
Porque me encantan las plantas y me da mucha pena que se mueran por falta de riego o de otros cuidados.

Finalidad:
Para que la planta no se seque.

Consecuencia:
Así la planta estará siempre verde y bonita.

3.1 **Todo el grupo** Ahora, con toda la información que tienes, presenta tu objeto inteligente al resto de la clase.

Explicar la causa y matizar o desmentir una información

- Recuerda que para expresar la causa o el motivo de una acción usamos conectores como *porque*, *puesto/ya que*, *por* o *como*:
  *Estudio piano **porque** me gusta la música.*
  ***Como** estoy cansado, me voy a dormir.*
  *Suspendió el examen **por** estudiar poco.*
  ***Ya/Puesto que** sales, compra leche.*
- Para matizar o desmentir una información o suposición previa explicando su verdadera causa o motivo se usa la estructura ***no porque*** + **subjuntivo**, ***sino porque*** + **indicativo**:
  *No salgo, **no porque** no tenga ganas, **sino porque** no puedo.*

2.1. [42] Pida a sus estudiantes que, individualmente, relacionen las dos columnas para completar las frases sobre los objetos inteligentes de la actividad anterior. Cuando lo hayan hecho, explíqueles que van a escuchar un audio con en que podrán comprobar la solución tanto de esta actividad como de la anterior. Finalizada la escucha, haga una puesta en común para corregir ambas actividades.
1. c; **2.** d; **3.** b; **4.** g; **5.** e; **6.** a; **7.** f.

2.2. Cierre la secuencia con una interacción oral en plenario en la que opinarán sobre lo que han leído y escuchado. Antes de plantearles la pregunta que propone la actividad, dirija la atención de la clase hacia el cuadro funcional en el que se revisan distintos recursos lingüísticos para explicar la causa y matizar o desmentir una información y que pueden serles útiles al presentar sus argumentos o rebatir los de sus compañeros. Mientras discuten, y si es necesario, hágales preguntas para conseguir que usen oraciones finales y causales en sus respuestas; bastará con que usted utilice *¿por qué…?* y *¿para qué…?* al preguntar.

3. Organice la clase en parejas para realizar esta actividad en la que sus estudiantes podrán practicar en contexto, e integrando la interacción oral y la expresión escrita, cuatro tipos de oraciones estudiadas anteriormente: las oraciones de relativo, las causales, las finales y las consecutivas. Explíqueles que deben pensar en un objeto que les gustaría convertir en inteligente mediante el internet de las cosas y completar una ficha con la información que se les solicita: descripción del objeto, el porqué de su elección, su finalidad y las consecuencias o ventajas de convertirlo en "inteligente". Antes de empezar, asegúrese de que lean el ejemplo y se fijen en las estructuras gramaticales, los verbos principales utilizados y el modo en el que están conjugados los subordinados. Mientras realizan la actividad, muévase por el aula para resolver posibles dudas y para comprobar que se están usando correctamente las estructuras que exigen los cuatro apartados.

3.1. Pida ahora a cada pareja que presente su trabajo al resto de los compañeros. Anímelos a que hagan todas las preguntas que deseen sobre las funcionalidades y características de cada objeto inteligente para que, así, puedan valorarlos mejor en la actividad siguiente.

3.2. El objetivo de esta actividad de interacción oral es que sus estudiantes revisen las oraciones causales que estudiaron en la unidad 7. Dirija primero su atención hacia el cuadro funcional de la banda lateral para que recuerden algunas de las estructuras que pueden usar para introducir una opinión y reaccionar a las opiniones de otros expresando acuerdo o desacuerdo. Revise también el cuadro de atención sobre los adjetivos y sustantivos valorativos que se usan con los verbos *ser* y *parecer*. Una vez hecho esto, deles un tiempo para que piensen individualmente en los objetos inteligentes que han ideado los demás compañeros en la actividad 3 y, a continuación, explíqueles que deben valorarlos siguiendo el ejemplo y usando las estructuras vistas en los cuadros. Después de que hayan compartido sus valoraciones, pídales que decidan entre todos cuál es el objeto inteligente más útil e interesante de todos.

4. Actividad de interacción oral en plenario cuyo objetivo es que practiquen las formas para expresar hipótesis que aprendieron en la unidad 8. Pídales que se fijen en la imagen y que hagan hipótesis sobre lo que creen que representa y si, en su opinión, se refiere a un concepto positivo o negativo. Preenseñe la expresión *código de barras* y asegúrese de que hacen las hipótesis usando las diferentes formas que aprendieron para ello: futuro simple, futuro perfecto, condicional simple y expresiones como *es posible que*, *puede ser que*, *tal vez*, etc.

4.1. Actividad de comprensión lectora con la que se contextualiza la imagen de la actividad anterior, de manera que sus estudiantes puedan comprobar si sus hipótesis se acercaron en mayor o menor medida a lo que dice el texto, en el que se habla sobre las ventajas y desventajas del internet de las cosas. Pídales que lo lean individualmente y que subrayen la frase que, en su opinión, ilustra la imagen. En realidad, no hay una respuesta precisa pues la imagen podría relacionarse con distintos aspectos tratados en el texto: pérdida de la privacidad, dependencia excesiva de los dispositivos, exceso de automatización o deshumanización de la sociedad.

4.2. Pídales ahora que compartan con el resto de compañeros la frase que han subrayado y comprueben si han coincidido. Fomente el debate entre ellos pidiéndoles que argumenten su respuesta y que expliquen también si están o no de acuerdo con lo que se dice en el texto.

5. Con esta actividad comienza la última secuencia del apartado, destinada a hacer balance sobre lo aprendido en el nivel B1 y a que reflexionen sobre las propias aptitudes, logros y necesidades. En primer lugar, dirija la atención de sus estudiantes hacia el cuadro funcional en el que se presentan algunos exponentes para evocar recuerdos. Luego disponga la clase en parejas e indíqueles que respondan a las preguntas planteadas usando, en la medida de lo posible, las estructuras vistas en el cuadro.

5.1. Con la clase en plenario, pregúnteles si saben qué es el *Marco común europeo de referencia para las lenguas (MCER)*, en qué consiste y cuál es su finalidad. Tome nota en la pizarra de las respuestas que le den para comprobarlas más adelante.

Introducir una opinión y reaccionar

Recuerda que para **introducir tu opinión** o valoración puedes usar las expresiones ***para mí, a mí me parece que, según mi idea, desde mi punto de vista...*** y para reaccionar mostrando **acuerdo o desacuerdo** puedes usar las expresiones ***(no) estoy de acuerdo contigo, estoy a favor/en contra de esa opinión, (no) tienes razón, estoy de acuerdo, pero...***

3.2 **Todo el grupo** Valora los objetos de tus compañeros. Luego comparte con el resto de la clase tus valoraciones y, juntos, decidid cuál es el objeto inteligente más útil e interesante.

Recuerda:
Algunos adjetivos y sustantivos **valorativos** son:

Adjetivos valorativos		Sustantivos valorativos	
bueno/malo	justo	una vergüenza	una suerte
importante	sorprendente	una pena	una tontería
increíble	intolerable	un horror	un desastre
escandaloso	(...)	una buena/mala noticia	(...)

4 **Todo el grupo** Fíjate en la siguiente imagen y haz hipótesis sobre qué representa. ¿Crees que se refiere a un concepto positivo o negativo? Una pista: tiene relación con el internet de las cosas.

4.1 Lee el texto y subraya la frase a la que crees que se refiere la imagen anterior.

Ventajas y desventajas del IoT

Aunque esta tecnología es muy prometedora, inevitablemente tiene también desventajas; por ejemplo, hará que nuestra privacidad sea mucho más vulnerable y que empresas y Gobiernos nos vigilen constantemente, tendremos una dependencia excesiva de los dispositivos y se perderán muchos puestos de trabajo. Además, es posible que ese exceso de automatización nos lleve a una deshumanización de la sociedad y a la pérdida de las relaciones.

4.2 **Todo el grupo** Compara la frase que has subrayado con la de tus compañeros. ¿Habéis coincidido? ¿Estáis de acuerdo con lo que dice el texto o creéis que exagera?

Evocar recuerdos

- Para expresar que **se recuerda** algo podemos usar:
  - ***Recordar/Acordarse de*** + sustantivo/***que...***
    Recuerdo/Me acuerdo de ese día.
    Recuerdo que cuando entré todos me miraron.
  - ***No olvidar/No olvidarse de*** + sustantivo/***que...***
    No he olvidado el/No me he olvidado del primer día de clase.
- Para expresar que **no se recuerda** algo podemos usar las mismas estructuras en forma negativa y afirmativa respectivamente.
- ***Me suena*** se usa para expresar un recuerdo vago de algo.

5 **En parejas** Hemos llegado al final del nivel B1. ¿Recuerdas qué expectativas tenías al comienzo del curso? ¿Te acuerdas del primer día de clase? ¿Estabas nervioso/a?

5.1 **Todo el grupo** ¿Conoces el *Marco común europeo de referencia para las lenguas*? ¿En qué consiste? ¿Para qué sirve?

194 | ciento noventa y cuatro — Unidad 10 | Línea de meta

5.2 Lee la información y comprueba tu respuesta anterior.

El *Marco común europeo de referencia para las lenguas* fue desarrollado por el Consejo de Europa para establecer una base común entre los Estados miembros en materia de aprendizaje de lenguas. Se publicó en 2001, precisamente el año en que se celebraba el Año Europeo de las Lenguas.

El *MCER* proporciona un marco general que indica lo que los estudiantes de idiomas tienen que aprender para ser capaces de utilizar una lengua extranjera de manera eficaz. Incluye seis niveles de aptitud en el aprendizaje de lenguas extranjeras, tal y como se puede observar en el gráfico.

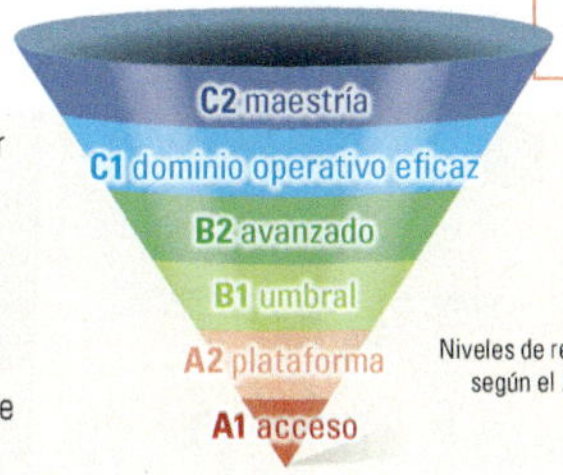

Niveles de referencia según el *MCER*

5.3 **En grupos pequeños** A continuación tienes resumidos los objetivos que establece el *MCER* para el nivel B1. Léelos y comenta con tus compañeros en qué medida los has conseguido.

Comprender		Hablar		Escribir
Comprensión auditiva	Comprensión lectora	Interacción oral	Expresión oral	Expresión escrita
• Comprendo las ideas principales de discursos sobre asuntos cotidianos que tienen lugar en el trabajo, en la escuela, durante el tiempo de ocio… • Comprendo la idea principal de muchos programas de radio o televisión que tratan temas actuales o asuntos de interés personal o profesional.	• Comprendo textos redactados en una lengua cotidiana o relacionada con el trabajo. • Comprendo la descripción de acontecimientos, sentimientos y deseos en comunicaciones personales.	• Sé desenvolverme en casi todas las situaciones que se me presentan cuando viajo donde se habla esa lengua. • Puedo participar en una conversación que trate temas cotidianos de interés personal (familia, aficiones, trabajo, viajes y acontecimientos actuales).	• Sé enlazar frases de forma sencilla con el fin de describir experiencias y hechos, mis sueños, esperanzas y ambiciones. • Puedo explicar y justificar brevemente mis opiniones y proyectos. • Sé narrar una historia o relato, la trama de un libro o película y puedo describir mis reacciones.	• Soy capaz de escribir textos sencillos y bien enlazados sobre temas que me son conocidos o de interés personal. • Puedo escribir cartas personales que describen experiencias e impresiones.

5.4 **En grupos pequeños** Pide y da consejos a tus compañeros sobre alguno de los objetivos de este nivel que creáis que no habéis conseguido.

Pedir, dar y agradecer un consejo

- Para **pedir un consejo** puedes usar las siguientes expresiones:
  - ¿Puedes aconsejarme?
  - ¿Qué me recomiendas/aconsejas?
  - ¿A ti qué te parece?
- Recuerda los verbos y expresiones para **dar consejos** que has aprendido:
  - *Te aconsejo/recomiendo/sugiero* + infinitivo/*que* + subjuntivo
  - *Es conveniente/aconsejable/recomendable* + infinitivo/*que* + subjuntivo
- Para **dar las gracias** puedes usar expresiones como:
  - Muchas gracias por todo/tu consejo.
  - Te agradezco mucho tu ayuda.
  - Me has ayudado mucho, ¡gracias!

5.5 **Todo el grupo** Piensa en todo lo que has aprendido en este curso. ¿Qué tipo de actividades te han gustado más? ¿Qué aspectos culturales te han parecido más interesantes? ¿Crees que conocer la cultura hispana te puede ayudar en tu aprendizaje del español? Justifica tu respuesta.

Unidad 10 | Línea de meta ciento noventa y cinco | 195

5.2. Comprensión lectora con la que sus estudiantes podrán comprobar si las respuestas que dieron en la anterior actividad son correctas y, por otro lado, ampliarán el conocimiento que puedan tener sobre el *MCER*. Pídales que lean el texto y que se fijen también en el gráfico que lo acompaña, en el que se presentan los seis niveles que describe el *MCER* en el aprendizaje de las lenguas. Para asegurarse de que han entendido correctamente, puede hacer las siguientes preguntas: *¿quién desarrolló y cuándo el* MCER*?, ¿cuántos niveles de aptitud incluye el* MCER *en el aprendizaje de lenguas extranjeras?, ¿cómo se denomina al nivel B1?*

5.3. Nueva actividad de comprensión lectora que les permitirá, por un lado, conocer los objetivos que establece el *MCER* para el nivel B1 y, por otro, llevar a cabo una reflexión posterior para constatar cuáles de esos objetivos han alcanzado y en qué medida. Pídales primero que, individualmente, lean el texto y marquen tanto las aptitudes que crean haber desarrollado como aquellas que no o que, por alguna razón, necesitarían seguir trabajando para desarrollarlas plenamente. Mientras leen, muévase por el aula para responder a las dudas que le planteen. A continuación anímelos a que compartan en pequeños grupos las conclusiones a las que hayan llegado. Fomente la reflexión pidiéndoles que expliquen por qué creen que han conseguido determinados objetivos y otros no, así como qué tipo de trabajo creen que facilitó que desarrollaran ciertas aptitudes y qué deberían haber hecho para mejorar otras. Por último, puede preguntarles si se sienten preparados para pasar al siguiente nivel o si piensan que les vendría bien antes reforzar algunas destrezas.

5.4. Actividad de interacción oral continuación de la anterior cuyo objetivo es practicar la expresión de los consejos con subjuntivo dentro del contexto reflexivo sobre su proceso de aprendizaje. Mantenga los mismos grupos e indíqueles que pidan y den consejos a sus compañeros en función de lo que hablaron en la actividad anterior. Antes de que empiecen a hablar, recuérdeles los exponentes del cuadro funcional para pedir, dar y agradecer un consejo. Asegúrese de que usan estos recursos mientras interactúan y tome nota de los errores que puedan cometer para corregirlos una vez hayan terminado de hablar.

5.5. Para concluir el apartado, con la clase en plenario, pida a sus estudiantes que hagan balance sobre el curso respondiendo a las preguntas que aparecen en la actividad. Puede pedirles también que recuerden un momento especialmente divertido, el contenido más difícil, el texto más interesante, etc.

Unidad 10

Cultura

1. Escriba en la pizarra el título del apartado: *Comercio justo* y pregunte de nuevo a sus estudiantes qué es y en qué se basa, recupere también las respuestas que le dieron al presentar los contenidos de la unidad por si pueden aportar alguna idea nueva. Pídales después que se fijen en la imagen que muestra una tienda de comercio justo y pregúnteles si alguna vez han estado en una tienda como esa y en qué se diferenciaba de una tienda convencional. A continuación indíqueles que lean cuáles son los diez principios del comercio justo. Una vez realizada la lectura, resuelva las dudas de vocabulario que pudieran plantearle y pídales que, en parejas, comenten a qué aspectos creen que hacen referencia esos diez principios del comercio justo (aspectos comerciales, laborales, económicos, sociales, educativos, ecológicos…) y cuál creen que es su objetivo. Para facilitar la actividad, puede usted escribir dichos aspectos en la pizarra y pedirles que relacionen cada principio con algunos de ellos. No se trata de una actividad con una única solución, sino más bien de que reflexionen sobre el tema y de que sean conscientes de todo lo que se tiene en consideración en este concepto distinto de comercio. Una vez que hayan comentado esto, pregúnteles si podrían definir ahora de forma más exacta qué es el *comercio justo* y cuál es su objetivo.

EL COMERCIO JUSTO

Tienda de comercio justo

1 **En parejas** ¿Sabes qué es el *comercio justo*? Estos son sus diez principios. ¿A qué crees que se refieren? ¿Cuál es su objetivo?

Los diez principios del comercio justo

1. Oportunidades para productores desfavorecidos
2. Transparencia y responsabilidad
3. Prácticas comerciales justas
4. Pago justo
5. - No al trabajo infantil
   - No al trabajo forzoso
6. - No a la discriminación
   - Igualdad de género
   - Libertad de asociación
7. Buenas condiciones de trabajo
8. Desarrollo de capacidades
9. Promoción del comercio justo
10. Respeto al medioambiente

196 | ciento noventa y seis — Unidad 10 | Línea de meta

10

La ONG Golden Silk, en Camboya, fabrica seda de manera tradicional y sostenible. La mayoría de sus trabajadores son mujeres.

Recogida del fruto del cacao

2 Lee el texto y comprueba tus respuestas.

Cada artículo que compramos tiene una historia, la historia de las personas que lo elaboran. Las historias de quienes cultivan, procesan, elaboran o cosen los productos están marcadas muchas veces por jornadas de trabajo extenuantes e inhumanas, por salarios que no alcanzan para vivir con dignidad, por ingresos que no cubren los costes de producción; historias marcadas por ser mujer u hombre, historias de niños y niñas que se han visto obligados a trabajar en lugar de ir a la escuela o jugar; historias, en definitiva, de injusticia.

Por todo ello, en la década de los cincuenta surgió un movimiento que ha ido creciendo con los años: el comercio justo. Su objetivo es mejorar el acceso al mercado de los productores más desfavorecidos y cambiar las injustas reglas del comercio internacional, que consolidan la pobreza y la desigualdad mundial.

Sus principios básicos son:

- Los productores tienen unas condiciones laborales y unos salarios que les permiten vivir con dignidad.
- No se permite la explotación laboral infantil.
- Se promueve la igualdad entre hombres y mujeres: ambos reciben un trato y una retribución económica equitativa.
- Los artículos se fabrican mediante prácticas respetuosas con el entorno en el que se producen.

El café y el chocolate son los dos productos que nos vienen a la cabeza cuando pensamos en el comercio justo. Sin embargo, además de estos clásicos que conocemos todos, las organizaciones y tiendas de comercio justo ofrecen ya productos con los que buscan adaptarse a las necesidades comunes: zapatillas deportivas, móviles, cremas solares y otros cosméticos, refrescos y todo tipo de productos de alimentación están ya disponibles para la venta bajo el sistema de comercio justo. Comprando estos productos puedes mejorar la calidad de vida y la economía local y nacional de los países productores exportadores.

Adaptado de http://comerciojusto.org y https://www.eldiario.es/economia/productos-comercio-justo-pensabas-existian_0_642186471.html

Unidad 10 | Línea de meta ciento noventa y siete | 197

2. Explíqueles ahora que van a leer un texto en el que se habla sobre el comercio justo, su historia y sus objetivos mediante el cual podrán comprobar si las respuestas que dieron en la actividad anterior eran correctas. Deles tiempo para leer individualmente y ayúdelos de nuevo con las posibles dudas de vocabulario, intentando que las resuelvan entre ellos cuando sea posible. Con el propósito de ahondar más en la comprensión lectora y en el tema del apartado, le sugerimos que amplíe la actividad pidiéndoles que subrayen en el texto aquellas partes que guarden relación con algunos de los principios que han visto en la actividad anterior. A modo orientativo, le proporcionamos las siguientes claves: 1. *Su objetivo es mejorar el acceso al mercado de los productores más desfavorecidos;* 3. … *cambiar las injustas reglas del comercio internacional;* 5. *No se permite la explotación laboral infantil;* 6. *Se promueve la igualdad entre hombres y mujeres: ambos reciben un trato y una retribución económica equitativa;* 7. *Los productores tienen unas condiciones laborales y unos salarios que les permiten vivir con dignidad;* 10. *Los artículos se fabrican mediante prácticas respetuosas con el entorno en el que se producen.*

Para trabajar estos contenidos, realice las actividades **14-15**, p. **63** del *Libro de ejercicios.*

Si sus estudiantes muestran interés por el tema, le proponemos la siguiente actividad extra. Distribuya la clase en grupos pequeños y explíqueles que van a crear su propia tienda de comercio justo. Para ello, deberán completar la ficha que aparece en la proyección 34.

Nuestra tienda de comercio justo

[34]

Proyecte la lámina y lea con ellos los puntos que deberán completar; asegúrese de que entienden lo que deben hacer en cada uno. Dígales que busquen en internet toda la información que precisen (productos de comercio justo, proveedores…). Mientras trabajan muévase por el aula y compruebe que utilizan las formas verbales y las estructuras adecuadas, por ejemplo: al completar o comentar los puntos 1, 2 y 5, el futuro simple, en 3, las oraciones de relativo y en 4, las oraciones finales. Además puede sugerirles que empleen oraciones causales para argumentar sus ideas y que hagan hipótesis con *quizá, tal vez,* etc. Una vez realizado el trabajo, pídales que lo compartan con el resto de la clase para, a continuación, decidir entre todos cuál ha sido el mejor proyecto de tienda de comercio justo.

Cartelera de cine

Antes de leer la sinopsis, pídales que se fijen bien en la cartelera de la película, en su título y en la imagen, y pregúnteles sobre qué creen que trata, qué relación piensan que existe entre el hombre y la mujer que aparecen y por qué creen que se titula así. Asegúrese de que plantean sus hipótesis usando las formas que han estudiado en este nivel (con futuro simple, futuro compuesto, condicional simple o mediante adverbios y locuciones adverbiales). Escuche las ideas que le sugieran y, después, permítales leer la sinopsis. Para asegurarse de que han entendido correctamente el argumento de la película, puede hacerles las siguientes preguntas: *¿quiénes son los personajes principales de la película?, ¿qué relación hay entre ellos?, ¿qué tipo de noticia recibe Sofía?, ¿por qué Eduardo decide contratar a un detective?, ¿qué descubre el detective?, ¿qué obsesiona al detective?, ¿a quién le llega el informe del detective?*

Extraños es una película española de suspense que se estrenó en el año 1999. Dirigida por Imanol Uribe y protagonizada por Carmelo Gómez, María Casal e Ingrid Rubio, se trata de una historia inspirada en el cine negro clásico que resulta en ocasiones confusa y en la que quedan algunos cabos sueltos.

Vídeo

Cartelera DE CINE

Extraños

Sinopsis

Sofía recibe la noticia del suicidio de su madre con aparente pasividad.

Esta extraña conducta le resulta sospechosa a Eduardo, su marido, por lo que decide contratar al detective Lamarca para que la investigue.

El detective no encuentra nada raro durante su investigación; aun así, escribe un informe que, por error, llega a manos de Sofía. A partir de este momento todo se complica.

Goyo Lamarca es un detective solitario obsesionado por un sueño que se repite con frecuencia. Lamarca tratará de descifrar ese misterioso sueño implicando en el mismo a las personas relacionadas con la investigación del suicidio.

Antes de la secuencia

1 **En parejas** Si observas su cartel y lees su sinopsis, ¿cómo imaginas que terminará esta película? ¿A qué género crees que pertenece?

2 **Todo el grupo** En la película aparecen las siguientes profesiones. Explica en qué consiste cada una de ellas. ¿Cuáles crees que desaparecerán en el futuro?

1. detective
2. quiosquero/a
3. violonchelista
4. camarero/a
5. portero/a
6. mensajero/a

Durante la secuencia

3 En su investigación, el detective Lamarca realiza grabaciones en vídeo y las comenta. Visualiza la secuencia y elige la opción correcta.

1. ¿Cómo son las grabaciones de Lamarca?
   a. Breves y objetivas.
   b. Largas y aburridas.
   c. Subjetivas y en un tono muy personal.
2. ¿Qué lleva la protagonista en la mano?
   a. Un maletín rojo.
   b. Su violonchelo.
   c. Un periódico.
3. ¿En qué lugar está grabado el vídeo?
   a. En el jardín de Sofía.
   b. En un parque.
   c. En la parada de autobús.

198 | ciento noventa y ocho — Unidad 10 | Línea de meta

1. Una vez que los estudiantes han entendido la sinopsis e interpretado el cartel de la película, pídales que, en parejas, contesten a las dos preguntas que propone la actividad.
Cine de suspense o intriga, *thriller*.

2. Con la clase en plenario, pídales que lean las seis profesiones que aparecen en la película y que expliquen con sus propias palabras en qué consisten y cuáles de ellas creen que desaparecerán en el futuro y por qué razón.
1. Policía particular que practica investigaciones reservadas y que, a veces, interviene en los procedimientos judiciales; **2.** Alguien que trabaja en un quiosco vendiendo prensa y otro tipo de publicaciones; **3.** Músico que toca el violonchelo; **4.** Persona que trabaja en un bar o restaurante atendiendo a los clientes; **5.** Persona que se ocupa de vigilar la entrada o recepción de un edificio o empresa y que además puede tener otras funciones; **6.** Alguien que se ocupa de llevar mensajes o documentos de un lugar a otro. **Posible respuesta:** Es probable que desaparezcan profesiones como la de quiosquero/a, debido al auge de la prensa digital y al declive de la impresa, y también la de mensajero/a, pues los servicios telemáticos con los que cuentan hoy en día la mayoría de empresas y de particulares la han hecho ya prácticamente innecesaria.

3. Explique a sus estudiantes que van a ver una secuencia de *Extraños* en la que se muestran los seguimientos que hace el detective Lamarca a Sofía y que, después, tendrán que responder a unas preguntas sobre lo que han visto. Ponga el vídeo sin interrupciones, deje que marquen la opción que crean correcta en cada caso y corrija, por último, mediante una puesta en común.
1. c; **2.** a; **3.** b.

10

4 **En parejas** Completa las siguientes frases de la secuencia con las palabras del recuadro. Puedes usar el diccionario. Luego compara con tu compañero/a.

apocado | embaucador | tendero | tomándose | mosquita | aristas | contraseña | andares | tipo | presa

1. Por lo demás, todo sigue igual. Los mismos ...., el mismo pelo y .... a sí misma demasiado en serio, me temo.
2. Este tiene pinta de .... de una tienda de zapatos de hombre. Un tanto .... lo veo, sin ambición.
3. Ella no. Ella fría, sin relieves ni .... Como una máscara.
4. Pero no es mi .... No, no me gusta.
5. Este no tiene pinta de vendedor de bolsos de señora. Charlatán, ... En busca de una ...., seguro.
6. Todo y nada puede pasar. Un maletín rojo será mi ....
7. Vaya con la .... muerta.

El detective Lamarca

Sofía

4.1 Vuelve a ver la secuencia para comprobar tus respuestas anteriores.

4.2 **Todo el grupo** Al final de la secuencia hay un primer plano de un anuncio del periódico. Léelo y contesta a las preguntas.

1. ¿Quiénes son los hombres del parque?
2. ¿Por qué se sientan con Sofía? ¿Se conocen?
3. ¿Por qué crees que Sofía ha puesto ese anuncio en el periódico?
4. ¿Crees que en la actualidad se establecen relaciones por ese medio? ¿Qué se suele hacer ahora?

Después de la secuencia

5 **Todo el grupo** En la secuencia que has visto, el detective Lamarca sigue a Sofía y la graba en vídeo por encargo del marido de ella. Organizad un debate para discutir sobre la conveniencia o no de estos procedimientos. Podéis tener en cuenta los siguientes aspectos.

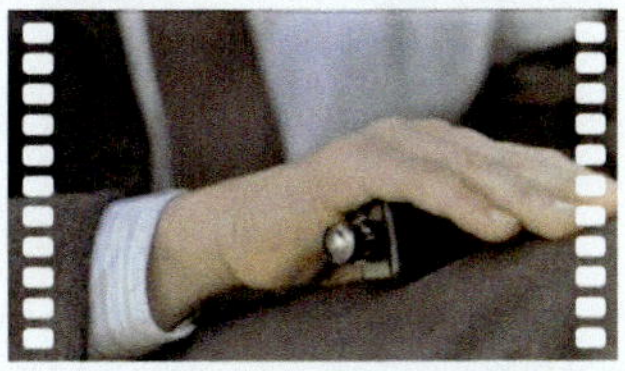

- Grabaciones en vídeo sin consentimiento
- Vida privada
- Métodos tecnológicos disponibles
- Ley de protección de datos

4. Actividad de vocabulario en la que deberán completar algunas frases dichas en la secuencia con las palabras que aparecen en el recuadro. Indíqueles que, primero, hagan la tarea individualmente ayudándose con el diccionario si lo necesitan y que, después, comparen sus respuestas con las de su compañero/a.
1. andares, tomándose; **2.** tendero, apocado; **3.** aristas; **4.** tipo; **5.** embaucador, presa; **6.** contraseña; **7.** mosquita.

4.1. Explíqueles que van a ver de nuevo la secuencia para comprobar las respuestas de la actividad anterior. Pause el visionado tantas veces como sea necesario hasta que verifiquen toda la información. Para asegurarse de que han comprendido correctamente el significado de todas las palabras, puede pedirles que escriban una frase con aquellas que puedan presentar una mayor dificultad para su nivel, por ejemplo: *apocado*, *embaucador*, *mosquita muerta* y *andares*.

4.2. Con la clase en plenario, pídales que se fijen ahora en el anuncio de periódico que aparecía al final de la secuencia y que respondan a las preguntas. Corrija mediante una puesta en común y, si le parece oportuno y con el fin de fomentar la interacción oral, amplíe la actividad haciéndoles las siguientes preguntas: *¿anunciarse en un periódico te parece un medio seguro para conocer a otras personas?, ¿qué ventajas e inconvenientes ves en el hecho de conocer a alguien a través de medios como un anuncio o las redes sociales?*
1. Son las personas que atienden a la llamada que hace Sofía a través del anuncio; **2.** No conocen a Sofía, se sientan a su lado porque reconocen, por el maletín rojo y la ubicación del banco, que se trata de la mujer que ha puesto el anuncio; **3.** Posiblemente porque se sienta sola, pues ha escrito en el anuncio: *Si quieres compartir tu soledad conmigo...*; **4. Posible respuesta:** En la actualidad, es cada vez menos frecuente el uso de páginas de contactos publicadas en los periódicos; aunque todavía existen, la gente, para conocer a otras personas, utiliza con mucha más frecuencia redes sociales, chats y aplicaciones de contactos.

5. Para terminar el apartado, proponga a sus estudiantes un debate acerca de la conveniencia de emplear procedimientos como los que usa el investigador para cumplir con la misión que se le ha encomendado y de las consecuencias éticas que pueden tener este tipo de comportamientos. Para ello, indíqueles que tengan en cuenta los aspectos que se mencionan. Explíqueles que deben enfocar el tema desde una doble perspectiva: la de la persona que necesita conocer una información a la que no tiene acceso, como es el caso de Eduardo, y la de quien es investigado, como Sofía. Deles un tiempo para que desarrollen sus ideas individualmente y, luego, pídales que las compartan con el resto de la clase argumentando su postura.

Unidad 10

Evaluación

1. **a.** 2, 3, 7; **b.** 1, 4, 8; **c.** 5, 6, 9.

2. **1.** haya, conozco; **2.** hagan, tardan; **3.** mienta, hago; **4.** soy, sean; **5.** fue, sea; **6.** reviso, mandarle, revise; **7.** resolvemos, desaparezca; **8.** tenga, hay.

3. **Posible respuesta:**
Mario: 1, 6; **Adriana:** 3, 5; **Alicia:** 2, 7; **Pedro:** 4, 8.

Evaluación

1 Mira estos objetos. ¿Con cuál de las siguientes frases los asocias? Escribe en tu cuaderno otras tres frases para definir otra característica de cada uno de ellos.

a. cubo de basura

1. ☐ Es de metal.
2. ☐ Tiene un asa.
3. ☐ Está hecho/a de plástico.

b. tenedor

4. ☐ Tiene cuatro puntas.
5. ☐ Está hecho/a de cartón.
6. ☐ Es para guardar huevos.

c. huevera

7. ☐ Tiene forma de cilindro.
8. ☐ Sirve para comer.
9. ☐ Parece una caja.

2 Completa las siguientes frases con la forma correcta de los verbos entre paréntesis.

1. A mí me encanta que en las fiestas ...... (haber) mucha gente; si no la ...... (conocer), casi mejor, me gusta esa sensación.
2. No me gusta que me ...... (hacer, ellos) esperar. Si en un restaurante ...... (tardar) más de 20 minutos en servirme, no vuelvo nunca más.
3. Odio que la gente ...... (mentir), yo nunca lo ...... (hacer).
4. No me gusta presumir, pero, sinceramente, creo que ...... (ser) un buen amigo y solo les pido a mis amigos que ...... (ser) tan leales, detallistas y honestos como yo.
5. Hay gente que cree que cualquier tiempo pasado ...... (ser) mejor; pero yo no creo que eso ...... (ser) cierto. Mañana será mejor que hoy. Esta forma de pensar me ayuda a levantarme cada día de buen humor.
6. Yo necesito controlarlo todo en mi trabajo. Siempre ...... (revisar) los documentos dos o tres veces; pero, aun así, antes de ...... (mandar) los informes al jefe, le pido a algún compañero que los ...... (revisar) también.
7. Me preocupa mucho el cambio climático. Si no ...... (resolver, nosotros) este problema, es posible que el mundo que conocemos ...... (desaparecer) en poco tiempo.
8. Me parece absurdo que la gente ...... (tener) prisa por todo. Yo creo que siempre ...... (haber) que tomarse las cosas con más calma.

3 Mira estos perfiles de una red social e indica a quién podrían pertenecer los comentarios anteriores. Justifica tu respuesta en tu cuaderno.

☐☐ **Mario**
Es abierto, nervioso, alegre y un poco inseguro.

☐☐ **Adriana**
Es sincera, introvertida y optimista.

☐☐ **Alicia**
Es habladora, impaciente y un poco pesimista.

☐☐ **Pedro**
Es serio, un poco creído y tranquilo.

200 | doscientos   Unidad 10 | Línea de meta

4 Relaciona cada frase con su uso en subjuntivo.

1. Los aparatos que se inventen en los próximos años tendrán internet de alta velocidad.
2. En la actualidad es probable que haya más gente conectada a la red que fuera de ella.
3. Algunos colegios no permiten a sus estudiantes que utilicen el teléfono en el centro.
4. Me parece perfecto que el wifi sea gratis.
5. Se han realizado algunos cambios en la web con el fin de que el usuario tenga una mejor experiencia.
6. Espero que para el próximo año podamos cambiar los ordenadores de la oficina.
7. Me molesta bastante que cada año hagan pequeños cambios tecnológicos en vez de esperar a hacer cambios más importantes y significativos.

a. Deseo o petición
b. Verbo de influencia
c. Opinión y valoración
d. Finalidad
e. Hipótesis y probabilidad
f. Sentimiento y estado de ánimo
g. Antecedente desconocido

5 Relaciona cada opinión con su respuesta correspondiente.

1. ☐ Los jóvenes prefieren estar conectados a estar con sus amigos.

2. ☐ Cada vez somos más dependientes de la tecnología.

3. ☐ Los avances en la tecnología no siempre conllevan cambios en la sociedad.

a. Es evidente que se usa para muchas cosas, pero creo que la gente es responsable.
b. Yo creo que no es verdad. Me parece que se relacionan en las redes y que es allí donde se encuentran.
c. Estoy de acuerdo contigo, pero solo en parte, porque tarde o temprano tienen consecuencias que terminan afectando, de una manera u otra, a las personas.

6 Relaciona las frases de las dos columnas mediante uno de los nexos propuestos.

1. Se me ha estropeado el móvil,...
2. Siempre estoy conectado...
3. El ordenador va lento...
4. Estudié informática...
5. No tiene batería...
6. No sabe de informática,...

así que / porque / por

a. tiene un virus.
b. tengo que comprarme otro.
c. se ha apuntado a un curso.
d. necesito un cargador.
e. mi trabajo.
f. me gusta la tecnología.

7 Piensa en la actividad en la que has evaluado tus conocimientos del nivel B1 según el *Marco de referencia.* ¿Ha sido útil? ¿Te ha aclarado en qué puntos eres fuerte y en cuáles debes mejorar? ¿Crees que ha valido la pena estudiar español? ¿Vas a continuar con el nivel B2?

4. **1.** g; **2.** e; **3.** b; **4.** c; **5.** d; **6.** a; **7.** f.

5. **1.** b; **2.** a; **3.** c.

6. **1.** b, así que; **2.** e, por; **3.** a, porque; **4.** f, porque; **5.** d, así que; **6.** c, así que.

7. Respuesta abierta.

Apéndices

Pronunciación y ortografía

Ficha 1

Esta primera ficha está dedicada a dos aspectos de la ortografía y la fonética: la acentuación y la puntuación.

1. En primer lugar, pregunte a sus estudiantes si recuerdan cuántos tipos de palabras hay en español atendiendo a su pronunciación y acentuación. Guíe sus respuestas aportando algunos ejemplos de palabras agudas, llanas o esdrújulas sin entrar a corregir en el caso de que no respondan correctamente. Se trata simplemente de sondear si recuerdan las reglas generales de acentuación que vieron en la Ficha 8 del nivel A2. A continuación lea con ellos cada uno de los puntos del primer cuadro sobre las reglas de acentuación que se aplican a las palabras agudas y a las graves o llanas y lea también el cuadro de atención de la banda lateral referente a la acentuación de las mayúsculas. Una vez hayan recordado y tengan clara la información, indíqueles que lean las palabras del recuadro y que las clasifiquen en su lugar correspondiente, en función de si son palabras agudas o llanas. Por último, y según las reglas que han leído, deberán poner las tildes que sean necesarias. Deje que trabajen de forma individual y permítales comparar sus respuestas en parejas antes de la corrección en plenario.
   Palabras agudas: jamás, reloj, pensar, autobús, sillón, allí, comedor, pared; **Palabras graves o llanas:** escriben, pelo, útil, ojo, lápiz, móvil, trabajo, camisetas, árbol, Félix.

2. Actividad que presenta, respecto a los niveles anteriores, dos nuevos signos de puntuación en español: los dos puntos (:) y los puntos suspensivos (...). El objetivo es, por un lado, que los estudiantes sepan cuándo utilizar estos signos y, por otro, que sigan practicando la colocación de la tilde. Para ello, lea primero con ellos el cuadro de atención sobre la puntuación y, una vez haya confirmado que lo entienden todo, pídales que lean el texto que aparece a continuación y que, en parejas, lo puntúen y acentúen teniendo en cuenta las reglas aprendidas.

> Albert Einstein iba a las universidades para dar conferencias. Como no le gustaba conducir, y sin embargo el coche le resultaba muy cómodo para sus desplazamientos, contrató los servicios de un conductor.
> Después de varios viajes, Einstein le comentó al conductor lo aburrido que era repetir lo mismo una y otra vez, siempre las mismas palabras, siempre las mismas preguntas... Este le dijo: "Lo puedo sustituir por una noche. Después de escuchar su conferencia tantas veces, la puedo recitar palabra por palabra". Einstein le tomó la palabra. Llegaron a la sala y el conductor expuso la conferencia, y ninguno de los académicos presentes descubrió el engaño. Al final, un profesor de la audiencia le hizo una pregunta. El conductor no tenía ni idea de cuál era la respuesta, pero tuvo un golpe de inspiración y le dijo: "La pregunta que me hace es tan sencilla que dejaré que mi conductor, que se encuentra al final de la sala, la responda".

Pronunciación y ortografía

Ficha 1 Puntuación y acentuación (1): palabras agudas y llanas

1 Lee el cuadro con las reglas generales de acentuación y clasifica estas palabras en su lugar correspondiente. Luego decide si llevan tilde o no.

escriben | pelo | util | jamas | reloj | ojo | lapiz | movil | pensar
autobus | sillon | trabajo | camisetas | alli | comedor | arbol | Felix | pared

Fíjate:
Las mayúsculas llevan tilde siempre y cuando la norma lo exija: *Óscar, Ángel...*

Reglas generales de acentuación (1)

- Una sílaba es un grupo fónico que se pronuncia en un único golpe de voz: fe-rro-ca-rril.
- La mayoría de las palabras tienen **acento**, es decir, una sílaba (la sílaba **tónica**) que se pronuncia con intensidad. El resto de sílabas se pronuncian con una intensidad menor, son las sílabas **átonas**.

En español, dependiendo de la posición de la sílaba tónica, hay diferentes tipos de palabras:

- Las palabras que tienen el acento en la **última sílaba** se llaman **agudas**. Estas palabras llevan tilde cuando terminan en vocal, en *-n* o en *-s*: *sofá, ordenador,* ....
- Las palabras que tienen el acento en la **penúltima sílaba** se llaman **graves** o **llanas**. Estas palabras llevan tilde cuando terminan en consonante distinta de *-n* y *-s*: *césped, impresora,* ....

2 **En parejas** Lee el texto y pon los signos de puntuación correspondientes (dos puntos/puntos suspensivos), así como las tildes que faltan. Luego compara con tu compañero/a.

- Se usan los dos puntos **(:)** después del saludo que encabeza las cartas, antes de una enumeración o para introducir las palabras de otra persona:
  Querida Sandra:
  ¿Qué tal estás?
  Me gustan los deportes: la natación, el tenis y el rugbi.
  Sara llamó a Alba y le dijo: "¿Te apetece dar una vuelta?".
- Se usan los puntos suspensivos **(...)** para dejar una enumeración incompleta (equivale a *etcétera*) y para expresar duda, temor o vacilación:
  El apartotel tiene una habitación doble, un baño completo, una cocina americana...
  Espero una carta de la universidad. Estoy muy nervioso...

El conductor de Einstein

Albert Einstein iba a las universidades para dar conferencias. Como no le gustaba conducir, y sin embargo el coche le resultaba muy cómodo para sus desplazamientos, contrato los servicios de un conductor.

Despues de varios viajes, Einstein le comento al conductor lo aburrido que era repetir lo mismo una y otra vez, siempre las mismas palabras, siempre las mismas preguntas Este le dijo "Lo puedo sustituir por una noche. Despues de escuchar su conferencia tantas veces, la puedo recitar palabra por palabra". Einstein le tomo la palabra. Llegaron a la sala y el conductor expuso la conferencia, y ninguno de los académicos presentes descubrio el engaño. Al final, un profesor de la audiencia le hizo una pregunta. El conductor no tenía ni idea de cuál era la respuesta, pero tuvo un golpe de inspiracion y le dijo "La pregunta que me hace es tan sencilla que dejare que mi conductor, que se encuentra al final de la sala, la responda".

Ficha 2 Acentuación (2): palabras esdrújulas y sobresdrújulas. Los adverbios terminados en *-mente*

1 Lee el cuadro y escribe un ejemplo más en cada apartado.

Las palabras esdrújulas y sobresdrújulas. Los adverbios terminados en *-mente*

- Las palabras **esdrújulas** son las que tienen el acento en la **antepenúltima sílaba**. Siempre llevan tilde: *esdrújula, brújula, música,* ....

- Las palabras **sobresdrújulas** son las que tienen el acento en la **sílaba anterior a la antepenúltima sílaba**. Normalmente estas palabras son imperativos o gerundios seguidos de pronombres. La colocación de los pronombres átonos después de imperativo y gerundio da lugar, en muchas ocasiones, a palabras sobresdrújulas. En este caso, se acentúan siempre: *cómpratelo, dándoselo,* ....
- Los adverbios terminados en *-mente* se forman a partir de un adjetivo. En este caso, se acentúan solo si el adjetivo de origen lo hace: *fácil › fácilmente, efectiva › efectivamente,* ....

1.1 **En parejas** Escribe la tilde de estas palabras si es necesario y di si son esdrújulas (E), sobresdrújulas (S) o ninguna de las dos (N).

1. ☐ rapidamente	5. ☐ automovil	9. ☐ zapatillas	13. ☐ esparragos
2. ☐ sinceramente	6. ☐ diagnostico	10. ☐ pacificamente	14. ☐ dulcemente
3. ☐ esteril	7. ☐ desordenado	11. ☐ computadora	15. ☐ estructura
4. ☐ digamelo	8. ☐ arandanos	12. ☐ corrigemela	16. ☐ tuteame

2 Lee el siguiente texto y, teniendo en cuenta todas las reglas generales de acentuación que ya conoces, pon la tilde en las palabras que lo necesiten.

En 1945, la Carta de las Naciones Unidas reconocio formalmente la existencia de las Organizaciones No Gubernamentales (ONG), surgidas en todo el mundo hacia el siglo XIX. Su objetivo es impulsar la intervencion social a traves de proyectos de desarrollo y gracias al trabajo de más de un millon de voluntarios que desempeñan su labor con caracter altruista. Reguladas por un codigo de conducta, las ONG realizan cada año la memoria de sus actividades y cuentas economicas para facilitar el control externo y garantizar una politica de transparencia en su gestion.

Creadas independientemente de los Gobiernos, las ONG cuentan en su organizacion con asalariados y una gran mayoría de personas voluntarias, sin animo de lucro, que desempeñan su labor en los ambitos de la cultura, el ocio, la educacion, el deporte, los servicios sociales, la aplicacion de tratados internacionales y el medioambiente, entre otras cuestiones. En total, son más de un millon de voluntarios y unos 200 000 asalariados los que constituyen la estructura de la principal herramienta para la defensa de las causas sociales.

Fuente: https://ayudaenaccion.org/ong/

Pronunciación y ortografía | doscientos cinco | 205

Ficha 2

1. Lea con sus estudiantes el cuadro sobre las normas de acentuación en las palabras esdrújulas y sobresdrújulas, así como el comportamiento de los adverbios terminados en *-mente*. De nuevo se trata de un contenido que vieron en el nivel A2, por lo que no debería presentar demasiada dificultad para ellos. Recuérdeles que los adverbios en *-mente* son casos especiales ya que, de manera excepcional, presentan dos sílabas tónicas: la del adjetivo base y la de la terminación, y que esto justifica que se escriban con tilde si también la había en el adjetivo del que proceden. Una vez se haya asegurado de que entienden la información, indíqueles que, individualmente, añadan algún ejemplo más en cada caso. Posteriormente, haga una puesta en común para que compartan sus palabras y corrija en caso de que sea necesario.

Posible respuesta:

Esdrújulas: bolígrafo, ácido, política;

Sobresdrújulas: dígaselo, quítatela, coméntamelo;

Adverbios terminados en *-mente*: técnica > técnicamente, estratégico > estratégicamente, callado > calladamente.

1.1. Actividad en parejas en la que los estudiantes deberán distinguir primero entre palabras esdrújulas, sobresdrújulas u otras y decidir después si dichas palabras llevan tilde o no de acuerdo a las reglas aprendidas en las Fichas 1 y 2. Paséese por la clase mientras trabajan y ayúdelos con las dudas que le planteen. Corrija mediante una puesta en común y finalmente, si lo considera oportuno, anímelos también a que le digan qué tipos de palabras son las que han clasificado con una N (son todas llanas, además de los dos adverbios en *-mente*, que no se acentúan porque los adjetivos de los cuales derivan tampoco lo hacen).

1. S, rápidamente; **2.** N; **3.** N, estéril; **4.** S, dígamelo; **5.** N, automóvil; **6.** E, diagnóstico; **7.** N; **8.** E, arándanos; **9.** N; **10.** S, pacíficamente; **11.** N; **12.** S, corrígemela; **13.** E, espárragos; **14.** N; **15.** N; **16.** E, tutéame.

2. Actividad en la que, nuevamente, los estudiantes deberán tener en cuenta todas las reglas de acentuación estudiadas hasta este momento para colocar las tildes a las palabras de un texto. Deje primero que lo lean, resuelva las dudas de vocabulario que pudieran tener y, a continuación, indíqueles que acentúen las palabras que lo requieran atendiendo a las reglas que han estudiado. Permítales comparar sus resultados en parejas o en pequeños grupos antes de la corrección en plenario.

En 1945, la Carta de las Naciones Unidas reconoció formalmente la existencia de las Organizaciones No Gubernamentales (ONG), surgidas en todo el mundo hacia el siglo XIX. Su objetivo es impulsar la intervención social a través de proyectos de desarrollo y gracias al trabajo de más de un millón de voluntarios que desempeñan su labor con carácter altruista. Reguladas por un código de conducta, las ONG realizan cada año la memoria de sus actividades y cuentas económicas para facilitar el control externo y garantizar una política de transparencia en su gestión. Creadas independientemente de los Gobiernos, las ONG cuentan en su organización con asalariados y una gran mayoría de personas voluntarias, sin ánimo de lucro, que desempeñan su labor en los ámbitos de la cultura, el ocio, la educación, el deporte, los servicios sociales, la aplicación de tratados internacionales y el medioambiente, entre otras cuestiones. En total, son más de un millón de voluntarios y unos 200 000 asalariados los que constituyen la estructura de la principal herramienta para la defensa de las causas sociales.

Ficha 3

1. En primer lugar, escriba en la pizarra las palabras *diptongo*, *triptongo* e *hiato* y pregunte a sus estudiantes si recuerdan en qué consisten y si podrían aportar ejemplos de ellos. De nuevo, se revisan contenidos vistos en el nivel anterior, por lo que se trata de sondear qué recuerdan al respecto. Escuche sus respuestas y, a continuación, indíqueles que lean la información del cuadro en el que se explica la diferencia entre estas tres combinaciones. Una vez que se haya asegurado de que han entendido toda la información, pídales que añadan algún ejemplo más de cada caso. Por último, haga una puesta común y anote en la pizarra todos los ejemplos que hayan añadido para comprobar si son correctos.
Posible respuesta:
Diptongos: gaviota, deuda, riachuelo, sueño, aurora, hacéis, boina, paisaje…;
Triptongos: averiguáis, Uruguay, miau, buey, iniciéis, iniciáis, guau;
Hiatos: zoólogo, poleo, oceánico, poeta, paseábamos, continúe, aéreo, cacao, león, caer, tío.

2. Actividad en la que se trabaja la tilde diacrítica y el cambio de significado de una misma palabra dependiendo de si lleva o no tilde. Indique a sus estudiantes que, en parejas, lean con detenimiento los pares de frases y que presten especial atención a las palabras resaltadas en negrita. Después dígales que señalen qué diferencia ortográfica observan entre ellas, si creen que existe también un cambio de significado y si piensan que se pronuncian de manera diferente o no. Durante la corrección, haga hincapié en que las palabras monosílabas no llevan tilde en español, a excepción de aquellas que poseen más de un significado, y que en estos casos la tilde, llamada diacrítica, sirve para diferenciar uno de otro.
La diferencia está en la tilde. Sí se pronuncian de distinta manera, las acentuadas se pronuncian con mayor énfasis, como las sílabas tónicas. No significan lo mismo.

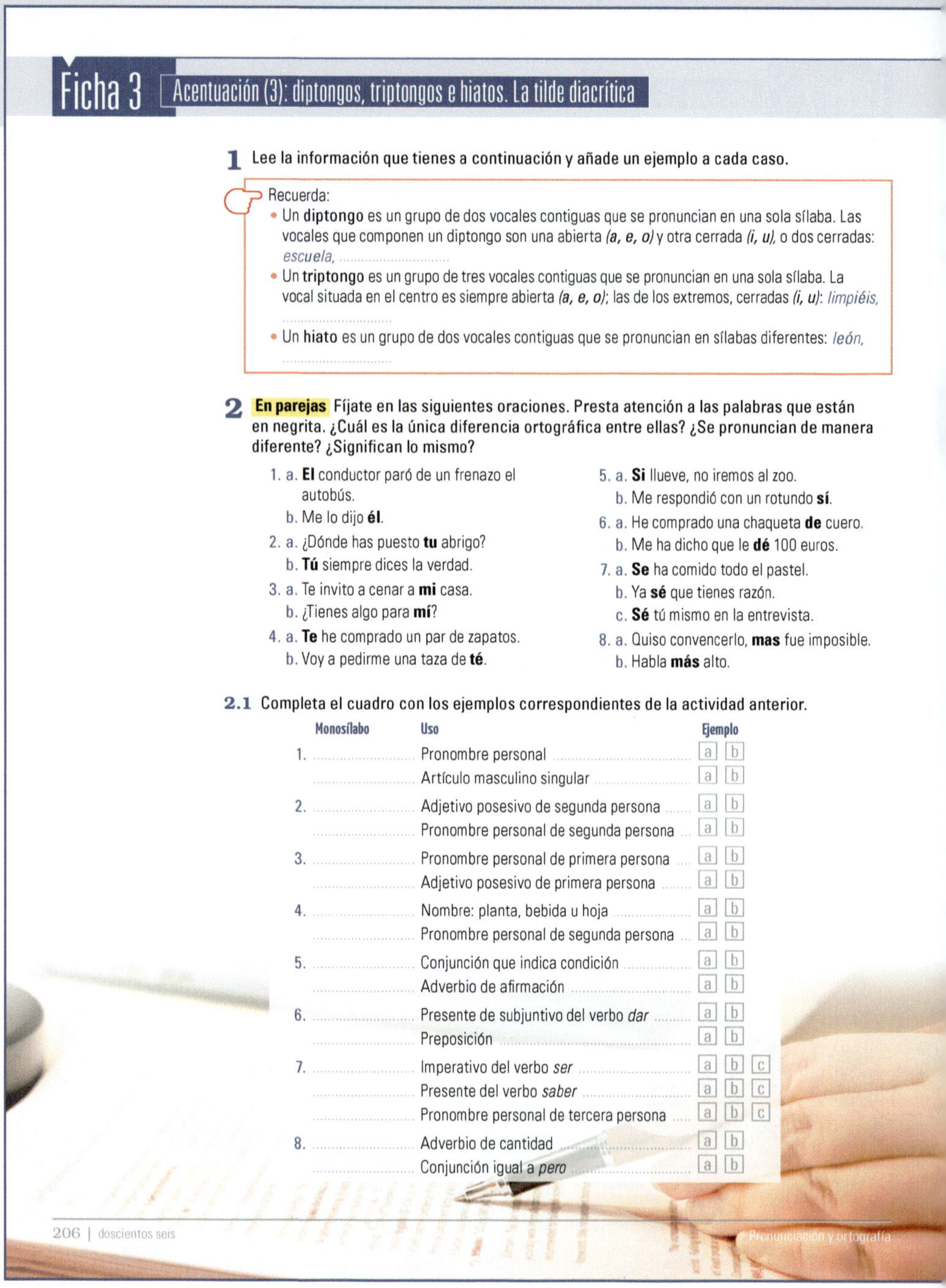

Ficha 3 Acentuación (3): diptongos, triptongos e hiatos. La tilde diacrítica

1 Lee la información que tienes a continuación y añade un ejemplo a cada caso.

Recuerda:
- Un **diptongo** es un grupo de dos vocales contiguas que se pronuncian en una sola sílaba. Las vocales que componen un diptongo son una abierta *(a, e, o)* y otra cerrada *(i, u)*, o dos cerradas: *escuela*, ...
- Un **triptongo** es un grupo de tres vocales contiguas que se pronuncian en una sola sílaba. La vocal situada en el centro es siempre abierta *(a, e, o)*; las de los extremos, cerradas *(i, u)*: *limpiéis*, ...
- Un **hiato** es un grupo de dos vocales contiguas que se pronuncian en sílabas diferentes: *león*, ...

2 En parejas Fíjate en las siguientes oraciones. Presta atención a las palabras que están en negrita. ¿Cuál es la única diferencia ortográfica entre ellas? ¿Se pronuncian de manera diferente? ¿Significan lo mismo?

1. a. **El** conductor paró de un frenazo el autobús.
   b. Me lo dijo **él**.
2. a. ¿Dónde has puesto **tu** abrigo?
   b. **Tú** siempre dices la verdad.
3. a. Te invito a cenar a **mi** casa.
   b. ¿Tienes algo para **mí**?
4. a. **Te** he comprado un par de zapatos.
   b. Voy a pedirme una taza de **té**.
5. a. **Si** llueve, no iremos al zoo.
   b. Me respondió con un rotundo **sí**.
6. a. He comprado una chaqueta **de** cuero.
   b. Me ha dicho que le **dé** 100 euros.
7. a. **Se** ha comido todo el pastel.
   b. Ya **sé** que tienes razón.
   c. **Sé** tú mismo en la entrevista.
8. a. Quiso convencerlo, **mas** fue imposible.
   b. Habla **más** alto.

2.1 Completa el cuadro con los ejemplos correspondientes de la actividad anterior.

	Monosílabo	Uso	Ejemplo
1.	....	Pronombre personal	a b
	....	Artículo masculino singular	a b
2.	....	Adjetivo posesivo de segunda persona	a b
	....	Pronombre personal de segunda persona	a b
3.	....	Pronombre personal de primera persona	a b
	....	Adjetivo posesivo de primera persona	a b
4.	....	Nombre: planta, bebida u hoja	a b
	....	Pronombre personal de segunda persona	a b
5.	....	Conjunción que indica condición	a b
	....	Adverbio de afirmación	a b
6.	....	Presente de subjuntivo del verbo *dar*	a b
	....	Preposición	a b
7.	....	Imperativo del verbo *ser*	a b c
	....	Presente del verbo *saber*	a b c
	....	Pronombre personal de tercera persona	a b c
8.	....	Adverbio de cantidad	a b
	....	Conjunción igual a *pero*	a b

206 | doscientos seis — Pronunciación y ortografía

2.1. Partiendo de la actividad anterior, ahora deberán completar el cuadro con los pares de palabras vistos colocando cada palabra en su lugar correspondiente de acuerdo con su significado. Si lo cree oportuno, propóngales que comparen sus respuestas en parejas antes de la corrección en plenario. Por último, pregúnteles si conocen algún otro par de palabras monosílabas que se comporten del mismo modo.
1. Pronombre personal: él, b; Artículo masculino singular: El, a; **2.** Adjetivo posesivo de segunda persona: tu, a; Pronombre personal de segunda persona: Tú, b; **3.** Pronombre personal de primera persona: mí, b; Adjetivo posesivo de primera persona: mi, a; **4.** Nombre: planta, bebida u hoja: té, b; Pronombre personal de segunda persona: Te, a; **5.** Conjunción que indica condición: Si, a; Adverbio de afirmación: sí, b; **6.** Presente de subjuntivo del verbo *dar*: dé, b; Preposición: de, a; **7.** Imperativo del verbo *ser*: Sé, c; Presente del verbo *saber*: sé, b; Pronombre personal de tercera persona: Se, a; **8.** Adverbio de cantidad: más, b; Conjunción igual a *pero*: mas, a.

Ficha 4 Consonantes oclusivas: contraste sordas/sonoras

1 [43] **Escucha los siguientes pares de palabras y sigue las instrucciones que tienes a continuación.**

1. Escribe cada palabra que oigas en el lugar correspondiente de las tablas.
2. Indica si los pares son iguales (=) o diferentes (≠).
3. Subraya la sílaba en la que se encuentre el sonido estudiado.

Tabla 1. Sonidos /p/ y /b/

Recuerda que el sonido /b/ se corresponde con las grafías *b* o *v*.

		Palabras con el sonido /p/	Palabras con el sonido /b/
1.	= ☒≠	*pastar*	*bastar*
2.	= ≠		
3.	= ≠		
4.	= ≠		
5.	= ≠		

Tabla 2. Sonidos /t/ y /d/

		Palabras con el sonido /t/	Palabras con el sonido /d/
1.	= ≠		
2.	= ≠		
3.	= ≠		
4.	= ≠		
5.	= ≠		

Tabla 3. Sonidos /k/ y /g/

		Palabras con el sonido /k/	Palabras con el sonido /g/
1.	= ≠		
2.	= ≠		
3.	= ≠		
4.	= ≠		
5.	= ≠		

Recuerda:
- El sonido /k/ se corresponde con las grafías *ca, co, cu* y *que, qui.*
- El sonido /g/ se corresponde con las grafías *ga, go, gu* y *gue, gui.*

1.1 [44] **Vas a escuchar una serie de palabras que contienen estos sonidos. Escríbelas. ¿A qué palabra de las que has escuchado hace referencia la imagen?**

1.	6.	11.
2.	7.	12.
3.	8.	13.
4.	9.	14.
5.	10.	15.

Pronunciación y ortografía doscientos siete | 207

Ficha 4

1. [43] Actividad para trabajar el reconocimiento y discriminación de las consonantes oclusivas sordas (/p/, /t/, /k/) y sonoras (/b/, /d/, /g/) a través de la escucha de pares mínimos, así como su posterior representación gráfica. Indique a sus estudiantes que, primero, escriban las palabras que oigan en el lugar que les corresponde en las tablas. A continuación deberán señalar si los pares de palabras escuchadas representan el mismo sonido o sonidos diferentes. Por último, subrayarán en cada palabra la sílaba en la que figura el sonido estudiado. Ponga el audio una primera vez, deje que comparen sus respuestas en parejas, y ponga el audio de nuevo, en caso necesario, antes de la corrección en plenario. Finalmente, remítalos al cuadro de atención en el que se recuerdan las grafías correspondientes a los sonidos /k/ y /g/.
Tabla 1. Sonidos /p/ y /b/: 1. pastar/bastar, ≠; 2. peca/beca, ≠; 3. porra/borra/, ≠; 4. pilla/Ø, =; 5. pus/bus, ≠; **Tabla 2. Sonidos /t/ y /d/:** 1. taba/daba, ≠; 2. tía/día, ≠; 3. teja/deja, ≠; 4. tuna/duna, ≠; 5. Ø/dele, =; **Tabla 3. Sonidos /k/ y /g/:** 1. casa/gasa, ≠; 2. quiso/guiso, ≠; 3. codo/ Ø, =; 4. quita/guita, ≠; 5. cala/gala, ≠.

1.1. [44] Actividad en la que de nuevo los estudiantes deberán discriminar entre el sonido de las oclusivas sordas y el de las sonoras a partir de la escucha de una serie de palabras para, a continuación, trabajar su escritura.
1. Té; **2.** abogué; **3.** gafe; **4.** pego; **5.** vio; **6.** tina; **7.** dale; **8.** pija; **9.** cuadra; **10.** guiño; **11.** vaca; **12.** dile; **13.** guía; **14.** doce; **15.** vudú. La fotografía hace referencia a la palabra *guiño.*

Ficha 5

1. [45] Actividad para trabajar el reconocimiento de los sonidos fricativos /s/ y /z/ así como su representación gráfica correspondiente. En primer lugar, pregunte a sus estudiantes si conocen a Pablo Alborán y si han escuchado alguna de sus canciones. A continuación dígales que van a leer y a escuchar recitada parte de su canción *Solamente tú* y que, mientras lo hacen, deberán completar los espacios con las grafías correspondientes a los sonidos /s/ y /z/, es decir, con *s, c* y *z*. Proceda a dos escuchas en caso de que sea necesario.
Otra posible explotación sería dejar que los estudiantes completen en parejas los espacios antes de escuchar la canción, intentando adivinar las palabras incompletas a partir del contexto, para después comprobar sus hipótesis con la escucha. Si lo desea, puede optar por que escuchen la canción original recurriendo a internet.
risa, enséñame, soñar, solo, caricia, estrella, paz,
Haces, cielo, azul, solo, olas, voz, solamente, haces, luz,
Enseña, sepa, voz, menciones, celos, destellos, misterio.

2. [46] Con esta actividad se inicia una secuencia en la que se trabaja la pronunciación de los sonidos fricativos /f/ y /j/. Para practicar la producción del sonido /f/, pida a sus estudiantes que escuchen y repitan la serie de palabras que contienen dicho sonido.

2.1. [47] Siguiendo la misma dinámica que en la actividad 2 y para practicar ahora la producción del sonido /j/, pida a sus estudiantes que escuchen y repitan la serie de palabras que contienen dicho sonido.

Ficha 5 | Consonantes fricativas: /s/, /z/, /f/, /j/. Grafías *g/j, h*

Pablo Alborán, álbum *Pablo Alborán*, 2011

1 [45] En el siguiente audio se recita la letra de una canción de Pablo Alborán, famoso cantante español. En algunas palabras falta una letra, complétalas con las grafías correspondientes a los sonidos /s/ y /z/, según corresponda. Luego busca la canción en internet y escúchala.

Solamente tú

Regálame tu ri....a,
en....éñame a ....oñar...
Con ....olo una cari....ia
me pierdo en este mar...

Regálame tu e....trella,
la que ilumina esta noche,
llena de pa.... y de armonía,
y te entregaré mi vida.

Ha....es que mi ....ielo
vuelva a tener ese a....ul,
pintas de colores
mis mañanas ....olo tú.

Navego entre las ola.... de tu vo.......
Y tú, y tú, y tú, y ....olamente tú
ha....es que mi alma
se despierte con tu lu....,
y tú, y tú, y tú...

En....eña tus heridas,
y así las curarás,
que ....epa el mundo entero
que tu vo.... guarda un secreto.
No mencione.... tu nombre
que en el firmamento
se mueren de ....elos,
tus ojos son de....tellos,
tu garganta es un mi....terio...

2 [46] Escucha y repite la serie de palabras que contienen el sonido /f/.

2.1 [47] Escucha y repite la serie de palabras que contienen el sonido /j/.

2.2 Ahora tu profesor/a te va a dictar algunas de las palabras que has escuchado. Clasifícalas en la tabla.

Grafía *g*	Grafía *j*	Grafía *f*

El sonido /j/ se representa gráficamente con las grafías *g* y *j*:
- *g + e, i*: *genio, girasol.*
- *j + a, e, i, o, u*: *baja, jefe, jirafa, ajo, julio.*

3 La letra *h* puede llevarnos a cometer algún error ortográfico. Ya sabemos que en español es una letra muda, es decir, que no tiene sonido. ¿Cómo se pronuncian las siguientes palabras? Léelas en voz alta.

- haber
- helado
- hecho
- Honduras
- habitante
- hospital
- hoja
- hueco
- historia
- himno

El grupo ***hi + e*** lo pronunciamos como /ye/:
hiedra, hiel, hielo, hiena, hierbabuena, hierbajo, hierro...

3.1 Fíjate en estos ejemplos: *hielo, hierba, hierro.* ¿Cómo se pronuncian? Mira el cuadro y luego lee los ejemplos en voz alta.

- hiedra
- hielo
- hiena
- hierbabuena
- hierro

208 | doscientos ocho — Pronunciación y ortografía

2.2. Actividad de comprensión auditiva para trabajar la discriminación entre los sonidos correspondientes a las grafías *g, j* y *f*. Antes de proceder con el dictado, remita a sus estudiantes al cuadro de atención para que recuerden qué grafías pueden representar el sonido /j/. Para el dictado, usted puede seleccionar palabras de los audios anteriores u otras que crea convenientes. Haga una puesta en común para corregir la actividad y resuelva posibles dudas.

3. Con esta actividad y con la siguiente, se practica la pronunciación de las palabras que se escriben con la letra *h*. Recuerde a sus estudiantes que se trata de una letra muda y que, por lo tanto, no debe pronunciarse. Para comprobar que pronuncian correctamente, pídales que lean las palabras propuestas en voz alta y pregúnteles después si podrían añadir otras palabras a la lista. Con el fin de que todos los estudiantes puedan participar en la actividad, proponga que pronuncien por turnos.

3.1. En primer lugar, y antes de que lean el enunciado de la actividad, pida a sus estudiantes que pronuncien las palabras propuestas y que se fijen en si la hache en este caso es muda como en las palabras de la actividad 3. Una vez que hagan sus comprobaciones, indíqueles que lean el enunciado así como el cuadro de atención de la banda lateral en el que se explica que, a veces, el contacto de *hi* con otra vocal produce un sonido. Después de esta explicación, pídales que lean de nuevo las palabras y que lo verifiquen. Finalmente, y si lo considera oportuno, puede recordarles también que, cuando se trata de palabras extranjeras, la hache también suele pronunciarse, pero en este caso se opta por una pronunciación aspirada o por el propio sonido /j/, como es el caso de *heavy, hockey* o *Halloween*.

Ficha 6 Grafías *g/j, c/qu/k, b/v*

1 **En parejas** Con tu compañero/a, mira los cuadros sobre las grafías *g/j* y *c/qu/k* que tienes a continuación y busca en internet ejemplos de palabras para completarlas.

Las grafías *g/j*

- La letra ***g***
  - Palabras que terminan en ***-gen, -gente, -gencia***.
    Ejemplos: ....
  - Palabras que comienzan con ***geo-***
    Ejemplos: ....
  - Grupo ***gü*** delante de ***e, i***.
    Ejemplos: ....
- La letra ***j***
  - Pretérito indefinido de ***decir*** y ***traer*** (y sus derivados).
    Ejemplos: ....
  - Pretérito indefinido de verbos terminados en ***-ducir*** (y sus derivados).
    Ejemplos: ....

Las grafías *c/qu/k*

- La letra ***c***
  - Representación gráfica del fonema /k/ en posición final de palabra.
    Ejemplos: ....
- La letra ***q***
  - Sustitución de ***c*** por ***qu*** en la 1.ª persona del singular del pretérito indefinido y en todas las personas del presente de subjuntivo de los verbos terminados en ***-car***.
    Ejemplos: ....
- Las letras ***q/k***
  - Doble grafía ***qu, k***.
    Ejemplos: *kilo/quilo*, ...

2 En este cuadro aparecen algunas normas ortográficas sobre la escritura de *b/v*. Escribe ejemplos de los diferentes usos. Puedes utilizar el diccionario.

Las grafías *b/v*

- La letra ***b***
  - Verbos terminados en ***-bir***. Excepciones: ***hervir, servir, vivir***.
    Ejemplos: *escribir*, ...
  - Palabras que comienzan con el elemento ***bien-***.
    Ejemplos: *bienestar*, ...
  - Palabras que comienzan con el elemento ***bio-***.
    Ejemplos: *biólogo*, ...
  - Palabras que comienzan con ***biblio-***.
    Ejemplos: *biblioteca*, ...
  - Palabras con el sonido /b/ delante de consonante. Excepciones: *ovni*.
    Ejemplos: *objeto*, ...
- La letra ***v***
  - Imperativo y presente de indicativo y subjuntivo de ***ir***.
    Ejemplos: *ve*, ...
  - Verbos que terminan en ***-olver***.
    Ejemplos: *volver*, ...

Ficha 6

Ficha que trabaja la ortografía de algunas consonantes oclusivas y fricativas vistas en las fichas 4 y 5.

1. Explíqueles que los dos cuadros de la actividad presentan las normas ortográficas para las grafías *g/j* y *c/qu/k* respectivamente. Pídales que, en parejas, las lean bien y que, a continuación, busquen en internet ejemplos de cada caso (explíqueles que existen páginas en las que es posible buscar palabras por su terminación). Asegúrese de que además de encontrar las palabras entiendan también su significado.
   Posible respuesta:
   Las grafías *g/j*
   - La letra *g*
     - Palabras que terminan en ***-gen***, ***-gente***, ***-gencia***: origen, inteligente, emergencia.
     - Palabras que comienzan con ***geo-***: geográfica, geólogo.
     - Grupo ***gü*** delante de ***e***, ***i***: vergüenza, pingüino.
   - La letra *j*
     - Pretérito indefinido de ***decir*** y ***traer*** (y sus derivados): dijo, trajo.
     - Pretérito indefinido de verbos terminados en ***-ducir*** (y sus derivados): redujo, dedujo.

   Las grafías *c/qu/k*
   - La letra *c*
     - Representación gráfica del fonema /k/ en posición final de palabra: coñac, tictac, Isaac.
   - La letra *q*
     - Sustitución de ***c*** por ***qu*** en la 1.ª persona del singular del pretérito indefinido y en todas las personas del presente de subjuntivo de los verbos terminados en ***-car***: busque, explique.
   - Las letras *q/k*
     - Doble grafía ***qu***, ***k***: kilo/quilo, kimono/quimono, kiosco/quiosco.

2. En este segundo cuadro se presentan algunas normas ortográficas sobre la escritura de las grafías *b/v*. Pídales que, individualmente, lean las diferentes reglas y añadan nuevos ejemplos a los que aparecen dados. Permítales usar el diccionario si lo necesitan y corrija mediante una puesta en común para que compartan todas sus palabras y para corregir en caso de que sea necesario.
   Las grafías *b/v*
   - La letra *b*
     - Verbos terminados en ***-bir***: escribir, sucumbir, subir, prohibir.
     - Palabras que comienzan con el elemento ***bien-***: bienestar, bienvenido, bienhablado, bienaventuranza.
     - Palabras que comienzan con el elemento ***bio-***: biólogo, biogás, biodegradable, biografía.
     - Palabras que comienzan con ***biblio-***: biblioteca, bibliografía, bibliotecario, biblioteconomía.
     - Palabras con el sonido /b/ delante de consonante: objeto, observar, obsoleto, obtener.
   - La letra *v*
     - Imperativo y presente de indicativo y subjuntivo de ***ir***: ve, vaya, vayamos, vayáis.
     - Verbos que terminan en ***-olver***: volver, resolver, envolver, disolver.

Ficha 7

1. Actividad para trabajar la discriminación fonológica entre los sonidos palatales */ch/* y */y/* y que consiste en la repetición de palabras a partir de la escucha. El objetivo es que los estudiantes atiendan a la pronunciación, sean capaces de percibir los órganos articulatorios que intervienen en la producción de cada sonido y sean conscientes de la importancia de mantener ese contraste fonológico en sus producciones orales. Una vez que hayan escuchado y repetido las palabras, remítalos al cuadro de atención y lea con ellos cada uno de los puntos en los que se proporciona información sobre dichos sonidos y las grafías que los representan.

[48]

2. Se inicia ahora una secuencia centrada en las abreviaturas, siglas y acrónimos. Comience con esta actividad previa en la que se pretende sondear los conocimientos de los estudiantes sobre este tipo de palabras. Pídales que, individualmente, intenten responder a las preguntas que se plantean. Haga una puesta en común para que compartan sus hipótesis y pregúnteles también cómo pronunciarían estas palabras. No confirme las respuestas y pase a la actividad siguiente.
Abreviaturas, siglas y acrónimos; **1.** Red Nacional de Ferrocarriles Españoles; **2.** Objeto Volador No Identificado; **3.** antes de Cristo; **4.** apartado; **5.** calle; **6.** información automática; **7.** Frecuencia Modulada; **8.** por ejemplo; **9.** Televisión Española; **10.** adjetivo.

2.1. Pídales ahora que lean el cuadro que explica en qué consisten las abreviaturas, siglas y acrónimos y cómo deben leerse y también el cuadro de atención sobre la adaptación de algunas siglas y acrónimos al español. Una vez haya comprobado que entienden toda la información, indíqueles que completen dicho cuadro con ejemplos de la actividad 2.
1. *a. C.* por *antes de Cristo*, *apdo.* por *apartado*, *C.* por *calle*, *p. ej.* por *por ejemplo*, *adj.* por *adjetivo*; **2.** FM, TVE; **3.** Renfe, ovni, informática.

Ficha 7 Consonantes palatales: contraste /ch/ y /y/. Abreviaturas, siglas y acrónimos

1 [48] **Escucha y repite las siguientes palabras que contienen los sonidos /ch/, /y/ o ambos.**

- millón
- chicharro
- churro
- amarillear
- chaleco
- yegua
- yuca
- champiñón
- arcilla
- apellido
- llaga
- mechero
- anochecer
- chocolate
- anchoa
- cuchillo

Recuerda:
- El sonido **/y/** se escribe con la grafía *y* (ye/i griega) o la *ll* (elle). Esta última es un dígrafo (es decir, un sonido representado por dos letras) de *l* + *l*.
- La *y* es una letra que corresponde a dos sonidos: /y/ (consonante) o /i/ (vocal): *ya, doy.*
  - Desde el año 2010 la nueva *Ortografía de la lengua española* recomienda el nombre de *ye* para denominar a esta letra, sustituyendo a su otra denominación más extendida en España, *i griega*. Este cambio obedece al objetivo de estandarización del nombre de las consonantes del abecedario español: generalmente, a la consonante se le añade la vocal *e;* por ejemplo, *be, ce, de*... Por analogía, la *i griega* pasa a ser *ye.*
- La grafía *ch* es también un dígrafo de *c* + *h.*

2 **¿Sabes cómo se llaman este tipo de palabras? ¿Qué significa cada una de ellas?**

1. Renfe
2. ovni
3. a. C.
4. apdo.
5. C.
6. informática
7. FM
8. p. ej.
9. TVE
10. adj.

2.1 **Lee el cuadro que tienes a continuación y complétalo con ejemplos de la actividad 2.**

Abreviaturas, siglas y acrónimos

- La **abreviatura** es el acortamiento de una palabra o varias palabras. Si la palabra de origen se escribe con mayúscula o lleva tilde, la abreviatura también lo hará. Por regla general, después de una abreviatura se escribe punto. En su lectura en un texto escrito, leeremos la palabra completa, nunca la abreviatura. Ejemplos: *pág.* por *página*, *Dra. Sabas* por *Doctora Sabas*, [1] ....
- La **sigla** es la palabra resultante de la unión de las letras iniciales de varios términos. El resultado puede ser:
  - Una palabra **impronunciable** como *ISBN* (por *International Standard Book Number*). Estas palabras se leen letra por letra, siempre se escriben en mayúscula y nunca separadas por puntos. El plural de las siglas lo marcan las palabras que las acompañan. Ejemplos: *ONG*, [2] ...., *LP.*
  - Una palabra **pronunciable** como *ONU* (por *Organización de las Naciones Unidas*). Estas palabras se llaman **acrónimos**. Se leen como palabras y, si su uso es muy frecuente, se pueden llegar a escribir en minúscula. Los acrónimos también pueden ser palabras formadas por el principio y el final de dos o más palabras. Ejemplos: *internet, módem*, [3] ....

Fíjate:
En español muchas siglas y acrónimos se adaptan a nuestra lengua, por lo que es posible que no coincidan con tu idioma. Por ejemplo, *ONU* por *UNO*, *OTAN* por *NATO*, *SIDA* por *AIDS*...

2.2 **En parejas** **Haz una lista de las abreviaturas, siglas y acrónimos que conozcas en español y ponlas en común con el resto de la clase.**

2.3 **Explica el significado de estos acrónimos.**

1. teleñeco ....
2. docudrama ....
3. módem ....
4. emoticono ....
5. AVE ....
6. ofimática ....

2.2. Siguiendo con el trabajo de la actividad anterior y teniendo en cuenta la importancia de este tipo de palabras en una lengua, pida a sus estudiantes que, en parejas, hagan una lista de las abreviaturas, siglas y acrónimos que conozcan y que la compartan después con el resto de compañeros. Puede proponer que salga un voluntario a la pizarra para que vaya escribiendo todas las propuestas y corrija usted después dando las explicaciones que sean necesarias.

2.3. Finalice la secuencia pidiendo a sus estudiantes que, individualmente, intenten explicar el significado de los diferentes acrónimos que se ofrecen. Puede proponer que comparen sus respuestas en parejas antes de proceder a la corrección en plenario.
1. De *televisión* y *muñeco* (*The Muppets*, serie infantil de televisión con marionetas en donde no se veía a los marionetistas); **2.** Documental dramatizado (género difundido en cine, radio y televisión que, con técnicas dramáticas, trata hechos reales propios del género documental); **3.** De *modulación* y *demodulación* (dispositivo que convierte las señales digitales en analógicas –modulación– y viceversa –demodulación–, permitiendo la comunicación entre computadoras a través de la línea telefónica o del cable módem); **4.** De *emoción* e *icono* (icono que representa una cara humana y una emoción: alegría, tristeza, enfado...); **5.** Alta Velocidad Española; **6.** De *oficina* e *informática* (herramientas informáticas que se utilizan en funciones de oficina).

Ficha 8 Consonantes vibrantes: contraste /r/ y /rr/. Grafías r/rr

1 [49] Escucha la letra de esta canción del grupo de *folk metal* Mägo de Oz. ¿Qué caracteriza a la mayoría de las sílabas con erre que aparecen?

Tres tristes tigres

La tristeza es siempre
como una esponja,
absorbe el agua de la vida
hasta hacerla morir.

Sentir deseo
y estrangularlo a un tiempo
es llenar el mar de piedras
e intentarlo cruzar.

Cuando veas que no puedes soportar
el vacío de la soledad,
si la fuerza solo en tu saliva está,
aprende a actuar.

Cuando sientas la necesidad,
no es bueno solo dar de ti
la parte amable y "que todo va bien".
Aprende a llorar.

Las marcas que deja la vida
en la cara se ven,
las huellas que deja el amor
en el corazón se leen.

Aprende a ver y a leer.

Mägo de Oz, álbum *Finisterra*, 2000

2 Subraya todas las erres que tienen sonido fuerte en esta canción del grupo Estopa y después léela en voz alta, pronunciándola correctamente.

El runrún

Suena el runrún de mi mundo marrón,
doble ración de realidad común.
Desde un rincón de mi habitación,
primera fila solo para mí.

A mí me suena el runrún de mi corazón,
no se me quita el gusanillo de ti,
me suena el runrún dentro de una estación,
mi último tren ya no quiere salir.

Estopa, álbum *Allenrok*, 2008

2.1 Observa los textos anteriores y encuentra ejemplos para el siguiente cuadro, donde se explica la ortografía de la erre (*r, rr*).

Grafías *r/rr*

• Sonido suave

	Se escribe	Ejemplo	
– Entre vocales	*r*	[1]	
– A final de sílaba o palabra	*r*	[2]	[3]
– Detrás de consonante (*b, c, d, f, g, p, t*)	*r*	*septiembre*	[6]
		[4]	[7]
		[5]	[8]
		frutería	

• Sonido fuerte

	Se escribe	Ejemplo
– Al principio de palabra	*r*	*rima*
– Entre vocales	*rr*	*morro*
– Después de *l, n* y *s*	*r*	*alrededor, honrado, Israel (Is-ra-el)*
– Detrás de las consonantes *b, d* y *t* cuando no forma sílaba con ellas	*r*	*subrogar*

Ficha 8

1. [49] Actividad para identificar el sonido /r/ a partir de la escucha del fragmento de una canción en el que aparecen varias palabras con la letra erre. Se trata de que los estudiantes sean capaces de reconocer que en todos los casos el sonido es el de la erre suave y que no aparece ningún sonido fuerte, que también corresponde a esta grafía. Si lo desea, antes de proseguir y con la finalidad de integrar el componente lúdico en el aula, puede retarlos para ver quién es capaz de pronunciar más rápido y correctamente el título de la canción: *Tres tristes tigres*, ya que se trata de un trabalenguas.
Que el sonido de la erre es suave.

2. Los estudiantes trabajarán ahora con el sonido /rr/ a partir de la lectura de varias estrofas de otra canción. Pídales que las lean y que señalen las erres que tienen un sonido fuerte. A continuación proceda a una lectura en voz alta de las estrofas en la que participen todos los estudiantes. Si lo desea, puede buscar la canción en YouTube para proceder a la escucha y apoyarse en ella en la producción del sonido trabajado.
Runrún (4), marrón, ración, realidad, rincón.

2.1. Actividad de sistematización de la regla ortográfica de las grafías *r/rr*. Pida a sus estudiantes que vuelvan a leer los textos anteriores y que completen el cuadro con los ejemplos correspondientes. Una vez realizada la actividad, puede proponerles que busquen otros ejemplos, ya sea en los mismos textos o recurriendo a palabras que ya conozcan.
Posible respuesta:
1. corazón; **2.** hacerla; **3.** salir; **4.** cruzar; **5.** piedras; **6.** tigres; **7.** aprende; **8.** tristeza.

Ficha 9

Una mala entonación por parte del emisor puede llevar al receptor a una errónea interpretación del mensaje. El interlocutor suele decantarse, en su comprensión, por el valor de la entonación, puesto que esta parece poseer un origen más espontáneo y natural que el componente léxico-gramatical, que es más pensado y elaborado. A continuación se presentan los esquemas entonativos básicos del español así como los patrones entonativos con el fin de que los estudiantes adquieran una mayor competencia oral.

1. Actividad con la que se propone que los estudiantes sean conscientes de la importancia de la entonación y de las implicaciones de esta a la hora de transmitir una información y que les servirá también para comparar la entonación del español con la de su lengua o la de otras. Pídales que lean la información del enunciado y del cuadro que presenta los esquemas entonativos básicos del español y pronuncie los distintos tipos de frases para que repitan la entonación en plenario. Haga varias repeticiones y ponga más ejemplos de cada esquema en caso de que sea necesario.

1.1. Actividad de producción oral en parejas en la que los estudiantes empezarán a practicar la entonación de forma autónoma. Para ello, pídales que sigan las pautas indicadas. El objetivo final es que puedan identificar a qué esquema entonativo pertenecen las frases propuestas y que sepan reproducir después dichos esquemas. Para confirmar que entienden la dinámica de la actividad, ponga usted un ejemplo antes de que empiecen a trabajar.
1. enunciativo; **2.** interrogativo total; **3.** interrogativo parcial; **4.** exclamativo; **5.** enunciativo; **6.** interrogativo total; **7.** interrogativo parcial; **8.** exclamativo; **9.** enunciativo; **10.** interrogativo total; **11.** exclamativo; **12.** enunciativo.

1.2. Se continúa practicando la entonación del español, en este caso según los patrones entonativos que se presentan en el cuadro. La práctica consiste en volver a leer las oraciones de la actividad 1.1 para después clasificarlas en la tabla según el patrón entonativo que siguen.
Ascendente: 2, 6, 10; **Descendente:** 1, 3, 4, 7, 8, 9, 11; **Suspendido:** 12; **Mixto:** 5 (descendente-suspendido).

Ficha 9 Entonación (1): patrones melódicos enunciativos, interrogativos y exclamativos

1 La entonación en español afecta al sentido global de la frase y puede denotar diferentes aspectos como, por ejemplo, la intención del hablante, su expresión afectiva, deseo, mandato, ruego...

Esquemas entonativos básicos del español

Frases enunciativas	Frases interrogativas		Frases exclamativas
Viene.	*¿Viene?* (total)	*¿Cuándo viene?* (parcial)	*¡Viene!*

1.1 **En parejas** Lee las frases que hay a continuación y sigue las pautas.

1. En Almería no llueve con frecuencia.
2. ¿Te gustaría jugar un partido de tenis?
3. ¿Cuándo fuiste de viaje a Badajoz?
4. ¡Ojalá tenga suerte en el examen!
5. Quiero comprarme un ordenador nuevo, pero...
6. ¿Sabes que el español es el segundo idioma por número de hablantes?
7. ¿Cuánta gente estudia español en el mundo?
8. ¡Quiero volver a estudiar en España!
9. Dentro de poco tiempo empiezo a estudiar el nivel B2.
10. ¿Necesitas que te compre alguna cosa del supermercado?
11. ¡Necesito unas vacaciones!
12. Si me tocara la lotería...

1. Elige cuatro de ellas y díselas a un/a compañero/a, pero con la boca cerrada, solo debes entonar.
2. Tu compañero/a debe adivinar a qué frase te refieres.
3. Después, juntos, decidid a qué tipo de esquema entonativo pertenecen las frases que habéis elegido: enunciativo, interrogativo total, interrogativo parcial o exclamativo.

1.2 Fíjate en el cuadro y vuelve a leer las frases anteriores. Luego clasifícalas en la tabla que hay a continuación.

Patrones entonativos

Ascendente: cuando la entonación final sube.
Descendente: cuando la entonación final cae.
Suspendido: cuando la entonación final se mantiene.
Mixto: cuando los anteriores se mezclan en la misma oración.

Ascendente	Descendente	Suspendido	Mixto

212 | doscientos doce Pronunciación y ortografía

Ficha 10 Entonación (2): identificación y producción de patrones entonativos complejos

1 [50] Escucha las siguientes frases, fíjate en su entonación y repítelas. Después escribe otro ejemplo de cada caso.

Tipo de oración	Patrón entonativo	Ejemplos
Enunciativa	Descendente	*Por la mañana tomo leche.*
Interrogativa parcial	Descendente	*¿Quién es Juan?*
Expresión de disgusto o reproche	Descendente	*¡No puedo más!*
Interjecciones	Descendente	*¡Oye!*
Interrogativa total	Ascendente	*¿Tienes ganas de verme?*
Interrogativa de cortesía	Ascendente	*¿Puedes pasarme la sal?*
Interjecciones	Ascendente	*¡Eo!*
Grupos fónicos intermedios	Ascendente	*Si quieres, vamos juntos.*
Expresión de duda	Suspendido	*Bueno, no sé...*
Expresión de deseo	Suspendido	*Si tuviera dinero...*
Expresión de intensificación	Suspendido	*¡Es grandísimo!*

1.1 Ahora comparte con el resto de la clase las frases que has escrito. Léelas en voz alta haciendo hincapié en la entonación.

Ficha 10

En esta última ficha se continúa trabajando con la entonación. Dependiendo del tipo de oración, su patrón entonativo puede ser uno u otro, aunque no se debe olvidar que este, en algunos casos, depende de la intención que tenga el hablante.

1. [50] Actividad de comprensión auditiva con la que se pretende que los estudiantes practiquen diferentes patrones entonativos y asimilen la relación de estos con los diferentes actos de habla. En primer lugar, escucharán distintas frases y deberán repetirlas, practicando así su patrón entonativo. En segundo lugar, basándose en las frases que han escuchado, tendrán que escribir un nuevo ejemplo de cada uno de esos patrones entonativos.

1.1. Actividad de refuerzo para seguir trabajando la entonación. Pida a sus estudiantes que lean en voz alta cada una de las frases que han escrito según los patrones entonativos aprendidos y siguiendo el modelo del audio anterior. Otra posible explotación es que, a modo de competición, en plenario o en grupos pequeños, los estudiantes lean sus frases y el resto de compañeros adivine el patrón entonativo al que pertenecen. Si le es posible, proyecte el cuadro de los patrones entonativos mientras realizan la actividad.

Tabla de verbos

Presente de indicativo

Verbos regulares

1.ª conjugación -AR CANTAR	2.ª conjugación -ER COMER	3.ª conjugación -IR VIVIR
canto	como	vivo
cantas	comes	vives
canta	come	vive
cantamos	comemos	vivimos
cantáis	coméis	vivís
cantan	comen	viven

Verbos reflexivos regulares

Bañarse	Ducharse	Lavarse	Levantarse	Peinarse
me baño	**me** ducho	**me** lavo	**me** levanto	**me** peino
te bañas	**te** duchas	**te** lavas	**te** levantas	**te** peinas
se baña	**se** ducha	**se** lava	**se** levanta	**se** peina
nos bañamos	**nos** duchamos	**nos** lavamos	**nos** levantamos	**nos** peinamos
os bañáis	**os** ducháis	**os** laváis	**os** levantáis	**os** peináis
se bañan	**se** duchan	**se** lavan	**se** levantan	**se** peinan

Verbos irregulares

Verbos con irregularidad vocálica

- **E › IE**

Cerrar	Comenzar	Despertarse	Divertirse	Empezar
c**ie**rro	com**ie**nzo	me desp**ie**rto	me div**ie**rto	emp**ie**zo
c**ie**rras	com**ie**nzas	te desp**ie**rtas	te div**ie**rtes	emp**ie**zas
c**ie**rra	com**ie**nza	se desp**ie**rta	se div**ie**rte	emp**ie**za
cerramos	comenzamos	nos despertamos	nos divertimos	empezamos
cerráis	comenzáis	os despertáis	os divertís	empezáis
c**ie**rran	com**ie**nzan	se desp**ie**rtan	se div**ie**rten	emp**ie**zan

Entender	Merendar	Pensar	Perder	Querer
ent**ie**ndo	mer**ie**ndo	p**ie**nso	p**ie**rdo	qu**ie**ro
ent**ie**ndes	mer**ie**ndas	p**ie**nsas	p**ie**rdes	qu**ie**res
ent**ie**nde	mer**ie**nda	p**ie**nsa	p**ie**rde	qu**ie**re
entendemos	merendamos	pensamos	perdemos	queremos
entendéis	merendáis	pensáis	perdéis	queréis
ent**ie**nden	mer**ie**ndan	p**ie**nsan	p**ie**rden	qu**ie**ren

• **O > UE**

Acordarse	Acostarse	Almorzar	Contar	Dormir	Encontrar
me ac**ue**rdo	me ac**ue**sto	alm**ue**rzo	c**ue**nto	d**ue**rmo	enc**ue**ntro
te ac**ue**rdas	te ac**ue**stas	alm**ue**rzas	c**ue**ntas	d**ue**rmes	enc**ue**ntras
se ac**ue**rda	se ac**ue**sta	alm**ue**rza	c**ue**nta	d**ue**rme	enc**ue**ntra
nos acordamos	nos acostamos	almorzamos	contamos	dormimos	encontramos
os acordáis	os acostáis	almorzáis	contáis	dormís	encontráis
se ac**ue**rdan	se ac**ue**stan	alm**ue**rzan	c**ue**ntan	d**ue**rmen	enc**ue**ntran

Poder	Recordar	Resolver	Soler	Soñar	Volver
p**ue**do	rec**ue**rdo	res**ue**lvo	s**ue**lo	s**ue**ño	v**ue**lvo
p**ue**des	rec**ue**rdas	res**ue**lves	s**ue**les	s**ue**ñas	v**ue**lves
p**ue**de	rec**ue**rda	res**ue**lve	s**ue**le	s**ue**ña	v**ue**lve
podemos	recordamos	resolvemos	solemos	soñamos	volvemos
podéis	recordáis	resolvéis	soléis	soñáis	volvéis
p**ue**den	rec**ue**rdan	res**ue**lven	s**ue**len	s**ue**ñan	v**ue**lven

• **E > I**

Elegir	Pedir	Reírse	Repetir	Servir	Vestirse
el**ij**o	p**i**do	me r**í**o	rep**i**to	s**i**rvo	me v**i**sto
el**i**ges	p**i**des	te r**í**es	rep**i**tes	s**i**rves	te v**i**stes
el**i**ge	p**i**de	se r**í**e	rep**i**te	s**i**rve	se v**i**ste
elegimos	pedimos	nos reímos	repetimos	servimos	nos vestimos
elegís	pedís	os reís	repetís	servís	os vestís
el**i**gen	p**i**den	se r**í**en	rep**i**ten	s**i**rven	se v**i**sten

• **U > UE**

Jugar
j**ue**go
j**ue**gas
j**ue**ga
jugamos
jugáis
j**ue**gan

• **I > Y**

Concluir	Construir	Contribuir	Destruir	Huir
conclu**y**o	constru**y**o	contribu**y**o	destru**y**o	hu**y**o
conclu**y**es	constru**y**es	contribu**y**es	destru**y**es	hu**y**es
conclu**y**e	constru**y**e	contribu**y**e	destru**y**e	hu**y**e
concluimos	construimos	contribuimos	destruimos	huimos
concluís	construís	contribuís	destruís	huis
conclu**y**en	constru**y**en	contribu**y**en	destru**y**en	hu**y**en

Verbos irregulares en la primera persona

- **Verbos en -ZC-**

Conducir	Conocer	Obedecer	Producir	Traducir
condu**zc**o	cono**zc**o	obede**zc**o	produ**zc**o	tradu**zc**o
conduces	conoces	obedeces	produces	traduces
conduce	conoce	obedece	produce	traduce
conducimos	conocemos	obedecemos	producimos	traducimos
conducís	conocéis	obedecéis	producís	traducís
conducen	conocen	obedecen	producen	traducen

Otros verbos irregulares en la primera persona

Caer	Dar	Hacer	Poner	Saber	Salir
caigo	**doy**	**hago**	**pongo**	**sé**	**salgo**
caes	das	haces	pones	sabes	sales
cae	da	hace	pone	sabe	sale
caemos	damos	hacemos	ponemos	sabemos	salimos
caéis	dais	hacéis	ponéis	sabéis	salís
caen	dan	hacen	ponen	saben	salen

Traer	Valer	Ver
traigo	**valgo**	**veo**
traes	vales	ves
trae	vale	ve
traemos	valemos	vemos
traéis	valéis	veis
traen	valen	ven

Verbos con dos irregularidades

Decir	Oír	Oler	Tener	Venir
digo	**oigo**	**hue**lo	**tengo**	**vengo**
d**i**ces	o**y**es	**hue**les	t**ie**nes	v**ie**nes
d**i**ce	o**y**e	**hue**le	t**ie**ne	v**ie**ne
decimos	oímos	olemos	tenemos	venimos
decís	oís	oléis	tenéis	venís
d**i**cen	o**y**en	**hue**len	t**ie**nen	v**ie**nen

Verbos con irregularidades propias

Estar	Haber	Ir	Ser
estoy	**he**	**voy**	**soy**
estás	**has**	**vas**	**eres**
está	**ha**	**va**	**es**
estamos	**hemos**	**vamos**	**somos**
estáis	habéis	**vais**	**sois**
están	**han**	**van**	**son**

Recuerda:

- El verbo *haber* se usa principalmente para formar los tiempos compuestos de los verbos.
- Cuando funciona como verbo impersonal, tiene una forma especial en presente, *hay*:
  Hay un árbol en la esquina.
  Hay árboles en el parque.
- El verbo *estar* cambia la sílaba tónica habitual del presente de indicativo en todas las personas excepto en *nosotros/as* y *vosotros/as* (por eso algunas formas llevan tilde).

Verbos que se construyen como *gustar*

Doler	Encantar	Molestar	Parecer
me d**ue**le/d**ue**len	me encanta/encantan	me molesta/molestan	me parece/parecen
te d**ue**le/d**ue**len	te encanta/encantan	te molesta/molestan	te parece/parecen
le d**ue**le/d**ue**len	le encanta/encantan	le molesta/molestan	le parece/parecen
nos d**ue**le/d**ue**len	nos encanta/encantan	nos molesta/molestan	nos parece/parecen
os d**ue**le/d**ue**len	os encanta/encantan	os molesta/molestan	os parece/parecen
les d**ue**le/d**ue**len	les encanta/encantan	les molesta/molestan	les parece/parecen

Imperativo afirmativo

Verbos regulares

	1.ª conjugación -AR CANTAR	2.ª conjugación -ER COMER	3.ª conjugación -IR VIVIR
tú	canta	come	vive
usted	cante	coma	viva
vosotros/as	cantad	comed	vivid
ustedes	canten	coman	vivan

Verbos irregulares

Irregularidades vocálicas

- **E > IE**

Cerrar	Empezar	Pensar
ci**e**rra	empi**e**za	pi**e**nsa
ci**e**rre	empi**e**ce	pi**e**nse
cerrad	empezad	pensad
ci**e**rren	empi**e**cen	pi**e**nsen

- **O > UE**

Contar	Dormir	Volver
c**ue**nta	d**ue**rme	v**ue**lve
c**ue**nte	d**ue**rma	v**ue**lva
contad	dormid	volved
c**ue**nten	d**ue**rman	v**ue**lvan

- **U > UE**

Jugar
juega
juegue
jugad
jueguen

- **E > I**

Elegir	Pedir	Vestir
el**i**ge	p**i**de	v**i**ste
el**i**ja	p**i**da	v**i**sta
elegid	pedid	vestid
el**i**jan	p**i**dan	v**i**stan

- **I > Y**

Construir	Huir
constru**y**e	hu**y**e
constru**y**a	hu**y**a
construid	huid
constru**y**an	hu**y**an

Verbos completamente irregulares

Decir	Hacer	Ir	Oír	Poner	Salir	Ser	Tener	Venir
di	**haz**	**ve**	**oye**	**pon**	**sal**	**sé**	**ten**	**ven**
diga	**haga**	**vaya**	**oiga**	**ponga**	**salga**	**sea**	**tenga**	**venga**
decid	haced	id	oíd	poned	salid	sed	tened	venid
digan	**hagan**	**vayan**	**oigan**	**pongan**	**salgan**	**sean**	**tengan**	**vengan**

La segunda persona del plural *(vosotros/as)* del imperativo es siempre regular.

Verbos reflexivos

Acostarse	Despertarse	Dormirse	Levantarse	Reírse	Vestirse
ac**ué**sta**te**	desp**ié**rta**te**	d**ué**rme**te**	levánta**te**	ríe**te**	víste**te**
ac**ué**ste**se**	desp**ié**rte**se**	d**ué**rma**se**	levánte**se**	ría**se**	vísta**se**
acosta**os**	desperta**os**	dormí**os**	levanta**os**	reí**os**	vestí**os**
ac**ué**sten**se**	desp**ié**rten**se**	d**ué**rman**se**	levánten**se**	rían**se**	vístan**se**

Pretérito perfecto de indicativo

Verbos regulares

1.ª conjugación -AR CANTAR	2.ª conjugación -ER COMER	3.ª conjugación -IR VIVIR
he cantado	**he** comido	**he** vivido
has cantado	**has** comido	**has** vivido
ha cantado	**ha** comido	**ha** vivido
hemos cantado	**hemos** comido	**hemos** vivido
habéis cantado	**habéis** comido	**habéis** vivido
han cantado	**han** comido	**han** vivido

Participios irregulares

abrir > **abierto**	escribir > **escrito**	poner > **puesto**	romper > **roto**
cubrir > **cubierto**	hacer > **hecho**	prever > **previsto**	satisfacer > **satisfecho**
decir > **dicho**	imprimir > **impreso, imprimido**	resolver > **resuelto**	ver > **visto**
descubrir > **descubierto**	morir > **muerto**	revolver > **revuelto**	volver > **vuelto**

Pretérito indefinido

Verbos regulares

1.ª conjugación -AR CANTAR	2.ª conjugación -ER COMER	3.ª conjugación -IR VIVIR
canté	comí	viví
cantaste	comiste	viviste
cantó	comió	vivió
cantamos	comimos	vivimos
cantasteis	comisteis	vivisteis
cantaron	comieron	vivieron

Verbos con cambios gráficos

- **C › QU**
- **G › GU**
- **Z › C**

Buscar	Pescar	Jugar	Pegar	Comenzar	Empezar
bus**qué**	pes**qué**	ju**gué**	pe**gué**	comen**cé**	empe**cé**
buscaste	pescaste	jugaste	pegaste	comenzaste	empezaste
buscó	pescó	jugó	pegó	comenzó	empezó
buscamos	pescamos	jugamos	pegamos	comenzamos	empezamos
buscasteis	pescasteis	jugasteis	pegasteis	comenzasteis	empezasteis
buscaron	pescaron	jugaron	pegaron	comenzaron	empezaron

Verbos irregulares

Verbos irregulares en la raíz verbal

Andar	Caber	Estar	Haber	Hacer	Poder
anduve	**cupe**	**estuve**	**hube**	**hice**	**pude**
anduviste	**cupiste**	**estuviste**	**hubiste**	**hiciste**	**pudiste**
anduvo	**cupo**	**estuvo**	**hubo**	**hizo**	**pudo**
anduvimos	**cupimos**	**estuvimos**	**hubimos**	**hicimos**	**pudimos**
anduvisteis	**cupisteis**	**estuvisteis**	**hubisteis**	**hicisteis**	**pudisteis**
anduvieron	**cupieron**	**estuvieron**	**hubieron**	**hicieron**	**pudieron**

Poner	Querer	Saber	Tener	Venir
puse	**quise**	**supe**	**tuve**	**vine**
pusiste	**quisiste**	**supiste**	**tuviste**	**viniste**
puso	**quiso**	**supo**	**tuvo**	**vino**
pusimos	**quisimos**	**supimos**	**tuvimos**	**vinimos**
pusisteis	**quisisteis**	**supisteis**	**tuvisteis**	**vinisteis**
pusieron	**quisieron**	**supieron**	**tuvieron**	**vinieron**

Fíjate:
En este grupo de verbos también cambia el acento habitual del pretérito indefinido:
~~quisé~~ › quise
~~tuvó~~ › tuvo

Los verbos que tienen *j* en la raíz verbal pierden la *i* en la tercera persona del plural:

Conducir	Decir	Traducir	Traer
conduje	**dije**	**traduje**	**traje**
condujiste	**dijiste**	**tradujiste**	**trajiste**
condujo	**dijo**	**tradujo**	**trajo**
condujimos	**dijimos**	**tradujimos**	**trajimos**
condujisteis	**dijisteis**	**tradujisteis**	**trajisteis**
condujeron	**dijeron**	**tradujeron**	**trajeron**

Verbos irregulares en la tercera persona

- **E > I**

Divertirse	Elegir	Impedir	Medir	Mentir	Pedir
me divertí	elegí	impedí	medí	mentí	pedí
te divertiste	elegiste	impediste	mediste	mentiste	pediste
se div**i**rtió	el**i**gió	imp**i**dió	m**i**dió	m**i**ntió	p**i**dió
nos divertimos	elegimos	impedimos	medimos	mentimos	pedimos
os divertisteis	elegisteis	impedisteis	medisteis	mentisteis	pedisteis
se div**i**rtieron	el**i**gieron	imp**i**dieron	m**i**dieron	m**i**ntieron	p**i**dieron

Reír	Repetir	Seguir	Sentir	Servir	Sonreír
reí	repetí	seguí	sentí	serví	sonreí
reíste	repetiste	seguiste	sentiste	serviste	sonreíste
r**i**o	rep**i**tió	s**i**guió	s**i**ntió	s**i**rvió	sonr**i**ó
reímos	repetimos	seguimos	sentimos	servimos	sonreímos
reísteis	repetisteis	seguisteis	sentisteis	servisteis	sonreísteis
r**i**eron	rep**i**tieron	s**i**guieron	s**i**ntieron	s**i**rvieron	sonr**i**eron

Fíjate:
Todos los verbos de este grupo son de la tercera conjugación *(-ir)*.

- **O > U**

Dormir	Morir
dormí	morí
dormiste	moriste
d**u**rmió	m**u**rió
dormimos	morimos
dormisteis	moristeis
d**u**rmieron	m**u**rieron

Fíjate:
Esta irregularidad solo la tienen los verbos *dormir* y *morir*.

- **I > Y**

Caer	Concluir	Construir	Contribuir	Creer
caí	concluí	construí	contribuí	creí
caíste	concluiste	construiste	contribuiste	creíste
ca**y**ó	conclu**y**ó	constru**y**ó	contribu**y**ó	cre**y**ó
caímos	concluimos	construimos	contribuimos	creímos
caísteis	concluisteis	construisteis	contribuisteis	creísteis
ca**y**eron	conclu**y**eron	constru**y**eron	contribu**y**eron	cre**y**eron

Destruir	Huir	Leer	Oír	Sustituir
destruí	hui	leí	oí	sustituí
destruiste	huiste	leíste	oíste	sustituiste
destru**y**ó	hu**y**ó	le**y**ó	o**y**ó	sustitu**y**ó
destruimos	huimos	leímos	oímos	sustituimos
destruisteis	huisteis	leísteis	oísteis	sustituisteis
destru**y**eron	hu**y**eron	le**y**eron	o**y**eron	sustitu**y**eron

Verbos con irregularidades propias

Dar	Ir/Ser
di	**fui**
diste	**fuiste**
dio	**fue**
dimos	**fuimos**
disteis	**fuisteis**
dieron	**fueron**

> Recuerda:
> Las formas de los verbos *ir* y *ser* coinciden en pretérito indefinido. Solo se distinguen por el contexto en que aparecen.

Pretérito imperfecto de indicativo

Verbos regulares

1.ª conjugación -AR CANTAR	2.ª conjugación -ER COMER	3.ª conjugación -IR VIVIR
cantaba	comía	vivía
cantabas	comías	vivías
cantaba	comía	vivía
cantábamos	comíamos	vivíamos
cantabais	comíais	vivíais
cantaban	comían	vivían

Verbos irregulares

Ser	Ir	Ver
era	**iba**	**veía**
eras	**ibas**	**veías**
era	**iba**	**veía**
éramos	**íbamos**	**veíamos**
erais	**ibais**	**veíais**
eran	**iban**	**veían**

Pretérito pluscuamperfecto de indicativo

Verbos regulares

1.ª conjugación -AR CANTAR	2.ª conjugación -ER COMER	3.ª conjugación -IR VIVIR
había cantado	**había** comido	**había** vivido
habías cantado	**habías** comido	**habías** vivido
había cantado	**había** comido	**había** vivido
habíamos cantado	**habíamos** comido	**habíamos** vivido
habíais cantado	**habíais** comido	**habíais** vivido
habían cantado	**habían** comido	**habían** vivido

Participios irregulares

abrir › **abierto**	escribir › **escrito**	poner › **puesto**	romper › **roto**
cubrir › **cubierto**	hacer › **hecho**	prever › **previsto**	satisfacer › **satisfecho**
decir › **dicho**	imprimir › **impreso, imprimido**	resolver › **resuelto**	ver › **visto**
descubrir › **descubierto**	morir › **muerto**	revolver › **revuelto**	volver › **vuelto**

Futuro simple de indicativo

Verbos regulares

1.ª conjugación -AR CANTAR	2.ª conjugación -ER COMER	3.ª conjugación -IR VIVIR
cantaré	comeré	viviré
cantarás	comerás	vivirás
cantará	comerá	vivirá
cantaremos	comeremos	viviremos
cantaréis	comeréis	viviréis
cantarán	comerán	vivirán

Verbos irregulares

Caber	Decir	Haber	Hacer	Poder	Poner
cabré	**diré**	**habré**	**haré**	**podré**	**pondré**
cabrás	**dirás**	**habrás**	**harás**	**podrás**	**pondrás**
cabrá	**dirá**	**habrá**	**hará**	**podrá**	**pondrá**
cabremos	**diremos**	**habremos**	**haremos**	**podremos**	**pondremos**
cabréis	**diréis**	**habréis**	**haréis**	**podréis**	**pondréis**
cabrán	**dirán**	**habrán**	**harán**	**podrán**	**pondrán**

Querer	Saber	Salir	Tener	Valer	Venir
querré	**sabré**	**saldré**	**tendré**	**valdré**	**vendré**
querrás	**sabrás**	**saldrás**	**tendrás**	**valdrás**	**vendrás**
querrá	**sabrá**	**saldrá**	**tendrá**	**valdrá**	**vendrá**
querremos	**sabremos**	**saldremos**	**tendremos**	**valdremos**	**vendremos**
querréis	**sabréis**	**saldréis**	**tendréis**	**valdréis**	**vendréis**
querrán	**sabrán**	**saldrán**	**tendrán**	**valdrán**	**vendrán**

Futuro compuesto de indicativo

Verbos regulares

1.ª conjugación -AR CANTAR	2.ª conjugación -ER COMER	3.ª conjugación -IR VIVIR
habré cantado	**habré** comido	**habré** vivido
habrás cantado	**habrás** comido	**habrás** vivido
habrá cantado	**habrá** comido	**habrá** vivido
habremos cantado	**habremos** comido	**habremos** vivido
habréis cantado	**habréis** comido	**habréis** vivido
habrán cantado	**habrán** comido	**habrán** vivido

Participios irregulares

abrir › **abierto**	escribir › **escrito**	poner › **puesto**	romper › **roto**
cubrir › **cubierto**	hacer › **hecho**	prever › **previsto**	satisfacer › **satisfecho**
decir › **dicho**	imprimir › **impreso, imprimido**	resolver › **resuelto**	ver › **visto**
descubrir › **descubierto**	morir › **muerto**	revolver › **revuelto**	volver › **vuelto**

Condicional simple

Verbos regulares

1.ª conjugación -AR CANTAR	2.ª conjugación -ER COMER	3.ª conjugación -IR VIVIR
cantaría	comería	viviría
cantarías	comerías	vivirías
cantaría	comería	viviría
cantaríamos	comeríamos	viviríamos
cantaríais	comeríais	viviríais
cantarían	comerían	vivirían

Verbos irregulares

Caber	Decir	Haber	Hacer	Poder	Poner
cabría	**diría**	**habría**	**haría**	**podría**	**pondría**
cabrías	**dirías**	**habrías**	**harías**	**podrías**	**pondrías**
cabría	**diría**	**habría**	**haría**	**podría**	**pondría**
cabríamos	**diríamos**	**habríamos**	**haríamos**	**podríamos**	**pondríamos**
cabríais	**diríais**	**habríais**	**haríais**	**podríais**	**pondríais**
cabrían	**dirían**	**habrían**	**harían**	**podrían**	**pondrían**

Querer	Saber	Salir	Tener	Valer	Venir
querría	**sabría**	**saldría**	**tendría**	**valdría**	**vendría**
querrías	**sabrías**	**saldrías**	**tendrías**	**valdrías**	**vendrías**
querría	**sabría**	**saldría**	**tendría**	**valdría**	**vendría**
querríamos	**sabríamos**	**saldríamos**	**tendríamos**	**valdríamos**	**vendríamos**
querríais	**sabríais**	**saldríais**	**tendríais**	**valdríais**	**vendríais**
querrían	**sabrían**	**saldrían**	**tendrían**	**valdrían**	**vendrían**

Presente de subjuntivo

Verbos regulares

1.ª conjugación -AR CANTAR	2.ª conjugación -ER COMER	3.ª conjugación -IR VIVIR
cante	coma	viva
cantes	comas	vivas
cante	coma	viva
cantemos	comamos	vivamos
cantéis	comáis	viváis
canten	coman	vivan

Verbos irregulares

Irregularidades vocálicas

- **E > IE (verbos en -AR y -ER)**

Comenzar	Otros verbos
comience	calentar, cerrar, despertarse, negar, pensar...
comiences	
comience	
comencemos	
comencéis	
comiencen	

Entender	Otros verbos
entienda	encender, perder, querer, tender...
entiendas	
entienda	
entendamos	
entendáis	
entiendan	

- **E > IE + E > I (verbos en -IR)**

Mentir	Otros verbos
mienta	convertir, divertirse, herir, invertir, sentir, sugerir...
mientas	
mienta	
mintamos	
mintáis	
mientan	

- **O > UE (verbos en -AR y -ER)**

Soñar	Poder	Otros verbos
sueñe	pueda	acordarse, acostarse, contar, soler, volver...
sueñes	puedas	
sueñe	pueda	
soñemos	podamos	
soñéis	podáis	
sueñen	puedan	

- **O > UE + O > U**

Dormir	Otros verbos
duerma	morir
duermas	
duerma	
durmamos	
durmáis	
duerman	

- **U > UE**

Jugar
juegue
juegues
juegue
juguemos
juguéis
jueguen

- **E > I**

Pedir	Otros verbos
pida	elegir, reírse, repetir, servir, vestirse...
pidas	
pida	
pidamos	
pidáis	
pidan	

- **I > Y**

Construir	Otros verbos
construya	concluir, contribuir, destruir, huir...
construyas	
construya	
construyamos	
construyáis	
construyan	

Verbos con la primera persona irregular en presente de indicativo

- **Verbos en -ZC- *(conduzco, conozco, obedezco, produzco, traduzco)***

Conducir	Conocer	Obedecer	Producir	Traducir
conduzca	conozca	obedezca	produzca	traduzca
conduzcas	conozcas	obedezcas	produzcas	traduzcas
conduzca	conozca	obedezca	produzca	traduzca
conduzcamos	conozcamos	obedezcamos	produzcamos	traduzcamos
conduzcáis	conozcáis	obedezcáis	produzcáis	traduzcáis
conduzcan	conozcan	obedezcan	produzcan	traduzcan

Otros verbos
agradecer, crecer, desaparecer, nacer, ofrecer, parecer, reducir...

• **Otros verbos irregulares en la primera persona *(caigo, digo, hago, oigo, pongo, salgo, tengo, traigo, valgo, vengo)***

Caer	Decir	Hacer	Oír	Poner
caiga	**diga**	**haga**	**oiga**	**ponga**
caigas	**digas**	**hagas**	**oigas**	**pongas**
caiga	**diga**	**haga**	**oiga**	**ponga**
caigamos	**digamos**	**hagamos**	**oigamos**	**pongamos**
caigáis	**digáis**	**hagáis**	**oigáis**	**pongáis**
caigan	**digan**	**hagan**	**oigan**	**pongan**

Salir	Tener	Traer	Valer	Venir
salga	**tenga**	**traiga**	**valga**	**venga**
salgas	**tengas**	**traigas**	**valgas**	**vengas**
salga	**tenga**	**traiga**	**valga**	**venga**
salgamos	**tengamos**	**traigamos**	**valgamos**	**vengamos**
salgáis	**tengáis**	**traigáis**	**valgáis**	**vengáis**
salgan	**tengan**	**traigan**	**valgan**	**vengan**

Verbos con irregularidades propias

Haber	Ir	Saber	Ser	Ver
haya	**vaya**	**sepa**	**sea**	**vea**
hayas	**vayas**	**sepas**	**seas**	**veas**
haya	**vaya**	**sepa**	**sea**	**vea**
hayamos	**vayamos**	**sepamos**	**seamos**	**veamos**
hayáis	**vayáis**	**sepáis**	**seáis**	**veáis**
hayan	**vayan**	**sepan**	**sean**	**vean**

Verbos con cambios gráficos

• G › J	• C › Z	• Z › C	• GU › G	• G › GU	• C › QU
Coger	Convencer	Cazar	Distinguir	Investigar	Tocar
co**j**a	conven**z**a	ca**c**e	distin**g**a	investi**gu**e	to**qu**e
co**j**as	conven**z**as	ca**c**es	distin**g**as	investi**gu**es	to**qu**es
co**j**a	conven**z**a	ca**c**e	distin**g**a	investi**gu**e	to**qu**e
co**j**amos	conven**z**amos	ca**c**emos	distin**g**amos	investi**gu**emos	to**qu**emos
co**j**áis	conven**z**áis	ca**c**éis	distin**g**áis	investi**gu**éis	to**qu**éis
co**j**an	conven**z**an	ca**c**en	distin**g**an	investi**gu**en	to**qu**en

Dar
dé
des
dé
demos
deis
den

Fíjate:
El verbo *dar* lleva una tilde diacrítica en la primera y tercera personas del singular para que no se confunda con la preposición *de*.

Estar
est**é**
est**és**
est**é**
estemos
estéis
est**én**

Fíjate:
El verbo *estar* cambia la sílaba tónica habitual del presente de subjuntivo en todas las personas del singular y en la tercera del plural.

Pretérito perfecto de subjuntivo

Verbos regulares

1.ª conjugación -AR CANTAR	2.ª conjugación -ER COMER	3.ª conjugación -IR VIVIR
haya cantado	**haya** comido	**haya** vivido
hayas cantado	**hayas** comido	**hayas** vivido
haya cantado	**haya** comido	**haya** vivido
hayamos cantado	**hayamos** comido	**hayamos** vivido
hayáis cantado	**hayáis** comido	**hayáis** vivido
hayan cantado	**hayan** comido	**hayan** vivido

Participios irregulares

abrir › **abierto**	escribir › **escrito**	poner › **puesto**	romper › **roto**
cubrir › **cubierto**	hacer › **hecho**	prever › **previsto**	satisfacer › **satisfecho**
decir › **dicho**	imprimir › **impreso, imprimido**	resolver › **resuelto**	ver › **visto**
descubrir › **descubierto**	morir › **muerto**	revolver › **revuelto**	volver › **vuelto**

Glosario

	En mi lengua
A	
A domicilio	
A la cabeza	
A la carta	
A la romana	
A lo mejor	
A propósito	
Ábaco, el	
Abastecer(se)	
Abertura, la	
Abeto, el	
Abono, el	
Absurdo/a	
Aburrimiento, el	
Acceder	
Accesorio, el	
Accidente geográfico, el	
Accionar	
Aceituna, la	
Acelerado/a	
Ácido/a	
Ácido graso, el	
Ácido oleico, el	
Acorde	
Acortarse	
Acostumbrarse	
Activar	
Activista, el/la	
Acuático/a	
Adamascado/a	
Adaptarse	
Adentrarse	
Adicción, la	
Adicto/a	
Adjuntar	
Administración y Dirección de Empresas, la	
Admitir	
Adolescencia, la	
Adorar	
Adquirir	
Adquisición, la	
Adulto/a	

	En mi lengua
Advertir	
Afín	
Afrodescendiente, el/la	
Agarrar	
Agnóstico/a	
Agobiado/a	
Agobio, el	
Agotar(se)	
Agradecido/a	
Agravado/a	
Agrícola	
Agricultura, la	
Agruparse	
Aguantar	
Aguja, la	
Agujero, el	
Ahogarse	
Ajeno/a	
Ajustado/a	
Al pilpil	
Alambre, el	
Alargado/a	
Alarmante	
Alcalde/esa, el/la	
Alcance, el	
Alegría, la	
Alergia, la	
Álgebra, el	
Alimentario/a	
Alinear	
Almacén, el	
Almendrado/a	
Almohada, la	
Alquimia, la	
Altiplano, el	
Alucinación, la	
Alucinar	
Aludir	
Aluminio, el	
Amanecer	
Amargo/a	
Ambición, la	
Amenaza, la	
Amenazado/a	

	En mi lengua
Amenazar	
Aminoácido	
Analógico/a	
Ancho/a	
Andares, los	
Andén, el	
Andino/a	
Ángel, el	
Ánimo de lucro, el	
Ansiedad, la	
Antena, la	
Antibacteriano/a	
Anticuado/a	
Antinflamatorio/a	
Antivirus, el	
Aparente	
Apariencia, la	
Apasionante	
Apertura, la	
Aplauso, el	
Apocado/a	
Aporofobia, la	
Aportación, la	
Aporte, el	
Aprobado, el	
Aprobar	
Aptitud, la	
Apuntes, los	
Arábigo/a	
Arándano, el	
Archivo, el	
Arco, el	
Arista, la	
Arma, el	
Armonía, la	
Aromático/a	
Arrepentirse	
Arriesgarse	
Arrogancia, la	
Arroyo, el	
Arteria, la	
Artes aplicadas, las	
Articulación, la	
Asa, el	

	En mi lengua
Ascendente, el	
Asco, el	
Asentarse	
Asesinato, el	
Asignatura, la	
Asistente, el/la	
Aspirar	
Astronauta, el/la	
Astronomía, la	
Atardecer, el	
Atasco, el	
Atentado, el	
Ateo/a	
Atleta, el/la	
Atractivo/a	
Atrapar	
Atravesar	
Atreverse	
Audiencia, la	
Autóctono/a	
Autodidacta	
Automatización, la	
Automatizar	
Autoridades, las	
Azotea, la	

B

	En mi lengua
Bacalao, el	
Bachillerato, el	
Bacteria, la	
Bancada, la	
Bando, el	
Barbacoa, la	
Basado/a	
Base de datos, la	
Basura, la	
Batalla, la	
Batería, la	
Batido, el	
Bautizar	
Beca, la	
Berenjena, la	
Bibliografía, la	
Bicho, el	
Biólogo/a	
Bloquear	
Bolchevique	
Bollería, la	
Bolsillo, el	
Borde, el	
Botón, el	
Bricolaje, el	
Brillar	
Budista	
Buen/mal humor, el	
Burocracia, la	
Búsqueda, la	
Buzón (de voz), el	

C

	En mi lengua
Cabina (de teléfono), la	
Cabo, el	
Cacerola, la	
Cadena montañosa, la	
Calabacín, el	
Calcio, el	
Cálculo, el	
Calentamiento global, el	
Calidad de vida, la	
Calificación, la	
Callado/a	
Caloría, la	
Caluroso/a	
Cámara, el/la	
Cámara web, la	
Campesino/a, el/la	
Campo de trabajo, el	
Campus, el	
Canal, el	
Cancelación, la	
Cancelar	
Candidato/a	
Canela, la	
Capicúa	
Captar	
Carácter, el	
Carbohidrato, el	
Carbón, el	
Cárcel, la	
Carecer	
Cargador, el	
Caries, la	
Carrera (universitaria), la	
Carrete (de fotos), el	
Carretera, la	
Cartelera, la	
Cartero/a, el/la	
Caseta, la	
Castigar	
Castigo, el	
Casualidad, la	
Catástrofe, la	
Catolicismo, el	
Católico/a	
Cautividad, la	
Caza, la	
Cazar	
Celda, la	
Célebre	
Celiaco/a	
Centenario, el	
Centralita, la	
Cerrar sesión	
Certeza, la	
Charlatán/ana	
Chía, la	
Chile, el	
Chillar	
Chocar	
Chutar	
Ciencias, las	
Cifrar	
Cilindro, el	
Cinta, la	

	En mi lengua
Circo, el	
Circular	
Círculo, el	
Cita, la	
Ciudadano/a, el/la	
Clave, la	
Climatología, la	
Climatológico/a	
Cobarde	
Coincidencia, la	
Col, la	
Colecta, la	
Colesterol, el	
Colgar en/subir a (la red)	
Colmo, el	
Colonia, la	
Combatir	
Combustible, el	
Comerciar	
Comercio justo, el	
Comisaría, la	
Compaginar	
Compatible	
Complejidad, la	
Complejo/a	
Complicidad, la	
Compraventa, la	
Comprensivo/a	
Comprometido/a	
Comunista	
Comunitario/a	
Conciso/a	
Condena, la	
Condenado/a	
Conducta, la	
Conejo/a, el/la	
Confesión religiosa, la	
Confiado/a	
Confirmación, la	
Conflicto, el	
Conjetura, la	
Conllevar	

	En mi lengua
Conmemorar	
Connotación, la	
Conquista, la	
Conquistar	
Consciente	
Conservación, la	
Constante	
Consumismo, el	
Contaminado/a	
Contestador automático, el	
Contracciones (del parto), las	
Contradecir	
Contraer	
Contraseña, la	
Controlar(se)	
Conveniente	
Convincente	
Convocar	
Corcho, el	
Cordero, el	
Cordillera, la	
Cordón, el	
Coser	
Cosmético, el	
Coste, el	
Costoso/a	
Creación, la	
Crédito, el	
Creencia, la	
Creído/a	
Creyente	
Cría	
Criarse	
Cristiano/a	
Crítica, la	
Crítico/a de cine, el/la	
Cromosoma, el	
Cuadrado/a	
Cualificación, la	
Cubrir (una noticia)	
Cucharada, la	

	En mi lengua
Cuenta (de correo), la	
Cuerda, la	
Culto, el	
Cundir	
Currículum, el	
Curso de posgrado, el	
Custodia, la	

D

Dar a entender	
Dar fruto	
Dar igual	
Dar muerte	
Darse bien/mal	
Darse cuenta	
Datos, los	
De ahí que	
De manera/modo que	
Debate, el	
Débil	
Década, la	
Decidido/a	
Deforestación, la	
Degradación, la	
Degustación, la	
Dejar en evidencia	
Delimitado/a	
Delito, el	
Demandado/a	
Demandar	
Denotar	
Deprimido/a	
Derecha (política), la	
Derecho, el	
Derretirse	
Desafío, el	
Desastre, el	
Descapotable	
Descargar(se)	
Descender de	

	En mi lengua
Descifrar	
Desconfiado/a	
Desenlace, el	
Desenvolverse	
Desfavorecido/a	
Desgastar	
Deshacerse (de algo)	
Deshielo, el	
Deshumanización, la	
Desierto, el	
Designar	
Desinfectar	
Desintoxicante	
Deslumbrante	
Desmentir	
Desmigado/a	
Desobedecer	
Despistado/a	
Desteñir	
Destinar	
Destituir	
Destruir	
Detalle, el	
Detallista	
Detective, el/la	
Detener	
Detenido/a, el/la	
Detergente, el	
Devolución, la	
Diablo, el	
Diagonal	
Dictador, el	
Dignidad, la	
Dimisión, la	
Dimitir	
Dióxido de carbono, el	
Dirigir	
Discrepancia, la	
Discriminación, la	
Discurrir	
Disfraz, el	
Disminuir	
Dispararse	

	En mi lengua
Dispositivo (electrónico), el	
Distinción, la	
Diversificar	
Documentación, la	
Documento, el	
Dolencia, la	
Donado/a	
Dramaturgo/a, el/la	
Dron, el	
Dulce	

E

	En mi lengua
Echar de menos	
Economía sostenible, la	
Ecuación, la	
Efecto invernadero, el	
Egoísta	
Ejecución, la	
Ejemplar, el	
Ejercer	
Embarazada	
Embaucador/a	
Embellecer	
Emigrante, el/la	
Emisión, la	
Emitir	
Empaquetar	
Empatía, la	
Empático/a	
Empatizar	
Emplear	
Empleo, el	
Emprendedor/a	
Empresario/a, el/la	
En almíbar	
En cuanto a	
En curso	
En directo	
En el fondo	
En mal estado	
En torno a	

	En mi lengua
Enamorarse	
Encajar	
Encaminar	
Encantador/a	
Encarcelar	
Encargado/a, el/la	
Enchufado/a	
Enchufe, el	
Encontrarse	
Energía limpia, la	
Energía renovable, la	
Energía solar, la	
Enfermería, la	
Enfrentarse a	
Enterarse de	
Entrante, el	
Entristecer	
Entusiasmar(se)	
Envenenar	
Envoltorio, el	
Epidemia, la	
Época, la	
Equitativo/a	
Era, la	
Erradicación, la	
Escalivada, la	
Escalonado/a	
Escandaloso/a	
Escaparate, el	
Escoba, la	
Escondite, el	
Escrache, el	
Escudo, el	
Esforzarse	
Espárrago, el	
Especialización, la	
Especializado/a	
Espectador/a, el/la	
Espeso/a	
Espinacas, las	
Espíritu, el	
Establecer lazos	

	En mi lengua
Estar al caer	
Estar al día	
Estar al rojo vivo	
Estar (como) en una nube	
Estar de moda	
Estar en el aire	
Estar en paro	
Estrecho, el	
Estrecho/a	
Estreno, el	
Estrés, el	
Estudio (de radio), el	
Estudios superiores, los	
Etapa, la	
Etimológico/a	
Étnico/a	
Evangélico/a	
Evidente	
Evocar	
Excesivo/a	
Exceso, el	
Exclusión, la	
Exigencia, la	
Exigir	
Expandirse	
Expectativa, la	
Explotación, la	
Explotar	
Extenuante	
Externo/a	
Extinción, la	
Extraterrestre, el/la	
Extravertido/a	

F

	En mi lengua
Fábrica, la	
Fallecer	
Fallecido/a	
Falso/a	
Familiarizarse	
Fastidiar	
Fatal	
Favorecer	
Fenicio/a	
Fenómeno natural, el	
Ferretería, la	
Fiarse	
Fibra, la	
Fiel	
Figura, la	
Figurar	
Fijación, la	
Filología, la	
Firmar un contrato	
Firme	
Física, la	
Fisio(terapeuta), el/la	
Fisioterapia, la	
Florero, el	
Flotar	
Fogón, el	
Forja, la	
Formación profesional, la	
Formado/a	
Formarse	
Fortalecer	
Forzoso/a	
Fósil (combustible)	
Fracasado/a	
Frágil	
Frenar	
Fuego, el	
Fuente de ingresos, la	
Fuga, la	
Fugado/a, el/la	
Furioso/a	

G

	En mi lengua
Gamba, la	
Ganado, el	
Garbanzo, el	
Genealogía genética, la	
Generación, la	
Generoso/a	
Gibón, el	
Girar en torno a	
Glaciar, el	
Gluten, el	
Gobernar	
Golfo, el	
Goma, la	
Gotear	
Grado, el	
Graduado/a, el/la	
Graduarse	
Gran superficie, la	
Grano, el	
Grifo, el	
Grueso/a	
Guardia civil, el/la	
Gusto, el	

H

	En mi lengua
Habilidad, la	
Habitable	
Hábitat natural, el	
Hábitos alimenticios, los	
Hablador/a	
Hacer clic	
Hacer cuentas	
Hacer falta	
Harto/a	
Hasta las tantas	
Hectárea, la	
Hierro, el	
Hipopótamo, el	
Historia del Arte, la	
Historiador/a, el/la	
Historicista	
Hombre/Mujer del tiempo, el/la	
Honesto/a	

	En mi lengua
Honor, el	
Huerto, el	
Hueso, el	
Huevera, la	
Humanidades, las	
Humilde	
Humo, el	
Hundido/a	
Huracán, el	

I

Ideología	
Ídolo, el	
Idóneo/a	
Igual (adv.)	
Imán, el	
Impaciente	
Imperio, el	
Implantación, la	
Implantar	
Implicar	
Importación, la	
Impuesto, el	
Incendio, el	
Incidente, el	
Incógnita, la	
Incrementar(se)	
Independizarse	
Indiferencia, la	
Indignante	
Indiscriminado/a	
Indiscutible	
Infancia, la	
Infantil (enseñanza)	
Infarto cerebral, el	
Infinito/a	
Información meteorológica, la	
Informativo, el	
Infracción, la	
Infrahumano/a	
Ingenioso/a	
Ingerir	
Ingreso, el	
Iniciativa, la	
Injusticia, la	
Inmigración, la	
Innato/a	
Innovación, la	
Innovador/a	
Inquieto/a	
Insospechado/a	
Instalación, la	
Institución, la	
Integración, la	
Integral (alimento)	
Integrar	
Interconexión, la	
Internarse	
Interrogatorio, el	
Intolerancia, la	
Intoxicación, la	
Introvertido/a	
Inundación, la	
Invadir	
Invasión, la	
Invención, la	
Investigador/a	
Ir de campamento	
Islamismo, el	

J

Jardinería, la	
Jaula, la	
Jubilación, la	
Jubilarse	
Judería, la	
Judío/a	
Juez/a, el/la	
Juicio, el	
Juicio de valor, el	
Jurídico/a	
Justo/a	
Juventud, la	

K

Kale, el	

L

Laboratorio, el	
Lactosa, la	
Lamentar	
Lancha motora, la	
Lápiz de memoria, el	
Láser, el	
Lástima, la	
Leal	
Lector/a, el/la	
Lema, el	
Lenguado, el	
Ley, la	
Leyenda, la	
Libertad, la	
Liebre, la	
Ligar (col.)	
Ligero/a	
Limitar	
Limítrofe	
Línea de meta, la	
Literalmente	
Llegar a ser	
Llenar (la comida)	
Lo mismo (loc. adv.)	
Locutor/a de radio, el/la	
Lucrativo/a	
Luminiscente	

M

Maceta, la	
Madera, la	
Madurez, la	
Maduro/a	
Magia, la	
Mágico/a	
Majo/a	
Maletín, el	
Maltrato, el	
Manchado/a	
Mandar	
Manejar	

	En mi lengua
Mango, el	
Maniático/a	
Manifestación	
Manipulado/a	
Manivela, la	
Mantener a raya	
Manual	
Marea, la	
Mariposa, la	
Masa, la	
Máscara, la	
Masivo/a	
Máster, el	
Materia oscura, la	
Maternidad, la	
Matiz, el	
Matrícula, la	
Matricularse	
Mecánico/a	
Medicinal	
Medieval	
Medio de comunicación, el	
Melodía, la	
Memoria (del ordenador), la	
Mensajero/a, el/la	
Mensual	
Mentalidad, la	
Mentira, la	
Merecer/Valer la pena	
Meseta, la	
Metafórico/a	
Metal, el	
Metálico/a	
Meteorología, la	
Metodología, la	
Mezcla, la	
Mezclar	
Mezquita, la	
Micrófono, el	
Microplástico, el	
Milenario/a	
Militante, el/la	

	En mi lengua
Militar, el	
Mina, la	
Minoría, la	
Misión, la	
Misterio, el	
Misterioso/a	
Mito, el	
Moderado/a	
Modernizar	
Modesto/a	
Modisto/a, el/la	
Mojarse	
Moler	
Molinillo (de café), el	
Monitor, el	
Mortalidad, la	
Motivado/a	
Musulmán/ana	

N

Natalidad, la	
Natillas, las	
Navegable	
Negado/a (ser)	
Nevada, la	
Nota (de un examen), la	
Notable (nota)	
Nudo, el	
Nuez moscada, la	
Nutricionista, el/la	

O

O sea (que)	
Obesidad, la	
Objetivo/a	
Obsesionado/a	
Obsesivo/a	
Obstáculo, el	
Ocultar	
Ocupar (un territorio)	
Ojalá (que)	
Ola de calor, la	

	En mi lengua
Olla, la	
Ondulado/a	
Opresivo/a	
Orangután/ana, el/la	
Orgulloso/a	
Originalidad, la	
Originarse	
Ornamental	
Oscuridad, la	
Ovalado/a	
Oyente, el/la	

P

Paciencia, la	
Paciente	
Padecer	
Padrastro, el	
Paleodieta, la	
Palíndromo, el	
Palo, el	
Panceta, la	
Pantalla, la	
Para colmo	
Para entonces	
Para nada	
Para rato	
Paradójicamente	
Paraíso, el	
Partícula, la	
Partido (político), el	
Pasividad, la	
Pastor/a, el/la	
Pata, la	
Paz, la	
Pecar de	
Pedido, el	
Pegatina, la	
Pelear	
Península, la	
Per cápita	
Perejil, el	
Perfil, el	
Periódicamente	

	En mi lengua
Periodismo, el	
Periodo, el	
Persecución, la	
Personal, el	
Personalizar	
Pertenencias, las	
Pesadez, la	
Pesca, la	
Pescado azul, el	
Petróleo, el	
Pez, el	
Picador/a, el/la	
Picante	
Piedra, la	
Piel, la	
Pieles, las	
Pieza, la	
Pilar, el	
Pinchar	
Pinta, la	
Pintada, la	
Pinza, la	
Pizarra digital, la	
Plaga, la	
Plancton, el	
Plano/a	
Plantar	
Plató, el	
Pódcast, el	
Poeta/isa, el/la	
Policial	
Polinización, la	
Polo, el	
Pomada, la	
Popularización, la	
Populismo, el	
Por cabeza	
Por casualidad	
Por cierto	
Por consiguiente	
Por otra parte	
Por si acaso	
Por supuesto	
Porcentaje, el	
Portavelas, el	

	En mi lengua
Portavoz, el/la	
Portería, la	
Portero/a, el/la	
Posar	
Posguerra, la	
Posicionarse	
Posverdad, la	
Potasio, el	
Pozo, el	
Prácticas, las	
Precisión, la	
Preciso/a	
Precolombino/a	
Predestinado/a	
Preescolar	
Prensa, la	
Prensado, el	
Prepotente	
Presa, la	
Prescindir	
Presencial	
Presentador/a, el/la	
Presidente/a, el/la	
Prevenir	
Primaria (enseñanza), la	
Prisión, la	
Procedimiento	
Procesar	
Proceso de selección, el	
Producto interior bruto, el	
Profundizar	
Programa (de televisión), el	
Programación, la	
Progreso, el	
Proliferación, la	
Promedio, el	
Promesa, la	
Prometedor/a	
Promoción (universitaria), la	

	En mi lengua
Pronosticar	
Protesta, la	
Provechoso/a	
Provincia, la	
Prudente	
Pulmón, el	
Punta, la	
Punto fuerte/débil, el	
Q	
¡Que aproveche!	
¡Que descanses!	
¡Que te mejores!	
Quieto/a	
Quinoa, la	
Quiosquero/a, el/la	
Quizá(s)	
R	
Rabia, la	
Racional	
Racismo, el	
Radiaciones infrarrojas, las	
Raíz, la	
Rama (de estudios), la	
Rape, el	
Rasgo, el	
Rastrear	
Razonable	
Rebatir	
Rebelde	
Rebeldía, la	
Rebelión, la	
Recargar	
Recetar	
Recinto, el	
Reclamar	
Reconocer	
Rectangular	
Rectángulo, el	
Recto/a	

	En mi lengua
Recubierto/a	
Redacción (de un periódico), la	
Reencontrarse	
Reenviar	
Reformar	
Refugiado/a, el/la	
Regadío, el	
Regular (verbo)	
Rehogar	
Reino, el	
Reinventar(se)	
Reja, la	
Relevante	
Relieve, el	
Religión, la	
Reloj inteligente, el	
Rememorar	
Renacer, el	
Rentable	
Reparación, la	
Reportaje, el	
Reportero/a, el/la	
Representante, el/la	
Reprimenda, la	
Reprochar	
Republicano/a	
Requisito, el	
Rescate, el	
Residente, el/la	
Resistente	
Respecto a	
Responsabilidad, la	
Resta, la	
Retención, la	
Retransmisión, la	
Retransmitir	
Retribución, la	
Reutilización, la	
Revalorizar	
Revelar	
Ridiculizar	

	En mi lengua
Riego, el	
Río, el	
Rito, el	
Robótico/a	
Rodar (películas)	
Roto, el	
Rumor, el	
Rúter, el	
Rutinario/a	

S

	En mi lengua
Sabor, el	
Sacar buenas/malas notas	
Sala de conciertos, la	
Sala de conferencias, la	
Salado/a	
Salario, el	
Salmorejo, el	
Salón de actos, el	
Salvaje	
Sanción, la	
Sandía, la	
Sangre, la	
Sanitario/a	
Satélite, el	
Secretaría, la	
Secreto, el	
Sector, el	
Secundaria (enseñanza), la	
Segunda mano, (ser de)	
Seguridad, la	
Selfi, el	
Semáforo, el	
Sembrar	
Sensación, la	
Sensible	
Ser un genio	
Sermón, el	
Serpiente, la	
Servicio de atención al cliente, el	
Servicio técnico, el	
Servicios sociales, los	
Servir	
Siglo, el	
Silueta, la	
Simetría, la	
Simio/a, el/la	
Simpatizar	
Sin ánimo de lucro	
Sincero/a	
Sinfín, el	
Sistema educativo, el	
Sistema inmunológico, el	
Sistema nervioso, el	
Sobreinformación, la	
Sobrevivencia, la	
Soldado, el	
Soleado/a	
Solicitar	
Soñador/a	
Soñar con los angelitos	
Soportar	
Sorprendente	
Soso/a	
Sospechoso/a	
Sostenibilidad, la	
Subtítulo, el	
Suegro/a, el/la	
Sueldo, el	
Sufrimiento, el	
Suicidio, el	
Sujetar	
Sujeto/a	
Suma, la	
Sumar(se)	
Superado/a	
Superalimento, el	
Superstición, la	

	En mi lengua
Suspender	
Suspenso, el	
Susto, el	

T

Tablero de noticias, el	
Tableta, la	
Tal vez	
Tala, la	
Talar	
Tambor (de la lavadora), el	
Tapa, la	
Tapadera, la	
Tapón, el	
Tasa, la	
Tatarabuelo/a, el/la	
Teclado, el	
Tecnologías Ambientales, las	
Tela, la	
Telespectador/a	
Televisivo/a	
Temblar	
Temer(se)	
Templo, el	
Tenderete, el	
Tendero/a, el/la	
Tener enchufe	
Tener prisa	
Tentación, la	
Tercera edad, la	
Terreno, el	
Testigo de Jehová, el/la	
Testimonio, el	
Tetería, la	
Textil	
Tierno/a	
Timbre, el	
Tinta, la	
Tipo/a, el/la	
Tique, el	
Tira, la	
Tirante, el	
Titular, el	
Título (universitario), el	
Tolteca	
Tomar conciencia	
Tontería, la	
Toque, el	
Totalidad, la	
Tráfico ilegal, el	
Tragar	
Trágico/a	
Trámite, el	
Transferir	
Transición, la	
Transparencia, la	
Transportista, el/la	
Trepar	
Triangular	
Triturado/a	
Triturar	
Trucha, la	
Tubo, el	
Turismo de masas, el	
Tutear	
Tutor/a, el/la	

U

Última hora, la	
Ultraprocesado/a	
Uña, la	
Urbanismo, el	
Usuario/a, el/la	

V

Validez, la	
Valiente	
Valle, el	
Vanguardista	
Vanidoso/a	
Vareo, el	
Vegetación, la	
Vejez, la	
Vejiga, la	
Vela, la	
Velocidad, la	
Velozmente	
Venir al mundo	
Veracidad, la	
Vergüenza, la	
Vértigo, el	
Viable	
Vibrar	
Vicepresidente/a, el/la	
Víctima, la	
Videoclub, el	
Videoconsola, la	
Vidriera, la	
Vigilar	
Viñedo, el	
Violonchelista, el/la	
Vitalidad, la	
Viveza, la	
Volador/a	
Volante, el	
Vomitar	
Votante, el/la	
Vuelta atrás, la	
Vulnerable	

W

Walkman, el	
Wifi, el/la	

X

Xenofobia, la	

Z

Zona recreativa, la	
Zoológico, el	

Actividades con los corpus lingüísticos CORPES XXI y CREA de la RAE

Introducción

Una de las características de **Frecuencias** es el uso de dos de los corpus lingüísticos de la RAE –El Corpus del Español del Siglo XXI (CORPES XXI) y el Corpus de Referencia del Español Actual (CREA)[1]– para establecer frecuencias de uso léxico, combinaciones de palabras, usos gramaticales, geográficos, etc., y ofrecer diferencias entre las variantes del español de España y de América usando ejemplos de lengua **auténticos** procedentes de muestras reales de lengua escrita.

Este uso viene destacado en el libro del estudiante mediante unos cuadros que usted puede utilizar según los intereses y necesidades de su grupo de estudiantes, así como en alguna de las actividades propuestas.

RAE

COMUNICACIÓN

- En una gran parte de Hispanoamérica se usa chévere con el significado de 'estupendo', 'bonito', y qué mala onda con el significado de '¡qué pena siento!': *¡Qué **chévere** que viniste! ¿Qué te parece mi fiesta? Linda, ¿verdad? Supe lo que les pasó. **Qué mala onda**. Qué cosa más terrible.*
- En Colombia, Honduras, Cuba y República Dominicana bacano significa 'muy bueno', 'estupendo', 'excelente'. Se usa en el lenguaje juvenil: *Nueva York, ¡qué **bacano**!, habían dicho los compañeros de la universidad.*
- En México chido significa 'bonito', 'lindo', y padre, 'estupendo':
  *"Estás bien bonita", le dice Sara. "Y está bien **chido** el vestido y la bandita. ¿Es de tu trabajo?"*
  *Ay, qué **padre**. Debe ser bien interesante todo lo que haces.*

Al igual que en los niveles A (1 y 2), en los niveles B (1 y 2) hemos extraído del CORPES XXI léxico y expresiones, algunos aspectos gramaticales de interés en las variantes del español y asociaciones de palabras para que los estudiantes sigan desarrollando su competencia léxica. Por otro lado, también se han incorporado textos reales de diferente tipología extraídos del CREA para presentar algunos de los contenidos en contextos más extensos.

En el curso se han trabajado estas zonas geográficas:

- **Zona 1.** México, Centroamérica y Caribe: México, Guatemala, Honduras, El Salvador, Costa Rica, Nicaragua, Panamá, Cuba, República Dominicana, Puerto Rico, Venezuela.
- **Zona 2.** España.
- **Zona 3.** Argentina. Se ha reflejado en ocasiones la variante argentina por su peculiaridad e importancia.

Tipología de actividades para realizar con las bases del CORPES XXI y del CREA

Estos son los tipos de actividades que proponemos para trabajar los corpus con sus estudiantes en algunas unidades:

1. Extracción de las **palabras y expresiones** más frecuentes, teniendo en cuenta la zona (1, 2 o 3) para establecer su uso en contexto.
2. Extracción de **formas, tiempo y modo** de los verbos para comprobar algunos de sus usos, seleccionando las frases más relevantes.
3. Extracción de **asociaciones de palabras** de uso frecuente en las zonas con las que trabajamos. Por ejemplo, adjetivos con los que se combina más frecuentemente el adverbio *muy*.

[1] CORPES XXI y CREA son de acceso gratuito a través de la plataforma de la RAE: https://www.rae.es/

Tenga en cuenta que la propia búsqueda de datos ayuda a los estudiantes a reflexionar sobre varios puntos del sistema lingüístico del español, ya que, para realizar dicha búsqueda, deben completar una serie de apartados en la base de datos: lema, forma, clase de palabra, modo, tiempo, persona, número…

Se aconseja que estas actividades las realicen en parejas o grupos pequeños bajo su supervisión y que concluya siempre las tareas propuestas con una puesta en común de los resultados.

Le sugerimos también que proyecte los resultados de la búsqueda para corregir o aclarar dudas, o bien para realizar la actividad directamente en grupo plenario si lo cree conveniente.

Antes de empezar a realizar la primera actividad, es recomendable que les muestre las bases de datos y les explique su funcionamiento básico. También puede hacer la primera actividad del Corpes XXI o del CREA de manera conjunta, proyectándola e indicándoles los pasos a seguir tal y como se ha diseñado en las tareas propuestas para que se familiaricen con el procedimiento. Se han añadido las imágenes de las diferentes búsquedas como muestra.

Aunque las actividades siguen la progresión del *Libro del estudiante*, pueden realizarse independientemente, según los intereses de los estudiantes y su propio criterio.

Asimismo, usted puede realizar todas aquellas búsquedas que crea convenientes en cualquier momento o tarea y crear sus propias actividades a medida, tomando como modelo las que le ofrecemos a continuación.

Actividades

Unidad 1. Actividad 1. "Gramática"

Se propone una actividad para comprobar la preferencia de uso del pretérito indefinido en lugar del pretérito perfecto en los países de Latinoamérica.

1. Dígales que van a buscar primero el adverbio temporal ***hoy***, que puede usarse para hablar de acciones pasadas recientes, en combinación con el pretérito indefinido (también llamado *pretérito perfecto simple*). Para ello, forme grupos y pídales que encuentren esta combinación y que anoten algunos ejemplos de varios países. Después deben clicar en el apartado **"Estadística"** para ver en qué países se utiliza más.
2. Agrupados de igual manera, pídales que hagan la búsqueda con el mismo adverbio ***hoy*** pero esta vez combinado con el pretérito perfecto (también llamado *pretérito perfecto compuesto*) y que sigan las mismas instrucciones.

Por último, haga una puesta en común en la que deberán compartir los ejemplos seleccionados con el resto de la clase y comentar cuál de las dos combinaciones es más frecuente en los países de Latinoamérica (la combinación con pretérito indefinido o pretérito perfecto simple) y en España (la combinación con pretérito perfecto o pretérito perfecto compuesto). Además, puede ampliar la actividad pidiéndoles que realicen el mismo tipo de búsqueda con otros adverbios que suelen usarse para referirse a acciones pasadas recientes: *esta tarde, este año, últimamente…*

Para realizar las búsquedas deberán seguir estos pasos una vez que se encuentren en la página inicial del CORPES XXI, apartado **"Concordancias"** y, después, **"Estadística"**:

HOY + pretérito indefinido

Lema: hoy
Clase de palabra: adverbio
Clicar: Proximidad
Clase de palabra: verbo
Modo: indicativo
Tiempo: pretérito perfecto simple
Clicar: Subcorpus
Origen: Todos
Clicar: Concordancia
Clicar: Estadística

HOY + pretérito perfecto

Lema: hoy
Clase de palabra: adverbio
Clicar: Proximidad
Clase de palabra: verbo
Modo: indicativo
Tiempo: pretérito perfecto compuesto
Clicar: Subcorpus
Origen: Todos
Clicar: Concordancia
Clicar: Estadística

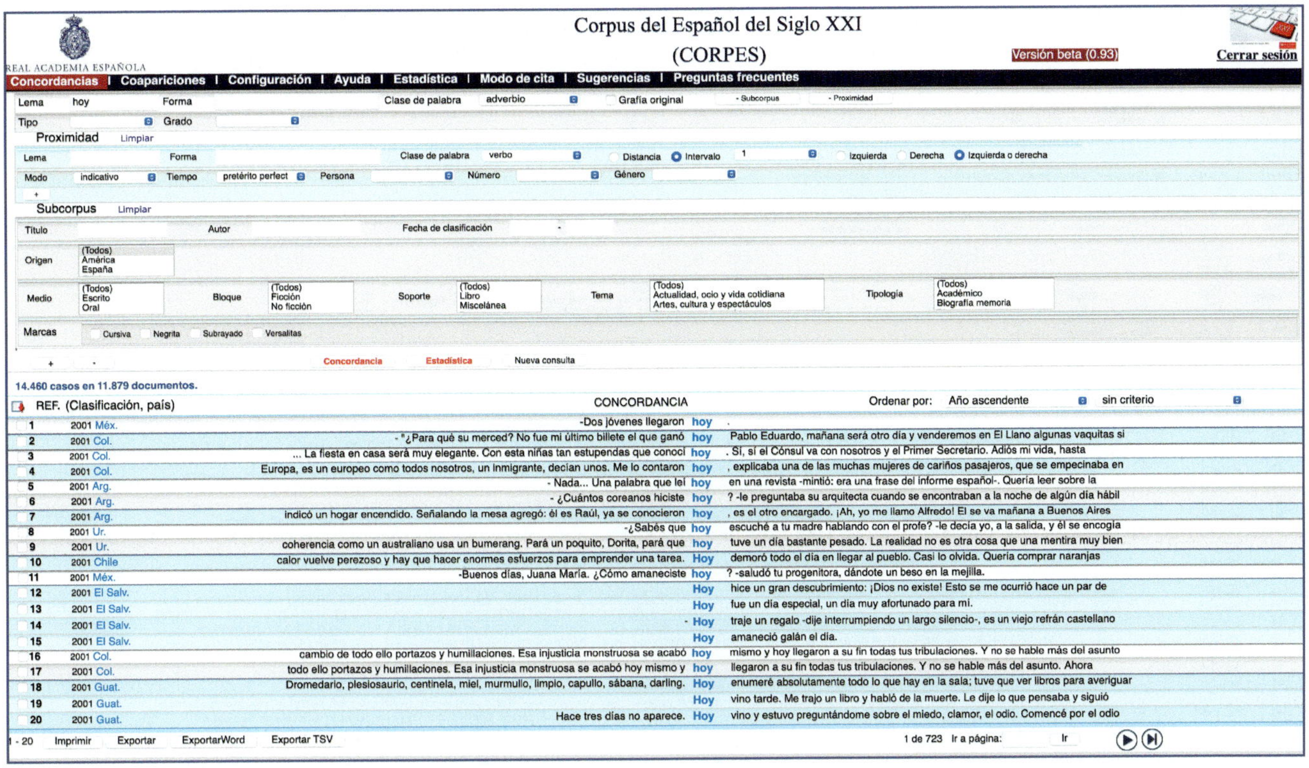

Frecuencia absoluta: 14.460 **Documentos:** 11.866 **Frecuencia normalizada:** 43,25 casos por millón

Distribución Zona

Zona	Freq	Fnorm.
México y Centroamérica	3.202	52,83
Río de la Plata	2.507	55,81
Andina	2.373	90,42
España	2.089	17,99
Antillas	1.904	86,95
Chilena	1.040	52,64
Caribe continental	974	24,68
Estados Unidos	369	93,56
Guinea Ecuatorial	1	1,10
Sin identificar	1	2,81
1 - 10 de 10		página: 1

Distribución Zona

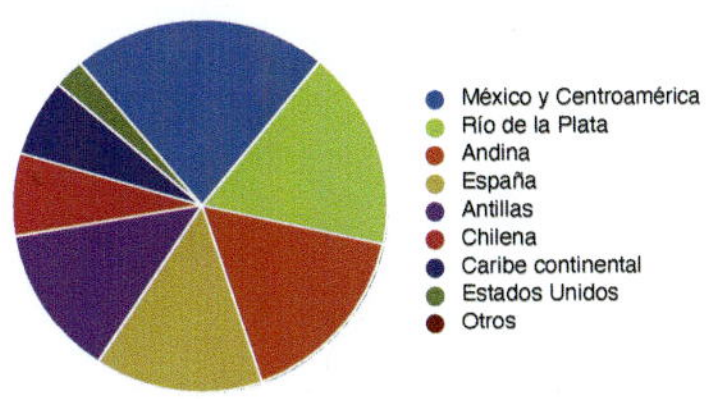

Distribución País

País	Freq	Fnorm.
España	2.089	17,99
México	1.553	43,27
Argentina	1.525	50,91
Chile	1.040	52,64
Ecuador	999	126,29
República Dominicana	848	128,59
Bolivia	809	123,77
Cuba	792	70,95
Paraguay	700	102,39
Perú	565	47,89
1 - 10 de 23		página: 1 2 3

Distribución País

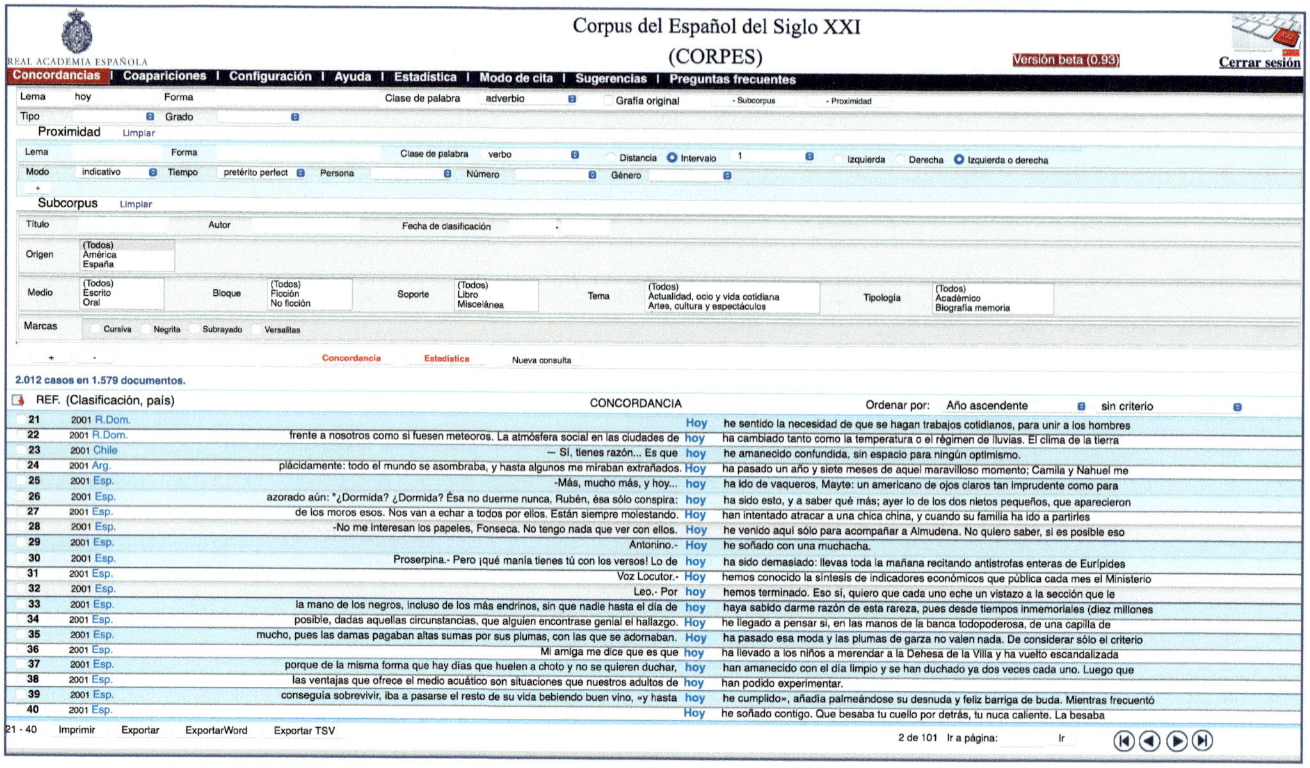

Frecuencia absoluta: 2.012 **Documentos:** 1.485 **Frecuencia normalizada:** 6,01 casos por millón

Distribución Zona

Zona	Freq	Fnorm.
España	1.356	11,68
México y Centroamérica	180	2,97
Caribe continental	129	3,26
Río de la Plata	86	1,91
Chilena	77	3,89
Antillas	70	3,19
Andina	64	2,43
Estados Unidos	9	2,28
Guinea Ecuatorial	5	5,53
Filipinas	4	28,45

1 - 10 de 11 página: 1 2

Distribución Zona

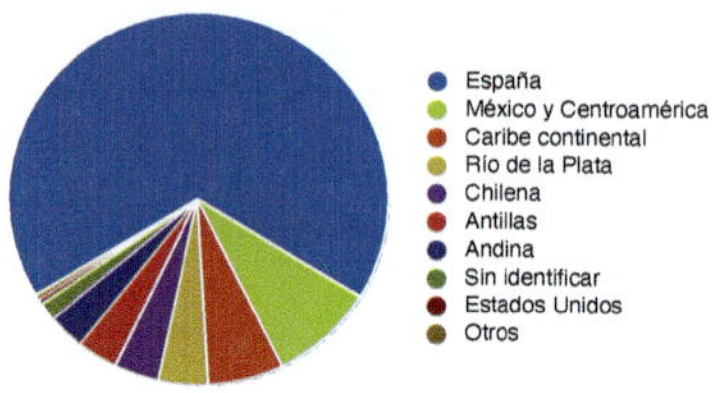

Distribución País

País	Freq	Fnorm.
España	1.356	11,68
México	95	2,64
Chile	77	3,89
Colombia	70	2,81
Venezuela	59	4,03
Argentina	58	1,93
Cuba	36	3,22
Perú	29	2,45
Ecuador	21	2,65
República Dominicana	20	3,03

1 - 10 de 24 página: 1 2 3

Distribución País

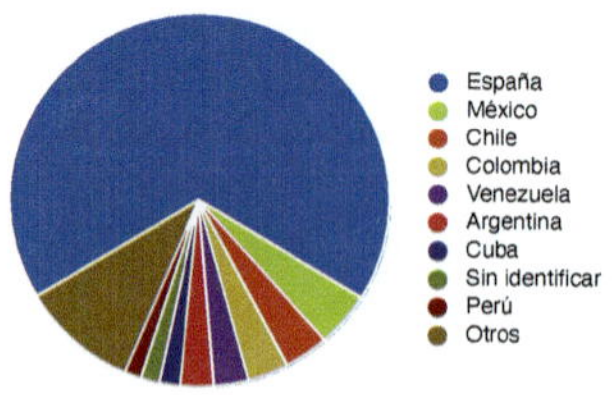

Unidad 2. Actividad 3. "Gramática"

Se propone una actividad sobre el voseo.

1. En primer lugar, comente con sus estudiantes la información que aportamos.

> El **voseo** es uno de los fenómenos característicos del español de América y consiste en el uso de la segunda persona del singular, ***vos***, en lugar de ***tú***. Con respecto a los verbos, presentan formas voseantes el presente de indicativo y el imperativo. Referente a la variación de formas del presente de subjuntivo, recordemos que el uso de formas voseantes se da en el imperativo negativo *(No comentés nada)*, mientras que en las oraciones subjuntivas propiamente dichas se utilizan las formas tuteantes *(Te pidió que comentes el libro)*.

2. Fotocopie el texto de lectura adaptada y entrégueselo a los estudiantes.
3. Distribúyalos en grupos pequeños y dígales que lean el texto y que subrayen todos aquellos verbos que estén en imperativo y presente de subjuntivo.
4. Por último, pídales que entren en la base de datos CREA y que sigan los pasos para encontrar este texto completo.

Haga una puesta en común para analizar las frases y llevar a cabo la corrección. Puede ampliar la actividad pidiéndoles que escriban el texto usando la forma de tuteo y que comenten las diferencias.

Si lo cree oportuno, puede trabajar otros textos e incluso le aconsejamos que acoten el campo de búsqueda si están interesados en un lugar o un tema específico.

> **Un regalo único**
> Los árboles de Navidad son usualmente adornados con artículos navideños. En el mercado, podrías optar por comprarlos para ahorrarte dinero, pero tomá en cuenta que si regalás algo hecho por vos misma, la persona que lo reciba sabrá que has invertido tiempo y creatividad en ese regalo.
> Hay muchos regalos que podés elaborar y en los que podés incluir a tu familia y tu pareja. Puede resultar relajante y satisfactorio.
> Tomá en cuenta que para empezar no debés elegir algo complicado. No te quebrés la cabeza, empezá con algo simple, propicio para el Año Nuevo.
>
> Adaptado de *La prensa de Nicaragua, Un regalo único,* 2001. Incluido en CREA (Corpus de Referencia del Español Actual)

Para realizar las búsquedas deberán seguir estos pasos una vez que se encuentren en la página inicial del CREA:

Primera pantalla

EMPEZÁ

Consulta: empezá
Medio: Todos
Geográfico: Todos
Tema: Todos
Clicar: Buscar

Segunda pantalla

OBTENCIÓN DE EJEMPLOS

Clicar: Recuperar

Tercera pantalla

Clicar: sobre el *empezá* n.º 1

REAL ACADEMIA ESPAÑOLA

Real Academia Española - Corpus de Referencia del Español Actual (CREA)

Consulta:	empezá
Criterios de selección:	
Autor:	
Obra:	
Cronológico:	
Medio:	(Todos) Libros Periódicos Revistas Miscelánea Oral
Geográfico:	(Todos) Argentina Bolivia Chile Colombia Costa Rica
Tema:	(Todos) 1.- Ciencias y Tecnología. 101.- Biología. 102.- Veterinaria. 103.- Ecología. 104.- Tecnología.

Buscar Limpiar

Resultado de la consulta al banco de datos

Cómo citar el CORPUS

Consulta:	***empezá*, en todos los medios, en *CREA***
Resultado:	**11 casos en 10 documentos.**

Ver estadística

Filtros:	Casos
Ratio:	10

Mantener documentos (Solo para filtro sobre casos).

Filtrar

OBTENCIÓN DE EJEMPLOS

Recuperar | Concordancias | Normal.

Clasificación:

Agrupación: | **Marcas:**

Consulta:	***empezá*, en todos los medios, en *CREA***
Resultado:	**11 casos en 10 documentos.**

OBTENCIÓN DE EJEMPLOS

Recuperar | Concordancias. | Normal. | **Clasificación:**

Agrupación: | **Marcas:**

Cómo citar el CORPUS **Concordancias.**

Pantalla: 1 de 1. Ver párrafos

Nº	CONCORDANCIA		AÑO
1	lo, para no complicarte. No te quebrés la cabeza, empezá con algo simple, propicio para el Año Nuevo. F	**	2001
2	: Alejandro. Sí. Despacito, empezá despacito. pará. Le dije que diga pará loco.	**	---
3	chenta y algo o por ahí, fines del ochenta recién empezá la gente a darse cuenta que no, que el guaraní	**	---
4	te, vos sos católico, no: vos sos musulmán y allá empezá la guerra, ¿verdad?, imponer una filosofía. Di	**	---
5	la papilla? IRENE No, todavía no. VÍCTOR Bueno, empezá a darle. Está un poco rechoncho. Primero las p	**	1976
6	.. ¿sabes? - Bueno, si sos capaz de tantas cosas, empezá arreglando la pieza y no amenaces porque te da	**	1975
7	Te lo confieso: yo solo no hubiea sabido po donde empezá". Sin embargo, había momentos en que el desali	**	1975
8	y le tomó la mano. - Sería bueno que busques..., empezá por la cara -le dijo. Ella sonrió, recelosa, y	**	2002
9	agarrar, sos muy pibe todavía... Pegá la vuelta y empezá a caminar sin mirar hacia atrás. Más allá de e	**	1980
10	an matado de mil formas. MARTA: Olvidate de eso y empezá a moverte. DANIEL: ¿Qué puedo hacer yo? ¡La p	**	1981
11	, con renovado énfasis, para sí). Y bien, mujer: ¡empezá a vivir! Mira al frente. Y la luz se apaga.	**	1981

Ir arriba Pantalla: 1 de 1.

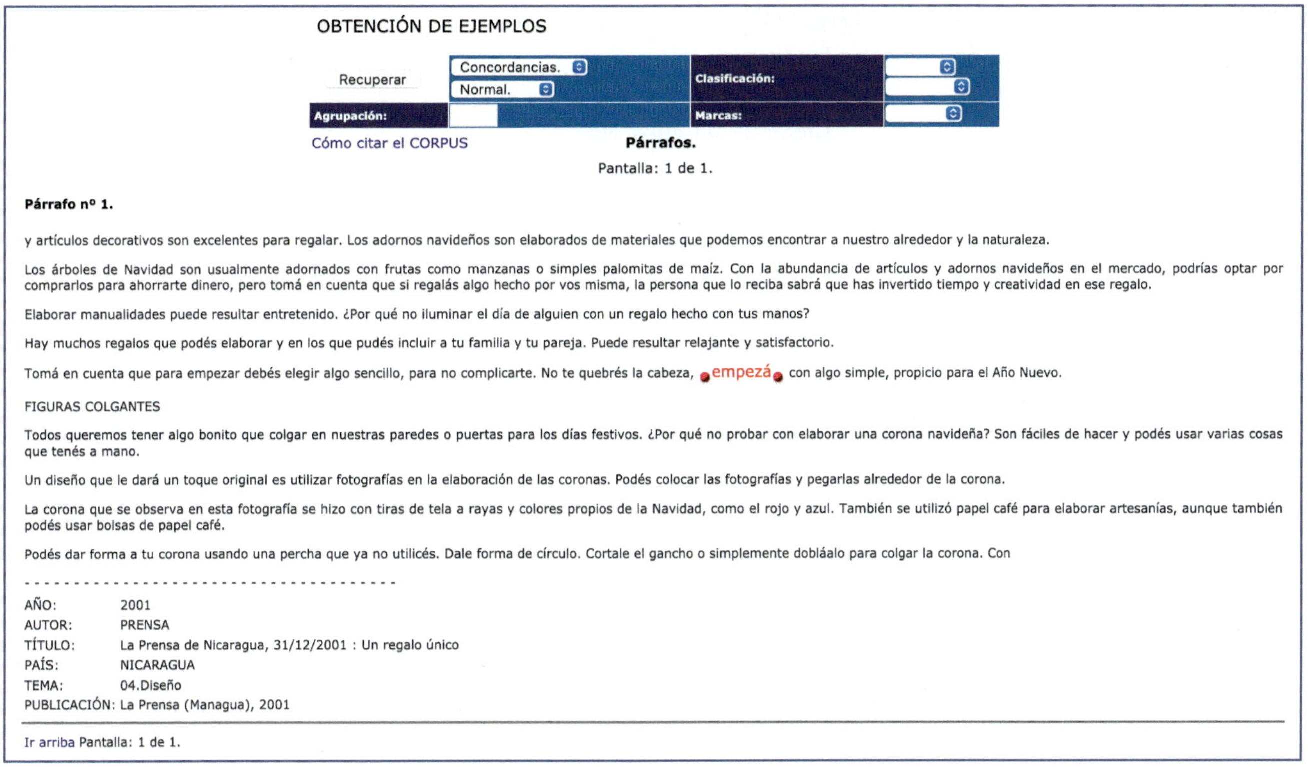

OBTENCIÓN DE EJEMPLOS

Recuperar: Concordancias. / Normal. — Clasificación: — Agrupación: — Marcas:

Cómo citar el CORPUS — **Párrafos.**

Pantalla: 1 de 1.

Párrafo nº 1.

y artículos decorativos son excelentes para regalar. Los adornos navideños son elaborados de materiales que podemos encontrar a nuestro alrededor y la naturaleza.

Los árboles de Navidad son usualmente adornados con frutas como manzanas o simples palomitas de maíz. Con la abundancia de artículos y adornos navideños en el mercado, podrías optar por comprarlos para ahorrarte dinero, pero tomá en cuenta que si regalás algo hecho por vos misma, la persona que lo reciba sabrá que has invertido tiempo y creatividad en ese regalo.

Elaborar manualidades puede resultar entretenido. ¿Por qué no iluminar el día de alguien con un regalo hecho con tus manos?

Hay muchos regalos que podés elaborar y en los que pudés incluir a tu familia y tu pareja. Puede resultar relajante y satisfactorio.

Tomá en cuenta que para empezar debés elegir algo sencillo, para no complicarte. No te quebrés la cabeza, empezá con algo simple, propicio para el Año Nuevo.

FIGURAS COLGANTES

Todos queremos tener algo bonito que colgar en nuestras paredes o puertas para los días festivos. ¿Por qué no probar con elaborar una corona navideña? Son fáciles de hacer y podés usar varias cosas que tenés a mano.

Un diseño que le dará un toque original es utilizar fotografías en la elaboración de las coronas. Podés colocar las fotografías y pegarlas alrededor de la corona.

La corona que se observa en esta fotografía se hizo con tiras de tela a rayas y colores propios de la Navidad, como el rojo y azul. También se utilizó papel café para elaborar artesanías, aunque también podés usar bolsas de papel café.

Podés dar forma a tu corona usando una percha que ya no utilicés. Dale forma de círculo. Cortale el gancho o simplemente dobláalo para colgar la corona. Con

- -

AÑO: 2001
AUTOR: PRENSA
TÍTULO: La Prensa de Nicaragua, 31/12/2001 : Un regalo único
PAÍS: NICARAGUA
TEMA: 04.Diseño
PUBLICACIÓN: La Prensa (Managua), 2001

Ir arriba Pantalla: 1 de 1.

Unidad 6. Actividad 1. "Palabras"

Se presenta una actividad de léxico sobre la palabra *viejo* para verla contextualizada con sus diferentes acepciones así como para comprobar el uso de otras palabras alternativas que pueden suavizar su posible connotación negativa.

1. Agrupe a sus estudiantes en parejas o pequeños grupos. Dígales que hagan una búsqueda de ***viejo***, que se usa tanto en Latinoamérica como en España pero que puede adquirir significados y connotaciones distintas. Pídales que escriban algunos ejemplos que encuentren en la base de datos donde aparezca la palabra mencionada referida a personas y con diferentes significados ('persona mayor, padre, amigo…') y que anoten a qué país corresponde cada ejemplo. Recuérdeles que pueden buscar la información por las diferentes páginas.
2. Ahora sugiérales que busquen la palabra ***viejito*** y que sigan los mismos pasos que en 1. Indíqueles que escriban también ejemplos de alguna otra variante *(viejecito)*. Pídales también que vean en qué países se usan más estas palabras en el apartado **"Estadística"**.
3. Por último, indíqueles que busquen la expresión ***persona mayor*** y que sigan los mismos pasos. Pídales también que vean en qué países se usan más estas palabras en el apartado **"Estadística"**.

Haga una puesta en común para que comenten los resultados de su búsqueda en plenario. Sugiérales que comenten las connotaciones de las tres palabras en función de los ejemplos encontrados y aclare posibles dudas.

Si quiere seguir trabajando el léxico de la unidad relativo a las etapas de la vida, puede pedirles que busquen también en contexto otras palabras o expresiones como *chavo (joven adolescente)* o *anciano*.

Para realizar las búsquedas deberán seguir estos pasos una vez que se encuentren en la página inicial del CORPES XXI, apartados **"Concordancias"** y **"Estadística"**:

VIEJO

Lema: viejo
Clase de palabra: sustantivo
Clicar: Subcorpus
Origen: Todos
Medio: Todos
Clicar: Concordancia
Clicar: Estadística

VIEJITO

Lema: viejo
Forma: viejito
Clase de palabra: sustantivo
Clicar: Subcorpus
Origen: Todos
Medio: Todos
Clicar: Concordancia
Clicar: Estadística

PERSONA MAYOR

Lema: mayor
Clase de palabra: adjetivo
Clicar: Proximidad
Lema: persona
Clase de palabra: sustantivo
Clicar: Subcorpus
Origen: Todos
Medio: Todos
Clicar: Concordancia
Clicar: Estadística

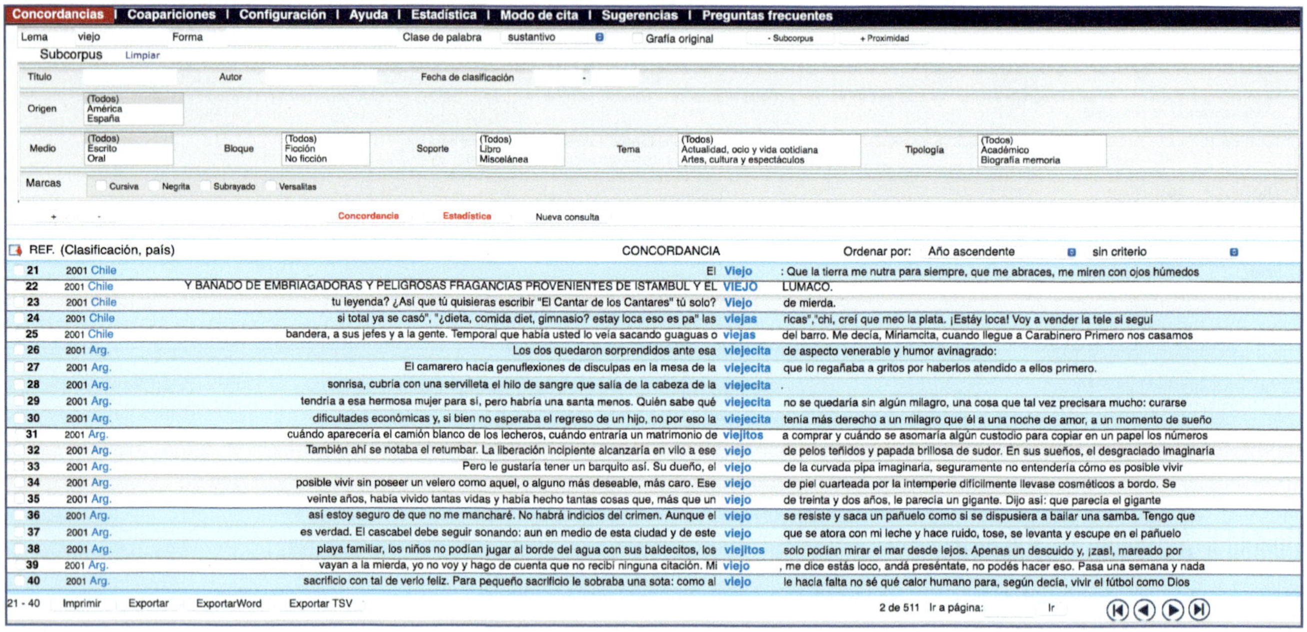

	REF.		CONCORDANCIA	
21	2001 Chile	El	Viejo	: Que la tierra me nutra para siempre, que me abraces, me miren con ojos húmedos
22	2001 Chile	Y BAÑADO DE EMBRIAGADORAS Y PELIGROSAS FRAGANCIAS PROVENIENTES DE ISTAMBUL Y EL	VIEJO	LUMACO.
23	2001 Chile	tu leyenda? ¿Así que tú quisieras escribir "El Cantar de los Cantares" tú solo?	Viejo	de mierda.
24	2001 Chile	si total ya se casó", "¿dieta, comida diet, gimnasio? estay loca eso es pa" las	viejas	ricas","chi, creí que meo la plata. ¡Estáy loca! Voy a vender la tele si seguí
25	2001 Chile	bandera, a sus jefes y a la gente. Temporal que había usted lo veía sacando guaguas o	viejas	del barro. Me decía, Miriamcita, cuando llegue a Carabinero Primero nos casamos
26	2001 Arg.	Los dos quedaron sorprendidos ante esa	viejecita	de aspecto venerable y humor avinagrado:
27	2001 Arg.	El camarero hacía genuflexiones de disculpas en la mesa de la	viejecita	que lo regañaba a gritos por haberlos atendido a ellos primero.
28	2001 Arg.	sonrisa, cubría con una servilleta el hilo de sangre que salía de la cabeza de la	viejecita	.
29	2001 Arg.	tendría a esa hermosa mujer para sí, pero habría una santa menos. Quién sabe qué	viejecita	no se quedaría sin algún milagro, una cosa que tal vez precisara mucho: curarse
30	2001 Arg.	dificultades económicas y, si bien no esperaba el regreso de un hijo, no por eso la	viejecita	tenía más derecho a un milagro que él a una noche de amor, a un momento de sueño
31	2001 Arg.	cuándo aparecería el camión blanco de los lecheros, cuándo entraría un matrimonio de	viejitos	a comprar y cuándo se asomaría algún custodio para copiar en un papel los números
32	2001 Arg.	También ahí se notaba el retumbar. La liberación incipiente alcanzaría en vilo a ese	viejo	de pelos teñidos y papada brillosa de sudor. En sus sueños, el desgraciado imaginaría
33	2001 Arg.	Pero le gustaría tener un barquito así. Su dueño, el	viejo	de la curvada pipa imaginaria, seguramente no entendería cómo es posible vivir
34	2001 Arg.	posible vivir sin poseer un velero como aquel, o alguno más deseable, más caro. Ese	viejo	de piel cuarteada por la intemperie difícilmente llevase cosméticos a bordo. Se
35	2001 Arg.	veinte años, había vivido tantas vidas y había hecho tantas cosas que, más que un	viejo	de treinta y dos años, le parecía un gigante. Dijo así: que parecía el gigante
36	2001 Arg.	así estoy seguro de que no me mancharé. No habrá indicios del crimen. Aunque el	viejo	se resiste y saca un pañuelo como si se dispusiera a bailar una samba. Tengo que
37	2001 Arg.	es verdad. El cascabel debe seguir sonando: aun en medio de esta ciudad y de este	viejo	que se atora con mi leche y hace ruido, tose, se levanta y escupe en el pañuelo
38	2001 Arg.	playa familiar, los niños no podían jugar al borde del agua con sus baldecitos, los	viejitos	solo podían mirar el mar desde lejos. Apenas un descuido y, ¡zas!, mareado por
39	2001 Arg.	vayan a la mierda, yo no voy y hago de cuenta que no recibí ninguna citación. Mi	viejo	, me dice estás loco, andá preséntate, no podés hacer eso. Pasa una semana y nada
40	2001 Arg.	sacrificio con tal de verlo feliz. Para pequeño sacrificio le sobraba una sota: como al	viejo	le hacía falta no sé qué calor humano para, según decía, vivir el fútbol como Dios

21 - 40 Imprimir Exportar ExportarWord Exportar TSV 2 de 511 Ir a página: Ir

Frecuencia absoluta: 10.205 **Documentos:** 2.886 **Frecuencia normalizada:** 30,52 casos por millón

Distribución Zona

Zona	Freq	Fnorm.
España	2.884	24,84
Río de la Plata	2.094	46,62
México y Centroamérica	1.803	29,75
Caribe continental	1.172	29,69
Antillas	831	37,95
Andina	792	30,18
Chilena	581	29,41
Estados Unidos	37	9,38
Guinea Ecuatorial	9	9,96
Filipinas	2	14,22

1 - 10 de 10 página: 1

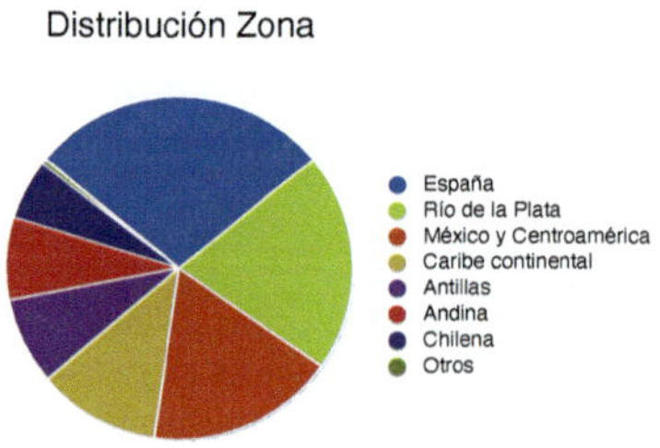

Distribución País

País	Freq	Fnorm.
España	2.884	24,84
Argentina	1.587	52,98
México	968	26,97
Colombia	769	30,93
Cuba	639	57,24
Chile	581	29,41
Perú	541	45,86
Venezuela	403	27,59
Uruguay	380	46,74
Guatemala	322	68,74

1 - 10 de 23 página: 1 2 3

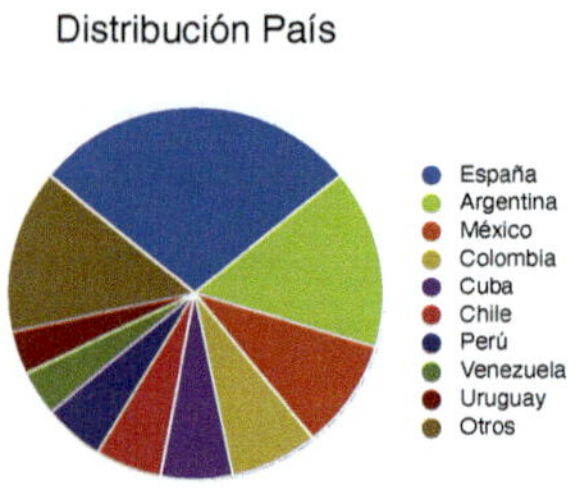

REAL ACADEMIA ESPAÑOLA

Corpus del Español del Siglo XXI (CORPES)

Versión beta (0.93) Cerrar sesión

Concordancias | Coapariciones | Configuración | Ayuda | Estadística | Modo de cita | Sugerencias | Preguntas frecuentes

Lema: viejo Forma: viejito Clase de palabra: sustantivo Grafía original - Subcorpus + Proximidad

Número Género Tipo

Subcorpus Limpiar

Título Autor Fecha de clasificación

Origen: (Todos) América España

Medio: (Todos) Escrito Oral — Bloque: (Todos) Ficción No ficción — Soporte: (Todos) Libro Miscelánea — Tema: (Todos) Actualidad, ocio y vida cotidiana Artes, cultura y espectáculos — Tipología: (Todos) Académico Biografía memoria

Marcas: Cursiva Negrita Subrayado Versalitas

+ - Concordancia Estadística Nueva consulta

REF. (Clasificación, país) CONCORDANCIA Ordenar por: Año ascendente sin criterio

	REF.			
1	2001 Chile	Tío, me lleva a dar una vuelta. Tío, dice la Carolina que este auto se lo trajo el	Viejito	Pascual. Ojalá, mi vida, dijo la loca acariciándoles la mejilla a los niños y se
2	2001 Chile	de quienes me acompañaban se tiñeron de plata. Sentía la respiración forzada del	viejito	que estaba a mi lado y que olía a chivo. El del otro costado exudaba aroma a tomates
3	2001 Chile	preguntas? De qué te sirve. ¿Tienes problemas con los verbos, con la ortografía?	Viejito	, aquí no sirve de nada lo que has hecho afuera. Aquí somos seres humanos. ¿Entiendes
4	2001 Méx.	Fuiste varias veces a los Estados Unidos a ver a tu padre, Robert Miller, ese	viejito	encantador que hablaba el español con acento de gringo. Vivía solo, nunca se casó
5	2001 El Salv.	agarrarlas todas y atorsonarlas hasta que les salgan los errores, algo así decía ese	viejito	que ya ni me acuerdo cómo se llama. ¡Hacia una ganadería mejor sin el gusano barrenadorrr
6	2001 El Salv.	pieza breve y muy bella la que escribió en esa ocasión. Yo lo conservo porque este	viejito	bravo expresa en él una gran verdad que muchos desconocen, sobre todo los habitantes
7	2001 Col.	— Debo decirte que me tiene hasta las pelotas este	viejito	lagarto... sí, sí, el mismo, el pobre Ataúlfo Torregroza. Papá lo quería mucho
8	2001 Nic.	un bolso en la mano, también comentaba que hacía poco habían baleado a un pobre	viejito	, flaquito, y que había sido un señor robusto que atacó al viejito y lo agarró a quemarropa
9	2001 Nic.	baleado a un pobre viejito, flaquito, y que había sido un señor robusto que atacó al	viejito	y lo agarró a quemarropa.
10	2001 Nic.	-¡Qué bello es mi	viejito	! -acarició Potranquilla la panza del enzacatado Rabo Verde que hasta se sentía
11	2001 Nic.	-Así es, mi	viejito	bello -le acarició el moñón de la pata.
12	2001 Col.	uno de los recortes, una página social de la revista Cromos. En la foto se ve a un	viejito	de aspecto cansado rodeado de gente joven y de apariencia informal durante un coctel
13	2001 Col.	informal durante un coctel. Aunque ninguno de los dos tiene por qué saberlo, el	viejito	de aspecto cansado con la barba canosa y una boina vasca es el ingeniero Matallana
14	2001 Guat.	la puerta de la cantina. Entonces ella cerraba el negocio y se encerraba con el	viejito	. Largas horas duraba la cosa, mientras D"Orégano -descarado que era- esperaba en
15	2001 Guat.	- Tía, el	viejito	que dormía en mi cama...
16	2001 Guat.	- Eso es lo divertido, el	viejito	Ludovico...
17	2001 Col.	profesora, tenuemente, preguntó, "¿quién murió?", y le respondió un alumno de atrás, "un	viejito	de por allá, de la calle de abajo". Poncho, en un pupitre de adelante, no escuchó
18	2001 Col.	viajando para Fonseca, yo me detuve en Valledupar/ allí en la plaza me encontré con un	viejito	preguntón/ y al pasar le pregunté/ oiga compae cómo se llama usté.
19	2001 Col.	y esa carreterita oscura en Otra-parte, donde nos echamos un quicky en honor al	Viejito	González Ochoa, tu pariente. Robledo. El Carlosé. Los Mangos. Pieles libres fuimos
20	2001 Cuba	Una vieja y un	viejito	montando cachumbambé, y el viejito le decía «mira lo

1 - 20 Imprimir Exportar ExportarWord Exportar TSV — 1 de 26 Ir a página: Ir

Frecuencia absoluta: 501 **Documentos:** 264 **Frecuencia normalizada:** 1,49 casos por millón

Distribución Zona

Zona	Freq	Fnorm.
México y Centroamérica	143	2,35
Andina	89	3,39
Caribe continental	82	2,07
Río de la Plata	67	1,49
Chilena	50	2,53
España	30	0,25
Antillas	26	1,18
Estados Unidos	14	3,54
1 - 8 de 8		página: 1

Distribución Zona

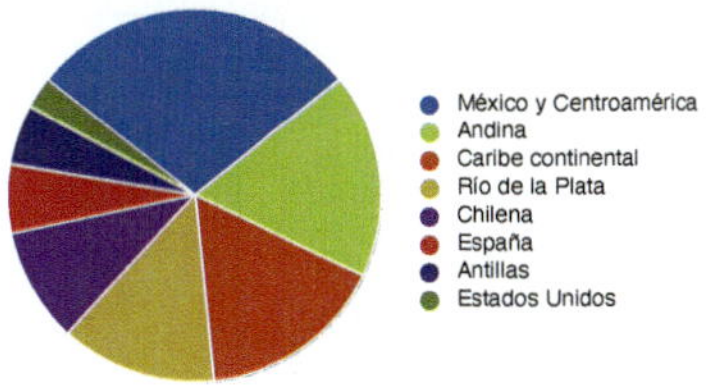

Distribución País

País	Freq	Fnorm.
Perú	74	6,27
México	62	1,72
Argentina	57	1,90
Colombia	53	2,13
Chile	50	2,53
España	30	0,25
Venezuela	29	1,98
Honduras	24	5,52
Guatemala	21	4,48
Nicaragua	16	3,67
1 - 10 de 21		página: 1 2 3

Distribución País

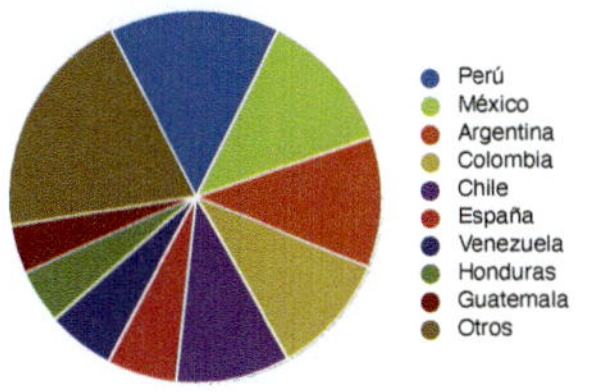

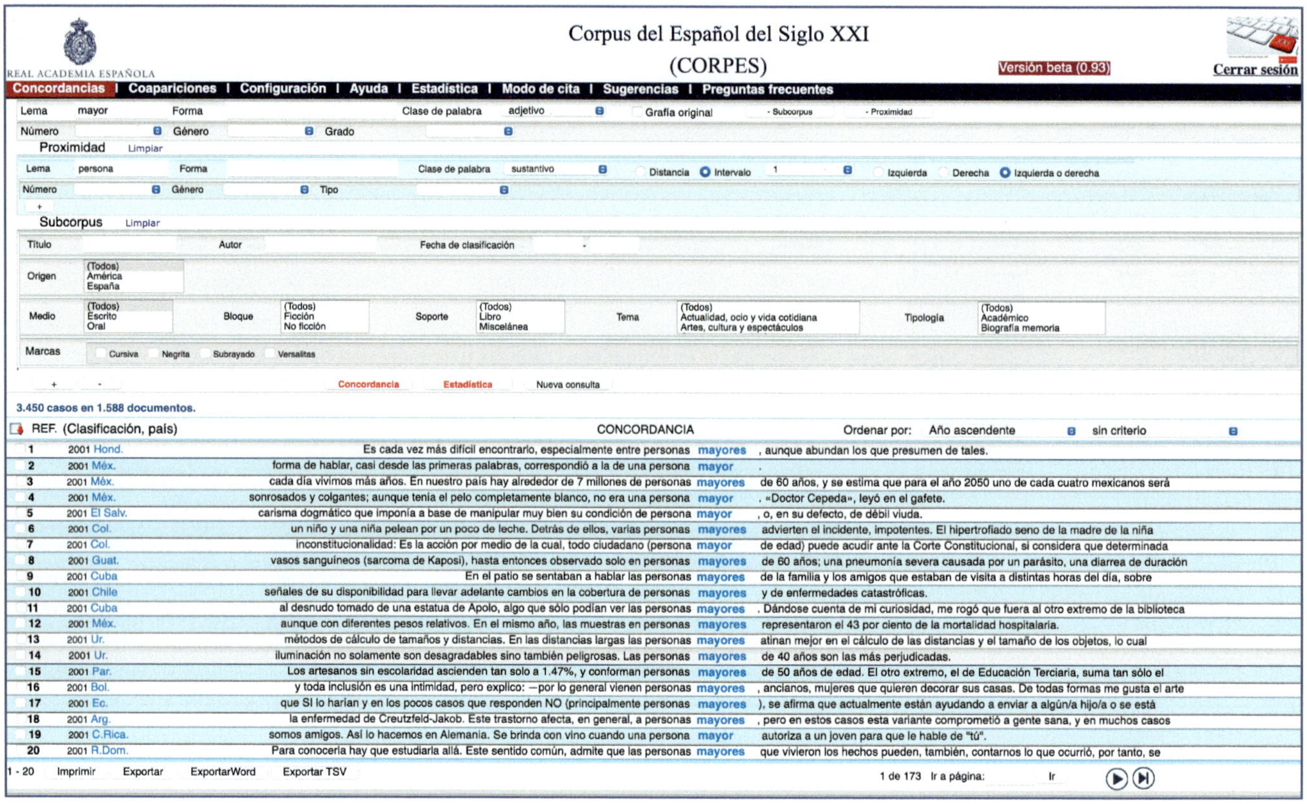

Frecuencia absoluta: 3.450 **Documentos:** 1.585 **Frecuencia normalizada:** 10,31 casos por millón

Distribución Zona

Zona	Freq	Fnorm.
España	1.232	10,61
Chilena	756	38,27
México y Centroamérica	653	10,77
Río de la Plata	278	6,18
Caribe continental	189	4,78
Andina	149	5,67
Antillas	109	4,97
Estados Unidos	67	16,98
Guinea Ecuatorial	16	17,71
Sin identificar	1	2,81
1 - 10 de 10		página: 1

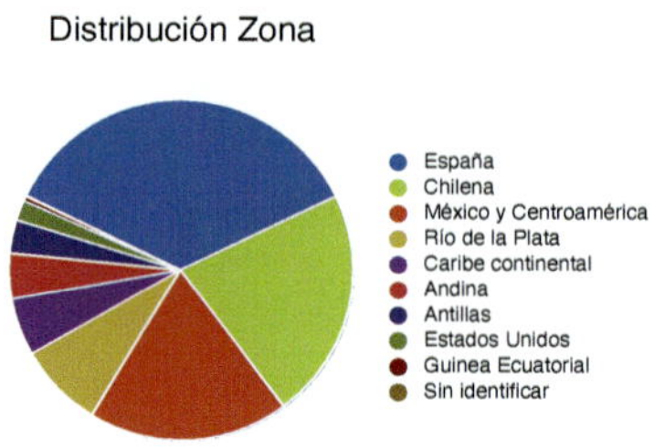

Distribución País

País	Freq	Fnorm.
España	1.232	10,61
Chile	756	38,27
México	488	13,59
Argentina	195	6,51
Colombia	111	4,46
Venezuela	78	5,34
Estados Unidos	67	16,98
Bolivia	56	8,56
Uruguay	53	6,51
Costa Rica	50	11,26
1 - 10 de 23		página: 1 2 3

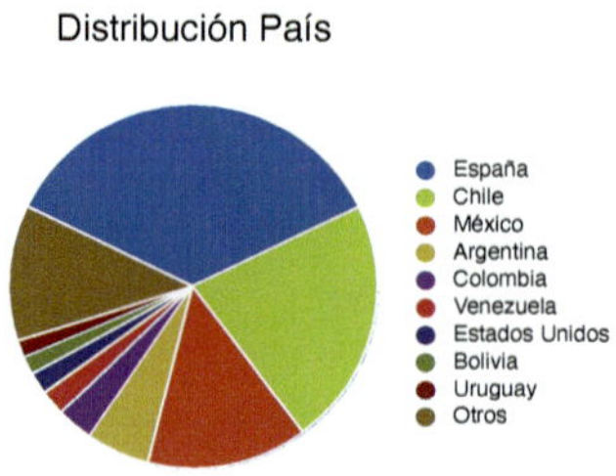

Unidad 7. Actividad 2.1. "Practica en contexto"

Se presenta una actividad sobre la estructura ***Estar al/por caer.***

1. Recuérdeles la expresión propia del español de España ***estar al caer*** (*a punto de llegar* o *a punto de ocurrir algo*) y que en la variante mexicana se dice ***estar por caer*** (o *estar por suceder* o *estar por pasar algo*). Puede remitirlos a la página 133 del Libro del alumno.
2. Agrupe a sus estudiantes en parejas o pequeños grupos. Dígales que hagan primero una búsqueda de la forma concreta ***está al caer.*** Pídales que escriban algunos ejemplos en los que aparezca con la acepción que nos ocupa. Recuérdeles que pueden consultar varias páginas. Indíqueles que consulten el apartado **"Estadística"** para que vean en qué países y zonas se utiliza más esta expresión.
3. Después, dígales que hagan la misma búsqueda con la variante mayoritaria en México, ***está por caer,*** y que escriban también ejemplos en los que aparezca con la misma acepción. Indíqueles que consulten el apartado **"Estadística"** para que vean en qué países y zonas se utiliza más esta expresión.

Haga una puesta en común para que compartan sus ejemplos y aclare las dudas.

Si desea trabajar algunas otras alternancias entre las perífrasis o formas verbales vistas a lo largo de la unidad, puede proponer que realicen el mismo tipo de búsqueda con *acabar de* + infinitivo (más frecuente en España) vs. *recién* + verbo conjugado (más frecuente en Argentina) o con *estar a punto de* + infinitivo (más frecuente en España) vs. *estar por* + infinitivo (más frecuente en Argentina). Tenga en cuenta también que, para acotar la búsqueda, nosotros hemos escrito el verbo *estar* en la tercera persona del singular del presente de indicativo, pero que se puede optar por otras personas o tiempos verbales posibles.

Para realizar las búsquedas deberán seguir estos pasos una vez que se encuentren en la página inicial del CORPES XXI, apartados **"Concordancias"** y **"Estadística"**:

ESTÁ AL CAER

Forma: está al caer
Clicar: Subcorpus
Origen: Todos
Medio: Todos
Clicar: Concordancia
Clicar: Estadística

ESTÁ POR CAER

Forma: está por caer
Clicar: Subcorpus
Origen: Todos
Medio: Todos
Clicar: Concordancia
Clicar: Estadística

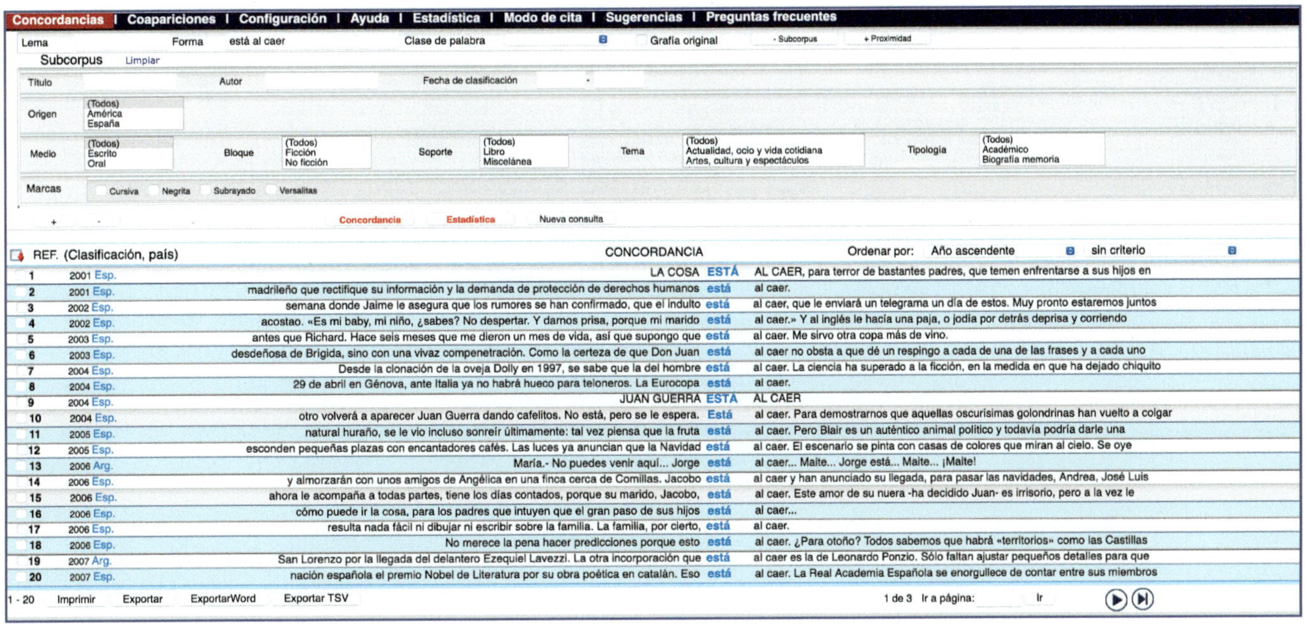

Frecuencia absoluta: 44 **Documentos:** 42 **Frecuencia normalizada:** 0,13 casos por millón

Distribución Zona

Zona	Freq	Fnorm.
España	37	0,31
Río de la Plata	5	0,11
Antillas	1	0,04
Chilena	1	0,05
1 - 4 de 4		página: 1

Distribución Zona

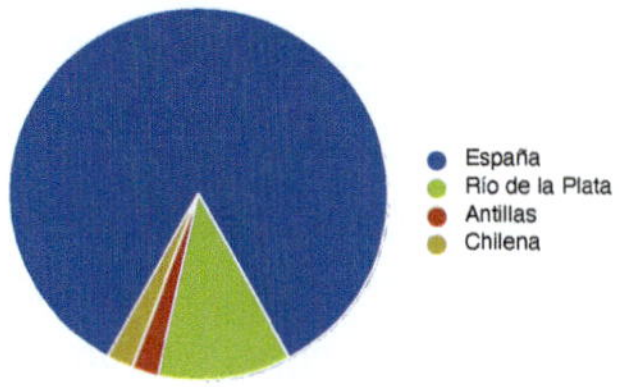

Distribución País

País	Freq	Fnorm.
España	37	0,31
Argentina	5	0,16
Chile	1	0,05
Puerto Rico	1	0,24
1 - 4 de 4		página: 1

Distribución País

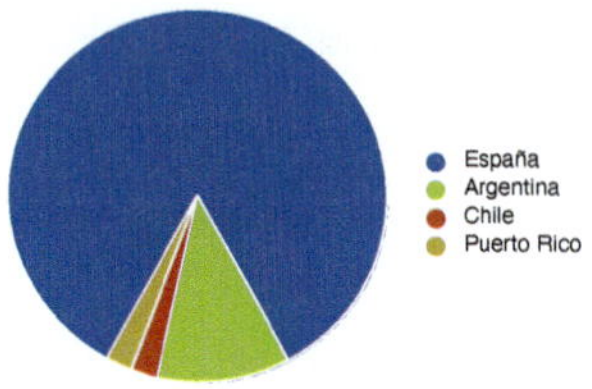

REAL ACADEMIA ESPAÑOLA

Corpus del Español del Siglo XXI
(CORPES)

Versión beta (0.93) Cerrar sesión

Concordancias | Coapariciones | Configuración | Ayuda | Estadística | Modo de cita | Sugerencias | Preguntas frecuentes

Lema Forma está por caer Clase de palabra Grafía original - Subcorpus + Proximidad

Subcorpus Limpiar

Título Autor Fecha de clasificación -

Origen (Todos) América España

Medio (Todos) Escrito Oral Bloque (Todos) Ficción No ficción Soporte (Todos) Libro Miscelánea Tema (Todos) Actualidad, ocio y vida cotidiana Artes, cultura y espectáculos Tipología (Todos) Académico Biografía memoria

Marcas Cursiva Negrita Subrayado Versalitas

+ - Concordancia Estadística Nueva consulta

22 casos en 22 documentos.

REF. (Clasificación, país) CONCORDANCIA Ordenar por: Año ascendente sin criterio

1	2001 Par.	realidad que no te toca. (De pronto ISABEL se marea, se inclina peligrosamente;	está	por caerse al agua.)
2	2002 Méx.	"-Ya	está	por caer la noche y yo no crezco.
3	2002 Arg.	ponerlas y me desordenan todo el despacho. Apúrese y déjese de joder. El auditor	está	por caer de un momento a otro y quiero dar una buena imagen de orden... Como siempre
4	2002 Arg.	D'Odorico, presidente de la Cámara Inmobiliaria Argentina. Agregó que "el mercado	está	por caer en el punto cero que hubo de diciembre a febrero de 2002".
5	2002 Arg.	en un constante choque con los dirigentes, se adeudan dos meses de sueldos y se	está	por caer en la zona de Promoción. Es por eso que el único motivo que queda para
6	2004 Nic.	para salir de aquí es demasiado largo para ir al pueblo más cercano y para colmo	está	por caer una gran lluvia, a qué horas se le antojó parir a ésta, no digo que es
7	2005 Méx.	- Tío, mira,	está	por caer un aguacerazo. ¡Pobres periodistas allá afuera! En la mañana hablé con
8	2005 Arg.	ruso ha sufrido serias derrotas. El puerto de Sebastopol, cercado por los aliados,	está	por caer en nuestras manos; con ello, dominaremos Crimea y la flota rusa del Mar Negro
9	2005 Arg.	un instante, callan. Las vigas de madera del techo comienzan a ceder. El techo se	está	por caer. Las maderas del techo crujen. Están por vencerse...
10	2005 Ec.	En la mitad del aula del tercer año de básica hay una viga de adobe que	está	por caer. Por sobre la viga hay un plástico que ha perdido su color. Cuando llueve
11	2005 Esp.	la buena pluma de dibujante de Fernando León de Aranoa y las plantas de cámara. Y	está	por caer el guión de la última de Woody Allen, Match Point. Libros, libros de cine
12	2006 El Salv.	decir que sí. Pasen adelante, allí podremos platicar a gusto; además, parece que	está	por caer una fuerte tormenta, y supongo que no quieren soportarla allí parados.
13	2007 Méx.	ACTRIZ 2: ¡Cállense!,	está	por caer el día.
14	2008 Par.	De esa manera, si existe algún vello que	está	por caerse se caerá y los resultados serán mejores. Si se depila sola siempre es
15	2009 Ven.	ejemplo en el sector Puente Quemado vía al Humboldt hay un pasadero de madera que	está	por caerse. Los tornillos que sostienen las guayas están casi afuera, por eso espero
16	2010 Ven.	l lomo, se frota el hocico con la pata, emite breves resoplidos de satisfacción.	Está	por caer el crepúsculo, la gente comienza a retirarse poco a poco. Hora de partir
17	2010 R.Dom.	nuevo aunque lo mejor es que no llame más porque nadie sabe si es alguna vaina que	está	por caerme como si no tuviera suficientes con las que ya tengo y Catalina y su
18	2011 Par.	Mi casa es tan frágil, se	esta	por caer todo. No tengo a donde ir. ¿Qué debo hacer?
19	2011 Ven.	ejemplo en el sector Puente Quemado vía al Humboldt hay un pasadero de madera que	está	por caerse. Los tornillos que sostienen las guayas están casi afuera, por eso espero
20	2013 Esp.	La Secretaria A	está	por caerse al suelo, y redescubriendo los papeles desordenados, corre a ordenar

1 - 20 Imprimir Exportar ExportarWord Exportar TSV 1 de 2 Ir a página: Ir

Frecuencia absoluta: 22 **Documentos:** 22 **Frecuencia normalizada:** 0,06 casos por millón

Distribución Zona

Zona	Freq	Fnorm.
Río de la Plata	9	0,20
México y Centroamérica	5	0,08
Caribe continental	3	0,07
España	2	0,01
Andina	1	0,03
Antillas	1	0,04
Chilena	1	0,05
1 - 7 de 7		página: 1

Distribución Zona

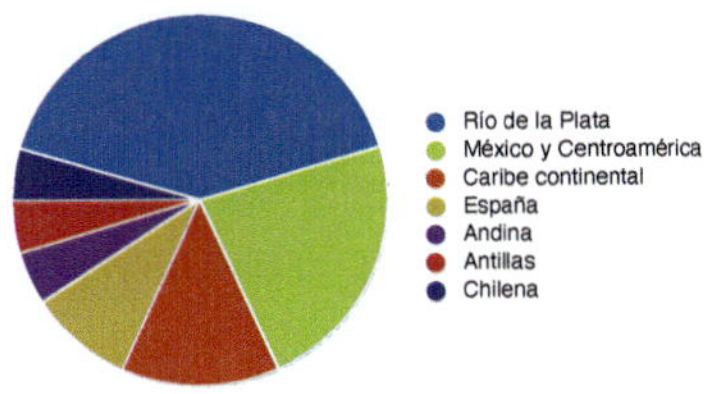

Distribución País

País	Freq	Fnorm.
Argentina	6	0,20
México	3	0,08
Paraguay	3	0,43
Venezuela	3	0,20
España	2	0,01
Chile	1	0,05
Ecuador	1	0,12
El Salvador	1	0,22
Nicaragua	1	0,22
República Dominicana	1	0,15
1 - 10 de 10		página: 1

Distribución País

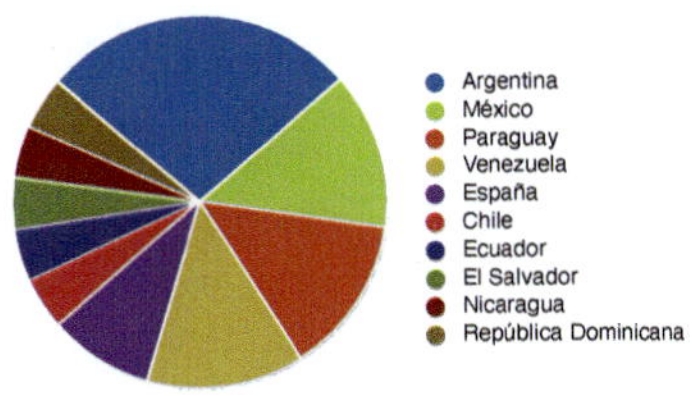

Unidad 8. Actividad 3. "Gramática"

Se presenta una actividad sobre la locución adverbial ***de repente***. El objetivo es que los estudiantes puedan verla contextualizada cuando funciona como un marcador de hipótesis (uso que se da en algunos países de Latinoamérica como República Dominicana, Uruguay o Venezuela, entre otros) en contraste con su uso más frecuente, que es el temporal (tanto en España como en Latinoamérica).

1. En primer lugar, escriba ***de repente*** en la pizarra y pregúnteles por su significado. Escuche sus respuestas y, para que lo confirmen, remítalos a la página 150 del Libro del alumno o sugiérales que la busquen en el diccionario de la RAE:

REAL ACADEMIA ESPAÑOLA

ASOCIACIÓN DE ACADEMIAS DE LA LENGUA ESPAÑOLA

Diccionario de la lengua española Edición del Tricentenario Actualización 2020 RAE.es

repente

Del lat. *repens, -entis* 'súbito, repentino'.

1. m. Impulso brusco e inesperado que mueve a hacer o decir cosas del mismo tipo. *Le dio un repente y se marchó.*

2. m. coloq. Movimiento súbito o no previsto de personas o animales.

3. adv. desus. **de repente** (‖ súbitamente, sin preparación).

de repente

1. loc. adv. Súbitamente, sin preparación, sin discurrir o pensar.

2. loc. adv. coloq. *R. Dom., Ur. y Ven.* **posiblemente.**

hablar alguien de repente

1. loc. verb. Decir sin reflexión ni fundamento lo primero que se le ocurre.

2. Agrupe a sus estudiantes en parejas o pequeños grupos. Dígales que entren en la base de datos CREA y que sigan los pasos para encontrar un ejemplo contextualizado de esta locución adverbial. Una vez que hayan localizado el texto en el que aparece, proyéctelo usted también y pregúnteles cuál creen que es su uso aquí (marcador de hipótesis) y en qué modo verbal se encuentra el verbo que introduce (subjuntivo).
3. Por último, pídales que, de nuevo en parejas o pequeños grupos, busquen en CREA otros ejemplos de ***de repente*** con valor hipotético en los que introduzca tanto un verbo en indicativo como en subjuntivo y también ejemplos en los que tenga un valor temporal. Sugiérales que para encontrar ejemplos de valor hipotético acoten su búsqueda seleccionando países o zonas geográficas concretas.

Haga una puesta en común para que compartan y analicen los ejemplos encontrados y para llevar a cabo la corrección. Finalmente, si lo cree conveniente, puede remitirlos de nuevo al texto que proyectó y pedirles que localicen algún otro marcador de hipótesis (*quizá* + subjuntivo).

Para realizar las búsquedas deberán seguir estos pasos una vez que se encuentren en la página inicial del CREA:

Primera pantalla

DE REPENTE

Consulta: de repente
Medio: Todos
Geográfico: Venezuela
Tema: Todos
Clicar: Buscar

Segunda pantalla

OBTENCIÓN DE EJEMPLOS

Clicar: Recuperar

Tercera pantalla

Clicar: sobre el *de repente* n.º 6

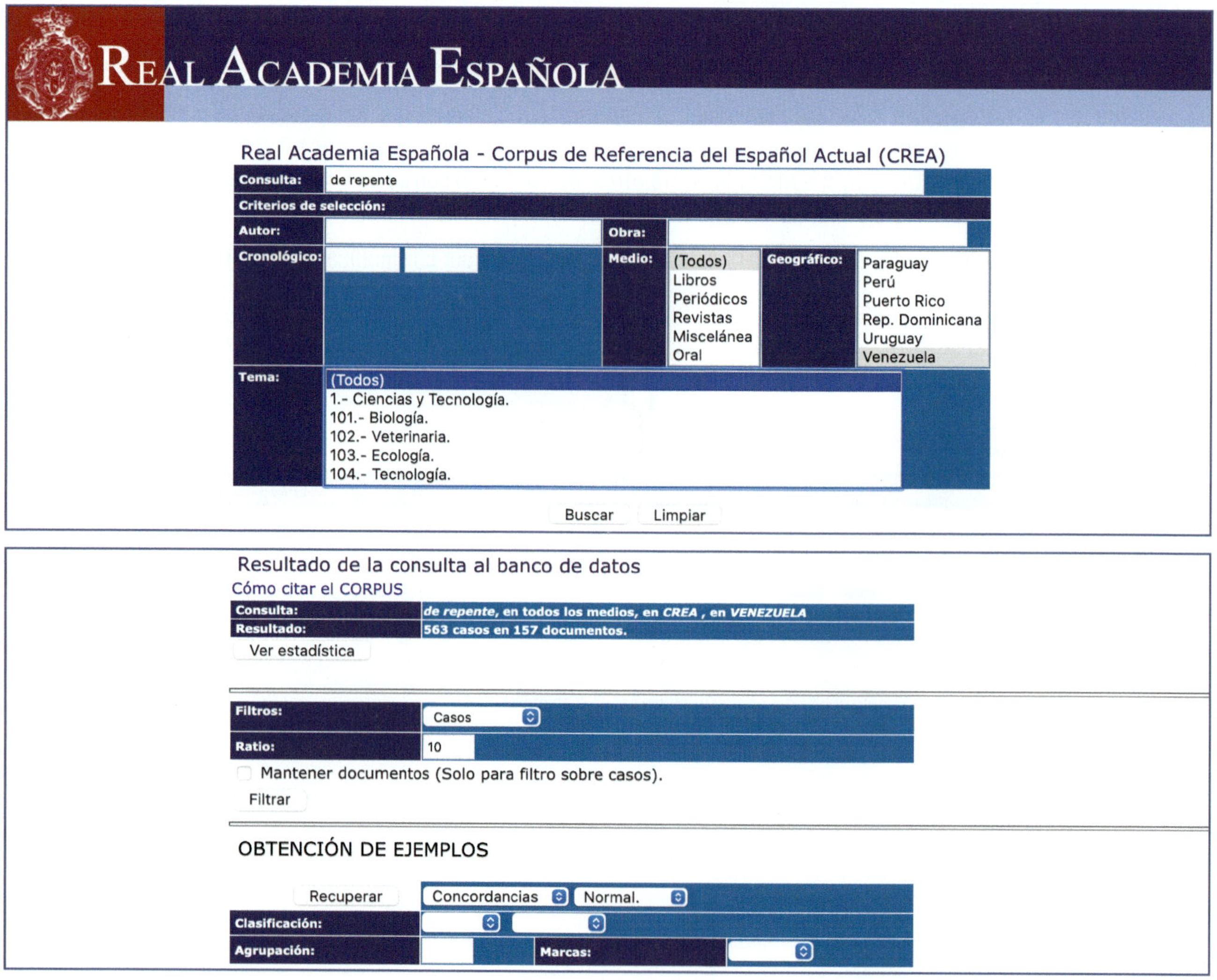

Consulta:	*de repente*, en todos los medios, en *CREA* , en *VENEZUELA*
Resultado:	563 casos en 157 documentos.

OBTENCIÓN DE EJEMPLOS

Recuperar | Concordancias. | Normal. | Clasificación: |
Agrupación: | Marcas:

Cómo citar el CORPUS **Concordancias.**

Pantalla: 1 de 23. Siguiente 1 2 3 4 5 6 7 8 9 10 11 12 13 14 15 16 17 18 19 20 21 22 23 Ver párrafos

Nº	CONCORDANCIA		AÑO
1	(Mérida 18-3-88) J. R. Guillent Pérez 1. Amanecer de repente con que ya uno no es uno, vivir que no som	**	1988
2	ienaventuranza. 3. No ser uno mismo es comprender de repente que ya mi esposa no puede continuar siendo	**	1988
3	olderlin, "será entre truenos y relámpagos". Así, de repente, en ese nuevo amanecer, nos sorprende que	**	1988
4	foso. Fue un golpe increíble. Choqué de frente y de repente no podía sentir la pierna derecha'. Andret	**	1996
5	ños, cuando paseaba por La Pastora con su padre y de repente, el funcionario de la PTJ Orlando Gregorio	**	1996
6	en vender como un producto cualquiera. Claro que, de repente, no sea un problema tan grave, pues los gr	**	1996
7	temente. Claro, me he encontrado con modelos que, de repente, se mueven de sus sitios y entonces es cua	**	2000
8	nde como la que hemos vivido en los últimos años, de repente se están estrenando entre 15 y 20 película	**	1997
9	ya no ocurre lo de antes que se daba un dinero y, de repente, éste desaparecía. Lo que se ha logrado es	**	1997
10	qué ha sido de la vida de estos veinte chamos, y de repente volverlo a hacer otros cinco años después.	**	1997
11	robar ese dato del aplauso de la gente y sabrá si de repente se queda en el aparato. La corrida de la p	**	1997
12	a de discos nuevos en las tiendas de por acá pues de repente los discos viejos comienzan a picar el ojo	**	2003
13	ica ni me molesto en acercarme..." y al hacer eso de repente se pierden de un gran trabajo, como es el	**	2002
14	fotos en alguna revista argentina y hasta ahí... de repente, de un día para otro, llegó MTV... y en la	**	2002
15	os. Bueno Ahí es cuando uno siente que no cuando de repente están todos juntos jugando. Cuando están	**	---
16	cos hacen científicos aquí a una pila de personas de repente. ¡Aló! De repente tú ves unos partidos pol	**	---
17	í. Sí, pero en cuanto por ejemplo, en ornamento, de repente. A ornamento, o a la construcción misma d	**	---
18	nica la incorrecta. Lo que no se explica cómo hay de repente una unidad en el error que sea tan espontá	**	---
19	da tío, ése era el juego de espionaje, y entonces de repente algún tío movía la silla: ¿y qué es esto?,	**	---
20	iendo daño, va haciendo daño, va haciendo daño, y de repente la persona dice tiene está mal de los nerv	**	---

OBTENCIÓN DE EJEMPLOS

Recuperar | Concordancias. | Normal. | Clasificación: |
Agrupación: | Marcas:

Cómo citar el CORPUS **Párrafos.**

Pantalla: 1 de 1.

Párrafo nº 6.

homenajes que se le hacen al escritor latinoamericano. Es decir, leerlo, discutirlo e interactuar con él.

Personalmente me impactaron los conocimientos del chileno Gonzalo Rojas y me impresionó mucho la charla del ecuatoriano Filoteo Samaniego sobre los poetas de doble raigambre, aquellos nacidos en América Latina que escribieron gran parte de su obra en otro idioma, como Vicente Huidobro o Robert Ganzó.

Márgara Russotto teme a las Olimpíadas Poéticas

- La gran afluencia de público fue algo extraordinario tratándose de algo tan privado y tan especial como es la poesía. Eso me hizo pensar que hay una búsqueda de espiritualidad muy aguda entre la gente joven y en estos momentos. Pero esto, tal vez, traiga su lado negativo, en el sentido de que la poesía pueda convertirse en un producto de consumo, ya que a través de una buena campaña publicitaria, los poemas se pueden vender como un producto cualquiera. Claro que, de repente, no sea un problema tan grave, pues los griegos fueron los primeros en convertir a la poesía en un espectáculo cuando anexaron a sus poetas a las Olimpíadas. Mi temor es que el público se aleje aún más del texto, que es una aproximación mucho más ardua. Creo que las 'performances' fueron inferiores a la poesía, es decir, las palabras poéticas se hubieran sostenido perfectamente sin el apoyo de puestas en escenas y otras actuaciones. De todas maneras, la balanza se inclinó hacia lo positivo.

López Santos, el director

- Después de haber tenido, durante 5 noches, a 600 personas sentadas, en el auditórium, puedo decir que los signos importantes de este año se han sustentado en que el público fue el mayor beneficiado del evento; que la gente está buscando otro tipo de valores dentro del hecho artístico; y que los patrocinantes privados han podido comprobar los frutos del discurso

\- -

AÑO: 1996
AUTOR: PRENSA
TÍTULO: El Universal, 03/09/1996 : Saldo positivo arroja la V Semana Internacional de la Poesía
PAÍS: VENEZUELA
TEMA: 02.Literatura
PUBLICACIÓN: Electronic Publishing Group (Caracas), 1996

Ir arriba Pantalla: 1 de 1.

Transcripciones

Unidad 1 Encuentro de culturas

[1]

España y Portugal están en la península ibérica, que está rodeada por el mar casi en su totalidad. Esta península limita al este con el mar Mediterráneo, al norte con el Cantábrico y al oeste con el océano Atlántico, que separa Europa de América. Contando con las islas Baleares y las Canarias, hay casi 8000 kilómetros de costa, es decir, de tierra bañada por el mar. El estrecho de Gibraltar separa la península ibérica de África y comunica el Mediterráneo con el océano Atlántico. El cabo da Roca, que se adentra en el océano Atlántico y se encuentra en Portugal, es el punto más occidental de la península y de Europa. El golfo de Cádiz está al suroeste, entre el cabo de San Vicente en Portugal y el estrecho de Gibraltar. En cuanto a los sistemas montañosos, los principales son la cordillera Cantábrica al norte, los Pirineos en la frontera con Francia y, al sur, el sistema Bético.

[2]

Virginia: Hola, chicos, ¿habéis pensado ya sobre qué tema vais a hacer el trabajo? Yo tengo ya algunas ideas...
Santi: Yo también, pero no estoy decidido del todo... ¿Tú, Martina?
Martina: A mí me interesa más la geografía, así que pensé hacerlo sobre Latinoamérica y presentar los aspectos más interesantes de aquella tierra.
Virginia: Bien pensado. Como tus padres son de allí, te podrán ayudar. ¡Qué suerte tienes, Martina!
Martina: Claro, además la naturaleza es tan rica y los paisajes tan variados y distintos a los de acá, que seguro que será muy interesante.
Virginia: Desde luego, y si buscas buenas fotografías, te puede quedar un trabajo superbonito. Fíjate, yo también había pensado hacerlo sobre la tierra de mis padres, Toledo, sobre su historia. ¿Sabíais que la llaman *la ciudad de las tres culturas*?
Martina: ¿Ah, sí? No lo había oído nunca.
Santi: Yo sí. De hecho, todavía se conservan dos sinagogas, una mezquita y también iglesias de cuando convivían las tres religiones en la Edad Media. Martina, ¿no conoces Toledo?
Martina: Sí, pero estuve cuando era chica, apenas me acuerdo. Un día vamos contigo y nos haces de guía, Virginia.
Virginia: Por mí, cuando queráis. Y tú, Santi, ¿en qué temas habías pensado?
Santi: Pues estaba con la idea de hacerlo también sobre Hispanoamérica, pero no de geografía, quizá sobre la riqueza cultural y étnica. ¿Os acordáis de lo que nos explicó la profesora sobre el Día del Respeto a la Diversidad Cultural? Lo celebran en Argentina el 12 de octubre.
Virginia: Es verdad, puede ser interesante. Anímate a hacerlo sobre ese tema.
Martina: La verdad es que sí.
(Suena el timbre del instituto)
Virginia: Bueno, vamos a clase. ¿Nos vemos luego en la biblioteca?
Santi: Vale, ¡hasta luego!

[3]

Santi: Martina, mira qué página tan chula he encontrado para mi trabajo.
Martina: A ver, ¿qué son todos esos datos?
Santi: Es la web de una empresa que se dedica a hacer test de ADN y tiene unas estadísticas, país por país, de los componentes étnicos de su población.
Martina: O sea, del porcentaje que proviene de un lugar o de otro.
Santi: Sí. Es un trabajo muy complejo, porque, por ejemplo, en Hispanoamérica la riqueza étnica y la multiculturalidad son tan grandes que una sola persona puede provenir de diferentes lugares. Fíjate: por ejemplo, en Argentina, el 73.1 % de la población tiene ascendentes ibéricos, es decir, español o portugués; ocupan el primer lugar y en tercer lugar está Italia. El 49.4 % de la población tiene orígenes italianos.
Martina: ¿Y qué ascendente está en segundo lugar?
Santi: Hombre, lógicamente, el ascendente autóctono: el 56.1 % de los argentinos proviene de pueblos mesoamericanos y andinos. Pero hay mucho más... Mira esto... En cuarto lugar están los que proceden de Europa del noroeste, un 26.4 %; les siguen los griegos y los del sur de Italia, un 25.9 %. Imagino que diferencian a estos italianos de los anteriores porque genéticamente están más próximos a los griegos.
Martina: ¡Qué curioso! De origen judío también debe de haber mucha gente en Argentina, ¿verdad?
Santi: Sí, muchos. Sumando los que provienen de diferentes lugares, ocupan el sexto lugar; su componente genético está presente en el 19.9 % de la población. Luego hay un 19.7 % que procede del norte de África y un 16 % de balcánicos, es decir, gente que procede de Bulgaria, Bosnia, Albania...
Martina: Del norte de Europa tiene que haber pocas personas.
Santi: No te creas; los escandinavos, por ejemplo, están en el noveno lugar. Un 14.2 % de los argentinos tiene ascendentes escandinavos.
Martina: Está padrísimo... Mira, también dice acá que los test detectan orígenes de Oriente Medio en un 11.1 % de la población, y en un 8.7 %, de Europa oriental...
Santi: Y también hay gente que procede de Irlanda, de Escocia, de Inglaterra... Hasta de Nigeria. Está en el puesto 18; concretamente un 1.8 % de la población procede de allí. Es increíble la precisión de estos test.
Martina: La verdad es que sí... A mí me encantaría conocer mi procedencia exacta. Pero, aparte de ser carísimo, no sé cómo se hace.
Santi: En la web te lo explican, ¿lo miramos?
Martina: ¡Dale!

[4]

Virginia: Santi, ayúdame, anda... Es que voy a poner fotos de Toledo en mi trabajo y tengo tantas...
Santi: Vale, a ver...
Virginia: Ya te comenté que el trabajo iba sobre el periodo en el que en Toledo convivieron tres culturas: la cristiana, la musulmana y la judía; vivieron en paz durante diferentes etapas de la Edad Media. Es una época que me fascina.
Santi: Pero ¿vivían juntos?
Virginia: Sí..., aunque en realidad lo hacían en barrios diferentes. La judería era el barrio donde vivían los judíos. Aún se conservan allí dos sinagogas preciosas. Mira, esta foto es de una, la de Santa María la Blanca; se llama así por las columnas blancas que tiene en su interior.
Santi: ¡Qué bonita es! ¿Y también hay mezquitas?
Virginia: Sí, se conserva una, es pequeña pero muy antigua, se construyó en el siglo x, imagínate... Esta foto es del exterior de la mezquita.
Santi: En los arcos y el estilo se ve que es árabe.
Virginia: En Toledo lo árabe se encuentra por todas partes: por ejemplo, en las calles tan estrechas, que se parecen tanto a las de las medinas de Marruecos. Mira esta foto... Había también una gran mezquita central, pero no se conserva. Se encontraba donde ahora está la catedral.
Santi: Esta foto es de la catedral, ¿verdad?
Virginia: Sí, la fachada principal con la torre, que es espectacular. Y mira esta: es el puente de San Martín, de origen romano; porque antes de cristianos, musulmanes y judíos, Toledo había sido una ciudad romana.
Santi: Jo, qué interesante... ¡Tenemos que ir!

Unidad 2 EnREDados

[5]

1. ▶ ¿Has terminado el trabajo de historia?
   ▷ Sí, lo traigo aquí. Vamos a verlo y, si te parece bien, se lo mandamos ahora mismo a la profesora.
   ▶ Vale, conéctalo y lo revisamos, pero seguro que está perfecto.

2. ▶ Pero, hija, ¿qué haces con dos teléfonos conectados?
   ▷ ¡Abuelo, que no son dos teléfonos! Es para no estar sin batería, me la regaló la abuela en mi último cumple.
   ▶ ¡Madre mía! Cada vez que te veo tienes algo nuevo.
   ▷ ¡Qué exagerado eres, abuelo!

3. ▶ Mira, otra computadora nueva, y luego dices que soy una exagerada.
   ▷ No es una computadora, mamá. Y sí, eres una exagerada, porque no es mía, se la pedí a Sergio porque necesitaba consultar mi correo y ver unos videos y traer la computadora es muy incómodo.
   ▶ ¿No es una computadora?
   ▷ No, mamá, mira, ¿no ves que no tiene teclado?

4. ▶ Tengo que mirar una cosa en internet.
   ▷ Vale, pues mírala.
   ▶ Con el mío no puedo, ¿me dejas el tuyo?
   ▷ ¿Pero tú no decías que el tuyo estaba muy bien, que para mandar mensajes y hablar con la gente, que es lo que tú haces, era suficiente?
   ▶ No quiero discutir, ¿me lo dejas, sí o no?
   ▷ Sí, anda, cógelo, cógelo.

[6]

(Suena el teléfono)
Paula: ¿Sí?
Felipe: Paula, soy yo.
Paula: Ah, hola, abuelo, ¿qué pasa? ¿Va todo bien?
Felipe: Sí, sí, hija, todo bien. Necesito un poco de ayuda con el ordenador, ¿puedes echarme una mano? Como tú sabes tanto...
Paula: Claro, dime, dime. ¿Qué pasa?
Felipe: Es que he encendido el ordenador, he entrado en el navegador y no tengo conexión a internet, hay un mensaje que dice: "Error de conexión". ¿Qué tengo que hacer?
Paula: ¿El rúter está encendido?
Felipe: ¿Eh? No lo sé, yo no he tocado nada; ya sabes que en estos temas del ordenador la que controla es tu abuela, pero es que se ha ido a tomar un café con Emilia.
Paula: Tranquilo, no te preocupes. ¿Ves un aparato que hay a la derecha del ordenador con unas antenas?
Felipe: Sí, sí.
Paula: ¿Puedes decirme si tiene alguna luz encendida y de qué color es?
Felipe: Claro... No, no tiene ninguna luz.

Paula: Vale, pues entonces busca un botón que hay detrás y púlsalo para encenderlo.
Felipe: De acuerdo, vamos a ver... Ahora salen varias luces.
Paula: Bien, es que tenías el rúter apagado.
Felipe: No creas, el mensaje no desaparece.
Paula: Espera un poquito... Cierra el navegador y no lo abras hasta que veas el icono de internet con unas rayitas.
Felipe: Vale, vale. A ver... Ahora sí tengo conexión, ya aparece el buscador de siempre. ¡Cuánto sabes, Paulita!
Paula: Ja, ja, si era una tontería, abuelo. Por cierto, ¿para qué querías entrar en internet? ¿No te estarás haciendo adicto, verdad?
Felipe: ¡Qué graciosa! Ya sabes que a mí me gusta poco esto de los aparatos. Verás, es que en el club de escritura de la biblioteca el profesor nos ha pedido que nos creemos un perfil en Facebook para colgar los textos que escribimos y compartirlos entre nosotros y con otras personas. No sé yo quién va a querer leer mis textos en Facebook... Esto de las redes sociales es para los jóvenes.
Paula: No te creas, abuelo; cada vez hay más personas de tu edad, y algunos son muy populares. Aunque muchos jóvenes hemos dejado de usar Facebook. Mis amigos y yo ahora usamos Instagram.
Felipe: Seguro que también se pasará de moda; estáis todo el tiempo cambiando para nada. Bueno, la cosa es que tengo que abrirme una cuenta en Facebook. ¿Puedes ayudarme?
Paula: Uf, abuelo, por teléfono es complicado... ¿Te importa esperarme y voy a tu casa en veinte minutos?
Felipe: Vale, te espero. Gracias, cariño.

[7]

1. Os dejamos que volváis hoy más tarde.
2. Te aconsejamos que lo pienses bien, con calma.
3. Quiero que construyan un hospital cerca.
4. Te prohíbo que traigas el coche.
5. Os recomiendo que midáis bien el mueble.
6. Espero que durmáis bien.
7. ¿Me permite usted que me vaya ya?
8. ¿Qué me sugieres que haga?
9. Les ruego que hablen más bajo, estoy trabajando.

[8]

Alejandro: Departamento de Atención al Cliente, buenos días, le atiende Alejandro, ¿en qué puedo ayudarle?
Cliente: Hola, buenos días. Mire, esta mañana he recibido un pedido que hice hace una semana. Eran varias cosas y todo perfecto. Pero resulta que una de las prendas me está pequeña. Quería saber si es posible devolverla.
Alejandro: Por supuesto, señor.
Cliente: ¿Y qué tengo que hacer? Es la primera vez que devuelvo una compra.
Alejandro: ¿Quiere usted devolver todo el pedido?
Cliente: No, no, solamente la prenda que me está pequeña.
Alejandro: Pues es muy fácil. En el tique de compra marque claramente el producto que quiere devolver.
Cliente: Ajá, marco la prenda. ¿Y luego?
Alejandro: Tiene que entrar en nuestra web e identificarse.
Cliente: ¿Identificarme?
Alejandro: Sí, ponga su usuario y su contraseña. A continuación seleccione la opción "solicitar recogida". Recibirá un correo en el que le dirán cuándo van a recoger el paquete. Tardan entre veinticuatro y cuarenta y ocho horas.
Cliente: Vale, entendido. ¿Y tengo que preparar algo?
Alejandro: Sí, utilice la caja donde recibió el pedido y meta la prenda y el tique de compra. Luego cierre la caja con la pegatina de seguridad.
Cliente: ¿Qué pegatina?
Alejandro: Está junto al tique, en una bolsita.
Cliente: Ah, sí, sí, ya la veo.
Alejandro: Pues después solo tiene que esperar al día convenido. Un transportista irá a recoger el paquete y cuando llegue a nuestros almacenes se comprobará que todo está en orden y procederemos a la devolución del dinero.
Cliente: Ah, pues es muy sencillo. Muchísimas gracias por su ayuda.
Alejandro: De nada, a usted por contactarnos.

[9]

Locutora: Vamos a dar paso ahora a nuestros oyentes, que han dejado mensajes de voz en nuestro buzón para contarnos sus problemas con las nuevas tecnologías.

1. Buenas tardes. Yo, la verdad, no tengo problemas de ansiedad o de dependencia de las nuevas tecnologías, creo. Pero últimamente me parece que está afectando a mis estudios: no recuerdo las cosas que leo, no me concentro bien cuando estoy estudiando, o necesito más tiempo para hacer tareas que antes hacía en un momento. Nunca había pensado en ello; ¿creéis que está relacionado con el teléfono? Siempre estudio con él, pero es que lo necesito para buscar información.
2. Hola, ¿qué tal? Mi problema es el siguiente. Soy actor, y ahora mismo, si no tienes una actividad interesante en las redes sociales y te sigue mucha gente, no te llaman para hacer películas ni series... Vamos, ni para hacer una prueba. ¿Cómo puedo conseguir tener más "amigos" en las redes?

3. Buenas tardes a todos. Mi problema es que soy muy rara, creo. Yo, la verdad, tengo celular y redes sociales y todas esas cosas, pero a veces hasta se me olvidan las contraseñas para entrar... El problema, en realidad, es que no tengo tiempo para estar mirándolas todo el rato y para responder a todas las personas que me escriben o me mandan fotos. He notado que algunos amigos ya no me escriben tanto y a veces no responden a los mensajes que les envío. ¿Qué puedo hacer para estar un poco más "conectada"?

4. Hola, gracias por tratar este tema. Yo creo que quizá tengo un problema serio, aunque nunca lo había pensado. Para mí el teléfono es como la mano o el pie, no me imagino sin él, yo siempre llevo una batería en el bolso porque si se me acaba y no puedo cargarlo, me muero, o eso creo, porque de momento no me ha pasado nunca. De todas formas, creo que es normal, ¿no? Yo viajo mucho por trabajo y lo necesito para comunicarme con la oficina cuando estoy fuera o para saber qué tal está mi familia. ¿Creéis que tengo un problema?

5. Hola, yo odio cuando alguien saca el teléfono mientras estamos hablando, cenando o tomando algo, es que no lo puedo entender, ¿para qué quedamos entonces? De todos modos, mi problema no es tanto de dependencia de las nuevas tecnologías como de tiempo. Normalmente me conecto poco, pero cuando entro en internet para consultar alguna cosa o buscar información sobre algo, siempre estoy más tiempo del que pensaba; voy de una página a otra buscando información y, cuando me doy cuenta, estoy leyendo algo que no había pensado leer y he perdido más tiempo del que quería. ¿Os pasa también a vosotros? Ah, que me encanta el programa, ¡enhorabuena!

Locutora: Gracias a todos por seguirnos y por compartir sus problemas y opiniones en el buzón. Hay muchos mensajes que no hemos podido escuchar, parece que el tema está de plena actualidad.

Unidad 3 Un poco de educación

[10]

Silvia: Oye, ¿te matriculaste ya en la escuela de teatro?
Javier: Todavía no, mandé la solicitud la semana pasada, espero que me contesten un día de estos y que me acepten.
Silvia: Seguro que sí. ¡Ojalá te conviertas en un actor famoso!
Javier: Ja, ja, ja... ¿De qué hablas? Yo no quiero ser actor ni que me vea nadie en ninguna revista. Lo hago solo por afición, porque es muy divertido y, además, un buen modo de quitarte el estrés. Deberías probar...
Silvia: Es verdad, conozco a mucha gente que está en grupos de teatro por esa razón. Yo prefiero ir a la fisio y que me dé un masaje para quitarme el estrés. Pero es cierto, hay que hacer algo más...
Javier: Ya sé que tienes muy poco tiempo, pero hay muchas cosas que se pueden hacer sin salir de casa, *online*. Yo he hecho algunos cursos interesantes, de yoga, de cocina, de bricolaje... ¿Quieres que te mande algún enlace?
Silvia: Dale, puede ser una buena idea, porque la verdad es que tengo ganas de hacer algo nuevo.
Javier: Luego te los mando. Espero que alguno te interese.
Silvia: Seguro que sí... Bueno, me encantó verte. Mándame los enlaces.
Javier: Claro. Hablamos otro día.

[11]

Ana: Daniel, ¿tú has decidido ya lo que quieres hacer después de la secundaria?
Daniel: La verdad es que no. Por un lado, pienso en el bachillerato porque a mi madre le hace muy feliz que me matricule en la universidad y haga Medicina, como hizo ella, y mi padre solo me recomienda que estudie algún idioma con mucho futuro, como el chino. Pero, por otro lado...
Ana: Pero ¿qué es lo que quieres tú? ¿Qué te interesa estudiar a ti?
Daniel: Pues eso... Ya sabes que a mí lo que me gusta es dibujar y, aunque me apetece aprender un idioma, también quiero estudiar Diseño Gráfico.
Ana: ¿Sabes? Creo que es importante que hables con nuestra tutora. Te veo confuso... Ojalá te ayude a aclararte y te dé algún consejo interesante. Mónica me ha parecido una profesora muy maja.
Daniel: Buena idea, hablaré con ella. Ojalá pueda ayudarme. Oye, y tú, ¿qué vas a hacer?
Ana: Yo lo tengo muy claro. A mi padre, al igual que a tu madre, le encanta la idea de que me matricule en Medicina, mientras que mi madre quiere que me gradúe en algo relacionado con los negocios y prefiere que me vaya a estudiar a otro país; así, de paso, también aprendo un idioma. Pero yo sueño con llegar a ser veterinaria.
Daniel: Me lo imaginaba, con lo que te gustan los animales... ¿Y se lo has dicho a tus padres?
Ana: Claro..., y se pasan el día aconsejándome que lo piense bien, que no decida todavía nada...
Daniel: Oye, ¿por qué no les recomiendas a tus padres que hablen ellos también con nuestra tutora?
Ana: Ja, ja, ja... Pues es verdad, tienen ellos más dudas que yo...

[12]

Daniel: Hola, profe.
Tutora: Buenas tardes, Daniel.
Daniel: Quería comentarte una cosa, para ver si me puedes ayudar.
Tutora: Sí, claro, dime.
Daniel: Pues resulta que a mí lo que me gusta es dibujar, ¿sí?
Tutora: Sí, ya.
Daniel: Y quiero estudiar Diseño Gráfico, pero sé que mis padres prefieren que haga una carrera como Medicina o que estudie un idioma.
Tutora: Vaya.
Daniel: Medicina, imposible, no puedo, no me gusta nada. Entonces he pensado en estudiar chino y, a la vez, hacer algún curso de Diseño Gráfico en alguna escuela privada, pero sin decírselo a mis padres.
Tutora: Oye, ¿y cómo piensas pagar ese curso?
Daniel: Quizá pida una beca o trabaje este verano.
Tutora: No dan becas para ese tipo de escuelas y las matrículas son caras.
Daniel: Entonces no sé... Es que yo lo que más deseo es dedicarme al dibujo, trabajar en videojuegos, en cómics. Tiene un gran futuro, ¿no?
Tutora: Claro, y es lo que te aconsejo que hagas, que te dediques a lo que más te guste. Eso es lo importante. Si deseas que tus sueños se hagan realidad, solo tienes que ponerte a trabajar y tener paciencia. ¿Sabes lo que decía Mario Benedetti? "Ojalá que la espera no desgaste mis sueños".
Daniel: ¡Qué bonito! Pero, y a mis padres, ¿qué les digo?
Tutora: Habla con ellos. Diles que quieres hacer la carrera de Diseño Gráfico, explícales que el idioma también lo puedes estudiar, pero que no necesitas dedicarle todo el tiempo. Además, te puedes ir a trabajar fuera en verano para practicar la lengua que decidas estudiar.
Daniel: Justo lo contrario de lo que pensaba hacer.
Tutora: Pero si es eso lo que quieres...
Daniel: Ya. Es que de repente me he agobiado. Pero tienes razón, tengo que hablar con mis padres. Seguro que lo comprenden. Profe, muchas gracias. Me has ayudado mucho.
Tutora: Me alegro. Y si necesitas más ayuda, no dudes en pedírmela, ¿vale?
Daniel: ¡Vale!

[13]

Antes de empezar a interactuar con compañeros o profesores, es muy importante que tengas en cuenta algunas reglas fundamentales para el buen desarrollo del curso. La más importante: no olvides nunca que, al otro lado, hay personas. Por eso te pedimos que intentes ser objetivo en tus comentarios, que seas moderado al opinar y que escuches a los demás; aunque no estés de acuerdo con ellos, sé siempre respetuoso. Te pedimos, en definitiva, que te comportes en la plataforma como lo haces en un aula real durante una clase. Recuerda que la finalidad de este espacio es exclusivamente formativa y que, por lo tanto, está prohibido que hagas preguntas personales, que des tu número de teléfono o que compartas fotografías o cualquier otro material que no tenga relación con los contenidos del curso. También está prohibido que uses los foros para asuntos ajenos a las asignaturas correspondientes. Te rogamos que seas generoso, que compartas tus conocimientos y tu experiencia, pero sin arrogancia; todos estamos aquí para aprender. Por supuesto que está permitido que accedas a todos los espacios del campus virtual, que participes en todos los foros, que uses el correo electrónico de la plataforma y que escribas a tus profesores para plantearles dudas y enviarles tus trabajos, pero te rogamos que seas siempre conciso y claro; los profesores reciben cada día muchos correos y deben contestar a todos. Creo que si todos respetamos estas normas, el curso será mucho más provechoso.

Unidad 4 ¡Súmate!

[14]

Locutor: Luis Ramírez, vicepresidente del Gobierno, y Marta Fernán, presidenta de la asociación Salvemos la Tierra. Buenas tardes a los dos.
Luis Ramírez y Marta Fernán: Buenas tardes.
Locutor: Señor vicepresidente, ustedes opinan que no hay motivos para preocuparse...
Luis Ramírez: Así es. Nosotros creemos que no hay cambio climático porque el aumento de la temperatura ha sido de menos de un grado en los últimos cien años. Por tanto, no creo que se pueda hablar de un sobrecalentamiento de la Tierra. Siempre ha habido veranos muy calurosos e inviernos con temperaturas extremas.
Marta Fernán: Perdone, pero a mí me parece que usted se equivoca. ¿Escuchó los informes de los expertos? Me parece increíble que sigan negando lo evidente y que no busquen soluciones al problema. Cada día hay menos hielo en los polos, la contaminación en las ciudades produce cada vez más muertes, hay numerosos incendios y catástrofes, ¡y no hablemos del mar!...
Luis Ramírez: Bueno, usted exagera... Yo pienso que lo que dice no es totalmente cierto. Creo que hay contaminación, no lo voy a negar, por supuesto, pero no me parece que haya calentamiento. Son dos cosas distintas.
Marta Fernán: Pues nosotros opinamos que solo defienden a

las grandes compañías y sus intereses económicos y que no les importa ni lo que está pasando con el planeta ni sus ciudadanos.
Luis Ramírez: Lo siento, pero no estoy de acuerdo con usted. Claro que nos importan los ciudadanos. Estamos aquí precisamente para mejorar la vida de todos, para eso nos han votado, y claro que vamos a trabajar para resolver el tema de la contaminación, pero no podemos cambiar todo el sistema económico de repente, ¿es que no lo comprende?
Marta Fernán: Claro que lo comprendo, el que no comprende la urgencia es usted. Necesitamos reducir los gases de efecto invernadero, porque nuestra Tierra está en peligro. Por favor, tienen que escucharnos...

[15]

Locutor: ¿De verdad piensa que los simios están en peligro de extinción?
Experto: No todos, pero hay algunas especies de grandes simios, como los gibones o los orangutanes, que sí.
Locutor: ¿La situación en la que se encuentran estos animales es preocupante, entonces?
Experto: En algunos casos es crítica, lo que puede suponer su extinción dentro de unos diez o veinte años. Hay un tipo de gibones africanos de los que solo quedan unos veinte ejemplares en el mundo. También los orangutanes están en una situación crítica en Borneo.
Locutor: ¿Por qué ocurre esto en puntos tan distintos del planeta? ¿Es normal?
Experto: Bueno, yo no creo que sea una coincidencia. Pienso que se debe a la acción del hombre. La deforestación para crear campos donde cultivar alimentos destruye el hábitat natural de estos animales.
Locutor: ¿Es la única razón o hay más?
Experto: La caza sin control y el comercio ilegal influyen también. Hay muchas personas sin recursos que ven en estos animales una fuente de ingresos y creo que no existe el suficiente control por parte de los Gobiernos.
Locutor: Por eso los zoológicos son importantes...
Experto: Pienso que los parques zoológicos ayudan a proteger a las especies en peligro, por supuesto, pero no creo que sea suficiente. Hay que concienciar a las personas de que es necesario respetar el equilibrio de la naturaleza.
Locutor: Quiere decir que la solución es terminar con las malas prácticas que amenazan a estos animales.
Experto: Me parece que hay que proporcionar a la gente sin recursos que habita en esas zonas modos de vida que les permitan sobrevivir sin tener que talar árboles o comerciar con especies en peligro de extinción.
Locutor: ¿Por ejemplo?
Experto: El ecoturismo creo que puede ser una alternativa perfecta; una actividad lucrativa que al mismo tiempo protege la fauna y la flora de una determinada zona porque es precisamente esa riqueza natural la que se explota. ¿Qué opción puede haber mejor que esta?
Locutor: Realmente interesante lo que propone. Ojalá los Gobiernos tomen iniciativas como esta para evitar la extinción de las especies.
Experto: ¡Ojalá!

Fuente: http://www.lavanguardia.com/medio-ambiente/20110706/54181729105/expertos-alertan-del-peligro-de-extincion-de-grandes-simios-en-un-periodo-entre-10-y-20-anos.html

[16]

Locutor: Buenos días. Empezamos nuestro programa con Rosa y Marcos, dos jóvenes emprendedores que han abierto una tienda de ropa de segunda mano en pleno centro de Salamanca. Bienvenidos. Rosa, ¿qué es la *ropa de segunda mano*?
Rosa: Sencillo: la ropa de segunda mano es ropa que aún se puede usar. Mucha gente todavía asocia la ropa de segunda mano a ropa vieja y pasada de moda, pero las tiendas de ropa de segunda mano actuales no tienen nada que ver con ese concepto. Muchas prendas adquieren incluso valor por pertenecer a una determinada época. Podríamos decir que se han revalorizado.
Marcos: Desde luego. El mundillo de la compraventa de ropa de segunda mano ha evolucionado mucho y está más de moda que nunca.
Locutor: ¿Qué factores están influyendo en este cambio de mentalidad?
Rosa: Bueno, la crisis económica tiene mucho que ver. El precio de estas prendas es mucho menor; incluso la ropa de marca tiene precios increíbles.
Locutor: Pero dices que están en buen estado, ¿por qué se deshace la gente de ellas?
Marcos: Bueno, yo creo que es porque ya no las usan o porque ya no les valen. También hay gente que necesita dinero y vende artículos valiosos: por ejemplo, bolsos. O también esclavos de la moda, ja, ja, ja, que no pueden vivir sin el último modelo... Incluso puedes encontrar ropa nueva con etiqueta que su dueño anterior nunca llegó a usar.
Locutor: Y además del precio, ¿qué otras ventajas tiene comprar esta ropa?
Rosa: Bueno, pues además de ahorrar te permite encontrar modelos diferentes que no encuentras en las tiendas habituales.
Marcos: Y ahora mismo hay un factor muy importante: la concienciación cada vez mayor sobre la necesidad de consumir responsablemente. Ya hay mucha gente informada que sabe que la industria de la moda es una de las más contaminantes del mundo y no quiere formar parte de ese círculo de usar y tirar. Muchas firmas están adoptando medidas para conseguir una moda sostenible y, poco a poco, son cada vez más los proyectos que apoyan la compraventa de segunda mano.
Locutor: Una pena que se nos acabe el tiempo porque has planteado una cuestión interesantísima...

Unidad 5 Para siempre

[17]

Ramón: Oye, ¿qué tal la clase?
Ana: Muy bien.
Ramón: ¿Y qué te han parecido los compañeros?
Ana: Bueno… La primera impresión ha sido buena. ¿Quién ha sido tu pareja en los ejercicios?
Ramón: En el primero he estado con Sara. Simpática, pero un poco nerviosa e impaciente, y luego he trabajado con Raúl. Me ha parecido un poco creído, piensa que lo sabe todo, pero también me ha parecido una persona trabajadora.
Ana: El primer ejercicio lo he hecho con Linda. Es muy alegre y habladora, pero un poco vaga, he tenido que hacerlo casi todo yo. El otro lo he hecho con Teresa y con David.
Ramón: ¿Y qué tal con ellos?
Ana: Bastante bien. David parece un poco cerrado y callado, y Teresa, todo lo contrario, muy extravertida, pero se trabaja bien con los dos, son serios.

[18]

Ricardo: Eva, ¿has leído este artículo sobre los adolescentes?
Eva: Sí. Yo creo que es cierto lo que dice, pero me parece que también hay que preguntarse qué molesta a los padres de sus hijos adolescentes.
Ricardo: Yo creo que a los padres les da rabia que, a esa edad, los hijos sean tan cerrados con ellos y no les cuenten nada, que confíen en cualquiera antes que en sus propios padres.
Eva: Es verdad, Ricardo, pero creo que es porque les da miedo que confíen en las personas equivocadas y luego tengan problemas. En la adolescencia somos muy influenciables. Pero también es normal que los hijos prefieran hablar con gente de su edad; creo que se sienten más cómodos. A mí me da vergüenza hablar con mis padres de algunos temas…
Ricardo: Claro, a mí también, es normal… Imagino que también les da pena ver que el niño que antes dependía de ellos para todo, poco a poco empieza a ser independiente, a necesitarlos menos. Yo, por ejemplo, este verano voy a ir a Valencia para hacer un curso de edición de vídeo y noto que mi padre se pone nervioso cuando piensa que voy a estar allí sin la familia.
Eva: A mi madre le pone muy triste ver fotos de cuando yo era pequeña; dice que el tiempo ha pasado demasiado rápido. Parece que mira las fotos de alguien que ya no existe.
Ricardo: ¿Tú crees que será igual cuando nosotros seamos padres? ¿Que nos darán miedo y nos preocuparán las mismas cosas?
Chica: Seguro que sí.

[19]

Eva: ¿Qué haces, Ricardo?
Ricardo: Registrándome en Intercambios.
Eva: Ah… Yo tengo un perfil ahí, está muy bien.
Ricardo: A ver… Ya sabes que me voy a Valencia este verano para hacer un curso de edición de vídeo.
Eva: Sí, ya me contaste.
Ricardo: Correo electrónico… ricardo2000@correo.com… Edad: dieciocho años… Pues eso, me gustaría conocer gente que esté viviendo allí para tener algún amigo antes de ir.
Eva: Seguro que encuentras a alguien. Yo, cuando me fui a estudiar inglés a Irlanda, encontré en Intercambios la residencia donde estuve.
Ricardo: ¿Sí? Pues tengo que mirar también… Oye, ayúdame… Para ti, ¿qué adjetivos de estos me definen mejor?
Eva: Pues no sé…, déjame ver…, alegre…, un poco nervioso…
Ricardo: ¿Solo un poco? Je, je.
Eva: Y también sincero y generoso.
Ricardo: Gracias… Je, je… ¿Y qué carácter crees que tengo?
Eva: Muy difícil… Ja, ja, ja… Que no… Es una broma, creo que fácil, no eres nada problemático.
Ricardo: Cosas que me gustan… El cine, los perros y la informática.
Eva: Cosas que te gusta hacer…
Ricardo: Pues montar en bici, jugar con la consola y viajar, cuando puedo.
Eva: Y te gusta que la gente…
Ricardo: Pues que la gente se preocupe por el medioambiente, que tenga sentido del humor y, sobre todo, que sea tolerante, que respete las ideas de los demás. Ya está. No he mentido mucho, ¿verdad?
Eva: No, ja, ja, ja…

[20]

Eva: Te voy a hacer el cuestionario. A ver, una cosa que te ponga nervioso.
Ricardo: Pues, por ejemplo, me pone muy nervioso esperar cuando alguien se retrasa y llega tarde. Yo soy muy puntual.
Eva: Otra cosa… Estás de buen humor si…
Ricardo: Estoy de buen humor si hace buen tiempo. Sobre todo en invierno; ¡me encantan los días fríos pero soleados!
Eva: A mí, en cambio, me encanta cuando llueve.
Ricardo: A mí también, pero no me pone de buen humor. La siguiente pregunta…
Eva: Algo que no soportes…
Ricardo: El tabaco, no soporto que la gente fume. Menos mal

que ya está prohibido en casi todas partes.
Eva: Yo tampoco, es horrible. Otra cosa… Te fastidia que…
Ricardo: Me fastidia que algunos de mis amigos solo hablen de fútbol.
Eva: Y ahora…, odias que…
Ricardo: Uf… No sé… Pues, por ejemplo, que la gente grite o hable demasiado alto, lo odio.
Eva: Ahora viene una positiva, menos mal. A ver…, una cosa que te encante.
Ricardo: Muy fácil, salir con mi perro de paseo, me relaja mucho. ¿Hay más?
Eva: Sí, tres más… ¿Qué te preocupa?
Ricardo: Un montón de cosas, como la contaminación, por ejemplo, me preocupa que la gente no cuide el medioambiente.
Eva: Algo que te entristece mucho…
Ricardo: Me entristece mucho que la gente mayor esté sola. Sé que es ley de vida, pero aun así me pone muy triste.
Eva: Y la última… Algo que te dé miedo…
Ricardo: Me da miedo, mucho miedo, que la gente conduzca muy deprisa y que no sea prudente al volante.
Eva: A mí también… Pues ya está.

Unidad 6 Esta es mi generación

[21]

El Instituto Nacional de Estadística ha publicado un año más su informe anual, en el que encontramos datos muy interesantes, ya que nos dan una imagen bastante precisa de la sociedad en la que vivimos. Por ejemplo, podemos observar cómo la edad a la que las mujeres tienen su primer hijo sigue retrasándose: los 32 años actuales suponen un incremento de unos 4 años respecto a 1975, cuando las mujeres accedían a la maternidad con algo más de 28 años de media. En el mismo sentido, encontramos que un año más la tasa de mortalidad supera a la tasa de natalidad: el año pasado fallecieron 259 personas más de las que vinieron al mundo. Este dato tiene relación sin duda con la cantidad de hijos que tiene de media una mujer española en la actualidad: 1.33 hijos, menos de la mitad que en 1970, cuando cada mujer tenía una media de casi 3 hijos. Respecto a la vida familiar, también encontramos otro dato revelador de nuestra sociedad: el número de bodas sigue aumentando, hubo un 2 % más que el año anterior, si bien en comparación con los inicios del siglo XXI se ha invertido la tendencia respecto al tipo de matrimonio: en la actualidad hay un 27 % de matrimonios católicos frente a un 71.2 % que prefirió un enlace civil, cuando en 2003 el 73 % se casaba por la Iglesia. También varía la edad: en 1975 la edad para contraer matrimonio se situaba en los 27 años. En la actualidad ese momento se retrasa hasta los 32. Asimismo, la comparación estadística permite ver cómo la vida laboral sigue acortándose. En la actualidad los jóvenes encuentran su primer empleo sobre los 23 años de edad y la jubilación se ha adelantado a una media que está en torno a los 61 años. Si lo comparamos con los primeros datos estadísticos de mediados de los años 60, observamos cómo la vida laboral se ha reducido en más de 20 años, ya que entonces no era raro firmar el primer contrato con 16 años y la mayoría de las personas se jubilaban cerca de los 70. Para analizar estos y otros datos, como el retraso en la edad a la que se independizan los jóvenes, y encontrar los motivos y sus consecuencias, contamos con dos invitados de excepción…

Datos extraídos del informe accesible en https://www.ine.es/prensa/mnp_2016_p.pdf

[22]

1. Nacieron entre 1945 y 1964. Vivieron el nacimiento de la televisión y el cambio del blanco y negro al color, el fax, los celulares, las computadoras e internet. Les gusta ver, escuchar y leer noticias a través de la televisión o el periódico tradicional. Prefieren estar en casa a salir a la calle. Por lo general, les gusta pasar el tiempo con la familia.

2. Nacidos entre 1980 y 1995, su concepción de la familia es muy abierta, porque no se limita solo a la familia tradicional. Prefieren aprender de manera autodidacta, por ello los tutoriales de internet son su fuente de conocimiento. Nacieron al mismo tiempo que internet y les encanta comunicarse a través de las redes sociales o entretenerse con videojuegos o juegos en línea en sus teléfonos y tabletas. Suelen cambiar a menudo de trabajo.

3. Nacidos entre los años 1965 y 1979, tienen un poco de su generación anterior, los *baby boomers*, y otro poco de la generación siguiente. Su infancia fue analógica y su madurez, digital. Son responsables, trabajadores y valoran mucho la familia. Preocupados por su preparación, buscan estar siempre al día. Les cuesta un poco dominar las nuevas tecnologías, pero no tanto como a su generación anterior.

4. Son aquellos nacidos entre 1995 y 2010. Internet es parte de su vida: están conectados durante aproximadamente veinte horas a la semana. Sus redes favoritas son Instagram, Snapchat, YouTube… Acostumbrados a acceder a la información en un solo clic, son muy impacientes. La educación y el trabajo fijo son cada vez menos importantes para ellos. Ven cómo, tras la crisis económica, tener un título no es tan útil como antes.

[23]

Persona a

Yo me acuerdo de la universidad, de las primeras clases, de las tardes en la biblioteca o en la cafetería con mis amigas... Y recuerdo sobre todo el año de Erasmus, que entonces no era tan normal como ahora. Fui a Polonia. Cuando llegué era muy niña y, después de sobrevivir al frío polaco, crecí y entré en la vida adulta. Allí conocí al que hoy es mi marido, Łucasz, así que no me olvidaré nunca de esa experiencia.

Persona b

Yo me acuerdo mucho de toda la época del instituto; de los profesores, de los compañeros... Recuerdo especialmente el último año y el viaje de fin de curso. Estuvimos vendiendo camisetas y chapas todo el año hasta que reunimos el dinero suficiente para poder irnos a Italia; de hecho, yo creo que estudié Filología Románica por ese viaje, porque Italia me entusiasmó. Aunque desde que la terminé hace ya seis años no ha sido demasiado útil para encontrar trabajo, no me arrepiento de haber estudiado esa carrera.

Persona c

Recuerdo el día que firmé el contrato. En cuanto empecé en la compañía, me casé, nos compramos un departamento y al año siguiente nació Teresa, la mayor. Recuerdo el día de la firma con mucha ilusión. Al salir del despacho del director, busqué una cabina, porque celulares en aquella época no había, y hablé a mi papá, a mis amigos, y a Luisa, claro. Fui muy feliz todo este tiempo, aunque espero serlo también cuando me jubile dentro de un par de años.

Persona d

Yo recuerdo las vacaciones del colegio en el pueblo de mi madre. Me acuerdo de una bici roja que tenía; desde que me levantaba hasta que me acostaba no me separaba de ella. Recuerdo un día que fuimos a dar un paseo en bici por el bosque y nos perdimos. Nuestros padres estuvieron buscándonos toda la tarde hasta que nos encontraron jugando al escondite en mitad del bosque. ¡Cómo me gustaría volver a esa época!, sin responsabilidades, sin tener que tomar decisiones; no como ahora, que tengo que decidir qué estudiar en la universidad y todavía no sé si quiero ir o no.

[24]

Olga: Bueno, Sergio, ¿puedo tutearte, verdad?
Sergio: Por supuesto.
Olga: Como sabes, has superado ya la primera fase del proceso de selección y por eso estás aquí. Este es el último requisito, nuestra entrevista. He estado repasando tu currículum y he visto que has realizado dos cursos de posgrado.
Sergio: Sí, cuando terminé Psicología no tenía muy claro por dónde encaminar mi futuro profesional. Me interesaban varios campos, pero lo que más me gusta es poder ayudar a las personas vulnerables. Y lo que menos me gusta es todo lo que tenga que ver con lo administrativo. La verdad es que soy un poco negado para la burocracia.
Olga: E hiciste un máster en Prevención de la Drogadicción...
Sergio: Sí, exactamente. Tengo facilidad para empatizar con personas con problemas. Fue muy interesante y obtuve muy buenas calificaciones. En cuanto terminé, me llamaron de varias instituciones para hacer prácticas.
Olga: ¿Y el segundo máster?
Sergio: Bueno, como has visto en el currículum, llevo dos años trabajando para Proyecto Hombre, una asociación sin ánimo de lucro que ayuda a personas con problemas de adicción. Allí me enfrento a situaciones muy graves y puedo aplicar todos los conocimientos adquiridos en mis estudios. Está siendo apasionante y enriquecedor. La cuestión es que no gano lo suficiente para vivir y necesito complementar mi actividad allí con otro trabajo. Por eso hice el otro máster, el de Mediación Familiar.
Olga: Parece que encajas muy bien en cualquier trabajo que tenga una dimensión social. ¿Qué tal te desenvuelves resolviendo conflictos?
Sergio: Creo que soy bueno en ese campo. En mi trabajo en Proyecto Hombre hay una parte importante de terapia familiar. Realizo sesiones con miembros de la familia de estas personas: sus padres, sus parejas... Hablamos de problemas no superados desde hace años y, al cabo de algún tiempo, mi mediación va dando sus frutos. Así que sí, creo que se me da bien resolver conflictos familiares.
Olga: ¿Tienes experiencia con niños?
Sergio: No, aún no. En el máster de Mediación Familiar sí que tuve algunas materias relacionadas con este tema, pero no ha surgido la oportunidad aún de poner en práctica lo que he aprendido.
Olga: Ya sabes que nuestro gabinete se dedica a la mediación familiar y una parte importante son los conflictos de parejas que tienen hijos. Por eso necesitamos una persona...

[25]

Persona 1

No olvido el día en el que nos dieron las llaves. Andrés llevaba trabajando poco tiempo y nos costó mucho conseguir el crédito del banco. La verdad es que no era ninguna maravilla, pero a nosotros en ese momento nos parecía un palacio. Allí tuvimos y criamos a nuestros hijos; cuando se independizaron se quedó muy vacía, por eso nos mudamos.

Persona 2
Me acuerdo de que yo no quería ir; nos habíamos recién mudado cuando terminé el colegio y estuve todo el verano diciéndole a mi mamá que la odiaba y que quería volver al pueblo con mis amigas. Menos mal que no me hizo caso: en cuanto conocí a Mercedes, que se sentó a mi lado porque también ella venía de un pueblito, nos hicimos amigas y hasta ahorita, que seguimos en contacto.

Persona 3
Recuerdo perfectamente ese día porque casualmente era mi último día de trabajo después de cuarenta años. Me levanté a la hora de siempre y, cuando estaba a punto de salir, me llamó mi hija diciendo que se iban al hospital porque había empezado a tener contracciones. Yo llamé al trabajo para decir lo que pasaba y, lógicamente, no fui a trabajar. Después de unas horas, cuando por fin le vi la cara a la pequeña, supe que durante la jubilación no iba a aburrirme tanto como yo pensaba, ¡y la verdad es que ahora trabajo casi más que antes!, pero estoy encantado.

Persona 4
Me acuerdo de que ese día trabajamos poco, me organizaron una fiesta de despedida y la compañía me regaló un reloj de oro. Tenía trabajando en la misma compañía toda la vida, así que no solo pensaba que estaba dejando un trabajo, pensaba que se terminaba la vida. Menos mal que Lucía, mi esposa, me hizo ver que no era para tanto. Ella tenía dos años jubilada y no se había aburrido en ningún momento.

Persona 5
Lo recuerdo bastante bien. Tenía veintisiete años, llevaba ya dos o tres años trabajando y pagando la casa, porque la compré antes de irme a vivir allí. No puedo olvidarme de mis padres, muy tristes porque me iba, mientras me ayudaban a meter en el coche todas las cosas que me llevaba a "mi casa", por fin "mi" casa. También me acuerdo de la primera cena que organicé ese día con todos mis amigos. ¡Estaba feliz!

Unidad 7 Todo es noticia

[26]

El periodismo del siglo veintiuno está viviendo una nueva etapa en la que el público ha dejado de ser un simple receptor de noticias para participar activamente en el proceso informativo. Esta colaboración periodista-usuario hace, por ejemplo, que cada día lleguen a las redacciones fotografías, vídeos y comentarios realizados por ciudadanos desde el mismo escenario de la noticia. Sus testimonios gráficos ayudan al trabajo de los reporteros allí donde ellos no pueden llegar. El uso de internet ha abierto una ventana para que el público opine e informe desde cualquier punto del planeta. Muchos consideran este cambio como algo positivo, ya que el periodismo ciudadano proporciona una información más fresca y menos condicionada por los grandes medios de comunicación, que defienden, en muchos casos, intereses comerciales. Pero esta idea democrática y global se empieza a ver también como un peligro, por el exceso de información que supone. Con esta sobreinformación es difícil diferenciar lo que es rumor de lo que es noticia y, por tanto, tener criterio para poder separar lo verdadero de lo falso. Lo cierto es que estos cambios ya no tienen vuelta atrás y el periodismo de este siglo seguirá transformándose con la ayuda de todos, profesionales y usuarios.

[27]

Toni: Hola, mamá, ¿te has enterado?
Elena: ¿De qué?
Toni: De la dimisión del presidente del Gobierno.
Elena. ¡Qué dices!
Toni: Lo acaban de decir en las redes sociales.
Elena: ¿En internet? ¿Quién lo ha dicho?
Toni: No lo sé, creo que un internauta.
Elena: Entonces no me fío.
Toni: Pues no sé por qué…
Elena: Porque es un rumor.
Toni: Pues de los rumores salen las noticias.
Elena: A ver…, no es que no me lo crea, es que es necesaria una confirmación oficial. En las redes sociales todo el mundo opina, pero eso no significa que la noticia sea cierta.
Toni: Vale…, y entonces, ¿cómo podemos confirmarlo?
Elena: Necesitamos un medio fiable. Pon la radio.
Toni: ¿La radio?
Elena: O busca en un periódico digital.
Toni: ¡Ya lo tengo!
Elena: ¿Qué?
Toni: Que no es verdad. El portavoz de su partido está desmintiendo la noticia en directo.
Elena: ¿Lo ves? Tenemos presidente para rato.

[28]

Aunque sigue lloviendo con fuerza en el estadio, esto parece no importar ni a los jugadores ni a los asistentes. ¡Qué gran partido estamos viendo! Increíble cómo están jugando estos deportistas. El partido está al rojo vivo, máximo interés. El equipo blanquiazul llevaba buscando la victoria mucho tiempo y acaba de meter el tercer tanto. Faltan tan solo cinco minutos para el final, estamos a punto de terminar y los blanquiazules van ganando. El resultado, de momento, Blanquiazules 3, Rojillos 2.

[29]

En la costa de California, en San Diego, un fenómeno natural está sorprendiendo a sus habitantes, ya que pueden admirar cómo brillan las olas del mar durante la noche. No es que sea magia, sino que un plancton luminiscente se concentra en altas cantidades provocando este original efecto.

En Inglaterra, un hombre ha recibido a través de WhatsApp un mensaje de su padre, muerto hace seis años. En él aparecía simplemente la palabra *test*. Tras la sorpresa, el hombre ha sabido que fue su madre la autora del mensaje. Encontró el teléfono en un cajón y, como no sabía si el teléfono funcionaba correctamente, le envió esta palabra a su hijo para comprobarlo.

Los peatones de una localidad china se mojan con vapor de agua por no respetar los semáforos en rojo. Esta medida se ha puesto en marcha como castigo a los ciudadanos que cruzan la calle indebidamente. El sistema activa, junto a la lluvia, una cámara de fotos que recoge el momento de la infracción.

En la localidad colombiana de Medellín han aparecido dos árboles llenos de billetes, para sorpresa de las personas que pasaban junto a ellos. Los billetes estaban sujetos con pinzas a las hojas de los árboles a modo de flor. Aunque no se sabe la causa exacta de este suceso, parece ser que forma parte de un experimento social realizado por una universidad de Medellín con el que se pretende investigar el comportamiento de las personas en su relación con el dinero.

Un vecino de un pequeño pueblo de Badajoz avisó a la policía de la presencia de un hipopótamo a las afueras de la población. El hipopótamo llegó hasta allí tras escapar de un circo instalado en una localidad cercana. La policía investiga cómo pudo huir el animal de su jaula.

Unidad 8 ¿Qué habrá pasado?

[30]

1. Los países miembros de la Unión Europea se reúnen con la finalidad de establecer una política educativa común.
2. Papá, no vengáis a recogerme a la escuela; al final viene a buscarnos la madre de Óscar.
3. He puesto esta planta cerca de la ventana para que reciba más sol.
4. Señores y señoras, hemos organizado esta visita con el objetivo de que conozcan la esencia de la ciudad.

[31]

Vamos a ver si alguno habéis acertado para qué sirven estas cosas. A ver, por ejemplo... Olga cree que a lo mejor la punta de los tapones sirve para que se abran con más facilidad, pero la verdad es que se emplea para pinchar el tubo y abrirlo por primera vez. Otro... Roberto y Susana han escrito que la parte azul de las gomas quizá se utilice para borrar los lapiceros más oscuros. La mayoría cree que esta parte tal vez se use para borrar la tinta de los bolígrafos, y aunque ahora las empresas venden estas gomas con ese propósito, realmente en origen era para borrar el lápiz en los papeles más gruesos, ya que rompe los más finos.
Vamos ahora con lo que han escrito Irene y Alfonso: "Puede que la tira o la cinta de las camisas sea para sujetar mejor los tirantes". Es una idea interesante, pero la verdad es que la cinta es para que la camisa pueda colgarse sin arrugarse.
Este otro es ingenioso... Luis y Pepa creen que el agujero del mango de las sartenes tal vez sea para que pongamos allí las cucharas con las que estamos cocinando y que así no manchen la cocina, pero la verdad es que, aunque este uso sea muy interesante, el agujero es para colgarlas de la pared.
Vamos terminando con los últimos dos objetos: para Mirian y Valeria, el agujero en la tapa de los bolis tal vez sirva para que la tinta no se seque, pero en realidad es para que los niños no se ahoguen si por accidente se tragan el tapón.
Por último, Juan y Lorenzo dicen que los trozos de tela que acompañan a la ropa nueva serán para arreglar pequeños rotos de los pantalones o camisas, aunque la verdad, como dicen Ana y Teresa, es que sirven para que podamos lavarlos y ver si destiñen con determinados detergentes o a determinadas temperaturas.

[32]

Marta: Manu, ¿encontraste qué es eso verde rectangular que tiene forma de botella?
Manu: Sí, es una bolsa de agua caliente que se usa para calentar la cama o aplicar calor en el cuerpo para aliviar el dolor. Parece que todavía se usan, hay miles en internet. Y tú, ¿has averiguado qué es ese aparato de madera con un cable?
Marta: Sí, un teléfono, de los primeros que hubo. La manivela de la derecha se accionaba para llamar a una centralita que te comunicaba con la persona con la que querías hablar, y lo que aparece a la izquierda se ponía en la oreja para oír al interlocutor. Para hablar, había que dirigirse al círculo del centro. Los elementos metálicos de arriba eran el timbre.
Manu: ¡Qué curioso! Yo lo que sí conocía era el carrete de fotos, ese objeto con forma de cilindro. Ahora hacemos fotos digitales con la cámara o el móvil y las podemos ver en pantalla, pero antes solo se podían hacer con cámaras que llevaban un carrete. Allí se grababan las imágenes. Luego el carrete se llevaba a revelar a una tienda de fotografía. Mi abuelo dice que solo sabías cómo había salido la foto cuando la veías en papel. ¿Y esa caja con unos botones grises?
Marta: A ver... Aquí dice que es un *walkman*.
Manu: ¿Se usaba para escuchar música?
Marta: Efectivamente, dice que eran muy populares en los noventa. ¿Cómo lo acertaste?
Manu: Porque he visto que tiene una conexión para los auriculares, ¿no?
Marta: Es verdad, no me había dado cuenta. Yo el que conocía era el molinillo de café. Mi abuelo tiene uno en la sala.
Manu: ¿Cuál es?
Marta: El que tiene la manivela arriba. Se le daba vueltas para moler los granos de café.
Manu: ¡Ah!
Marta: Cuando era chica me encantaba.
Manu: Dice en internet que hasta los años cincuenta, cuando empezaron a hacerlos eléctricos, eran muy populares.
Marta: ¿Y la caja de plástico que parece una videoconsola?
Manu: Es un contestador automático. Cuando llamaban a casa y nadie contestaba, se accionaba y se grababa la voz. Como un buzón de voz, vamos. En los años ochenta se hicieron muy populares.

[33]

Quique: Hoy, para despedirnos, viajamos a Madrid, una capital llena de curiosidades, ¿verdad, Carmen?
Carmen: Pues sí, Quique. Fíjate que, por ejemplo, Madrid es la ciudad con el restaurante más antiguo del mundo, Botín, cerca de la plaza Mayor. Fue fundado en 1725.
Quique: Así es. Madrid tiene mucha historia, aunque pocos imaginan cuál es la construcción más antigua de la ciudad.
Carmen: Alguna iglesia, imagino.
Quique: Pues te equivocas... Se trata de un templo egipcio de hace más de dos mil años, el Templo de Debod, que se encuentra a pocos metros de la plaza de España y que fue donado por Egipto en 1968, en agradecimiento a España por su colaboración para salvar el conjunto arqueológico de Abu Simbel, en peligro de desaparición debido a la construcción de la presa de Asuán.
Carmen: Fíjate, no lo sabía.
Quique: Otra más: la estatua del animal que se encuentra en la Puerta del Sol y que representa el escudo de la ciudad no es un oso, sino una osa.
Carmen: ¡Vaya, qué curioso! Oye, ¿y a que no te imaginas por qué a los madrileños les llaman gatos?
Quique: Sí, es cierto, nos llaman gatos, yo soy de Madrid, pero no sé la razón...
Carmen: Según cuentan, porque durante la conquista de la ciudad contra los árabes, un soldado cristiano trepó por la muralla que había en Madrid para cambiar la bandera de la torre por una cristiana y lo hizo con tanta habilidad como un gato.
Quique: ¿De verdad? Pues yo pensaba que era porque nos gusta mucho salir de noche, ja, ja, ja... Volviendo a la Puerta del Sol... Muchos dirían que el reloj con el que muchos comemos las uvas en Nochevieja es el más grande de la ciudad; sin embargo, pocos saben que en realidad el reloj más grande es el que se encuentra en la estación de Atocha, al lado del Museo Reina Sofía.
Carmen: Pues yo estaba convencida de que era el de la Puerta del Sol. ¿Y tú sabías que en Madrid hay una estación de metro fantasma? Es la estación de Chamberí, cerrada desde 1966 y olvidada, hasta que en 1998 se usó para rodar algunas escenas de la película *Barrio*, de Fernando León de Aranoa. Ahora se ha convertido en un museo y se puede visitar para ver cómo era el metro en su origen, cuando se implantó en Madrid en 1919.
Quique: A mí una de las cosas que más me ha sorprendido es saber que Madrid es una de las pocas ciudades del mundo con una estatua dedicada al diablo. Es la Fuente del Ángel Caído y está en el Retiro.
Carmen: Sí, y seguro que podríamos contar muchas más curiosidades sobre Madrid, pero se nos acaba el tiempo.
Quique: Una pena, seguiremos en nuestro próximo *podcast* hablando de otros lugares interesantes de España. Hasta el próximo programa.

Unidad 9 ¿Eres lo que comes?

[34]

Los superalimentos han estado siempre entre nosotros, pero es ahora cuando los consumidores son más conscientes de sus propiedades y los usan cada vez más para cuidar su salud. Algunos de estos alimentos han sido parte de la dieta mediterránea desde hace muchos años. Es el caso del aceite de oliva, que incorpora ácido oleico, muy beneficioso para mantener el colesterol a raya. Junto a él aparece el pescado azul, rico en ácidos grasos omega 3, que ayudan a prevenir el cáncer. En el apartado de verduras, son un clásico en la nutrición las espinacas, con pocas calorías y mucho hierro; su consumo ayuda a mejorar el estado de la piel, el pelo y las uñas. Entre las frutas tradicionales que llevan el nuevo calificativo de superalimento nos encontramos con la piña, conocida por sus propiedades desintoxicantes y presente en casi todas las dietas que sirven para combatir la retención de líquidos. Los arándanos son también conocidos por sus propiedades antibacterianas y por ser de gran ayuda en la recuperación de infecciones de vejiga.
Hay otros productos que acaban de llegar, pero que tienen ya una fuerte presencia en nuestra dieta; hablamos de alimentos como la quinoa, el kale o las semillas de chía. La quinoa es un alimento que reúne él solo los ocho aminoácidos básicos de la dieta humana, además de una alta proporción de proteínas; el kale, una col de hoja verde, tiene mucho calcio y pocas calorías, y por tanto ayuda a combatir la obesidad, mientras que las semillas de chía poseen un elevado nivel de proteínas, fibra y potasio y son buenas para calmar el dolor en las articulaciones. No hay duda de que los superalimentos han llegado para quedarse.

[35]

Si visitas Madrid, tienes que ir al mercado de San Miguel. Para llegar, sube desde la Puerta del Sol por la calle Mayor. Enseguida verás el mercado en la plaza del mismo nombre, a la izquierda. Entra por la puerta que está en el lateral.
Dentro del mercado, a la derecha, verás un puesto de marisco. Te dan dos raciones de gambas por el precio de una, ¡riquísimas! Si continúas de frente, hay un puesto de *pizzas* tradicionales. Las porciones cuestan poco para lo grandes que son.
A veces, por las tardes, a partir de las siete, hay degustaciones gratuitas en el mercado. A mí me encanta el puesto de quesos que hay al lado del café. Tienen muchas variedades de España y de otros países de Europa. Espero que te guste.

[36]

1. Hago esta dieta porque soy celiaca. El doctor me lo recomendó para tratar mi alergia. Si no tienes intolerancia al gluten, no la hagas. Puede tener consecuencias negativas para la salud. En mi dieta no hay pan, ni harina, ni pastas ni nada que tenga trigo u otros cereales. Solo puedo comer este tipo de alimentos si son sin gluten. Aunque al principio fue difícil, ya me acostumbré. Mi dieta es para toda la vida.

2. Mi dieta está basada en una vuelta a la prehistoria, cuando nuestros antepasados se alimentaban solo con productos que cazaban o recolectaban. El cuerpo tolera mejor este tipo de alimentos porque nuestro organismo no ha cambiado tanto desde entonces. Con esta dieta solo comes carne, pescado, frutas y verduras. No se toman alimentos procesados, ni leche, ni azúcar, ni alcohol. Si comes productos naturales, tienes más energía. En los alimentos procesados hay más toxinas y los carbohidratos producen cansancio y pesadez.

   Fuente: https://mhunters.com/es/blog/dieta-paleo-mejor-dieta-para-tu-cuerpo/

3. Mi mujer y yo somos veganos. Somos defensores de los animales y de la naturaleza. No comemos nada de origen animal: carne, pescado, leche, huevos, miel...; ni tampoco derivados, como el queso. Nunca nos vestimos con pieles, ni llevamos ningún accesorio de origen animal. Lo hacemos como forma de respeto al medioambiente y a los animales que viven en la Tierra. Creo que si no dejamos de comer carne, destruiremos el planeta.

   Fuente: http://dietavegana.pro/

[37]

Entrevistador: Hoy nos acompaña la investigadora Ivanka Puigdueta, coautora, junto a otros cuatro científicos más, del estudio *Impactos de los huertos urbanos en la ciudad de Madrid*. Buenos días y bienvenida. La primera pregunta es obvia: ¿por qué crear un huerto urbano?
Ivanka: Hay muchas razones, pero yo destacaría, en primer lugar, que los huertos urbanos contribuyen a la mejora de la calidad del aire de las ciudades. Se ha comprobado que reducen la contaminación del ambiente.
Entrevistador: Muy interesante, pero no es la única ventaja, ¿verdad?
Ivanka: No, claro. Hay muchas más. Por ejemplo, es una nueva actividad de ocio que, además, establece lazos entre los habitantes de la comunidad donde se organiza. Por otro lado, gracias a estos huertos, nos damos cuenta de la importancia de consumir alimentos de la zona en la que vivimos, frente a productos que llegan de lejos y que necesitan transporte, con lo que esto supone

para el medioambiente. También se ha comprobado que la llegada de los huertos a las ciudades está haciendo que se tomen más verduras y baje, en consecuencia, el consumo de carne, por lo que no solo mejoramos nuestra salud, sino que también reducimos el gasto y la contaminación derivados de la cría de ganado. Al final se trata de tomar conciencia de lo que es mejor para el mundo en su conjunto.

Entrevistador: Son todo ventajas, entonces. ¿Es una moda que pasará?

Ivanka: Nunca se sabe, pero la tendencia en estos momentos es que haya más espacios públicos para huertos, y eso es una buena noticia para todos.

Adaptado de https://www.efeagro.com/noticia/huertos-urbanos-salud/

[38]

a. Mi batido favorito no tiene muchos ingredientes, pero la combinación de sabores es perfecta. Lleva leche sin lactosa, plátano y espinacas. No necesitas añadir azúcar, puesto que el plátano ya le da un sabor dulce. Es una fuente increíble de vitaminas, potasio y hierro. Da mucha energía, de manera que puede tomarse, por ejemplo, después de hacer deporte.

b. A mí me encanta empezar el día con una buena dosis de vitaminas. Hago batidos de muchos ingredientes distintos, aunque prefiero mezclar solo frutas. Os recomiendo el batido de leche, arándanos y fresas, es el desayuno perfecto y, gracias a los arándanos, estás protegida. Por tanto, no hay que preocuparse por las bacterias.

c. El batido que prefiero os va a sorprender. Es sencillo, de modo que todo el mundo puede prepararlo en casa. Solo lleva dos ingredientes, pero su combinación es fantástica. Se trata de kiwi con canela en rama. Aparte de ser ligero y refrescante, tiene mucha vitamina C, de ahí que lo tome casi todos los días.

d. Mi recomendación es salada. Lleva ingredientes muy sanos: jitomate, pimiento, pepino, sal y un poco de aceite de oliva. Llena bastante, así que se puede tomar como primer plato. Contiene muchas vitaminas y ayuda a eliminar toxinas. A veces pongo también algunas hierbas y un poco de chile para darle aroma y un toque picante.

Unidad 10 Línea de meta

[39]

Seguro que de chicos muchas veces les preguntaron: "¿Qué quieres ser de grande?". Y probablemente responderían que maestra, enfermero, bombera, futbolista o astronauta. Pero tal vez nunca pensaron que trabajarían en profesiones que en aquella época no existían.

Según datos del Observatorio para el Empleo en la Era Digital, ocho de cada diez jóvenes encontrarán un empleo relacionado con el mundo digital en profesiones que aún no existen. Y mientras surgen estas nuevas profesiones, otras desaparecen o pierden trabajadores a medida que los robots y las nuevas tecnologías los sustituyen. Según un estudio realizado por la Universidad de Oxford, aproximadamente setecientas profesiones serán reemplazadas por máquinas en veinte años. Cajeros de bancos o supermercados, carteros, agentes de viajes, agricultores... son algunos de los puestos llamados a desaparecer en un futuro próximo. Al mismo tiempo, se irán creando otras necesidades que generarán nuevos empleos.

Según los expertos, los sectores con mayor futuro son, lógicamente, el tecnológico y el sector de investigación, desarrollo e innovación (I+D+I), así como los relacionados con el turismo y el ocio, la salud y el bienestar (debido al envejecimiento de la población) y la energía (por la necesidad de encontrar energías alternativas que sustituyan a las tradicionales).

Llamen a nuestro número de teléfono o escriban en nuestras redes sociales si quieren participar en nuestro programa de hoy.

Fuente: https://www.elmundo.es/economia/2016/01/30/56aba00222601d457c8b465f.html

[40]

Rodrigo

Yo he empezado a usar las nuevas tecnologías hace dos años. Después de jubilarme, mi hijo se fue a vivir fuera por trabajo, y tuve que aprender a manejar algunas aplicaciones para hablar con él. Nos conectamos todas las semanas y es una maravilla, la verdad. Así puedo ver a mis nietas, que son pequeñas y crecen rápido. Y desde hace unos días, también tengo una cuenta en una red social para ver las fotos que suben.

Eva

Yo paso más tiempo conectada que con mis amigos; de hecho, cuando estoy con mi chavo muchas veces estamos los dos con la computadora, el celular o la tableta y hablamos por ahí. Nos divierte mucho intercambiar fotos en las redes sociales.

Nacho
Yo antes usaba internet para enviar correos en el trabajo, adjuntar los informes para el jefe, buscar algún dato que necesitaba... Lo típico. Últimamente, desde que estoy divorciado, me he abierto una cuenta en una red social para conocer gente y entro bastante. Es mucho más divertido de lo que me imaginaba.

Diana
Yo tengo que conectarme desde casa y en el ordenador. Cuando termino los deberes me dejan entrar una o dos horas. Les he pedido a mis padres que me regalen un móvil, pero dicen que hasta que no tenga dieciséis años, no, para poder controlarme; de hecho hay un antivirus que bloquea las páginas que no quieren que vea. Lo que más hago es navegar por las redes sociales para ver lo que dicen o hacen mis amigas y ver vídeos.

Álvaro
Yo prefiero comunicarme con la gente por estos medios. Soy un poco tímido..., bueno, en realidad, bastante, y en las redes sociales me convierto en alguien hablador y extravertido. Mi chava dice que con las fotos que subo a las redes digo mucho más que en persona, así que, aunque estemos juntos, casi siempre nos comunicamos por internet. Lo peor es que tengo tantos perfiles en redes sociales que alguna vez se me olvidan las claves que pongo en cada uno y los bloqueo.

[41]

Javier es un niño de diez años, alegre, extravertido y con muchas ganas de jugar. Como muchos muchachos de su misma edad, pasa bastante tiempo con sus abuelos hasta que sus papás llegan del trabajo y lo recogen. Hasta aquí todo es normal. Sin embargo, los servicios sociales explicaron a la familia que Javier está en peligro si continúa engordando. En la actualidad, el niño pesa cerca de setenta kilos cuando su peso debería ser de menos de cuarenta. Las autoridades consideran que los papás son los responsables de esta situación y que deben poner medidas para frenar la obesidad del pequeño. En caso contrario, la familia podría perder la custodia de su hijo.

[42]

▶ He estado leyendo antes un artículo sobre el internet de las cosas y algunos objetos inteligentes que ya existen.
▷ Ah, sí, como esos frigoríficos que detectan cuándo se está terminando algún alimento y lo añaden a la lista de la compra o las gafas con GPS incorporado. A mí me parecen utilísimas, la verdad, sobre todo para viajar.
▶ El artículo hablaba de un paraguas que recopila datos climatológicos y los envía a tu móvil para que este te avise de cuándo va a llover y te lo lleves. Además, no existe el riesgo de que te olvides del paraguas, porque él mismo manda un mensaje al móvil para que te acuerdes de cogerlo.
▷ Ja, ja, ja... Es un poco absurdo, ¿no? Con el móvil ya sabes qué tiempo va a hacer en cada momento.
▶ Pues tienes razón... Y no te lo pierdas, también hablaba de un tenedor que analiza tus hábitos alimenticios cada vez que lo usas para que sean más saludables. Mide la velocidad a la que comes y las porciones tomadas por minuto, y luego manda un informe al móvil para que veas los progresos que haces. Es increíble...
▷ ¿Y no hablaba de la huevera inteligente?
▶ ¿Cómo?
▷ Sí, una empresa creó una huevera inteligente que avisaba cuando los huevos ya no estaban frescos; así se evitaban intoxicaciones. El invento no tuvo demasiado éxito y dejaron de producirlo.
▶ Eso no venía... Sí hablaba de un cubo de basura que se conecta al móvil y te avisa cuando la bolsa está llena y hay que cambiarla o cuando te estás quedando sin bolsas y tienes que comprar. Además, la parte de abajo funciona como aspiradora.
▷ No sé si son cosas muy útiles, la verdad, pero lo que está claro es que muy pronto usaremos el móvil para controlarlo casi todo.
▶ Pues sí.

Transcripciones Pronunciación y ortografía

Ficha 4

[43]

Sonidos /p/ y /b/
1. pastar / bastar; **2.** peca / beca; **3.** borra / porra; **4.** pilla / pilla; **5.** bus / pus.

Sonidos /t/ y /d/
1. taba / daba; **2.** día / tía; **3.** deja / teja; **4.** tuna / duna; **5.** dele / dele.

Sonidos /k/ y /g/
1. casa / gasa; **2.** quiso / guiso; **3.** codo / codo; **4.** quita / guita; **5.** gala / cala.

[44]

Té, abogué, gafe, pego, vio, tina, dale, pija, cuadra, guiño, vaca, dile, guía, doce, vudú.

Ficha 5

[45]

Regálame tu risa,
enséñame a soñar…
Con solo una caricia
me pierdo en este mar…

Regálame tu estrella,
la que ilumina esta noche,
llena de paz y de armonía,
y te entregaré mi vida.

Haces que mi cielo
vuelva a tener ese azul,
pintas de colores
mis mañanas solo tú.

Navego entre las olas de tu voz…
Y tú, y tú, y tú, y solamente tú
haces que mi alma
se despierte con tu luz,
y tú, y tú, y tú…

Enseña tus heridas,
y así las curarás,
que sepa el mundo entero
que tu voz guarda un secreto.
No menciones tu nombre
que en el firmamento
se mueren de celos,
tus ojos son destellos,
tu garganta es un misterio…

Letra de la canción *Solamente tú* de Pablo Alborán.

[46]

Flan, fe, fruncir, Adolfo, friso, elefante, familia, final, fofo, afinar, gafa, función, tofu, disfrazar, flecha.

[47]

Juego, coger, mortaja, cojo, jirafa, ajedrez, agitar, boj, tejer, perejil, gigante, jaleo, joroba, junco, generoso.

Ficha 7

[48]

Millón, chicharro, churro, amarillear, chaleco, yegua, yuca, champiñón, arcilla, apellido, llaga, mechero, anochecer, chocolate, anchoa, cuchillo.

Ficha 8

[49]

Tres tristes tigres
La tristeza es siempre
como una esponja,
absorbe el agua de la vida
hasta hacerla morir.

Sentir deseo
y estrangularlo a un tiempo
es llenar el mar de piedras
e intentarlo cruzar.

Cuando veas que no puedes soportar
el vacío de la soledad,
si la fuerza solo en tu saliva está,
aprende a actuar.

Cuando sientas la necesidad,
no es bueno solo dar de ti
la parte amable y "que todo va bien".
Aprende a llorar.

Las marcas que deja la vida
en la cara se ven,
las huellas que deja el amor
en el corazón se leen.

Aprende a ver y a leer.

Letra de la canción *Tres tristes tigres* de Mägo de Oz.

Ficha 10

[50]

Por la mañana tomo leche; ¿Quién es Juan?; ¡No puedo más!; ¡Oye!; ¿Tienes ganas de verme?; ¿Puedes pasarme la sal?; ¡Eo!; Si quieres, vamos juntos; Bueno, no sé...; Si tuviera dinero...; ¡Es grandísimo!

Transcripciones "Cartelera de cine"

Secuencia 1 *Los años bárbaros*

Jaime: No van a sospechar nada.
Tomás: Ese Michel es un tío[1] que piensa, ¿eh? ¿Qué te pasa?
Jaime: Que este traje es rarísimo.
Tomás: ¡Claro! Como esa es mi americana y esa es la tuya.
Jaime: Ah, es esta.
Tomás: Si es que está todo pensado. Toma. ¡Esto es la libertad, Jaime! Traje nuevo, coche nuevo, nombres nuevos, chicas[2] nuevas...
Jaime: ¡Ay que no paran de discutir, por favor!
Tomás: ¡Anda ya! Es que no haces más que ponerle pegas a todo. ¡Vamos! ¿Y esto? ¿Esto qué es? ¿Este cepillo para qué es?
Jaime: Trae, dámelo.
Chica americana: [Habla en inglés] *¡Chicos! ¡Decid "cheese"!*
Tomás: Bueno, todo recto hasta Zaragoza. ¡Zaragoza!
Chica canadiense: Zaragoza.
Tomás: Y luego, Lérida.
Chica canadiense: [Habla en inglés] *Lerida.*
Tomás: Lerida, sí, Lerida, je, je, je.
Chica canadiense: [Habla en inglés] *Lerida.*
Chica americana: [Habla en inglés] *Debes estar guapo, y contento de estar con dos chicas como nosotras. Y tú también. Nadie nos sigue. Pensad en nosotras, eso es todo.*
Tomás: Es maravilloso esto de no entender nada. Oye, ¿qué ha dicho?
Jaime: ¡Yo qué sé qué ha dicho! Que pensemos en ella, que no nos persigue nadie.
Tomás: ¡Claro!
Jaime: Si lo que yo te digo, Tomás...
Tomás: ¡Ángel! ¡Ángel!
Jaime: Ups, ¡Ángel! ¡Ángel!
Chica americana: [Habla en inglés] *Casi me olvido. Esto es para uno de vosotros.*
Tomás: ¡Ah, tu libreta! ¿Ves? Si es que son guapas, lo tienen todo pensado, ¿qué más da?
Chica canadiense: [Habla en inglés] *¿Qué se siente al ser revolucionario?*
Jaime: [Habla en inglés] *¿Quiénes, nosotros? ¿Por qué dices eso?*
Chica canadiense: [Habla en inglés] *¿Por qué os encerraron?*
Jaime: [Habla en inglés] *Porque habíamos hecho pintadas en una pared. Y cosas por el estilo.*
Chica canadiense: [Habla en inglés] *Ya lo entiendo. ¿Sois de la guerrilla, maquis?*
Jaime: [Habla en inglés] *No, no, no, no... Solo somos estudiantes.*
Chica canadiense: [Habla en inglés] *Pero algo habréis hecho. Una bomba, un sabotaje. ¿No tenéis un líder?*
Chica americana: [Habla en inglés] *El padre de Kathy estuvo en la guerra. En las Brigadas.*
Chica canadiense: [Habla en inglés] *¡Oh, oh! Tenemos que parar.*
Jaime: No, no, no, no...
Tomás: Jo*, hos*...[3]
Chica canadiense: [Habla en inglés] *Tranquilos, mantened la calma.*
Jaime: Sí, sí, sí...
Chica americana: [Habla en inglés] *No, no... Tenemos que reírnos, hacer como si nos divirtiéramos.*
Tomás: ¿Qué dice?
Jaime: Que no sé, que nos riamos, dice que nos riamos...
Tomás: Pues ríete, ¡bésala!
Jaime: ¡Cállate ya!
Tomás: Pero, ¿qué haces?
Guardia civil 1: Documentación, por favor.
Tomás: ¿Eh? Sí, sí, je, je, je. ¡La documentación! Es que no nos entienden. Son extranjeras, americanas, las dos.
Chica canadiense: [Habla en inglés] *Yo soy canadiense.*
Guardia civil 1: ¿Qué ha dicho?
Tomás: No sé, porque tampoco las entendemos. Las acabamos de...
Guardia civil 1: ¿Pero no llevarán papeles?
Tomás: Sí, sí.
Guardia civil 1: ¿Pasaportes?
Tomás: Pasaportes, también. ¿Cómo se dice "pasaporte", a ver? ¿Cómo co* se dice pasaporte?
Jaime: [Habla en inglés] *Passport.*
Chica canadiense: [Habla en inglés] *¡Passport! ¡Passport!*
Jaime: [Habla en inglés] *¡Passport!*
Chica canadiense: [Habla en inglés] *¡Passport!*
Chica americana: [Habla en inglés] *¿Passport?*
Guardia civil 1: *¡Passport! ¡Passport!* Je, je, je.
Todos: Je, je, je.
Jaime: *¡Passport!* ¡Cómo son estas americanas! ¡Cómo son! Je, je, je. Las acabamos de conocer y ya quieren que les enseñemos todos los rincones de España.
Guardia civil 2: Y ellas, ¿os enseñarán algo a vosotros, no?
Jaime: Ahí, ahí...
Guardia civil 2: Digo yo.
Guardia civil 1: Venga, venga, seguid, que todavía os queda un buen tajo.
Jaime: Bueno, ¿de verdad que no quieren probar un poquito de esto?
Guardia civil 2: Nunca lo he probado. Dicen que sabe a ratas.
Guardia civil 1: Si no estuviéramos de servicio, pero...
Jaime: Bueno, otra vez será...

---

[1] Col. *Hombre.*
[2] En España, *muchachas.*
[3] Vulgarismos.

Secuencia 2 *El viaje de Carol*

Amalio: Si tu telegrama no se hubiera retrasado, estaría la Casona más acogedora. Chana te ha preparado la habitación de tu madre.

...

Amalio: Es una carta de Robert.
Aurora: ¿De Robert?
Amalio: Sí, en el pueblo hay un contrabandista portugués que trae correspondencia del frente. La trajeron hace ya una semana.
Aurora: Gracias. Papá, ¿por qué no te quedas a vivir aquí con nosotras?
Amalio: Demasiados recuerdos. Además, ya me he acostumbrado a vivir en el balneario.

...

Aurora: Gracias.
Maruja: ¡Aurorita!
Aurora: ¡Maruja!
Maruja: ¡Aurora!
Aurora: ¡Maruja!
Maruja: Ay, Dios. Déjame que te vea, ¡qué guapa! ¡Estás guapísima!
Aurora: No, tú sí que no has cambiado nada. Ven, te voy a presentar a mi hija.
Maruja: Buenas tardes, don Amalio.
Amalio: Buenas tardes, Maruja.
Aurora: Esta es Carol.
Maruja: Encantada de conocerte, Carol, soy Maruja. ¡Pero bueno, si es igual que tú!
Aurora: *(A Carol)* No. Maruja fue primero mi maestra y, después, mi mejor amiga.
Amalio: Lo siento, pero nos esperan en Villablanca.
Maruja: Bueno, por mí no se preocupen, ya tendremos tiempo de charlar, ¿no?
Aurora: Sí.

...

Aurora y Amalio: *Ahora que vamos despacio, vamos a contar mentiras, tralará, vamos a contar mentiras... Por el mar corren las liebres, por el monte las sardinas, tralará... Por el monte las sardinas...*

Secuencia 3 *Diario argentino*

Lupe: Este es Mario, el marido de mamá. Supongo que él sigue entendiendo la diferencia entre la izquierda y la derecha, o al menos, eso espero.
Mario: ¿Cuánto hace que no venís, eh? Te estábamos esperando. ¿Cuántos van? ¿Dos años? ¿Un año y medio o dos?
Lupe: Y yo que no te veo a vos hace más.
Mario: ¡Más!
Lupe: Tres.
Mario: Tres años.
Lupe: ¿Estás bien?
Mario: Bien, bien.
Lupe: ¿Estás más viejo?
Mario: Je, je, je, seguro.
María Teresa: Está diciendo todo el tiempo que está más viejo.
Mario: Es que estoy más viejo. Pero, además, viste todo lo que pasamos, ¿no? Menos mal que te fuiste. Menos mal que te fuiste porque acá la pasamos muy mal. Che, ¿cómo están los chicos?
Lupe: Bien.
Mario: Siro, Siro, no sabes cuánto extraño a Siro.
María Teresa: ¿Hacía mucho que esperabas?
Mario: Mirá, llegó puntual, pero yo estuve una hora antes ahí porque estaba impaciente, tenía ganas. ¿Sabés cuántas veces la tuve que esperar a tu mamá?

...

Lupe: Cuando en Mar del Plata son las ocho, en Barcelona son las dos.

...

Yuri: [Habla en catalán] *¿Qui és?*
Lupe: Hola, Yuri.
Yuri: [Habla en catalán] Hola, mare.
Lupe: Quería hablar con papi, ¿me das?
Yuri: [Habla en catalán] *Me'n vaig a dormir. Adéu.*
Yuri: Chau.
Carlos: ¿Hola?
Lupe: Hola, Negro. ¿Qué tal?
Carlos: Bien, acá estaba acostando a los chicos. Bueno, se levantó Yuri para atender el teléfono, pero ahora lo acuesto enseguida. ¿Y allí que tal?
Lupe: Bien, bastante frío.
Carlos: No, yo acá cagado de calor, no se puede estar. ¿Dónde estás?
Lupe: Acá en Mar del Plata.
Carlos: ¿Cómo en Mar del Plata? ¿Ya te fuiste? ¿Y el turno del consulado?
(El teléfono comienza a pitar)
Lupe: No, es que no tengo más crédito, me parece, por eso hace ese ruido.
Carlos: Bueno, llamame después.
Lupe: Bueno, bueno, después te llamo.

Secuencia 4 *Las 13 rosas*

Quique: Déjame probar, déjame.
Enrique: Me estoy poniendo de la uva. ¡Quique, no veo, hijo, no veo!
Quique: Déjame probar.
Enrique: A ver, venga. ¡Increíble, increíble, increíble, a la primera! ¡Hijo! ¡Hijo! ¡Estás hecho un campeón! Sigue, hijo, sigue. ¿Ves? ¡Qué bien hicimos en guardar aquí el dinero! Sabía yo que este dinero valdría siempre, ganara quien ganara.
...
Blanca: Es todo. Bueno, salario de músicos al fin y al cabo.
Enrique: ¿Cuánto le hará falta a Juan?
Blanca: ¿No es mejor que se lo lleve yo?
Enrique: ¿Por qué?
Blanca: No es conveniente que os vean juntos.
Enrique: ¡Pero si no hemos hecho nada! ¡Solo somos músicos!
Blanca: Juan es del partido comunista y se ha significado mucho en el sindicato.
Enrique: No, Blanca, no, no. A mí no me hace gracia que vayas por ahí sola con tanto dinero.
Blanca: No seas tonto. ¡Qué me va a pasar! ¿eh?
Radio: Españoles, ¡alerta! No todos los enemigos de España han conseguido escapar y la obligación de cada español es la de denunciar dónde se esconden. Será un mal español, es decir, no será español el que no denuncie y proteja con su silencio y su cobardía a estas alimañas, y que sepan los que callan que en su día también deberán responder ante la justicia como cómplices y encubridores, enemigos de la patria.
Suegra: Juan tiene que irse, no puede seguir aquí.
...
Blanca: Buenas tardes, ¿está Juan?
Cuñada: No, no, no, lo siento, no... No sabemos nada de él.
Blanca: No se preocupe, somos amigos. Soy Blanca, la mujer de Enrique García.
Suegra: ¿No lo ha oído? *(A la cuñada)* ¡Cierra!
Juan: ¡Espera! Pasa, Blanca. Mi suegra y mi cuñada Manuela... ¿Qué haces aquí?
Blanca: *(Le da un sobre con dinero)* Es todo lo que podemos darte.
Juan: Está bien.
Blanca: ¿Dónde vas a estar? Enrique dice que es peligroso que te quedes aquí.
Suegra: ¡Es peligroso! Hasta tus amigos lo dicen.
Juan: No se preocupe que en cuanto pueda me iré, pero usted no me puede echar. ¡Este también es mi piso, de mi mujer!
Suegra: ¡En mala hora os conocisteis! Tú le metiste todas esas ideas en la cabeza.
Cuñada: ¡Te tienes que ir!
Suegra: *(Blanca y Juan abren la puerta y salen)* Sí, ¡vete! ¡Vete con tus amigos bolcheviques! ¡Vete, y no vuelvas más!
Blanca: Adiós.
Juan: ¡Blanca! Un último favor. Para irme necesito más dinero. ¿Puedes empeñarlo? De momento estaré en casa de Tomás. Sabes dónde es, ¿no?
Blanca: Pero... esto tu medio de vida. ¿Qué vas a hacer sin él?
Juan: ¡Y quién puede pensar ahora en la música!
Blanca: Espera. No es mucho, pero sí más de lo que te darían por él.
Juan: No puedo aceptarlo.
Blanca: Cógelo. Tú lo vas a necesitar más que nosotros.
Juan: Para Quique.
Blanca: No, para el Monte de Piedad.
Juan: No sé qué será de mí, pero vosotros cuidaos. Tenéis que ser como antes de la guerra. Músicos y nada más.
Blanca: Acuérdate que votaba a las derechas.
Juan: Si toda la gente de derechas fuera como tú...

Secuencia 5 *Los amantes del círculo polar*

Otto adulto: De niño vivía rodeado del resto del mundo. Me sentía protegido. Hasta que una tarde de frío, a la salida del colegio, pasó algo. Yo no sabía nada de niñas. ¿A dónde corren las niñas? ¿Por qué esa me miraba así? Si me hubiera mirado menos, yo habría seguido corriendo hasta atrapar el balón. O un poco antes, si la bota de ese niño hubiera chutado bien, de lleno, el balón se habría quedado dentro del colegio y puede que yo, en la portería, si ese día hubiera salido más tarde. Todos me habrían felicitado, pero no fue así.
Ana adulta: Voy a quedarme aquí todo el tiempo que haga falta. Estoy esperando la casualidad de mi vida, la más grande. Y eso que las he tenido de muchas clases. Sí, podría contar mi vida uniendo casualidades. La primera, la más importante, fue la peor. Llegó enganchada a una tragedia. Esa tarde mi madre fue a buscarme al colegio con la noticia más espantosa del mundo.
Ana niña: ¡No, y no llores más para que no pase!
Madre: P* coche.
Ana niña: ¡Te he dicho que no!
Ana adulta: Y cuando yo digo que no, es que no. Se puede correr hacia atrás, unas horas atrás, una vida, era la vida de mi padre. Y si su hija del alma no corría, ¿quién lo iba a hacer? ¿De dónde salía ese niño? ¿De la muerte de mi padre? En ese instante llegué a pensar que era un regalo suyo avergonzado por haberse muerto tan pronto. Hasta pensé que podría ser él. Aquella noche miré sus fotos de niño. No se parecía nada. Pero no importa. Sí, de niña llegué a pensar que mi padre había dejado su cuerpo para vivir en un niño de mi edad, más guapo que él. Quizás estuviera harto de ver llorar a mi madre.
Ana niña: Sécate los ojos, papá no ha muerto. ¿Cómo ha sido?
Ana adulta: Conocí su nombre a gritos.
Padre de Otto: ¡Otto! Dice que espere. Este niño es increíble. ¿Y a ti qué te pasa últimamente? Cada día haces más tonterías.

Madre de Ana: Pobrecito, está empapado. Oye, no hace falta que nos lleves a casa, te pilla muy lejos.
Padre de Otto: No, yo lo dejo en casa para que su madre le dé un buen baño de agua caliente, ¿eh, Otto? Luego voy a acercar a Olga y a su hija a su casa.
Ana niña: Oye, estoy aquí. Soy Ana. ¿Te acuerdas? Pues dime algo.
Otto niño: Me llamo Otto.
Ana niña: ¿Sabes cómo te llamas?
Otto niño: No. Bueno, sí.
Ana niña: ¡Ooottooo!
Otto niño: Sí. Oye, Ana también se puede leer al revés.
Ana niña: Pues claro.
Otto niño: Qué bien. Es capicúa.
Ana niña: ¿Ahora te enteras?
Otto niño: Sí.
Ana adulta: ¿Ahora te enteras? Mi padre solía decirme que mi nombre era capicúa para que mi vida se llenara de suerte. Así que me dio un vuelco la vida.
Ana niña: Mamá, me siento mal.
Madre de Ana: ¿Qué te pasa?
Ana niña: No lo sé, me mareo.
Otto niño: ¿Te cuento por qué me llamo Otto?
Padre de Otto: Otto, por favor, no es el momento.
Otto niño: Pues me voy.
Padre de Otto: ¿Qué dices?
Otto: Estoy al lado de casa.
Ana adulta: Soy una cabezota y no me desanimo fácilmente. Decidí que Otto hablaba por fuera y mi padre por dentro. Así que pasé mucho tiempo sentada a su lado. Un rato al día, todos los días por la tarde, hablando con él sin que Otto me oyera.
Ana niña: El novio de mamá es solo para ella, eh. Tú eres mi único padre. Con uno ya tengo bastante.
Madre de Ana: Adiós, Otto.
Padre de Otto: Da recuerdos a tu madre de mi parte.
Otto niño: Adiós.
Ana niña: Hasta mañana. Un beso. Si me oyes, mándame tú otro.

Secuencia 6 *Sus ojos se cerraron y el mundo sigue andando*

Renzo: *Bajo el cielo tropical tu silueta sensual es mi pasión. El sol de tu hondo mirar hoy consigue turbar mi corazón. Luz de tus negras pupilas…*
Juanita: Por favor, por favor…
Renzo: … *que siempre alumbran mis noches de amor. Por ti, por tu palpitar doy la vida al besar tu boca en flor.* ¿Se animan con una de Gardel? ¿Qué? ¿Qué pasa? Sabemos muchas…
Músico: ¿*Amores de estudiantes?* ¿O alguna otra?
Renzo: Justo, *Amores de estudiantes*, dale, vamos.
Juanita: Pues me estaba mirando a mí.
Renzo: *Hoy un juramento, mañana una traición, amores de estudiante flores de un día son.*
Por un mirar que ruega perder la quietud. Mujercitas sonrientes que juran virtud. Es una mujer loca la que hoy me provoca. Hay un collar de amores en mi juventud. Fantasmas del pasado, perfumes de ayer, que evocaré doliente plateando mi sien. Bandadas de recuerdos de un tiempo querido, lejano y florido que no olvidaré. Hoy un juramento, mañana una traición, amores de estudiantes flores de un día son.
El público: ¡Bravo! ¡Bravo!
Renzo: Vayan, que yo ya los alcanzo, yo te voy afinando la viola, Gustavo.
Propietario: No muy largo el intervalo, que la gente se me duerme, ¿eh? ¿Y ahora qué le picó?
Músico: Que ya nos está debiendo una semana.
Propietario: Si no están conformes, ya sabe lo que tiene que hacer. Y a Renzo díganle que venga aquí si quiere cobrar.
Gustavo: ¿Qué te parece? Me manda al frente y luego me pone los cuernos por detrás.
Músico: Parate[4] , ¿qué vas a hacer? ¡Cuántas veces te dije que esa mina[5] no es para vos[6]! Gustavo, Gustavo, vení acá, ¿dónde vas?
Renzo: No, déjelo, es un poco mal pensado. Ya se le va a pasar.
Juanita: Pero a usted se le va el acompañante.
Renzo: Ya se le va a pasar.
Juanita: ¿No me dirá que lo hizo por mí?
Renzo: Por supuesto. Usted fue la primera que me dijo lo de Gardel.
Juanita: Claro, porque Gardel es grande.
Renzo: Yo también.
Juanita: Es puro sentimiento.
Renzo: Yo igual.
Juanita: Y va a llegar a lo más alto porque es un predestinado.
Renzo: Yo también.
Juanita: Oiga, me está pareciendo usted un poco vanidoso.
Renzo: No, vanidoso, no, ambicioso. Yo soy pura ambición.
Juanita: Yo también.
Amiga 1: ¡Pero si ella no sabe bailar!
Amiga 2: Con ese cualquiera baila. Hasta yo, mirá, bailaría.
Amiga 1: ¿También te gustá el cantor, chica?
Amiga 2: Que no estaré para el cabaret, pero tampoco soy un mamarracho. Aunque jamás le podría hacer algo así a la gallega.
Amiga 1: Menos mal. Juanita se salvó.
Amiga 2: ¿Te parece?
Propietario: Vamos, es hora de cerrar, vamos.
Músico: Ya va, ya va. En cuanto termine aquel, nos vamos.

[4] Imperativo en las zonas de voseo: *párate*.
[5] En Argentina, *muchacha*.
[6] En Argentina, *tú*.

Secuencia 7 *AzulOscuroCasiNegro*

Jorge: Esto para ti.
Cartero: Huy, ¿todas son tuyas?
Jorge: Sí.
Cartero: Si hay algo, ya caerá.
Jorge: A ver.
Cartero: Venga, suerte.
Jorge: Hasta luego.
Vecina: Buenos días.
Jorge: Buenos días, Amparo.

...

Paula: No pises ahí que acabo de fregar.
Mujer: Ya me he enterado que te has metido en otro taller, ¿eh? ¿Y qué tal? ¿Has echado novio ya? Seguro que sí, hija p*. ¿Ya se lo has buscado a otra? ¿Crees que le vas a gustar así? ¿A tu nuevo novio?

...

Jorge: Mira la película que están poniendo, papá.
Padre: ¿Vamos a misa?
Jorge: No, ahora no.
Padre: He oído que tocaban a misa.
Jorge: Que no, papá, que no tocaban a misa.
Padre: Avisa a tu madre para que se arregle.
Jorge: Vale, ahora.
Padre: ¿Dónde estará? Ya tenía que haber vuelto de la compra.
Jorge: A ver, papá, ¿cómo se llama la película? Dímelo.
Padre: ¿Qué estará haciendo ahora esa mujer, por dios?
Jorge: *Lo verde empieza...*
Padre: Me calienta la sangre de una manera...
Jorge: *... en los Pirineos, Lo verde empieza en los Pirineos.*
Padre: ¿Qué has hecho? Suéltame.
Jorge: Sí, en cuanto vuelva.
Padre: No, tú te vienes a misa con tu madre y conmigo. ¡Que me sueltes!
Jorge: Papá, si es para que no te hagas daño.
Padre: Me quieres matar.

...

Entrevistador: Siete años para terminar la carrera.
Jorge: Es que he estado compaginándola.
Entrevistador: ¿Con qué?
Jorge: Estoy trabajando.
Entrevistador: Aquí no aparece experiencia laboral.
Jorge: Es que no está relacionado con el sector.
Entrevistador: ¿Y en qué trabaja? ¿En qué sector?
Jorge: Bueno, soy portero.
Entrevistador: ¿De fútbol?
Jorge: No, de portería, de vivienda.

...

Antonio: ¿Qué te ha pasado?

...

Entrevistador: Si yo le ofrezco este puesto de trabajo y usted lo acepta, tendría que dejar la portería y desocupar la vivienda, ¿no es así?
Jorge: Sí.
Entrevistador: ¿Tienen otro sitio donde ir?
Jorge: No.
Entrevistador: Usted sabe que se tiene que tirar aquí cincuenta horas a la semana. ¿Tiene a alguien que se ocupe de su padre?
Jorge: Ese es mi problema.
Entrevistador: No, aquí sus problemas se convierten en mis problemas. Su padre se convierte en mi padre. Además, tiene usted un trabajo extraordinario, sueldo fijo, vivienda estable... Su padre estaría muy bien atendido.

...

Jorge: ¿Qué te estoy tocando, papá?
Padre: Una oreja.
Jorge: Y mi oreja, ¿dónde está mi oreja? No, cara... ahí. ¿Y dónde están mis ojos? Vale. Y esto que te estoy tocando yo, que tienes dos, ¿cómo se llama, papá?
Padre: ¿Hijo?
Jorge: ¿Qué?
Padre: ¿Por qué no te gusta trabajar de portero?
Entrevistador: ¿Por qué no le gusta trabajar de portero?
Jorge: Porque no es lo que yo he elegido.

...

Jorge: Porque no es lo que yo he elegido.
Entrevistadora: Sentimos informarle que debido al limitado número de plazas disponibles y a la alta cantidad de solicitudes recibidas, no podemos hacerle ninguna oferta de trabajo en este momento...
Jorge: ... Mantendremos su currículum en nuestra base de datos para futuros plazos de selección. Reciba un cordial saludo.

Secuencia 8 *Sobreviviré*

Rosa: No te voy a perdonar jamás lo de anoche. Bueno, tú te lo perdiste. Fue maravilloso. Ay, gracias a la Virgen del Rey la que me quitó ese orangután del camino. Porque con Rolando, pasé la noche levitando, como el santico ese de la iglesia, ¿cómo es que se llama? Dominguito el Sabio. ¿Tú no lo conoces? ¿Pues ustedes no son católicos?
Marga: Así que toda la noche levitando.
Rosa: Ay sí, de verdad. Ese hombre es sincero y cree en el amor. Es que no quiero ni imaginármelo.
Marga: ¿El qué?
Rosa: Que quizás llegó mi momento, y que Rolando y yo... Ay, ay virgencita, que todo vaya bien, que me quiera, que sea de verdad, que me pida que me case. ¿Tú te imaginas? Se me arreglaría todo de golpe, mi corazón, los papeles, todo. Ay, si

hasta podría traer a mi mamá que está tan vieja y sola en Cuba. Aunque no sé. Porque con que el frío que hace aquí en Madrid, a saber si aguanta. Bueno, y tu paseíto por el Malecón, ¿qué?
Marga: Mal, horrible, fatal, espantoso.
Rosa: ¿Por qué? Si yo te vi tan acaramelada...
Marga: Ay Rosa, sabía que no tenía que salir anoche. ¿Por qué me tiene que pasar a mí una cosa así?
Rosa: Niña, ¿qué te hizo? Que me tienes asustada.
Marga: ¿Que qué me hizo? Ser dulce, encantador, divertido y mirarme con esos ojos de no haber roto nunca un plato mientras me hablaba. Y yo como una tonta, caí.
Rosa: Huy, Marga, qué me cuentas. Al fin un hombre te cogió y te dijo, mi negra, no yo sabía que tú te movías así.
Marga: Qué tonta eres, Rosa. Esto no es La Habana y aquí nunca te van a decir una cosa así.
Rosa: Ay, hija, pues vete a La Habana aunque sea por un tiempito y verás cómo vienes. Dicen que cuando vas a La Habana siempre vuelves. No sé por qué. Si será por la música, el ron, el calor o, bueno, los cubanos. Ay, chica, tú lo que necesitas es un baño de cariño.
Iñaki: Hola. ¿Cómo estáis?
Rosa: Desconcertadas.
Marga: Hola, Iñaki.
Rosa: Niño, no atropelles a ese señor que si no tu mamá va a dejar que te lleve el coco.
Marga: Es Tito, mi hijo. Anda Tito, saluda a un amigo de mamá.
Tito: ¡No!
Rosa: Me voy. Voy a ver si me tomo un mojito y a escuchar mis boleros, ¿eh?
Marga: ¿A qué has venido? A devolver la película, claro.
Iñaki: ¿Qué?
Marga: Trae, anda. ¿Qué te pasa?
Iñaki: Nada, nada.
Marga: ¿Quieres alquilar una película? ¡Tito!
Tito: Mamá, me he hecho daño.
Rosa: ¿Qué pasó? ¿Se dio? Vaya, hombre.
Marga: Tito, te tengo dicho que con el triciclo no se juega en la tienda.
Rosa: Bueno, mujer. Estate tranquila.
Marga: ¿Iñaki?
Iñaki: Perdón, he venido en un mal momento.
Marga: Estábamos hablando y has desaparecido sin decir nada.
Iñaki: Mira, esta historia me tiene un poco confundido.
Marga: ¿Confundido?
Iñaki: Sí.
Marga: Ya. ¿Qué es lo que te confunde? ¿Que tenga un hijo?
Iñaki: Es que es todo un poco complicado.
Marga: No te preocupes, no te voy a complicar la vida ni me la voy a complicar yo tampoco. Pero no hacía falta que salieras corriendo. Cuando algo no funciona, cae por su propio peso.
Iñaki: Lo siento, pero no hace falta que te pongas así.
Marga: El padre de Tito murió en un accidente. Ni siquiera llegaron a conocerse.
Iñaki: Mier*.

Secuencia 9 *Dieta mediterránea*

Frank: Gracias, Laura.
Recepcionista: Bienvenido.
Frank: ¿Puedes parar ya de llorar? Bueno, tu habitación. ¿Te gusta? Toma, tu llave. Yo dormiré en una habitación en el piso de arriba. Nunca echo la llave. Si tienes algún problema, subes.
Sofía: Ay, entonces tú no duermes aquí, ¿no?
Frank: Sofía, esta es una relación de trabajo. No queremos cometer errores. ¿A qué no?
Sofía: No.
Frank: Vale.
Sofía: Oye, Frank. Entonces, ¿quién duerme aquí?
Nuria: Hola, soy Nuria.
Sofía: Hola.
Nuria: Encantada. Esta es mi cama, si no te importa.
Sofía: Ah, perdón. ¿Tú también trabajas en la cocina?
Nuria: No, en el comedor, de camarera. En la cocina, ni loca; todos son hombres.
...
Jefe de cocina: Tú debes ser la nueva, ¿no?
Sofía: Sofía.
Jefe de cocina: Quiero que sepas que no me gustan los enchufes.
Sofía: Muy bien. No he venido a ocuparme de los enchufes.
Jefe de cocina: Soy el segundo subchef. Me encargo de los platos principales que no llevan carne. Voy a ser tu jefe directo. Cualquier duda me lo preguntas a mí. Al chef ni lo mires que tiene muy mala hostia.
Sofía: ¿Sí?
Jefe de cocina: Ahí tienes una trucha, una cola de rape y un par de lenguados. Vamos a ver cómo trabajas la sartén, la olla y la plancha.
Sofía: ¿Puedo utilizar algún ingrediente más?
Jefe de cocina: Ahí tienes todo lo que quieras.
...
Sofía: Con permiso.
...
Jefe de cocina: Quizás tuvieras razón. No creo que hayas venido aquí a ocuparte de los enchufes.
...
Camarero: Terrina de *foie gras* fresco y *tournedo* con crema de cebolletas.
Jefe de cocina: ¿Eh? Anda, vete rallando zanahorias y me vas pelando unas patatas para hacer las hamburguesas.

Secuencia 10 *Extraños*

Detective Lamarca: Un buen título. A las 16:01, Sofía Miró sale de la casa de su madre. Vaya, parece que ha cambiado el violonchelo por un maletín rojo. ¡Qué novedad! Por lo demás, todo sigue igual. Los mismos andares, el mismo pelo y tomándose a sí misma demasiado en serio, me temo. Así que a ti también te gusta este parque, ¿eh? Qué curioso. Esta semana ha vuelto a repetirse el sueño. Vaya, tenemos compañía, preciosa. Este tiene pinta de tendero, de una tienda de zapatos de hombre. Sí, de hombre. Un tanto apocado lo veo, ¿no? Sin ambición, sí. Ella no. Ella fría, sin relieves ni aristas. Como una máscara. Dios, a veces me da miedo. Las piernas no están mal. No, Marcos le pondría un siete. Pero no es mi tipo. No, no me gusta. Su pasividad me pone nervioso. Miraditas, tenemos miraditas, ¿eh? Míralo, míralo.

Hombre: Buenas.

Detective Lamarca: ¡Ha conseguido ponerte nervioso la mosquita!

Detective Lamarca: Lunes veinte. Aquí estamos otra vez en el mismo parque. Pero la mosquita se ha sentado hoy en otro banco. Un banco muy solicitado, por cierto. Este no tiene pinta de vendedor de bolsos de señora. Ni de ponerse nervioso. Charlatán, embaucador. En busca de una presa, seguro. Creo que aquí lo vas a tener difícil. Pues no, te equivocas, muchacho. Una presa fácil, ¿eh? Demasiado fácil me temo. "Me llamo Sofía, si quieres compartir tu soledad conmigo, me encontrarás en El Retiro, frente al Palacio de Cristal, por las tardes. No importa edad. Todo y nada puede pasar. Un maletín rojo será mi contraseña". Vaya con la mosquita muerta.